# JPT®
# 기출

**30일 완성**

# 850+

JPT® 기출 30일 완성 850+

| | |
|---|---|
| **발행인** | 권오찬 |
| **발행처** | 와이비엠홀딩스 |
| **기획** | 고성희 |
| **마케팅** | 정연철, 박천산, 고영노, 박찬경, 김동진, 김윤하 |
| **디자인** | 박도순, 박성희 |
| **초판 인쇄** | 2024년 3월 4일 |
| **초판 발행** | 2024년 3월 8일 |
| **신고일자** | 2012년 4월 12일 |
| **신고번호** | 제 2012-000060호 |
| **주소** | 서울시 종로구 종로 104 |
| **전화** | (02)2000-0154 |
| **팩스** | (02)2271-0172 |
| **홈페이지** | www.ybmbooks.com |

**ISBN** 978-89-6348-186-9

# 출제기관이 만든
# 점수대별 **단기 완성 전략서!**

### JPT 기출문제로 완성된 단기 완성 전략서

JPT 기출문제들로 구성된 고품질 전략서입니다. 목표 점수 달성에 필요한 핵심 내용만 수록하여 학습 부담을 최소화하였고, 각 파트별로 체계적인 공략법을 제시하였습니다.

### 정기시험과 동일한 성우 음성

JPT 정기시험 성우가 실제 시험과 동일한 속도와 발음으로 직접 녹음하였으므로, 실전에 완벽하게 대비할 수 있습니다.

### 최종평가 핵심문제풀이 동영상 10강

최종평가 200문항 중 수험자가 가장 어려워하는 'PART 2 질의응답', 'PART 6 오문정정', 'PART 7 공란메우기'에서 핵심문제만을 엄선하여 담았습니다. JPT 전문강사의 상세한 문제풀이를 통해 더욱 효과적인 학습을 할 수 있습니다.

### 기출 포인트에 초점을 맞춘 명쾌한 해설

이 책의 모든 문제는 JPT 출제 경향을 완벽하게 분석하고 반영하여 고득점을 달성하게 해 줄 해법을 낱낱이 제시하였습니다.

## 무료 제공 학습자료 사용 방법

**1. 청해 고득점을 위한 정기시험 성우의 음원**

- 교재 속 QR코드 스캔
- YBM 홈페이지(www.ybmbooks.com)에서 음원 다운로드

음원　동영상

**2. 최종평가 핵심문제풀이 무료 동영상 10강**

- 'PART 2 질의응답', 'PART 6 오문정정', 'PART 7 공란메우기' 중 핵심문제를 엄선하여 JPT 전문강사가 풀어 드립니다.
- 교재 속 QR코드를 스캔하면 학습 동영상으로 바로 연결됩니다.
- YBM 홈페이지(www.ybmbooks.com) 혹은 유튜브에서 'YBM Books'나 'JPT 기출 850$^+$ 30일 완성' 검색 후 시청하세요.

# 독해

## 1. JPT란

JPT日本語能力試驗(Japanese Proficiency Test)은 국내의 대표적인 일본어 능력 평가 시험으로, TOEIC 시험을 주관하는 YBM이 주관하고 시행·관리하고 있습니다. 학문적인 지식의 정도를 측정하기 위한 시험이 아니라, 언어 본래의 기능인 커뮤니케이션 능력을 측정하는 것을 목적으로 합니다. 급수 없이 하나의 TEST에 각 PART별로 난이도를 초급부터 고급까지 일정한 비율로 배분하여 출제함으로써 모든 수험자가 자신의 정확한 능력을 측정할 수 있게 한 국내 최초의 일본어 능력 평가 시험입니다.

## 2. 구성

| 구성 | PART | PART별 내용 | 문항 수 | 시간 | 배점 |
|---|---|---|---|---|---|
| 청해 | 1 | 사진묘사 | 20 | 약 45분 | 495점 |
| | 2 | 질의응답 | 30 | | |
| | 3 | 회화문 | 30 | | |
| | 4 | 설명문 | 20 | | |
| 독해 | 5 | 정답찾기 | 20 | 약 50분 | 495점 |
| | 6 | 오문정정 | 20 | | |
| | 7 | 공란메우기 | 30 | | |
| | 8 | 독해 | 30 | | |
| Total | 8 PARTS | | 200 | 약 95분 | 990점 |

*(청해 문항 수 합계 100, 독해 문항 수 합계 100)*

## 3. 접수

인터넷 접수 : JPT 공식 홈페이지(https://www.jpt.co.kr)를 통해 접수
모바일 접수 : YBM 공식 어플리케이션 또는 모바일 웹사이트(https://m.jpt.co.kr)를 통해 접수

## 4. 준비물

신분증 : 규정 신분증만 가능(주민등록증, 운전면허증, 공무원증, 기간 만료 전의 여권 등)
필기구 : 연필, 지우개 ※볼펜 및 사인펜 사용 불가

## 5. 진행 일정

| | |
|---|---|
| 09:20 | 입실(09:50 정각 이후에는 절대 입실 불가) |
| 09:30~09:45 | 답안지 작성에 관한 오리엔테이션 |
| 09:45~09:50 | 수험자 휴식 시간 |
| 09:50~10:05 | 신분 확인 및 휴대폰 제출 ※방송 점검 실시 |
| 10:05~10:10 | 문제지 배부 및 파본 확인 |
| 10:10~10:55 | 청해(듣기평가) |
| 10:55~11:45 | 독해(읽기평가) |

※시험 진행 일정은 시험 당일 고사장 사정에 따라 실제 진행 시간과 다를 수 있습니다.


## 6. 성적 확인

1) JPT 성적은 JPT 홈페이지에 안내된 일자에 인터넷과 어플리케이션을 통해 확인 가능합니다.
2) 성적표 수령 방법(수험자 선택)
  ① 우편 수령: 성적 발표 후 일괄적으로 출력해서 우편으로 발송. 약 7~10 영업일 소요
    ※JPT 성적표 수령 주소 변경은 시험 시행일로부터 4일 이내까지 가능합니다.
  ② 온라인 수령: 인터넷 출력을 통해 성적 유효기간 내 1회 무료로 발급
    ※성적표 수령 방법은 회원, 비회원 모두 선택 가능하나, 온라인 출력의 경우는 회원만 가능합니다.


## 7. 新JLPT 대비 JPT 권장점수

JPT와 新JLPT 시험은 점수 채점·급수 합격 방식과 시험 체계 및 구성상의 차이점은 존재하나, JPT 활용에 객관적인 자료 제공을 목적으로 상관관계 분석 결과를 안내해 드립니다.

| 新JLPT | JPT 권장점수 |
|---|---|
| N1 | 660점 이상 |
| N2 | 525점 이상 |
| N3 | 430점 이상 |
| N4 | 375점 이상 |
| N5 | 315점 이상 |

**PART 1** **사진묘사**(1~20번)

학습 전략 ◎ 사진에 대한 묘사로 적절한 설명을 고르는 문제로, 청취력과 더불어 순간적인 판단력이 요구되는 파트입니다. 사진묘사는 크게 1인 등장 사진, 2인 이상 등장 사진, 사물 및 동물 등장 사진, 풍경 및 상황 묘사 사진의 4개의 유형으로 나눌 수 있는데, 인물 등장 사진이 가장 많이 출제되므로 자동사와 타동사별로 진행이나 상태를 나타내는 문법 정리가 필요합니다. 이 파트는 어휘나 표현의 숙지 여부에 따라 점수에 큰 차이가 나므로 문법 공부보다는 유형별로 빈출 어휘나 표현을 정리해 두어야 고득점이 가능합니다.

**PART 2** **질의응답**(21~50번)

학습 전략 ◎ 질문에 대한 적절한 응답을 찾는 문제로, 문제와 선택지 모두 문제지에 인쇄가 되어 있지 않습니다. 따라서 오로지 방송에서 나오는 일본인의 음성만 듣고 풀어야 하기 때문에 응시자가 청해 파트 중 가장 어려워하는 파트입니다. 주요 출제 유형으로는 의문사형 질문, 예/아니요형 질문, 정해진 문구, 일상생활 표현, 업무 및 비즈니스 표현 등 5개 유형을 들 수 있는데, 주로 40번 문제 이후에 출제되는 업무 및 비즈니스 표현은 평소 접해 보지 못한 어휘나 관용표현이 많이 출제되므로 고득점을 위해서는 이 부분에 대한 집중적인 학습이 필요합니다.

**PART 3** **회화문**(51~80번)

학습 전략 ◎ 남녀 간의 대화를 듣고 문제지에 수록된 문제를 읽고 푸는 형식으로, 짧은 대화를 듣고 바로 문제지에 있는 문제를 읽고 풀어야 하므로 속독 능력이 필요한 파트입니다. 초반부에는 숫자 청취 및 인물 설명이, 중반부에는 성별에 따른 의견 및 행동 구분이나 대화 내용에 대한 이해를, 후반부에는 업무 및 비즈니스 표현을 묻는 문제가 출제됩니다. 문제지에 모든 문제가 인쇄되어 있으므로 문제를 미리 읽어 두면 절대적으로 유리한 파트입니다. 따라서 파본 검사나 문제와 문제 사이의 시간을 잘 활용해 문제를 미리 읽어서 질문할 내용을 기억하면서 들으면 좀 더 쉽게 정답을 찾을 수 있습니다. 그리고 남녀의 대화는 기본적으로 4문장으로 구성되어 있는데, 앞의 두 대화보다 뒤의 두 대화에서 정답과 관련된 내용이 많이 등장하므로 뒷부분의 대화에 집중해서 듣도록 합니다.

**PART 4** **설명문**(81~100번)

학습 전략 ◎ 30초 내외의 지문을 듣고 3문항 또는 4문항에 답하는 형식으로, 4문항짜리 지문이 2개, 3문항짜리 지문이 4개로 총 6개의 지문이 출제됩니다. 주요 출제 유형으로는 인물 소개 및 일상생활, 공지·안내 및 소개, 뉴스·기사 및 이슈 문제의 3개 유형을 들 수 있는데, 다른 파트와 마찬가지로 뒷부분으로 갈수록 난이도가 높아집니다. 설명문은 약 30초 내외의 지문을 듣고 한 번에 3문제에서 4문제를 풀어야 하기 때문에 집중력 유지가 고득점의 관건입니다. 그리고 PART 3 회화문과 마찬가지로 문제지에 문제가 인쇄되어 있으므로 미리 문제를 읽어 두고 들으면 절대적으로 유리한 파트입니다. 따라서 문제를 미리 읽어 두고 지문에서 문제에 해당하는 내용이 들리면 지문 청취와 동시에 문제를 풀 수 있도록 합니다.

**PART 5** **정답찾기**(101~120번)

학습 전략 ◐ 한자 및 표기 능력에 대한 이해와 전반적인 문법, 어휘를 통한 일본어 문장 작성의 기초적인 능력을 평가하는 파트입니다. 주요 출제 유형으로는 발음 및 한자 찾기, 대체표현 찾기, 의미 및 용법 구분의 3개 유형을 들 수 있는데 5분 정도 이내에 문제를 풀고 다음 파트로 넘어가야 합니다. 발음이나 한자를 찾는 문제는 동음이의어 관련 문제 이외에는 밑줄 부분만 보고 정답을 찾고 빠르게 넘어가야 시간을 단축할 수 있습니다. 대체표현 찾기는 정답을 잘 모를 경우 선택지의 내용을 밑줄 부분에 하나씩 넣어서 해석해 보고 가장 자연스러운 표현을 고르면 정답인 경우가 많습니다. 마지막으로 의미 및 용법 구분은 보통 형태가 동일한 선택지를 고르면 대부분 정답인 경우가 많으므로, 문제 문장을 해석하려고 하지 말고 일단은 형태가 동일한 선택지가 있는지를 찾는 것이 급선무입니다.

**PART 6** **오문정정**(121~140번)

학습 전략 ◐ 4개의 선택지 중 틀린 곳이나 문장의 흐름상 어색한 부분을 찾는 문제로, 독해 파트 중 응시자가 가장 어려워하는 파트입니다. 출제 유형은 크게 문법 오용과 어휘 오용으로 나눌 수 있는데, 20문항 중 15문항 이상이 문법 관련 문제이므로 무엇보다도 문법 정리가 필요한 파트라고 할 수 있습니다. 문법표현 오용 문제는 JLPT N1이나 N2의 문법표현을 완벽하게 숙지하고 있어야 정답을 찾아낼 수 있으므로 단기간에 고득점이 필요한 학습자는 일단 이 문법표현부터 암기해 두어야 합니다.

**PART 7** **공란메우기**(141~170번)

학습 전략 ◐ 공란에 들어갈 적절한 표현이나 어휘를 찾는 형식으로, 표현력과 문법, 그리고 작문 능력을 간접적으로 평가하는 파트라 할 수 있습니다. 문법 관련 문제로는 품사별 활용 및 접속 형태, 문법표현 찾기 등이 있고, 어휘 관련 문제로는 명사와 부사, 동사 찾기가 있습니다. 그 외 기타 접속사나 의성어·의태어, 관용표현 등도 출제되고 있으므로 평소 의성어·의태어·관용표현이 나올 때마다 잘 체크하여 익혀 두어야 합니다.

**PART 8** **독해**(171~200번)

학습 전략 ◐ 장문의 글을 읽고 3문항 또는 4문항에 답하는 형식으로, 실제 시험에서는 난이도보다 시간 배분 실패로 다 풀지 못하는 경우가 많으므로 앞선 파트의 시간 배분에 신경을 써야 제시간에 다 풀 수가 있습니다. 주요 출제 유형으로는 밑줄 문제, 공란 문제, 내용 일치 문제의 3개 유형을 들 수 있는데, 내용으로는 인물 소개 및 일상생활, 설명문 및 기사 이슈 등으로 나눌 수 있습니다. 특히 최근 시험에서는 일본에서 이슈가 되고 있는 내용들이 자주 출제되고 있으므로 평소에 일본 관련 뉴스나 기사 등을 꾸준히 접하는 것이 중요합니다.

# 30일 완성 플랜

짧은 기간 차근차근 고득점을 달성하고자 하는 수험생을 위한 30일 완성 플랜

| DAY 1 | DAY 2 | DAY 3 | DAY 4 | DAY 5 |
|---|---|---|---|---|
| **PART 1**<br>UNIT 01 | **PART 1**<br>UNIT 02 | **PART 1**<br>UNIT 03 | **PART 1**<br>UNIT 04 | **PART 2**<br>UNIT 01 |
| DAY 6 | DAY 7 | DAY 8 | DAY 9 | DAY 10 |
| **PART 2**<br>UNIT 02 | **PART 2**<br>UNIT 03 | **PART 2**<br>UNIT 04 | **PART 2**<br>UNIT 05 | **PART 3**<br>UNIT 01 |
| DAY 11 | DAY 12 | DAY 13 | DAY 14 | DAY 15 |
| **PART 3**<br>UNIT 02 | **PART 3**<br>UNIT 03 | **PART 3**<br>UNIT 04 | **PART 4**<br>UNIT 01 | **PART 4**<br>UNIT 02 |
| DAY 16 | DAY 17 | DAY 18 | DAY 19 | DAY 20 |
| **PART 4**<br>UNIT 03 | **PART 5**<br>UNIT 01 | **PART 5**<br>UNIT 02 | **PART 5**<br>UNIT 03 | **PART 5**<br>UNIT 04 |
| DAY 21 | DAY 22 | DAY 23 | DAY 24 | DAY 25 |
| **PART 6**<br>UNIT 01 | **PART 6**<br>UNIT 02 | **PART 6**<br>UNIT 03 | **PART 6**<br>UNIT 04 | **PART 7**<br>UNIT 01 |
| DAY 26 | DAY 27 | DAY 28 | DAY 29 | DAY 30 |
| **PART 7**<br>UNIT 02 | **PART 7**<br>UNIT 03 | **PART 7**<br>UNIT 04 | **PART 8**<br>UNIT 01&02 | **최종평가** |

# 15일 완성 플랜

초단기에 고득점을 달성하고자 하는 수험생을 위한 15일 완성 플랜

| DAY 1 | DAY 2 | DAY 3 | DAY 4 | DAY 5 |
|---|---|---|---|---|
| PART 1<br>UNIT 01&02 | PART 1<br>UNIT 03&04 | PART 2<br>UNIT 01&02 | PART 2<br>UNIT 03&04&05 | PART 3<br>UNIT 01&02 |
| **DAY 6** | **DAY 7** | **DAY 8** | **DAY 9** | **DAY 10** |
| PART 3<br>UNIT 03&04 | PART 4<br>UNIT 01&02&03 | PART 5<br>UNIT 01&02 | PART 5<br>UNIT 03&04 | PART 6<br>UNIT 01&02 |
| **DAY 11** | **DAY 12** | **DAY 13** | **DAY 14** | **DAY 15** |
| PART 6<br>UNIT 03&04 | PART 7<br>UNIT 01&02 | PART 7<br>UNIT 03&04 | PART8<br>UNIT 01&02 | **최종평가** |

JPT 점수는 청해 점수와 독해 점수를 합한 점수가 되며 각 부분의 점수는 각각 최저 점수가 5점, 최고 점수가 495점으로, 총점은 최저 10점에서 최고 990점이 됩니다. 실제 JPT 시험에서는 총 정답 수로 채점되는 것이 아니라, 특정한 통계 처리에 의해 상대평가 방식으로 채점됩니다. 그러나 총 정답 수를 기준으로 점수 환산표를 통해 대략적인 점수를 알아볼 수는 있습니다.

1. 자신의 답안을 교재에 수록된 정답과 대조하여 채점한 후, 청해 파트와 독해 파트의 정답 수를 세어 각각의 총 정답 수를 아래의 표에 기입합니다.
2. 총 정답 수를 근거로, 점수 환산표를 이용하여 청해와 독해의 환산 점수대를 각각 알아봅니다.
3. 청해 환산 점수대와 독해 환산 점수대를 합산하여 총 환산 점수대를 산출합니다.

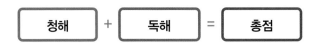

| 청해 | | 독해 | |
|---|---|---|---|
| 총 정답 수 | 환산 점수대 | 총 정답 수 | 환산 점수대 |
| 96~100 | 480~495 | 96~100 | 480~495 |
| 91~95 | 450~475 | 91~95 | 450~475 |
| 86~90 | 420~445 | 86~90 | 420~445 |
| 81~85 | 390~415 | 81~85 | 390~415 |
| 76~80 | 360~385 | 76~80 | 360~385 |
| 71~75 | 330~355 | 71~75 | 330~355 |
| 66~70 | 300~325 | 66~70 | 300~325 |
| 61~65 | 270~295 | 61~65 | 270~295 |
| 56~60 | 240~265 | 56~60 | 240~265 |
| 51~55 | 220~235 | 51~55 | 220~235 |
| 46~50 | 190~215 | 46~50 | 190~215 |
| 41~45 | 160~185 | 41~45 | 160~185 |
| 36~40 | 130~155 | 36~40 | 130~155 |
| 31~35 | 110~125 | 31~35 | 110~125 |
| 26~30 | 90~105 | 26~30 | 90~105 |
| 21~25 | 70~85 | 21~25 | 70~85 |
| 16~20 | 50~65 | 16~20 | 50~65 |
| 11~15 | 30~45 | 11~15 | 30~45 |
| 6~10 | 10~25 | 6~10 | 10~25 |
| 1~5 | 5 | 1~5 | 5 |
| 0 | 5 | 0 | 5 |

# JPT 기출
## 30일 완성
# 850+

## PART 1-8

# PART 1

사진
묘사

| 1. 문항 수 | – 20개(1~20번) |
| --- | --- |
| 2. 문제 형식 | – 사진을 보고 들려주는 4개의 선택지 중 사진을 가장 잘 묘사한 것을 고르는 형식 |
| | – 문제지에는 사진만 보임 |
| 3. 주요 문제 유형 | – 1인 등장 사진 |
| | – 2인 이상 등장 사진 |
| | – 사물 및 동물 등장 사진 |
| | – 풍경 및 상황 묘사 사진 |
| 4. 최근 출제 경향 | – 인물 등장 사진은 10문항 내외로 출제되는데, 1인 등장 사진의 경우 주로 인물의 동작이나 상태, 자세, 복장 등을 묻는다. |
| | – 2인 이상 등장 사진은 인물들의 공통점이나 차이점에 주목해야 하고, 일부 사람 또는 개별 1인의 동작이나 상태를 묻는 패턴으로 출제된다. |
| | – 사물 및 동물 등장 사진은 위치나 모양, 상태 등에 주목해야 한다. |
| | – 풍경 및 상황 묘사 사진은 가장 먼저 눈에 들어오는 전체적인 풍경이나 상황에 주목해야 한다. |

# 01 1인 등장 사진

**STEP 1** 인물 중심 사진에서는 인물의 동작이나 상태를 나타내는 동사를 잘 듣는 것이 중요합니다. 핵심 기출 어휘 및 표현을 먼저 익히세요.

## 핵심 기출 어휘 및 표현

음원 1

▶ **인물의 동작 및 자세**

- 足を揃えている 발을 모으고 있다
- 腕を組んでいる 팔짱을 끼고 있다
- 引いている 끌고 있다
- いじっている 만지고 있다
- 俯いている 고개를 숙이고 있다

▶ **인물의 상태**

- ブローチをつけている 브로치를 달고 있다
- 片手で持っている 한 손으로 들고 있다
- ひざまずいている 무릎을 꿇고 있다
- 指先でつまんでいる 손가락 끝으로 집고 있다
- 起立している 기립해 있다

## 빈출 사진과 정답 문장

음원 2

**STEP 2** 시험에 자주 나오는 사진 상황과 정답으로 제시될 수 있는 문장들을 익혀 보세요.

### 1 뭔가를 읽고 있는 여성

❶ 電車の中で何かを読んでいる人がいます。
전철 안에서 뭔가를 읽고 있는 사람이 있습니다.

❷ 膝にかばんを載せています。
무릎에 가방을 올려놓고 있습니다.

❸ 座っている女性は足を揃えています。
앉아 있는 여성은 발을 모으고 있습니다.

### 2 팔짱을 끼고 앉아 있는 여성

❶ 女の人は眼鏡をかけています。
여자는 안경을 쓰고 있습니다.

❷ 女の人は襟にブローチをつけています。
여자는 옷깃에 브로치를 달고 있습니다.

❸ 女の人は腕を組んでいます。
여자는 팔짱을 끼고 있습니다.

### 3 립스틱을 바르고 있는 여성

❶ 女性の髪の毛は短いです。
여성의 머리카락은 짧습니다.

❷ 女性はスカーフをしています。
여성은 스카프를 하고 있습니다.

❸ 女性は下唇に口紅を塗っています。
여성은 아랫입술에 립스틱을 바르고 있습니다.

### 4 자전거를 끌면서 걷고 있는 남성

❶ 自転車の前のかごには何かが入っています。
자전거 앞 바구니에는 뭔가가 들어 있습니다.

❷ 自転車の前後にかごが取り付けてあります。
자전거 앞뒤에 바구니가 달려 있습니다.

❸ 男の人が自転車を引きながら歩いています。
남자가 자전거를 끌면서 걷고 있습니다.

# JPT 기출문제 풀이 전략

음원 3

**STEP 3** 사진에 한 사람만 있는 경우, 다음 포인트를 중심으로 사진을 분석하세요.

**Point 1**
장소와
주요 사물

어디에서 어떤 사물을 가지고 있는지에 주목!

ホーム 플랫폼　噴水 분수　座席 좌석, 자리　道の端 길가　塀 담, 담장　カメラ 카메라

**Point 2**
인물의 시선/
손·발동작/자세

무엇을 보고, 손과 발은 어떻게 사용하며, 어떤 자세로 있는지에 주목!

しゃがむ 쭈그리고 앉다　注ぐ 붓다, 따르다　首を傾げる 고개를 갸웃하다
胡坐をかく 책상다리를 하고 있다

**Point 3**
복장 및
착용 상태

착용하는 동작이 아닌, 이미 착용한 상태가 어떤지에 주목!

浴衣 유카타　背広 신사복　長袖 긴 소매　半袖 반소매　薄着 (옷을) 얇게 입음

## | CHECK UP |

**Point 1** 장소와 주요 사물

➡ ❶ 噴水の前で 분수 앞에서

　❷ カメラを 카메라를

**Point 2** 인물의 시선/손·발동작/자세

➡ 固定しています。 고정하고 있습니다.

**STEP 4** 다음 기출문제를 기출문제 풀이 전략을 적용해서 풀어 보세요.

## 1

(A) しゃがんで手を合わせています。
쭈그리고 앉아서 손을 모으고 있습니다.

(B) 川の水を汲んでいます。
강물을 푸고 있습니다.

(C) 両手を水に沈めています。
양손을 물에 담그고 있습니다.

✓(D) 指先が水面に触れています。
손가락 끝이 수면에 닿아 있습니다.

- 여자의 행동에 주목해야 한다. 여자는 무릎을 약간 구부린 채 오른손 끝으로 물의 표면을 살짝 만지고 있으므로, 정답은 (D)가 된다. (A)와 (C)는 양손을 사용해서 하는 행동에 대한 설명이므로 답이 될 수 없고, (B)의「汲(く)む」((물 등을) 긷다, 푸다)는 도구 등을 이용해서 물을 떠낸다는 의미이므로 역시 사진과는 맞지 않는다.

- しゃがむ 쭈그리고 앉다　手(て)를 合(あ)わせる 손을 모으다　川(かわ) 강　水(みず) 물　両手(りょうて) 양손
沈(しず)める 가라앉히다. 담그다　指先(ゆびさき) 손가락 끝　水面(すいめん) 수면
触(ふ)れる (가볍게) 닿다. 손을 대다. 건드리다. 만지다

## 2

(A) 右手でほっぺたをつねっています。
오른손으로 볼을 꼬집고 있습니다.

(B) 人形の置物をいじっています。
인형 장식품을 만지고 있습니다.

✓(C) リモコンを操作しています。
리모컨을 조작하고 있습니다.

(D) テレビを見ながら裁縫しています。
TV를 보면서 바느질하고 있습니다.

- 「操作(そうさ)」(조작)라는 단어를 알아듣는 것이 포인트. 여자는 TV 화면을 향해 리모컨을 조작하고 있으므로, 정답은 (C)가 된다. (D)는「テレビ」(텔레비전, TV)라는 단어만 들었을 때 고를 수 있는 오답이다.

- 右手(みぎて) 오른손　ほっぺた 볼. 뺨　つねる 꼬집다　人形(にんぎょう) 인형　置物(おきもの) 장식품
いじる 만지다. 만지작거리다　リモコン 리모컨　テレビ 텔레비전. TV *「テレビジョン」의 준말
동사의 ます형+ながら ～하면서 *동시동작　裁縫(さいほう) 재봉. 바느질

# 빈출 어휘로 실력 다지기

음원 5

□ 触る
　壁の絵に触っている人がいます。

(가볍게) 닿다, 손을 대다, 건드리다, 만지다

벽의 그림에 **손대고** 있는 사람이 있습니다.

□ 撫でる
　子供が犬の頭を撫でています。

쓰다듬다

아이가 개의 머리를 **쓰다듬고** 있습니다.

□ 支える
　男の人は両手で梯子を支えています。

지지하다, 지탱하다

남자는 양손으로 사다리를 **지탱하고** 있습니다.

□ 仰ぐ
　女の人が立って空を仰いでいます。

우러러보다, 위를 보다

여자가 서서 하늘을 **우러러보고** 있습니다.

□ 屈める
　男の人が腰を屈めて何かを見ています。

굽히다, 구부리다

남자가 허리를 **굽혀** 뭔가를 보고 있습니다.

□ しゃがむ
　道端でしゃがんで作業をしている人がいます。

쭈그리고 앉다

길가에서 **쭈그리고 앉아** 작업을 하고 있는 사람이 있습니다.

□ 寄りかかる
　男の人は大きな柱に寄りかかっています。

기대다

남자는 큰 기둥에 **기대어** 있습니다.

□ 覗き込む
　子供が何かを覗き込んでいます。

들여다보다

아이가 뭔가를 **들여다보고** 있습니다.

□ 寝転ぶ
　ソファーに寝転んでいる人がいます。

아무렇게나 드러눕다

소파에 **드러누워** 있는 사람이 있습니다.

□ 寝そべる
　女の子が寝そべって絵本を読んでいます。

엎드려 눕다

여자아이가 **엎드려 누워** 그림책을 읽고 있습니다.

□ たき火をする
　屋外でたき火をしている人がいます。

모닥불을 피우다

옥외에서 **모닥불을 피우고** 있는 사람이 있습니다.

□ 胡坐をかく
　男の人は胡坐をかいています。

책상다리를 하고 앉다

남자는 **책상다리를 하고 앉아** 있습니다.

**STEP 5** 사진을 가장 잘 묘사한 문장을 골라 보세요.

**1**

(A) _____ (○ · ×)

(B) _____ (○ · ×)

(C) _____ (○ · ×)

(D) _____ (○ · ×)

**2**

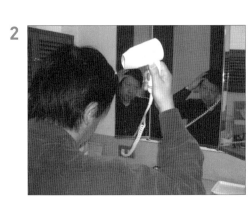

(A) _____ (○ · ×)

(B) _____ (○ · ×)

(C) _____ (○ · ×)

(D) _____ (○ · ×)

**3**

(A) _____ (○ · ×)

(B) _____ (○ · ×)

(C) _____ (○ · ×)

(D) _____ (○ · ×)

**4**

(A) _____ (○ · ×)

(B) _____ (○ · ×)

(C) _____ (○ · ×)

(D) _____ (○ · ×)

**5**

(A) _____ (○ • ×)

(B) _____ (○ • ×)

(C) _____ (○ • ×)

(D) _____ (○ • ×)

**6**

(A) _____ (○ • ×)

(B) _____ (○ • ×)

(C) _____ (○ • ×)

(D) _____ (○ • ×)

**7**

(A) _____ (○ • ×)

(B) _____ (○ • ×)

(C) _____ (○ • ×)

(D) _____ (○ • ×)

**8**

(A) _____ (○ • ×)

(B) _____ (○ • ×)

(C) _____ (○ • ×)

(D) _____ (○ • ×)

**1**

(A) 新聞をめくっています。
(B) 座って読書をしています。
(C) 映画を鑑賞しています。
(D) 新聞を整理しています。

(A) 신문을 넘기고 있습니다.
(B) 앉아서 독서를 하고 있습니다.
(C) 영화를 감상하고 있습니다.
(D) 신문을 정리하고 있습니다.

해설 | 사진 속 사물과 여자의 동작에 주목해야 한다. 여자는 앉아서 신문을 넘겨보고 있으므로, 정답은 (A)가 된다. (B)와 (D)는 각각 선택지의 일부분만 들었을 때 고를 수 있는 오답이고, (C)의 '영화 감상' 역시 사진과는 거리가 먼 설명이다.

어휘 | 新聞(しんぶん) 신문 めくる 넘기다, 젖히다 座(すわ)る 앉다 読書(どくしょ) 독서 映画(えいが) 영화
鑑賞(かんしょう) 감상 整理(せいり) 정리

**2**

(A) 櫛で髪を整えています。
(B) 髪を染めているところです。
(C) 片手でブラシを持っています。
(D) 髪を乾かしているところです。

(A) 빗으로 머리를 가다듬고 있습니다.
(B) 머리를 염색하고 있는 중입니다.
(C) 한 손으로 헤어 브러시를 들고 있습니다.
(D) 머리를 말리고 있는 중입니다.

해설 | 「乾(かわ)かす」(말리다)라는 동사를 알아듣는 것이 포인트. 남자는 거울을 보며 드라이기로 머리를 말리고 있으므로, 정답은 (D)가 된다. (A)와 (B)도 「髪(かみ)」(머리(털))에 관련된 내용이기는 하나 사진에 대한 설명으로는 부적절하고, 남자가 한 손으로 들고 있는 것은 「ブラシ」(헤어 브러시)가 아니라 '드라이기'이므로 (C)도 답이 될 수 없다.

어휘 | 櫛(くし) 빗 整(ととの)える 정돈하다, 가다듬다 染(そ)める 염색하다 ~ているところだ ~하고 있는 중이다
片手(かたて) 한 손 ブラシ 헤어 브러시 *「ヘアーブラシ」의 준말 持(も)つ 가지다, 들다

**3**

(A) トラックが道路を走っています。
(B) 道の真ん中で手を挙げている人がいます。
(C) 屋根の上に雪が積もっています。
(D) 道の端に座っている人がいます。

(A) 트럭이 도로를 달리고 있습니다.
(B) 길 한가운데에서 손을 들고 있는 사람이 있습니다.
(C) 지붕 위에 눈이 쌓여 있습니다.
(D) 길가에 앉아 있는 사람이 있습니다.

해설 | 사진에서 트럭은 보이지 않으므로 일단 (A)는 제외. 여자는 길 한가운데에 서서 손짓하듯이 한 손을 들고 있으므로, 정답은 (B)가 된다. 지붕 위의 눈이나 서 있는 여자 이외의 사람은 찾아볼 수 없으므로 (C)와 (D)는 답이 될 수 없다.

어휘 | トラック 트럭 道路(どうろ) 도로 走(はし)る (탈것이) 달리다 道(みち) 길, 도로 真(ま)ん中(なか) 한가운데 手(て) 손
挙(あ)げる (손을) 들다, 쳐들다 人(ひと) 사람 屋根(やね) 지붕 上(うえ) 위 雪(ゆき) 눈 積(つ)もる 쌓이다 端(はし) 가장자리, 가
座(すわ)る 앉다

**4**

(A) 座席で足を組んでいます。
(B) 地面にしゃがんでいます。
(C) ベンチで横になっています。
(D) 床に寝転んでいます。

(A) 좌석에서 다리를 꼬고 있습니다.
(B) 땅바닥에 쭈그리고 앉아 있습니다.
(C) 벤치에서 누워 있습니다.
(D) 바닥에 드러누워 있습니다.

해설 | 「しゃがむ」(쭈그리고 앉다)라는 동사를 알아듣는 것이 포인트. 여자가 땅바닥에 쭈그리고 앉아서 화분을 만지고 있으므로, 정답은 (B)가 된다. (A)의 「足(あし)を組(く)む」는 '다리를 꼬다', (C)의 「横(よこ)になる」는 '눕다', (D)의 「寝転(ねころ)ぶ」는 '아무렇게나 드러눕다'라는 뜻으로, 사진에 대한 설명으로는 부적절하다.
어휘 | 座席(ざせき) 좌석, 자리　地面(じめん) 지면, 땅바닥　ベンチ 벤치　床(ゆか) 바닥

**5**

(A) 包み紙が破れて、中身が見えています。
(B) 皿に食べかけのケーキが残っています。
(C) お盆にケーキを載せているところです。
(D) お菓子を指先でつまんでいます。

(A) 포장지가 찢어져서 내용물이 보입니다.
(B) 접시에 먹다 만 케이크가 남아 있습니다.
(C) 쟁반에 케이크를 올려놓고 있는 중입니다.
(D) 과자를 손가락 끝으로 집고 있습니다.

해설 | 손동작과 그 대상이 되는 사물에 주목해야 한다. 정답은 (D)로, 상자 속에 나란히 든 과자 가운데 한 개를 손가락으로 집어서 꺼내려 하고 있다. 찢어진 포장지나 접시, 쟁반은 찾아볼 수 없으므로 나머지 선택지는 답이 될 수 없다.
어휘 | 包(つつ)み紙(がみ) 포장지　破(やぶ)れる 찢어지다　中身(なかみ) 내용물　見(み)える 보이다　皿(さら) 접시　食(た)べる 먹다
동사의 ます형+かけ ~하다 만　ケーキ 케이크　残(のこ)る 남다　お盆(ぼん) 쟁반　載(の)せる 얹다, 올려놓다
~ているところだ ~하고 있는 중이다　お菓子(かし) 과자　指先(ゆびさき) 손가락 끝　つまむ (손가락으로) 집다

**6**

(A) 片手で飲み物を注いでいます。
(B) 飲み物が溢れています。
(C) ポットに飲み物を足しています。
(D) 飲み物を掻き回しています。

(A) 한 손으로 음료를 따르고 있습니다.
(B) 음료가 넘치고 있습니다.
(C) 포트에 음료를 채우고 있습니다.
(D) 음료를 젓고 있습니다.

해설 | 「注(そそ)ぐ」(붓다, 따르다)라는 동사를 알아듣는 것이 포인트. 한 손으로 찻주전자에 담긴 음료를 찻잔에 따르고 있으므로, 정답은 (A)가 된다. 찻잔은 적당한 양으로 채워져 있으므로 음료가 넘치고 있다고 한 (B)는 부적절하고, (C)는 찻잔이 아니라 포트에 음료를 따르고 있다는 의미가 되므로 역시 틀린 설명이다. 또한 손님들은 음료가 다 채워지기를 기다리고 있으므로, 음료를 젓고 있다고 한 (D)도 답이 될 수 없다.
어휘 | 片手(かたて) 한 손　飲(の)み物(もの) 음료　溢(あふ)れる (가득 차서) 넘치다, 넘쳐흐르다　ポット 포트
足(た)す (부족분을) 채우다, 보충하다　掻(か)き回(まわ)す (휘저어) 뒤섞다, 휘젓다

**7**

(A) 落ち葉をほうきで掃いている人がいます。
(B) 植木を根っこから抜いている人がいます。
(C) 塀の前で落ち葉を焚いている人がいます。
(D) 土を掘り起こしている人がいます。

(A) 낙엽을 빗자루로 쓸고 있는 사람이 있습니다.
(B) 정원수를 뿌리부터 뽑고 있는 사람이 있습니다.
(C) 담 앞에서 낙엽을 태우고 있는 사람이 있습니다.
(D) 땅을 개간하고 있는 사람이 있습니다.

해설 | 「ほうき」(빗자루)라는 명사와 「掃(は)く」(쓸다)라는 동사를 알아듣는 것이 포인트. 길가에 떨어진 낙엽을 빗자루로 쓸고 있는 사람이 보이므로, 정답은 (A)가 된다.

어휘 | 落(お)ち葉(ば) 낙엽  植木(うえき) 정원수  根(ね)っこ 뿌리  抜(ぬ)く 뽑다  塀(へい) 담, 담장  焚(た)く 태우다  土(つち) 땅
掘(ほ)り起(お)こす 파일구다, 개간하다

**8**

(A) 両手を脇につけ、起立しています。
(B) 手を組み、首を傾げています。
(C) 手を合わせ、ひざまずいています。
(D) 胡坐をかいて、俯いています。

(A) 양손을 겨드랑이에 붙이고 기립해 있습니다.
(B) 두 손으로 깍지를 끼고 고개를 갸웃하고 있습니다.
(C) 손을 모으고 무릎을 꿇고 있습니다.
(D) 책상다리를 하고 앉아서 고개를 숙이고 있습니다.

해설 | 여자의 동작에 주목해야 한다. 여자는 무릎을 꿇은 채로 손을 모아 기도하는 자세를 취하고 있으므로, 정답은 (C)가 된다. (A)는 정자세로 서 있는 모습을, (B)는 손가락을 엇갈리게 끼운 상태에 대한 설명이므로 부적절하며, (D)의 「胡坐(あぐら)をかく」(책상다리를 하고 앉다) 또한 사진과는 거리가 먼 설명이므로 답이 될 수 없다.

어휘 | 両手(りょうて) 양손  脇(わき) 겨드랑이  つける (몸에) 붙이다  起立(きりつ) 기립, 일어섬
手(て)を組(く)む 두 손으로 깍지를 끼다  首(くび)を傾(かし)げる 고개를 갸웃하다  手(て)を合(あ)わせる 손을 모으다, 합장하다
ひざまずく 무릎을 꿇다  俯(うつむ)く 고개를 숙이다

# 주요 어휘 및 표현 정리 20

| 한자 | 읽기 | 의미 |
|------|------|------|
| ☐ 膝 | ひざ | 무릎 |
| ☐ 眼鏡をかける | めがねをかける | 안경을 쓰다 |
| ☐ 口紅 | くちべに | 립스틱 |
| ☐ 取り付ける | とりつける | 달다, 설치하다 |
| ☐ 噴水 | ふんすい | 분수 |
| ☐ 固定 | こてい | 고정 |
| ☐ 沈む | しずむ | 가라앉히다, 담그다 |
| ☐ ほっぺた | ・ | 볼, 뺨 |
| ☐ 操作 | そうさ | 조작 |
| ☐ めくる | ・ | 넘기다, 젖히다 |
| ☐ 整える | ととのえる | 정돈하다, 가다듬다 |
| ☐ 乾かす | かわかす | 말리다 |
| ☐ 端 | はし | 가장자리, 가 |
| ☐ 床 | ゆか | 바닥 |
| ☐ 包み紙 | つつみがみ | 포장지 |
| ☐ 破れる | やぶれる | 찢어지다 |
| ☐ 中身 | なかみ | 내용물 |
| ☐ 指先 | ゆびさき | 손가락 끝 |
| ☐ つまむ | ・ | (손가락으로) 집다 |
| ☐ 落ち葉 | おちば | 낙엽 |

# 2인 이상 등장 사진

**STEP 1** 인물 중심 사진에서는 인물의 동작이나 상태를 나타내는 동사를 잘 듣는 것이 중요합니다. 핵심 기출 어휘 및 표현을 먼저 익히세요.

## 핵심 기출 어휘 및 표현
음원 7

▶ **인물의 동작 및 자세**

- ポーズを取っている 포즈를 취하고 있다
- 杖を突いている 지팡이를 짚고 있다
- 木に登っている 나무에 오르고 있다
- 腰を下ろしている 앉아 있다
- 肩車をしている 목말을 태우고 있다

▶ **인물의 상태**

- 背を向けている 등을 돌리고 있다
- 腰に手を当てている 허리에 손을 대고 있다
- ぶら下がっている 매달려 있다
- 微笑んでいる 미소 짓고 있다
- またがっている (두 다리를 벌리고) 올라타 있다

# 빈출 사진과 정답 문장

음원 8

**STEP 2** 시험에 자주 나오는 사진 상황과 정답으로 제시될 수 있는 문장들을 익혀 보세요.

## 1 단체 사진을 찍고 있는 사람들

❶ ポーズを取っている少年がいます。
포즈를 취하고 있는 소년이 있습니다.

❷ 立っている人もいれば座っている人もいます。
서 있는 사람도 있고[있거니와] 앉아 있는 사람도 있습니다.

❸ 男の子は椅子に片手を載せています。
남자아이는 의자에 한 손을 얹고 있습니다.

## 2 길을 걷고 있는 노부부

❶ 男の人は杖を突いています。
남자는 지팡이를 짚고 있습니다.

❷ 二人とも帽子を被っています。
두 사람 모두 모자를 쓰고 있습니다.

❸ 女の人は腕にビニール袋をかけています。
여자는 팔에 비닐봉지를 걸고 있습니다.

## 3 우산을 쓰고 있는 사람들

❶ 右の女の人はかばんを肩にかけています。
오른쪽 여자는 가방을 어깨에 메고 있습니다.

❷ 真ん中の人はレインコートを着ています。
한가운데 사람은 우비를 입고 있습니다.

❸ 三人とも傘を差しています。
세 사람 모두 우산을 쓰고 있습니다.

## 4 뭔가를 팔고 있는 사람들

❶ こちらに背を向けている人は腰に手を当ててい
ます。 이쪽으로 등을 돌리고 있는 사람은 허리에 손을 대고 있습니다.

❷ 売っている人の中には帽子を被っている人もい
ます。 팔고 있는 사람 중에는 모자를 쓰고 있는 사람도 있습니다.

❸ 売っている人はみんなエプロンをしています。
팔고 있는 사람은 모두 앞치마를 하고 있습니다.

## JPT 기출문제 풀이 전략

음원 9

**STEP 3** 사진에 여러 사람이 있는 경우, 다음 포인트를 중심으로 사진을 분석하세요.

| Point 1 공통적인 동작이나 자세, 상태 | 인물 중 같은 동작 또는 자세를 취하고 있거나 교복이나 유니폼 등을 착용하고 있는 사람에 주목!<br>腰掛ける 걸터앉다　手を振る 손을 흔들다　水に浸かる 물에 잠기다　芝を刈る 잔디를 깎다 |
|---|---|
| Point 2 개별적인 동작이나 자세, 상태 | 인물 중 혼자만 다른 동작을 하거나 다른 것을 착용하고 있는 사람에 주목!<br>前方を見つめる 전방을 응시하다　眺める 바라보다　見合わせる (서로) 마주보다<br>ボールを蹴る 공을 차다 |

## | CHECK UP |

**Point 1** 공통적인 동작이나 자세, 상태

➡ 子供たちは三人とも椅子に腰掛けています。
아이들은 세 사람 모두 의자에 걸터앉아 있습니다.

**Point 2** 개별적인 동작이나 자세, 상태

➡ 真ん中の子は前方を見つめています。
한가운데에 있는 아이는 전방을 응시하고 있습니다.

STEP 4  다음 기출문제를 기출문제 풀이 전략을 적용해서 풀어 보세요.

**1**

(A) 子供が川で泳いでいます。
아이가 강에서 헤엄치고 있습니다.

(B) 子供が手を振っています。
아이가 손을 흔들고 있습니다.

(C) 子供が道を歩いています。
아이가 길을 걷고 있습니다.

✓(D) 子供が木に登っています。
아이가 나무에 오르고 있습니다.

■ 「登(のぼ)る」(오르다, 올라가다)라는 동사를 알아듣는 것이 포인트. 사진 속 아이는 두 손으로 가지를 붙잡고 나무 위에 올라가 있으므로, 정답은 (D)가 된다. 나머지 선택지는 모두 사진과는 거리가 먼 설명이다.

■ 子供(こども) 아이 川(かわ) 강 泳(およ)ぐ 헤엄치다, 수영하다 手(て) 손 振(ふ)る 흔들다 道(みち) 길 歩(ある)く 걷다 木(き) 나무

**2**

✓(A) 水に浸かって作業しています。
물에 잠겨서 작업하고 있습니다.

(B) うつ伏せになって点検しています。
엎드려서 점검하고 있습니다.

(C) 芝を刈っています。
잔디를 깎고 있습니다.

(D) 花壇に草木が生い茂っています。
화단에 초목이 우거져 있습니다.

■ 작업복을 입은 두 남자가 물 속에 들어가서 작업을 하고 있으므로, 정답은 (A)가 된다. 두 사람은 모두 선 채로 일하고 있으므로 엎드려 있다고 한 (B)는 부적절하고, (C)는 물 속에서는 할 수 없는 작업이며, (D)도 화단이라는 장소 자체가 잘못되었으므로 답이 될 수 없다.

■ 水(みず) 물 浸(つ)かる (액체 속에) 잠기다 作業(さぎょう) 작업 うつ伏(ぶ)せ 엎드림 *「うつ伏(ぶ)せになる」− 엎드리다 点検(てんけん) 점검 芝(しば) 잔디 刈(か)る 깎다 (초목을) 베다, 다듬다 花壇(かだん) 화단 草木(くさき) 초목 生(お)い茂(しげ)る (초목이 자라서) 우거지다, 무성하다

# 빈출 어휘로 실력 다지기

□ 各人各様
各人各様の出で立ちでポーズを取っています。

각인각색

**각인각색**의 복장으로 포즈를 취하고 있습니다.

□ 振り向く
右の人だけ振り向いています。

뒤돌아보다

오른쪽 사람만 **뒤돌아보고** 있습니다.

□ もたれる
壁にもたれて居眠りをしている人がいます。

기대다

벽에 **기대어** 졸고 있는 사람이 있습니다.

□ 横になる
二人とも横になっています。

눕다

두 사람 모두 **누워** 있습니다.

□ 行き交う
行き交う人々の服装はまちまちです。

오가다, 왕래하다

**오가는** 사람들의 복장은 각기 다릅니다.

□ 盛り付ける
女の人がお皿に料理を盛り付けています。

(음식을 그릇에 보기 좋게) 담다

여자가 접시에 요리를 **담고** 있습니다.

□ 背中を合わせる
二人は背中を合わせて立っています。

등을 맞대다

두 사람은 **등을 맞대고** 서 있습니다.

□ お辞儀をする
二人は丁寧にお辞儀をしています。

(머리 숙여) 인사하다

두 사람은 공손하게 **(머리 숙여) 인사하고** 있습니다.

□ 輪になる
みんな輪になってわいわいと騒いでいます。

원형을 이루다

모두 **원형을 이루고** 왁자지껄 떠들고 있습니다.

□ 笑みを浮かべる
みんな笑みを浮かべています。

미소를 띠다

모두 **미소를 띠고** 있습니다.

□ 小脇に抱える
本を小脇に抱えて歩いている女性が見えます。

겨드랑이에 끼다

책을 **겨드랑이에 끼고** 걷고 있는 여성이 보입니다.

□ うつ伏せになる
何人かがうつ伏せになっています。

엎드리다

몇 사람인가가 **엎드려** 있습니다.

**STEP 5** 사진을 가장 잘 묘사한 문장을 골라 보세요.

**1**

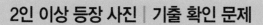

(A) _____ (○ · ×)

(B) _____ (○ · ×)

(C) _____ (○ · ×)

(D) _____ (○ · ×)

**2**

(A) _____ (○ · ×)

(B) _____ (○ · ×)

(C) _____ (○ · ×)

(D) _____ (○ · ×)

**3**

(A) _____ (○ · ×)

(B) _____ (○ · ×)

(C) _____ (○ · ×)

(D) _____ (○ · ×)

**4**

(A) _____ (○ · ×)

(B) _____ (○ · ×)

(C) _____ (○ · ×)

(D) _____ (○ · ×)

**5**

(A) _____ (○ · ×)

(B) _____ (○ · ×)

(C) _____ (○ · ×)

(D) _____ (○ · ×)

**6**

(A) _____ (○ · ×)

(B) _____ (○ · ×)

(C) _____ (○ · ×)

(D) _____ (○ · ×)

**7**

(A) _____ (○ · ×)

(B) _____ (○ · ×)

(C) _____ (○ · ×)

(D) _____ (○ · ×)

**8**

(A) _____ (○ · ×)

(B) _____ (○ · ×)

(C) _____ (○ · ×)

(D) _____ (○ · ×)

**1**

(A) 野球の練習をしています。
(B) 並んで走っています。
(C) 庭の掃除をしています。
(D) プールで遊んでいます。

(A) 야구 연습을 하고 있습니다.
(B) 줄을 서서 달리고 있습니다.
(C) 정원 청소를 하고 있습니다.
(D) 수영장에서 놀고 있습니다.

해설 | 「野球(やきゅう)」(야구)라는 단어를 알아듣는 것이 포인트. 유니폼을 입은 선수들이 손에 글러브를 끼고 야구 연습을 하고 있으므로, 정답은 (A)가 된다. 선수들은 줄을 서서 달리고 있는 것이 아니라 캐치볼을 하고 있으므로 (B)는 틀린 설명이고, 이곳은 정원이나 수영장이 아니므로 (C)와 (D)도 답이 될 수 없다.

어휘 | 野球(やきゅう) 야구　練習(れんしゅう) 연습　並(なら)ぶ (줄을) 서다　走(はし)る 달리다　庭(にわ) 정원　掃除(そうじ) 청소　プール 수영장　遊(あそ)ぶ 놀다

**2**

(A) 屋外で写生しています。
(B) 車窓からの風景をスケッチしています。
(C) 路上で絵画の即売をしています。
(D) 展示された作品を眺めています。

(A) 옥외에서 스케치하고 있습니다.
(B) 차창으로부터의 풍경을 스케치하고 있습니다.
(C) 길 위에서 그림을 직매하고 있습니다.
(D) 전시된 작품을 바라보고 있습니다.

해설 | 사진의 장소와 인물의 동작에 주목해야 한다. 두 사람은 모두 야외에서 선 채로 스케치를 하고 있으므로, 「写生(しゃせい)」(사생, 스케치)라는 단어를 쓴 (A)가 정답이 된다. (B)는 차에 탄 상태에서 스케치를 하고 있다는 의미가 되므로 부적절. (C)는 스케치가 아니라 그림을 팔고 있다는 뜻이며, (D)는 전시된 작품을 감상하고 있다는 의미가 되므로 역시 답이 될 수 없다.

어휘 | 屋外(おくがい) 옥외, 집 또는 건물의 밖　車窓(しゃそう) 차창　風景(ふうけい) 풍경　スケッチ 스케치　路上(ろじょう) 노상, 길 위　絵画(かいが) 회화, 그림　即売(そくばい) 즉매, 직매　展示(てんじ) 전시　作品(さくひん) 작품　眺(なが)める 바라보다

**3**

(A) 二人は背中をぴたりと合わせています。
(B) 男の人と女の人が顔を見合わせています。
(C) 男の人も女の人も暗い表情で俯いています。
(D) 男の人が女の人にマイクを差し出しています。

(A) 두 사람은 등을 딱 맞대고 있습니다.
(B) 남자와 여자가 얼굴을 마주보고 있습니다.
(C) 남자도 여자도 어두운 표정으로 고개를 숙이고 있습니다.
(D) 남자가 여자에게 마이크를 내밀고 있습니다.

해설 | 남자와 여자가 서로 마주보며 이야기를 하고 있다. (A)는 등을 맞대고 반대편을 바라보고 있다는 의미이므로 부적절. (C)의 경우 표정은 알 수 없지만 「俯(うつむ)く」(고개를 숙이다)라는 표현은 틀린 설명이다. 정답은 (B)로, 「見合(みあ)わせる」는 '(서로) 마주보다'라는 뜻이다.

어휘 | 二人(ふたり) 두 사람　背中(せなか) 등　ぴたり 딱 *빈틈없이 맞닿은 모양　合(あ)わせる 맞대다　顔(かお) 얼굴　暗(くら)い 어둡다, 우울하다　表情(ひょうじょう) 표정　マイク 마이크　差(さ)し出(だ)す (앞으로) 내밀다

**4**

(A) 子供たちはボールを抱え、向かい合っています。

(B) 子供たちはそれぞれ素足でボールを蹴っています。

(C) ボールを手にした子供たちが互いに寄りかかっています。

(D) 子供たちは互いのボールを交換しているところです。

(A) 아이들은 공을 안고 마주보고 있습니다.

(B) 아이들은 각자 맨발로 공을 차고 있습니다.

(C) 공을 손에 든 아이들이 서로 기대어 있습니다.

(D) 아이들은 서로의 공을 교환하고 있는 중입니다.

해설 | 두 아이가 각자 공을 안은 채 마주보고 있으므로, 정답은 (A)가 된다. (B)의 「蹴(け)る」(차다), (C)의 「寄(よ)りかかる」(기대다), (D)의 「交換(こうかん)する」(교환하다)는 모두 사진과는 거리가 먼 표현들이다.

어휘 | 子供(こども) 아이 ～たち (사람이나 생물을 나타내는 말에 붙어) ～들 ボール 볼, 공 抱(かか)える 안다, 껴안다
向(む)かい合(あ)う 마주보다, 마주 대하다 それぞれ (제)각기, 각각, 각자 素足(すあし) 맨발 手(て)にする 손에 들다
互(たが)い 서로 交換(こうかん) 교환 ～ているところだ ～하고 있는 중이다

**5**

(A) 一組の男女が車から車輪を外しています。

(B) 子供たちが車の窓枠をつかんでぶら下がっています。

(C) 三人の少年少女がカメラに向かって微笑んでいます。

(D) 幾人かがロープを引いて車両を移動させています。

(A) 한 쌍의 남녀가 자동차에서 바퀴를 빼고 있습니다.

(B) 아이들이 차의 창틀을 붙잡고 매달려 있습니다.

(C) 세 명의 소년 소녀가 카메라를 향해 미소 짓고 있습니다.

(D) 몇 사람인가가 밧줄을 당겨 차량을 이동시키고 있습니다.

해설 | 차창으로 정면을 향해 미소 짓고 있는 세 명의 아이가 보이므로, 정답은 (C)가 된다. 아이들이 차의 창틀을 붙잡고 매달려 있는 상태는 아니므로, (B)는 답이 될 수 없다.

어휘 | 一組(ひとくみ) 한 조, 한 쌍 男女(だんじょ) 남녀 車(くるま) 자동차, 차 車輪(しゃりん) (차의) 바퀴 外(はず)す 빼다, 떼다
窓枠(まどわく) 창틀 つかむ 잡다, 붙잡다 ぶら下(さ)がる 매달리다, (잡고) 늘어지다 少年(しょうねん) 소년
少女(しょうじょ) 소녀 カメラ 카메라 向(む)かう 향하다 微笑(ほほえ)む 미소 짓다 幾人(いくにん) 몇 사람 ロープ 로프, 밧줄
引(ひ)く 당기다, 끌어당기다 車両(しゃりょう) 차량 移動(いどう) 이동

**6**

(A) 背中合わせになって腰を下ろしています。

(B) 胡坐をかいて互いに向き合っています。

(C) 肩をくっつけてベンチに腰かけています。

(D) 二人とも立て膝を抱え、俯いています。

(A) 서로 등을 맞대고 앉아 있습니다.

(B) 책상다리를 하고 앉아서 서로 마주보고 있습니다.

(C) 어깨를 붙이고 벤치에 걸터앉아 있습니다.

(D) 두 사람 모두 세운 한쪽 무릎을 안고 고개를 숙이고 있습니다.

해설 | 잔디밭에 남녀가 무릎을 세우고 서로 등을 맞댄 채 앉아 있다. 이 모습을 바르게 묘사한 것은 (A)로, 책상다리를 하고 앉아서 서로 마주보고 있다고 한 (B)와 어깨를 붙이고 벤치에 걸터앉아 있다고 한 (C), 무릎을 안고 고개를 숙이고 있다고 한 (D)는 모두 틀린 설명이다.

어휘 | 背中合(せなかあ)わせ 서로 등을 맞댐 腰(こし)を下(お)ろす 앉다 胡坐(あぐら)をかく 책상다리를 하고 앉다
互(たが)い 서로 向(む)き合(あ)う 서로 마주보다 肩(かた) 어깨 くっつける (꼭) 붙이다 ベンチ 벤치 腰(こし)かける 걸터앉다
二人(ふたり) 두 사람 ～とも ～모두, ～다 立(た)て膝(ひざ) 한쪽 무릎을 세우고 앉음 抱(かか)える 안다, 껴안다
俯(うつむ)く 고개를 숙이다

**7**

(A) 素手で太鼓を叩いています。
(B) 路上で太鼓を使ったパフォーマンスをしています。
(C) 太鼓の周囲に人だかりができています。
(D) 太鼓を背負った人たちが街頭で演技しています。

(A) 맨손으로 북을 치고 있습니다.
(B) 길 위에서 북을 사용한 퍼포먼스를 하고 있습니다.
(C) 북 주위에 많은 사람이 모여 있습니다.
(D) 북을 멘 사람들이 길거리에서 연기하고 있습니다.

해설 | 길 위에서 여러 명이 북을 치며 공연을 하고 있다. 선택지는 모두 「太鼓(たいこ)」(북)라는 단어가 나오므로, 그 외 세부 내용의 차이를 통해 정답을 골라야 한다. 공연자들은 모두 긴 막대를 들고 받침대 위에 놓여 있는 북을 치고 있으므로, (A)와 (D)는 틀린 설명이다. 그리고 관객은 북 주위가 아닌 펜스 너머에서 공연을 보고 있으므로 (C) 역시 답이 될 수 없다. 따라서 정답은 (B)가 된다.

어휘 | 素手(すで) 맨손 叩(たた)く 치다 路上(ろじょう) 노상, 길 위 使(つか)う 사용하다, 쓰다 パフォーマンス 퍼포먼스 周囲(しゅうい) 주위 人(ひと)だかり 많은 사람이 모임, 인산인해 できる 생기다 背負(せお)う (등에) 메다 人(ひと) 사람 ~たち (사람이나 생물을 나타내는 말에 붙어) ~들 街頭(がいとう) 가두, 길거리, 노상 演技(えんぎ) 연기

**8**

(A) 馬の背にまたがっています。
(B) 走る馬に乗って、弓を引いています。
(C) 競馬のレースの真っ最中です。
(D) 原っぱで駆けっこしています。

(A) 말 등에 올라타 있습니다.
(B) 달리는 말을 타고 활을 당기고 있습니다.
(C) 경마 레이스가 한창입니다.
(D) 들판에서 달리기 경주를 하고 있습니다.

해설 | 「またがる」((두 다리를 벌리고) 올라타다)라는 동사를 알아듣는 것이 포인트. 두 사람은 말에 올라타서 가볍게 승마를 즐기고 있으므로, 정답은 (A)가 된다. 말을 탄 채 활을 쏘거나 격렬한 레이스를 벌이고 있는 것은 아니므로 (B)와 (C)는 틀린 설명이고, 말은 울타리가 쳐진 코스 안을 달리고 있으므로 (D)도 답이 될 수 없다.

어휘 | 馬(うま) 말 背(せ) 등 走(はし)る 달리다 乗(の)る (탈것에) 타다 弓(ゆみ) 활 引(ひ)く 당기다 競馬(けいば) 경마 レース 레이스 真(ま)っ最中(さいちゅう) 한창때 原(はら)っぱ 들판 駆(か)けっこ 달리기 경주

## 주요 어휘 및 표현 정리 20

| 한자 | 읽기 | 의미 |
|---|---|---|
| ☐ 載せる | のせる | 얹다, 올려놓다 |
| ☐ 真ん中 | まんなか | 한가운데 |
| ☐ 草木 | くさき | 초목 |
| ☐ 生い茂る | おいしげる | (초목이 자라서) 우거지다, 무성하다 |
| ☐ 並ぶ | ならぶ | (줄을) 서다 |
| ☐ 屋外 | おくがい | 옥외, 집 또는 건물의 밖 |
| ☐ 路上 | ろじょう | 노상, 길 위 |
| ☐ 差し出す | さしだす | 내밀다 |
| ☐ 素足 | すあし | 맨발 |
| ☐ 寄りかかる | よりかかる | 기대다 |
| ☐ 手にする | てにする | 손에 들다 |
| ☐ 一組 | ひとくみ | 한 조, 한 쌍 |
| ☐ 車輪 | しゃりん | (차의) 바퀴 |
| ☐ 幾人 | いくにん | 몇 사람 |
| ☐ 背中合わせ | せなかあわせ | 서로 등을 맞댐 |
| ☐ くっつける | • | (꼭) 붙이다 |
| ☐ 素手 | すで | 맨손 |
| ☐ 太鼓 | たいこ | 북 |
| ☐ 人だかり | ひとだかり | 많은 사람이 모임 |
| ☐ 真っ最中 | まっさいちゅう | 한창때 |

# UNIT 03 사물 및 동물 등장 사진

**STEP 1** 사물 및 동물 중심 사진에서는 모양이나 상황, 위치 관계를 나타내는 어휘를 잘 듣는 것이 중요합니다. 핵심 기출 어휘 및 표현을 먼저 익히세요.

## 핵심 기출 어휘 및 표현

음원 13

▶ **사물 및 동물의 모양이나 상황**

- 菱形 마름모꼴
- 円錐形 원추형
- 浮かんでいる 떠 있다
- さしてある 꽂혀 있다
- 干してある 널려 있다

▶ **사물 및 동물의 위치 관계**

- 水面 수면, 물의 표면
- 近く 근처
- 隙間なく 빈틈없이
- 至る所 도처, 곳곳, 가는 곳마다
- あちこち 여기저기

**STEP 2** 시험에 자주 나오는 사진 상황과 정답으로 제시될 수 있는 문장들을 익혀 보세요.

## 1 연못의 새와 물고기

❶ 水中に多くの魚が泳いでいます。
물속에 많은 물고기가 헤엄치고 있습니다.

❷ 鳥が二羽、水面に浮かんでいます。
새가 두 마리 수면에 떠 있습니다.

❸ 水面には鳥が、水中には魚がいます。
수면에는 새가, 물 속에는 물고기가 있습니다.

## 2 펜꽂이의 펜과 자

❶ ペン立てにペンや定規があります。
펜꽂이에 펜이랑 자가 있습니다.

❷ ペン立てにペンが何本かきれいにさしてあります。
펜꽂이에 펜이 몇 자루인가 가지런히 꽂혀 있습니다.

❸ 丸いペン立てには文字が書かれています。
둥근 펜꽂이에는 글자가 쓰여 있습니다.

45

## 3 치한·날치기 주의 간판

❶ 立て看板の近くに電信柱が見えます。
입간판 근처에 전신주가 보입니다.

❷ 道を通行している人は一人もいません。
길을 통행하고 있는 사람은 한 명도 없습니다.

❸ 通行人に注意を呼びかける看板が立っています。
통행인에게 주의를 호소하는 간판이 서 있습니다.

## 4 옥외에 널려 있는 빨래

❶ 物干し台に下着類がたくさん干してあります。
빨래 건조대에 속옷류가 많이 널려 있습니다.

❷ 物干し台に洗濯物が隙間なく干してあります。
빨래 건조대에 빨래가 빈틈없이 널려 있습니다.

❸ 洗濯物を干している人の姿は見当たりません。
빨래를 널고 있는 사람의 모습은 보이지 않습니다.

# JPT 기출문제 풀이 전략

음원 15

**STEP 3** 사진에 사물 및 동물이 등장하는 경우, 다음 포인트를 중심으로 사진을 분석하세요.

| Point 1 사물 및 동물의 모양이나 상황 | 사진에 등장하는 사물 및 동물이 어떤 모양을 하고 있고 상황은 어떤지 주목! |
|---|---|

**Point 1**
**사물 및 동물의 모양이나 상황**

사진에 등장하는 사물 및 동물이 어떤 모양을 하고 있고 상황은 어떤지 주목!

駆け抜ける (달려서) 빠져나가다　畳む 개다　束ねる 묶다　取り外す 떼어 내다
裏返し 뒤집음, 또는 뒤집혀 있음　散乱 산란, 흩어져 어지러움

**Point 2**
**사물 및 동물의 위치 관계**

사진 속에 복수의 사물이나 동물이 등장할 경우, 전후좌우 및 상하 위치 관계를 정확하게 파악!

周り 주위　隅 구석　先 전방, 앞쪽　上段 상단　下段 하단　対称 대칭
側面 측면　正面 정면

## | CHECK UP |

**Point 1** 사물 및 동물의 모양이나 상황

◐ 鹿の周りに何人かが立っています。
사슴 주위에 몇 사람인가가 서 있습니다.

**Point 2** 사물 및 동물의 위치 관계

◐ 鹿が女性の手にある食べ物を見ています。
사슴이 여성의 손에 있는 음식을 보고 있습니다.

**STEP 4** 다음 기출문제를 기출문제 풀이 전략을 적용해서 풀어 보세요.

## 1

(A) 馬が草原を走っています。
말이 초원을 달리고 있습니다.

(B) 馬が細い道を駆け抜けています。
말이 좁은 길을 빠져나가고 있습니다.

✓(C) 馬はロープで繋がれています。
말은 밧줄로 매어져 있습니다.

(D) 馬は坂道を上っています。
말은 언덕길을 오르고 있습니다.

■ 말 한 마리가 무슨 냄새를 맡는 것처럼 땅에 코를 대고 서 있다. 따라서 말이 초원을 달리거나 좁은 길, 또는 언덕길을 오르고 있다고 한 (A), (B), (D)는 모두 답이 될 수 없다. 정답은 (C)로, 말의 목에 줄을 매어 묶어 놓은 것을 볼 수 있다.

■ 馬(うま) 말　草原(そうげん) 초원　走(はし)る 달리다　細(ほそ)い 좁다　道(みち) 길
駆(か)け抜(ぬ)ける (달려서) 빠져나가다　ロープ 로프, 줄　繋(つな)ぐ (끈이나 밧줄로) 매다, 가두다
坂道(さかみち) 언덕길　上(のぼ)る 오르다, 올라가다

## 2

(A) 足を広げ、手を頬に当てている人形です。
다리를 벌리고 손을 뺨에 대고 있는 인형입니다.

✓(B) 人形の手足は紐で動かせるようになっています。
인형의 팔다리는 끈으로 움직이게 할 수 있도록 되어 있습니다.

(C) 人形の両足はドレスの中に隠れています。
인형의 양다리는 드레스 안에 숨어 있습니다.

(D) 長袖を着て座っている人形です。
긴소매를 입고 앉아 있는 인형입니다.

■ 인형의 모습과 상태에 주목해야 한다. 사진은 팔다리 부분에 줄을 묶어 조종할 수 있게 만든 줄인형이므로, 정답은 (B)가 된다. 인형은 팔과 다리를 모두 벌리고 있고, 양다리가 드레스 밖으로 나와 있으며 줄에 매달려 공중에 떠 있는 상태이므로, 나머지 선택지는 모두 답이 될 수 없다.

■ 足(あし) 다리　広(ひろ)げる 펴다, 펼치다, 벌리다　手(て) 손　頬(ほお) 뺨, 볼　当(あ)てる (가져다) 대다
人形(にんぎょう) 인형　手足(てあし) 팔다리, 손발　紐(ひも) 끈　動(うご)かす 움직이(게 하)다　~ように ~하도록
両足(りょうあし) 양다리　ドレス 드레스　中(なか) 안, 속　隠(かく)れる 숨다　長袖(ながそで) 긴소매
着(き)る (옷을) 입다　座(すわ)る 앉다

# 빈출 어휘로 실력 다지기

음원 17

□ スクラップ
記事がスクラップされています。

스크랩
기사가 **스크랩**되어 있습니다.

□ 食器
テーブルの上に様々な形の食器が置いてあります。

식기
테이블 위에 여러 가지 모양의 **식기**가 놓여 있습니다.

□ 立入禁止
ここから先は立入禁止になっています。

출입금지
여기에서 앞쪽은 **출입금지**입니다.

□ 駐輪場
駐輪場は自転車でいっぱいです。

주륜장, 자전거를 세워 두는 곳
**주륜장**은 자전거로 가득합니다.

□ ガレージ
屋根が付いているガレージの写真です。

차고
지붕이 달려 있는 **차고** 사진입니다.

□ 斜面
斜面にトラックが止まっています。

경사면
**경사면**에 트럭이 서 있습니다.

□ 垂れ幕
屋上から垂れ幕がぶら下がっています。

현수막
옥상에서 **현수막**이 늘어져 있습니다.

□ 段ボール
部屋の隅に段ボールが積み重なっています。

골판지 상자
방구석에 **골판지 상자**가 겹쳐 쌓여 있습니다.

□ 梯子
大きな梯子が木にかけてあります。

사다리
큰 **사다리**가 나무에 걸쳐 있습니다.

□ 所狭しと
本棚に本が所狭しと並べてあります。

빽빽이
책장에 책이 **빽빽이** 진열되어 있습니다.

□ 実る
枝には多くの果物が実っています。

열매를 맺다
가지에는 많은 과일이 **열려** 있습니다.

□ そびえる
高層ビルがそびえています。

우뚝 솟다
고층 빌딩이 **우뚝 솟아** 있습니다.

STEP 5 ▶ 사진을 가장 잘 묘사한 문장을 골라 보세요.

**1**

(A) _____ (○ · ×)

(B) _____ (○ · ×)

(C) _____ (○ · ×)

(D) _____ (○ · ×)

**2**

(A) _____ (○ · ×)

(B) _____ (○ · ×)

(C) _____ (○ · ×)

(D) _____ (○ · ×)

3

(A) _____ (○ · ×)

(B) _____ (○ · ×)

(C) _____ (○ · ×)

(D) _____ (○ · ×)

(A) _____ (○ · ×)

(B) _____ (○ · ×)

(C) _____ (○ · ×)

(D) _____ (○ · ×)

**5**

(A) _____ (○ • ×)

(B) _____ (○ • ×)

(C) _____ (○ • ×)

(D) _____ (○ • ×)

**6**

(A) _____ (○ • ×)

(B) _____ (○ • ×)

(C) _____ (○ • ×)

(D) _____ (○ • ×)

**7**

(A) _____ (○ · ×)

(B) _____ (○ · ×)

(C) _____ (○ · ×)

(D) _____ (○ · ×)

**8**

(A) _____ (○ · ×)

(B) _____ (○ · ×)

(C) _____ (○ · ×)

(D) _____ (○ · ×)

**1**

(A) 布団が干してあります。
(B) アイロンをかけています。
(C) 毛布を巻いています。
(D) タオルが畳まれています。

(A) 이불이 널려 있습니다.
(B) 다림질하고 있습니다.
(C) 모포를 감고 있습니다.
(D) 수건이 개어져 있습니다.

해설 | 사물의 정확한 명칭과 상태를 묻는 문제. 여러 장의 수건이 차곡차곡 개어져 있으므로, 정답은 (D)가 된다. 나머지 선택지의 이불이나 다림질, 모포에 대한 설명은 모두 사진과는 거리가 멀다.

어휘 | 布団(ふとん) 이불 干(ほ)す 말리다, 널다 타동사+てある ~해져 있다 *상태표현 アイロンをかける 다림질하다
毛布(もうふ) 모포 巻(ま)く 감다 タオル 타월, 수건 畳(たた)む 개다

**2**

(A) ハンガーが束ねられています。
(B) 換気扇が取り付けてあります。
(C) ロビーにエアコンが備え付けてあります。
(D) 障子が取り外されています。

(A) 옷걸이가 묶여 있습니다.
(B) 환기팬이 달려 있습니다.
(C) 로비에 에어컨이 설치되어 있습니다.
(D) 미닫이문이 떼어 내어져 있습니다.

해설 | 방 한쪽 벽에 미닫이문이 보이고, 그 위로 에어컨과 환기팬이 설치되어 있다. 미닫이문 위쪽에 보이는 옷걸이는 묶여 있는 것이 아니라 못에 걸려 있는 상태이므로 (A)는 틀린 설명이고, 에어컨이 설치되어 있는 곳은 로비가 아니라 방이며, 미닫이문은 꼭 닫혀 있는 상태이므로 (C)와 (D)도 답이 될 수 없다. 따라서 정답은 (B)가 된다.

어휘 | ハンガー 옷걸이 束(たば)ねる 다발로 묶다 換気扇(かんきせん) 환기팬 取(と)り付(つ)ける 설치하다, 달다
타동사+てある ~해져 있다 *상태표현 ロビー 로비 エアコン 에어컨 備(そな)え付(つ)ける 설치[비치]하다
障子(しょうじ) 장지, 미닫이(문) 取(と)り外(はず)す 떼어 내다

**3**

(A) 祭日も営業します。
(B) 休業日は不定期です。
(C) 曜日にかかわらず閉店時間は同じです。
(D) 曜日によって営業時間が異なります。

(A) 국경일에도 영업합니다.
(B) 휴업일은 정기적이지 않습니다.
(C) 요일에 관계없이 폐점 시간은 같습니다.
(D) 요일에 따라 영업시간이 다릅니다.

해설 | 영업시간 안내문의 내용을 파악하는 문제. 이 가게는 월, 화, 수, 금요일은 오전, 오후 모두 영업하지만, 목, 토요일은 오전에만 영업 한다. 그리고 맨 아래에 일요일과 경축일, 국경일은 휴업이라고 적혀 있다. 즉, 일요일, 경축일, 국경일은 영업을 하지 않으므로 휴업일은 정해져 있는 것이고, 폐점시간 또한 요일에 따라 다르므로, (A), (B), (C)는 모두 틀린 설명이다. 따라서 정답은 (D)가 된다.

어휘 | 祭日(さいじつ) 국경일 営業(えいぎょう) 영업 休業日(きゅうぎょうび) 휴업일
不定期(ふていき) 부정기, 시기나 기한이 일정하지 않은 것 曜日(ようび) 요일 ~にかかわらず ~에 관계없이
閉店(へいてん) 폐점 時間(じかん) 시간 同(おな)じだ 같다 ~によって ~에 의해서[따라서] 異(こと)なる 다르다

**4**

(A) 至(いた)る所(ところ)にゴミが撒(ま)き散(ち)らされています。
(B) ゴミが通路(つうろ)を塞(ふさ)いでいます。
(C) 粗大(そだい)ゴミが外(そと)に放置(ほうち)されています。
(D) 入(はい)り切(き)らないゴミが置(お)きっぱなしです。

(A) 곳곳에 쓰레기가 흩뿌려져 있습니다.
(B) 쓰레기가 통로를 막고 있습니다.
(C) 대형 쓰레기가 밖에 방치되어 있습니다.
(D) 다 들어가지 않은 쓰레기가 놓인 상태입니다.

해설 | 자판기 옆에 쓰레기통이 놓여 있지만, 쓰레기통이 꽉 찼는지 주변에 여러 개의 페트병과 캔이 놓여 있다. (A)는 쓰레기가 여기저기 흩어져 있는 모습에 대한 설명이므로 부적절하고, 쓰레기가 통로를 막고 있다거나 대형 쓰레기는 찾아볼 수 없으므로 (B)와 (C)도 틀린 설명이다. 따라서 정답은 (D)가 된다.

어휘 | 至(いた)る所(ところ) 도처, 곳곳, 가는 곳마다  ゴミ 쓰레기  撒(ま)き散(ち)らす 흩뿌리다  通路(つうろ) 통로
塞(ふさ)ぐ 막다, 가로막다  粗大(そだい)ゴミ 대형 쓰레기  外(そと) 밖  放置(ほうち) 방치  入(はい)る 들어가다
동사의 ます형+切(き)らない 완전히[끝까지] ~할 수 없다  置(お)く 놓다, 두다  동사의 ます형+っぱなし ~한 채로, ~상태로

**5**

(A) 靴(くつ)がきちんと揃(そろ)えて置(お)いてあります。
(B) 玄関(げんかん)に靴(くつ)が脱(ぬ)ぎ散(ち)らかしてあります。
(C) 靴(くつ)が片方(かたほう)だけ、玄関(げんかん)に残(のこ)っています。
(D) 靴(くつ)が脱(ぬ)ぎ捨(す)てられ、裏返(うらがえ)しになっています。

(A) 신발이 깔끔히 가지런하게 놓여 있습니다.
(B) 현관에 신발이 널브러져 있습니다.
(C) 신발이 한 짝만 현관에 남아 있습니다.
(D) 신발이 벗어 던져져 뒤집혀 있습니다.

해설 | 현관에 여러 켤레의 신발이 너저분하게 흩어져 있으므로, 정답은 (B)가 된다. 신발이 잘 정돈되어 놓여 있다고 한 (A)와 신발이 한 짝만 있다고 한 (C)는 부적절. 신발 중에 뒤집혀 있는 것은 없으므로, (D)도 틀린 설명이다.

어휘 | 靴(くつ) 신, 신발, 구두  きちんと 깔끔히, 말끔히  揃(そろ)える 가지런히 하다  置(お)く 놓다, 두다
타동사+てある ~해져 있다 *상태표현  玄関(げんかん) 현관  脱(ぬ)ぎ散(ち)らかす 벗은 옷이나 신발을 그대로 어지럽게 두다
片方(かたほう) 한 쪽, 한 짝  ~だけ ~만, ~뿐  残(のこ)る 남다  脱(ぬ)ぎ捨(す)てる 벗은 채로 두다, 벗어 던지다
裏返(うらがえ)し 뒤집음, 또는 뒤집혀 있음

**6**

(A) 木材(もくざい)が崩(くず)れてあちこちに散乱(さんらん)しています。
(B) 材木(ざいもく)がロープで束(たば)ねられています。
(C) 大量(たいりょう)の薪(たきぎ)が暖炉(だんろ)にくべられています。
(D) 様々(さまざま)な太(ふと)さの薪(たきぎ)が積(つ)まれています。

(A) 목재가 무너져 여기저기에 어지럽게 흩어져 있습니다.
(B) 목재가 밧줄로 묶여 있습니다.
(C) 많은 양의 장작이 난로에 지펴져 있습니다.
(D) 다양한 굵기의 장작이 쌓여 있습니다.

해설 | 「薪(たきぎ)」(장작)와 「積(つ)む」(쌓다)라는 단어를 알아듣는 것이 포인트. 다양한 굵기의 장작들이 가지런히 쌓여 있는 상태이므로, 정답은 (D)가 된다. 목재가 여기저기 흩어져 있거나 밧줄로 묶여 있지도 않으므로 (A)와 (B)는 부적절하고, 난로 안에서 장작이 타고 있다고 한 (C) 역시 사진과는 거리가 먼 설명이다.

어휘 | 木材(もくざい) 목재  崩(くず)れる 무너지다, 허물어지다  あちこち 여기저기  散乱(さんらん) 산란, 흩어져 어지러움
材木(ざいもく) 재목, 목재  ロープ 로프, 밧줄  束(たば)ねる 다발로 묶다  大量(たいりょう) 대량, 많은 양  暖炉(だんろ) 난로
くべる 지피다, 피우다  様々(さまざま)だ 다양하다, 여러 가지다  太(ふと)さ 굵기

**7**

(A) 木材が山積みにされています。

(B) 広場には丸太で組み立てられた遊び道具があります。

(C) 広場の中央に大きな木が植えてあります。

(D) これはまだ未完成の木造建築物です。

(A) 목재가 산더미처럼 쌓여 있습니다.

(B) 광장에는 통나무로 조립된 놀이기구가 있습니다.

(C) 광장 중앙에 큰 나무가 심어져 있습니다.

(D) 이것은 아직 미완성인 목조 건축물입니다.

해설 | 광장에 통나무로 만들어진 대형 놀이기구가 보인다. 선택지는 모두 나무와 관련된 내용이지만, 사진의 놀이기구에 대한 설명으로 적절한 것은 (B)뿐이다. (A)는 구조물이 아니라 목재 그대로의 상태를, (C)는 살아 있는 나무를 가리키므로 틀린 설명이고, (D)는 「まだ未完成(みかんせい)」(아직 미완성)라는 표현 때문에 답이 될 수 없다.

어휘 | 木材(もくざい) 목재  山積(やまづ)み 산적, 물건이나 일이 산더미처럼 쌓여 있는 것  広場(ひろば) 광장  丸太(まるた) 통나무
組(く)み立(た)てる 조립하다  遊(あそ)び 놀이  道具(どうぐ) 도구  中央(ちゅうおう) 중앙  大(おお)きな 큰  木(き) 나무
植(う)える 심다  타동사+てある ~해져 있다 *상태표현  まだ 아직  木造(もくぞう) 목조  建築物(けんちくぶつ) 건축물

**8**

(A) 鳥が羽を広げ、餌をもらっています。

(B) 巣から飛び立とうとしている鳥です。

(C) 鳥は羽を畳んで、止まり木に止まっています。

(D) 森の中をたくさんの鳥が飛んでいます。

(A) 새가 날개를 펴고 먹이를 받고 있습니다.

(B) 둥지에서 날아오르려 하고 있는 새입니다.

(C) 새는 날개를 접고 홰에 앉아 있습니다.

(D) 숲속을 많은 새가 날고 있습니다.

해설 | 「止(と)まり木(ぎ)」((새장·닭장 등의) 홰, 새장이나 닭장 속에 새나 닭이 올라앉게 가로질러 놓은 나무 막대)라는 단어를 알아듣는 것이 포인트. 새장 안의 홰에 새 한 마리가 앉아 있으므로, 정답은 (C)가 된다. 나머지 선택지도 모두 「鳥(とり)」(새)에 관한 내용이지만, 사진 속 새의 모습과는 거리가 먼 설명이다.

어휘 | 鳥(とり) 새  羽(はね) 날개  広(ひろ)げる 펴다, 펼치다  餌(えさ) 먹이  もらう 받다  巣(す) 둥지  飛(と)び立(た)つ 날아오르다
畳(たた)む 접다  止(と)まる 앉다  森(もり) 숲  中(なか) 안, 속  たくさん 많음  飛(と)ぶ 날다

## 주요 어휘 및 표현 정리 20

| 한자 | 읽기 | 의미 |
|------|------|------|
| ☐ 水中 | すいちゅう | 수중, 물속 |
| ☐ 定規 | じょうぎ | 자 |
| ☐ 立て看板 | たてかんばん | 입간판 |
| ☐ 呼びかける | よびかける | 호소하다 |
| ☐ 物干し台 | ものほしだい | (지붕이나 테라스에 설치한) 빨래 건조대 |
| ☐ 干す | ほす | 말리다, 널다 |
| ☐ 見当たる | みあたる | (찾던 것이) 발견되다, 눈에 띄다, 보이다 |
| ☐ 鹿 | しか | 사슴 |
| ☐ 繋ぐ | つなぐ | (끈이나 밧줄로) 매다, 가두다 |
| ☐ 坂道 | さかみち | 언덕길 |
| ☐ 隠れる | かくれる | 숨다 |
| ☐ アイロンをかける | • | 다림질하다 |
| ☐ 毛布 | もうふ | 모포 |
| ☐ 備え付ける | そなえつける | 설치[비치]하다 |
| ☐ 取り外す | とりはずす | 떼어 내다 |
| ☐ ～にかかわらず | • | ～에 관계없이 |
| ☐ 撒き散らす | まきちらす | 흩뿌리다 |
| ☐ 放置 | ほうち | 방치 |
| ☐ 脱ぎ捨てる | ぬぎすてる | 벗은 채로 두다, 벗어 던지다 |
| ☐ 木材 | もくざい | 목재 |

# 04 풍경 및 상황 묘사 사진

**STEP 1** 풍경 및 상황 묘사 사진에서는 풍경이나 상황을 나타내는 어휘와 동사를 잘 듣는 것이 중요합니다. 핵심 기출 어휘 및 표현을 먼저 익히세요.

## 핵심 기출 어휘 및 표현
음원 19

▶ **풍경 묘사**

- 通り 거리
- 港 항구
- 砂浜 모래사장
- 山腹 산 중턱
- 路面 노면

▶ **상황 묘사**

- すし詰め 초만원
- 石を投げている 돌을 던지고 있다
- 泊まっている 정박해 있다
- 整列している 정렬되어 있다
- 途切れている 끊어져 있다

# 빈출 사진과 정답 문장

음원 20

**STEP 2** 시험에 자주 나오는 사진 상황과 정답으로 제시될 수 있는 문장들을 익혀 보세요.

## 1 풍경 묘사

❶ 道路の両側に住宅がずらりと並んでいます。
도로 양쪽에 주택이 죽 늘어서 있습니다.

❷ 住宅が並んでいる通りは人の姿が見えません。
주택이 늘어서 있는 거리에는 사람의 모습이 보이지 않습니다.

❸ 植木の枝が道路側にはみ出している住宅もあります。 정원수 가지가 도로 쪽으로 비어져 나와 있는 주택도 있습니다.

## 2 상황 묘사

❶ 体操服姿の子供たちです。
체육복 차림의 아이들입니다.

❷ 子供たちはみんな帽子を被っています。
아이들은 모두 모자를 쓰고 있습니다.

❸ 運動会で綱引きが行われています。
운동회에서 줄다리기가 행해지고 있습니다.

59

## 3 풍경 묘사

❶ 木の高さは建物の3倍近くあります。
나무 높이는 건물의 세 배 가까이 됩니다.

❷ 横断歩道を渡っている人が見えます。
횡단보도를 건너고 있는 사람이 보입니다.

❸ 停止線の前に車が止まっています。
정지선 앞에 자동차가 서 있습니다.

## 4 상황 묘사

❶ 男の人が立って何かを見ています。
남자가 서서 뭔가를 보고 있습니다.

❷ 男の人はズボンのポケットに手を入れています。
남자는 바지 주머니에 손을 넣고 있습니다.

❸ 男の人は半袖のシャツを着ています。
남자는 반소매 셔츠를 입고 있습니다.

## JPT 기출문제 풀이 전략

음원 21

**STEP 3** 사진의 풍경이나 상황을 묻는 경우, 다음 포인트를 중심으로 사진을 분석하세요.

**Point 1**
**가장 눈에 띄는 풍경이나 상황**

사진에서 가장 먼저 눈에 들어오는 전체적인 풍경이나 상황에 주목!
車内 차내, 차 안  ホーム 플랫폼  高層ビル 고층 빌딩  屋上 옥상  行き来 오감, 왕래

**Point 2**
**주변 풍경이나 상황**

주변 풍경이나 상황 중 두드러지게 눈에 띄는 것에 주목!
被る 뒤집어쓰다  見渡す (멀리) 바라보다  尖る 뾰족해지다  険しい 험하다, 험악하다
続く 이어지다, 계속되다  向かう 향하다, (향해) 가다  急だ (경사가) 가파르다  隣り合う 이웃하다

## | CHECK UP |

**Point 1** 가장 눈에 띄는 풍경이나 상황

➡ 車内はすし詰めの状態です。
차 안은 초만원 상태입니다.

**Point 2** 주변 풍경이나 상황

➡ ホームには、まだ電車に乗り切れない人がいます。
플랫폼에는 아직 전철을 다 타지 못한 사람이 있습니다.

STEP 4 다음 기출문제를 기출문제 풀이 전략을 적용해서 풀어 보세요.

**1**

✓(A) 港の中に船が見えます。
항구 안에 배가 보입니다.

(B) 空いている駐車場を探しています。
비어 있는 주차장을 찾고 있습니다.

(C) 海岸で石を投げています。
해안에서 돌을 던지고 있습니다.

(D) バス停にバスが停車しています。
버스 정류장에 버스가 정차해 있습니다.

- 「港(みなと)」(항구)라는 단어를 알아듣는 것이 포인트. 사진은 배가 오가는 항구의 모습이므로, 정답은 (A)가 된다. (B)와 (D)의 주차 장이나 버스 정류장은 사진과는 거리가 먼 설명이므로 부적절. (C)의 경우 돌을 던지고 있는 사람의 모습은 보이지 않으므로 역시 답이 될 수 없다.

- 中(なか) 안, 속  船(ふね) 배  見(み)える 보이다  空(あ)く (자리·방 따위가) 나다, 비다  駐車場(ちゅうしゃじょう) 주차장  探(さが)す 찾다  海岸(かいがん) 해안  石(いし) 돌  投(な)げる 던지다
バス停(てい) 버스 정류장 *「バス停留所(ていりゅうじょ)」의 준말  バス 버스  停車(ていしゃ) 정차

**2**

(A) ロープウェーに乗っています。
케이블 카를 타고 있습니다.

✓(B) リフトで山の斜面を上っている人がいます。
리프트로 산의 경사면을 올라가고 있는 사람이 있습니다.

(C) スキー場はすっぽり雪を被っています。
스키장은 눈을 푹 뒤집어쓰고 있습니다.

(D) モノレールから山の麓まで見渡せます。
모노레일에서 산기슭까지 멀리 바라볼 수 있습니다.

- 외래어의 의미를 파악해야 하는 문제. 사람들이 탑승하고 있는 것은 스키장 등에서 흔히 볼 수 있는 리프트이므로, 정답은 (B)의 「リフト」(스키장 등의) 리프트)가 된다. (A)의 「ロープウェー」(로프웨이, 케이블 카)나 (D)의 「モノレール」(모노레일)는 사진과 는 거리가 멀고, (C)의 경우 스키장은 눈이 쌓여 있지 않은 상태이므로 역시 틀린 설명이다.

- 乗(の)る (탈것에) 타다  山(やま) 산  斜面(しゃめん) 사면, 경사면  上(のぼ)る 오르다, 올라가다  人(ひと) 사람
スキー場(じょう) 스키장  すっぽり 푹 *완전히 싸여 있는 모양  雪(ゆき) 눈  被(かぶ)る 뒤집어쓰다  モノレール 모노레일
麓(ふもと) 산기슭  ~まで ~까지  見渡(みわた)す (멀리) 바라보다

# 빈출 어휘로 실력 다지기

□ 海辺
海辺は海水浴客でいっぱいです。

바닷가, 해변

**해변**은 해수욕객으로 가득합니다.

□ 境内
境内は人影も疎らです。

(신사·절의) 경내

**경내**는 인적도 뜸합니다.

□ 飾る
棚に様々な大きさのこけしが飾ってあります。

장식하다, 꾸미다

선반에 다양한 크기의 목각인형이 **장식되어** 있습니다.

□ 開けっぱなし
玄関のドアが開けっぱなしになっています。

열린 채로 있음

현관문이 **열린 채로** 되어 있습니다.

□ 賑やかだ
商店街は買い物をする人々で賑やかです。

북적거리다, 활기차다

상점가는 쇼핑을 하는 사람들로 **북적거립니다.**

□ 土砂降り
土砂降りの中を傘も差さずに、歩いている人がいます。

비가 억수같이 내림, 장대비

**장대비** 속을 우산도 쓰지 않고 걷고 있는 사람이 있습니다.

□ がらがら
電車の中はがらがらです。

텅텅 빔

전철 안은 **텅텅 비었**습니다.

□ ごつごつ
ごつごつした岩がいくつか見えます。

울퉁불퉁, 거칠거칠

**울퉁불퉁**한 바위가 몇 개인가 보입니다.

□ ぎざぎざ
枝に付いている葉っぱはぎざぎざしています。

(톱날처럼) 깔쭉깔쭉함

나뭇가지에 달려 있는 잎은 **깔쭉깔쭉**합니다.

□ のどかだ
のどかな田舎の風景です。

한가롭다

**한가로운** 시골 풍경입니다.

□ なだらかだ
なだらかな丘を登ってくる人が見えます。

완만하다, 가파르지 않다

**완만한** 언덕을 올라오는 사람이 보입니다.

□ ～に沿って
道に沿って花が咲き乱れています。

～에[을] 따라(서)

길**을 따라** 꽃이 만발해 있습니다.

**STEP 5** 사진을 가장 잘 묘사한 문장을 골라 보세요.

1

(A) _____ (○ · ×)

(B) _____ (○ · ×)

(C) _____ (○ · ×)

(D) _____ (○ · ×)

2

(A) _____ (○ · ×)

(B) _____ (○ · ×)

(C) _____ (○ · ×)

(D) _____ (○ · ×)

**3**

(A) _____ (○ · ×)

(B) _____ (○ · ×)

(C) _____ (○ · ×)

(D) _____ (○ · ×)

**4**

(A) _____ (○ · ×)

(B) _____ (○ · ×)

(C) _____ (○ · ×)

(D) _____ (○ · ×)

**5**

(A) _____ (○ · ×)

(B) _____ (○ · ×)

(C) _____ (○ · ×)

(D) _____ (○ · ×)

**6**

(A) _____ (○ · ×)

(B) _____ (○ · ×)

(C) _____ (○ · ×)

(D) _____ (○ · ×)

**7**

(A) _____ (○ • ×)

(B) _____ (○ • ×)

(C) _____ (○ • ×)

(D) _____ (○ • ×)

**8**

(A) _____ (○ • ×)

(B) _____ (○ • ×)

(C) _____ (○ • ×)

(D) _____ (○ • ×)

**1**

(A) でこぼこした形の高層ビルです。
(B) 屋上に無数の旗が立っています。
(C) 先端が尖った建物です。
(D) 正方形のビルです。

(A) 울퉁불퉁한 형태의 고층빌딩입니다.
(B) 옥상에 무수한 깃발이 서 있습니다.
(C) 끝이 뾰족한 건물입니다.
(D) 정사각형의 빌딩입니다.

해설 | 건물의 모양에 주목해야 한다. 사진의 건물은 위로 올라갈수록 뾰족해지는 곡선 형태의 독특한 모양이므로, 정답은 (C)가 된다. 이 건물의 외부는 매끈하게 마무리되어 있고, 건물 꼭대기에 깃발은 보이지 않으므로 (A)와 (B)는 부적절. (D)의 「正方形(せいほうけい)」(정사각형)는 네모난 모양의 빌딩을 말하므로 답이 될 수 없다.

어휘 | でこぼこ(凸凹) 울퉁불퉁, 들쑥날쑥 *표면에 기복이 있어 편편하지 않은 것 形(かたち) 모양, 형태 高層(こうそう)ビル 고층빌딩 屋上(おくじょう) 옥상 無数(むすう) 무수 旗(はた) 깃발 立(た)つ (초목·깃발 등이) 서다 先端(せんたん) 선단, (물건의) 끝 尖(とが)る 뾰족해지다 建物(たてもの) 건물

**2**

(A) 険しい山が続いています。
(B) 崖が続いた海岸です。
(C) 海水浴客で賑わう砂浜です。
(D) 頂上へ向かう登山道です。

(A) 험한 산이 이어져 있습니다.
(B) 절벽이 이어진 해안입니다.
(C) 해수욕객으로 북적거리는 모래사장입니다.
(D) 정상으로 향하는 등산로입니다.

해설 | 「崖(がけ)」(절벽, 벼랑)라는 단어를 알아듣는 것이 포인트. 사진은 해안선을 따라 길게 이어진 절벽의 모습이므로, 정답은 (B)가 된다. 나머지 선택지의 산이나 모래사장, 등산로는 모두 사진과는 거리가 먼 설명이다.

어휘 | 険(けわ)しい 험하다, 가파르다 山(やま) 산 続(つづ)く 이어지다, 계속되다 海岸(かいがん) 해안 海水浴客(かいすいよくきゃく) 해수욕객 賑(にぎ)わう 북적거리다, 활기차다 砂浜(すなはま) 모래사장 頂上(ちょうじょう) 정상 向(む)かう 향하다, (향해) 가다 登山道(とざんどう) 등산로

**3**

(A) 船が港に泊まっている景色です。
(B) ここは船を修理する工場です。
(C) 売り場には、船のおもちゃが並んでいます。
(D) 博物館の中にたくさんの船が並べられています。

(A) 배가 항구에 정박해 있는 풍경입니다.
(B) 여기는 배를 수리하는 공장입니다.
(C) 매장에는 배 장난감이 놓여 있습니다.
(D) 박물관 안에 많은 배가 진열되어 있습니다.

해설 | 항구에 여러 척의 배들이 정박해 있다. 정답은 (A)로, 이때의 「泊(と)まる」는 '(배를) 대다, 정박하다'라는 의미로 쓰인 것이다. 나머지 선택지에도 「船(ふね)」(배)라는 단어가 나오지만 각각 공장과 매장, 박물관 등에 대한 설명으로, 사진 속의 '항구'라는 장소와는 맞지 않는 내용이다.

어휘 | 港(みなと) 항구　景色(けしき) 경치, 풍경　ここ 여기, 이곳　修理(しゅうり) 수리　工場(こうじょう) 공장
売(う)り場(ば) 매장　おもちゃ 장난감　並(なら)ぶ (나란히) 늘어서다. 놓여 있다　博物館(はくぶつかん) 박물관　中(なか) 안, 속
たくさん 많음　並(なら)べる (나란히) 늘어놓다, 진열하다

**4**

(A) 鉢に植えられた植物です。
(B) 駐車場の脇に植え込みがあります。
(C) 摘んだ果実を運搬中です。
(D) 閉鎖された駐車場です。

(A) 화분에 심어진 식물입니다.
(B) 주차장 옆에 정원수가 있습니다.
(C) 딴 과일을 운반 중입니다.
(D) 폐쇄된 주차장입니다.

해설 | 사진의 구도상 주차된 자동차에 주목하기 쉽지만, 포인트가 되는 것은 오른쪽 옆에 있는 정원수이다. 이 식물은 화분이 아니라 건물에 조성된 화단에 심어져 있으므로 (A)는 틀린 설명이다. 정답은 (B)로, 주차장 옆에 별도로 마련된 공간에 낮은 키의 정원수가 빼곡히 심어져 있다. 과일을 운반 중인 차량은 보이지 않고, 주차장에는 차가 세워져 있으므로 (C)와 (D)도 답이 될 수 없다.

어휘 | 鉢(はち) 화분　植(う)える 심다　植物(しょくぶつ) 식물　駐車場(ちゅうしゃじょう) 주차장　脇(わき) 옆, 곁
植(う)え込(こ)み 뜰에서 나무를 많이 심은 곳, 정원수　摘(つ)む (손으로) 따다　果実(かじつ) 과실, 과일　運搬(うんぱん) 운반
〜中(ちゅう) 〜중　閉鎖(へいさ) 폐쇄

**5**

(A) 人々が建物の壁に沿って整列しています。
(B) 浜辺は水着の海水浴客で混雑しています。
(C) 建物の前を人々が徒歩や自転車で行き来しています。
(D) マラソン選手を見守る観客たちが大勢います。

(A) 사람들이 건물 벽을 따라 정렬해 있습니다.
(B) 해변은 수영복을 입은 해수욕객으로 혼잡합니다.
(C) 건물 앞을 사람들이 도보나 자전거로 오가고 있습니다.
(D) 마라톤 선수를 지켜보는 관객들이 많이 있습니다.

해설 | 사진 속 정경과 사람들의 행동에 주목해야 한다. 건물 앞쪽으로 자전거를 타거나 걸어서 이동하는 사람들의 모습이 보이므로, 정답은 (C)가 된다. 사람들은 상점가를 따라 자유롭게 오가고 있으므로, 줄지어 서 있다는 의미인 (A)의 「整列(せいれつ)」(정렬)는 일단 제외. 또한 이곳은 해수욕을 즐길 수 있는 해변이 아니고, 마라톤 선수의 모습도 보이지 않으므로 (B)의 「浜辺(はまべ)」(바닷가, 해변)와 (D)의 「マラソン選手(せんしゅ)」(마라톤 선수)도 틀린 설명이다.

어휘 | 人々(ひとびと) 사람들　建物(たてもの) 건물　壁(かべ) 벽　〜に沿(そ)って 〜에[을] 따라(서)　水着(みずぎ) 수영복
海水浴(かいすいよく) 해수욕　客(きゃく) 객, 손님　混雑(こんざつ) 혼잡　徒歩(とほ) 도보　〜や 〜나　行(い)き来(き) 왕래, 오감
マラソン 마라톤　選手(せんしゅ) 선수　見守(みまも)る 지켜보다　観客(かんきゃく) 관객
〜たち (사람이나 생물을 나타내는 말에 붙어) 〜들　大勢(おおぜい) 많은 사람, 여럿

**6**

(A) 老朽化した階段は途中で途切れています。
(B) 建物の螺旋階段には手すりがついています。
(C) 山腹に傾斜の急な階段が設置されています。
(D) 非常階段の上から垂れ幕が下がっています。

(A) 노후화된 계단은 도중에 끊겨 있습니다.
(B) 건물의 나선형 계단에는 난간이 붙어 있습니다.
(C) 산 중턱에 경사가 가파른 계단이 설치되어 있습니다.
(D) 비상계단 위부터 현수막이 드리워져 있습니다.

해설 | 「螺旋階段(らせんかいだん)」(나선형 계단)이라는 단어를 알아듣는 것이 포인트. 사진은 층계참이 있는 직선형 계단이 아니라, 빙글빙글 돌며 위로 올라가는 나선 형태의 계단이므로, 정답은 (B)가 된다. 계단은 아래에서부터 꼭대기까지 끊긴 곳 없이 이어져 있으므로 (A)는 틀린 설명이고, (C)의 「山腹(さんぷく)」(산 중턱)나 (D)의 「垂(た)れ幕(まく)」(현수막)의 모습도 찾아볼 수 없다.

어휘 | 老朽化(ろうきゅうか) 노후화 階段(かいだん) 계단 途中(とちゅう) 도중 途切(とぎ)れる 끊어지다, 끊기다 建物(たてもの) 건물 手(て)すり 난간 つく 붙다 傾斜(けいしゃ) 경사 急(きゅう)だ (경사가) 가파르다 設置(せっち) 설치 非常(ひじょう) 비상 下(さ)がる 드리워지다, 매달리다

**7**

(A) 二つの塔には、屋上まで長い梯子が架けられています。
(B) 二つの円形の建物は通路で繋がっています。
(C) 異なった構造の建物が隣り合って建っています。
(D) 外観が同じ二つのビルは上の階で行き来できます。

(A) 두 개의 탑에는 옥상까지 긴 사다리가 놓여 있습니다.
(B) 두 개의 원형 건물은 통로로 연결되어 있습니다.
(C) 다른 구조의 건물이 이웃하여 서 있습니다.
(D) 외관이 같은 두 개의 빌딩은 위층에서 오갈 수 있습니다.

해설 | 똑같은 모양의 두 건물이 보이는데, 그 중간의 상층부에는 서로 오갈 수 있는 통로로 연결되어 있다. 선택지 중 이와 일치하는 내용은 (D)뿐이다. (A)는 사다리 자체가 설치되어 있지 않으며, (B)는 '원형 건물', (C)는 '다른 구조의 건물'이라는 부분이 잘못되었다.

어휘 | 二(ふた)つ 두 개 塔(とう) 탑 屋上(おくじょう) 옥상 長(なが)い (길이가) 길다 梯子(はしご) 사다리 架(か)ける 걸다, 놓다, 가설하다 円形(えんけい) 원형 建物(たてもの) 건물 通路(つうろ) 통로 繋(つな)がる 이어지다, 연결되다 異(こと)なる 다르다 構造(こうぞう) 구조 隣(とな)り合(あ)う 나란히 하다, 이웃하다 建(た)つ (건물이) 서다 外観(がいかん) 외관 同(おな)じだ 같다 ビル 빌딩 *「ビルディング」의 준말 階(かい) (건물의) 층 行(い)き来(き) 왕래, 오감 できる 할 수 있다, 가능하다

**8**

(A) ごつごつした岩場が続いています。
(B) 路面がアスファルトで舗装されています。
(C) 石像が屋外に展示されています。
(D) 石畳が整然と敷き詰められています。

(A) 울퉁불퉁한 암석지대가 이어져 있습니다.
(B) 노면이 아스팔트로 포장되어 있습니다.
(C) 석상이 야외에 전시되어 있습니다.
(D) 포석이 정연하게 깔려 있습니다.

해설 | 「岩場(いわば)」(암석지대)라는 단어를 알아듣는 것이 포인트. 표면이 고르지 않은 자연석들이 넓게 펼쳐져 있는 가운데 몇몇 사람들의 모습이 보이므로, 정답은 (A)가 된다. 나머지 선택지 (B)의 「アスファルト」(아스팔트), (C)의 「石像(せきぞう)」(석상), (D)의 「石畳(いしだたみ)」(포석, 길에 까는 돌)도 모두 돌과 관련 있는 내용이기는 하지만, 사진에 대한 설명으로는 부적절하다.

어휘 | ごつごつ 울퉁불퉁, 거칠거칠 *표면이 매끄럽지 않은 모양 続(つづ)く 이어지다, 계속되다 路面(ろめん) 노면 舗装(ほそう) 포장 屋外(おくがい) 옥외, 집 또는 건물의 밖 展示(てんじ) 전시 整然(せいぜん)と 정연하게 敷(し)き詰(つ)める 온통 깔다

## 주요 어휘 및 표현 정리 20

| 한자 | 읽기 | 의미 |
|---|---|---|
| ☐ 両側 | りょうがわ | 양쪽, 양편 |
| ☐ ずらりと | ・ | 죽 *잇달아 늘어선 모양 |
| ☐ はみ出す | はみだす | 비어져 나오다 |
| ☐ 綱引き | つなひき | 줄다리기 |
| ☐ 停止線 | ていしせん | 정지선 |
| ☐ すっぽり | ・ | 푹 *완전히 싸여 있는 모양 |
| ☐ 麓 | ふもと | 산기슭 |
| ☐ 先端 | せんたん | 선단, (물건의) 끝 |
| ☐ 尖る | とがる | 뾰족해지다 |
| ☐ 正方形 | せいほうけい | 정사각형 |
| ☐ 崖 | がけ | 절벽, 벼랑 |
| ☐ 賑わう | にぎわう | 북적거리다, 활기차다 |
| ☐ 摘む | つむ | (손으로) 따다 |
| ☐ 見守る | みまもる | 지켜보다 |
| ☐ 老朽化 | ろうきゅうか | 노후화 |
| ☐ 螺旋 | らせん | 나선, 나선형 |
| ☐ 垂れ幕 | たれまく | 현수막 |
| ☐ 下がる | さがる | 드리워지다, 매달리다 |
| ☐ 梯子 | はしご | 사다리 |
| ☐ 敷き詰める | しきつめる | 온통 깔다 |

71

# PART 2

질의
응답

| 1. 문항 수 | – 20개(30~50번) |
|---|---|
| 2. 문제 형식 | – 질문에 대한 적절한 응답을 고르는 형식 |
| | – 문제지에 문제가 제시되지 않고 오로지 음성만 듣고 푸는 문제 |
| 3. 주요 문제 유형 | – 의문사형 질문 |
| | – 예/아니요형 질문 |
| | – 인사 표현 및 정해진 문구 |
| | – 일상생활 표현 |
| | – 업무 및 비즈니스 표현 |
| 4. 최근 출제 경향 | – 의문사형 질문은 시험에 반드시 출제되므로, 의문사의 정확한 의미를 익혀 두고 조사나 시제에 주의하면서 들어야 한다. |
| | – 예/아니요형 질문은 '예'나 '아니요'가 생략된 선택지에 주의해야 하고, 부정 의문문의 응답 유형을 충분히 연습해 두어야 한다. |
| | – 정해진 문구는 최근 들어 권유, 허가나 승낙, 의뢰, 과거의 경험, 금지 등의 표현이 자주 출제되고 있다. |
| | – 일상생활 표현은 자주 출제되는 일상생활의 상황에 대해서 충분한 연습을 해 두어야 한다. |
| | – 업무 및 비즈니스 표현은 어휘나 표현이 항상 까다롭게 출제되므로, 평소에 꾸준히 어휘나 표현을 암기해 두어야 한다. |

# 의문사형 질문

STEP 1 먼저 핵심 기출 의문사와 필수 예문을 익히세요.

음원 25

## 핵심 기출 의문사 및 필수 예문

- **どこで** 어디에서
  예 そのかばん、どこで買いましたか。그 가방, 어디에서 샀어요?

- **いかが** (의사가) 어떠함
  예 もう少しいかがですか。조금 더 어떠세요?

- **いつ** 언제
  예 課長はいつお戻りになりますか。과장님은 언제 돌아오시나요?

- **どんな** 어떤
  예 入学祝いにどんなものがいいでしょうか。입학 축하 선물로 어떤 게 좋을까요?

**STEP 2** 이제 YBM이 엄선한 의문사형 문제를 잘 듣고 풀어 보세요.

## 1 「どこ」(어디) – 장소

あの故障したスタンド扇風機はどこにありますか。
(A) 破いてゴミ箱に捨てました。
✓(B) この間修理に出しました。
(C) 畳んで引き出しに入れておきました。
(D) 廊下にある洗濯機で洗いました。

그 고장 난 스탠드 선풍기는 어디에 있어요?
(A) 찢어서 쓰레기통에 버렸어요.
✓(B) 요전에 수리를 맡겼어요.
(C) 접어서 서랍에 넣어 두었어요.
(D) 복도에 있는 세탁기로 빨았어요.

## 2 「いかが」(어떠함) – 권유

冷たいお茶はいかがですか。
(A) いいえ、どういたしまして。
✓(B) はい、ありがとうございます。
(C) どうもすみませんでした。
(D) では、もう一度お願いします。

차가운 차는 어떠세요?
(A) 아니요, 천만에요.
✓(B) 예, 감사해요.
(C) 정말 죄송했어요.
(D) 그럼 다시 한 번 부탁드려요.

## 3 「いつ」(언제) – 시간 & 때

これ、いつ頃の写真ですか。
✓(A) 高校生の時に撮ったんだ。
(B) 空から見た僕たちの町だよ。
(C) 昔流行った曲を録音したんだ。
(D) 田舎の景色を写してみたんだ。

이거 언제쯤 사진이에요?
✓(A) 고등학생 때 찍은 거야.
(B) 하늘에서 본 우리 마을이야.
(C) 옛날에 유행한 곡을 녹음한 거야.
(D) 시골 경치를 찍어 본 거야.

## 4 「どんな」(어떤) – 상황

復旧工事はどんな様子ですか。
(A) 新規の契約なので、時間がかかりそうです。
✓(B) 連日、徹夜の作業が続いています。
(C) まだ手術が必要という段階ではありません。
(D) 通常の生産体制で問題はないでしょう。

복구공사는 어떤 상황이에요?
(A) 신규 계약이기 때문에 시간이 걸릴 것 같아요.
✓(B) 연일 철야 작업이 이어지고 있어요.
(C) 아직 수술이 필요하다는 단계는 아니에요.
(D) 통상의 생산체제로 문제는 없겠죠.

75

## JPT 기출문제 풀이 전략

**STEP 3** 질문에 나오는 의문사를 정확하게 파악하고, 조사나 시제 등에 주의하면서 선택지를 들어주세요.

**Point 1**
의문사를 정확히 파악

질문의 의문사에 따라 응답이 달라지므로, 의문사의 의미에 주목!
Q: 明日からの連休は、どこかへ行きますか。
내일부터의 연휴에는 어딘가에 가나요?

**Point 2**
조사나 시제 등에 주의하면서 청취

의문사 다음에 붙는 조사에 주의하고, 문제와 선택지의 시제 일치 여부를 따져볼 것!
A: (A) 沖縄へ行って来ました。 오키나와에 갔다 왔어요.
→ 시제 불일치로 오답

(B) 今度は一人で行きます。 이번에는 혼자서 가요.
→ 질문의 「どこかへ」(어딘가에)라는 의문사와 맞지 않으므로 오답

(C) 北海道へ行きたがっています。 홋카이도에 가고 싶어하고 있어요.
→ 시제는 미래형으로 맞으나,「동사의 ます형+たがる」(~하고 싶어하다)는 제삼자의 희망을 나타내는 표현이므로 오답

(D) はっきりした予定がないんです。 확실한 예정이 없거든요.
→ 행선지를 밝히지는 않았으나 확실한 예정이 없다고 하고 있으므로, (D)가 올바른 응답임

## | CHECK UP |

例の企画書、いつ仕上がりますか。
(A) 現在、工場で生産しています。
✓ (B) 期限までには何とかします。
(C) 来週の初めに発売予定です。
(D) 恐らく19世紀のものですね。

그 기획서, 언제 완성돼요?
(A) 현재 공장에서 생산하고 있습니다.
✓ (B) 기한까지는 어떻게든 하겠습니다.
(C) 다음 주 초에 발매 예정입니다.
(D) 아마 19세기 것이겠지요.

**Point 1** 의문사의 의미 파악

➡ 「いつ」(언제)라는 의문사를 써서 기획서가 언제 완성되는지 묻고 있다. 따라서 기한까지는 어떻게든 하겠다고 한 (B)가 정답임.

**Point 2** 조사나 시제 등에 주의

➡ 기획서가 완성되는 시기를 묻고 있는 것이므로, 생산 여부나 발매 예정일, 만들어진 시기에 대해 언급한 (A), (C), (D)는 응답으로는 부적절함.

**STEP 4** 다음 기출문제를 기출문제 풀이 전략을 적용해서 풀어 보세요.

## 1

雨が降っているのに、傘も差さずに歩いて、
どうしたの(?)。
비가 오는데 우산도 안 쓰고 걷고, 무슨 일이야?

✓(A) 風で傘が壊れてしまったんだ。
바람 때문에 우산이 망가져 버렸거든.

(B) 台風のために電車が遅れているんだ。
태풍 때문에 전철이 지연되고 있거든.

(C) 雨はざあざあ降っているからね。
비는 주룩주룩 내리고 있으니까.

(D) 朝から雨が降りそうだったからね。
아침부터 비가 내릴 것 같았으니까.

- 「どうしたの(?)」는 '어떻게 된 거야?, 무슨 일이야?'라는 뜻으로, 비가 오는데 우산을 쓰지 않고 걷고 있는 이유를 묻고 있다. 적절한 응답은 (A)로, 바람 때문에 우산이 망가져서 쓸 수가 없다는 뜻이다. (B)는 전철이 지연되는 이유, (C)는 우산을 써야 하는 이유, (D)는 미리 우산을 챙겨 나온 이유로 적합한 내용이므로 답이 될 수 없다.
- 雨(あめ) 비 降(ふ)る (비·눈 등이) 내리다, 오다 ~のに ~는데(도) 傘(かさ) 우산 差(さ)す (우산 등을) 쓰다, 받치다 ~ず(に) ~하지 않고[말고] 歩(ある)く 걷다 風(かぜ) 바람 壊(こわ)れる 망가지다, 고장 나다 台風(たいふう) 태풍 ~ため(に) ~때문(에) 電車(でんしゃ) 전철 遅(おく)れる 늦다, 늦어지다, 지연되다 ざあざあ 주룩주룩 *비가 쏟아지는 소리 동사의 ます형+そうだ ~일[할] 것 같다 *양태

## 2

心理学の勉強のためには、どんな参考書が
適当かしら。
심리학 공부를 위해서는 어떤 참고서가 적당할까?

(A) 彼女は以前から心理学を勉強したいと希
望していたそうだ。
그녀는 전부터 심리학 공부를 하고 싶다고 희망했대.

(B) 参考のために適当な資料を収集しておい
てくれないかな。
참고를 위해서 적당한 자료를 수집해 놔 주지 않을래?

✓(C) 分野が広いから、担当の教授に相談して
みたらどうかな。
분야가 넓으니까, 담당 교수님께 상담해 보면 어떨까?

(D) つまり、君は心理的に有利な立場に立ちた
いんだね。 결국 넌 심리적으로 유리한 입장에 서고 싶은 거네.

- 심리학 공부를 위해 어떤 참고서가 적당한지 조언을 구하고 있다. 적절한 응답은 (C)로, 담당 교수님께 상담해 볼 것을 제안하고 있다. 나머지 선택지는 문제의 「心理学(しんりがく)」(심리학)와 「参考書(さんこうしょ)」(참고서)라는 단어를 응용한 오답이다.
- 勉強(べんきょう) 공부 適当(てきとう)だ 적당하다 ~かしら ~일까? *의문의 뜻을 나타냄 以前(いぜん) 전, 이전, 예전 동사의 ます형+たい ~하고 싶다 希望(きぼう) 희망 収集(しゅうしゅう) 수집 ~てくれる (남이 나에게) ~해 주다 担当(たんとう) 담당 教授(きょうじゅ) 교수 相談(そうだん) 상담, 상의, 의논 ~たらどう(?) ~하는 게 어때? *완곡하게 명령하거나 권고할 때 씀 つまり 결국, 요컨대 有利(ゆうり)だ 유리하다 立場(たちば) 입장 立(た)つ (위치·지위에) 서다

□ 何が

女 山田さん、飲み物は何がいいですか。

男 私はジュースにします。

무엇이, 뭐가

여 야마다 씨, 음료는 **뭐가** 좋아요?

남 전 주스로 할게요.

□ 何時

女 明日、何時にここに着きますか。

男 2時頃には到着できると思います。

몇 시

여 내일 **몇 시**에 여기에 도착하나요?

남 2시쯤에는 도착할 수 있을 것 같아요.

□ どれ

女 どれがあなたの本ですか。

男 あのテーブルの上にあるのです。

어느 것

여 **어느 것**이 당신 책인가요?

남 저 테이블 위에 있는 거요.

□ いくら

女 すみませんが、これ、いくらですか。

男 1枚500円です。

얼마

여 저기요, 이거 **얼마**예요?

남 한 장에 500엔이에요.

□ どうして

女 どうして昨日のパーティーに来なかったんですか。

男 風邪を引いたからです。

어째서, 왜

여 **어째서** 어제 파티에 안 왔어요?

남 감기에 걸려서요.

□ おいくつ

女 お子さんは今年おいくつですか。

男 今年ちょうど二十歳になります。

몇 살

여 자제분은 올해 **몇 살**이에요?

남 올해 정확히 스무 살이 돼요.

□ いつなら

女 いつなら都合がつくんですか。

男 明日の午後なら、いつでも大丈夫です。

언제라면

여 **언제라면** 사정이 괜찮나요?

남 내일 오후라면 언제든지 괜찮아요.

□ 何人で

女 ゲームは何人でやりましたか。

男 3人でした。

몇 명이서

여 게임은 **몇 명이서** 했어요?

남 세 명이었어요.

□ どのくらい

女 会場まではどのくらいかかりますか。

男 バスで1時間ぐらいかかります。

어느 정도, 얼마나

여 행사장까지는 **얼마나** 걸려요?

남 버스로 1시간 정도 걸려요.

# 의문사형 질문 | 기출 확인 문제

**STEP 5** 핵심 어휘를 메모하면서 들어 보세요.

**1** 問 _____

(A) _____ (○ · ×)

(B) _____ (○ · ×)

(C) _____ (○ · ×)

(D) _____ (○ · ×)

**2** 問 _____

(A) _____ (○ · ×)

(B) _____ (○ · ×)

(C) _____ (○ · ×)

(D) _____ (○ · ×)

**3** 問 _____

(A) _____ (○ · ×)

(B) _____ (○ · ×)

(C) _____ (○ · ×)

(D) _____ (○ · ×)

**4** 問 _____

    (A) _____ (○・×)

    (B) _____ (○・×)

    (C) _____ (○・×)

    (D) _____ (○・×)

**5** 問 _____

    (A) _____ (○・×)

    (B) _____ (○・×)

    (C) _____ (○・×)

    (D) _____ (○・×)

**6** 問 _____

    (A) _____ (○・×)

    (B) _____ (○・×)

    (C) _____ (○・×)

    (D) _____ (○・×)

**7** 問 _____

(A) _____ (○ · ×)

(B) _____ (○ · ×)

(C) _____ (○ · ×)

(D) _____ (○ · ×)

**8** 問 _____

(A) _____ (○ · ×)

(B) _____ (○ · ×)

(C) _____ (○ · ×)

(D) _____ (○ · ×)

**1** どこでお昼ご飯を食べますか。
(A) 薬を飲む前にお弁当を食べます。
(B) タバコは吸わないでください。
(C) 外のレストランにしましょう。
(D) 料理はあまり上手ではありません。

어디에서 점심을 먹어요?
(A) 약을 먹기 전에 도시락을 먹어요.
(B) 담배는 피우지 말아 주세요.
(C) 밖의 레스토랑에서 합시다.
(D) 요리는 별로 능숙하지 않아요.

**해설** | 「どこ」(어디)라고 묻고 있으므로, 이에 대한 적절한 응답으로는 장소를 나타내는 표현이 와야 한다. 정답은 (C)로, 점심을 어디에서 먹을지 묻는 질문에 대해 밖의 레스토랑에서 하자고 말하고 있다. (A)와 (D)는 「お昼(ひる)ご飯(はん)」(점심(식사))이라는 말만 들었을 때 할 수 있는 오답이며, (B)의 「タバコ」(담배)는 문제와는 거리가 먼 내용이다.

**어휘** | どこ 어디 食(た)べる 먹다 薬(くすり) 약 飲(の)む (약을) 먹다 동사의 기본형+前(まえ)に ~하기 전에 お弁当(べんとう) 도시락 タバコ 담배 吸(す)う (담배를) 피우다 ~ないでください ~하지 말아 주십시오, ~하지 마세요 外(そと) 밖 レストラン 레스토랑 ~にする ~로 하다 料理(りょうり) 요리 あまり (부정어 수반) 그다지, 별로 上手(じょうず)だ 능숙하다, 잘하다

**2** 明日そちらに伺いたいんですが、ご都合はいかがですか。
(A) 1時頃なら、お会いできますが。
(B) いいですよ。それは差し上げます。
(C) はい。拝見させていただきました。
(D) どこか遠くにおいでになりますか。

내일 그쪽에 찾아뵙고 싶은데 사정은 어떠세요?
(A) 1시쯤이라면 만날 수 있는데요.
(B) 좋아요, 그건 드릴게요.
(C) 예, 봤어요.
(D) 어딘가 멀리 가세요?

**해설** | 겸양표현에 대한 이해를 요하는 문제로, 「伺(うかが)う」(찾아뵙다)는 「訪(おとず)れる」(방문하다)의 겸양어에 해당하는 표현이다. 즉, 내일 상대방을 방문하기에 앞서서 시간이 어떤지 묻고 있으므로, 이에 대한 적절한 응답은 1시쯤에 오면 만날 수 있다고 한 (A)가 된다. 뭔가를 주겠다는 (B)나 뭔가를 봤다는 (C)는 질문과는 거리가 먼 내용이며, 자신을 방문하겠다는 사람에게 오히려 행선지를 묻고 있는 (D)도 답이 될 수 없다.

**어휘** | 明日(あした) 내일 伺(うかが)う 찾아뵙다 *「訪(おとず)れる」(방문하다)의 겸양어 都合(つごう) 사정, 형편 お+동사의 ます형+する ~하다, ~해 드리다 *겸양표현 会(あ)う 만나다 差(さ)し上(あ)げる 드리다 *「与(あた)える」(주다)의 겸양어 拝見(はいけん)する (삼가) 보다 *「見(み)る」(보다)의 겸양어 ~(さ)せていただく ~(하)다 *겸양표현 遠(とお)く 먼 곳 おいでになる 가시다, 오시다, 계시다

**3** ホテルまで、タクシーでいくらかかりますか。
(A) 地図を見ながら来ました。
(B) たぶん、2,000円ぐらいです。
(C) 毎年、8月は忙しいです。
(D) まだ着いていません。

호텔까지 택시로 얼마 들어요?
(A) 지도를 보면서 왔어요.
(B) 아마 2천 엔 정도일 거예요.
(C) 매년 8월은 바빠요.
(D) 아직 도착하지 않았어요.

**해설** | 「いくら」(얼마)는 수량이나 가격을 묻는 표현으로, 호텔까지 택시를 타고 가면 요금이 얼마나 나오는지 묻고 있다. 따라서 이에 대한 응답으로는 택시 요금에 해당하는 금액을 말하는 것이 적절하다. 따라서 정답은 확실하지는 않지만 대략 2천 엔 정도라고 한 (B)가 된다. 나머지 선택지는 모두 「ホテル」(호텔)나 「タクシー」(택시)라는 단어만 들었을 때 할 수 있는 오답이다.

**어휘** | ホテル 호텔 タクシー 택시 かかる (비용이) 들다 地図(ちず) 지도 동사의 ます형+ながら ~하면서 *동시동작 来(く)る 오다 たぶん 아마 ~ぐらい ~정도 毎年(まいとし) 매년 8月(はちがつ) 8월 忙(いそが)しい 바쁘다 まだ 아직 着(つ)く 도착하다

**4** どうして6時に起こしてくれなかったの(?)。
(A) よかった、間に合って。
(B) 時間は守ってるようだね。
(C) 時間、過ぎないようにね。
(D) 僕も寝坊しちゃって。

왜 6시에 깨워주지 않았어?
(A) 잘됐네, 늦지 않아서.
(B) 시간은 지킨 것 같네.
(C) 시간, 지나지 않도록 해.
(D) 나도 늦잠을 자 버려서.

해설 | 6시에 깨워 주지 않은 데 대해 불만을 토로하고 있으므로, 이에 대한 응답으로는 그 이유에 해당하는 내용이 와야 한다. (A)와 (B)는 시간에 늦지 않았다는 의미가 되므로 부적절하며, (C)는 아직 시간이 늦지 않은 상황에서 주의를 촉구하는 내용이므로 역시 답이 될 수 없다. 정답은 (D)로, 본인도 늦잠을 자는 바람에 깨워줄 수가 없었다는 뜻이다.

어휘 | どうして 어째서, 왜 起(お)こす 깨우다 間(ま)に合(あ)う 시간에 맞게 대다 늦지 않다 時間(じかん) 시간
守(まも)る 지키다 ～ようだ ～인 것 같다, ～인 듯하다 過(す)ぎる (시간이) 지나다, 지나가다 ～ないように ～하지 않도록
僕(ぼく) 나 *남자의 자칭 寝坊(ねぼう)する 늦잠을 자다

**5** お店を開店なさったのはいつ頃ですか。
(A) 昨年の4月に入社いたしました。
(B) 夜中の12時には閉店します。
(C) 一昨年の秋に始めました。
(D) ２４時間休まず営業しています。

가게를 개점하신 것은 언제쯤이에요?
(A) 작년 4월에 입사했어요.
(B) 밤 12시에는 폐점해요.
(C) 재작년 가을에 시작했어요.
(D) 24시간 쉬지 않고 영업하고 있어요.

해설 | 「開店(かいてん)」(개점)이라는 단어가 포인트로, 가게 문을 처음 열고 장사를 시작한 것이 언제인지 묻고 있다. (A)는 개점이 아니라 입사 시기에 대한 응답이며, (B)와 (D)는 각각 폐점과 영업 시간에 대한 내용이므로 역시 답이 될 수 없다. 정답은 (C)로, 재작년 가을에 가게를 시작했다는 뜻이다.

어휘 | 店(みせ) 가게 なさる 하시다 *「する」(하다)의 존경어 いつ頃(ごろ) 언제쯤
昨年(さくねん) 작년 *「去年(きょねん)」의 격식 차린 말씨 4月(しがつ) 4월 入社(にゅうしゃ) 입사 いたす 하다 *「する」의 겸양어
夜中(よなか) 밤중 閉店(へいてん) 폐점, 그 날 장사를 끝냄 一昨年(おととし) 재작년 秋(あき) 가을 始(はじ)める 시작하다
休(やす)む 쉬다 ～ず(に) ～하지 않고[말고] 営業(えいぎょう) 영업

**6** 仕事が終わったら、夕食でも一緒にどう(?)。
(A) ごめん、お昼もう済ましちゃったんだ。
(B) ごめん、昨夜も遅かったので今日は早く帰ろうと思って。
(C) 美味しそうだね。いただきます。
(D) じゃ、料理は僕が買って来るよ。

일이 끝나면 저녁이라도 함께 어때?
(A) 미안, 점심 벌써 때워 버렸거든.
(B) 미안, 어젯밤도 늦어서 오늘은 일찍 돌아가려고.
(C) 맛있어 보이네. 잘 먹을게.
(D) 그럼, 요리는 내가 사올게.

해설 | 일이 끝난 후에 저녁을 함께 먹자고 권유하고 있는 상황이다. 적절한 응답은 (B)로, 어제도 일이 늦게 끝났기 때문에 오늘은 일찍 돌아갈 생각이라며 저녁 초대를 완곡하게 거절하고 있다. (A)는 저녁이 아니라 점심 초대에 대한 거절이고, (C)는 음식을 앞에 두고 할 수 있는 말이다. (D)는 상대방의 권유를 수락한 후에 할 수 있는 말이므로 역시 답이 될 수 없다.

어휘 | 終(お)わる 끝나다 夕食(ゆうしょく) 저녁(식사) 一緒(いっしょ)に 함께 お昼(ひる) 점심(식사) 済(す)ます 때우다, 해결하다
昨夜(ゆうべ) 어젯밤 遅(おそ)い (귀가가) 늦다 早(はや)く 일찍 帰(かえ)る 돌아가다 美味(おい)しい 맛있다
い형용사의 어간+そうだ ～일[할] 것 같다, ～해 보이다 *양태 いただきます 잘 먹겠습니다 僕(ぼく) 나 *남자의 자칭
料理(りょうり) 요리 買(か)う 사다

**7** 佐藤君、例の件の進捗状況どうなってる(?)。

(A) すみません。先週から何ら進展が見られません。

(B) おかげ様で、昨年やっと部長に昇進しました。

(C) もうそろそろ目的地に辿り着いた頃でしょう。

(D) ゆっくりですが、着実に発展してきているようです。

사토 군, 예의 건의 진척 상황은 어떻게 되고 있어?

(A) 죄송해요. 지난주부터 조금도 진전이 보이질 않아요.

(B) 덕분에 작년에 간신히 부장으로 승진했어요.

(C) 이제 슬슬 목적지에 당도했겠죠.

(D) 서서히지만 착실하게 발전해오고 있는 것 같아요.

해설 | 「例(れい)の」는 '예의, 그'라는 뜻으로, 말하는 사람과 듣는 사람 모두 이미 잘 알고 있는 바를 가리킬 때 쓴다. 즉, 두 사람이 알고 있는 사항에 대한 진척 상황을 묻고 있으므로, 정답은 지난주부터 아무런 진전을 보이지 않는다며 사과하고 있는 (A)가 된다. (D)의 「発展(はってん)」(발전)은 규모나 사이즈 등이 커지는 변화를 말하므로, 진척 상황을 묻는 질문에 대한 응답으로는 부적절하다.

어휘 | 進捗(しんちょく) 진척 状況(じょうきょう) 상황 先週(せんしゅう) 지난주 何(なん)ら (부정어 수반) 조금도 進展(しんてん) 진전 おかげ様(さま)で 덕분에 昨年(さくねん) 작년 *「去年(きょねん)」의 격식 차린 말씨 やっと 겨우, 간신히 部長(ぶちょう) 부장 昇進(しょうしん) 승진 もう 이제 そろそろ 이제 슬슬 目的地(もくてきち) 목적지 辿(たど)り着(つ)く (겨우) 당도하다 ゆっくり 천천히, 서서히 着実(ちゃくじつ)だ 착실하다 発展(はってん) 발전 〜ようだ 〜인 것 같다, 〜인 듯하다

**8** 敬老の日のプレゼント、何がいいと思う(?)。

(A) 誕生日だったら、ケーキが一番だよ。

(B) あの子は手芸が好きだから、編み物の本にしたら(?)。

(C) お爺ちゃん、釣りが趣味だから、竿なんかどう(?)。

(D) 結婚記念日には、断然花束だよ。

경로의 날 선물, 뭐가 좋다고 생각해?

(A) 생일이라면 케이크가 제일이지.

(B) 저 아이는 수예를 좋아하니까 뜨개질 책으로 하는 게 어때?

(C) 할아버지는 낚시가 취미니까 낚싯대 같은 건 어때?

(D) 결혼기념일에는 단연 꽃다발이지.

해설 | 「敬老(けいろう)の日(ひ)」(경로의 날)라는 단어가 포인트. 이 날은 매년 9월 셋째 주 월요일로 정해져 있는 일본의 국경일 가운데 하나로, 오랜 세월 사회에 공헌해 온 어르신을 공경하고 장수를 축하하기 위해 제정되었다. 이런 경로의 날 선물로 뭐가 좋을지 묻고 있는데, 아이의 취향에 대해 말하고 있는 (B)는 부적절. 또한 경로의 날과 상관없는 생일이나 결혼기념일 선물에 대해 말하고 있는 (A)와 (D)도 답이 될 수 없다. 정답은 (C)로, 낚시가 취미인 할아버지의 선물로는 낚싯대가 좋을 것 같다고 말하고 있다.

어휘 | プレゼント 선물 誕生日(たんじょうび) 생일 ケーキ 케이크 一番(いちばん) 가장, 제일 手芸(しゅげい) 수예, 수공예 好(す)きだ 좋아하다 編(あ)み物(もの) 뜨개질 本(ほん) 책 〜にする 〜로 하다 お爺(じい)ちゃん 할아버지 *친숙한 사이에서의 호칭 釣(つ)り 낚시 趣味(しゅみ) 취미 竿(さお) 낚싯대 〜なんか 〜등, 〜따위, 〜같은 건 結婚(けっこん) 결혼 記念日(きねんび) 기념일 断然(だんぜん) 단연 花束(はなたば) 꽃다발

# 주요 어휘 및 표현 정리 20

| 한자 | 읽기 | 의미 |
| --- | --- | --- |
| ☐ 破く | やぶく | (종이 등을) 찢다 |
| ☐ 引き出し | ひきだし | 서랍 |
| ☐ 流行る | はやる | 유행하다 |
| ☐ 徹夜 | てつや | 철야, 밤샘 |
| ☐ 仕上がる | しあがる | 완성되다 |
| ☐ 恐らく | おそらく | 아마, 필시 |
| ☐ 傘 | かさ | 우산 |
| ☐ 差す | さす | (우산 등을) 쓰다, 받치다 |
| ☐ 拝見する | はいけんする | (삼가) 보다 |
| ☐ 地図 | ちず | 지도 |
| ☐ 守る | まもる | 지키다 |
| ☐ 閉店 | へいてん | 폐점, 그 날 장사를 끝냄 |
| ☐ 進捗 | しんちょく | 진척 |
| ☐ 状況 | じょうきょう | 상황 |
| ☐ 昇進 | しょうしん | 승진 |
| ☐ 辿り着く | たどりつく | (겨우) 당도하다 |
| ☐ 手芸 | しゅげい | 수예, 수공예 |
| ☐ 編み物 | あみもの | 뜨개질 |
| ☐ 趣味 | しゅみ | 취미 |
| ☐ 断然 | だんぜん | 단연 |

# 02 예/아니요형 질문

STEP 1 먼저 핵심 기출 어휘와 필수 예문을 익히세요.

## 핵심 기출 어휘 및 필수 예문

음원 31

- **出席者** 출석자
  예 今回の出席者は全部で50人ですね。 이번 출석자는 전부해서 50명이죠?

- **済む** 끝나다
  예 この仕事が済んだら、飲みに行きませんか。 이 일이 끝나면 술 마시러 가지 않을래요?

- **うまくいく** 잘되어 가다
  예 仕事の方は計画通りにうまくいっていますか。 일 쪽은 계획대로 잘되어 가고 있어요?

- **盛り上がる** (기세·분위기 등이) 고조되다
  예 パーティーはどうだった(?)。盛り上がった(?)。 파티는 어땠어? 분위기가 고조됐어?

**STEP 2** 이제 YBM이 엄선한 예/아니요형 문제를 잘 듣고 풀어 보세요.

## 1 음주 여부

よくお酒を飲みに行くんですか。

(A) どうしようか迷っているんです。

(B) 珍しいワインを見つけたんですよ。

✓(C) あまり好きじゃないので、滅多に行きません。

(D) 時々来てくれるんですよ。

자주 술을 마시러 가요?
(A) 어떻게 할지 망설이고 있어요.
(B) 진귀한 와인을 발견했거든요.
✓(C) 별로 좋아하지 않아서 좀처럼 안 가요.
(D) 때때로 와 줘요.

## 2 대여 가능 여부

ノートパソコン、後で貸してくれる(?)。

(A) うん、片付けとくね。

✓(B) もう使い終わったから、いいよ。

(C) じゃ、買っておくね。

(D) じゃ、預けてくれる(?)。

노트북, 나중에 빌려줄래?
(A) 응, 정리해 둘게.
✓(B) 이제 다 썼으니까 좋아.
(C) 그럼, 사 둘게.
(D) 그럼, 맡겨 줄래?

## 3 선거 투표 여부

この前の選挙には行ったんですか。

(A) はい、思ったより面白い店でしたよ。

(B) はい、毎日の習慣ですから。

✓(C) もちろんですよ。国民の義務ですからね。

(D) まだ自分の国から出たことがないんです。

요전 선거에는 갔었어요?
(A) 예, 생각했던 것보다 재미있는 가게였어요.
(B) 예, 매일의 습관이니까요.
✓(C) 물론이죠. 국민의 의무니까요.
(D) 아직 제 고국에서 나간 적이 없어요.

## 4 2차 모임의 분위기

昨日の2次会は盛り上がりましたか。

(A) ええ、準備が大変でした。

✓(B) ええ、ゲームをしたりしてすごく楽しかったです。

(C) いいえ、それほど多くなかったです。

(D) いいえ、それ以上上がりませんでした。

어제 2차 모임은 분위기가 고조됐어요?
(A) 네, 준비가 힘들었어요.
✓(B) 네, 게임을 하거나 하면서 굉장히 즐거웠어요.
(C) 아니요, 그다지 많지 않았어요.
(D) 아니요, 그 이상 올라가지 않았어요.

## JPT 기출문제 풀이 전략

**STEP 3** 질문의 의미를 정확하게 파악하고, 부정 의문문의 대답 방법에 주의하면서 선택지를 들어주세요.

---

**Point 1**
질문의 의미 파악 및
'예/아니요'의 응답 유형
결정

질문의 정확한 의미를 파악하면서 '예/아니요'의 대답 여부 판단!

Q: 今度のセミナーには参加しませんか。

이번 세미나에는 참가하지 않나요?

**Point 2**
'예/아니요'의 생략이나
부정 의문문의
응답 유형에 주의

'예/아니요'가 생략된 경우나 부정 의문문의 응답 유형에 주의!

A: (A) はい、参加します。 예, 참가해요.
　　→「いいえ」(아니요)로 답해야 올바른 응답이 됨

(B) はい、参加しません。 예, 참가하지 않아요.
　　→ 이번 세미나에 참가하지 않느냐고 물었으므로, 「はい」(예)라고 대답하면서 참가하지 않는다고 한 (B)가 올바른 응답임

(C) はい、参加するつもりです。 예, 참가할 생각이에요.
　　→「いいえ」(아니요)로 답해야 올바른 응답이 됨

(D) いいえ、参加しません。 아니요, 참가하지 않아요..
　　→「はい」(예)로 답해야 올바른 응답이 됨

---

## | CHECK UP |

お刺身は食べられますか。
✓ (A) いいえ、生の魚は駄目なんです。
　(B) はい、刺身は食べられません。
　(C) いいえ、野菜は嫌いなんです。
　(D) はい、私は肉が大好物なんです。

회는 먹을 수 있어요?
✓ (A) 아니요, 날생선은 못 먹어요.
　(B) 예, 회는 못 먹어요.
　(C) 아니요, 채소는 싫어해요.
　(D) 예, 저는 고기를 아주 좋아해요.

**Point 1** 질문의 의미 파악

◑ 회를 먹을 수 있는지 물었으므로, 날생선은 못 먹는다고 한 (A)가 정답임. (C)와 (D)는 질문과는 거리가 먼 응답.

**Point 2** '예/아니요'에 주의

◑ (B)는 '아니요'라는 의미인 「いいえ」(아니요)로 답해야 올바른 응답이 됨.

**STEP 4** 다음 기출문제를 기출문제 풀이 전략을 적용해서 풀어 보세요.

## 1

お宅では何か飼っていますか。
댁에서는 뭔가 기르고 있나요?

(A) ええ、今の仕事は植物図鑑の編集です。
예, 지금 일은 식물도감의 편집이에요.

✓(B) いいえ、昔から生き物が苦手なんですよ。
아니요, 옛날부터 동물을 싫어해서요.

(C) 外国製のバイクを集めているんです。
외국제 오토바이를 모으고 있어요.

(D) 庭でたくさん野菜を育てていますよ。
정원에서 많이 채소를 키우고 있어요.

- 「飼(か)う」((동물을) 기르다, 사육하다)의 정확한 의미를 알고 있어야 풀 수 있는 문제. 뭔가 동물을 기르는지 묻고 있는데 직접적으로 동물에 대해 언급하고 있는 선택지는 없으므로, 소거법으로 답을 찾아야 한다. (A)는 현재 하고 있는 일에 대해 말하고 있으므로 부적절. 또한 「飼(か)う」는 동물에 대해서만 쓸 수 있으므로, (C)의 「バイク」(바이크, 오토바이), (D)의 「野菜(やさい)」(채소, 야채)도 답이 될 수 없다. 정답은 「いいえ」(아니요)라고 대답한 (B)로, 동물을 싫어해서 아무것도 기르지 않는다는 뜻이다.
- お宅(たく) 댁 何(なに)か 무엇인가, 뭔가 仕事(しごと) 일, 업무 植物(しょくぶつ) 식물 図鑑(ずかん) 도감 編集(へんしゅう) 편집 昔(むかし) 옛날 生(い)き物(もの) 동물 苦手(にがて)だ 대하기 싫은 상대다, 거북스럽다 外国製(がいこくせい) 외국제 バイク 바이크, 오토바이 *「モーターバイク」의 준말 集(あつ)める 모으다 庭(にわ) 정원 たくさん 많이 育(そだ)てる 키우다

## 2

吉田君、ご飯のお代わりは(?)。
요시다 군, 밥 더 먹을래?

(A) いいえ、美味しいですよ。
아니요, 맛있어요.

(B) おかげ様でみんな元気です。
덕분에 모두 건강해요.

✓(C) いいえ、もうお腹いっぱいになりました。
아니요, 이제 배불러요.

(D) まだ何も変わっていません。
아직 아무것도 변하지 않았어요.

- 「お代(か)わり」는 '(같은 음식물을) 한 그릇 더 먹음'이라는 의미로, 상대방에게 밥을 더 먹을 것인지 묻고 있는 상황이다. 정답은 (C)로, 이제 배가 불러서 그만 먹겠다는 뜻이다. (A)는 '맛', (B)는 '건강', (D)는 '변화'를 묻는 질문에 대해 할 수 있는 응답이다.
- ご飯(はん) 밥 美味(おい)しい 맛있다 おかげ様(さま)で 덕분에 元気(げんき)だ 건강하다 もう 이제, 이미 お腹(なか)(が)いっぱいだ 배(가) 부르다 まだ 아직 何(なに)も (부정어 수반) 아무것도 変(か)わる 바뀌다, 변하다

□ **休む**
女 連休にはゆっくり**休め**ましたか。
男 ええ、久しぶりにのんびりできました。

**쉬다**
여 연휴에는 느긋하게 **쉴 수 있었**어요?
남 예, 오랜만에 한가로이 지낼 수 있었어요.

□ **持つ**
女 その荷物、私が**持ち**ましょうか。
男 いいえ、重くないから大丈夫です。

**들다**
여 그 짐, 제가 **들**까요?
남 아니요, 무겁지 않으니까 괜찮아요.

□ **借りる**
女 その本、誰に**借り**たんですか。
男 昨日、鈴木さんから**借り**ました。

**빌리다**
여 그 책, 누구한테 **빌렸**어요?
남 어제 스즈키 씨한테 **빌렸**어요.

□ **コピーする**
女 この書類、**コピー**しましょうか。
男 ああ、お願いするよ。

**복사하다**
여 이 서류, **복사할**까요?
남 아-, 부탁해.

□ **注文する**
女 とりあえず、飲み物を**注文**しましょうか。
男 ええ、そうしましょう。

**주문하다**
여 우선 음료를 **주문할**까요?
남 네, 그렇게 하죠.

□ **整う**
女 出発の準備は**整い**ましたか。
男 はい、そろそろ出発しましょうか。

**갖추어지다**
여 출발 준비는 **갖추어졌**어요?
남 예, 이제 슬슬 출발할까요?

□ **冷房を付ける**
女 ちょっと暑いですね。**冷房を付け**ましょうか。
男 そうですね。お願いします。

**냉방을 켜다**
여 좀 덥네요. **냉방을 켤**까요?
남 그러네요. 부탁드려요.

□ **ご覧になる**
女 先生、この記事、**ご覧になり**ましたか。
男 いや、まだ見てないけど。

**보시다**
여 선생님, 이 기사, **보셨**어요?
남 아니, 아직 안 봤는데.

□ **一息入れる**
女 この辺で**一息入れ**ましょうか。
男 ええ、お茶でも飲みましょう。

**한숨 돌리다, 잠깐 쉬다**
여 이쯤에서 **잠깐 쉴**까요?
남 네, 차라도 마셔요.

# 예/아니요형 질문 | 기출 확인 문제

음원 36

**STEP 5** 핵심 어휘를 메모하면서 들어 보세요.

**1** 問 _____

(A) _____ (○ · ×)

(B) _____ (○ · ×)

(C) _____ (○ · ×)

(D) _____ (○ · ×)

**2** 問 _____

(A) _____ (○ · ×)

(B) _____ (○ · ×)

(C) _____ (○ · ×)

(D) _____ (○ · ×)

**3** 問 _____

(A) _____ (○ · ×)

(B) _____ (○ · ×)

(C) _____ (○ · ×)

(D) _____ (○ · ×)

**4** 問 _____

(A) _____ (○・×)

(B) _____ (○・×)

(C) _____ (○・×)

(D) _____ (○・×)

**5** 問 _____

(A) _____ (○・×)

(B) _____ (○・×)

(C) _____ (○・×)

(D) _____ (○・×)

**6** 問 _____

(A) _____ (○・×)

(B) _____ (○・×)

(C) _____ (○・×)

(D) _____ (○・×)

**7** 問 _____

(A) _____ (○ · ×)

(B) _____ (○ · ×)

(C) _____ (○ · ×)

(D) _____ (○ · ×)

**8** 問 _____

(A) _____ (○ · ×)

(B) _____ (○ · ×)

(C) _____ (○ · ×)

(D) _____ (○ · ×)

**1** そちらの店に、車を止められますか。

(A) ええ、でも2、3台分だけですが。

(B) ええ、駅のホームにあります。

(C) バス停なら、すぐそこですよ。

(D) 廊下の突き当たりを右に曲がってください。

그쪽 가게에 차를 세울 수 있어요?

(A) 네, 하지만 두세 대분뿐인데요.

(B) 네, 역 플랫폼에 있어요.

(C) 버스 정류장이라면 바로 거기예요.

(D) 복도 맨 끝에서 오른쪽으로 도세요.

해설 | 가게에 차를 세울 수 있는지 묻고 있다. 즉, 주차 공간의 유무를 확인하는 질문이므로, 정답은 있기는 하지만 두세 대 정도만 세울 수 있다고 한 (A)가 된다. 나머지 선택지는 특정 장소나 위치를 묻는 질문에 대한 응답이므로 답이 될 수 없다.

어휘 | 店(みせ) 가게 車(くるま) 자동차, 차 止(と)める 세우다 でも 하지만 ～台(だい) ～대 ～分(ぶん) ～분 ～だけ ～만, ～뿐 駅(えき) 역 ホーム 플랫폼 *「プラットホーム」의 준말 バス停(てい) 버스 정류장 *「バス停留所(ていりゅうじょ)」의 준말 すぐ 바로, 곧 廊下(ろうか) 복도 突(つ)き当(あ)たり 막다른 곳, 길이 막힌 곳 右(みぎ) 오른쪽 曲(ま)がる (방향을) 돌다

**2** 課長に連絡できましたか。

(A) ないと不便だけれど、仕方がないですね。

(B) はい、メモに書いてあったことは伝えました。

(C) はい、私のはさっき預けました。

(D) そんな便利な物なら、是非ほしいです。

과장님께 연락됐어요?

(A) 없으면 불편하지만 어쩔 수 없겠네요.

(B) 예, 메모에 쓰여 있던 것은 전했어요.

(C) 예, 제 건 조금 전에 맡겼어요.

(D) 그런 편리한 물건이라면 꼭 갖고 싶어요.

해설 | 과장에게 연락이 되었는지를 확인하고 있다. 적절한 응답은 (B)로, 「はい」(예)라고 대답한 후 메모에 쓰여 있던 내용을 전했다고 말하고 있다. (C)도 일단 긍정의 대답을 하기는 했지만 질문과는 맞지 않는 내용이고, (A)와 (D)는 사람이 아니라 사물에 대해 이야기하고 있으므로 역시 답이 될 수 없다.

어휘 | 課長(かちょう) 과장 連絡(れんらく) 연락 不便(ふべん)だ 불편하다 仕方(しかた)がない 어쩔 수 없다 メモ 메모 書(か)く (글씨·글을) 쓰다 타동사+てある ～해져 있다 *상태표현 伝(つた)える 전하다 さっき 조금 전, 아까 預(あず)ける 맡기다 便利(べんり)だ 편리하다 是非(ぜひ) 꼭, 제발 ほしい 갖고 싶다

**3** 交通費の申請は、月末まででいいですか。

(A) いいえ、得意先へ連絡することが必要です。

(B) 予め参考資料を揃えておいてください。

(C) こちらに住所と生年月日を記入してください。

(D) ええ、期日は守ってくださいね。

교통비 신청은 월말까지로 괜찮나요?

(A) 아니요, 단골 거래처에 연락하는 게 필요해요.

(B) 미리 참고자료를 갖춰 두세요.

(C) 이쪽에 주소와 생년월일을 기입해 주세요.

(D) 네, 기일은 지켜 주세요.

해설 | 교통비 신청을 월말까지 해도 괜찮은지 묻고 있으므로, 가능 여부에 따라 '예/아니요'로 대답하는 것이 적절하다. 일단 선택지 중 '예/아니요'로 대답한 것은 (A)와 (D)인데, 이 중에서 내용상 답이 될 수 있는 것은 (D)뿐이다. 즉, 월말까지 신청해도 되지만, 그 날짜만큼은 꼭 지켜 달라고 당부하고 있다.

어휘 | 交通費(こうつうひ) 교통비 申請(しんせい) 신청 月末(げつまつ) 월말 得意先(とくいさき) 단골 거래처 連絡(れんらく) 연락 必要(ひつよう)だ 필요하다 予(あらかじ)め 미리, 사전에 参考(さんこう) 참고 資料(しりょう) 자료 揃(そろ)える (고루) 갖추다 ～ておく ～해 놓다[두다] 住所(じゅうしょ) 주소 生年月日(せいねんがっぴ) 생년월일 記入(きにゅう) 기입 期日(きじつ) 기일 守(まも)る 지키다

**4** 優秀<sup>ゆうしゅう</sup>な経営者<sup>けいえいしゃ</sup>に求<sup>もと</sup>められていることは、決断力<sup>けつだんりょく</sup>でしょうね。

(A) ええ、お互<sup>たが</sup>いに譲<sup>ゆず</sup>り合<sup>あ</sup>うことですね。

(B) ええ、妥協<sup>だきょう</sup>しながら、経営<sup>けいえい</sup>することですね。

(C) ええ、常<sup>つね</sup>に周<sup>まわ</sup>りの人<sup>ひと</sup>と協調<sup>きょうちょう</sup>することですね。

(D) ええ、一度<sup>いちど</sup>決<sup>き</sup>めたら、変更<sup>へんこう</sup>しないことですね。

우수한 경영자에게 요구되는 것은 결단력이겠죠?
(A) 네, 서로 양보하는 거죠.
(B) 네, 타협하면서 경영하는 거죠.
(C) 네, 항상 주위 사람과 협조하는 거죠.
(D) 네, 한 번 정하면 변경하지 않는 거죠.

해설 | 「決断力(けつだんりょく)」(결단력)라는 단어가 포인트. 선택지는 모두 우수한 경영자에게 요구되는 것은 결단력이라는 말에 대해 동의하고 있으므로, 뒤에도 이에 상응하는 내용이 와야 한다. 정답은 (D)로, 결단력이란 '한 번 정하면 변경하지 않는 것'이라고 말하고 있다. 나머지 선택지는 각각 양보와 타협, 협조의 중요성에 대해 동의하고 있으므로 답이 될 수 없다.

어휘 | 優秀(ゆうしゅう)だ 우수하다 経営者(けいえいしゃ) 경영자 求(もと)める 요구하다 お互(たが)いに 서로 譲(ゆず)り合(あ)う 서로 양보하다 妥協(だきょう) 타협 동사의 ます형+ながら ~하면서 *동시동작 経営(けいえい) 경영 常(つね)に 늘, 항상 周(まわ)り 주위 協調(きょうちょう) 협조 一度(いちど) 한 번 決(き)める 정하다, 결정하다 変更(へんこう) 변경

**5** 山田<sup>やまだ</sup>さんから何<sup>なに</sup>か伝言<sup>でんごん</sup>がありましたか。

(A) いえ、どうしても見<sup>み</sup>つからないんです。

(B) ええ、確<sup>たし</sup>かに申<sup>もう</sup>し伝<sup>つた</sup>えました。

(C) そこはしょっちゅう渋滞<sup>じゅうたい</sup>するんですよ。

(D) はい、4時<sup>よじ</sup>にお越<sup>こ</sup>しになるとのことです。

야마다 씨로부터 뭔가 전언이 있었어요?
(A) 아뇨, 도저히 찾을 수가 없어요.
(B) 네, 확실히 말씀 전했어요.
(C) 그곳은 언제나 정체돼요.
(D) 예, 4시에 오신다고 해요.

해설 | 「伝言(でんごん)」(전언, 전하는 말)이라는 단어가 포인트로, 야마다 씨가 자신에게 뭔가 남긴 말이 있는지 확인하고 있는 상황이다. (A)는 찾고 있는 물건이 보이지 않을 때 할 수 있는 말이고, (B)는 문제와는 반대로 야마다 씨에게 이 사람의 말을 전했다는 의미가 되므로 답이 될 수 없다. 정답은 (D)로, 4시에 오겠다는 전언이 있었다고 말하고 있다. 이때의 「お越(こ)しになる」(오시다)는 「来(く)る」(오다)의 존경어에 해당하는 표현이다.

어휘 | どうしても 아무리 해도 見(み)つかる 발견되다, 찾게 되다 確(たし)かに 확실히 申(もう)し伝(つた)える 말씀 전하다 *「言(い)い伝(つた)える」(말로 전달하다)의 정중한 말씨 しょっちゅう 늘, 언제나 渋滞(じゅうたい) 정체 お越(こ)しになる 오시다 *「来(く)る」(오다)의 존경표현 ~とのことだ ~라고 한다 *전문

**6** 会場<sup>かいじょう</sup>の手配<sup>てはい</sup>は全<sup>すべ</sup>て整<sup>ととの</sup>っていますか。

(A) はい、いつでも商品<sup>しょうひん</sup>の搬入<sup>はんにゅう</sup>は可能<sup>かのう</sup>な状態<sup>じょうたい</sup>になっています。

(B) はい、もう全<sup>すべ</sup>ての撤去<sup>てっきょ</sup>は終了<sup>しゅうりょう</sup>しました。

(C) はい、今<sup>いま</sup>会場<sup>かいじょう</sup>の位置<sup>いち</sup>について検討<sup>けんとう</sup>している段階<sup>だんかい</sup>です。

(D) はい、あとは会場<sup>かいじょう</sup>を押<sup>お</sup>さえるだけとなっています。

행사장 준비는 전부 됐어요?
(A) 예, 아무 때나 상품 반입은 가능한 상태예요.
(B) 예, 모든 철거는 끝났어요.
(C) 예, 지금 행사장 위치에 대해서 검토하고 있는 단계예요.
(D) 예, 남은 건 행사장을 잡기만 하면 돼요.

해설 | 행사장 준비는 다 되었는지 확인하고 있다. 선택지는 모두 「はい」(예)라고 대답하고 있으므로, 뒤에는 행사장의 준비 상황을 설명하는 내용이 오는 것이 적절하다. 정답은 (A)로, 아무 때나 상품 반입이 가능한 상태로, 만반의 준비가 되었다고 말하고 있다. (B)는 행사가 종료된 후, (C)와 (D)는 아직 행사장이 정해지지 않은 상태에서 할 수 있는 응답이므로 답이 될 수 없다.

어휘 | 会場(かいじょう) 회장, 행사장 手配(てはい) 수배, 준비 全(すべ)て 모두, 전부 整(ととの)う 갖추어지다 いつでも 언제라도, 아무 때나 商品(しょうひん) 상품 搬入(はんにゅう) 반입 可能(かのう)だ 가능하다 状態(じょうたい) 상태 撤去(てっきょ) 철거 終了(しゅうりょう) 종료, 끝남 位置(いち) 위치 ~について ~에 대해서 検討(けんとう) 검토 段階(だんかい) 단계 あと 나머지 押(お)さえる 잡다, 확보하다

**7** 電気製品を買うには、やはり専門店かしら(?)。
(A) うん、食料品は新鮮な物が揃ってるよ。
(B) うん、製品に詳しい店員がいるからね。
(C) ううん、大売り出しの時に買ったんだよ。
(D) そうだね、近所の不動産屋に聞いてみたら(?)。

전기제품을 사려면 역시 전문점일까?
(A) 응. 식료품은 신선한 물건이 갖춰져 있어.
(B) 응. 제품을 잘 아는 점원이 있으니까 말이야.
(C) 아니. 세일 때 샀어.
(D) 그러네. 근처 부동산 중개소에 물어보는 게 어때?

해설 | 전기제품을 살 때 전문점에 가는 게 좋을지 조언을 구하고 있는 상황이다. 적절한 응답은 (B)로, 제품을 잘 아는 직원에게 물어보고 구입할 수 있으므로 전문점에서 구입할 것을 추천하고 있다. (A)는 시장이나 슈퍼마켓에 대한 설명이며, (D)의 '부동산' 역시 전기제품의 구입처로서는 어울리지 않는다. (C)는 구입처가 아니라 구입 시기를 묻는 질문에 대한 응답이므로 역시 답이 될 수 없다.

어휘 | 電気製品(でんきせいひん) 전기제품  買(か)う 사다  ~には ~하려면  やはり 역시  専門店(せんもんてん) 전문점
~かしら ~일까? *의문의 뜻을 나타냄  食料品(しょくりょうひん) 식료품  新鮮(しんせん)だ 신선하다  揃(そろ)う 갖추어지다
詳(くわ)しい 상세하다, 자세하다  店員(てんいん) 점원  大売(おおう)り出(だ)し 대매출, 바겐 세일  近所(きんじょ) 근처, 부근
不動産屋(ふどうさんや) 부동산 중개소  聞(き)く 묻다  ~たら ~하는 게 어때? *완곡하게 명령하거나 권고할 때 씀

**8** ずいぶん日焼けしましたね。ハワイでも行ってきたんですか。
(A) ええ、焼いて食べるのが好きです。
(B) いいえ、スキーに行ったら雪焼けしてしまって…。
(C) ええ、今日は日差しが強いですね。
(D) ええ、ちょっと焦げた方が美味しいです。

많이 탔네요. 하와이라도 갔다 온 거예요?
(A) 네, 구워서 먹는 걸 좋아해요.
(B) 아니요, 스키 타러 갔다가 눈에 타 버려서….
(C) 네, 오늘은 햇살이 강하네요.
(D) 네, 조금 탄 편이 맛있어요.

해설 |「日焼(ひや)け」는 '햇볕에' 살결이 검게 탐'이라는 의미로, 피부가 검게 그을린 이유에 대해 묻고 있다. 적절한 응답은 (B)로, 하와이가 아니라 스키 타러 갔다가 눈의 반사광 탓에 검게 타 버렸다고 그 이유를 설명하고 있다. 이때의「雪焼(ゆきや)け」는 '눈에 탐, 눈에서 반사되는 빛을 받아 피부가 검게 탐'이라는 의미. 나머지 선택지는 모두 문제의 일부분만 들었을 때 할 수 있는 오답이다.

어휘 | ずいぶん (정도를 나타내는) 많이  ハワイ 하와이  焼(や)く 굽다  食(た)べる 먹다  好(す)きだ 좋아하다  スキー 스키
동작성 명사+に ~하러 *동작의 목적  日差(ひざ)し 햇살, 햇볕  強(つよ)い 강하다  焦(こ)げる 타다, 눈다  美味(おい)しい 맛있다

## 주요 어휘 및 표현 정리 20

| 한자 | 읽기 | 의미 |
|---|---|---|
| ☐ 滅多に | めったに | (부정어 수반) 좀처럼 |
| ☐ 片付ける | かたづける | 치우다, 정리하다 |
| ☐ 選挙 | せんきょ | 선거 |
| ☐ 盛り上がる | もりあがる | (기세·분위기 등이) 고조되다 |
| ☐ 大好物 | だいこうぶつ | 매우 좋아하는 음식 |
| ☐ 飼う | かう | (동물을) 기르다, 사육하다 |
| ☐ 育てる | そだてる | 키우다 |
| ☐ 廊下 | ろうか | 복도 |
| ☐ 曲がる | まがる | (방향을) 돌다 |
| ☐ 申請 | しんせい | 신청 |
| ☐ 得意先 | とくいさき | 단골 거래처 |
| ☐ 予め | あらかじめ | 미리, 사전에 |
| ☐ 揃える | そろえる | (고루) 갖추다 |
| ☐ 決断力 | けつだんりょく | 결단력 |
| ☐ 求める | もとめる | 요구하다 |
| ☐ 渋滞 | じゅうたい | (교통) 정체 |
| ☐ 手配 | てはい | 수배, 준비 |
| ☐ 新鮮だ | しんせんだ | 신선하다 |
| ☐ 詳しい | くわしい | 상세하다, 자세하다 |
| ☐ 日差し | ひざし | 햇살, 햇볕 |

STEP 1 ▶ 먼저 핵심 기출 어휘와 필수 예문을 익히세요.

## 핵심 기출 어휘 및 필수 예문

음원 37

- **~ちゃう** ~해 버리다, ~하고 말다
  예) 昨日、飲みすぎちゃって頭ががんがんする。
  어제 과음해 버려서 머리가 지끈거려.

- **~てもいいですか** ~해도 됩니까? *허락을 구하는 표현
  예) これ、ちょっと着てみてもいいですか。
  이거 좀 입어 봐도 돼요?

- **~てはいけない** ~해서는 안 된다
  예) 夏休みだからといって、遊んでばかりいてはいけないよ。
  여름 방학이라고 해서 놀고만 있어서는 안 돼.

- **품사의 보통형+そうだ** ~라고 한다 *전문
  예) 温いお風呂にゆっくり入ると、体にいいそうですよ。
  미지근한 목욕물에 느긋하게 담그면 몸에 좋대요.

**STEP 2** 이제 YBM이 엄선한 정해진 문구 문제를 잘 듣고 풀어 보세요.

## 1 후회나 유감

お財布を家に忘れて来ちゃった。
(A) すぐに警察に届けた方がいいよ。
✓(B) お金なら、貸してあげるよ。
(C) 今日は午後から急に晴れたからね。
(D) 電話で注文すれば配達してくれるよ。

지갑을 집에 잊고 와 버렸어.
(A) 바로 경찰에 신고하는 편이 좋아.
✓(B) 돈이라면 빌려줄게.
(C) 오늘은 오후부터 갑자기 개었으니까.
(D) 전화로 주문하면 배달해 줘.

## 2 허락

突き当たりの駐車場に車を止めてもいいですか。
✓(A) ええ、短い間なら構いませんよ。
(B) 車は突き当たりの駐車場に止めてあります。
(C) このビルの駐車場に車を止めたことがあります。
(D) どうぞ廊下の突き当たりの応接間にお入りください。

맨 끝에 있는 주차장에 차를 세워도 돼요?
✓(A) 네, 잠깐 동안이라면 상관없어요.
(B) 차는 맨 끝에 있는 주차장에 세워져 있어요.
(C) 이 빌딩 주차장에 차를 세운 적이 있어요.
(D) 어서 복도 맨 끝에 있는 응접실로 들어가세요.

## 3 금지

これ、使ってはいけないんですか。
(A) はい、僕も使ったことがあります。
(B) はい、たまに行っています。
✓(C) いいえ、使ってもいいですよ。
(D) さあ、食べてみないと、わからないと思いますよ。

이거, 사용해서는 안 되는 건가요?
(A) 예, 저도 사용한 적이 있어요.
(B) 예, 가끔 가고 있어요.
✓(C) 아니요, 사용해도 돼요.
(D) 글쎄요, 먹어 보지 않으면 모를 거라고 생각해요.

## 4 전문

会長、来週総合病院で精密検査を受けられるそうよ。
✓(A) 何もないといいけど、高齢だから心配だね。
(B) 故障の原因がわかったら、欠陥も改善できるよ。
(C) 彼はいつの間にか周囲の人たちから敬遠されているね。
(D) やはり重さは精密に測ることが重要だね。

회장님, 다음 주에 종합병원에서 정밀검사를 받으신대.
✓(A) 아무 일도 없으면 좋겠는데 고령이라 걱정스럽네.
(B) 고장의 원인을 알면 결함도 개선할 수 있어.
(C) 그는 어느 샌가 주위 사람들로부터 경원시되고 있네.
(D) 역시 무게는 정밀하게 재는 게 중요하네.

**STEP 3** 질문의 의미를 정확하게 파악하고, 질문의 단어나 표현을 응용한 오답에 주의하세요.

---

**Point 1**
정해진 문구의 질문 유형
파악
동일 단어의 반복 또는
질문에 등장하는 단어나
표현을 응용한 선택지에
주의!

정해진 문구를 유형별로 정리!

Q: さっきの地震、すごかったわね。

조금 전 지진, 대단했지?

**Point 2**
질문의 단어나
표현을 응용한 오답에
주의!

A: (A) もっと自信を持ってやらないとね。좀 더 자신감을 가지고 해야지.

→ 질문에 나온「地震(じしん)」(지진)과 동음이의어인「自信(じしん)」(자신(감))을 이용한 오답

(B) 壁の額が落ちそうだったね。벽의 액자가 떨어질 것 같았지.

→ 지진이 대단했다고 했으므로, 큰 진동이 있었다는 것을 알 수 있다. 따라서 벽의 액자가 떨어질 것
같았다고 한 (B)가 정답

(C) 自信満々だったのに、残念だね。자신만만했는데 아쉽군.

→ 질문에 나온「地震(じしん)」(지진)과 동음이의어인「自信(じしん)」(자신(감))을 이용한 오답

(D) 最近、自信を無くしちゃったからね。요즘 자신감을 잃어버렸으니까 말이야.

→ 질문에 나온「地震(じしん)」(지진)과 동음이의어인「自信(じしん)」(자신(감))을 이용한 오답

---

## | CHECK UP |

意見が対立して収拾がつかないみたいね。

✓(A) お互いに妥協して歩み寄るしかないんじゃな

　　 いかな。

(B) 結局折衷案が採用されることで収まったんだね。

(C) うまく釣り合いが取れていい按配だね。

(D) こんなに大きな反響が巻き起こるとは思わなか

　　 ったね。

의견이 대립해서 수습이 안 되는 것 같네.

✓ (A) 서로 타협해서 양보할 수밖에 없지 않을까?
(B) 결국 절충안이 채용되는 것으로 수습되었네.
(C) 균형이 잘 잡혀서 좋은 안배네.
(D) 이렇게 큰 반향을 불러일으키리라고는 생각지 못했
네.

**Point 1** 정해진 문구의 질문 유형 파악

➡ 「対立(たいりつ)」(대립)라는 단어가 포인트로, 의견이 대립해서 수습이 안 되는 것 같다고 생각하고 있는 상황이다. 따라서 타협과
양보를 해결책으로 제시한 (A)가 정답임.

**Point 2** 질문의 단어나 표현을 응용한 오답에 주의

➡ (B)는 이미 수습된 상황에서 할 수 있는 응답이고, (C), (D)는 의견 대립과는 관련이 없는 응답임.

**STEP 4** 다음 기출문제를 기출문제 풀이 전략을 적용해서 풀어 보세요.

## 1

このスケジュール表、ちょっとコピーして
もいいですか。
이 스케줄 표, 좀 복사해도 돼요?

(A) これ1枚しかないので、ちょっと…。
이거 한 장밖에 없어서 좀….

(B) スケジュールの変更は困ります。
스케줄 변경은 곤란해요.

√(C) ああ、余分にあるので、これどうぞ。
아-, 여분으로 있으니 이거 쓰세요.

(D) 今から変えるのは無理ですね。
지금부터 바꾸는 건 무리네요.

- 「〜てもいいですか」는 '〜해도 됩니까?'라는 의미로, 허락을 구할 때 쓰는 표현이다. 즉, 스케줄 표를 복사해도 되는지 묻고 있으므로, 이에 대한 응답으로는 그 가능 여부에 대한 내용이 와야 한다. (A)는 스케줄 표를 가져가도 되는지, (B)와 (D)는 스케줄을 변경할 수 있는지를 묻는 질문에 대한 응답이므로 답이 될 수 없다. 정답은 (C)로, 여러 장 있으니 복사하지 말고 그냥 가져가라는 뜻이다.

- スケジュール 스케줄  表(ひょう) 표  コピー 카피, 복사  〜枚(まい) 〜장 *종이 등 얇고 평평한 것을 세는 말
  〜しか (부정어 수반) 〜밖에  変更(へんこう) 변경  困(こま)る 곤란하다, 난처하다  余分(よぶん) 여분
  どうぞ 상대방에게 무언가를 권하거나 허락할 때 쓰는 말  今(いま) 지금  変(か)える 바꾸다  無理(むり) 무리

## 2

風邪気味で熱があるので、早めに帰らせて
いただけますか。
감기 기운으로 열이 있어서 일찍 돌아갈 수 있을까요?

(A) 本当にお疲れ様でした。
정말로 수고하셨어요.

(B) 一緒にすることにしましょう。
함께 하기로 합시다.

(C) 何で遅刻しましたか。
왜 지각했나요?

√(D) それはいけませんね。お大事になさって
ください。
그거 안됐네요. 몸조리 잘 하세요.

- 질문의 「〜(さ)せていただく」(〜(하)다)는 자신의 동작을 낮추는 겸양표현으로, 문제에서는 가능 질문형으로 써서 '〜해도 될까요?'처럼 완곡하게 자신의 의사를 전달하고 있다. 감기 기운이 있어서 빨리 퇴근하고 싶은데 그래도 되는지 묻고 있으므로, 이에 대한 적절한 응답은 허락의 의미를 나타내는 (D)로, 상대방의 건강을 걱정해 주고 있다. (A)는 평소의 상황에서 할 수 있는 인사말이며, (B)와 (C)도 질문과는 거리가 먼 내용이다.

- 風邪気味(かぜぎみ) 감기 기운  熱(ねつ) 열  早(はや)めに 빨리, 일찍, 일찌감치  帰(かえ)る 돌아가다
  本当(ほんとう)に 정말로  お疲(つか)れ様(さま)でした 수고하셨습니다  一緒(いっしょ)に 함께
  동사의 기본형+ことにする 〜하기로 하다  何(なん)で 왜, 어째서  遅刻(ちこく) 지각  いけない 좋지 않다, 바람직하지 않다
  お大事(だいじ)になさってください 몸조리 잘 하세요 *「なさる」(하시다)는 「する」(하다)의 존경어임

101

□ 동사의 た형+ことがある

女 鈴木さんはヨーロッパに行ったことがありますか。

男 いいえ、まだ一度もありません。

~한 적이 있다

여 스즈키 씨는 유럽에 간 적이 있어요?
남 아니요, 아직 한 번도 없어요.

□ ~ませんか

女 ちょっと休みませんか。

男 ええ、お茶でも飲みましょう。

~하지 않을래요?

여 잠시 쉬지 않을래요?
남 네, 차라도 마시죠.

□ 동사의 보통형+ことになっている

女 実は来週引っ越すことになっているんです。

男 そうですか。寂しくなるなあ。

~하게 되어 있다

여 실은 다음 주에 이사하게 되어 있거든요.
남 그래요? 쓸쓸해지겠네.

□ ~らしい

女 さっき家の前の交差点で事故があったらしいね。

男 うん、幸いなことに怪我人はいないそうだよ。

~인 것 같다, ~인 모양이다

여 아까 집 앞 교차로에서 사고가 있었던 것 같던데.
남 응, 다행스럽게도 부상자는 없대.

□ ~ていただけますか

女 この本、ちょっと貸していただけますか。

男 ええ、いいですよ。どうぞ。

(남이) ~해 주실 수 있어요?

여 이 책, 잠시 빌려주실 수 있어요?
남 네, 좋아요. 여기요.

□ 申し分ない

女 彼の報告書、申し分ないね。

男 うん、本当によくできているね。

나무랄 데가 없다

여 그의 보고서, 나무랄 데가 없네.
남 응, 정말로 잘 만들었네.

□ 동사의 ます형+っこない

女 彼女、今回のゼミに来っこないわよ。

男 そう(?)。僕には絶対参加すると言ってたけど。

~할 리가 없다

여 그녀, 이번 세미나에 올 리가 없어.
남 그래? 나한테는 꼭 참가할 거라고 말했는데.

□ ~に限る

女 やっぱり夏は生ビールに限るね。

男 うん、本当に美味しいね。

~이 제일이다, ~이 최고다

여 역시 여름에는 생맥주가 최고네.
남 응, 정말로 맛있네.

□ お言葉に甘えて

女 お言葉に甘えて、お願いしていいですか。

男 水臭いことを言わないでくださいよ。

염치 불고하고

여 염치 불고하고 부탁드려도 돼요?
남 섭섭한 말 하지 마세요.

# 정해진 문구 | 기출 확인 문제

음원 42

**STEP 5** 핵심 어휘를 메모하면서 들어 보세요.

PART 2

짧아응답

**1** 問 _____

   (A) _____ (○ · ×)

   (B) _____ (○ · ×)

   (C) _____ (○ · ×)

   (D) _____ (○ · ×)

**2** 問 _____

   (A) _____ (○ · ×)

   (B) _____ (○ · ×)

   (C) _____ (○ · ×)

   (D) _____ (○ · ×)

**3** 問 _____

   (A) _____ (○ · ×)

   (B) _____ (○ · ×)

   (C) _____ (○ · ×)

   (D) _____ (○ · ×)

**4** 問 _____

    (A) _____ (○ · ×)

    (B) _____ (○ · ×)

    (C) _____ (○ · ×)

    (D) _____ (○ · ×)

**5** 問 _____

    (A) _____ (○ · ×)

    (B) _____ (○ · ×)

    (C) _____ (○ · ×)

    (D) _____ (○ · ×)

**6** 問 _____

    (A) _____ (○ · ×)

    (B) _____ (○ · ×)

    (C) _____ (○ · ×)

    (D) _____ (○ · ×)

**7** 問 _____

    (A) _____ (○・×)

    (B) _____ (○・×)

    (C) _____ (○・×)

    (D) _____ (○・×)

**8** 問 _____

    (A) _____ (○・×)

    (B) _____ (○・×)

    (C) _____ (○・×)

    (D) _____ (○・×)

1　明後日、ここに来てくださいませんか。

　　(A) わかりました。何時頃ですか。

　　(B) はい、一緒に行きましょう。

　　(C) はい、あの人は来ません。

　　(D) すみません。すぐ帰ります。

모레, 여기에 와 주시지 않겠어요?

(A) 알았어요. 몇 시쯤이요?

(B) 예, 함께 갑시다.

(C) 예, 그 사람은 안 와요.

(D) 죄송해요. 바로 돌아갈게요.

**해설** | 「~てくださいませんか」((남이 나에게) ~해 주시지 않겠습니까?)는 부정문의 형태로 써서 남에게 무언가를 정중하게 부탁할 때 쓰는 표현이다. 즉, 모레 여기에 와 달라고 조심스럽게 상대방의 의사를 묻고 있으므로, 정답은 알았다고 승낙하면서 몇 시쯤에 가면 되는지 정확한 시간을 확인하고 있는 (A)가 된다. (B)와 (C)는 동행과 그 사람의 참석 여부를 묻는 질문에 대한 응답이며, (D)는 귀환을 재촉하는 경우에 할 수 있는 응답이다.

**어휘** | 明後日(あさって) 모레　来(く)る 오다　何時(なんじ) 몇 시　~頃(ごろ) ~경, ~쯤　一緒(いっしょ)に 함께　すぐ 바로
帰(かえ)る 돌아가다

2　台風が近付いているらしいわよ。

　　(A) 来週山に登るのは止めようか。

　　(B) 3週間後にはもうお正月になるね。

　　(C) バスより地下鉄の方が速いよ。

　　(D) 準備ができたら、いつでもいいよ。

태풍이 다가오고 있는 모양이야.

(A) 다음 주에 산에 올라가는 건 관둘까?

(B) 3주 후에는 벌써 설이 되네.

(C) 버스보다 지하철 쪽이 빨라.

(D) 준비가 다 되면 언제든지 좋아.

**해설** | 태풍의 접근 소식을 전하고 있으므로, 이에 대한 응답으로는 날씨와 관련이 있는 내용이 오는 것이 자연스럽다. 정답은 (A)로, 태풍의 영향으로 날씨가 궂을 것 같으니 다음 주 등산은 그만두자고 말하고 있다. 나머지 선택지는 모두 태풍과는 관계가 없는 내용이다.

**어휘** | 台風(たいふう) 태풍　近付(ちかづ)く 접근하다, 다가오다　来週(らいしゅう) 다음 주　山(やま) 산
登(のぼ)る 높은 곳으로 올라가다　止(や)める 끊다, 그만두다, 중지하다　もう 이제, 벌써　お正月(しょうがつ) 설　バス 버스
~より ~보다　地下鉄(ちかてつ) 지하철　速(はや)い (속도가) 빠르다　準備(じゅんび) 준비　できる 다 되다　いつでも 언제든지

3　来月から給料が減っちゃうのね。

　　(A) この事務所、日当たりが悪いよね。

　　(B) 公共の場所は禁煙の所が多いね。

　　(C) 食欲は以前と変わらないんだけどね。

　　(D) 節約すれば、何とかなるさ。

다음 달부터 급여가 줄어드는구나.

(A) 이 사무소, 볕이 잘 들지 않네.

(B) 공공장소는 금연인 곳이 많네.

(C) 식욕은 전과 변함이 없는데 말이야.

(D) 절약하면 어떻게든 될 거야.

**해설** | 「給料(きゅうりょう)が減(へ)る」(급여가 줄어들다)라는 표현이 포인트로, 월급이 줄어들었을 때 일어날 수 있는 상황을 생각해 본다. 정답은 (D)로, 급여가 줄더라도 절약하면 어떻게든 버틸 수 있을 거라고 격려하고 있다. 나머지 선택지는 각각 일조량과 금연, 식욕에 대한 내용으로 질문과는 무관하다.

**어휘** | 来月(らいげつ) 다음 달　給料(きゅうりょう) 급여, 급료　減(へ)る 줄다, 줄어들다
~ちゃう ~해 버리다, ~하고 말다 *「~てしまう」의 축약형　事務所(じむしょ) 사무소
日当(ひあ)たり 볕이 듦 *「日当(ひあ)たりが悪(わる)い」 - 볕이 잘 들지 않다　公共(こうきょう) 공공　場所(ばしょ) 장소
禁煙(きんえん) 금연　所(ところ) 곳, 장소　多(おお)い 많다　食欲(しょくよく) 식욕　以前(いぜん) 전, 이전, 예전
変(か)わる 바뀌다, 변하다　節約(せつやく) 절약　何(なん)とか 어떻게든　~さ ~야 *가볍게 단정하는 기분을 나타냄

**4** 今忙(いまいそが)しい(?)。会議室(かいぎしつ)の準備(じゅんび)を頼(たの)んでもいいかしら。

(A) はい、電話(でんわ)します。何人前(なんにんまえ)必要(ひつよう)ですか。

(B) はい、構(かま)いませんよ。エアコンも付(つ)けておきますね。

(C) はい、できれば明日(あした)の方(ほう)がいいんですが…。

(D) はい、是非(ぜひ)お願(ねが)いします。

지금 바빠? 회의실 준비를 부탁해도 될까?
(A) 예, 전화할게요. 몇 인분 필요해요?
(B) 예, 괜찮아요. 에어컨도 켜 둘게요.
(C) 예, 가능하면 내일 쪽이 좋겠는데요….
(D) 예, 꼭 부탁드려요.

해설 | 「~かしら」(~일까?)는 완곡하게 부탁할 때 쓰는 표현으로, 바쁘지 않으면 회의실 준비를 해 줄 수 있는지 묻고 있다. 선택지는 모두 「はい」(예)라고 허락하고 있으므로, 뒤에도 이에 호응하는 내용이 와야 한다. (A)는 식사 주문을 부탁 받았을 때 할 수 있는 응답이므로 부적절. 정답은 (B)로, 「構(かま)いません」(상관없습니다. 괜찮습니다)이라고 상대방의 부탁에 호응하면서 에어컨도 켜 두겠다고 말하고 있다. (C)는 일정 조정에 관한 내용이고, (D)는 반대로 상대방에게 뭔가를 부탁하고 있으므로 역시 답이 될 수 없다.

어휘 | 忙(いそが)しい 바쁘다　会議室(かいぎしつ) 회의실　準備(じゅんび) 준비　頼(たの)む 부탁하다　電話(でんわ) 전화
何人前(なんにんまえ) 몇 인분　必要(ひつよう)だ 필요하다　エアコン 에어컨　付(つ)ける 켜다　明日(あした) 내일
是非(ぜひ) 꼭, 제발　お+동사의 ます형+する ~하다, ~해 드리다 *겸양표현　願(ねが)う 부탁하다

**5** 駅(えき)の中(なか)で待(ま)っていていただけますか。

(A) 交差点(こうさてん)のどちら側(がわ)ですか。

(B) 予約(よやく)してある席(せき)ですね。

(C) 突(つ)き当(あ)たりの会議室(かいぎしつ)ですね。

(D) では、改札口(かいさつぐち)の内側(うちがわ)にいますね。

역 안에서 기다리고 있어 주실 수 있어요?
(A) 교차로의 어느 쪽인가요?
(B) 예약되어 있는 자리군요.
(C) 막다른 곳의 회의실이군요.
(D) 그럼, 개찰구 안쪽에 있을게요.

해설 | 「~ていただけますか」((남에게) ~해 받을 수 있습니까?, (남이) ~해 주실 수 있습니까?)는 「~てもらえますか」((남에게) ~해 받을 수 있습니까?, (남이) ~해 줄 수 있습니까?)의 겸양표현으로, 뭔가를 공손하게 부탁할 때 쓴다. 역 안에서 기다려 달라고 했으므로, 선택지 가운데 역 안에 있을 만한 장소를 고르면 된다. 정답은 (D)로, 표를 내고 들어가는 개찰구 안쪽에서 기다리겠다는 뜻이다. (A)는 방향을 묻는 질문이며, (B)의 예약석이나 (C)의 회의실에 대한 설명은 모두 질문의 부탁과는 관계 없는 내용이다.

어휘 | 駅(えき) 역　待(ま)つ 기다리다　交差点(こうさてん) 교차로　どちら側(がわ) 어느 쪽　予約(よやく) 예약
타동사+てある ~어 있다 *상태표현　席(せき) (앉는) 자리, 좌석　突(つ)き当(あ)たり 막다른 곳　会議室(かいぎしつ) 회의실
では 그럼　改札口(かいさつぐち) 개찰구　内側(うちがわ) 안쪽

**6** この本(ほん)、明日(あした)まで貸(か)していただけませんか。

(A) どうぞ。お持(も)ちになって結構(けっこう)ですよ。

(B) どうも。持(も)って来(き)てくださったんですか。

(C) どうぞ召(め)し上(あ)がってください。

(D) どうも。褒(ほ)められると恥(は)ずかしいです。

이 책, 내일까지 빌려주시지 않겠어요?
(A) 그러세요. 가져서도 괜찮아요.
(B) 고마워요. 가져와 주신 거예요?
(C) 어서 드세요.
(D) 고마워요. 칭찬받으니 부끄러워요.

해설 | 「~ていただけませんか」((남에게) ~해 받을 수 없습니까?, (남이) ~해 주시지 않겠습니까?)는 「~てもらえませんか」((남에게) ~해 받을 수 없습니까?, (남이) ~해 주지 않겠습니까?)의 겸양표현으로, 「~ていただけますか」((남에게) ~해 받을 수 있습니까?, (남이) ~해 주실 수 있습니까?)보다 정중한 표현이다. 책을 내일까지 빌려달라는 부탁에 대한 적절한 응답은 (A)로, 이때의 「どうぞ」는 상대방에게 뭔가를 허락하는 뜻으로 쓰였다. 이에 비해 (C)에서는 상대방에게 뭔가를 권하거나 부탁하는 기분을 나타내는 뜻으로 쓰인 점에 주의한다. (B)는 책을 가져다 준 것, (D)는 칭찬을 받은 것에 대한 감사의 마음을 전하고 있으므로 질문과는 거리가 먼 응답이다.

어휘 | 貸(か)す 빌려주다　お+동사의 ます형+になる ~하시다 *존경표현　持(も)つ 가지다, 소유하다
結構(けっこう)だ 좋다, 괜찮다　~てくださる (남이 나에게) ~해 주시다 *「~てくれる」((남이 나에게) ~해 주다)의 존경표현
召(め)し上(あ)がる 드시다 *「飲(の)む」(마시다), 「食(た)べる」(먹다)의 존경어　~てください ~해 주세요, ~하세요
褒(ほ)める 칭찬하다　恥(は)ずかしい 부끄럽다, 창피하다

**7** お言葉に甘えて、お願いしてもいいですか。

(A) 今回だけは大目に見ましょう。

(B) 水臭いことを言わないでくださいよ。

(C) 気が進まないけど、仕方ないですね。

(D) まったく、わがままなんだから。

염치 불고하고 부탁드려도 돼요?

(A) 이번만은 너그러이 봐주죠.

(B) 섭섭한 말 하지 마세요.

(C) 마음이 내키지 않지만 어쩔 수 없네요.

(D) 정말 제멋대로라니까.

해설 | 「お言葉(ことば)に甘(あま)えて」는 상대방의 호의나 친절을 거절하지 않고 받아들일 때 하는 인사말로, '염치 불고하고, 호의를 받아들여서'라는 뜻이다. 즉, 상대방이 이미 부탁해도 된다고 했음에도 불구하고 재차 부탁해도 되는지 묻고 있는 상황이므로, 이에 대한 적절한 응답은 자신의 호의에도 불구하고 여전히 조심스러워 하는 상대방의 태도를 나무라면서 흔쾌히 허락하고 있는 (B)가 된다. 이때의 「水臭(みずくさ)い」는 '서먹서먹하게 굴다, 쌀쌀하다'라는 의미다. 참고로, (A)의 「大目(おおめ)に見(み)る」((부족한 점이 있어도) 너그러이 봐주다)와 (C)의 「気(き)が進(すす)まない」(마음이 내키지 않다)도 시험에 자주 나오는 표현이므로 함께 익혀 두자.

어휘 | お言葉(ことば) 말씀 甘(あま)える 호의를 받아들이다 ~てもいい ~해도 된다 今回(こんかい) 이번 ~だけ ~만, ~뿐 大目(おおめ) 관대함, 너그러움 ~ないでください ~하지 말아 주세요, ~하지 마세요 気(き)が進(すす)む 마음이 내키다 仕方(しかた)ない 어쩔 수 없다 まったく 정말, 참으로 わがままだ 제멋대로다

**8** 見積書を至急出してほしいんだけど。

(A) じゃ、宅配で送りましょうか。

(B) もうすぐですので、ちょっと待ってください。

(C) 配達は2、3日かかりますが。

(D) 提出期限はもう過ぎていますよ。

견적서를 급히 제출해 줬으면 하는데.

(A) 그럼, 택배로 보낼까요?

(B) 곧 끝나니까 기다려 주세요.

(C) 배달은 2, 3일 걸리는데요.

(D) 제출 기한은 이미 지났어요.

해설 | 「~てほしい」는 '~해 주었으면 하다, ~하길 바라다'라는 뜻으로, 상대방에 대한 희망이나 요구를 나타내는 표현이다. 견적서를 급히 제출해 달라는 부탁에 대해, 배송방법이나 배달기간에 대해 말하고 있는 (A)와 (C)는 부적절한 응답이고, 제출 기한이 지났다고 한 (D) 역시 답이 될 수 없다. 정답은 (B)로, 지금 하고 있는 일이 끝나면 제출할 테니 잠시만 기다려 달라고 양해를 구하고 있다.

어휘 | 見積書(みつもりしょ) 견적서 至急(しきゅう) 급히 出(だ)す 내다, 제출하다 宅配(たくはい) 택배 送(おく)る 보내다 配達(はいたつ) 배달 かかる (시간이) 걸리다 提出(ていしゅつ) 제출 期限(きげん) 기한 もう 이미, 벌써 過(す)ぎる (정해진 기한·기간이) 넘다, 지나다, 끝나다

## 주요 어휘 및 표현 정리 20

| 한자 | 읽기 | 의미 |
|---|---|---|
| ☐ 届ける | とどける | (관청 등에) 신고하다 |
| ☐ 晴れる | はれる | (하늘이) 개다 |
| ☐ 突き当たり | つきあたり | 막다른 곳, 길이 막힌 곳 |
| ☐ 欠陥 | けっかん | 결함 |
| ☐ 改善 | かいぜん | 개선 |
| ☐ 測る | はかる | 재다, 측정하다 |
| ☐ 収拾 | しゅうしゅう | 수습 |
| ☐ 折衷案 | せっちゅうあん | 절충안 |
| ☐ 反響を巻き起こす | はんきょうをまきおこす | 반향을 불러일으키다 |
| ☐ 風邪気味 | かぜぎみ | 감기 기운 |
| ☐ 近付く | ちかづく | 접근하다, 다가오다 |
| ☐ 給料 | きゅうりょう | 급여, 급료 |
| ☐ 日当たりが悪い | ひあたりがわるい | 볕이 잘 들지 않다 |
| ☐ 公共 | こうきょう | 공공 |
| ☐ 頼む | たのむ | 부탁하다 |
| ☐ 改札口 | かいさつぐち | 개찰구 |
| ☐ お言葉に甘えて | おことばにあまえて | 염치 불고하고 |
| ☐ 水臭い | みずくさい | 서먹서먹하게 굴다, 쌀쌀하다 |
| ☐ 配達 | はいたつ | 배달 |
| ☐ 提出 | ていしゅつ | 제출 |

# 04 일상생활 표현

STEP 1 ▶ 먼저 핵심 기출 어휘와 필수 예문을 익히세요.

## 핵심 기출 어휘 및 필수 예문

음원 43

- **にこにこ** 싱글벙글

  예 何<sup>なに</sup>かいいことでもあるのか、吉田<sup>よし だ</sup>さん、朝<sup>あさ</sup>からにこにこしてるね。

  원가 좋은 일이라도 있는지, 요시다 씨 아침부터 싱글벙글하고 있네.

- **割<sup>わ</sup>り勘<sup>かん</sup>** 각자 부담

  예 今日<sup>きょう</sup>は懐<sup>ふところ</sup>が寂<sup>さび</sup>しいので、割<sup>わ</sup>り勘<sup>かん</sup>でお願<sup>ねが</sup>いしますね。

  오늘은 주머니가 가벼우니 각자 부담으로 부탁드려요.

- **こだわる** 구애되다, 사소한 것까지 신경을 쓰다

  예 もう過<sup>す</sup>ぎたことだし、そんなにこだわらなくてもいいよ。

  이미 지난 일이고 그렇게 구애되지 않아도 돼.

- **潰<sup>つぶ</sup>れる** 망하다, 파산하다

  예 人気<sup>にん き</sup>がなくて、潰<sup>つぶ</sup>れちゃったんじゃないの(?)。

  인기가 없어서 망해 버린 거 아니야?

110

**STEP 2** 이제 YBM이 엄선한 일상생활 표현 문제를 잘 듣고 풀어 보세요.

## 1 합격

坂本君、にこにこしていましたよ。

✓(A) きっと合格したんでしょうね。

(B) きっと失敗したんでしょうね。

(C) きっと負けたんでしょうね。

(D) きっと心配だったんでしょうね。

사카모토 군, 싱글벙글하고 있었어요.

✓ (A) 틀림없이 합격했겠죠.

(B) 틀림없이 실패했겠죠.

(C) 틀림없이 졌겠죠.

(D) 틀림없이 걱정됐겠죠.

## 2 식비 부담

ここの食事代は割り勘にしましょう。

✓(A) じゃ、一人5,000円ずつですね。

(B) そうですか。それは羨ましいですね。

(C) いいんですか。ご馳走様。

(D) 私は洋食の方が好きですが。

여기 밥값은 각자 부담으로 합시다.

✓ (A) 그럼, 한 사람 5천 엔씩이네요.

(B) 그래요? 그거 부럽네요.

(C) 괜찮은 거예요? 잘 먹었어요.

(D) 저는 양식 쪽을 좋아하는데요.

## 3 구애됨

何でそんなに細かいことにこだわるの(?)。

(A) 目が悪いから、大きく書いた方がいいよ。

(B) 僕のやり方も同じく、大まかな方だからね。

(C) 君は本当に細かいことまでよく気が付くね。

✓(D) 僕にとっては、これは大事なことなんだよ。

왜 그렇게 사소한 일에 구애되는 거야?

(A) 눈이 나쁘니까 크게 쓰는 편이 좋아.

(B) 내 방식도 똑같이 대충대충인 편이니까.

(C) 넌 정말로 사소한 거까지 잘 알아차리네.

✓ (D) 내게 있어서는 이건 중요한 일이야.

## 4 파산

あの、よく行列ができてた店、昨日行ったら潰れてたわよ。

(A) そう(?)。それは面白い広告だね。

✓(B) へえ、もう無くなってたんだ。景気がよくないからな。

(C) まだ工事が終わってなかったんだね。

(D) コンクリートでできてるから、そんなに簡単に壊れないよ。

그 자주 줄 서 있었던 가게, 어제 갔더니 망했더라고.

(A) 그래? 그건 재미있는 광고네.

✓ (B) 허, 벌써 없어졌구나. 경기가 좋지 않으니까.

(C) 아직 공사가 끝나지 않았던 거구나.

(D) 콘크리트로 되어 있어서 그렇게 쉽게 부서지지 않아.

**STEP 3** 질문의 의미를 정확하게 파악하고, 질문의 단어나 표현을 응용한 오답에 주의하세요.

---

**Point 1**
질문의 의미 파악

일상생활에서 흔히 듣게 되는 질문의 정확한 의미를 파악!
Q : 中村さん、たばこを止めたそうですよ。
나카무라 씨, 담배를 끊었대요.

**Point 2**
질문의 단어나
표현을 응용한 오답에
주의

동일 단어의 반복 또는 질문에 등장하는 단어나 표현을 응용한 선택지에 주의!
A : (A) 子供が生まれたから、奥さんから言われたらしいですよ。
아이가 태어났으니까 부인한테서 말을 들은 모양이에요.

→ 제삼자가 담배를 끊었다고 전하고 있으므로, 아이가 태어나서 부인이 끊으라고 말한 모양이라고 한 (A)가 정답

(B) お酒の飲みすぎで、体を壊したらしいですよ。
술을 너무 많이 마셔서 건강을 해친 것 같아요.

→ 「体(からだ)を壊(こわ)す」(몸[건강]을 해치다) 부분만 들으면 이것을 정답으로 고를 수도 있는데, 앞부분에서 「お酒(さけ)の飲(の)みすぎ」(술을 너무 많이 마심)라고 했으므로 오답

(C) 禁煙した反動で、前より吸うようになりましたね。
금연한 반동으로 전보다 피우게 되었네요.

→ 「たばこ」(담배)와 관련이 있는 「禁煙(きんえん)」(금연)이라는 단어를 써서 답하고 있지만, 담배를 끊었다고 하는 질문과는 반대되는 내용이므로 오답

(D) たばこって、そんなに美味しいんですかね。
담배라는 게 그렇게 맛있을까요?

→ 질문에 나온 「たばこ」(담배)를 이용해 답하고 있지만, 담배를 당최 끊지 못하는 사람을 두고 하는 말이므로 오답

---

## | CHECK UP |

ひどい渋滞ね。当分続くのかしら。
(A) この道路はいつも順調に流れているね。
(B) 当分の間、電車の利用は控えた方がいいよ。
✓(C) うん、工事期間中はずっとこうだろうね。
(D) 交通情報じゃ、渋滞は今のところないそうだよ。

정체가 심하네. 당분간 계속될까?
(A) 이 도로는 항상 원활하게 소통되고 있네.
(B) 당분간 전철 이용은 삼가는 편이 좋아.
✓(C) 응. 공사 기간 중에는 계속 이러겠지.
(D) 교통 정보에 의하면 정체는 지금으로서는 없대.

**Point 1** 질문의 의미 파악

◉ 「渋滞(じゅうたい)」는 '(교통) 정체'라는 뜻으로, 이 심한 정체가 앞으로도 이어질지 궁금해하고 있다. 따라서 공사 기간 중에는 계속 이럴 것 같다면서 정체의 이유에 대해 말하고 있는 (C)가 정답임.

**Point 2** 질문의 단어나 표현을 응용한 오답에 주의

◉ (A)는 교통 정체가 전혀 없다는 의미이므로 부적절하고, (B) 또한 도로가 막히면 전철을 타는 편이 좋다고 해야 하는데 반대로 전철 이용을 삼가라고 했으므로 답이 될 수 없다. (D)는 질문의 「渋滞(じゅうたい)」((교통) 정체)를 응용한 오답임.

**STEP 4** 다음 기출문제를 기출문제 풀이 전략을 적용해서 풀어 보세요.

## 1

この洋服にはアクセサリーを付けない方が
いいかしら。
이 옷에는 액세서리를 달지 않는 편이 좋을까?

(A) そうかな。洋服より着物の方が高いんじ
ゃないかな。
그런가? 일반 옷보다 기모노 쪽이 비싸지 않나?

(B) 本当(?)。そのアクセサリー、そんなに高
いの(?)。　정말? 그 액세서리 그렇게 비싸?

(C) うん、このアクセサリーは君にあげるよ。
응, 이 액세서리는 너한테 줄게.

√(D) そうかな。このアクセサリーなら、それ
に似合うと思うよ。
그런가? 이 액세서리라면 그거에 어울릴 것 같아.

■ 「洋服(ようふく)」는 '(서양식) 옷'을 뜻하는 말로, 액세서리 착용에 대해 상대방에게 조언을 구하고 있다. (A)와 (B)는 각각 옷과 액세서리의 가격에 대한 내용이며, (C)는 액세서리를 달라고 부탁했을 때 할 수 있는 말로, 모두 질문의 어휘를 이용한 오답이다. 정답은 (D)로, 액세서리가 옷과 잘 어울리므로 다는 편이 좋겠다는 뜻이다.

■ アクセサリー 액세서리 付(つ)ける 착용하다, 달다 ~ない方(ほう)がいい ~하지 않는 편[쪽]이 좋다
~かしら ~일까? *의문의 뜻을 나타냄 ~より ~보다 着物(きもの) 기모노 *일본 전통 의상 高(たか)い (값이) 비싸다
本当(ほんとう) 정말 そんなに 그렇게(나) あげる (내가 남에게) 주다 似合(にあ)う 어울리다

## 2

いつもご馳走になるばかりなので、ここは
私が…。
늘 대접을 받기만 해서 여기는 제가….

(A) まあ、それはとんでもないことですね。
뭐 그건 말도 안 되는 소리죠.

(B) まあ、それも止むを得ないことかと思い
ますが。　뭐 그것도 어쩔 수 없는 일인 것 같은데요.

√(C) いえいえ、そういうわけにはいきません
よ。　아뇨아뇨, 그럴 수는 없어요.

(D) いえいえ、お粗末様でした。
아뇨아뇨, 변변치 못했어요.

■ 「ご馳走(ちそう)になる」는 '(후한) 대접을 받다'라는 뜻으로, 매번 얻어먹기만 했으니 이번에는 자신이 대접하겠다고 말하고 있는 상황이다. 이에 대한 적절한 응답은 완곡하게 거절의 의사를 나타내고 있는 (C)로, 「~わけにはいかない」((그렇게 간단히) ~할 수는 없다)는 말하는 사람의 입장·도의적인 이유로 '그럴 수는 없다'라는 뜻을 나타낸다. (A)의 「とんでもない」(터무니없다, 당치도 않다, 말도 안 된다)는 보통의 정도나 상식에서 벗어난 모양을 나타낼 때, (B)의 「止(や)むを得(え)ない」(어쩔 수 없다, 부득이하다)는 달리 방법이 없을 때, (D)의 「お粗末様(そまつさま)でした」(변변치 못했습니다)는 「ご馳走(ちそう)さまでした」(잘 먹었습니다)에 대한 인사말에 해당하는 표현이다.

■ ~ばかり ~만, ~뿐 まあ 뭐 *상대방의 말을 가볍게 제지할 때 쓰는 말 いえいえ 아뇨아뇨 そういう 그런, 그러한

113

□ 家賃

女 このマンション、見晴らしが本当にいいわね。

男 うん、それに家賃も思ったより安いよ。

집세

여 이 (중·고층) 아파트, 전망이 정말로 좋네.
남 응, 게다가 **집세**도 생각했던 것보다 싸.


□ 一休みする

女 この辺で一休みしましょうか。

男 ええ、お茶でも飲みましょう。

잠깐 쉬다

여 이쯤에서 **잠깐 쉴**까요?
남 네, 차라도 마셔요.


□ 体の調子

女 朝から体の調子がよくないわ。

男 大丈夫(?)。病院には行ったの(?)。

몸 상태, 컨디션

여 아침부터 **몸 상태**가 안 좋아.
남 괜찮아? 병원에는 갔었어?


□ 壊れる

女 このテレビ、壊れたみたい。画面が映らないわ。

男 そう(?)。早く修理の人を呼ぼう。

고장 나다

여 이 TV, **고장 난** 것 같아. 화면이 안 나와.
남 그래? 빨리 수리하는 사람을 부르자.


□ 焦る

女 そんなに焦らないで、もうちょっと落ち着いてよ。

男 でも、締め切りまで30分しか残ってないよ。

안달하다, 초조해하다

여 그렇게 **초조해하**지 말고 이제 좀 진정해.
남 하지만 마감까지 30분밖에 안 남았어.


□ おごる

女 今日は私がおごるから、思う存分食べてね。

男 そう(?)。じゃ、お言葉に甘えて。

한턱내다

여 오늘은 내가 **한턱낼** 테니까 실컷 먹어.
남 그래? 그럼, 염치 불고하고.


□ ぴったりだ

女 この服はどう(?)。私に似合うかしら。

男 うん、君にぴったりだと思うよ。

꼭 어울리다[맞다]

여 이 옷은 어때? 나한테 어울릴까?
남 응, 너한테 **꼭 어울린다**고 생각해.


□ 見直す

女 最近、10キロも太っちゃったわ。

男 食生活をちょっと見直してみるのはどうかな。

다시 살펴보다, 다시 보다, 재검토하다

여 최근 10kg이나 살이 쪄 버렸어.
남 식생활을 좀 **다시 살펴보**는 건 어떨까?


□ 명사+日和

女 今日は朝から、からりと晴れていますね。

男 ええ、久しぶりの洗濯日和ですね。

~하기에 좋은 날씨

여 오늘은 아침부터 활짝 개었네요.
남 네, 오랜만의 빨래**하기에 좋은 날씨**네요.

## 일상생활 표현 | 기출 확인 문제

음원 48

**STEP 5** 핵심 어휘를 메모하면서 들어 보세요.

**1** 問 _____

(A) _____ (○ · ×)

(B) _____ (○ · ×)

(C) _____ (○ · ×)

(D) _____ (○ · ×)

**2** 問 _____

(A) _____ (○ · ×)

(B) _____ (○ · ×)

(C) _____ (○ · ×)

(D) _____ (○ · ×)

**3** 問 _____

(A) _____ (○ · ×)

(B) _____ (○ · ×)

(C) _____ (○ · ×)

(D) _____ (○ · ×)

**4** 問 _____

    (A) _____ (○・×)

    (B) _____ (○・×)

    (C) _____ (○・×)

    (D) _____ (○・×)

**5** 問 _____

    (A) _____ (○・×)

    (B) _____ (○・×)

    (C) _____ (○・×)

    (D) _____ (○・×)

**6** 問 _____

    (A) _____ (○・×)

    (B) _____ (○・×)

    (C) _____ (○・×)

    (D) _____ (○・×)

**7** 問 _____

    (A) _____ (○ • ×)

    (B) _____ (○ • ×)

    (C) _____ (○ • ×)

    (D) _____ (○ • ×)

**8** 問 _____

    (A) _____ (○ • ×)

    (B) _____ (○ • ×)

    (C) _____ (○ • ×)

    (D) _____ (○ • ×)

**1** 天気が崩れそうですね。

(A) ええ、青空が広がっていますね。

(B) いつになったら雨は上がるんでしょうね。

(C) ええ、だからちゃんと傘を持って来ましたよ。

(D) 少し地面が湿る程度で雨は止みましたね。

날씨가 나빠질 것 같네요.
(A) 네, 푸른 하늘이 펼쳐져 있네요.
(B) 언제쯤 돼야 비는 그칠까요?
(C) 네, 그래서 우산을 잘 챙겨 왔어요.
(D) 조금 지면이 젖을 정도에서 비는 그쳤네요.

해설 | 「天気(てんき)が崩(くず)れる」(날씨가 나빠지다)라는 표현이 포인트. 여기에 「동사의 ます형+そうだ」(~일[할] 것 같다)라는 추측의 표현을 쓰고 있으므로, 아직은 아니지만 머지않아 비나 눈이 오는 등 궂은 날씨가 될 것 같다는 뜻이다. 따라서, 푸른 하늘이 펼쳐져 있다고 한 (A)나 이미 비가 오고 있다는 의미의 (B)는 부적절. (D)도 이미 비가 내렸다 그쳤다는 뜻이므로 역시 답이 될 수 없다. 정답은 (C)로, 그럴 줄 알고 우산을 가져 왔다고 말하고 있다.

어휘 | 青空(あおぞら) 푸른 하늘 広(ひろ)がる 펼쳐지다 いつ 언제 雨(あめ) 비 上(あ)がる 멎다, 그치다 だから 그러니까, 그래서 ちゃんと 제대로, 확실히 傘(かさ) 우산 持(も)つ 가지다 少(すこ)し 조금 地面(じめん) 지면, 땅바닥 湿(しめ)る 축축해지다, 물기를 띠다, 촉촉히 젖다 程度(ていど) 정도 止(や)む 그치다, 멎다

**2** あの二人、やっと仲直りしたみたいね。

(A) そうだね。それは揉め事になりかねないね。

(B) そうみたいだね。今回は随分長引いたな。

(C) そうだね。どうもあやふやだなあ。

(D) それはちょっと大げさなんじゃないかなあ。

저 둘, 겨우 화해한 모양이네.
(A) 그러게. 그건 다툼이 될지도 모르겠네.
(B) 그런 것 같네. 이번에는 꽤 오래갔지.
(C) 그러게. 정말 애매하군.
(D) 그건 좀 과장된 거 아닌가?

해설 | 「仲直(なかなお)り」는 '화해'라는 뜻인데, 앞에 「やっと」(겨우, 간신히)라는 부사를 쓴 것으로 보아 두 사람이 화해하기까지 꽤나 오랜 시간이 걸렸다는 것을 알 수 있다. 정답은 (B)로, 「随分(ずいぶん)長引(ながび)いた」(꽤 오래갔다)라고 하면서 상대방의 말에 동의하고 있다. (A)는 아직 다툼이 벌어지기 전의 상황에 대한 언급이므로 부적절. 또한 (C)의 「あやふや」(애매함, 불확실함)나 (D)의 「大(おお)げさ」(과장, 허풍을 떪)와 같은 표현은 문제의 상황과는 관련이 없다.

어휘 | あの 저 二人(ふたり) 두 사람 ~みたいだ ~인 것 같다 揉(も)め事(ごと) 다툼, 분쟁 동사의 ます형+かねない ~할지도 모른다 今回(こんかい) 이번 随分(ずいぶん) 꽤, 몹시, 퍽 長引(ながび)く 오래가다 どうも 정말, 참으로 あやふやだ 애매하다, 모호하다 ちょっと 조금, 좀 大(おお)げさだ 과장되다, 호들갑을 떨다

**3** 昨夜は、雷の音と稲光でとても怖かったわ。

(A) うちの近所にも、何回か落ちたみたいだよ。

(B) 洪水の経験なんて、初めてだからね。

(C) 早めに領収書を出した方がよさそうだね。

(D) ちょうど事務室にいたけど、ビルがぐらぐらと揺れたんだよ。

어젯밤은 천둥 소리와 번개로 너무 무서웠어.
(A) 우리 집 근처에도 몇 번인가 떨어진 것 같아.
(B) 홍수 경험 같은 거 처음이니까 말이야.
(C) 빨리 영수증을 제출하는 편이 좋을 것 같네.
(D) 마침 사무실에 있었는데 빌딩이 흔들흔들 흔들렸어.

해설 | 「雷(かみなり)」(천둥)와 「稲光(いなびかり)」(번개)라는 단어가 포인트로, 어젯밤은 천둥과 번개 때문에 너무 무서웠다고 말하고 있다. 이에 대한 적절한 응답은 자신의 집 근처에도 몇 번 떨어졌다고 한 (A)로, 이때의 「落(お)ちる」는 '(벼락이) 떨어지다'라는 의미로 쓰인 것이다. (B)는 홍수, (D)는 지진에 대한 경험에 대해 이야기하고 있으므로 부적절. (C)의 영수증 제출에 대한 조언 역시 문제와는 거리가 먼 내용이다.

어휘 | 昨夜(ゆうべ) 어젯밤 音(おと) 소리 怖(こわ)い 무섭다 うち 우리 집 近所(きんじょ) 근처, 부근 洪水(こうずい) 홍수 経験(けいけん) 경험 ~なんて ~따위 初(はじ)めて 처음(으로) 早(はや)めに 빨리, 일찍, 일찌감치 領収書(りょうしゅうしょ) 영수증 出(だ)す 내다, 제출하다 ちょうど 마침 事務室(じむしつ) 사무실 ビル 빌딩 ぐらぐら 흔들흔들 *크게 흔들려 움직이는 모양 揺(ゆ)れる 흔들리다

**4** 今年のお正月は何連休になるのかしら。

(A) お正月休みは絶対スキーだね。

(B) お正月にもかかわらず、コンビニは営業してるね。

(C) 土日を入れれば最長9連休というところかな。

(D) 個人商店は軒並みお休みかな。

올해 설은 며칠 연휴가 될까?

(A) 설 휴일은 단연코 스키지.

(B) 설임에도 불구하고 편의점은 영업하고 있네.

(C) 토요일과 일요일을 넣으면 최장 9일 연휴 정도일까?

(D) 개인 상점은 모두 쉬려나?

해설 | 설 연휴가 며칠 정도 될지 궁금해하고 있으므로, 이에 대한 응답으로는 설 연휴 기간에 대한 내용이 오는 것이 자연스럽다. 정답은 (C)로, 설 연휴에 토요일과 일요일까지 포함하면 가장 길게는 9일 정도 쉴 수 있다는 뜻이다. (A)는 설 연휴의 계획을 묻는 질문에 대한 응답이므로 부적절. (B)는 이미 설 연휴 기간 중이라는 뜻이 되므로 틀린 내용이며, (D)는 설 연휴에 영업을 하는 상점을 묻는 질문에 대한 응답이므로 역시 답이 될 수 없다.

어휘 | 今年(ことし) 올해 お正月(しょうがつ) 설 連休(れんきゅう) 연휴 ~かしら ~일까? *의문의 뜻을 나타냄
休(やす)み 휴일, 쉬는 날 絶対(ぜったい) 절대, 단연코 スキー 스키 ~にもかかわらず ~임에도 불구하고
コンビニ 편의점 *「コンビニエンスストア」의 준말 営業(えいぎょう) 영업 土日(どにち) 토요일과 일요일
入(い)れる 넣다, 포함하다 最長(さいちょう) 최장 ~というところだ ~정도이다 ~かな ~일까? *가벼운 의문을 나타냄
個人(こじん) 개인 商店(しょうてん) 상점 軒並(のきな)み 일제히, 모두

**5** 高速道路の大渋滞で、いつもの2倍もかかったわ。

(A) 会場の中は、観衆でとても混雑していたね。

(B) 断水した時の用意は、していなかったからね。

(C) 駐車場が、がらがらだったそうだね。

(D) ニュースで聞いたけど、三重衝突があったらしいよ。

고속도로가 큰 정체로 평소의 두 배나 걸렸어.

(A) 행사장 안은 관중으로 매우 혼잡했지.

(B) 단수됐을 때의 준비는 하고 있지 않았으니까.

(C) 주차장이 텅텅 비어 있었다고 하더군.

(D) 뉴스에서 들었는데 삼중 충돌이 있었던 것 같아.

해설 | 「大渋滞(だいじゅうたい)」(큰 정체)라는 말이 포인트로, 차들이 제 속도를 내지 못하고 많이 밀렸다는 뜻이다. 따라서 이에 대한 응답으로는 정체의 이유를 말하고 있는 선택지를 고르면 된다. (A)는 고속도로가 아니라 행사장이 혼잡했다는 의미이며, (B)는 갑작스러운 단수, (C)는 주차장이 한산했다는 내용이므로 모두 정체 상황과는 관련이 없다. 정답은 (D)로, 삼중 충돌사고의 여파 때문에 길이 막혔던 것이라는 내용이다.

어휘 | 高速道路(こうそくどうろ) 고속도로 いつも 평소, 여느 때 会場(かいじょう) 회장, 행사장
観衆(かんしゅう) 관중 中(なか) 안, 속 混雑(こんざつ) 혼잡 断水(だんすい) 단수 時(とき) 때 用意(ようい) 준비
駐車場(ちゅうしゃじょう) 주차장 がらがら 텅텅 빔 三重(さんじゅう) 삼중 衝突(しょうとつ) 충돌
~らしい ~인 것 같다 *객관적 근거에 의한 추측·판단

**6** 内緒で買ったプレゼント、ご本人に気付かれなかった(?)。

(A) いや、騙しているに決まっているよ。

(B) 家内に限って、そんなことするわけがないよ。

(C) 危なかったよ。見つかりそうになって慌てて隠したよ。

(D) 当たり前だろ(?)。正直だから、ごまかせないよ。

몰래 산 선물, 본인에게 들키지 않았어?

(A) 아니, 속이고 있음에 틀림없어.

(B) 아내만은 그런 일을 할 리가 없어.

(C) 위험했어. 들킬 뻔해서 황급히 숨겼어.

(D) 당연하잖아? 정직하니까 속일 수 없어.

해설 | 「内緒(ないしょ)」는 '내막적으로[몰래] 함, 비밀, 은밀'이라는 의미로, 받을 사람을 놀라게 해 주려고 몰래 산 선물을 들키지 않았냐고 묻고 있다. (A)의 「騙(だま)している」는 '속이고 있다'라는 뜻이므로, 이 경우에는 수동형을 써서 「騙(だま)されている」(속고 있다)라고 고쳐야 적절한 응답이 된다. (B)는 전혀 엉뚱한 응답이며, (D)는 문제의 「気付(きづ)く」(깨닫다, 알아차리다)를 응용한 오답이다. 정답은 (C)로, 하마터면 들킬 뻔했지만 급하게 숨겨서 다행히 들키지는 않고 넘어갔다는 뜻이다.

어휘 | 買(か)う 사다 プレゼント 프레젠트, 선물 本人(ほんにん) 본인 いや 아니 騙(だま)す 속이다
~に決(き)まっている 분명히 ~일 것이다, ~임에 틀림없다 家内(かない) (자신의) 아내, 집사람 ~に限(かぎ)って ~에 한해, ~만은
~わけがない ~일 리가 없다 危(あぶ)ない 위험하다 見(み)つかる 발각되다, 들키다
동사의 ます형+そうだ ~일[할] 것 같다 *양태 慌(あわ)てる 당황하다, 허둥대다 隠(かく)す 숨기다
当(あ)たり前(まえ)だ 당연하다 正直(しょうじき)だ 정직하다 ごまかす 속이다

**7** あの超能力者（ちょうのうりょくしゃ）、いんちきじゃないの(?)。

(A) あそこのお寺（てら）にはお化（ば）けが出（で）るそうだね。

(B) 僕（ぼく）も危（あや）うく騙（だま）されるところだったよ。

(C) 確（たし）かに、公務員（こうむいん）としては失格（しっかく）だね。

(D) 不本意（ふほんい）だけど、事務処理能力（じむしょりのうりょく）は認（みと）めるよ。

저 초능력자, 사기 아니야?

(A) 저기 절에는 귀신이 나온다고 하더군.

(B) 나도 하마터면 속을 뻔했어.

(C) 확실히 공무원으로서는 실격이네.

(D) 못 마땅하지만 사무처리 능력은 인정해.

해설 | 「いんちき」(부정, 사기)라는 단어가 포인트로, 초능력자라는 사람이 사기꾼이 아닌지 그 정체를 의심하고 있다. 정답은 (B)로, 자신도 거의 속아넘어갈 뻔했지만, 다행히 그러지는 않았다고 말하고 있다. 이때의 「危（あや）うく~ところだった」(하마터면 ~할 뻔했다)는 실행 직전까지 갔지만 실제로 하지는 않았다는 의미를 나타내는 표현이다. (A)의 「お化（ば）け」(귀신, 도깨비)나, (C)의 공무원, (D)의 사무처리 능력은 모두 초능력자의 진위 여부와는 관계가 없는 내용이다.

어휘 | 超能力者（ちょうのうりょくしゃ）초능력자 お寺（てら）절 お化（ば）け 귀신, 유령, 도깨비 出（で）る 나오다
確（たし）かに 확실히 公務員（こうむいん）공무원 ~として ~로서 失格（しっかく）실격
不本意（ふほんい）본의가 아닌 것, 바라는 바가 아닌 것 事務（じむ）사무 処理（しょり）처리 能力（のうりょく）능력
認（みと）める 인정하다

**8** あの敷地（しきち）に贅沢（ぜいたく）な邸宅（ていたく）が建（た）ったらしいわ。

(A) 海（うみ）を埋（う）め立（た）てて家（いえ）を建（た）てるなんて、無茶過（むちゃす）ぎるんじゃない(?)。

(B) 地元（じもと）では、そこで一番（いちばん）の豪勢（ごうせい）な屋敷（やしき）だと言（い）われてるんだって。

(C) 敷地（しきち）は広（ひろ）いんだけど、屋敷（やしき）は貧弱（ひんじゃく）だな。

(D) 沈没（ちんぼつ）した船（ふね）の中（なか）で見（み）つけたものらしいよ。

저 부지에 사치스러운 저택이 들어선 것 같아.

(A) 바다를 메워서 집을 짓다니 너무 터무니없는 거 아니냐?

(B) 현지에서는 거기에서 제일 호화로운 저택이라고들 한대.

(C) 부지는 넓지만 저택은 빈약하군.

(D) 침몰한 배 안에서 발견한 물건인 것 같아.

해설 | 저택이 지어진 장소와 그 상태에 주의해서 청취해야 한다. 사치스러운 저택이 들어선 곳은 건물 등을 세우기 위해 마련된 「敷地（しきち）」(부지)라고 했으므로, 바다를 메운 매립지에 집을 세웠다고 한 (A)는 틀린 설명이다. 정답은 (B)로, 문제의 「贅沢（ぜいたく）な」(사치스러운)를 「豪勢（ごうせい）な」(호화로운)로 바꿔 표현했다. (C)는 「敷地（しきち）」(부지)를 응용한 오답이고, (D)도 지상의 저택에 대한 설명으로는 어울리지 않는다.

어휘 | 贅沢（ぜいたく）だ 사치스럽다 邸宅（ていたく）저택 建（た）つ (건물이) 서다
~らしい ~인 것 같다 *객관적 근거에 의한 추측・판단 海（うみ）바다 埋（う）め立（た）てる 메우다, 매립하다 家（いえ）집
建（た）てる (집을) 짓다, 세우다 ~なんて ~하다니 無茶（むちゃ）だ 당치않다, 터무니없다 な형용사의 어간+過（す）ぎる 너무 ~하다
地元（じもと）그 고장[지방] 一番（いちばん）가장, 제일 屋敷（やしき）저택 ~って ~대, ~래, ~라면서
~と言（い）われている ~라고 하다, ~라고들 하다 広（ひろ）い 넓다 貧弱（ひんじゃく）だ 빈약하다 沈没（ちんぼつ）침몰
船（ふね）배 見（み）つける 찾(아내)다, 발견하다

## 주요 어휘 및 표현 정리 20

| 한자 | 읽기 | 의미 |
| --- | --- | --- |
| ☐ 懐が寂しい | ふところがさびしい | 주머니가 가볍다, 가지고 있는 돈이 적다 |
| ☐ 大まかだ | おおまかだ | 대략적이다 |
| ☐ 気が付く | きがつく | 깨닫다, 알아차리다 |
| ☐ 止める | やめる | 끊다, 중지하다, 그만두다 |
| ☐ 止むを得ない | やむをえない | 어쩔 수 없다, 부득이하다 |
| ☐ 崩れる | くずれる | (날씨가) 나빠지다 |
| ☐ 地面 | じめん | 지면, 땅바닥 |
| ☐ 仲直り | なかなおり | 화해 |
| ☐ 揉め事 | もめごと | 다툼, 분쟁 |
| ☐ 洪水 | こうずい | 홍수 |
| ☐ 領収書 | りょうしゅうしょ | 영수증 |
| ☐ 連休 | れんきゅう | 연휴 |
| ☐ 軒並み | のきなみ | 일제히, 모두 |
| ☐ 内緒 | ないしょ | 내막적으로[몰래] 함, 비밀, 은밀 |
| ☐ 慌てる | あわてる | 당황하다, 허둥대다 |
| ☐ 認める | みとめる | 인정하다 |
| ☐ 敷地 | しきち | 부지 |
| ☐ 豪勢だ | ごうせいだ | 호화롭다 |
| ☐ 屋敷 | やしき | 저택 |
| ☐ 貧弱だ | ひんじゃくだ | 빈약하다 |

STEP 1 ▶ 먼저 핵심 기출 어휘와 필수 예문을 익히세요.

음원 49

## 핵심 기출 어휘 및 필수 예문

- **商談** 상담, 장사나 거래를 성사시키기 위한 대화
  - 예 山村商社との商談はうまくいったんですか。
    야마무라 상사와의 상담은 잘됐어요?

- **話し中** 통화 중
  - 예 何度電話してもずっと話し中ですね。
    몇 번 전화해도 계속 통화 중이네요.

- **機嫌が悪い** 기분이 언짢다
  - 예 さっきから部長の機嫌が悪そうに見えますね。何かあったんですか。
    조금 전부터 부장님 기분이 언짢은 것처럼 보이네요. 무슨 일 있었어요?

- **欠陥** 결함
  - 예 新商品に欠陥が見つかって、注文のキャンセルが殺到しているそうですよ。
    신상품에 결함이 발견되어 주문 취소가 쇄도하고 있대요.

**STEP 2** 이제 YBM이 엄선한 업무 및 비즈니스 표현 문제를 잘 듣고 풀어 보세요.

## 1 상담(商談)

社長、坂本商社との商談には是非私に行かせてください。
(A) 体に気を付けて行って来て。
✓(B) そう言えば、先方の部長とは知り合いだったね。
(C) そんなに消極的じゃ、交渉は無理だね。
(D) 家族とは話し合ったのかね。

사장님, 사카모토 상사와의 상담에는 꼭 제가 가게 해 주세요.
(A) 몸 조심히 갔다 와.
✓(B) 그러고 보니 그쪽 부장과는 아는 사이였지?
(C) 그렇게 소극적이어서는 교섭은 무리겠어.
(D) 가족과는 상의한 건가?

## 2 통화 중

何度電話しても話し中で、電話が通じないんですよ。
(A) 日本語じゃ、通じませんよ。
✓(B) また、長電話してるんじゃないですか。
(C) 課長はなかなか難しい方ですからね。
(D) どこかへ出かけてるんじゃないですか。

몇 번 전화해도 통화 중으로 전화가 연결되지 않아요.
(A) 일본어로는 통하지 않아요.
✓(B) 또 오랫동안 통화하고 있는 거 아니에요?
(C) 과장님은 꽤 까다로운 분이니까요.
(D) 어딘가에 외출한 거 아니에요?

## 3 상사의 기분

課長、朝から随分機嫌が悪いですね。
✓(A) 社長に怒られたそうですよ。
(B) 社長が送られたそうですよ。
(C) 娘さんが結婚するそうですよ。
(D) お孫さんが生まれたそうですよ。

과장님, 아침부터 아주 기분이 언짢네요.
✓(A) 사장님이 화를 내셨대요.
(B) 사장님이 보내셨대요.
(C) 따님이 결혼한대요.
(D) 손자가 태어났대요.

## 4 상품의 결함 발견

この間注文した商品に欠陥があったんですが。
(A) これを機に、一層の努力を期待しています。
(B) 責任を取ってもらわないと、困りますね。
✓(C) どんな問題なのか、具体的にご説明をお願いできますか。
(D) 商品の品揃えにかけては自信があります。

얼마 전에 주문한 상품에 결함이 있었습니다만.
(A) 이것을 계기로 더한 노력을 기대하고 있을게요.
(B) 책임을 저 주지 않으면 곤란해요.
✓(C) 어떤 문제인지 구체적으로 설명을 부탁드릴 수 있을까요?
(D) 상품 구색에 관해서는 자신이 있어요.

**STEP 3** 질문의 의미를 정확하게 파악하고, 자주 출제되는 업무 및 비즈니스 표현의 응답 유형에 주의하세요.

---

**Point 1**
질문의 의미 파악

업무 및 비즈니스 상황에서 자주 듣게 되는 질문의 정확한 의미 파악!

Q: 早く食事をしないと、会議に遅れるわよ。

빨리 식사를 하지 않으면 회의에 늦어.

**Point 2**
질문의 단어나
표현을 응용한 오답에
주의

동일 단어의 반복 또는 질문에 등장하는 단어나 표현을 응용한 선택지에 주의!

A: (A) 遅れないように頑張ったんだけど、食べられなかった。

늦지 않도록 애썼는데 먹을 수 없었어.

→ 질문에 나온 「遅(おく)れる」(늦다, 늦어지다)를 이용한 오답

(B) 会議で配る弁当はもう準備してあるよ。

회의에서 나눠 줄 도시락은 벌써 준비해 뒀어.

→ 질문에 나온 「会議(かいぎ)」(회의)를 이용한 오답

(C) そうだね。課長は遅刻が嫌いだから急ごう。

그렇지. 과장님은 지각을 싫어하니까 서두르자.

→ 빨리 식사를 마치지 않으면 회의에 늦는다고 재촉하고 있는 상황이다. 그렇다고 수긍하면서 과장이 지각을 싫어하므로 서둘러 먹자고 부연 설명을 한 (C)가 정답

(D) 社長は会議の後で食事をしたそうだ。

사장님은 회의를 한 후에 식사를 했대.

→ 질문에 나온 「会議(かいぎ)」(회의)를 이용한 오답

---

## | CHECK UP |

この英文資料を大急ぎで日本語に訳してくれない
(?)。

(A) はい、大急ぎで英文でまとめを作るんですね。
(B) 学会用の英文資料を前もって用意してあります。
✓(C) わかりました。他のは後回しにして、それを先
にやります。
(D) 英文への翻訳は多少時間がかかりますが、よろ
しいですか。

이 영문 자료를 급히 서둘러 일본어로 번역해 주지 않겠어?
(A) 예, 급히 서둘러 영문으로 요약을 만드는 거군요.
(B) 학회용 영문 자료를 미리 준비해 뒀어요.
✓(C) 알겠어요. 다른 일은 뒤로 미루고 그걸 먼저 할게요.
(D) 영문으로의 번역은 다소 시간이 걸리는데 괜찮으세요?

**Point 1** 질문의 의미 파악

◐ 「訳(やく)する」는 '번역하다'라는 뜻으로, 영문 자료를 빨리 일본어로 번역해 달라고 부탁하고 있다. 따라서 적절할 응답은 알았다고 하면서 다른 일은 제쳐 두고 번역부터 하겠다고 한 (C)가 됨.

**Point 2** 질문의 단어나 표현을 응용한 오답에 주의

◐ (A), (B), (D)는 질문에 나온 「英文(えいぶん)」(영문), 「資料(しりょう)」(자료), 「大急(おおいそ)ぎ」(몹시 서두름, 아주 급함)를 이용한 오답임.

PART 2 청해응답

**STEP 4** 다음 기출문제를 기출문제 풀이 전략을 적용해서 풀어 보세요.

## 1

今回(こんかい)は、ライバルの技術力(ぎじゅつりょく)を過小評価(かしょうひょうか)していましたね。
이번은 라이벌의 기술력을 과소평가하고 있었네요.

✓(A) 我(わ)が社(しゃ)としては、今後(こんご)の教訓(きょうくん)とすべきだね。　우리 회사로서는 앞으로의 교훈으로 해야겠네.

(B) 我(わ)が社(しゃ)の新製品(しんせいひん)に恐(おそ)れをなしたんだろうね。　우리 회사 신제품을 두려워했겠지.

(C) うちの方(ほう)が優位(ゆうい)なのは、言(い)うまでもないよ。　우리 쪽이 우위인 건 말할 것도 없어.

(D) うちに敵(かな)う企業(きぎょう)は、この業界(ぎょうかい)に存在(そんざい)しないよ。　우리한테 필적할 기업은 이 업계에 존재하지 않아.

- 「過小評価(かしょうひょうか)」(과소평가)라는 단어가 포인트. 라이벌 회사의 기술력을 실제보다 낮게 평가했다고 했으므로, 실제로는 예상보다 기술력이 뛰어났다는 의미. 이에 대한 적절한 응답은 (A)로, 이번 일을 같은 식의 실수를 되풀이하지 않기 위한 교훈으로 삼아야 한다고 말하고 있다. 나머지 선택지는 문제와는 반대로 라이벌 회사를 '과대평가'했을 때 할 수 있는 응답이므로 답이 될 수 없다.

- 今回(こんかい) 이번  ライバル 라이벌  技術力(ぎじゅつりょく) 기술력  我(わ)が社(しゃ) 우리 회사
～として ～로서  今後(こんご) 금후, 앞으로  教訓(きょうくん) 교훈
동사의 기본형+べきだ (마땅히) ～해야 한다 *단, 「する」(하다)는 「するべきだ」, 「すべきだ」 모두 가능함
新製品(しんせいひん) 신제품  恐(おそ)れをなす 두렵게 여기다, 두려워하다  うち 우리  方(ほう) 쪽, 편
優位(ゆうい)だ 우위이다  더 낫다  言(い)うまでもない 말할 것도 없다, 물론이다  敵(かな)う 필적하다, 대적하다, 당해 내다
企業(きぎょう) 기업  業界(ぎょうかい) 업계  存在(そんざい) 존재

## 2

今度(こんど)の新人(しんじん)、先輩(せんぱい)たちに対(たい)して礼儀正(れいぎただ)しいわね。　이번 신입, 선배들에게 예의 바르네.

✓(A) うん、見(み)かけによらないね。　응, 겉보기와는 다르네.

(B) それはとんでもない人(ひと)だね。　그건 터무니없는 사람이네.

(C) 挨拶(あいさつ)もろくにしないの(?)。　인사도 제대로 하지 않아?

(D) じゃあ、マナーから指導(しどう)しよう。　그럼, 매너부터 지도하자.

- 「礼儀正(れいぎただ)しい」는 '예의 바르다'라는 뜻으로, 이번에 들어온 신입이 예의가 바른 점에 대해 칭찬하고 있다. 정답은 (A)로, 상대방의 말에 동의하면서도 겉보기와는 다르다고 덧붙이고 있다. 즉, 외모나 옷차림은 단정해 보이지 않았지만 깍듯하게 예의를 차려서 의외라는 의미. 나머지 선택지는 모두 무례한 행동을 보인 사람에 대해 보일 수 있는 반응이다.

- 今度(こんど) 이번  新人(しんじん) 신입  先輩(せんぱい) 선배  ～に対(たい)して ～에 대해서, ～에게 *대상
見(み)かけによらない 겉보기와(는) 다르다  とんでもない 터무니없다, 당치도 않다  挨拶(あいさつ) 인사
ろくに (부정어 수반) 제대로, 변변히  マナー 매너  指導(しどう) 지도

125

## 빈출 어휘로 실력 다지기

음원 53

□ 残業
ざんぎょう

女 最近、残業続きで疲れるわ。
さいきん　ざんぎょうつづ　つか

男 あまり無理しないでちょっと休んだ方がいいよ。
む　り　　　　　　　　　　　やす　ほう

**잔업, 야근**

여 요즘 **야근**이 계속돼서 피곤해.
남 너무 무리하지 말고 좀 쉬는 편이 좋아.

□ 赤字
あかじ

女 あの会社、赤字が続いていますね。
かいしゃ　あかじ　つづ

男 ええ、この状態が続くと、いずれ潰れてしまうか
じょうたい　つづ　　　　　　　　つぶ
もしれませんね。

**적자**

여 저 회사, **적자**가 계속되고 있네요.
남 네, 이 상태가 계속되면 조만간 파산해 버릴지도
모르겠네요.

□ 書留
かきとめ

女 この書類、普通郵便でいいですか。
しょるい　ふ つうゆうびん

男 いいえ、それは書留で送ってください。
かきとめ　おく

**등기우편**

여 이 서류, 보통우편이어도 되나요?
남 아니요, 그건 **등기우편**으로 보내 주세요.

□ 御社
おんしゃ

女 それでは、明日御社の前でお会いしましょう。
あした おんしゃ　まえ　　あ

男 はい、かしこまりました。

**귀사**

여 그럼, 내일 **귀사** 앞에서 만나 뵙죠.
남 예, 잘 알겠어요.

□ シェア

女 あの会社、国内でのシェアをもっと伸ばそうとし
かいしゃ　こくない　　　　　　　　　の
ているね。

男 うん、それで独占を懸念する声もあるよ。
どくせん けねん　　こえ

**시장 점유율**

여 그 회사, 국내에서의 **시장 점유율**을 더 늘리려고
하고 있네.
남 응, 그래서 독점을 걱정하는 (목)소리도 있어.

□ 手が空く
て あ

女 忙しくなかったら、ちょっと手伝ってもらえる(?)。
いそが　　　　　　　　　　　てつだ

男 ごめん。こっちも手が空かなくてね。
て あ

**일손이 비다**

여 안 바쁘면 좀 도와줄 수 있어?
남 미안. 이쪽도 **일손이 비질** 않아서.

□ 頭が切れる
あたま き

女 山田君って本当に真面目だね。
やま だ くん　ほんとう　まじめ

男 うん、それに頭も切れて上司たちにも認められて
あたま き じょうし　　　　みと
いるよ。

**머리가 좋다, 두뇌회전이 빠르다**

여 야마다 군은 정말로 성실하네.
남 응, 게다가 **머리도 좋아서** 상사들한테도 인정받고
있어.

□ 荷が重すぎる
に おも

女 今度の仕事、私には荷が重すぎます。
こん ど　しごと　わたし　　に おも

男 そんな弱気を出さずにやってみてよ。
よわき　だ

**너무 짐이[책임이] 무겁다**

여 이번 일, 제게는 **너무 책임이 무거워요.**
남 그런 약한 소리를 하지 말고 해 봐.

126

STEP 5  핵심 어휘를 메모하면서 들어 보세요.

**1** 問 _____

　(A) _____ (○ · ×)

　(B) _____ (○ · ×)

　(C) _____ (○ · ×)

　(D) _____ (○ · ×)

**2** 問 _____

　(A) _____ (○ · ×)

　(B) _____ (○ · ×)

　(C) _____ (○ · ×)

　(D) _____ (○ · ×)

**3** 問 _____

　(A) _____ (○ · ×)

　(B) _____ (○ · ×)

　(C) _____ (○ · ×)

　(D) _____ (○ · ×)

**4** 問 _____

(A) _____ (○・×)

(B) _____ (○・×)

(C) _____ (○・×)

(D) _____ (○・×)

**5** 問 _____

(A) _____ (○・×)

(B) _____ (○・×)

(C) _____ (○・×)

(D) _____ (○・×)

**6** 問 _____

(A) _____ (○・×)

(B) _____ (○・×)

(C) _____ (○・×)

(D) _____ (○・×)

**7** 問 _____

    (A) _____ (○ · ×)

    (B) _____ (○ · ×)

    (C) _____ (○ · ×)

    (D) _____ (○ · ×)

**8** 問 _____

    (A) _____ (○ · ×)

    (B) _____ (○ · ×)

    (C) _____ (○ · ×)

    (D) _____ (○ · ×)

**1** そろそろ出かけますが、部長はどうなさいますか。
(A) それは大いに結構なことだと思うな。
(B) あえて言う必要はないと思うんだけど。
(C) 予め準備しておくように手配してくれるかな。
(D) これをさっさと済ませてから出るから、先に行ってくれ。

이제 슬슬 나갈 건데요, 부장님은 어떻게 하시겠어요?
(A) 그건 매우 훌륭하다고 생각하는데.
(B) 굳이 말할 필요는 없다고 생각하는데.
(C) 미리 준비해 두도록 수배해 주겠나?
(D) 이걸 빨리 끝내고 나서 나갈 테니까, 먼저 가 줘.

**해설 |** 본인이 외출하기에 앞서 부장님은 어떻게 할 건지 의사를 묻고 있다. 즉, 나갈 건지 아닌지 알려 달라는 뜻이므로, 이에 대한 응답으로는 동행 여부를 결정하는 내용이 와야 한다. (A)는 뭔가를 칭찬할 때, (B)는 쓸데없는 소리를 한 사람에게, (C)는 사전 준비를 부탁할 때 할 수 있는 말이므로 질문과는 어울리지 않는다. 정답은 (D)로, 자신은 일을 마친 후 출발할 테니 상대방에게 먼저 가라고 말하고 있다.

**어휘 |** そろそろ 이제 슬슬　出(で)かける 나가다, 외출하다　部長(ぶちょう) 부장　どう 어떻게
なさる 하시다 *する(하다)의 존경어　大(おお)いに 크게, 매우　結構(けっこう)だ 훌륭하다, 나무랄 데 없다　あえて 감히, 굳이
言(い)う 말하다　必要(ひつよう) 필요　予(あらかじ)め 미리, 사전에　準備(じゅんび) 준비　〜ておく 〜해 놓다[두다]
手配(てはい) 수배, 준비　〜ようにする 〜하도록 하다　〜てくれる (남이 나에게) 〜해 주다　〜かな 〜일까? *가벼운 의문을 나타냄
さっさと 재빠르게, 빨리, 냉큼 *망설이지 않고 재빠르게 행동하는 모양　済(す)ませる 끝내다, 마치다
〜てから 〜하고 나서, 〜한 후에　出(で)る 나가다　先(さき)に 먼저

**2** 今回の仕事、よく引き受けてくれましたね。
(A) みんな嫌がって見通しがさっぱり立ちません。
(B) あなたがやってくれたおかげで片付きました。
(C) 大変だからこそ、やり甲斐を感じますよ。
(D) 後悔しないように、よく考えることですよ。

이번 일, 용케 맡아 줬네요.
(A) 모두가 꺼려해서 전망이 전혀 서질 않아요.
(B) 당신이 해 준 덕분에 처리됐어요.
(C) 힘들기 때문에 보람을 느껴요.
(D) 후회하지 않도록 잘 생각해야 해요.

**해설 |** 「よく引(ひ)き受(う)ける(용케 (책임지고) 맡다)」라는 표현이 포인트로, 선뜻 나서기 힘든 어려운 일을 맡아준 것에 대해 매우 고맙고 다행스럽게 생각하고 있다. 이에 대한 적절한 응답은 (C)로, 일이 힘들지만 그만큼 보람도 느낀다는 뜻이다. (A)는 일의 전망 여부, (B)는 일을 해 준 데 대한 감사 인사, (D)는 신중한 의사결정에 대한 내용이므로 답이 될 수 없다.

**어휘 |** 今回(こんかい) 이번　仕事(しごと) 일, 업무　よく 잘, 용케　〜てくれる (남이 나에게) 〜해 주다
嫌(いや)がる 싫어하다, 꺼려하다　見通(みとお)しが立(た)つ 전망이 서다　さっぱり (부정어 수반) 조금도, 전혀　〜おかげで 〜덕분에
片付(かたづ)く 처리되다, 정리되다　大変(たいへん)だ 힘들다　〜からこそ 〜이기 때문에　やり甲斐(がい) 보람
感(かん)じる 느끼다　後悔(こうかい) 후회　〜ないように 〜하지 않도록　考(かんが)える 생각하다　〜ことだ 〜해야 한다

**3** この計画に失敗すると、我が社は大きな損害を受けますよ。
(A) 結果はともかく、実行した勇気は褒めよう。
(B) しかし、今は失敗を恐れず挑戦するべきだよ。
(C) ああ、我が社にとって有益なことばかりだね。
(D) 確かに、感動を与えたことは間違いないね。

이 계획에 실패하면 우리 회사는 큰 손해를 입어요.
(A) 결과는 어찌되었든 실행한 용기는 칭찬해 주자.
(B) 그러나 지금은 실패를 두려워하지 말고 도전해야 해.
(C) 아-, 우리 회사에게 있어 유익한 것뿐이네.
(D) 확실히 감동을 준 것은 틀림없네.

**해설 |** 이 계획이 실패하면 회사가 큰 손해를 입게 된다면서 걱정하고 있다. 적절한 응답은 (B)로, 실패를 두려워하지 말고 도전해야 한다고 격려하는 내용이다. 아직 계획은 실행하기 전이므로 이미 실행에 옮겼다고 한 (A)는 부적절하며, (C)의 유익하다거나 (D)의 감동을 주었다는 말은 손해를 걱정하는 문제와는 전혀 동떨어진 내용이다.

**어휘 |** 計画(けいかく) 계획　失敗(しっぱい) 실패　我(わ)が社(しゃ) 우리 회사　大(おお)きな 큰　損害(そんがい) 손해
受(う)ける 받다, 입다　結果(けっか) 결과　〜はともかく 〜은 어찌되었든 (간에)　実行(じっこう) 실행　勇気(ゆうき) 용기
褒(ほ)める 칭찬하다　しかし 그러나　恐(おそ)れる 무서워하다, 두려워하다　〜ず(に) 〜하지 않고[말고]　挑戦(ちょうせん) 도전
동사의 기본형+べきだ (마땅히) 〜해야 한다 *단, 「する(하다)는 「するべきだ」, 「すべきだ」 모두 가능함
〜にとって 〜에게 있어서　有益(ゆうえき)だ 유익하다　〜ばかり 〜만, 〜뿐　確(たし)かに 확실히　感動(かんどう) 감동
与(あた)える (주의·영향 등을) 주다　間違(まちが)いない 틀림없다

**4** いくら考えてみても、この仕事は私には荷が重すぎます。

(A) かなり大きな荷物ですね。

(B) 私が持ってあげましょうか。

(C) 他に任せる人がいないんですよ。

(D) 見た目より軽いんですよ。

아무리 생각해 봐도 이 일은 제게는 너무 부담이 커요.

(A) 상당히 큰 짐이네요.

(B) 제가 들어드릴까요?

(C) 달리 맡길 사람이 없어요.

(D) 겉보기보다 가벼워요.

해설 | 「荷(に)が重(おも)すぎる」는 '능력에 비해 일에 대한 책임이나 부담이 너무 크다'라는 뜻으로, 자신의 능력에 비해 주어진 일이 너무 부담스럽다면서 불만을 토로하고 있다. 적절한 응답은 (C)로, 달리 맡길 사람이 없기 때문에 어쩔 수 없다고 사정을 설명하고 있다. 나머지 선택지는 모두 문제의 「荷(に)」(짐)와 「重(おも)い」(무겁다, 무게가 나가다)라는 어휘를 응용한 오답이다.

어휘 | いくら〜ても 아무리 〜해도 考(かんが)える 생각하다 〜てみる 〜해 보다 仕事(しごと) 일, 업무
荷(に)が重(おも)い 능력에 비해 일에 대한 책임이나 부담이 크다 い형용사의 어간+すぎる 너무 〜하다 かなり 꽤, 상당히
大(おお)きな 큰 荷物(にもつ) 짐 持(も)つ 들다 〜てあげる (내가 남에게) 〜해 주다 他(ほか)に 달리 任(まか)せる 맡기다
見(み)た目(め) (남의) 눈에 비치는 모습·모양, 겉보기 〜より 〜보다 軽(かる)い 가볍다

**5** 山田君、手が空いていたらちょっと手伝ってくれない(?)。

(A) ありがとう。本当に助かるよ。

(B) じゃ、ここが空いてるから、使っていいよ。

(C) こっちが借りたいくらいだよ。

(D) 明日なら都合がつくんだけど。

야마다 군, 일손이 비어 있으면 좀 도와주지 않을래?

(A) 고마워. 정말 도움이 돼.

(B) 그럼, 여기가 비어 있으니까 사용해도 돼.

(C) 내가 일손을 빌리고 싶을 정도야.

(D) 내일이라면 시간이 되는데.

해설 | 「手(て)が空(あ)く」(일손이 비다, 한가해지다)라는 관용표현을 알아듣는 것이 포인트. 정답은 (C)로, 본인이 일손을 빌리고 싶을 정도로 바쁘다며 거절하고 있다.

어휘 | 手伝(てつだ)う 돕다, 도와주다 〜てくれる (남이 나에게) 〜해 주다 本当(ほんとう)に 정말로
助(たす)かる (노력·비용 등이 덜어져) 도움이 되다 空(あ)く (자리·방 따위가) 나다, 비다 使(つか)う 쓰다, 사용하다
〜ていい 〜해도 된다 こっち 이(쪽) 사람, 나 借(か)りる 빌리다 동사의 ます형+たい 〜하고 싶다
都合(つごう)がつく 형편[사정]이 되다, 시간이나 돈이 되다

**6** ここにある書類は全部破棄してもかまわないわ。

(A) わかりました。ミシンでうまく繕っておきます。

(B) わかりました。あちらのロッカーに収納しておきます。

(C) わかりました。シュレッダーにかけた方がいいですか。

(D) わかりました。どこから仕入れますか。

여기에 있는 서류는 전부 파기해도 상관없어.

(A) 알겠습니다. 미싱으로 잘 수선해 둘게요.

(B) 알겠습니다. 저쪽 로커에 수납해 둘게요.

(C) 알겠습니다. 문서 절단기에 넣는 편이 좋은가요?

(D) 알겠습니다. 어디에서 매입해요?

해설 | 「破棄(はき)」(파기)라는 단어가 포인트로, 서류를 모두 없애 버려도 상관없다고 말하고 있다. 따라서 선택지 가운데 서류를 처리하는 방법으로 적절한 것을 골라야 한다. 정답은 (C)의 「シュレッダー」(문서 절단기)로, 서류를 문서 절단기에 넣어서 잘라 버리는 편이 좋을지 되묻고 있다. (A)의 「繕(つくろ)う」(꿰매다, 깁다, 수선하다), (B)의 「収納(しゅうのう)」(수납), (D)의 「仕入(しい)れる」(사들이다, 매입하다)는 모두 서류를 파기하는 방법과는 거리가 멀다.

어휘 | 書類(しょるい) 서류 全部(ぜんぶ) 전부 〜てもかまわない 〜해도 상관없다 わかる 알다, 이해하다
ミシン 미싱, 재봉틀 あちら 저쪽 ロッカー 로커 かける (기계 등에) 올리다, 걸다

131

**7** 現在の状況からいえば、この計画は見直しが必要かと思います。

(A) 何を根拠にそんなことを言うのか、私としては疑問に思うんだが。

(B) 書類に間違いがないか、提出前によく見直しただろうね。

(C) 全員の協力のおかげで、この計画が高く評価されたんだね。

(D) 計画性といい、推進力といい、個人的に彼のことを見直しちゃったよ。

현재 상황에서 보면 이 계획은 재검토가 필요하다고 생각합니다.

(A) 뭘 근거로 그런 말을 하는 건지 나로서는 의문스러운데.

(B) 서류에 실수가 없는지 제출 전에 다시 잘 검토했겠지?

(C) 전원 협력한 덕분에 이 계획이 높이 평가받은 거지.

(D) 계획성도 추진력도 개인적으로 그를 다시 보게 됐어.

해설 | 「見直(みなお)し」는 '재검토'라는 뜻으로, 계획을 재고해 볼 필요가 있다는 의견을 제시했다. 따라서 이에 대한 응답으로는 그 의견에 대한 찬성이나 반대 입장이 오는 것이 자연스럽다. 정답은 불만을 드러내고 있는 (A)로, 재검토의 근거에 대해 의구심을 표시하고 있다. (B)와 (D)는 「見直(みなお)し」(재검토), (C)는 「計画(けいかく)」(계획)라는 말을 응용한 오답이다.

어휘 | 現在(げんざい) 현재 状況(じょうきょう) 상황 ~からいえば ~에서 보면, ~에서 말하자면 必要(ひつよう)だ 필요하다 根拠(こんきょ) 근거 そんな 그런 ~として ~로서 疑問(ぎもん) 의문 書類(しょるい) 서류 間違(まちが)い 잘못, 실수 提出(ていしゅつ) 제출 前(まえ)(시간적으로) 전 よく 잘 全員(ぜんいん) 전원 協力(きょうりょく) 협력 ~おかげで ~덕택에 高(たか)い(정도가) 높다 評価(ひょうか) 평가 計画性(けいかくせい) 계획성 ~といい~といい ~도 (그렇고) ~도 (그렇고) 推進力(すいしんりょく) 추진력 個人的(こじんてき)だ 개인적이다 ~ちゃう ~해 버리다, ~하고 말다 *「~てしまう」의 축약표현

**8** 今の経営状態では、新しい事業に踏み切れませんね。

(A) そうだね。随分思い切ったね。

(B) 経営状態がいい、今こそやるべきだね。

(C) 確かに、時期を見極める必要があるね。

(D) 今立候補することに、異論はないね。

지금의 경영상태로는 새 사업을 단행할 수 없어요.

(A) 그러네. 큰 결심했네.

(B) 경영상태가 좋은 지금이야말로 해야 해.

(C) 확실히 시기를 지켜볼 필요가 있겠네.

(D) 지금 입후보하는 것에 이의는 없네.

해설 | 「踏(ふ)み切(き)る」(단행하다)라는 동사가 포인트. 지금 경영상태로는 새 사업을 단행할 수 없다고 했으므로, 회사 상황이 그다지 좋지 않다는 것을 알 수 있다. (B)는 이와는 정반대되는 내용이므로 부적절. 정답은 (C)로, 새 사업을 하기 위해서는 경영상태가 호전될 때까지 좀 더 지켜볼 필요가 있다면서 상대방의 말에 동의하고 있다.

어휘 | 経営(けいえい) 경영 状態(じょうたい) 상태 新(あたら)しい 새롭다 事業(じぎょう) 사업 随分(ずいぶん) 꽤, 몹시, 퍽 思(おも)い切(き)る 결심하다 ~こそ ~야말로 やる 하다 동사의 기본형+べきだ ~해야 한다 確(たし)かに 확실히 時期(じき) 시기 見極(みきわ)める 끝까지 지켜보다, 확인하다 必要(ひつよう) 필요 立候補(りっこうほ) 입후보 異論(いろん) 이론, 이의

# 주요 어휘 및 표현 정리 20

| 한자 | 읽기 | 의미 |
| --- | --- | --- |
| ☐ 殺到 | さっとう | 쇄도 |
| ☐ 消極的だ | しょうきょくてきだ | 소극적이다 |
| ☐ 通じる | つうじる | 통하다 |
| ☐ 品揃え | しなぞろえ | 상품을 골고루 갖추는 일 |
| ☐ 配る | くばる | 나누어 주다, 배포하다 |
| ☐ 大急ぎ | おおいそぎ | 몹시 서두름, 매우 급함 |
| ☐ 恐れをなす | おそれをなす | 두렵게 여기다, 두려워하다 |
| ☐ 礼儀正しい | れいぎただしい | 예의 바르다 |
| ☐ 独占 | どくせん | 독점 |
| ☐ 懸念 | けねん | 걱정, 근심 |
| ☐ 大いに | おおいに | 크게, 매우 |
| ☐ 引き受ける | ひきうける | (책임지고) 맡다 |
| ☐ 損害 | そんがい | 손해 |
| ☐ 有益だ | ゆうえきだ | 유익하다 |
| ☐ 見た目 | みため | (남의) 눈에 비치는 모습·모양, 겉보기 |
| ☐ 都合がつく | つごうがつく | 형편[사정]이 되다, 시간이나 돈이 되다 |
| ☐ 破棄 | はき | 파기 |
| ☐ 繕う | つくろう | 꿰매다, 깁다, 수선하다 |
| ☐ 見直し | みなおし | 재검토 |
| ☐ 異論 | いろん | 이론, 이의 |

# PART 3 회화문

| | |
|---|---|
| 1. 문항 수 | – 30개(51~80번) |
| 2. 문제 형식 | – 남녀 간의 대화를 듣고 문제지에 수록된 문제를 읽고 푸는 형식 |
| | – 문제지에 문제가 제시됨 |
| 3. 주요 문제 유형 | – 숫자 청취 및 인물 설명 |
| | – 성별에 따른 의견 및 행동 구분 |
| | – 대화 내용에 대한 이해 |
| | – 업무 및 비즈니스 표현 |
| 4. 최근 출제 경향 | – 숫자 청취 및 인물 설명 문제는 보통 초반부에 나오고, 특히 숫자 청취 문제가 자주 출제된다. |
| | – 성별에 따른 의견 및 행동 구분 문제는 누가 어떤 이야기를 하고 행동을 하는지 성별을 구별해서 기억해 두면 의외로 쉽게 정답을 찾을 수 있다. |
| | – 대화 내용에 대한 이해를 묻는 문제는 종합적인 추론 능력을 묻는 것으로, 대화 내용을 메모하면서 듣는 것이 중요하다. |
| | – 업무 및 비즈니스 표현 문제는 자주 출제되는 어휘나 표현을 정리해 둘 필요가 있다. |

# 숫자 청취 및 인물 설명

**STEP 1** 먼저 핵심 기출 어휘와 필수 예문을 익히세요.

음원 55

## 핵심 기출 어휘 및 필수 예문

- **連休** 연휴
  - 예 今度の連休、どこに行くつもり(?)。 이번 연휴, 어디에 갈 생각이야?

- **殺到** 쇄도
  - 예 あの商品、注文が殺到しているそうよ。 저 상품, 주문이 쇄도하고 있대.

- **頼む** 부탁하다
  - 예 ちょっと頼みたいことがあるんだけど、今時間ある(?)。
    좀 부탁하고 싶은 일이 있는데 지금 시간 있어?

- **日帰り** 당일치기
  - 예 そこまで日帰りで行って来るのは、ちょっときついなあ。
    거기까지 당일치기로 갔다 오는 건 조금 힘들겠는데.

- **恥ずかしい** 부끄럽다
  - 예 人前では恥ずかしくて歌えないわ。 사람들 앞에서는 부끄러워서 노래할 수 없어.

**STEP 2** 이제 YBM이 엄선한 빈출 문제를 잘 듣고 풀어 보세요.

## 1 시간 청취

男 毎日どのくらい寝ますか。

女 7時間ぐらいです。鈴木さんはどうですか。

男 平日は6時間ぐらいですが、週末は9時間ぐらいです。

女 うちの子は毎日9時間寝ていますよ。

남 매일 어느 정도 자요?
여 7시간 정도예요. 스즈키 씨는 어때요?
남 평일은 6시간 정도인데 주말은 9시간 정도예요.
여 우리 애는 매일 9시간 자요.

男の人は平日、何時間寝ていますか。

✓(A) 6時間ぐらい

(B) 7時間ぐらい

(C) 8時間ぐらい

(D) 9時間ぐらい

남자는 평일 몇 시간 잡니까?
✓(A) 6시간 정도
(B) 7시간 정도
(C) 8시간 정도
(D) 9시간 정도

## 2 여자의 성격

男 さっきのスピーチ、落ち着いていて、よかったよ。

女 ちょっと冷めた感じを与えてしまったんじゃない(?)。

男 まあ、熱い思いはやや足りなかったかな。

女 私の性格だからね。熱くなれないのは。

남 조금 전 연설, 차분해서 좋았어.
여 조금 가라앉은 느낌을 줘 버렸던 거 아닐까?
남 뭐, 열정적인 느낌은 다소 부족했으려나?
여 내 성격이니까. 열정적으로 되지 않는 건.

女の人はどんなタイプですか。

✓(A) 冷静とも冷めているとも言える。

(B) 落ち着きがなく、慌てる方だ。

(C) 胸に熱い思いがある。

(D) やる気と根性がある。

여자는 어떤 타입입니까?
✓(A) 냉정하다고도 가라앉았다고도 말할 수 있다.
(B) 차분함이 없고 당황하는 편이다.
(C) 가슴에 뜨거운 마음이 있다.
(D) 의욕과 근성이 있다.

# JPT 기출문제 풀이 전략

**STEP 3** 대화문에 등장하는 숫자에 주의하면서 듣고 인물의 특징을 기억해 두세요.

**Point 1** 숫자와 인물의 특징을 나타내는 핵심 단어 파악

대화문에 등장하는 숫자와 인물의 특징을 나타내는 핵심 단어를 파악하면서 듣기!

**Point 2** 정답과 관련이 없는 숫자나 설명을 소거법으로 제거하면서 듣기

정확한 숫자나 인물의 특징 파악을 통해 오답을 하나씩 소거하면서 듣기!

## | CHECK UP |

女 韓国はどうでしたか。何日間行っていましたか。

男 先月の2日から8日までです。楽しかったです。

女 4日までですか。

男 いいえ、8日までですよ。

여 한국은 어땠나요? 며칠간 갔다 왔어요?
남 지난달 2일부터 8일까지요. 즐거웠어요.
여 4일까지요?
남 아니요. 8일까지요.

男の人はいつからいつまで韓国へ行きましたか。
(A) 先月の20日から今月の4日まで
(B) 先月の20日から今月の8日まで
√(C) 先月の2日から8日まで
(D) 先月の2日から4日まで

남자는 언제부터 언제까지 한국에 갔습니까?
(A) 지난달 20일부터 이번 달 4일까지
(B) 지난달 20일부터 이번 달 8일까지
√(C) 지난달 2일부터 8일까지
(D) 지난달 2일부터 4일까지

**Point 1** 숫자와 핵심 단어 파악

○ 한국에 간 달과 일자를 정확하게 듣는 것이 포인트.

**Point 2** 소거법으로 제거하면서 듣기

○ 지난달 2일부터 8일까지라고 했으므로, (C)가 정답임. 8일과 4일의 발음을 정확하게 청취하는 것이 포인트.

# JPT 기출문제로 훈련하기

음원 58

**STEP 4** 다음 기출문제를 기출문제 풀이 전략을 적용해서 풀어 보세요.

PART 3
회화문

## 1

女 お料理の方はどうなさいますか。

男 予約は12人でしたが、1人来られなくなって、それから 2人遅れて来ます。

女 それでは、11名様でご用意してよろしいでしょうか。

男 2人分は来てからでいいです。

여 요리 쪽은 어떻게 하시겠어요?

남 예약은 열두 명이었는데 한 명 못 오게 되고 그리고 두 명은 늦게 와요.

여 그럼, 열한 명으로 준비해 드려도 될까요?

남 두 명분은 온 후여도 괜찮아요.

料理ははじめに何人分出しますか。

(A) 2人分

✓ (B) 9人分

(C) 11人分

(D) 12人分

요리는 처음에 몇 인분 내놓습니까?

(A) 2인분

✓ (B) 9인분

(C) 11인분

(D) 12인분

---

■ 대화를 끝까지 들어야 하는 문제. 식당에서 나누는 대화로 원래는 열두 명분을 예약했지만, 한 명은 아예 못 오고, 두 명은 나중에 온다고 했다. 이 말을 들은 종업원이 열한 명으로 준비하면 되냐고 묻자, 늦게 오는 두 명분은 사람이 도착한 후에 갖다 줘도 된다고 말하고 있다. 따라서 정답은 열한 명에서 두 명을 제외한 (B)의 9인분이 된다.

■ 料理(りょうり) 요리  方(ほう) 쪽, 편  どう 어떻게  なさる 하시다 *「する」(하다)의 존경어  予約(よやく) 예약
1人(ひとり) 한 명  それから 그 다음에, 그리고 (또)  2人(ふたり) 두 명  遅(おく)れる 늦다, 늦어지다  それでは 그렇다면, 그럼
ご+한자명사+する ~하다, ~해 드리다 *겸양표현  用意(ようい) 준비  よろしい 좋다, 괜찮다 *「よい」의 공손한 표현
~分(ぶん) ~분, ~분량  ~てから ~하고 나서, ~한 후에  はじめ (시간적으로) 처음, 최초  出(だ)す 내다

---

■ 관련 표현 · 冷めないうちに召し上がってください。 식기 전에 드세요.
· 私、辛い食べ物は苦手なんです。 전 매운 음식은 잘 못 먹거든요.
· 実は甘い物には目がないです。 실은 단것에는 사족을 못 써요.
· ご注文は以上でよろしいでしょうか。 주문은 이걸로 괜찮으시겠어요?
· うちの子はカレーとオムライスが大好物です。 우리 애는 카레와 오므라이스를 아주 좋아해요.

139

**2**

女 うちの子、山田君にだけは心を開いてるみたい。

男 僕、子供っぽいから、同等に見られるのかな。

女 そんなことないわ。うちの子の憧れなのよ。

男 それじゃ、手本になるような人間にならなくちゃな。

여 우리 애, 야마다 군에게만은 마음을 열고 있는
  것 같아.

남 나, 아이 같으니까 동등하게 보여지는 걸까?

여 그렇지 않아. 우리 애의 동경의 대상이야.

남 그럼, 본보기가 될 만한 사람이 되어야겠네.

女の人の子供はどんな子ですか。
(A) 大人らしい大人に憧れる。
(B) 男の人に反感を感じている。
✓(C) 男の人を理想としている。
(D) 積極的に人と関わる。

여자의 아이는 어떤 아이입니까?
(A) 어른다운 어른을 동경한다.
(B) 남자에게 반감을 느끼고 있다.
✓(C) 남자를 이상으로 생각하고 있다.
(D) 적극적으로 타인과 관계한다.

---

■ 여자의 두 번째 대화에 나오는「憧(あこが)れ」(동경)라는 단어가 포인트. 여자의 아이는 남자를 동경의 대상, 즉, 이상으로 삼고 있다
고 했으므로, 정답은 (C)가 된다. (A)는 남자가 아이 같다라는 부분과 반대되며, (B)는「反感(はんかん)」(반감)이라는 표현이 잘못되었
다. (D)는 야마다 군에게만 마음을 열고 있다고 했으므로, 역시 틀린 설명이다.

■ うち 우리  子(こ) 아이  心(こころ)を開(ひら)く 마음을 열다  ～みたいだ ～인 것 같다  僕(ぼく) 나 *남자의 자칭
  子供(こども)っぽい 아이 같다  同等(どうとう)だ 동등하다  見(み)る 보다  そんなことない 그렇지 않다
  憧(あこが)れ 동경  それじゃ 그러면, 그렇다면, 그럼  手本(てほん) 모범, 본보기  人間(にんげん) 인간
  ～なくちゃ(いけない・ならない) ～하지 않으면 (안 된다), ～해야 (한다) *「～なくちゃ」는「～なくては」의 축약표현
  子供(こども) 아이  大人(おとな) 어른  ～らしい ～답다  反感(はんかん) 반감  感(かん)じる 느끼다  理想(りそう) 이상
  積極的(せっきょくてき)だ 적극적이다  人(ひと) 남, 타인  関(かか)わる 관계하다

---

■ 관련 표현  •そんな行動をするなんて、本当にみっともないね。 그런 행동을 하다니 정말 꼴불견이네.
  •この仕事、どうしても私に合わないみたい。 이 일, 아무래도 나한테 맞지 않는 것 같아.
  •彼って子供が尊敬できる人物だと思うわ。 그는 아이가 존경할 수 있는 인물이라고 생각해.
  •彼女の不用意な発言には、僕もがっかりしちゃったよ。 그녀의 부주의한 발언에는 나도 실망해 버렸어.
  •飽きっぽい彼女のことだから、すぐ辞めると思うよ。 싫증을 잘 내는 그녀니까 바로 그만둘 거라고 생각해.

□ 背が高い

女 鈴木さんはどの方ですか。

男 あの窓際に立っている背が高い方が鈴木さんです。

키가 크다

여 스즈키 씨는 어느 분이죠?

남 저기 창가에 서 있는 **키가 큰** 분이 스즈키 씨예요.


□ 泊まる

女 泊まる所は決まったの(?)。

男 それが全部満室でまだなんだ。

묵다, 숙박하다

여 **묵을** 곳은 정해졌어?

남 그게 전부 만실이라서 아직이야.


□ 支払い

女 お支払いはどうなさいますか。

男 カードで一括払いでお願いします。

지불

여 **지불**은 어떻게 하시겠어요?

남 카드로 일시불로 부탁드려요.


□ 朗らかだ

女 どうして彼女と結婚しようと思いましたか。

男 実は彼女の朗らかな性格が気に入ったからです。

명랑하다

여 왜 그녀와 결혼하려고 생각했어요?

남 실은 그녀의 **명랑한** 성격이 마음에 들었기 때문이에요.


□ 生意気だ

女 彼の生意気な態度、見ていられないわ。

男 うん、本当に腹が立つよなあ。

건방지다

여 그의 **건방진** 태도, 보고 있을 수가 없어.

남 응, 정말 화나지?


□ 手を焼く

女 息子さん、相変わらず元気ですね。

男 いや、腕白で手を焼いているんですよ。

애를 먹다

여 아드님, 여전히 활달하네요.

남 어휴, 개구쟁이라서 **애를 먹고** 있어요.


□ 内気だ

女 内気な香奈恵さんが芸能人になるなんて、信じられないわ。

男 うん、僕も本当にびっくりしたよ。

내성적이다

여 **내성적인** 가나에 씨가 연예인이 되다니 믿을 수 없어.

남 응, 나도 정말로 깜짝 놀랐어.


□ ぶかぶか

女 じゃ、この服はどう(?)。

男 悪くはないけど、ちょっとぶかぶかだね。

헐렁헐렁한 모양

여 그럼, 이 옷은 어때?

남 나쁘지는 않은데 조금 **헐렁헐렁**하네.


141

**STEP 5** 핵심 어휘를 메모하면서 들어 보세요.

**1** 男の人はいくら払いますか。
　(A) 7,500円
　(B) 8,000円
　(C) 8,500円
　(D) 9,000円

메모

**2** 男の人はどうしてスポーツをしませんか。
　(A) スポーツが嫌いだから
　(B) スポーツは面白くないから
　(C) 家に帰るのが遅いから
　(D) 疲れているから

메모

**3** 男の人はどうしたいのですか。
　(A) 3人で土曜日に泊まりたい。
　(B) 3人で金曜日に泊まりたい。
　(C) 2人で土曜日に泊まりたい。
　(D) 2人で金曜日に泊まりたい。

메모

4 女の人について、正しいものはどれですか。
메모
  (A) 別の会社で働く。
  (B) 外国で仕事をする。
  (C) 英語の勉強に行く。
  (D) 学校で働く。

5 修理するパソコンは何台ですか。
메모
  (A) 1台
  (B) 2台
  (C) 3台
  (D) 4台

6 女の人の席について、正しいものはどれですか。
메모
  (A) 17日の席はない。
  (B) 21日の席はある。
  (C) 22日の席は空いている。
  (D) 帰りの席はまだ取れていない。

PART 3

회화문

**1**

男 すみません。このネクタイいくらですか。
女 黄色いのは4,000円で、青いのは4,500円です。
男 それじゃ、黄色いのと青いのを1本ずつください。
女 はい、かしこまりました。

남 저기요, 이 넥타이 얼마예요?
여 노란 건 4,000엔이고, 파란 건 4,500엔입니다.
남 그럼, 노란 것과 파란 것을 하나씩 주세요.
여 예, 알겠습니다.

男の人はいくら払いますか。
(A) 7,500円
(B) 8,000円
(C) 8,500円
(D) 9,000円

남자는 얼마 지불합니까?
(A) 7,500엔
(B) 8,000엔
(C) 8,500엔
(D) 9,000엔

해설 | 남자가 넥타이를 구입하기 위해 가격을 묻고 있다. 여자가 첫 번째 대화에서 노란색은 4,000엔, 파란색은 4,500엔이라고 하자, 남자는 각각 하나씩 달라고 했다. 따라서 지불해야 하는 금액은 두 넥타이의 가격을 더한 (C)의 「8,500円(はっせんごひゃくえん)」(8,500엔)이 된다.

어휘 | すみません 저기요 *주의를 환기할 때 쓰는 말 ネクタイ 넥타이 いくら 얼마 黄色(きいろ)い 노랗다 青(あお)い 파랗다 それじゃ 그러면, 그렇다면, 그럼 1本(いっぽん) 한 개 *「~本(ほん)」 - 가늘고 긴 것을 세는 말 ~ずつ ~씩 かしこまりました 잘 알겠습니다 払(はら)う (돈을) 내다, 지불하다

**2**

女 鈴木さんは何かスポーツをしていますか。
男 いいえ、全然していません。
女 ジョギングでもしたらどうですか。
男 したいんですが、帰りが夜11時過ぎですから…。

여 스즈키 씨는 뭔가 운동을 하고 있어요?
남 아니요, 전혀 안 해요.
여 조깅이라도 하는 게 어때요?
남 하고 싶지만 귀가가 밤 11시가 지나서여서요….

男の人はどうしてスポーツをしませんか。
(A) スポーツが嫌いだから
(B) スポーツは面白くないから
(C) 家に帰るのが遅いから
(D) 疲れているから

남자는 왜 운동을 하지 않습니까?
(A) 운동을 싫어하기 때문에
(B) 운동은 재미있지 않기 때문에
(C) 집에 돌아오는 것이 늦기 때문에
(D) 피곤하기 때문에

해설 | 남자의 두 번째 대화에 주목해야 한다. 여자는 운동을 전혀 하지 않는다는 남자에게 조깅이라도 하는 게 어떠냐며 권하고 있다. 그러자, 남자는 운동이 하고 싶어도 집에 밤 11시가 지나야 돌아오기 때문에 힘들다고 했으므로, 정답은 (C)가 된다. 대화의 「帰(かえ)り」(귀가)를 「家(いえ)に帰(かえ)る」(집에 돌아오다)로 풀어 쓴 점에 주의한다. 남자는 운동을 하고 싶어하고 있으므로 (A)와 (B)는 부적절. (D)는 늦은 귀가로 인해 생길 수 있는 상황이지만, 대화에는 나오지 않는 내용이므로 답이 될 수 없다.

어휘 | 何(なに)か 무엇인가, 뭔가 スポーツ 스포츠, 운동 全然(ぜんぜん) (부정어 수반) 전혀 ジョギング 조깅 ~たらどうですか ~하는 게 어떻습니까? 동사의 ます형+たい ~하고 싶다 帰(かえ)り 돌아옴, 돌아감, 귀가 夜(よる) 밤 過(す)ぎ (시간·세월이) 지남 嫌(きら)いだ 싫어하다 面白(おもしろ)い 재미있다 帰(かえ)る 돌아가[오]다 遅(おそ)い 늦다 疲(つか)れる 지치다, 피로해지다

**3**

男 あの、2人で泊まる部屋を探しているんですが。

女 お泊まりが平日の場合、お1人18,000円になります。

男 そうですか。土曜日に泊まりたいんですが。

女 それでは20,000円になります。

남 저기, 둘이서 숙박할 방을 찾고 있는데요.

여 숙박일이 평일인 경우 한 분에 18,000엔이에요.

남 그래요? 토요일에 숙박하고 싶은데요.

여 그럼, 20,000엔이에요.

男の人はどうしたいのですか。

(A) 3人で土曜日に泊まりたい。

(B) 3人で金曜日に泊まりたい。

(C) 2人で土曜日に泊まりたい。

(D) 2人で金曜日に泊まりたい。

남자는 어떻게 하고 싶은 것입니까?

(A) 셋이서 토요일에 숙박하고 싶다.

(B) 셋이서 금요일에 숙박하고 싶다.

(C) 둘이서 토요일에 숙박하고 싶다.

(D) 둘이서 금요일에 숙박하고 싶다.

해설 | 숙박하고자 하는 요일과 인원수를 정확하게 청취해야 하는 문제. 남자의 대화를 통해 숙박할 인원은 총 두 명이며, 숙박하고자 하는 요일은 토요일이라는 것을 알 수 있으므로, 정답은 (C)가 된다. (A)는 숙박할 인원수가, (D)는 숙박하고자 하는 요일이 잘못되었다.

어휘 | あの 저, 저어 *생각이나 말이 막혔을 때 내는 소리 2人(ふたり) 두 명 泊(と)まる 묵다, 숙박하다 部屋(へや) 방 探(さが)す 찾다 泊(と)まり 묵음, 숙박 平日(へいじつ) 평일 場合(ばあい) 경우 土曜日(どようび) 토요일 동사의 ます형+たい ~하고 싶다 それでは 그러면, 그렇다면, 그럼

**4**

女 今までありがとうございました。

男 いえ、こちらこそ。パリに行っても頑張ってください。

女 はい、3年経ったら、東京に帰れるって社長が言っていました。

男 では、また一緒に働けますね。

여 지금까지 감사했어요.

남 아뇨, 저야말로, 파리에 가도 열심히 하세요.

여 예, 3년 지나면 도쿄로 돌아올 수 있다고 사장님께서 말씀하셨어요.

남 그럼, 또 함께 일할 수 있겠네요.

女の人について、正しいものはどれですか。

(A) 別の会社で働く。

(B) 外国で仕事をする。

(C) 英語の勉強に行く。

(D) 学校で働く。

여자에 대해서 맞는 것은 어느 것입니까?

(A) 다른 회사에서 일한다.

(B) 외국에서 일을 한다.

(C) 영어 공부하러 간다.

(D) 학교에서 일한다.

해설 | 남자의 첫 번째 대화에서 파리에 가도 열심히 하라고 격려하고 있으므로, 일단 여자가 외국으로 나갈 예정이라는 것을 알 수 있다. 또한 여자의 두 번째 대화에서 사장님께서 3년 후에는 도쿄로 돌아올 수 있을 것이라고 말했다고 했다. 즉, 두 대화를 종합하면 여자는 외국에 일을 하러 갔다가 다시 돌아올 예정이라는 뜻이므로, 정답은 (B)가 된다. 여자는 외국으로 발령을 받았을 뿐, 다른 회사로 이직하는 것은 아니므로 (A)는 틀린 설명이며, (C)와 같은 내용은 나오지 않는다. 또한, 여자가 일하는 곳은 학교가 아니라 회사이므로 (D) 역시 답이 될 수 없다.

어휘 | 今(いま)まで 지금까지 いえ 아뇨 *「いいえ」(아니요)를 짧게 발음한 것 こちらこそ 저야말로 パリ 파리 *프랑스의 수도 頑張(がんば)る 분발하다, 열심히 하다 経(た)つ (시간이) 지나다, 경과하다 帰(かえ)る 돌아오다 ~って ~라고 社長(しゃちょう) 사장 では 그럼, 그렇다면 また 또, 다시 一緒(いっしょ)に 함께 働(はたら)く 일하다

**5**

女 パソコン使ってもいいですか。私のは調子が悪くて、今日修理の人が来るんです。

男 ええ、どうぞ。じゃ、2階にあるのも一緒に見てもらいましょう。

女 2階のは2週間前に直したはずですが。

男 先週別の1台も調子が悪くなったんですよ。

여 컴퓨터 써도 되나요? 제 건 상태가 안 좋아서 오늘 수리하는 사람이 오거든요.

남 네, 쓰세요. 그럼, 2층에 있는 것도 함께 봐 달라고 합시다.

여 2층 건 2주일 전에 고쳤을 텐데요.

남 지난주에 다른 한 대도 상태가 나빠졌거든요.

修理するパソコンは何台ですか。

(A) 1台
(B) 2台
(C) 3台
(D) 4台

수리하는 컴퓨터는 몇 대입니까?

(A) 한 대
(B) 두 대
(C) 세 대
(D) 네 대

해설 | 일단 먼저 수리해야 할 것은 상태가 안 좋아진 여자의 컴퓨터이다. 그리고 수리할 사람이 올 것이라는 말에 남자는 2층에 있는 것도 봐 달라고 했으므로, 손봐야 할 컴퓨터는 총 두 대가 된다. 후반부의 대화에서 여자가 2층의 컴퓨터는 2주 전에 고쳤다는 말만 듣고 (A)를 고르지 않도록 주의한다. 남자의 마지막 대화에서 수리해야 할 것은 그 컴퓨터가 아니라 다른 한 대라고 했으므로, 정답은 (B)가 된다.

어휘 | パソコン (개인용) 컴퓨터 *「パーソナルコンピューター」(퍼스널 컴퓨터)의 준말 使(つか)う 쓰다, 사용하다
~てもいいですか ~해도 됩니까? *허락을 구하는 표현 調子(ちょうし)が悪(わる)い (몸이나 기계 등의) 상태가 좋지 않다
修理(しゅうり) 수리 じゃ 그럼, 그러면 ~階(かい) ~층 一緒(いっしょ)に 함께 ~てもらう (남에게) ~해 받다, (남이) ~해 주다
直(なお)す 고치다, 수리하다 ~はずだ (당연히) ~할 것[터]이다 先週(せんしゅう) 지난주 別(べつ) 다름
~台(だい) ~대 *차나 기계 등을 세는 말

**6**

女 出発は17日の午前中で、21日の夕方に帰って来たいんですが。

男 行きは席がありますが、帰りは難しいですね。

女 じゃ、22日の午前中はどうですか。

男 22日もいっぱいですね。

여 출발은 17일 오전 중이고 21일 저녁때 돌아오고 싶은데요.

남 가는 건 좌석이 있지만 돌아오는 건 어렵겠네요.

여 그럼, 22일 오전 중은 어때요?

남 22일도 만석이네요.

女の人の席について、正しいものはどれですか。

(A) 17日の席はない。
(B) 21日の席はある。
(C) 22日の席は空いている。
(D) 帰りの席はまだ取れていない。

여자의 좌석에 대해서 맞는 것은 어느 것입니까?

(A) 17일 좌석은 없다.
(B) 21일 좌석은 있다.
(C) 22일 좌석은 비어 있다.
(D) 돌아오는 좌석은 아직 잡히지 않았다.

해설 | 여자는 교통편 왕복 티켓을 예매하려 하고 있다. 여자가 원하는 것은 17일 오전에 출발해서 21일 저녁에 돌아오는 티켓이지만, 남자는 가는 건 좌석이 있지만 돌아오는 편은 어렵다고 했다. 이에 22일에는 자리가 있느냐고 물었지만, 22일도 「いっぱい」(가득 참, 만석)라고 했다. 즉, 17일에 가는 좌석은 있지만, 21일과 22일에 돌아오는 좌석은 모두 없다는 뜻이므로, 정답은 (D)가 된다.

어휘 | 出発(しゅっぱつ) 출발 午前(ごぜん) 오전 ~中(ちゅう) ~중 夕方(ゆうがた) 해질녘, 저녁때 帰(かえ)る 돌아오다
行(い)き (목적지로) 행함, 감 席(せき) 좌석, 자리 帰(かえ)り 돌아옴 難(むずか)しい 어렵다 じゃ 그럼, 그러면
いっぱいだ 가득하다, 가득 차다 空(あ)く (자리・방 따위가) 나다, 비다 まだ 아직 取(と)れる 잡히다

# 주요 어휘 및 표현 정리 20

| 한자 | 읽기 | 의미 |
| --- | --- | --- |
| ☐ 人前 | ひとまえ | 남의 앞, 사람들이 있는[보는] 곳 |
| ☐ 平日 | へいじつ | 평일 |
| ☐ 落ち着く | おちつく | (빛깔·분위기 등이) 차분하다 |
| ☐ 冷める | さめる | 식다, (열정·관심 등이) 가라앉다 |
| ☐ 用意 | ようい | 준비 |
| ☐ 憧れ | あこがれ | 동경 |
| ☐ 手本 | てほん | 모범, 본보기 |
| ☐ 反感 | はんかん | 반감 |
| ☐ 理想 | りそう | 이상 |
| ☐ 積極的だ | せっきょくてきだ | 적극적이다 |
| ☐ 過ぎ | すぎ | (시간·세월이) 지남 |
| ☐ 泊まる | とまる | 묵다, 숙박하다 |
| ☐ 経つ | たつ | (시간이) 지나다, 경과하다 |
| ☐ 調子が悪い | ちょうしがわるい | (몸이나 기계 등의) 상태가 좋지 않다 |
| ☐ 修理 | しゅうり | 수리 |
| ☐ 直す | なおす | 고치다, 수리하다 |
| ☐ ～はずだ | ・ | (당연히) ～할 것[터]이다 |
| ☐ 別 | べつ | 다름 |
| ☐ 出発 | しゅっぱつ | 출발 |
| ☐ 夕方 | ゆうがた | 해질녘, 저녁때 |

147

# 02 성별에 따른 의견 및 행동 구분

STEP 1  먼저 핵심 기출 어휘와 필수 예문을 익히세요.

음원 61

## 핵심 기출 어휘 및 필수 예문

- 届ける (관청 등에) 신고하다
  예 スマホが無くなったって(?)。早く交番に届けてよ。
  스마트폰이 없어졌다고? 빨리 파출소에 신고해.

- のんびりする 느긋하게 쉬다
  예 せめて週末ぐらいは、のんびりしたいんだ。
  적어도 주말 정도는 느긋하게 쉬고 싶어.

- 飼う (동물을) 기르다
  예 私、犬アレルギーがあるので、犬が飼えません。
  저, 개 알레르기가 있어서 개를 기를 수 없어요.

- 着替える (옷을) 갈아입다
  예 ちょっと家に寄って着替えてくるよ。
  잠깐 집에 들러서 옷을 갈아입고 올게.

- 동사의 た형+ばかりだ 막 ~한 참이다, ~한 지 얼마 안 되다
  예 新しい車に買い換えたばかりなのに、後ろをぶつけちゃったの。
  새 차로 바꾼 지 얼마 안 됐는데, 뒤를 박고 말았어.

**STEP 2** 이제 YBM이 엄선한 빈출 문제를 잘 듣고 풀어 보세요.

## 1 소설에 대한 여자의 생각

女 何か気軽に読める小説ないかしら。

男 この未来世界の話はどう(?)。

女 空想の話は嘘っぽくて、ちょっとね。身近な話題が

いいんだけど。

男 それならこれが日常を描いた話で読みやすいよ。

女の人は小説について、どう思っていますか。

✓(A) 非現実的な話は好みではない。

(B) 歴史上の人物の話が好きだ。

(C) 身近な話題なら、自分でも書けそうだ。

(D) 日常を描いた作品は退屈だ。

여 뭔가 가볍게 읽을 수 있는 소설 없을까?

남 이 미래세계 이야기는 어때?

여 공상 이야기는 거짓말 같아서 조금 그래.
일상적인 화제가 좋은데.

남 그거라면 이게 일상을 그린 이야기라 읽기 편해.

여자는 소설에 대해서 어떻게 생각하고 있습니까?

✓(A) 비현실적인 이야기는 기호가 아니다.

(B) 역사상의 인물 이야기를 좋아한다.

(C) 일상적인 화제라면 본인도 쓸 수 있을 것 같다.

(D) 일상을 그린 작품은 지루하다.

## 2 계획에 대한 여자의 생각

男 この計画どう思いますか。予算の面でまだまだ検討

の余地がありますが。

女 こんな大金、銀行が貸してくれるかしら。

男 でも、成功したら、利益が大きくなるはずですよ。

女 現実はそんなに甘くないわよ。冒険は危険も大きい

のよ。

女の人はこの計画について、どう思っていますか。

(A) 資金計画さえうまくいけば成功する。

✓(B) 資金の準備も事業の成功も簡単ではない。

(C) 失敗を恐れず、冒険してみるのもいい。

(D) 予算の検討は控えて他の事業に集中すべきだ。

남 이 계획 어떻게 생각해요? 예산 면에서 아직
검토 여지가 있는데요.

여 이런 거금, 은행에서 빌려줄까?

남 하지만 성공하면 이익이 커질 거예요.

여 현실은 그렇게 만만하지 않아. 모험은 위험도
크거든.

여자는 이 계획에 대해서 어떻게 생각하고 있습니까?

(A) 자금 계획만 잘 되면 성공한다.

✓(B) 자금 준비도 사업의 성공도 간단하지 않다.

(C) 실패를 두려워하지 말고 모험해 보는 것도
좋다.

(D) 예산 검토는 중지하고 다른 사업에 집중해야
한다.

**STEP 3** 문제에서 남자에 대해 묻고 있는지 여자에 대해 묻고 있는지를 정확히 인지하고 대화문을 들으세요.

---

**Point 1** 문제에서 묻는 성별 파악

문제에서 묻는 남녀의 성별을 정확하게 기억하고 대화문 듣기!

**Point 2** 대화문에서는 앞 문장보다 뒤 문장에 주의하면서 듣기

대화문에서는 앞 문장보다 뒤 문장에서 정답과 관련된 내용이 많이 나오므로 특히 뒤 문장에 주의하면서 듣기!

---

## | CHECK UP |

女 お部屋もきれいだし、お食事も美味しかったです。ただ、ちょっと…。

男 当ホテルで何か不都合がございましたでしょうか。

女 ホテルの人がお客さんの噂話を大声でしてるのが聞こえちゃって。

男 それは失礼いたしました。今後十分注意させますので。

여 방도 깨끗하고 식사도 맛있었어요. 다만 좀….
남 저희 호텔에서 뭔가 불편한 점이 있으셨나요?
여 호텔 사람이 손님에 대한 이야기를 큰소리로 하고 있는 게 들려 버려서요.
남 그건 실례했습니다. 앞으로 충분히 주의시킬게요.

男の人はこれから何をすると言っていますか。
✓ (A) 社員の再教育
　(B) 掃除方法の再検討
　(C) 献立の再検討
　(D) 価格の見直し

남자는 이제부터 무엇을 한다고 말하고 있습니까?
✓ (A) 사원의 재교육
　(B) 청소방법의 재검토
　(C) 메뉴의 재검토
　(D) 가격의 재고

**Point 1** 문제에서 묻는 성별 파악

➡ 문제에 「男(おとこ)の人(ひと)」라고 나와 있으므로, 남자가 이제부터 어떻게 할 것인지를 잘 듣는 것이 포인트.

**Point 2** 앞 문장보다 뒤 문장에 주의하면서 듣기

➡ 남자의 두 번째 대화에서 앞으로 충분히 주의시키겠다고 했으므로, (A)가 정답이 됨.

# JPT 기출문제로 훈련하기

음원 64

**STEP 4** 다음 기출문제를 기출문제 풀이 전략을 적용해서 풀어 보세요.

## 1

女 坂本さん、お出かけですか。

男 ええ、北商事へ行って、そのまま帰宅します。

女 でも、確か今日接待でしたよね。

男 それは三上君に行ってもらうことにしました。

여 사카모토 씨, 외출하세요?
남 네, 기타 상사에 갔다가 바로 귀가할 거예요.
여 하지만 분명히 오늘 접대였죠?
남 그건 미카미 군이 가 주기로 했어요.

男の人はこれからどうしますか。

✓ (A) 北商事へ行ってから家に帰る。
 (B) 北商事へ接待に行く。
 (C) 三上君と一緒に接待に行く。
 (D) 北商事へ行ってから会社に戻る。

남자는 이제부터 어떻게 합니까?
✓ (A) 기타 상사에 간 후에 집에 돌아간다.
 (B) 기타 상사에 접대하러 간다.
 (C) 미카미 군과 함께 접대하러 간다.
 (D) 기타 상사에 간 후에 회사로 돌아온다.

---

■ 남자의 첫 번째 대화에서 정답을 찾을 수 있다. 남자는 기타 상사에 갔다가 바로 귀가할 것이라고 했으므로, 정답은 (A)가 된다. 여자의 두 번째 대화만 들으면 남자가 접대를 하러 간다고 착각할 수도 있지만, 남자의 두 번째 대화에 따르면 접대를 하러 가는 것은 미카미 군뿐이므로 (B)와 (C)는 틀린 설명이다. (D)는 회사로 다시 돌아온다고 했으므로 답이 될 수 없다.

■ お+동사의 ます형+ですか ~하십니까? *존경표현 出(で)かける 나가다, 외출하다 商事(しょうじ) 상사
 そのまま 그대로, 바로, 곧 帰宅(きたく) 귀가 確(たし)か 확실히 接待(せったい) 접대
 ~てもらう (남에게) ~해 받다, (남이) ~해 주다 동사의 보통형+ことにする ~하기로 하다 これから 이제부터, 앞으로
 ~てから ~하고 나서, ~한 후에 帰(かえ)る 돌아가다 동작성 명사+に ~하러 *동작의 목적 一緒(いっしょ)に 함께
 戻(もど)る (본래의 자리로) 돌아오다

---

■ 관련 표현 ・駅に着き次第、電話してください。 역에 도착하는 대로 전화 주세요.
 ・まだ時間は十分にあるから、慌てないでよ。 아직 시간은 충분히 있으니까 허둥대지 마.
 ・接待を頼まれたんだけど、気が進まないんだ。 접대를 부탁받았지만 마음이 내키질 않아.
 ・毎日が接待続きで、もう体が持たないよ。 매일이 접대의 연속이라 정말 몸이 견뎌 내질 못해.
 ・今日は外回りだから、仕事が終わったらそのまま帰宅するよ。
  오늘은 외근이니까 일이 끝나면 바로 귀가할 거야.

**2**

男 この棚、資料が詰まっていて、必要な物を探すのが大変だよ。

女 要らない物が多すぎるのよ。

男 じゃ、僕が要らない物を捨てるよ。

女 それなら、きちんと整理できそう。

남 이 선반, 자료가 가득 차 있어서 필요한 걸 찾는 게 힘들어.

여 필요 없는 게 너무 많아.

남 그럼, 내가 필요 없는 걸 버릴게.

여 그러면 제대로 정리할 수 있을 것 같아.

男の人はこれからどうしますか。

√ (A) 不要な資料を捨てる。
(B) 要らない棚を捨てる。
(C) 重要な書類を仕舞う。
(D) 棚を並べ替える。

남자는 이제부터 어떻게 합니까?

√ (A) 필요 없는 자료를 버린다.
(B) 필요 없는 선반을 버린다.
(C) 중요한 서류를 간수한다.
(D) 선반을 다시 배열한다.

---

■ 남자의 두 번째 대화에 나오는 「捨(す)てる」(버리다)라는 동사가 포인트. 남자가 선반에 자료가 가득 차 있어서 정작 필요한 것을 찾을 수 없다고 하자, 여자도 필요 없는 것이 너무 많다며 동의하고 있다. 이에 남자는 두 번째 대화에서 필요 없는 것을 버리겠다고 했으므로, 정답은 「要(い)らない物(もの)」(필요 없는 것)를 「不要(ふよう)な資料(しりょう)」(필요 없는 자료)라고 바꿔 표현한 (A)가 된다.

■ 棚(たな) 선반  資料(しりょう) 자료  詰(つ)まる 가득 차다  必要(ひつよう)だ 필요하다  物(もの) (어떤 형태를 갖춘) 것, 물건
探(さが)す 찾다  大変(たいへん)だ 힘들다  要(い)る 필요하다  多(おお)い 많다  い형용사의 어간+すぎる 너무 ~하다
僕(ぼく) 나 *남자의 자칭  それなら 그렇다면, 그러면  きちんと 제대로, 확실히  整理(せいり) 정리
동사의 ます형+そうだ ~일[할] 것 같다 *양태  不要(ふよう)だ 필요 없다  重要(じゅうよう)だ 중요하다  書類(しょるい) 서류
仕舞(しま)う 넣다, 간수하다  並(なら)べ替(か)える 정렬하다, (늘어서 있는 것의 순서를 바꿔) 다시 배열하다

---

■ 관련 표현 ・この書類、一人では整理しきれないよ。 이 서류, 혼자서는 다 정리할 수 없어.

・この部屋、物が多くてちょっと窮屈だね。 이 방, 물건이 많아서 조금 답답하네.

・これはリサイクルできるから、捨てないでね。 이건 재활용할 수 있으니까 버리지 마.

・環境保護のために、ごみの分別にはいつも気を付けてるよ。
환경보호를 위해 쓰레기 분리에는 항상 신경을 쓰고 있어.

・医療用品のように、使い捨てが必要な時もあると思うよ。
의료용품처럼 일회용이 필요할 때도 있다고 생각해.

PART 3

회화문

□ 返済
へんさい

女 ボーナス出たら、新車でも買おうかしら。

男 ローンの返済もあるし、そんな余裕ないよ。

반제, 상환, 빚을 갚음

여 보너스가 나오면 새 차라도 살까?

남 융자도 **갚아야** 하고 그런 여유 없어.

□ 切れる
き

女 このサイズで黒はありますか。

男 申し訳ありません。あいにく、黒は**切れて**おり

 まして…。

떨어지다, 다 되다

여 이 사이즈로 검정은 있어요?

남 죄송해요. 공교롭게도 검정은 **떨어져**서요….

□ 上がる
あ

女 昨日のスピーチ、どうだった(?)。

男 舞台で**上がって**しまってめちゃくちゃだったよ。

얼다, 흥분하다

여 어제 연설, 어땠어?

남 무대에서 **얼어** 버려서 엉망진창이었어.

□ 手頃だ
て ごろ

女 あの店の商品、どう(?)。

男 値段も**手頃**だし、品質もいいよ。

적당하다, 알맞다

여 저 가게 상품, 어때?

남 가격도 **적당**하고 품질도 좋아.

□ 厄介だ
やっかい

女 今度の仕事、どう(?)。うまくいきそう(?)。

男 思ったより**厄介な**仕事になりそうです。

성가시다, 귀찮다

여 이번 일, 어때? 잘될 것 같아?

남 생각했던 것보다 **성가신** 일이 될 것 같아요.

□ こだわる

女 もう過ぎたことだから、そんなに**こだわらなく**

てもいいんじゃない(?)。

男 それがなかなかできないんだよ。

구애되다, 사소한 것까지 신경을 쓰다

여 이미 지난 일이니까 그렇게 **구애되**지 않아도 되잖아?

남 그게 좀처럼 안 돼.

□ 行き付け
い つ

女 今日は何食べようかしら。

男 駅前に**行き付け**のいい店があるんだけど、行っ

てみない(?)。

단골

여 오늘은 뭘 먹지?

남 역 앞에 **단골**인 좋은 가게가 있는데 가 보지 않을래?

□ 取り寄せる
と よ

女 この商品は**取り寄せる**ことが可能ですか。

男 はい、可能ですが、2、3日はかかります。

주문해서 가져오게 하다

여 이 상품은 **주문**이 가능한가요?

남 예, 가능한데 2, 3일은 걸려요.

**STEP 5** 핵심 어휘를 메모하면서 들어 보세요.

**1** 男の人の意見はどうですか。

　메모

(A) 床の色が黒だから、全体を黒にした方がいい。

(B) 床の色が黒だから、壁は白い色にした方がいい。

(C) 最近流行っているので、壁はグレーがいい。

(D) 流行よりも暖かい雰囲気を出したい。

**2** 男の人はプリンターをどうしましたか。

　메모

(A) 修理店から一時的に借りて使っている。

(B) 会社が買ってくれないから、自分の物を持ってきた。

(C) 自分で修理して使っている。

(D) 会社に申請して買ってもらった。

**3** 男の人は子供の職業について、どう思っていますか。

　메모

(A) 家庭環境に左右される。

(B) 父親の職業に影響される。

(C) 母親の職業に影響される。

(D) 家庭環境とは関連がない。

4 男の人は何をしますか。

   (A) コンピューター購入の見積もりを取る。

   (B) 早急に対処すべく、上司に相談する。

   (C) 今あるコンピューターを廃棄処分する。

   (D) ウイルス感染防止対策ソフトを入れ直す。

메모

5 女の人はどう思っていますか。

   (A) 山田さんは疑わしい。

   (B) 山田さんのアイデアは独特だ。

   (C) 山田さんが盗むわけがない。

   (D) 山田さんのデザインは素晴らしい。

메모

6 このビルについて、女の人の意見はどうですか。

   (A) 防犯対策を講じるのは難しい。

   (B) 人の出入りを厳しくせずには済まないだろう。

   (C) 関係者以外の出入りは、全面的に禁止すべき
      だ。

   (D) 飲食店の撤退を考えるのも一案だ。

메모

**1**

女 壁(かべ)の色(いろ)はグレーを考(かんが)えているんですが、いかがでしょうか。

男 床(ゆか)の色(いろ)が黒(くろ)だから、全体的(ぜんたいてき)に暗(くら)くならないかね。

女 でも、これは最近(さいきん)流行(はや)りの組(く)み合(あ)わせなんですが。

男 流行(りゅうこう)もいいが、もう少(すこ)し暖(あたた)かい雰囲気(ふんいき)を出(だ)したいね。

여 벽색은 회색을 생각하고 있는데 어떠실까요?

남 마루색이 검정이니까 전체적으로 어두워지지 않을까?

여 하지만 이건 요즘 유행하는 조합인데요.

남 유행도 좋지만 조금 더 따뜻한 분위기를 내고 싶군.

男(おとこ)の人(ひと)の意見(いけん)はどうですか。

(A) 床(ゆか)の色(いろ)が黒(くろ)だから、全体(ぜんたい)を黒(くろ)にした方(ほう)がいい。

(B) 床(ゆか)の色(いろ)が黒(くろ)だから、壁(かべ)は白(しろ)い色(いろ)にした方(ほう)がいい。

(C) 最近(さいきん)流行(はや)っているので、壁(かべ)はグレーがいい。

(D) 流行(りゅうこう)よりも暖(あたた)かい雰囲気(ふんいき)を出(だ)したい。

남자의 의견은 어떻습니까?

(A) 마루색이 검정이니까 전체를 검정으로 하는 편이 좋다.

(B) 마루색이 검정이니까 벽은 흰색으로 하는 편이 좋다.

(C) 최근 유행하고 있으니까 벽은 회색이 좋다.

(D) 유행보다도 따뜻한 분위기를 내고 싶다.

해설 | 남자의 대화에 주목해야 한다. 남자는 두 번째 대화에서 유행도 좋지만 따뜻한 분위기를 내고 싶다고 말하고 있으므로, 정답은 (D)가 된다. (A)는 남자의 의견과 반대되는 내용이고, 남자는 회색으로 벽을 칠하는 것에 반대할 뿐, 특별히 흰색을 주장하는 것은 아니므로 (B)도 답이 될 수 없다. (C)는 남자가 아니라 여자의 의견에 해당하는 내용이다.

어휘 | 壁(かべ) 벽 色(いろ) 색 グレー 회색 考(かんが)える 생각하다
いかがでしょうか 어떠실까요? *「どうですか(어떨까요?)의 공손한 표현 床(ゆか) 마루 黒(くろ) 검정
全体的(ぜんたいてき)だ 전체적이다 暗(くら)い 어둡다 最近(さいきん) 최근, 요즘 流行(はや)り 유행 組(く)み合(あ)わせ 조합
流行(りゅうこう) 유행 もう少(すこ)し 조금 더 暖(あたた)かい 따뜻하다 雰囲気(ふんいき) 분위기 出(だ)す 내다
流行(はや)る 유행하다 ~よりも ~보다

**2**

女 事務所(じむしょ)のプリンターが故障(こしょう)したって聞(き)いたけど。

男 うん、もう修理(しゅうり)も不可能(ふかのう)なんだって。

女 じゃ、今(いま)使(つか)っているプリンターはどうしたの。

男 なかなか買(か)ってくれないから、家(いえ)のを持(も)ってきたんだ。

여 사무소 프린터가 고장 났다고 들었는데.

남 응, 이제 수리도 불가능하대.

여 그럼, 지금 쓰고 있는 프린터는 어떻게 된 거야?

남 좀처럼 사 주지 않아서 집에 있는 걸 가져왔거든.

男(おとこ)の人(ひと)はプリンターをどうしましたか。

(A) 修理店(しゅうりてん)から一時的(いちじてき)に借(か)りて使(つか)っている。

(B) 会社(かいしゃ)が買(か)ってくれないから、自分(じぶん)の物(もの)を持(も)ってきた。

(C) 自分(じぶん)で修理(しゅうり)して使(つか)っている。

(D) 会社(かいしゃ)に申請(しんせい)して買(か)ってもらった。

남자는 프린터를 어떻게 했습니까?

(A) 수리점에서 일시적으로 빌려서 쓰고 있다.

(B) 회사가 사 주지 않으니까 자신의 것을 가져왔다.

(C) 스스로 수리해서 쓰고 있다.

(D) 회사에 신청해서 사 달랬다.

해설 | 전반부의 대화에서 사무소 프린터가 고장 나서 수리도 불가능한 상태라고 했다. 그러나 어떤 일인지 남자는 프린터를 사용하고 있는데, 그 이유는 남자의 두 번째 대화에 나온다. 즉, 회사에 신청했지만 사 주지 않아서 집에서 가져온 개인 프린터를 쓰고 있다는 뜻이므로, 정답은 (B)가 된다. (A)와 (C)는 대화의 「修理(しゅうり)」(수리)라는 단어를 응용한 오답이며, (D)는 남자의 두 번째 대화와 반대되는 내용이므로 답이 될 수 없다.

어휘 | 事務所(じむしょ) 사무소 プリンター 프린터 故障(こしょう)する 고장 나다 ~って ~라고 聞(き)く 듣다
もう 이미, 벌써, 이제 修理(しゅうり) 수리 不可能(ふかのう)だ 불가능하다 じゃ 그럼, 그러면 *「では」의 회화체 표현 今(いま) 지금
使(つか)う 쓰다, 사용하다 なかなか (부정어 수반) 좀처럼 買(か)う 사다 ~てくれる (남이 나에게)~해 주다
持(も)つ 가지다, 소유하다 修理店(しゅうりてん) 수리점 一時的(いちじてき)だ 일시적이다 借(か)りる 빌리다
申請(しんせい) 신청 ~てもらう (남에게)~해 받다, (남이)~해 주다

**3**

女 部長の奥さん、大学の教授なんですって。

男 へえ、確か息子さんも高校の先生でしたよね。

女 部長も頭が切れるし、正に秀才一家ですね。

男 職業も育った環境に影響されるんですね。

여 부장님 부인, 대학교수래요.

남 허, 아마 아드님도 고등학교 선생님이었죠?

여 부장님도 머리가 좋고 정말로 수재 일가군요.

남 직업도 자란 환경에 영향을 받는군요.

男の人は子供の職業について、どう思っていますか。

(A) 家庭環境に左右される。

(B) 父親の職業に影響される。

(C) 母親の職業に影響される。

(D) 家庭環境とは関連がない。

남자는 자식의 직업에 대해서 어떻게 생각하고 있습니까?

(A) 가정환경에 좌우된다.

(B) 아버지의 직업에 영향을 받는다.

(C) 어머니의 직업에 영향을 받는다.

(D) 가정환경과는 관련이 없다.

해설 | 두 사람은 부장의 가족에 대해 대화를 나누고 있는데, 다들 머리가 좋아서 부인은 대학교수이고, 아들은 고등학교 선생님이라면서 부러워하고 있다. 그러면서 남자는 두 번째 대화에서 직업도 자란 환경에 영향을 받는다고 했다. 즉, 가정환경이 직업에 큰 영향을 준다는 뜻이므로, 정답은 (A)가 된다.

어휘 | 部長(ぶちょう) 부장 奥(おく)さん (남의) 부인 大学(だいがく) 대학(교) 教授(きょうじゅ) 교수 ~って ~대, ~래, ~라면서
へえ 허 *감탄하거나 놀랐을 때 내는 소리 確(たし)か 아마, 틀림없이 息子(むすこ)さん (남의) 아들, 아드님
高校(こうこう) 고교, 고등학교 *「高等学校(こうとうがっこう)」(고등학교)의 준말
頭(あたま)が切(き)れる 머리가 좋다, 두뇌회전이 빠르다 ~し ~고 正(まさ)に 바로, 틀림없이, 정말로 秀才(しゅうさい) 수재
一家(いっか) (가족의) 일가, 한 가족 職業(しょくぎょう) 직업 育(そだ)つ 자라다, 성장하다 環境(かんきょう) 환경
影響(えいきょう) 영향 子供(こども) 아이, 자식 家庭(かてい) 가정 左右(さゆう) 좌우함, 좌지우지함 父親(ちちおや) 부친, 아버지
母親(ははおや) 모친, 어머니 関連(かんれん) 관련

**4**

女 コンピューターがウイルスに感染して使えないんだって(?)。

男 対策ソフトが入っていても、駄目だったらしいよ。

女 もう一度ソフトを入れ直さないといけないの(?)。

男 うん。各社から見積もりもらって、早急に対処するよ。

여 컴퓨터가 바이러스에 감염돼서 쓸 수 없다면서?

남 대책 소프트웨어가 들어 있어도 소용없었던 것 같아.

여 한 번 더 소프트웨어를 재설치하지 않으면 안 되는 거야?

남 응. 각 회사로부터 견적 받아서 바로 대처할게.

男の人は何をしますか。

(A) コンピューター購入の見積もりを取る。

(B) 早急に対処すべく、上司に相談する。

(C) 今あるコンピューターを廃棄処分する。

(D) ウイルス感染防止対策ソフトを入れ直す。

남자는 무엇을 합니까?

(A) 컴퓨터 구입 견적을 받는다.

(B) 조속하게 대처하기 위해 상사에게 상담한다.

(C) 지금 있는 컴퓨터를 폐기 처분한다.

(D) 바이러스 감염 방지 대책 소프트웨어를 다시 설치한다.

해설 | 남자의 행동에 대해 묻고 있지만, 그 구체적인 내용은 여자의 대화를 통해 알 수 있다. 컴퓨터 바이러스 감염으로 컴퓨터가 고장 난 상태로, 여자는 두 번째 대화에서 소프트웨어를 재설치해야 하는지 묻고 있다. 이에 남자는 그렇다면서 즉시 대처하겠다고 대답하고 있으므로, 정답은 바이러스 감염 방지를 위한 소프트웨어를 다시 설치하겠다고 한 (D)가 된다. 나머지 선택지는 모두 대화의 일부분만 들었을 때 할 수 있는 오답이다.

어휘 | コンピューター 컴퓨터 ウイルス 바이러스 感染(かんせん) 감염 使(つか)う 쓰다, 사용하다 ~って ~대, ~래, ~라면서
対策(たいさく) 대책 ソフト 소프트웨어 *「ソフトウェア」의 준말 入(はい)る 들다 駄目(だめ)だ 소용없다
~らしい ~인 것 같다 *객관적 근거에 의한 추측·판단 もう一度(いちど) 한 번 더 入(い)れる 넣다
동사의 ます형+直(なお)す 다시 ~하다 ~ないといけない ~하지 않으면 안 된다, ~해야 한다 各社(かくしゃ) 각 사
見積(みつ)もり 견적 もらう (남에게) 받다 早急(さっきゅう)に 급히, 조속하게 対処(たいしょ) 대처 購入(こうにゅう) 구입
取(と)る 받다 ~べく ~하기 위해, ~할 목적으로 上司(じょうし) 상사 相談(そうだん) 상담, 상의, 의논 今(いま) 지금
廃棄(はいき) 폐기 処分(しょぶん) 처분 防止(ぼうし) 방지

**5**

女 このデザイン、私のアイデアだったのに…。

男 本当に(?)。でも山田さんほどの人が盗むなんて、あり得ないよ。

女 だけど、偶然同じアイデアが浮かぶわけないわ。

男 それもそうだなあ。

여 이 디자인, 내 아이디어였는데….

남 정말로? 하지만 야마다 씨 정도의 사람이 표절하다니 있을 수 없어.

여 그렇지만 우연히 같은 아이디어가 떠오를 리 없어.

남 그것도 그러네.

女の人はどう思っていますか。

(A) 山田さんは疑わしい。

(B) 山田さんのアイデアは独特だ。

(C) 山田さんが盗むわけがない。

(D) 山田さんのデザインは素晴らしい。

여자는 어떻게 생각하고 있습니까?

(A) 야마다 씨는 의심스럽다.

(B) 야마다 씨 아이디어는 독특하다.

(C) 야마다 씨가 표절할 리가 없다.

(D) 야마다 씨 디자인은 멋지다.

해설 | 여자의 대화에 주목해야 한다. 여자가 자신의 아이디어를 야마다 씨가 도용했다고 의심하자, 남자는 그럴 리 없다고 야마다 씨를 옹호하고 있다. 그러나 여자는 두 번째 대화에서 우연히 같은 아이디어가 떠오를 리가 없다면서 여전히 의심의 눈초리를 거두지 않고 있으므로, 정답은 (A)가 된다. (B)와 (D)처럼 디자인이 어떤지에 대한 별다른 언급은 없으며, (C)는 남자의 생각에 해당하는 내용이다.

어휘 | デザイン 디자인  アイデア 아이디어  でも 하지만  ほど (어림을 나타내는) 정도, 만큼  盗(ぬす)む 훔치다, 표절하다
~なんて ~하다니  あり得(え)ない 있을 수 없다  だけど 그러나, 그렇지만 *「だけれど」의 준말  偶然(ぐうぜん) 우연히
同(おな)じだ 같다  浮(う)かぶ (의식 속에) 떠오르다, 생각나다  ~わけ(が)ない ~일 리(가) 없다  疑(うたが)わしい 의심스럽다
独特(どくとく)だ 독특하다  素晴(すば)らしい 훌륭하다, 멋지다

**6**

男 ビルに入っている事務所から、不審な人がうろうろして困るという話が出たんですが。

女 3階まで飲食店が入っているので、人の出入りは自由ですからね。

男 4階からは、勝手に出入りができないようにしたらどうですか。

女 この程度のビルでは、費用の点で無理ですよ。

남 빌딩에 입주해 있는 사무소에서 수상한 사람이 얼쩡거려서 곤란하다는 얘기가 나왔는데요.

여 3층까지 음식점이 들어와 있어서 사람 출입은 자유로우니까요.

남 4층부터는 제멋대로 출입할 수 없도록 하면 어때요?

여 이 정도의 빌딩에서는 비용 문제로 무리예요.

このビルについて、女の人の意見はどうですか。

(A) 防犯対策を講じるのは難しい。

(B) 人の出入りを厳しくせずには済まないだろう。

(C) 関係者以外の出入りは、全面的に禁止すべきだ。

(D) 飲食店の撤退を考えるのも一案だ。

이 빌딩에 대해서 여자의 의견은 어떻습니까?

(A) 방범대책을 강구하는 것은 어렵다.

(B) 사람의 출입을 엄하게 하지 않고는 해결되지 않을 것이다.

(C) 관계자 이외의 출입은 전면적으로 금지해야 한다.

(D) 음식점 철수를 생각하는 것도 하나의 방안이다.

해설 | 여자의 대화에 주목해야 한다. 남자는 빌딩에 수상한 사람이 드나든다는 말에 일부 층의 출입을 제한하는 게 어떠냐고 제안하고 있다. 그러나 여자는 두 번째 대화에서 빌딩의 규모상 비용 문제 때문에 무리라고 했으므로, 정답은 (A)가 된다. (B)와 (C)는 여자보다는 남자의 생각에 가까우며, (D)와 같은 내용은 나오지 않는다.

어휘 | ビル 빌딩 *「ビルディング」의 준말  入(はい)る 들어가다  事務所(じむしょ) 사무소  不審(ふしん)だ 수상하다
うろうろ 얼쩡얼쩡 *하는 일도 없이 이리저리 돌아다니거나 빙빙 도는 모양  困(こま)る 곤란하다, 난처하다  話(はなし) 이야기
出(で)る 나오다  3階(さんがい) 3층 *「~階(かい)」-~층  飲食店(いんしょくてん) 음식점  出入(でい)り 출입
自由(じゆう)だ 자유롭다  勝手(かって)だ 제멋대로[마음대로]이다  ~ように ~하도록  程度(ていど) 정도, 수준  費用(ひよう) 비용
点(てん) 점, 부분  無理(むり)だ 무리다  防犯(ぼうはん) 방범  対策(たいさく) 대책  講(こう)じる 강구하다  難(むずか)しい 어렵다
厳(きび)しい 엄하다, 엄격하다  ~ずに済(す)む ~하지 않고 (문제 등이) 해결되다[끝나다]  関係者(かんけいしゃ) 관계자
以外(いがい) 이외  全面的(ぜんめんてき) 전면적이다  禁止(きんし) 금지  동사의 기본형+べきだ (마땅히) ~해야 한다 *단, 「する」(하다)는 「するべきだ」, 「すべきだ」 모두 가능함  撤退(てったい) 철퇴, 철수  一案(いちあん) 일안, 하나의 안[생각]

# 주요 어휘 및 표현 정리 20

| 한자 | 읽기 | 의미 |
|------|------|------|
| ☐ 気軽だ | きがるだ | (마음이) 부담스럽지 않다, 부담 없다 |
| ☐ 空想 | くうそう | 공상 |
| ☐ 甘い | あまい | (문제 등이) 다루기 쉽다, 쉽게 보다[생각하다] |
| ☐ 資金 | しきん | 자금 |
| ☐ 控える | ひかえる | 중지하다 |
| ☐ 献立 | こんだて | 식단, 메뉴 |
| ☐ 詰まる | つまる | 가득 차다 |
| ☐ 仕舞う | しまう | 넣다, 간수하다 |
| ☐ 壁 | かべ | 벽 |
| ☐ 流行り | はやり | 유행 |
| ☐ 組み合わせ | くみあわせ | 조합 |
| ☐ 故障する | こしょうする | 고장 나다 |
| ☐ 頭が切れる | あたまがきれる | 머리가 좋다, 두뇌회전이 빠르다 |
| ☐ 秀才 | しゅうさい | 수재 |
| ☐ 左右 | さゆう | 좌우함, 좌지우지함 |
| ☐ 感染 | かんせん | 감염 |
| ☐ 廃棄 | はいき | 폐기 |
| ☐ あり得ない | ありえない | 있을 수 없다 |
| ☐ 独特だ | どくとくだ | 독특하다 |
| ☐ 不審だ | ふしんだ | 수상하다 |

PART 3

회화문

159

**STEP 1** 먼저 핵심 기출 어휘와 필수 예문을 익히세요.

## 핵심 기출 어휘 및 필수 예문

음원 67

• **通じる** 통하다
  예 日本語も漢字も通じなくて困っちゃった。 일본어도 한자도 통하질 않아서 곤란했어.

• **返事** 답장, 답변
  예 メールをいただいていながら、お返事も差し上げずに失礼いたしました。
  메일을 받고도 답장도 드리지 않고 죄송했습니다.

• **強情だ** 고집이 세다
  예 本当に強情な人ですね。 정말로 고집이 센 사람이네요.

• **二の次** 뒤로 미룸
  예 うちの子、いつも勉強は二の次でゲームばかりしているわ。
  우리 애, 항상 공부는 뒤로 미루고 게임만 하고 있어.

• **ほっとする** 안심하다
  예 何の問題もなく、無事終わってほっとしました。
  아무런 문제도 없이 무사히 끝나서 안심했어요.

PART 3

회화문

STEP 2 이제 YBM이 엄선한 빈출 문제를 잘 듣고 풀어 보세요.

## 1 보고 싶은 후지산 경치

男 やはり富士山の景色は素敵ですね。

女 日があるうちもいいですが、夕焼けの富士山もきれいですよ。

男 へえ、私も一度見てみたいですね。

女 今度また一緒に見に来ませんか。

남 역시 후지산 경치는 멋지네요.

여 해가 있는 동안도 좋지만 저녁노을의 후지산도 예뻐요.

남 허, 저도 한 번 봐 보고 싶네요.

여 다음에 또 함께 보러 오지 않을래요?

男の人が見たいと言った富士山はどれですか。
(A) 日が昇る頃の富士山
(B) 日中の富士山
✓(C) 日が沈む頃の富士山
(D) 月夜の富士山

남자가 보고 싶다고 말한 후지산은 어느 것입니까?
(A) 해가 뜰 무렵의 후지산
(B) 낮 동안의 후지산
✓(C) 해가 질 무렵의 후지산
(D) 달밤의 후지산

## 2 고령 환자의 재활을 위한 제안

男 寿命が延びたのはいいけど、病気や怪我などによる寝たきりの老人も増えているね。

女 お年寄りは一旦病気や怪我をすると、完全によくなるということが難しいのよね。

男 だからこそ、少しでもよくなったら、自分のことは自分の力でするようにしないとね。

女 そうね。そうすれば、寝たきりになってしまうのを避けられるかもね。

남 수명이 길어진 건 좋지만 병이나 부상 등에 의한 자리보전만 하고 있는 노인도 늘고 있네.

여 노인은 일단 병이나 부상을 입으면 완전히 좋아지는 게 어려워.

남 그렇기 때문에 조금이라도 좋아지면 자신의 일은 자신의 힘으로 하도록 해야지.

여 그러네. 그렇게 하면 늘 자리보전하게 되어 버리는 걸 피할 수 있을지도.

2人は何について、話していますか。
(A) 寝たきりの老人を慰める方法
(B) 病気の高齢者の看病の仕方
✓(C) 高齢者が寝たきりにならない方法
(D) お年寄りの睡眠の改善方法

두 사람은 무엇에 대해서 이야기하고 있습니까?
(A) 자리보전만 하고 있는 노인을 위로하는 방법
(B) 아픈 고령자의 간병 방식
✓(C) 고령자가 자리보전하지 않게 되는 방법
(D) 노인의 수면 개선방법

161

**STEP 3**  문제의 내용을 잘 기억하고 관련 있는 내용은 메모하면서 들으세요.

---

**Point 1**  문제 내용을 기억

**Point 2**  문제와 관련 있는 내용을 메모하면서 듣기

문제에서 구체적으로 묻고 있는 내용을 잘 기억하고 듣기!

문제와 직접적으로 관련이 있는 내용은 반드시 메모하고 핵심 단어를 기억하기!

---

## | CHECK UP |

男 僕、今月でアルバイトを止めることにしたよ。
女 そう(?)。大学を卒業するまで続けるのかと思った。
男 学生の間に1か月ぐらい旅行しようと思って。
女 そうね。会社に勤め始めたら、できないからね。

남 나, 이번 달로 아르바이트를 그만두기로 했어.
여 그래? 대학을 졸업할 때까지 계속할 거라고 생각했어.
남 학생일 동안에 한 달 정도 여행하려고 생각해서.
여 그러네. 회사에 근무하기 시작하면 불가능하니까 말이야.

男の人は何をすると言っていますか。
(A) 会社に入る準備
✓(B) 1か月の旅行
(C) アルバイト
(D) 大学の勉強

남자는 무엇을 한다고 말하고 있습니까?
(A) 회사에 들어갈 준비
✓(B) 한 달간의 여행
(C) 아르바이트
(D) 대학 공부

**Point 1**  문제 내용을 기억

◐ 남자가 무엇을 한다고 말하고 있는지 물었으므로, 남자의 대화에 주목해야 함.

**Point 2**  문제와 관련 있는 내용을 메모하면서 듣기

◐ 남자의 두 번째 대화에서 학생일 동안에 한 달 정도 여행하려고 생각하고 있다고 했으므로, (B)가 정답이 됨.

**STEP 4** 다음 기출문제를 기출문제 풀이 전략을 적용해서 풀어 보세요.

## 1

女 森さんの送別会、どうなった(?)。

男 いつもの焼肉屋さんを予約しておいた。7時からだよ。

女 私たち6千円出せばいいんだよね(?)。

男 うん。明日課長に出席を確認して、もう一度店に電話することになっているんだ。

여 모리 씨 송별회, 어떻게 됐어?

남 늘 가는 불고기집을 예약해 뒀어. 7시부터야.

여 우리 6천 엔 내면 되는 거지?

남 응. 내일 과장님께 참석을 확인하고 한 번 더 가게에 전화하게 되어 있어.

まだ決まっていないことは何ですか。

(A) 時間

✓ (B) 人数

(C) 会費

(D) 場所

아직 정해지지 않은 것은 무엇입니까?

(A) 시간

✓ (B) 인원수

(C) 회비

(D) 장소

---

- 소거법을 이용해서 정답을 찾아야 하는 문제. 남자는 첫 번째 대화에서 불고기집을 7시부터 예약해 두었다고 했으므로, (D)의 '장소'와 (A)의 '시간'은 이미 정해진 사항이다. 또한, 여자가 두 번째 대화에서 돈은 6천 엔씩 내면 되는 것인지 묻자, 남자는 그렇다고 대답했으므로 (C)의 '회비'도 제외된다. 정답은 (B)로, 남자의 두 번째 대화에서 내일 과장의 참석 여부를 확인하겠다고 했으므로, 아직 송별회에 총 몇 명이 참석할지는 정해지지 않았다는 것을 알 수 있다.

- 送別会(そうべつかい) 송별회 いつも 늘, 항상 焼肉屋(やきにくや) 불고기집 *「~屋(や)」 – 그 직업을 가진 집[사람]
予約(よやく) 예약 ~ておく ~해 놓다[두다] ~たち (사람이나 생물을 나타내는 말에 붙어) ~들
~円(えん) ~엔 *일본의 화폐 단위 出(だ)す (돈을) 내다, 지불하다 課長(かちょう) 과장 出席(しゅっせき) 출석, 참석
確認(かくにん) 확인 もう一度(いちど) 다시 한 번 店(みせ) 가게 電話(でんわ) 전화
동사의 보통형+ことになっている ~하게 되어 있다 まだ 아직 決(き)まる 정해지다, 결정되다 時間(じかん) 시간
人数(にんずう) 인원수 会費(かいひ) 회비 場所(ばしょ) 장소

---

- 관련 표현 •午後一番早い便でお願いします。 오후에 제일 이른 편으로 부탁드려요.
•全く空き部屋がなくて予約できなかったわ。 전혀 빈 방이 없어서 예약 못했어.
•あいにく、全ての部屋が満室でございますが。 공교롭게도 모든 방이 만실입니다만.
•すみませんが、当日のキャンセルは可能ですか。 죄송한데요, 당일 취소는 가능한가요?
•あの…、予約した部屋をキャンセルしたいんですが。 저어…, 예약한 방을 취소하고 싶은데요.

**2**

女 島田さん、何だか嬉しそうですね。

男 えっ、わかりますか。

女 何かいいことあったでしょ(?)。

男 ええ、実は特別手当が出たんです。それも予想以上に。

여 시마다 씨, 왠지 기뻐 보이네요.
남 네? 알겠어요[티 나요]?
여 뭔가 좋은 일 있었죠?
남 네, 실은 특별수당이 나왔거든요. 그것도 예상 이상으로요.

男の人はどうして嬉しそうですか。

√(A) 期待以上のボーナスをもらったから

(B) 給料が上がったから

(C) 今日デートがあるから

(D) 看護師に手当をしてもらったから

남자는 어째서 기쁜 것 같습니까?

√(A) 기대 이상의 보너스를 받았기 때문에

(B) 급여가 올랐기 때문에

(C) 오늘 데이트가 있기 때문에

(D) 간호사에게 치료를 받았기 때문에

---

■ 남자의 대화에 주목해야 한다. 여자가 어딘지 기뻐 보이는 남자에게 뭔가 좋은 일이 있었냐고 묻자, 남자는 두 번째 대화에서 특별수당이 예상한 것보다 많이 나왔다고 했다. 따라서 정답은 (A)로, 대화의 「特別(とくべつ)手当(てあて)」(특별수당)를 「ボーナス」(보너스)로, 「予想(よそう)」(예상)를 「期待(きたい)」(기대)로 바꿔 표현했다. 참고로, (D)의 「手当(てあて)」는 '수당'이 아니라 '(상처 등의) 치료, 처치'라는 뜻으로 쓰였다.

■ 何(なん)だか 왜 그런지, 어쩐지  嬉(うれ)しい 기쁘다  い형용사의 어간+そうだ ~일[할] 것 같다, ~해 보이다 *양태
実(じつ)は 실은  特別(とくべつ) 특별  出(で)る 나오다  予想(よそう) 예상  以上(いじょう) 이상  期待(きたい) 기대
ボーナス 보너스  もらう (남에게) 받다  給料(きゅうりょう) 급여, 급료  上(あ)がる (수입 따위가) 오르다  デート 데이트
看護師(かんごし) 간호사  ~てもらう (남에게) ~해 받다, (남이) ~해 주다

---

■ 관련 표현  •今年の賞与金、いくら出るかしら。 올해 상여금, 얼마 나올까?

•今月は買い物をしすぎて首が回らないわ。 이번 달은 쇼핑을 너무 많이 해서 옴짝달싹 못해[생활이 힘들어].

•さっきからにこにこしてるね。何かいいことでもあったの(?)。
조금 전부터 싱글벙글하고 있네. 뭔가 좋은 일이라도 있었어?

•給料日までまだ10日以上も残っているのに、お金がないわ。
급여일까지 아직 열흘 이상이나 남아 있는데도 돈이 없어.

•今月のボーナスはローンの返済に使うつもりなんだ。 이번 달 보너스는 융자 갚는 데 쓸 생각이야.

## 評判

女 あの店、美味しいと評判になってるんだって。

男 そう(?)。じゃ、今度行ってみようかな。

**평판, (세상의) 평**

여 저 가게, 맛있다고 **평판**이 좋대.

남 그래? 그럼, 다음 번에 가 볼까?

## 飼う

女 寂しいから、犬でも飼ってみようかしら。

男 動物飼うのって思ったより大変だよ。

**(동물을) 기르다**

여 쓸쓸하니까 개라도 **길러** 볼까?

남 동물 **기르는** 건 생각했던 거보다 힘들어.

## 重なる

女 最近、ついてないことばかりで…。

男 不運が重なることもあるさ。元気出してよ。

**거듭되다**

여 최근 운이 없는 일뿐이라서….

남 불운이 **거듭되는** 경우도 있는 법이지. 기운 내.

## だるい

女 どうしたの(?)。顔色がよくないよ。

男 朝からだるくて…。風邪かな。

**나른하다**

여 어떻게 된 거야? 안색이 좋지 않아.

남 아침부터 **나른해서**…. 감기인가?

## あっという間に

女 今年もあっという間に過ぎましたね。

男 ええ、もう12月ですね。

**눈 깜짝할 사이에**

여 올해도 **눈 깜짝할 사이에** 지나갔네요.

남 네, 벌써 12월이네요.

## かじる

女 本当に字がきれいですね。書道でも習いましたか。

男 高校時代にちょっとかじっただけです。

**조금 알다, (알려고) 기웃거리다**

여 정말로 글씨가 예쁘네요. 서예라도 배웠어요?

남 고등학교 시절에 조금 **기웃거렸을** 뿐이에요.

## 余計なお世話

女 私が太ってるなんて、余計なお世話だわ。

男 そんなに怒らないでちょっと落ち着いてよ。

**쓸데없는 참견**

여 내가 살쪘다니 **쓸데없는 참견**이야.

남 그렇게 화내지 말고 좀 진정해.

## 見かけによらず

女 彼って見かけによらずしっかりしてるね。

男 うん、私も感心したよ。

**겉보기와는 달리**

여 그는 **겉보기와는 달리** 야무지네.

남 응, 나도 감탄했어.

**STEP 5** 핵심 어휘를 메모하면서 들어 보세요.

**1** この保険で20万円支払われるのはどんな時ですか。

(A) 10日入院した時

(B) 事故で手術をした時

(C) 加入してから60歳になった時

(D) 10年間保険を使わなかった時

메모

**2** オフィスの掃除について、何と言っていますか。

(A) 社員の負担が大きすぎる。

(B) 提案のあった通りにするべきだ。

(C) 専門業者に依頼している。

(D) 勤務時間内に交替でやっている。

메모

**3** 2人が悩んでいることは何ですか。

(A) 集中できず、飽きっぽい。

(B) 内向的で友達がいない。

(C) 自分のせいで、計画が進まない。

(D) 何かを決定するのに時間がかかる。

메모

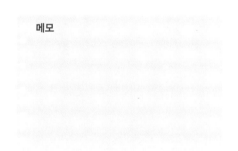

4 男の人は女の人のことをどう思っていますか。 メモ
   (A) 何でもすぐに忘れる。
   (B) 何でも相談できる。
   (C) つまらないことでも長くやっていられる。
   (D) 1つのことを長く続けられない。

5 会話の内容と合っているものは、どれですか。 メモ
   (A) 男の人はパソコンを使いこなしている。
   (B) 男の人はパソコンの操作に不慣れである。
   (C) 女の人はパソコンを物足りなく感じている。
   (D) 新しいパソコンの導入が検討されている。

6 女の人は男の人のどんな様子が、傲慢な印象を与 メモ
   えると言っていますか。
   (A) 相手から目をそらす。
   (B) 背中を丸めて足を組む。
   (C) 背筋を伸ばして足を組む。
   (D) 背筋を伸ばして足を揃える。

**1**

女 この保険は、入院時には一日1万円出るんです。

男 でも、払ったお金は戻ってこないんですね。

女 いえ、10年ごとに無事故の場合は20万出るんです。

男 1か月に5,500円、60歳まで払い続ける条件でか…。

여 이 보험은 입원 시에는 하루에 만 엔 나와요.

남 하지만 지불한 돈은 돌아오지 않죠.

여 아니요, 10년마다 무사고인 경우는 20만 엔이 나오거든요.

남 한 달에 5,500엔, 60세까지 계속 지불하는 조건으로인가….

この保険で20万円支払われるのはどんな時ですか。

(A) 10日入院した時

(B) 事故で手術をした時

(C) 加入してから60歳になった時

(D) 10年間保険を使わなかった時

이 보험으로 20만 엔이 지불되는 것은 어떤 때입니까?

(A) 열흘 입원했을 때

(B) 사고로 수술을 했을 때

(C) 가입한 후로 60세가 되었을 때

(D) 10년간 보험을 사용하지 않았을 때

해설 | 숫자와 내용을 함께 청취해야 하는 문제. 20만 엔에 대한 언급은 여자의 두 번째 대화에서 찾을 수 있는데, 10년마다 무사고인 경우라고 했다. 즉, 10년 동안 한 번도 보험금을 받은 적이 없는 경우 지불되는 목돈이라는 뜻이므로, 정답은 (D)가 된다. (A)와 (B)는 각각 입원이나 수술에 해당하는 보험료를 수령하는 경우이며, (C)는 남자의 두 번째 대화의 「60歳(ろくじゅっさい)」(60세)를 응용한 오답이다.

어휘 | 保険(ほけん) 보험 入院(にゅういん) 입원 ~時(じ) ~시, ~때 出(で)る 나오다 でも 하지만
払(はら)う (돈을) 내다, 지불하다 戻(もど)る (수중으로) 되돌아오다 ~ごとに ~마다 無事故(むじこ) 무사고 場合(ばあい) 경우
동사의 ます형+続(つづ)ける 계속 ~하다 条件(じょうけん) 조건 支払(しはら)う 지불하다 手術(しゅじゅつ) 수술
加入(かにゅう) 가입 ~てから ~하고 나서, ~한 후에 使(つか)う 쓰다, 사용하다

**2**

女 オフィスの掃除、専門業者に頼めないのかしら。

男 社員が交替でやろうということで始めたけど、限界だね。

女 うん、業務に追われて、勤務時間外にやる人がほとんどだもの。

男 明日、部長に話してみようよ。

여 사무실 청소, 전문업자한테 부탁할 수는 없는 걸까?

남 사원이 교대로 하자는 것으로 시작했지만 한계네.

여 응, 업무에 쫓겨서 근무시간 외에 하는 사람이 대부분인 걸.

남 내일, 부장님께 이야기해 보자.

オフィスの掃除について、何と言っていますか。

(A) 社員の負担が大きすぎる。

(B) 提案のあった通りにするべきだ。

(C) 専門業者に依頼している。

(D) 勤務時間内に交替でやっている。

사무실 청소에 대해서 뭐라고 말하고 있습니까?

(A) 사원의 부담이 너무 크다.

(B) 제안이 있었던 대로 해야 한다.

(C) 전문업자에게 의뢰하고 있다.

(D) 근무시간 내에 교대로 하고 있다.

해설 | 여자가 사무실 청소를 전문업자에게 부탁할 수 없는 건지 궁금해하자, 남자도 사원이 교대로 하고 있지만 한계라고 공감하고 있다. 이에 여자는 업무에 쫓겨 근무시간 외에 하는 사람이 대부분이라고 했으므로, 결국 두 사람 모두 사무실 청소에 대해 부담스러워하고 있다는 것을 알 수 있다. 따라서 정답은 (A)가 된다. (C)는 내일 부장님한테 건의할 사항이고, (D)는 근무시간 외에 하는 사람이 대부분이라고 했으므로 틀린 내용이다.

어휘 | オフィス 오피스, 사무실 掃除(そうじ) 청소 専門(せんもん) 전문 業者(ぎょうしゃ) 업자 頼(たの)む 부탁하다
社員(しゃいん) 사원 交替(こうたい) 교대, 교체 やる 하다 始(はじ)める 시작하다 限界(げんかい) 한계 業務(ぎょうむ) 업무
追(お)う 「~われる」의 꼴로) 쫓기다 勤務(きんむ) 근무 ~外(がい) ~외 ほとんど 거의, 대부분
~もの ~한 걸(요) *[여성어·유아어) 불만·원망 따위의 기분을 담아서 변명이나 이유를 말할 때 씀 話(はな)す 말하다, 이야기하다
負担(ふたん) 부담 大(おお)きい 크다 い형용사의 어간+すぎる 너무 ~하다 提案(ていあん) 제안 ~通(とお)り ~대로
동사의 기본형+べきだ (마땅히) ~해야 한다 *단, 「する」(하다)는 「するべきだ」, 「すべきだ」 모두 가능함 依頼(いらい) 의뢰
~内(ない) ~내

**3**

男 私は子供の頃から何でも決めるのが遅くて、ずっと悩んでいるんですよ。

女 私もです。友達から旅行に誘われても、行きたくないわけではないんですが…。

男 考えているうちに時間が経って、返事が遅れてしまうんですよね。

女 いつの間にか友達も諦めて、誘ってくれなくなっちゃうんですよ。

남 저는 어릴 때부터 뭐든지 결정하는 게 늦어서 줄곧 고민하고 있어요.

여 저도요. 친구에게 여행을 권유받아도 가고 싶지 않은 건 아닌데요….

남 생각하고 있는 사이에 시간이 지나서 대답이 늦어지고 말죠.

여 어느샌가 친구도 단념하고 권유해 주지 않게 되어 버려요.

2人が悩んでいることは何ですか。

(A) 集中できず、飽きっぽい。

(B) 内向的で友達がいない。

(C) 自分のせいで、計画が進まない。

(D) 何かを決定するのに時間がかかる。

두 사람이 고민하고 있는 것은 무엇입니까?

(A) 집중하지 못하고 싫증을 잘 낸다.

(B) 내향적이고 친구가 없다.

(C) 자신 탓에 계획이 진행되지 않는다.

(D) 뭔가를 결정하는 데 시간이 걸린다.

해설 | 「決(き)める」(정하다, 결정하다)라는 동사와 「遅(おそ)い」(늦다, 늦어지다)라는 い형용사가 포인트. 전반부의 대화에서 정답을 찾을 수 있는데, 남자가 첫 번째 대화에서 뭐든지 결정하는 데 시간이 오래 걸려서 고민이라고 하자, 여자도 자신도 마찬가지라며 남자의 말에 공감하고 있다. 즉, 두 사람 모두 뭔가를 결정하는 데 시간이 걸리는 것이 고민이라는 뜻이므로, 정답은 (D)가 된다.

어휘 | 子供(こども) 아이 頃(ころ) 때, 시절, 무렵 何(なん)でも 무엇이든지, 뭐든지 ずっと 쭉, 계속 悩(なや)む 고민하다 友達(ともだち) 친구 旅行(りょこう) 여행 誘(さそ)う 권하다, 권유하다 ~わけではない (전부) ~하는 것은 아니다 考(かんが)える 생각하다 ~うちに ~동안에, ~사이에 経(た)つ (시간이) 지나다, 경과하다 返事(へんじ) 답변, 답장 遅(おく)れる 늦어지다 いつの間(ま)にか 어느 샌가 諦(あきら)める 단념하다, 체념하다 ~てくれる (남이 나에게) ~해 주다 集中(しゅうちゅう) 집중 ~ず(に) ~하지 않고[말고] 飽(あ)きっぽい 싫증을 잘 내다 内向的(ないこうてき)だ 내향적이다 ~せいで ~탓에 計画(けいかく) 계획 進(すす)む 나아가다, 진행되다 決定(けってい) 결정 かかる (시간이) 걸리다

**4**

女 この頃、何でも忘れて困ってしまうわ。

男 毎日3分やるだけで頭の働きがよくなるっていうものがあるよ。

女 知ってるわ、それ。でも私には無理。

男 そうか、君は何をやっても3日以上続いたものないんだよね。

여 요즘 뭐든지 잊어서 곤란해.

남 매일 3분 하는 것만으로 두뇌의 기능이 좋아지는 게 있어.

여 알아, 그거. 하지만 나한테는 무리야.

남 그런가. 넌 뭘 해도 3일 이상 지속된 게 없구나.

男の人は女の人のことをどう思っていますか。

(A) 何でもすぐに忘れる。

(B) 何でも相談できる。

(C) つまらないことでも長くやっていられる。

(D) 1つのことを長く続けられない。

남자는 여자를 어떻게 생각하고 있습니까?

(A) 뭐든지 바로 잊는다.

(B) 뭐든지 상의할 수 있다.

(C) 하찮은 일이라도 오래 하고 있을 수 있다.

(D) 한 가지 일을 오래 계속할 수 없다.

해설 | 대화를 끝까지 들어야 하는 문제. 전반부의 대화에서 여자가 건망증 때문에 고민이라고 하자, 남자는 3분만 하면 두뇌 기능이 개선되는 방법이 있다면서 추천하고 있다. 이 제안에 대해 여자는 단번에 자신한테는 무리라면서 거절했고, 이에 남자는 「3日(みっか)以上(いじょう)続(つづ)いたものないんだよね」(3일 이상 지속된 게 없지)라고 했다. 즉, 여자가 무슨 일이든 끈기 있게 하지 못한다는 점을 지적하고 있으므로, 정답은 (D)가 된다. (A)는 여자에 대한 남자의 생각이 아니라 여자가 자신에 대해 느끼고 있는 점이므로 답이 될 수 없다.

어휘 | この頃(ごろ) 요즘, 최근 何(なん)でも 무엇이든지, 뭐든지 忘(わす)れる 잊다 困(こま)る 곤란하다, 난처하다 やる 하다 ~だけ ~만, ~뿐 頭(あたま) 머리, 두뇌 働(はたら)き 기능, 작용 知(し)る 알다 無理(むり) 무리 続(つづ)く 이어지다, 계속되다 すぐに 곧, 바로 相談(そうだん) 상담, 상의, 의논 できる 할 수 있다 つまらない 시시하다, 하찮다 長(なが)い (시간적으로) 오래다, 길다 続(つづ)ける 계속하다

**5**

女 新しいパソコン、使いこなせるようになるには時間がかかりそうだわ。

男 うん。まだ、使い方を覚えるので精一杯だよ。

女 新しいバージョンだから、慣れるだけでも大変よね。

男 僕だけが混乱してるわけじゃないんだ。

여 새 컴퓨터, 잘 다룰 수 있게 되려면 시간이 걸릴 것 같네.

남 응. 아직 사용법을 익히는 게 고작이야.

여 새 버전이니까 익숙해지는 것만으로도 힘들어.

남 나만이 혼란스러운 건 아니군.

会話の内容と合っているものは、どれですか。

(A) 男の人はパソコンを使いこなしている。

(B) 男の人はパソコンの操作に不慣れである。

(C) 女の人はパソコンを物足りなく感じている。

(D) 新しいパソコンの導入が検討されている。

대화 내용과 맞는 것은 어느 것입니까?

(A) 남자는 컴퓨터를 잘 다룬다.

(B) 남자는 컴퓨터 조작에 익숙하지 않다.

(C) 여자는 컴퓨터를 뭔가 부족하게 느끼고 있다.

(D) 새 컴퓨터 도입이 검토되고 있다.

해설 | 「精一杯(せいいっぱい)」(고작, 최대한)라는 단어가 포인트. 여자가 새 컴퓨터를 능숙하게 사용하기까지는 시간이 걸릴 것 같다고 하자, 남자도 아직 사용법을 익히는 게 고작이라고 했다. 즉, 두 사람 모두 아직 새 컴퓨터에 익숙하지 않다는 것을 알 수 있으므로, 정답은 (B)가 된다. (A)의 「使(つか)いこなす」(잘 다루다, 자유자재로 쓰다)는 정반대의 의미가 되므로 부적절. (C)와 같은 내용은 나오지 않으며, (D)의 새 컴퓨터는 검토 단계라 아니라 이미 사용하고 있는 상태이므로 답이 될 수 없다.

어휘 | 新(あたら)しい 새롭다 パソコン (개인용) 컴퓨터 *「パーソナルコンピューター」의 준말 使(つか)いこなす 잘 다루다
~ようになる ~하게(끔) 되다 *변화 かかる (시간이) 걸리다 동사의 ます형+そうだ ~일[할] 것 같다 *양태 まだ 아직
使(つか)い方(かた) 사용법 覚(おぼ)える 익히다 バージョン 버전 慣(な)れる 익숙해지다 大変(たいへん)だ 힘들다
僕(ぼく) 나 *남자의 자칭 混乱(こんらん) 혼란 ~わけじゃない (전부) ~하는 것은 아니다 *「~わけではない」의 회화체 표현
操作(そうさ) 조작 不慣(ふな)れだ 익숙하지 않다, 서투르다 物足(ものた)りない 약간 부족하다 感(かん)じる 느끼다
導入(どうにゅう) 도입 検討(けんとう) 검토

**6**

女 相手に好印象を与えるためには、仕草にも気を配る必要がありますよ。

男 私は背筋を伸ばそうとすると足を組んでしまうんです。

女 そういった姿勢は傲慢な印象を与えてしまいますよね。

男 そうですね。できるだけ足を揃えるように気を付けます。

여 상대에게 좋은 인상을 주기 위해서는 동작이나 표정에도 신경 쓸 필요가 있어요.

남 전 허리를 펴려고 하면 다리를 꼬고 말아요.

여 그런 자세는 오만한 인상을 주고 말죠.

남 그렇겠네요. 가능한 한 다리를 가지런히 하도록 주의할게요.

女の人は男の人のどんな様子が、傲慢な印象を与えると言っていますか。

(A) 相手から目をそらす。

(B) 背中を丸めて足を組む。

(C) 背筋を伸ばして足を組む。

(D) 背筋を伸ばして足を揃える。

여자는 남자의 어떤 모습이 오만한 인상을 준다고 말하고 있습니까?

(A) 상대에게서 시선을 돌린다.

(B) 등을 구부리고 다리를 꼰다.

(C) 허리를 펴고 다리를 꼰다.

(D) 허리를 펴고 다리를 가지런히 한다.

해설 | 여자는 상대에게 좋은 인상을 주기 위해서는 「仕草(しぐさ)」에 신경을 써야 한다고 했는데, 여기서 「仕草(しぐさ)」란 '동작이나 표정, 특유의 몸놀림'을 뜻하는 말이다. 이에 남자가 첫 번째 대화에서 「背筋(せすじ)を伸(の)ばそうとすると足(あし)を組(く)んでしまうんです」(허리를 펴려고 하면 다리를 꼬고 말아요)라며 자신의 버릇에 대해 말하자, 여자는 그런 자세는 오만한 인상을 주게 된다고 했으므로, 정답은 (C)가 된다. (A)의 「目(め)をそらす」(시선을 돌리다)에 대한 언급은 없으며, (B)와 (D)는 각각 대화의 일부분을 응용한 오답이다.

어휘 | 相手(あいて) 상대 好印象(こういんしょう) 좋은 인상 与(あた)える (주의·영향 등을) 주다 ~ため(に) ~위해(서)
気(き)を配(くば)る 실수하지 않도록 여러 모로 주의하다, 신경 쓰다 必要(ひつよう) 필요
背筋(せすじ)を伸(の)ばす 등줄기[허리]를 펴다 足(あし)を組(く)む 다리를 꼬다 ~てしまう ~해 버리다, ~하고 말다
そういった 그러한, 그와 같은 姿勢(しせい) 자세 傲慢(ごうまん)だ 오만하다 印象(いんしょう) 인상
できるだけ 가능한 한, 되도록 揃(そろ)える 가지런히 하다 ~ように ~하도록 気(き)を付(つ)ける 조심하다, 주의하다
様子(ようす) 모습 目(め)をそらす 시선을 돌리다 背中(せなか) 등 丸(まる)める 둥글게 하다, 구부리다

170

# 주요 어휘 및 표현 정리 20

| 한자 | 읽기 | 의미 |
|------|------|------|
| ☐ 夕焼け | ゆうやけ | 저녁노을 |
| ☐ 昇る | のぼる | (해·달이) 뜨다, 떠오르다 |
| ☐ 日中 | にっちゅう | 낮, 주간 |
| ☐ 沈む | しずむ | (해·달이) 지다 |
| ☐ 月夜 | つきよ | 달밤 |
| ☐ 寿命 | じゅみょう | 수명 |
| ☐ 延びる | のびる | 길어지다, 연장되다 |
| ☐ 寝たきり | ねたきり | (노쇠하거나 병들어) 죽 누워 있음, 자리보전 |
| ☐ 避ける | さける | 피하다 |
| ☐ 慰める | なぐさめる | 위로하다 |
| ☐ 手当 | てあて | (상처 등의) 치료, 처치 |
| ☐ 保険 | ほけん | 보험 |
| ☐ 交替 | こうたい | 교대, 교체 |
| ☐ 限界 | げんかい | 한계 |
| ☐ 諦める | あきらめる | 단념하다, 체념하다 |
| ☐ 働き | はたらき | 기능, 작용 |
| ☐ 使いこなす | つかいこなす | 잘 다루다 |
| ☐ 精一杯 | せいいっぱい | 고작 |
| ☐ 不慣れだ | ふなれだ | 익숙하지 않다, 서투르다 |
| ☐ 傲慢だ | ごうまんだ | 오만하다 |

STEP 1 ▶ 먼저 핵심 기출 어휘와 필수 예문을 익히세요.

## 핵심 기출 어휘 및 필수 예문
음원 73

• 解雇(かいこ) 해고
　예 真面目(まじめ)な彼(かれ)が解雇(かいこ)されるなんて、意外(いがい)だね。 성실한 그가 해고되다니 의외네.

• 見積書(みつもりしょ) 견적서
　예 その見積書(みつもりしょ)、明日(あした)までに送(おく)っていただけますか。
　그 견적서, 내일까지 보내주실 수 있어요?

• ざっと 대략, 대충
　예 彼女(かのじょ)の報告書(ほうこくしょ)、ざっと読(よ)んでみたけど、非(ひ)の打(う)ち所(どころ)がなかったよ。
　그녀의 보고서, 대충 읽어 봤는데 나무랄 데가 없었어.

• うんざりだ 진저리 나다
　예 うちの会社(かいしゃ)、残業(ざんぎょう)ばかりでもううんざりだわ。 우리 회사, 잔업뿐이라서 이제 진저리 나.

• 契約(けいやく)を結(むす)ぶ 계약을 맺다
　예 今度(こんど)、森商事(もりしょうじ)と契約(けいやく)を結(むす)ぶことになりました。 이번에 모리 상사와 계약을 맺게 되었어요.

STEP 2    이제 YBM이 엄선한 빈출 문제를 잘 듣고 풀어 보세요.

PART 3

회화문

## 1    설비 투자 상황

女 このところ、製造業を中心に設備投資が伸びていますね。

男 その中でも自動車業界がかなり好調ですね。

女 そうですね。自動車業界は先行きに自信を持ってますね。

男 ええ、他業界の先頭に立って景気拡大の波をもたらすでしょう。

設備投資の状況はどうですか。
(A) 業界ごとに異なるので、判断できない。
(B) 製造業全般的に依然足踏み状態だ。
✓(C) 自動車業界は堅実な伸びを見せている。
(D) 全業種とも回復傾向を維持している。

여 요즘 제조업을 중심으로 설비 투자가 늘고 있네요.
남 그 중에서도 자동차 업계가 상당히 호조네요.
여 그러네요. 자동차 업계는 앞날에 자신감을 가지고 있네요.
남 네, 다른 업계의 선두에 서서 경기 확대의 물결을 가져다 주겠죠.

설비 투자의 상황은 어떻습니까?
(A) 업계마다 다르기 때문에 판단할 수 없다.
(B) 제조업 전반적으로 여전히 답보상태다.
✓(C) 자동차 업계는 견실한 성장을 보이고 있다.
(D) 전 업종 모두 회복 경향을 유지하고 있다.

## 2    새로운 프로젝트에 대한 제안

女 今日はわざわざおいでいただきましたのに、中田があいにく不在で申し訳ありませんでした。

男 いや、とんでもございません。渡辺さんから新しいご提案も伺えましたし。

女 当社といたしましても、ぜひこのプロジェクトは成功させたいので…。

男 早速、会社に持ち帰りまして、検討させていただきます。

会話の内容と合っているものは、どれですか。
✓(A) 渡辺さんの提案は検討に値する。
(B) 今日は中田さんが男の人に応対した。
(C) 女の人はプロジェクトに乗り気ではない。
(D) 男の人はお土産を持ち帰った。

여 오늘은 일부러 와 주셨는데 나카타가 공교롭게도 부재중이라서 죄송했습니다.
남 아뇨, 천만에요. 와타나베 씨께 새로운 제안도 들을 수 있었고요.
여 저희 회사로서도 꼭 이 프로젝트는 성공시키고 싶어서요….
남 즉시 회사로 갖고 돌아가서 검토하겠습니다.

대화의 내용과 맞는 것은 어느 것입니까?
✓(A) 와타나베 씨의 제안은 검토할 가치가 있다.
(B) 오늘은 나카타 씨가 남자를 응대했다.
(C) 여자는 프로젝트가 내키지 않는다.
(D) 남자는 선물을 갖고 돌아갔다.

**STEP 3** 문제의 내용을 잘 기억하고 관련 있는 내용은 메모하면서 들으세요.

---

**Point 1** 문제 내용을 기억

문제에서 구체적으로 묻고 있는 내용을 잘 기억하고 듣기!

**Point 2** 문제와 관련 있는 내용을 메모하면서 듣기

문제와 직접적으로 관련이 있는 내용은 반드시 메모하고 핵심 단어를 기억하기!

---

| CHECK UP |

男 うちの社のマンション建設に、反対運動が起きてるんだって(?)。

女 ええ、かなりの数の住民が中止を求めているそうよ。

男 話し合いの場を設けたらどうかな。

女 それさえ、させてもらえないんだって。

남 우리 회사 (중고층) 아파트 건설에 반대운동이 일어나고 있다면서?

여 응. 상당수의 주민이 중지를 요구하고 있대.

남 대화의 자리를 마련하는 게 어떨까?

여 그것조차 하게 해 주지 않는대.

今、どのような状況ですか。
(A) 住民は相談の機会を得た。
(B) 多くの住民が納得している。
(C) 建設の準備は整っている。
✓(D) 住民は建設中止を望んでいる。

지금 어떤 상황입니까?
(A) 주민은 상담의 기회를 얻었다.
(B) 많은 주민이 납득하고 있다.
(C) 건설 준비는 갖추어져 있다.
✓(D) 주민은 건설 중지를 바라고 있다.

**Point 1** 문제 내용을 기억

➡ 지금 어떤 상황인지 묻고 있으므로, 상황과 관련된 대화에 주목해야 함.

**Point 2** 문제와 관련 있는 내용을 메모하면서 듣기

➡ 「反対運動(はんたいうんどう)」(반대운동)나 「中止(ちゅうし)」(중지) 등의 단어로 보아 주민은 (중·고층) 아파트 건설의 중지를 바라고 있다는 것을 알 수 있으므로, (D)가 정답.

STEP 4 ▶ 다음 기출문제를 기출문제 풀이 전략을 적용해서 풀어 보세요.

## 1

女 すみません、ここにあった資料知りませんか。

男 3時の会議の資料なら、山下さんが持って行ったよ。

女 今日のじゃなくて、明日の全体会議の資料です。

男 ああ、それなら課長が部長に見せに行ったみたいだよ。

여 저기요, 여기에 있던 자료 몰라요?

남 3시 회의 자료라면 야마시타 씨가 가지고 갔어.

여 오늘 게 아니고 내일 전체 회의 자료예요.

남 아–, 그거라면 과장님이 부장님께 보여 주러 간 것 같아.

会話の内容と合っているものは、どれですか。

✓(A) 全体会議の資料は課長が持って行った。

(B) 課長は山下さんに資料を持って行った。

(C) 今日行われる全体会議の資料は部長のところにある。

(D) 山下さんは部長に資料を見せに行った。

대화의 내용과 맞는 것은 어느 것입니까?

✓(A) 전체 회의 자료는 과장이 가지고 갔다.

(B) 과장은 야마시타 씨에게 자료를 가지고 갔다.

(C) 오늘 열리는 전체 회의 자료는 부장에게 있다.

(D) 야마시타 씨는 부장에게 자료를 보여 주러 갔다.

■ 대화에 등장하는 세 사람의 행동에 주의해서 청취해야 한다. 여자가 찾고 있는 것은 내일 전체 회의 자료로, 남자의 두 번째 대화에서 과장님이 부장님한테 보여 주러 갔다고 했다. 따라서, 정답은 (A)가 된다. 과장이 자료를 보여 주러 간 것은 야마시타 씨가 아니라 부장이며, 자료는 오늘이 아니라 내일 것이므로 (B)와 (C)는 부적절. 또한, 부장에게 자료를 보여주러 간 것은 야마시타 씨가 아니라 과장이므로, (D) 역시 틀린 설명이다.

■ すみません 저기요 *주의를 환기할 때 쓰는 말 資料(しりょう) 자료 知(し)る 알다 会議(かいぎ) 회의 持(も)つ 가지다
今日(きょう) 오늘 明日(あした) 내일 全体(ぜんたい) 전체 〜なら 〜라면 課長(かちょう) 과장 部長(ぶちょう) 부장
見(み)せる 보이다, 보여 주다 동사의 ます형+に 〜하러 *동작의 목적 〜みたいだ 〜인 것 같다 ところ 곳, 데

─────────

■ 관련 표현 • 会議の資料はもうコピーしておいたよ。 회의 자료는 벌써 복사해 뒀어.

• プレゼンの準備はどう(?)。進んでる(?)。 프레젠테이션 준비는 어때? 진행되었어?

• うちの課の会議はいつもだらだら長くて…。 우리 과 회의는 항상 너무 길어서….

• 予想以上に前の会議が長引いていますね。 예상 이상으로 앞 회의가 길어지고 있네요.

• あの2人、昨日の会議でだいぶ揉めたらしいよ。 저 두 사람, 어제 회의에서 꽤 다툰 모양이야.

**2**

男 この書類、会議で使うから至急15部コピーして。あ、内容と字の確認してからね。

女 はい。

男 それから会議の時間を変更したこと、みんなに連絡を入れてくれた(?)。

女 はい、入れておきました。

남 이 서류, 회의에서 쓸 거니까 급히 15부 복사해 줘. 아, 내용과 글자 확인하고 나서.

여 예.

남 그리고 회의 시간을 변경한 거, 모두에게 연락해 줬어?

여 예, 해 두었습니다.

女の人はまず初めに何をしますか。

✓ (A) 書類のチェックをする。

(B) 会議に出る。

(C) コピーをする。

(D) 時間変更の連絡をする。

여자는 우선 처음에 무엇을 합니까?

✓ (A) 서류 체크를 한다.

(B) 회의에 참석한다.

(C) 복사를 한다.

(D) 시간 변경 연락을 한다.

■ 여자가 해야 할 일의 순서를 체크해 본다. 남자는 첫 번째 대화에서 여자에게 회의에 쓸 서류 복사를 부탁하면서 「内容(ないよう)と字(じ)の確認(かくにん)してからね」(내용과 글자 확인하고 나서)라는 말을 덧붙였다. 즉, 복사 전에 먼저 서류에 이상이 없는지부터 확인해야 한다는 뜻이므로, 정답은 (A)가 된다. (B)는 대화의 일부분만 들었을 때 할 수 있는 오답이며, (D)의 회의 시간 변경은 이미 해 두었다고 했으므로 답이 될 수 없다.

■ この 이 書類(しょるい) 서류 会議(かいぎ) 회의 使(つか)う 쓰다, 사용하다 至急(しきゅう) 급히
~部(ぶ) ~부 *책·신문 등을 세는 말 コピー 카피, 복사 内容(ないよう) 내용 字(じ) 글자 確認(かくにん) 확인
~てから ~하고 나서, ~한 후에 それから 그 다음에, 그리고 変更(へんこう) 변경 みんな 모두
連絡(れんらく)を入(い)れる 연락하다 ~てくれる (남이 나에게) ~해 주다 ~ておく ~해 놓대[두다] まず 먼저, 우선
初(はじ)め 처음 チェック 체크, 확인 出(で)る (모임 등에) 나가다, 출석하다

■ 관련 표현 ・彼の主張はいつも的を射ているね。 그의 주장은 항상 핵심을 찌르네.
・昨日、おっしゃった通りに作成してみました。 어제 말씀하신 대로 작성해 봤어요.
・そんな理不尽な指示、従うわけにはいかないわ。 그런 불합리한 지시, 따를 수는 없어.
・自分なりにはベストを尽くしましたが、なかなか…。 제 나름대로는 최선을 다했는데 좀처럼….
・いくら考えてみても、部長の指示は納得できないわ。 아무리 생각해 봐도 부장님의 지시는 납득할 수 없어.

# 빈출 어휘로 실력 다지기

□ 残業
女 山田君、今日も残業なの(?)。
男 うん、明日の朝までに部長に報告書を出さなきゃ。

잔업, 야근
여 야마다 군, 오늘도 **잔업**이야?
남 응, 내일 아침까지 부장님에게 보고서를 내야 해.

□ 接待
女 何か疲れているように見えるね。
男 実は昨日も夜遅くまで接待だったよ。

접대
여 뭔가 피곤한 것처럼 보이네.
남 실은 어제도 밤늦게까지 **접대**였어.

□ 進む
女 発表の準備は進んでるの(?)。
男 一応色々準備はしたけど、うまくいくといいね。

진척되다
여 발표 준비는 **진척되고** 있어?
남 일단 여러 가지로 준비는 했는데 잘되면 좋겠네.

□ できる
女 この間言った報告書、できたの(?)。
男 申し訳ありませんが、まだなんです。

다 되다, 완성되다
여 요전에 말한 보고서, **다 됐**어?
남 죄송한데요, 아직이에요.

□ 人気の的
女 今度の新製品の反応はどう(?)。
男 今、若い人の間で人気の的になっているそうだよ。

인기의 대상
여 이번 신제품 반응은 어때?
남 지금 젊은이들 사이에서 **인기의 대상**이 되고 있대.

□ ニーズ
女 この商品、消費者のニーズに合わないんじゃない(?)
男 そうかな。僕は合っていると思うけど。

요구, 필요
여 이 상품, 소비자의 **요구**에 맞지 않는 거 아니야?
남 그런가? 난 맞는다고 생각하는데.

□ 外回り
女 明日も外回りですか。
男 いいえ、明日はずっと会社にいます。

외근
여 내일도 **외근**이에요?
남 아니요, 내일은 계속 회사에 있어요.

□ 単身赴任
女 鈴木君、今度大阪に単身赴任するそうよ。
男 本当に(?)。色々大変だろうなあ。

단신부임
여 스즈키 군, 이번에 오사카로 **단신부임**한대.
남 정말로? 여러 가지로 힘들겠군.

□ 白紙に戻す
女 現状では、もう白紙に戻すしかないと思いますが。
男 今更そんなことを言っちゃ困ります。

백지화하다, 백지로 돌리다
여 현재 상태로는 이제 **백지로 돌릴** 수밖에 없다고 생각하는데요.
남 이제 와서 그런 말을 하면 곤란해요.

**STEP 5** 핵심 어휘를 메모하면서 들어 보세요.

**1** 男の人は転勤について、どう思っていますか。

　(A) 人間関係も申し分ないので、とどまりたい。

　(B) 今の支店長とはうまくいかないので、異動してもいい。

　(C) 長くいたため、あきあきしているので、転勤したい。

　(D) 彼女がいるので、この支店を離れるわけにはいかない。

메모

**2** 男の人はどう思っていますか。

　(A) 部長とは気まずい関係になった。

　(B) 本来なら叱責されるところだが、運がよかった。

　(C) 気まぐれな部長のおかげで助かった。

　(D) 雷が落ちて命が危なかった。

메모

**3** 男の人は打ち合わせの内容について、どう言いましたか。

　(A) 社内で皆の意見を聞く。

　(B) 注意深く扱ってほしい。

　(C) 社員に漏れるのは当然だ。

　(D) 社内では公開するべきだ。

메모

**4** 女の人はこの製品について、どう考えていますか。

메모

(A) プレミアを付けて限定販売すれば、マニアが飛び付くだろう。

(B) 既に単品で販売されたものなので、現実的には難しいだろう。

(C) 新製品にプレミア付きなら、目標達成は無難だろう。

(D) 数量的には無理でも、金額的にはできるだろう。

**5** 新入社員は外国語がどのくらいできればいいですか。

메모

(A) できなくても全くかまわない。

(B) 電話の取り次ぎができる程度

(C) 文書が作成できる程度

(D) 電話で交渉できる程度

**6** 女の人について、正しいものはどれですか。

메모

(A) 資格を取る勉強のため、前の会社を辞めた。

(B) この会社に一般事務として応募した。

(C) 資格はまだ取れていない。

(D) この会社ではすぐに専門職に就ける。

# 해설 및 정답
업무 및 비즈니스 표현·기출 확인 문제

**1**

女 そろそろ人事異動の時期だね。林さん、今度は転勤(?)。

男 去年異動だと思っていたのに、なかったからね。

女 この支店、居心地いいから、動きたくないでしょ(?)。山下さんもいるし。

男 いやあ。去年まではそう思ってたんだけど、新しい支店長とはどうもね。

男の人は転勤について、どう思っていますか。
(A) 人間関係も申し分ないので、とどまりたい。
(B) 今の支店長とはうまくいかないので、異動してもいい。
(C) 長くいたため、あきあきしているので、転勤したい。
(D) 彼女がいるので、この支店を離れるわけにはいかない。

여 이제 슬슬 인사이동 시기네. 하야시 씨 이번에는 전근?
남 작년에 이동이라고 생각했었는데 없었으니까 말이야.
여 이 지점, 있기 편하니까 움직이고 싶지 않지? 야마시타 씨도 있고.
남 아니. 작년까지는 그렇게 생각하고 있었지만 새 지점장님과는 아무래도.

남자는 전근에 대해 어떻게 생각하고 있습니까?
(A) 인간관계도 나무랄 데 없기 때문에 그대로 있고 싶다.
(B) 지금 지점장과는 잘되지 않기 때문에 이동해도 좋다.
(C) 오랫동안 있어서 진절머리가 나기 때문에 전근하고 싶다.
(D) 여자친구가 있기 때문에 이 지점을 떠날 수는 없다.

해설 | 인사이동 시기를 맞아 남자의 의사가 어떤지 묻고 있으므로, 남자의 대화에 주목해야 한다. 남자의 두 번째 대화가 포인트로, 이 지점에 계속 있고 싶지 않느냐는 여자의 질문에 대해, 작년까지는 그랬지만 지금은 그렇지 않다고 말하고 있다. 그 이유로는 「新(あたら)しい支店長(てんちょう)とはどうもね」(새 지점장과는 아무래도)라고 했으므로, 새 지점장과 잘 맞지 않아서 다른 지점으로 이동할 생각이라는 것을 알 수 있다. 따라서 정답은 (B)가 된다.

어휘 | そろそろ 이제 슬슬 人事(じんじ) 인사 異動(いどう) 이동 時期(じき) 시기 転勤(てんきん) 전근 ~のに ~는데(도)
支店(してん) 지점 居心地(いごこち) 어떤 장소에 있을 때의 기분 動(うご)く 움직이다 どうも 아무래도
申(もう)し分(ぶん)ない 나무랄 데가 없다 とどまる (같은 장소에) 머물다 うまくいく 잘되다, 순조롭게 진행되다
あきあきする 진절머리가 나다 彼女(かのじょ) 여자친구 離(はな)れる 떠나다 ~わけにはいかない (그렇게 간단히) ~할 수는 없다

**2**

女 営業の外回りでさぼってるの、部長に見られたんだって(?)。

男 そうなんだ。でも部長の雷は免れた。

女 え、なんで(?)。あの部長の厳格さといったらないじゃない(?)。

男 それがその日は部長、仮病を使って休んでた日でさ。命拾いしたよ。

男の人はどう思っていますか。
(A) 部長とは気まずい関係になった。
(B) 本来なら叱責されるところだが、運がよかった。
(C) 気まぐれな部長のおかげで助かった。
(D) 雷が落ちて命が危なかった。

여 영업 외근에서 게으름 피우고 있는 거, 부장님이 보셨다면서?
남 그래. 하지만 부장님의 벼락은 면했어.
여 어? 왜? 그 부장님 정말 엄격하잖아?
남 그게 그날은 부장님이 꾀병을 부려 쉬는 날이라서 말이야. 살았어.

남자는 어떻게 생각하고 있습니까?
(A) 부장과는 서먹서먹한 관계가 되었다.
(B) 본래라면 질책받을 터인데 운이 좋았다.
(C) 변덕스러운 부장 덕분에 살았다.
(D) 벼락이 떨어져 목숨이 위험했다.

해설 | 남자는 외근 중에 게으름을 피우다가 부장한테 들키고 말았다. 그러나 다행히도 질책은 면했다고 했는데, 그 이유는 남자의 두 번째 대화에 나온다. 즉, 엄격한 부장도 그날따라 꾀병을 부리며 쉬고 있었기 때문에 부하의 일탈을 보고도 나무랄 수 없었다는 뜻이므로, 정답은 운이 좋아서 용케 질책을 면했다는 의미의 (B)가 된다. 이때의 「~ところだが」(~인데도, ~터인데)는 평소와는 다른 특수한 상황을 나타내는 표현이다. (D)는 대화의 「雷(かみなり)」(벼락, 시끄럽게 질책하는 것)라는 단어를 응용한 오답이다.

어휘 | 外回(そとまわ)り 외근 さぼる 게으름 피우다 ~って ~대, ~래, ~라면서 免(まぬか)れる 면하다 厳格(げんかく)さ 엄격함
~といったらない ~하기 짝이 없다, 정말 ~하다 仮病(けびょう)を使(つか)う 꾀병을 부리다 命拾(いのちびろ)い 목숨을 건짐, 구사일생으로 살아남 気(き)まずい 서먹서먹하다 本来(ほんらい) 본래, 원래 叱責(しっせき) 질책 気(き)まぐれだ 변덕스럽다
~おかげで ~덕분에 助(たす)かる (고통 등을) 피하다, 살다 落(お)ちる 떨어지다 命(いのち) 목숨, 생명

180

**3**

男 今日の打ち合わせの内容は、決して漏らさないように。

女 うちの社員にもですか。

男 そうではないが、くれぐれも慎重に。

女 その社員から漏れるかもしれませんからね。

남 오늘 협의 내용은 결코 누설하지 않도록.

여 우리 사원에게도요?

남 그렇지는 않지만 아무쪼록 신중하게.

여 그 사원으로부터 누설될지도 모르니까요.

男の人は打ち合わせの内容について、どう言いましたか。

(A) 社内で皆の意見を聞く。

(B) 注意深く扱ってほしい。

(C) 社員に漏れるのは当然だ。

(D) 社内では公開するべきだ。

남자는 협의 내용에 대해서 어떻게 말했습니까?

(A) 사내에서 모두의 의견을 듣는다.

(B) 주의 깊게 다뤄 주었으면 한다.

(C) 사원에게 누설되는 것은 당연하다.

(D) 사내에서는 공개해야 한다.

해설 | 남자는 협의 내용에 대해서 결코 누설하지 말 것을 당부하고 있다. 여자가 회사 사람들한테도 말해서는 안 되는지 묻자, 남자는 그런 것은 아니지만 부디 신중하게 처신해 달라고 했다. 대화를 통해 남자가 협의 내용의 공개에 있어서 매우 조심스러운 자세를 취하고 있다는 것을 알 수 있으므로, 정답은 (B)가 된다. 나머지 선택지는 모두 거리낌없이 협의 내용을 공개한다는 의미가 되기 때문에 답이 될 수 없다.

어휘 | 打(う)ち合(あ)わせ 협의, 미팅, 미리 상의함 内容(ないよう) 내용 決(けっ)して (부정어 수반) 결코
漏(も)らす (비밀 등을) 누설하다 うち 우리 社員(しゃいん) 사원 くれぐれも 아무쪼록, 부디 慎重(しんちょう)だ 신중하다
漏(も)れる (비밀 등이) 새다, 누설되다 ~かもしれない ~일지도 모른다 社内(しゃない) 사내 意見(いけん) 의견
注意深(ちゅういぶか)い 주의 깊다 扱(あつか)う 다루다, 취급하다 ~てほしい ~해 주었으면 하다, ~하길 바라다
当然(とうぜん)だ 당연하다 公開(こうかい) 공개 동사의 기본형+べきだ (마땅히) ~해야 한다 *단, 「する」(하다)는 「するべきだ」, 「すべきだ」 모두 가능함

**4**

男 この販売目標は現実的に考えて無理じゃないのかね。

女 キャラクター人形とセットにした、限定販売を考えています。

男 しかしこの製品は単品で既に販売されているんだろ(?)。

女 でも、マニアにとってはこのプレミアは、たまらないものなんです。

남 이 판매 목표는 현실적으로 생각해서 무리인 거 아니야?

여 캐릭터 인형과 세트로 한 한정 판매를 생각하고 있어요.

남 그렇지만 이 제품은 단품으로 이미 판매되고 있잖아?

여 그래도 마니아에게 있어서는 이 프리미엄은 참을 수 없을 거예요.

女の人はこの製品について、どう考えていますか。

(A) プレミアを付けて限定販売すれば、マニアが飛び付くだろう。

(B) 既に単品で販売されたものなので、現実的には難しいだろう。

(C) 新製品にプレミア付きなら、目標達成は無難だろう。

(D) 数量的には無理でも、金額的にはできるだろう。

여자는 이 제품에 대해서 어떻게 생각하고 있습니까?

(A) 프리미엄을 붙여서 한정 판매하면 마니아가 달려들 것이다.

(B) 이미 단품으로 판매되었던 것이기 때문에 현실적으로는 어려울 것이다.

(C) 신제품에 프리미엄을 붙이면 목표 달성은 무난할 것이다.

(D) 수량적으로는 무리라도 금액적으로는 가능할 것이다.

해설 | 여자는 캐릭터 인형과 세트로 구성한 제품을 한정 판매할 생각이지만, 남자는 이미 판매되고 있는 제품이라면서 그 가능성에 대해 의문을 제기하고 있다. 그러자 여자는 두 번째 대화에서 마니아라면 캐릭터 인형이라는 프리미엄을 갖기 위해 세트 상품을 구매할 것이라고 했으므로, 정답은 (A)가 된다. (B)는 남자의 의견에 해당하는 내용이며, (C)는 신제품이 아닌 기존 제품을 활용한 세트이며, (D)의 수량과 금액에 대한 내용은 나오지 않는다.

어휘 | 販売(はんばい) 판매 目標(もくひょう) 목표 現実的(げんじつてき)だ 현실적이다 考(かんが)える 생각하다
無理(むり)だ 무리다 キャラクター人形(にんぎょう) 캐릭터 인형 セット 세트 限定(げんてい) 한정 製品(せいひん) 제품
単品(たんぴん) 단품 既(すで)に 이미, 벌써 マニア 마니아 ~にとっては ~에게 있어서는 プレミア 프리미엄
たまらない 참을 수 없다 飛(と)び付(つ)く (충동적으로) 달려들다 難(むずか)しい 어렵다 新製品(しんせいひん) 신제품
達成(たっせい) 달성 無難(ぶなん)だ 무난하다 数量的(すうりょうてき) 수량적 金額的(きんがくてき) 금액적

**5**

女 新入社員にはどの程度の外国語能力が必要だとお考えですか。

男 うちは研修もしっかりしていますので、ある程度できればいいです。

女 ある程度と言うのは(?)。

男 電話での簡単なやりとり、ビジネス文書を読むぐらいはできた方がいいです。

여 신입사원에게는 어느 정도의 외국어 능력이 필요하다고 생각하세요?

남 우리는 연수도 제대로 하고 있으니까 어느 정도 가능하면 돼요.

여 어느 정도라는 건?

남 전화에서의 간단한 응답, 비즈니스 문서를 읽을 정도는 가능한 편이 좋죠.

新入社員は外国語がどのくらいできればいいですか。

(A) できなくても全くかまわない。
(B) 電話の取り次ぎができる程度
(C) 文書が作成できる程度
(D) 電話で交渉できる程度

신입사원은 외국어를 어느 정도 할 수 있으면 됩니까?

(A) 할 수 없어도 전혀 상관이 없다.
(B) 전화 응대를 할 수 있을 정도
(C) 문서를 작성할 수 있을 정도
(D) 전화로 교섭할 수 있을 정도

해설 | 남자의 두 번째 대화가 포인트. 신입사원의 외국어 능력을 묻는 여자의 질문에 대해 남자는 전화로 간단한 응답이나 비즈니스 문서를 읽을 정도는 가능한 편이 좋다고 했다. 정답은 (B)로, 대화의 「やりとり」((말을) 주고받음)를 「取(と)り次(つ)ぎ」(응대)로 바꿔 표현했다. (C)의 문서 작성과 (D)의 전화 교섭은 남자의 요구보다 높은 수준의 외국어 실력이다.

어휘 | 新入社員(しんにゅうしゃいん) 신입사원 どの 어느 程度(ていど) 정도 外国語(がいこくご) 외국어
能力(のうりょく) 능력 必要(ひつよう)だ 필요하다 お+동사의 ます형+ですか ~하십니까? *존경표현 考(かんが)える 생각하다
うち 우리 研修(けんしゅう) 연수 しっかり 제대로, 확실히 ある 어느 できる 할 수 있다. 가능하다 電話(でんわ) 전화
簡単(かんたん)だ 간단하다 ビジネス 비즈니스 文書(ぶんしょ) 문서 読(よ)む 읽다 ~ぐらい ~정도
동사의 た형+方(ほう)がいい ~하는 편[쪽]이 좋다 全(まった)く (부정어 수반) 전혀 かまう 상관하다
作成(さくせい) 작성 交渉(こうしょう) 교섭

**6**

男 前の会社はどうして辞めましたか。

女 専門的な仕事がしたいと思って、辞めて勉強を始めたんです。

男 資格があるといっても、うちも最初は一般事務をやってもらいますよ。

女 わかっています。でも、研修後は資格を生かした仕事ができるとありましたので。

남 전의 회사는 왜 그만뒀어요?

여 전문적인 일을 하고 싶다고 생각해서 그만두고 공부를 시작했거든요.

남 자격이 있다고 해도 우리도 처음은 일반 사무를 해 줘야 해요.

여 알고 있어요. 하지만 연수 후에는 자격을 살린 일을 할 수 있다고 되어 있어서요.

女の人について、正しいものはどれですか。

(A) 資格を取る勉強のため、前の会社を辞めた。
(B) この会社に一般事務として応募した。
(C) 資格はまだ取れていない。
(D) この会社ではすぐに専門職に就ける。

여자에 대해서 맞는 것은 어느 것입니까?

(A) 자격을 딸 공부를 위해 전의 회사를 그만뒀다.
(B) 이 회사에 일반 사무로서 응모했다.
(C) 자격은 아직 따지 못했다.
(D) 이 회사에서는 바로 전문직에 종사할 수 있다.

해설 | 여자는 첫 번째 대화에서 전의 회사를 그만둔 이유는 전문적인 일을 하기 위한 공부를 시작했기 때문이라고 했다. 따라서 정답은 (A)가 된다. 또한, 여자는 두 번째 대화에서 연수 후에는 자격을 살린 전문직에서 일하고 싶다고 했으므로, (B)와 (C)는 부적절. (D)는 남자의 두 번째 대화에 나오는 일반 사무 규정과 반대되는 내용이다.

어휘 | 前(まえ) 전, 이전 辞(や)める (일자리를) 그만두다 専門的(せんもんてき)だ 전문적이다 仕事(しごと) 일, 업무
동사의 ます형+たい ~하고 싶다 勉強(べんきょう) 공부 始(はじ)める 시작하다 資格(しかく) 자격 ~といっても ~라고 해도
最初(さいしょ) 최초, 맨 처음 一般(いっぱん) 일반 事務(じむ) 사무 やる 하다 ~てもらう (남에게) ~해 받다, (남이) ~해 주다
わかる 알다, 이해하다 研修(けんしゅう) 연수 ~後(ご) ~후 生(い)かす 살리다, 발휘하다, 활용하다 取(と)る (자격 등을) 따다
応募(おうぼ) 응모 すぐに 곧, 바로 就(つ)く 종사하다, 취직[취업]하다

182

# 주요 어휘 및 표현 정리 20

| 한자 | 읽기 | 의미 |
|------|------|------|
| ☐ 設備 | せつび | 설비 |
| ☐ 投資 | とうし | 투자 |
| ☐ 先行き | さきいき | 앞날, 장래 |
| ☐ 先頭に立つ | せんとうにたつ | 선두에 서다 |
| ☐ 足踏み | あしぶみ | 답보 |
| ☐ 不在 | ふざい | 부재 |
| ☐ 早速 | さっそく | 당장, 즉시 |
| ☐ 話し合い | はなしあい | 서로 이야기함, 의논 |
| ☐ 人事 | じんじ | 인사 |
| ☐ 居心地 | いごこち | 어떤 장소에 있을 때의 기분 |
| ☐ 動く | うごく | 움직이다 |
| ☐ 申し分ない | もうしぶんない | 나무랄 데가 없다 |
| ☐ 外回り | そとまわり | 외근 |
| ☐ 叱責 | しっせき | 질책 |
| ☐ 漏らす | もらす | (비밀 등을) 누설하다 |
| ☐ 慎重だ | しんちょうだ | 신중하다 |
| ☐ 注意深い | ちゅういぶかい | 주의 깊다 |
| ☐ 限定 | げんてい | 한정 |
| ☐ 達成 | たっせい | 달성 |
| ☐ 取り次ぎ | とりつぎ | 응대 |

# PART 4 설명문

| 1. 문항 수 | – 20개(81~100번) |
| --- | --- |
| 2. 문제 형식 | – 30초 내외의 지문을 듣고 3문항 또는 4문항에 답하는 형식으로, 4문항짜리 지문이 2개, 3문항짜리 지문이 4개로 총 6개의 지문이 출제됨 |
| | – 문제지에 문제가 제시됨 |
| 3. 주요 문제 유형 | – 인물 소개 및 일상생활 |
| | – 공지·안내 및 소개 |
| | – 뉴스·기사 및 이슈 |
| 4. 최근 출제 경향 | – 인물 소개 및 일상생활 문제는 초반부에 주로 출제되며, 평균 2개 정도의 지문이 출제된다. |
| | – 공지·안내 및 소개 문제는 중반부에 주로 출제되며, 평균 3개 정도의 지문이 출제된다. |
| | – 뉴스·기사 및 이슈 문제는 후반부에 주로 출제되며, 평균 1개 정도의 지문이 출제된다. |
| | – 최근 시험에서는 후반부로 갈수록 까다로운 어휘나 표현이 많이 나오므로 평소에 분야별로 꾸준히 어휘를 익혀 두어야 한다. |

**STEP 1** 먼저 핵심 기출 어휘 및 표현을 익히세요.

## 핵심 기출 어휘 및 표현

음원 79

- せき
  咳 기침
- くせ
  癖 버릇
- つうち
  通知 통지
- ばっきん
  罰金 벌금
- おうふく
  往復 왕복
- きゅうじつ
  休日 휴일
- えんそく
  遠足 소풍
- きしょう
  起床 기상
- ひとで
  人手 일손
- そうちょう
  早朝 조조, 이른 아침
- お
  終わる 끝나다
- き　つ
  切り詰める 절약하다, (지출을) 줄이다
- ね
  寝る 자다
- なお
  直す 고치다, 수리하다
- あつ
  集まる 모이다

- だま
  騙す 속이다
- おとな
  大人しい 어른스럽다
- なつ
  懐かしい 그립다
- じょうぶ
  丈夫だ 튼튼하다
- へいじつ
  平日 평일
- きんむ
  勤務 근무
- しゅっきん
  出勤 출근
- じしん
  地震 지진
- しゅだん
  手段 수단
- どうりょう
  同僚 동료
- よてい
  予定 예정
- うん
  運 운
- じたく
  自宅 자택
- なら
  習う 배우다, 익히다
- こ
  込む 혼잡하다, 붐비다

- 不便だ 불편하다
- 嫌いだ 싫어하다
- 釣る 낚다
- 実る 성과를 거두다
- 占める 점하다, 차지하다
- 引っ越す 이사하다
- 通勤 통근. 출퇴근
- 手伝う 돕다, 도와주다
- かかる (시간·비용이) 걸리다, 들다
- 家族 가족
- 利用 이용
- 空気 공기
- 見物 구경
- プラン 계획
- 太る 살찌다
- 申し込み 신청
- 着く 도착하다
- くしゃみ 재채기
- 忙しい 바쁘다
- 起きる 일어나다, 기상하다
- 知らせる 알리다

- 思い出 추억
- 借りる 빌리다
- 同級生 동급생
- 交差点 교차로
- 就く 종사하다, 취직[취업]하다
- 役に立つ 도움이 되다
- ～と一緒に ～와 함께
- 年を取る 나이를 먹다
- ～とはいえ ～라고 해도
- ～に乗る ～을 타다
- びっくりする 깜짝 놀라다
- ～について ～에 대해서
- どちらかというと 어느 쪽인가 하면
- 동사의 ます형+に ～하러
- 留守番をする 빈집을 지키다
- ～ふりをする ～인 체[척]하다
- 天気が崩れる 날씨가 나빠지다
- 目が覚める 잠이 깨다
- 喉が渇く 목이 마르다
- 注目を浴びる 주목을 받다
- お酒を飲む 술을 마시다

187

- 時々 종종, 때때로
- 夕方 해질녘, 저녁때
- ほとんど 거의, 대부분
- 助け合う 서로 돕다
- 備える 비치하다, 갖추다
- 疲れる 피로해지다, 지치다
- 夏休み 여름방학, 여름휴가
- 飼う (동물을) 기르다
- 顔を洗う 얼굴을 씻다, 세수하다
- 歯を磨く 이를 닦다
- 音がする 소리가 나다
- ひびが入る 금이 가다
- お腹が空く 배가 고프다
- 耳を澄ます 귀를 기울이다
- 朝寝坊をする 늦잠을 자다
- 동사의 보통형+ことにする ~하기로 하다
- ~ことだから ~니까
- 食欲をそそる 식욕을 돋우다
- しきたりを守る 관습을 지키다
- 気がする 느낌[생각]이 들다
- ~とは限らない (반드시) ~하다고는 할 수 없다, ~하는 것은 아니다

- 資格を取る 자격을 따다
- 동사의 보통형+ことになる ~하게 되다
- お金を払う 돈을 지불하다
- 大の苦手だ 아주 싫어하다
- 計画を立てる 계획을 세우다
- ~から~まで ~부터 ~까지
- ピリオドを打つ 종지부를 찍다
- 現金を下ろす 현금을 인출하다
- ~に住んでいる ~에 살고 있다
- 文句を言う 불평하다
- 骨を折る 애를 쓰다
- 気になる 신경이 쓰이다, 마음이 끌리다
- 物議を醸す 물의를 일으키다
- ~に基づいて ~에 입각해서
- 順番を待つ 순번을 기다리다
- ~にかかわらず ~에 관계없이
- 注射を打ってもらう 주사를 맞다
- ~ならではの ~만의, ~이 아니고는 할 수 없는
- ひげを剃る 수염을 깎다, 면도하다
- ~に伴って ~에 동반해서[따라서]

**STEP 2** 이제 YBM이 엄선한 빈출 문제를 잘 듣고 풀어 보세요.

## (1~3)

昨日、佐藤さんは11時まで仕事をして、その後同僚とお酒を飲みました。そして、家に帰って、少し本を読もうと思いましたが、疲れていたし、お酒も飲んだので、1そのままぐっすり眠ってしまいました。今朝起きたら、もう8時半でした。2いつもは7時半に家を出て、8時には電車に乗っています。急いで起きて、今日の予定を調べてみると、今日は午後2時からの会議まで、特に予定はありませんでした。それで、3会社に電話をして「午後から行きます」と伝えて、昼まで寝ることにしました。

어제 사토 씨는 11시까지 일을 하고 그 후 동료와 술을 마셨습니다. 그리고 집에 돌아와서 조금 책을 읽으려고 생각했습니다만, 피곤했고 술도 마셨기 때문에 1그대로 푹 자 버렸습니다. 오늘 아침에 일어나니 벌써 8시 반이었습니다. 2평소에는 7시 반에 집을 나와 8시에는 전철을 타고 있습니다. 서둘러 일어나 오늘 예정을 조사해 보니, 오늘은 오후 2시부터의 회의까지 특별히 예정은 없었습니다. 그래서 3회사에 전화를 해서 '오후에 갈게요'라고 전하고 낮까지 자기로 했습니다.

**1** 佐藤さんは、昨夜家に帰って何をしましたか。
(A) お酒を飲んだ。
(B) 本を1冊読んだ。
(C) 仕事をした。
✓ (D) すぐに寝た。

사토 씨는 어젯밤 집에 돌아와 무엇을 했습니까?
(A) 술을 마셨다.
(B) 책을 한 권 읽었다.
(C) 일을 했다.
✓ (D) 바로 잤다.

**2** 佐藤さんは、いつもは何時頃の電車に乗りますか。
(A) 7時頃
(B) 7時半頃
✓ (C) 8時頃
(D) 8時半頃

사토 씨는 평소에는 몇 시쯤의 전철을 탑니까?
(A) 7시쯤
(B) 7시 반쯤
✓ (C) 8시쯤
(D) 8시 반쯤

**3** 佐藤さんは、今日どうしますか。
(A) 昼まで家で仕事をする。
(B) 会社を休んで一日中寝る。
(C) 2時間だけ遅れて行く。
✓ (D) 午後から会社に行く。

사토 씨는 오늘 어떻게 합니까?
(A) 낮까지 집에서 일을 한다.
(B) 회사를 쉬고 하루 종일 잔다.
(C) 2시간만 늦게 간다.
✓ (D) 오후에 회사에 간다.

PART 4

설명문

**STEP 3** 문제의 내용을 정확하게 기억하면서 지문을 들으세요.

| Point 1 문제의 내용과 핵심적인 단어를 기억 | Point 2 문제와 관련 있는 내용을 메모하면서 듣기 |
|---|---|
| 문제의 내용을 정확하게 기억하고 핵심적인 단어나 표현은 표시해 두기! | 문제와 관련 있는 내용이나 단어가 나오면 반드시 메모하면서 듣기! |

## | CHECK UP |

### (1~3)

私は先生になって2年目で、Point 1 姉と2人でアパートに住んでいます。姉が忙しくて晩ご飯を作れない時には、私はよくすき焼きを作ります。普通、すき焼きには卵と牛肉を使いますが、私は使いません。Point 2 鳥肉を使います。安くておいしいからです。作る時は、初めにカップ2杯の水にPoint 2 砂糖と醤油とお酒を入れて熱くします。それからPoint 2 肉や野菜や豆腐を入れます。うどんも入れますが、もっと後で入れます。すき焼きを作るのはいつも私ですから、姉はすき焼きは作りません。私が食事を作った時は姉が皿を洗ってくれます。

저는 선생님이 된 지 2년째로 Point 1 언니와 둘이서 아파트에 살고 있습니다. 언니가 바빠서 저녁을 만들 수 없을 때에는 저는 자주 스키야키를 만듭니다. 보통 스키야키에는 계란과 소고기를 사용합니다만, 저는 사용하지 않습니다. Point 2 닭고기를 사용합니다. 싸고 맛있기 때문입니다. 만들 때는 처음에 컵 두 잔의 물에 Point 2 설탕과 간장과 술을 넣고 가열합니다. 그리고 나서 Point 2 고기와 채소와 두부를 넣습니다. 우동도 넣습니다만 좀 더 나중에 넣습니다. 스키야키를 만드는 것은 항상 저이기 때문에 언니는 스키야키는 만들지 않습니다. 제가 식사를 만들었을 때는 언니가 접시를 닦아 줍니다.

**1** この人について、正しいものは何ですか。
  (A) 先生になって1年目だ。
  (B) お兄さんと一緒に住んでいる。
  (C) 大学生4年目だ。
  ✓(D) お姉さんと一緒に住んでいる。

이 사람에 대해서 맞는 것은 무엇입니까?
  (A) 선생님이 된 지 1년째다.
  (B) 오빠와 함께 살고 있다.
  (C) 대학생 4년째다.
  ✓(D) 언니와 함께 살고 있다.

**Point 1** 문제의 내용과 핵심적인 단어를 기억

⊙ 「姉(あね)」(언니)라는 단어가 포인트로, 이 사람은 선생님이 된 지 2년째로 언니와 둘이서 살고 있다고 했음.

190

**2** この人が作るすき焼きには何が入りますか。

    (A) 牛肉と卵

    (B) 豚肉と豆腐

    (C) うどんと卵

  ✓(D) 鳥肉とうどん

이 사람이 만드는 스키야키에는 무엇이 들어갑니까?

(A) 소고기와 계란

(B) 돼지고기와 두부

(C) 우동과 계란

✓(D) 닭고기와 우동

**Point 2** 문제와 관련 있는 내용을 메모하면서 듣기

○ 이 사람이 만드는 스키야키에는 보통 들어가는 계란과 소고기가 아닌 닭고기와 채소, 두부, 우동이 들어감.

**3** 味を付けるために使うものについて、正しいものはどれですか。

  ✓(A) 砂糖、醤油、酒

    (B) こしょう、ワイン、塩

    (C) 砂糖、醤油、ワイン

    (D) 塩、砂糖、酒

맛을 내기 위해서 사용하는 것에 대해서 맞는 것은 어느 것입니까?

✓(A) 설탕, 간장, 술

(B) 후추, 와인, 소금

(C) 설탕, 간장, 와인

(D) 소금, 설탕, 술

**Point 2** 문제와 관련 있는 내용을 메모하면서 듣기

○ 이 사람은 맛을 내기 위해서 스키야키에 설탕, 간장, 술을 넣음.

PART 4

설명문

191

**STEP 4** 다음 기출문제를 기출문제 풀이 전략을 적용해서 풀어 보세요.

## (1~3)

京子さんは、現在、保険の会社で働いています。¹以前は高校の教員でしたが、出産前に退職しました。子供が3歳になった時、新しい仕事に就こうと思ったのですが、近所の保育園は既にいっぱいで、諦めかけていました。でも、²今の会社は社内に保育園があって社員なら誰でも利用できるので、子供と一緒に通勤できます。³朝9時から夕方6時まで預けられて、急な会議や残業があっても8時までは延長可能です。子供の急な発熱や怪我の時も、連絡があればすぐに行けるので、とても便利です。

교코 씨는 현재 보험회사에서 일하고 있습니다. ¹예전에는 고등학교 교원이었습니다만 출산 전에 퇴직했습니다. 아이가 세 살이 되었을 때 새 일에 종사하려고 생각했습니다만, 근처 보육원은 이미 꽉 차서 단념하려 했습니다. 하지만 ²지금 회사는 사내에 보육원이 있어서 사원이라면 누구든지 이용할 수 있기 때문에 아이와 함께 통근할 수 있습니다. ³아침 9시부터 저녁 6시까지 맡길 수 있고, 급한 회의나 야근이 있어도 8시까지는 연장 가능입니다. 아이의 급한 발열이나 부상일 때도 연락이 있으면 바로 갈 수 있기 때문에 매우 편리합니다.

어휘 | 現在(げんざい) 현재 保険(ほけん) 보험 会社(かいしゃ) 회사 働(はたら)く 일하다 以前(いぜん) 전, 이전, 예전 高校(こうこう) 고교, 고등학교 *『高等学校(こうとうがっこう)』의 준말 教員(きょういん) 교원 出産(しゅっさん) 출산 前(まえ) 전, 이전 退職(たいしょく) 퇴직 子供(こども) 아이 ~歳(さい) ~세, ~살 新(あたら)しい 새롭다 仕事(しごと) 일, 업무 就(つ)く 종사하다 취직[취업]하다 近所(きんじょ) 근처, 부근 保育園(ほいくえん) 보육원 既(すで)に 이미, 벌써 いっぱいだ 가득 차다 諦(あきら)める 단념하다, 체념하다 동사의 ます형+かける 막 ~하려 하다 でも 하지만 社内(しゃない) 사내 社員(しゃいん) 사원 誰(だれ)でも 누구든지 利用(りよう) 이용 一緒(いっしょ)に 함께 通勤(つうきん) 통근, 출퇴근 朝(あさ) 아침 ~から~まで ~부터 ~까지 夕方(ゆうがた) 해질녘, 저녁때 預(あず)ける 맡기다 急(きゅう)だ 급하다 会議(かいぎ) 회의 残業(ざんぎょう) 잔업, 야근 延長(えんちょう) 연장 可能(かのう)だ 가능하다 発熱(はつねつ) 발열 怪我(けが) 상처, 부상 連絡(れんらく) 연락 とても 매우, 아주 便利(べんり)だ 편리하다

**1** 京子さんの出産前の職業は、何でしたか。

✓(A) 教師
(B) 会社員
(C) 看護師
(D) 医師

교코 씨의 출산 전의 직업은 무엇이었습니까?

✓(A) 교사
(B) 회사원
(C) 간호사
(D) 의사

- 두 번째 문장에서 정답을 찾을 수 있다. 예전에는 고등학교 교원, 즉, 학생들을 가르치던 교사라고 했으므로, 정답은 (A)가 된다.

- 職業(しょくぎょう) 직업 教師(きょうし) 교사 会社員(かいしゃいん) 회사원 看護師(かんごし) 간호사 医師(いし) 의사

**2** 京子さんの勤務中、子供はどこにいますか。
   (A) 自宅に近い保育園
   (B) 通勤途中の保育園
   ✓ (C) 会社内の保育園
   (D) 会社に近い保育園

교코 씨 근무 중에 아이는 어디에 있습니까?
(A) 자택에 가까운 보육원
(B) 통근 도중의 보육원
✓ (C) 회사 내의 보육원
(D) 회사에 가까운 보육원

- 중반부에서 지금 회사는 사내에 보육원이 있어서 사원이라면 누구든지 이용할 수 있기 때문에 아이와 함께 통근할 수 있다고 했다. 즉, 회사 안에 있는 보육원에 아이를 맡기고 있다는 뜻이므로, 정답은 (C)가 된다. 근처 보육원은 이미 꽉 차 있었다고 했으므로, 나머지 선택지는 모두 틀린 내용이다.

- 勤務(きんむ) 근무 ～中(ちゅう) ～중 自宅(じたく) 자택 近(ちか)い 가깝다 途中(とちゅう) 도중

**3** この保育園について、正しいものはどれですか。
   (A) 朝7時から預けることが可能だ。
   (B) 1泊で預けることが可能だ。
   ✓ (C) 預ける時間を延ばすことが可能だ。
   (D) 近所の子供も利用が可能だ。

이 보육원에 대해서 맞는 것은 어느 것입니까?
(A) 아침 7시부터 맡기는 것이 가능하다.
(B) 1박으로 맡기는 것이 가능하다.
✓ (C) 맡기는 시간을 연장하는 것이 가능하다.
(D) 근처 아이도 이용이 가능하다.

- 후반부의 내용 문제. 회사 내에 있는 보육원은 기본적으로는 아침 9시부터 저녁 6시까지 맡길 수 있지만, 급한 회의나 야근이 있는 경우에는 8시까지 연장이 가능하다고 했다. 선택지 중 이와 일치하는 내용은 시간 연장이 가능하다고 한 (C)뿐이다. (A)의 경우 연장이 가능한 것은 등원이 아니라 퇴원 시간뿐이므로 틀린 설명이며, (B)나 (D)와 같은 내용은 나오지 않는다.

- 1泊(いっぱく) 1박 *「～泊(はく)」- 박 時間(じかん) 시간 延(の)ばす 연장하다

**(4~6)**

クラシック音楽を聞くと誰でも心身ともに安定するのはよく知られていることだが、6人間だけでなく植物も同じだというのには驚きだ。4クラシックを毎日朝晩2回聞いて育ったトマトはとても甘いし、バラはクラシックを聞かなかったバラに比べて茎も太く、花も大きいそうだ。ロック音楽でも育ててみたが、あまり効果が出なかったという。植物に感情があるわけではなくて、5音楽による空気の振動に植物の中の水分が反応して育ちがよくなるという。ちょっと嘘のような本当の話なのである。

클래식 음악을 들으면 누구나 심신 모두 안정되는 것은 잘 알려진 사실인데, 6인간뿐만 아니라 식물도 마찬가지라는 것에는 놀랐다. 4클래식을 매일 아침저녁 두 번 듣고 자란 토마토는 매우 달고, 장미는 클래식을 듣지 않은 장미에 비해 줄기도 굵고 꽃도 크다고 한다. 록음악으로도 키워 봤지만 별로 효과가 나타나지 않았다고 한다. 식물에 감정이 있는 것은 아니고 5음악에 의한 공기의 진동에 식물 속 수분이 반응하여 성장이 좋아진다고 한다. 조금 거짓말 같은 진짜 이야기인 것이다.

어휘 | クラシック 클래식 音楽(おんがく) 음악 聞(き)く 듣다 ～と ～하면 心身(しんしん) 심신, 몸과 마음 ともに 모두, 함께 安定(あんてい) 안정 よく 잘 知(し)られる 알려지다 人間(にんげん) 인간, 사람 ～だけでなく ～뿐만 아니라 植物(しょくぶつ) 식물 驚(おどろ)き 놀람, 놀라움 毎日(まいにち) 매일 朝晩(あさばん) 아침저녁 ～回(かい) ～회, ～번 育(そだ)つ 자라다, 성장하다 トマト 토마토 とても 아주, 매우 甘(あま)い 달다 バラ 장미 ～に比(くら)べて ～에 비해(서) 茎(くき) (식물의) 줄기 太(ふと)い 굵다 花(はな) 꽃 大(おお)きい 크다 ロック 록 育(そだ)てる 키우다 ～てみる ～해 보다 あまり (부정어 수반) 그다지, 별로 効果(こうか) 효과 出(で)る 나오다, 나타나다 感情(かんじょう) 감정 ～わけではない (전부) ～하는 것은 아니다 ～による ～에 의한[따른] 空気(くうき) 공기 振動(しんどう) 진동 中(なか) 안, 속 水分(すいぶん) 수분 反応(はんのう) 반응 育(そだ)ち 성장 ちょっと 조금, 좀 嘘(うそ) 거짓말 本当(ほんとう) 정말, 진짜 話(はなし) 이야기

**4** トマトはどんな音楽をどのように聞いて育ちましたか。
(A) ロックを朝晩2回聞いて育った。
(B) ジャズを一日中聞いて育った。
(C) クラシックを一日中聞いて育った。
✓(D) クラシックを一日に2回聞いて育った。

토마토는 어떤 음악을 어떻게 듣고 자랐습니까?
(A) 록을 아침저녁 두 번 듣고 자랐다.
(B) 재즈를 하루 종일 듣고 자랐다.
(C) 클래식을 하루 종일 듣고 자랐다.
✓(D) 클래식을 하루에 두 번 듣고 자랐다.

- 클래식 음악이 사람뿐만 아니라 식물에도 영향을 미치는 것에 놀라움을 표시하면서, 「クラシックを毎日(まいにち)朝晩(あさばん)2回(にかい)聞(き)いて育(そだ)ったトマト」(클래식을 매일 아침저녁 두 번 듣고 자란 토마토)를 예로 들고 있다. 정답은 (D)로, 「朝晩(あさばん)2回(にかい)」(아침저녁 두 번)를 선택지에서는 「一日(いちにち)に2回(にかい)」(하루에 두 번)로 바꿔 표현했다.
- ジャズ 재즈 一日(いちにち) 하루

194

**5** 音楽で植物の育ちがよくなるのはなぜですか。

    (A) 植物の中で感情が育つから

✓ (B) 植物の中にある水分が反応するから

    (C) 音楽を聞くと、仕事をする人間の能率が上がるから

    (D) 空気の振動が養分を地面から吸収する根の力を
       増やすから

음악으로 식물의 성장이 좋아지는 것은 어째서입
니까?

(A) 식물 속에서 감정이 자라기 때문에

✓ (B) 식물 속에 있는 수분이 반응하기 때문에

(C) 음악을 들으면 일을 하는 인간의 능률이 오르
기 때문에

(D) 공기의 진동이 양분을 지면에서 흡수하는 뿌
리의 힘을 늘리기 때문에

---

- 클래식 음악을 들려준 식물의 생육이 좋아지는 이유는 후반부에 나온다. 음악에 의한 공기의 진동에 식물 속 수분이 반응함으로 써 성장이 좋아진다고 했으므로, 정답은 (B)가 된다. 바로 앞 부분에서 식물에 감정이 있는 것은 아니라고 했으므로 (A)는 틀린 설명이며, (C)나 (D)와 같은 내용은 나오지 않는다.

- なぜ 왜, 어째서　仕事(しごと) 일, 업무　能率(のうりつ) 능률　上(あ)がる 오르다　養分(ようぶん) 양분
  地面(じめん) 지면, 땅바닥　吸収(きゅうしゅう) 흡수　根(ね) 뿌리　力(ちから) 힘　増(ふ)やす 늘리다

---

**6** この人は植物がこのような反応を示すことに対して、
どう思っていますか。

✓ (A) とても驚いている。

    (B) 全く信じられない。

    (C) 音楽好きだから嬉しい。

    (D) 自分も音楽で育ててみたい。

이 사람은 식물이 이와 같은 반응을 보이는 것에
대해 어떻게 생각하고 있습니까?

✓ (A) 매우 놀랐다.

(B) 전혀 믿을 수 없다.

(C) 음악을 좋아하기 때문에 기쁘다.

(D) 자신도 음악으로 키워 보고 싶다.

---

- 이런 신기한 현상에 대한 말하는 이의 생각은 초반부에 나오는데, 「人間(にんげん)だけでなく植物(しょくぶつ)も同(おな) じだというのには驚(おどろ)きだ」(인간뿐만 아니라 식물도 마찬가지라는 것에는 놀랐다)라고 했으므로, 정답은 (A)가 된다. 또한 맨 마지막 문장에서 조금 거짓말 같은 진짜 이야기라고 했으므로, 전혀 믿을 수 없다고 한 (B)는 틀린 설명이다. 또한, 놀라 움 외에 기쁘다거나 직접 음악으로 키워 보고 싶다는 희망에 대한 언급은 없으므로, (C)와 (D)도 답이 될 수 없다.

- 示(しめ)す 보이다, 나타내다　~に対(たい)して ~에 대해(서)　驚(おどろ)く 놀라다　全(まった)く (부정어 수반) 전혀
  信(しん)じる 믿다　~好(ず)き ~을[를] 좋아함　嬉(うれ)しい 기쁘다　自分(じぶん) 자기, 자신. 나

**STEP 5** 핵심 어휘를 메모하면서 들어 보세요.

**1** 林さんは、いつ初めての給料をもらいましたか。　　메모

    (A) 先月

    (B) 先週

    (C) 昨日

    (D) 今朝

**2** 林さんは、両親に何を買うつもりですか。　　메모

    (A) CDと財布

    (B) CDと時計

    (C) 財布とテレビ

    (D) 財布と時計

**3** 家族で、日曜日に何をする予定ですか。　　메모

    (A) レストランに行く。

    (B) 一緒に買い物に行く。

    (C) ドライブをする。

    (D) 家で食事をする。

**4** 林さんは、いつ自分へのプレゼントを買うつもり　　메모
ですか。

    (A) 貯金ができた時

    (B) 1年間勤めた後

    (C) 給料が高くなった時

    (D) 来月の給料をもらった時

**5** 子供たちの過ごし方はどう変わりましたか。

(A) 友達の家で一緒に勉強するようになった。

(B) 友達と遊ばなくなってしまった。

(C) 家の手伝いをするようになった。

(D) 1人で外出しなくなった。

**6** この人の住んでいる地域では、どのようなことを
していますか。

(A) 交代で子供を預かっている。

(B) 交代で子供の送り迎えをしている。

(C) 交代で通学コースの見回りをしている。

(D) 先生が子供の送り迎えをしている。

**7** この人は、どうして働き方を変えようと思ってい
るのですか。

(A) 子供を狙った犯罪が増えているため

(B) 経済的に苦しいため

(C) 子供に仕事を辞めてほしいと言われたため

(D) 様々な犯罪を犯す子供が増えているため

## (1~4)

林さんは¹先週、会社に入ってから初めての給料をもらいました。とても嬉しかったので、両親にプレゼントを買うことにしました。²音楽が趣味のお父さんにはCD、お母さんには前から欲しがっていたフランス製の財布にするつもりです。そして³日曜日の晩は、姉と弟も一緒に、家族皆でレストランで食事をしようと思っています。自分のためには、新しい時計が欲しいのですが、給料があまり高くないので、⁴次の給料の時に買おうと思っています。

하야시 씨는 ¹지난주 회사에 들어가고 나서 첫 급여를 받았습니다. 매우 기뻤기 때문에 부모님에게 선물을 사기로 했습니다. ²음악이 취미인 아버지에게는 CD, 어머니에게는 전부터 갖고 싶어했던 프랑스제 지갑으로 할 생각입니다. 그리고 ³일요일 밤에는 언니와 남동생도 함께 가족 모두가 다 레스토랑에서 식사를 하려고 생각하고 있습니다. 자신을 위해서는 새 시계가 갖고 싶지만 급여가 별로 높지 않기 때문에 ⁴다음 급여 때 사려고 생각하고 있습니다.

어휘 | 先週(せんしゅう) 지난주　会社(かいしゃ) 회사　入(はい)る 들어가다, 입사하다　~てから ~하고 나서, ~한 후에　初(はじ)めて 처음(으로)　給料(きゅうりょう) 급여, 급료　もらう (남에게) 받다　とても 아주, 매우　嬉(うれ)しい 기쁘다　両親(りょうしん) 양친, 부모　プレゼント 프레젠트, 선물　買(か)う 사다　동사의 보통형+ことにする ~하기로 하다　音楽(おんがく) 음악　趣味(しゅみ) 취미　お父(とう)さん 아버지　お母(かあ)さん 어머니　前(まえ) 전, 이전　欲(ほ)しがる 갖고 싶어하다　フランス製(せい) 프랑스제　財布(さいふ) 지갑　동사의 보통형+つもりだ ~할 생각[작정]이다　そして 그리고　日曜日(にちようび) 일요일　晩(ばん) 밤　姉(あね) (자신의) 언니, 누나　弟(おとうと) (자신의) 남동생　一緒(いっしょ)に 함께　家族(かぞく) 가족　皆(みんな)で 모두 함께, 다 같이　レストラン 레스토랑　食事(しょくじ) 식사　自分(じぶん) 자기, 자신, 나　명사+の+ためには ~위해서는　新(あたら)しい 새롭다　時計(とけい) 시계　欲(ほ)しい 갖고 싶다　あまり (부정어 수반) 그다지, 별로　高(たか)い 높다　次(つぎ) 다음

**1** 林さんは、いつ初めての給料をもらいましたか。
(A) 先月
(B) 先週
(C) 昨日
(D) 今朝

하야시 씨는 언제 첫 급여를 받았습니까?
(A) 지난달
(B) 지난주
(C) 어제
(D) 오늘 아침

해설 | 첫 번째 문장에서 지난주 회사에 들어가고 나서 첫 급여를 받았다고 했으므로, 정답은 (B)가 된다.

어휘 | 先月(せんげつ) 지난달　昨日(きのう) 어제　今朝(けさ) 오늘 아침

**2** 林さんは、両親に何を買うつもりですか。
(A) CDと財布
(B) CDと時計
(C) 財布とテレビ
(D) 財布と時計

하야시 씨는 부모님에게 무엇을 살 생각입니까?
(A) CD와 지갑
(B) CD와 시계
(C) 지갑과 텔레비전
(D) 지갑과 시계

해설 | 첫 월급을 받은 하야시 씨는 매우 기뻐하며 부모님께 선물을 사 드리기로 했다. 그 구체적인 항목은 세 번째 문장에 나오는데, 음악이 취미인 아버지에게는 CD, 어머니에게는 전부터 갖고 싶어했던 프랑스제 지갑을 살 생각이라고 했다. 따라서 정답은 (A)가 된다.

어휘 | テレビ 텔레비전, TV *「テレビジョン」의 준말

**3** 家族で、日曜日に何をする予定ですか。

(A) レストランに行く。

(B) 一緒に買い物に行く。

(C) ドライブをする。

(D) 家で食事をする。

가족끼리 일요일에 무엇을 할 예정입니까?

(A) 레스토랑에 간다.

(B) 함께 쇼핑하러 간다.

(C) 드라이브를 한다.

(D) 집에서 식사를 한다.

해설 | 후반부에서 일요일 밤에는 가족끼리 레스토랑에서 식사를 하려고 생각하고 있다고 했으므로, 정답은 (A)가 된다.

어휘 | 買(か)い物(もの) 물건을 삼, 쇼핑, 장을 봄　ドライブ 드라이브

**4** 林さんは、いつ自分へのプレゼントを買うつもりですか。

(A) 貯金ができた時

(B) 1年間勤めた後

(C) 給料が高くなった時

(D) 来月の給料をもらった時

하야시 씨는 언제 자신에게의 선물을 살 생각입니까?

(A) 저금이 생겼을 때

(B) 1년간 근무한 후

(C) 급여가 높아졌을 때

(D) 다음 달의 급여를 받았을 때

해설 | 마지막 문장에서 자신을 위해서는 새 시계가 갖고 싶지만, 급여가 별로 높지 않기 때문에 다음 급여 때 사려고 생각하고 있다고 했다. 따라서 정답은 (D)가 된다.

어휘 | 貯金(ちょきん) 저금　できる 생기다　勤(つと)める 근무하다　来月(らいげつ) 다음 달

## (5~7)

子供が被害に遭う事件が次々に起こっている。ニュースを聞く度に、私も自分の子供のことが心配になる。子供たちも外で遊ぶのを怖がっている。⁵友達の家に行くのにも親がついて行く状態だ。⁶地域の人が交代で通学コースの見回りをしてくれているが、⁷人に任せているだけではなく、私も何かしなければならないと思っている。経済的なことを考えると、今勤めている会社は辞められないが、勤務時間を変えるなど、何らかの対応はできるだろう。

아이가 피해를 당하는 사건이 잇따라 일어나고 있다. 뉴스를 들을 때마다 나도 내 아이가 걱정된다. 아이들도 밖에서 노는 것을 무서워하고 있다. ⁵친구 집에 가는 데도 부모가 따라가는 상태다. ⁶지역 사람이 교대로 통학 코스 순찰을 해 주고 있는데 ⁷남에게 맡기고만 있을 것이 아니라 나도 뭔가 해야겠다고 생각하고 있다. 경제적인 것을 생각하면 지금 근무하고 있는 회사는 그만둘 수 없지만, 근무 시간을 바꾸는 등 얼마간의 대응은 할 수 있을 것이다.

어휘 | 子供(こども) 아이　被害(ひがい) 피해　遭(あ)う (어떤 일을) 당하다, 겪다　事件(じけん) 사건　次々(つぎつぎ)に 잇따라, 계속해서
起(お)こる 일어나다, 발생하다　ニュース 뉴스　聞(き)く 듣다　~度(たび)に ~때마다　自分(じぶん) 자기, 자신, 나
心配(しんぱい) 걱정, 염려　~たち (사람이나 생물을 나타내는 말에 붙어) ~들　外(そと) 밖　遊(あそ)ぶ 놀다　怖(こわ)がる 무서워하다
友達(ともだち) 친구　家(いえ) 집　親(おや) 부모　つく 따르다, 붙다　状態(じょうたい) 상태　地域(ちいき) 지역　交代(こうたい) 교대
通学(つうがく) 통학　コース 코스　見回(みまわ)り 돌아봄, 순찰함　~てくれる (남이 나에게) ~해 주다　人(ひと) 남, 타인
任(まか)せる 맡기다　~だけ ~만, ~뿐　何(なに)か 무엇인가, 뭔가　~なければならない ~하지 않으면 안 된다, ~해야 한다
経済的(けいざいてき)だ 경제적이다　考(かんが)える 생각하다　~と ~하면　勤(つと)める 근무하다　会社(かいしゃ) 회사
辞(や)める (일자리를) 그만두다　勤務(きんむ) 근무　時間(じかん) 시간　変(か)える 바꾸다　~など ~등　何(なん)らか 무언가, 얼마간
対応(たいおう) 대응　できる 할 수 있다, 가능하다　~だろう ~일[할] 것이다, ~겠지 *추측의 뜻을 나타냄

**5** 子供たちの過ごし方はどう変わりましたか。

(A) 友達の家で一緒に勉強するようになった。

(B) 友達と遊ばなくなってしまった。

(C) 家の手伝いをするようになった。

(D) 1人で外出しなくなった。

아이들이 지내는 방법은 어떻게 변했습니까?

(A) 친구 집에서 함께 공부하게 되었다.

(B) 친구와 놀지 않게 되어 버렸다.

(C) 집안일을 돕게 되었다.

(D) 혼자서 외출하지 않게 되었다.

해설 | 최근 잇따른 아동 대상 범죄로 인해 발생하는 현상에 대해 이야기하고 있다. 그 때문에 아이들은 밖에서 노는 것을 무서워하게 되었다고 하면서, 네 번째 문장에서 「友達(ともだち)の家(いえ)に行(い)くのにも親(おや)がついて行(い)くという状態(じょうたい)だ」(친구 집에 가는데도 부모가 따라가는 상태다)라고 했다. 즉, 밖에 나갈 때는 혼자가 아니라 부모가 동반하게 되었다는 뜻이므로, 정답은 (D)가 된다.

어휘 | 過(す)ごす (시간을) 보내다, 지내다  동사의 ます형+方(かた) ~하는 법  変(か)わる 바뀌다, 변하다  一緒(いっしょ)に 함께  勉強(べんきょう) 공부  ~ようになる ~하게(끔) 되다  ~てしまう ~해 버리다, ~하고 말다  手伝(てつだ)い 도와줌, 도움
1人(ひとり)で 혼자서  外出(がいしゅつ) 외출

---

**6**  この人(ひと)の住(す)んでいる地域(ちいき)では、どのようなことをしていますか。
(A) 交代(こうたい)で子供(こども)を預(あず)かっている。
(B) 交代(こうたい)で子供(こども)の送(おく)り迎(むか)えをしている。
(C) 交代(こうたい)で通学(つうがく)コースの見回(みまわ)りをしている。
(D) 先生(せんせい)が子供(こども)の送(おく)り迎(むか)えをしている。

이 사람이 살고 있는 지역에서는 어떤 것을 하고 있습니까?
(A) 교대로 아이를 맡고 있다.
(B) 교대로 아이를 데려다 주고 데려오고 있다.
(C) 교대로 통학 코스 순찰을 하고 있다.
(D) 선생님이 아이를 데려다 주고 데려오고 있다.

해설 | 중반부에서 범죄로부터 아이들을 보호하기 위해 「地域(ちいき)の人(ひと)が交代(こうたい)で通学(つうがく)コースの見回(みまわ)りをしてくれている」(지역 사람들이 교대로 통학 코스 순찰을 해 주고 있다)라고 했다. 따라서 정답은 (C)가 된다.

어휘 | 住(す)む 살다, 거주하다  預(あず)かる 맡다  送(おく)り迎(むか)え 배웅과 마중, 데려다 주고 데려옴  先生(せんせい) 선생(님)

---

**7**  この人(ひと)は、どうして働(はたら)き方(かた)を変(か)えようと思(おも)っているのですか。
(A) 子供(こども)を狙(ねら)った犯罪(はんざい)が増(ふ)えているため
(B) 経済的(けいざいてき)に苦(くる)しいため
(C) 子供(こども)に仕事(しごと)を辞(や)めてほしいと言(い)われたため
(D) 様々(さまざま)な犯罪(はんざい)を犯(おか)す子供(こども)が増(ふ)えているため

이 사람은 어째서 일하는 방식을 바꾸려고 생각하고 있는 것입니까?
(A) 아이를 노린 범죄가 늘고 있기 때문에
(B) 경제적으로 어렵기 때문에
(C) 아이가 일을 그만두었으면 한다고 했기 때문에
(D) 다양한 범죄를 저지르는 아이가 늘고 있기 때문에

해설 | 전반적인 내용의 이해를 묻는 문제. 최근 잇따른 아동 대상 범죄로 인해 지역 사람들은 교대로 순찰을 하는 등 나름의 노력을 하고 있다. 그리고 이런 이웃들의 행동을 보고 이 사람도 '남에게 맡기고만 있을 것이 아니라 나도 뭔가 해야겠다'라고 느끼고, 일하는 시간을 바꾸는 등의 대응책을 언급했다. 즉, 이 사람이 일하는 방식을 바꾸려는 이유는 늘어나는 아동 대상 범죄를 예방하기 위해서라는 것을 알 수 있으므로, 정답은 (A)가 된다.

어휘 | どうして 어째서, 왜  働(はたら)き方(かた) 일하는 모양[방식]  狙(ねら)う 노리다  犯罪(はんざい) 범죄
増(ふ)える 늘다, 늘어나다  ~ため(に) ~때문(에)  苦(くる)しい 어렵다, 곤궁하다  仕事(しごと) 일, 업무
~てほしい ~해 주었으면 하다, ~하길 바라다  ~と言(い)われる ~라는 말을 듣다, ~라고 하다
様々(さまざま)だ 다양하다, 여러 가지다  犯(おか)す (범죄 등을) 저지르다, 범하다

# 주요 어휘 및 표현 정리 20

| 한자 | 읽기 | 의미 |
|---|---|---|
| ☐ 疲れる | つかれる | 피로해지다, 지치다 |
| ☐ 急ぐ | いそぐ | 서두르다 |
| ☐ 牛肉 | ぎゅうにく | 소고기 |
| ☐ 血 | ち | 피 |
| ☐ 教員 | きょういん | 교원 |
| ☐ 保育園 | ほいくえん | 보육원 |
| ☐ 預ける | あずける | 맡기다 |
| ☐ 心身 | しんしん | 심신, 몸과 마음 |
| ☐ 反応 | はんのう | 반응 |
| ☐ 一日中 | いちにちじゅう | 하루 종일 |
| ☐ 増やす | ふやす | 늘리다 |
| ☐ 全く | まったく | (부정어 수반) 전혀 |
| ☐ 欲しがる | ほしがる | 갖고 싶어하다 |
| ☐ 今朝 | けさ | 오늘 아침 |
| ☐ 貯金 | ちょきん | 저금 |
| ☐ 被害 | ひがい | 피해 |
| ☐ 遭う | あう | (어떤 일을) 당하다, 겪다 |
| ☐ 見回り | みまわり | 돌아봄, 순찰함 |
| ☐ 預かる | あずかる | 맡다 |
| ☐ 犯す | おかす | (범죄 등을) 저지르다, 범하다 |

STEP 1 먼저 핵심 기출 어휘 및 표현을 익히세요.

## 핵심 기출 어휘 및 표현
음원 84

- 放送 방송
- 楽器 악기
- 到着 도착
- 発表 발표
- 目的 목적
- 警報 경보
- 閉館 폐관
- 退職 퇴직
- 地上 지상, 땅 위
- 配慮 배려
- 役割 역할
- 滞在 체재
- 好物 좋아하는 음식
- 必需品 필수품
- 喫茶店 찻집

- 披露宴 피로연
- 気立て 마음씨
- リフォーム 리폼
- 涼しい 시원하다, 선선하다
- 切ない 애달프다, 안타깝다
- 厳しい 혹독하다, 힘들다
- 活発だ 활발하다
- 多様だ 다양하다
- 不安だ 불안하다
- 呼ぶ 부르다
- 出す (책 등을) 내다, 발행하다
- 迫る 강요하다
- 間違える 잘못하다, 틀리다
- 対象 대상
- 自宅 자택

- 連絡 연락
- 減少 감소
- 維持 유지
- 避難 피난
- 許可 허가
- 影響 영향
- 印象 인상
- 登録 등록
- 石油 석유
- 年齢 연령
- 上回る 웃돌다
- 味わう 맛보다
- しばしば 자주
- スケジュール 스케줄
- 改めて 새삼스럽게
- 売り切れる 다 팔리다
- 手軽だ 손쉽다, 간단하다
- ユニークだ 유니크다, 독특하다
- 人気 인기
- 確認 확인
- 話題 화제

- 集中 집중
- 募集 모집
- 対応 대응
- 情報 정보
- 気温 기온
- 講演 강연
- 働き 작용
- 開催 개최
- 規模 규모
- 案内 안내
- あえて 굳이
- 励ます 격려하다
- 順番 순번, 차례
- アンケート 앙케트
- 取り入れる 받아들이다
- 問い合わせる 문의하다
- 足を運ぶ 들르다
- 長蛇の列 장사진, 많은 사람이 줄을 지어 길게 늘어선 모양
- ことごとく 모두, 전부
- 軒並み 일제히, 모두
- ～わけだ ～인 셈[것]이다

- 동사의 ます형+続ける 계속 ~하다

- よりによって 하필이면

- ~向け ~대상, ~용

- 噂が立つ 소문이 나다

- ~に似ている ~을[를] 닮다

- ~同士 ~끼리

- ~ないうちに ~하기 전에

- ~にとって ~에게 있어서

- 休みを取る 휴식을 취하다

- ばかにできない 얕볼 수 없다

- ~のみならず ~뿐만 아니라

- 万全を期する 만전을 기하다

- 気が付く 깨닫다, 알아차리다

- 何かにつけ 여러 가지 점에서

- 類がない 유례가 없다

- 동사의 ます형+つつある ~하고 있다

- 後を絶たない (어떤 일이) 끊이지 않다

- 동사의 ます형+かねない ~할지도 모른다

- ~てたまらない ~해서 견딜 수 없다, 너무 ~하다

- ~にとどまらず ~에 그치지 않고, ~뿐만 아니라

- ご覧になる 보시다

- 次から次に 계속해서

- ~によると ~에 의하면[따르면]

- ~とはいえ ~라고 해도

- 念頭に置く 염두에 두다

- 身に付ける (지식·기술 등을) 몸에 익히다

- ~にひきかえ ~와 달리, ~와는 반대로

- 当てにする 기대다, 기대하다, 믿다

- ~ば~ほど ~하면 ~할수록

- 気が利く 눈치가 있다, 재치 있다

- 注意を向ける 주의를 기울이다

- ~恐れがある ~할 우려가 있다

- ~ばよかった ~하면 좋았을 텐데

- ~ともなしに 특별히 ~할 생각 없이

- ~に応じて ~에 따라, ~에 적합하게

- 頭が真っ白になる 머릿속이 하얘지다

- お+동사의 ます형+する ~하다, ~해 드리다

- ~ならいざ知らず ~은 어떤지 모르지만

**STEP 2** 이제 YBM이 엄선한 빈출 문제를 잘 듣고 풀어 보세요.

## (1~3)

色が持つ働きを意識したことがありますか。実は、1人間関係から服装、食事に至るまで、人が受ける印象は外から見た様子に影響されることが多いのです。その印象を決める上で、色は大切な働きをしています。専門家によると、仕事の場でも場面ごとにふさわしい色があるといいます。ネクタイ1つでも色によって様々な印象を持たれるようです。例えば赤は積極性を表すのに効果的なので、重要な会議などがある時によく、3濃い青は信頼感を与えるので、正式に詫びなければならないような場面にいいということです。

색이 갖는 작용을 의식한 적이 있습니까? 실은 1인간관계에서 복장, 식사에 이르기까지 사람이 받는 인상은 외부에서 본 모습에 영향을 받는 경우가 많습니다. 그 인상을 결정하는 데, 색은 중요한 작용을 하고 있습니다. 전문가에 따르면 일하는 곳에서도 장면마다 어울리는 색이 있다고 합니다. 넥타이 하나로도 색에 따라 여러 가지 인상을 가지게 되는 것 같습니다. 예를 들어 2빨강은 적극성을 나타내는 데 효과적이기 때문에 중요한 회의 등이 있을 때 좋고, 3짙은 파랑은 신뢰성을 주기 때문에 정식으로 사과하지 않으면 안 되는 장면에 좋다고 합니다.

**1** どうして色を意識するといいと言っていますか。
(A) 人によって似合う色は違うから
✓(B) 人の印象は外から見た感じに影響されるから
(C) 流行っている色を使った方がいい印象を与えるから
(D) 人の好みは服装に表れるから

왜 색을 의식하면 좋다고 말하고 있습니까?
(A) 사람에 따라서 어울리는 색이 다르기 때문에
✓(B) 사람의 인상은 외부에서 본 느낌에 영향을 받기 때문에
(C) 유행하고 있는 색을 사용하는 편이 좋은 인상을 주기 때문에
(D) 사람의 기호는 복장에 나타나기 때문에

**2** 赤はどんな効果がある色だと言っていますか。
(A) 攻撃的な印象を与える。
✓(B) やる気があるように見せる。
(C) 話がうまそうに聞こえる。
(D) 優しく暖かい印象を与える。

빨강은 어떤 효과가 있는 색이라고 말하고 있습니까?
(A) 공격적인 인상을 준다.
✓(B) 의욕이 있는 것처럼 보인다.
(C) 이야기를 잘하는 것처럼 들린다.
(D) 상냥하고 따뜻한 인상을 준다.

**3** 濃い青はどんな場面で効果があると言っていますか。
(A) 上司と大切な話をする時
(B) 商品を売るための価格交渉の時
(C) 重要な会議で発表する時
✓(D) きちんと謝らなければならない時

짙은 파랑은 어떤 장면에서 효과가 있다고 말하고 있습니까?
(A) 상사와 중요한 이야기를 할 때
(B) 상품을 팔기 위한 가격 교섭 때
(C) 중요한 회의에서 발표할 때
✓(D) 제대로 사과하지 않으면 안 될 때

**STEP 3** 문제의 내용을 정확하게 기억하면서 지문을 들으세요.

**Point 1** 문제의 내용과 핵심적인 단어를 기억

문제의 내용을 정확하게 기억하고 핵심적인 단어나 표현은 표시해 두기!

**Point 2** 문제와 관련 있는 내용을 메모하면서 듣기

문제와 관련 있는 내용이나 단어가 나오면 반드시 메모하면서 듣기!

## | CHECK UP |

### (1~3)

マンションの皆様にお知らせします。 Point 1 来週、皆様が共同で使われる廊下やエレベーターなどの電気関係と、水道の電気関係の検査を行います。 Point 2 日時は6月25日から27日までの午後1時より3時までです。 Point 2 その間はどの家庭も断水になり、エレベーターも使えなくなりますので、ご注意ください。各ご家庭の電気関係の検査は別の日に行いますので、ご家庭の電気は停電にはなりません。しかし、場所によっては一時的にテレビの映りが悪くなったり、パソコンが使用できなくなるかもしれません。ご協力よろしくお願いいたします。

(중·고층) 아파트 주민 여러분께 알립니다. Point 1 다음 주에 여러분이 공동으로 사용하시는 복도나 엘리베이터 등의 전기 관계와 수도의 전기 관계 검사를 실시합니다. Point 2 일시는 6월 25일부터 27일까지의 오후 1시부터 3시까지입니다. Point 2 그 사이에는 모든 가정이 단수가 되고 엘리베이터도 사용할 수 없게 되므로 주의해 주세요. 각 가정의 전기 관계 검사는 다른 날에 실시하므로 가정의 전기는 정전이 되지는 않습니다. 하지만 장소에 따라서는 일시적으로 TV 영상이 나빠지거나 컴퓨터를 사용할 수 없게 될지도 모릅니다. 협력 잘 부탁드리겠습니다.

---

**1** このマンションでは来週何の検査がありますか。
(A) 各家庭の水道の検査
(B) 各家庭の電気の検査
(C) マンションの共同使用部分のガスの検査
✓ (D) マンションの共同使用部分の電気の検査

이 (중·고층) 아파트에서는 다음 주에 무슨 검사가 있습니까?
(A) 각 가정의 수도 검사
(B) 각 가정의 전기 검사
(C) (중·고층) 아파트 공동 사용 부분의 가스 검사
✓ (D) (중·고층) 아파트 공동 사용 부분의 전기 검사

**Point 1** 문제의 내용과 핵심적인 단어를 기억

● 두 번째 문장에서 이 아파트는 다음 주에 공동으로 사용하는 복도와 엘리베이터 등의 전기 관계와 수도의 전기 관계 검사를 실시한다고 했음.

**2** 検査の日時で、正しいものはどれですか。
- (A) 6月25日から27日までの午前中
- ✓ (B) 6月25日から27日までの午後
- (C) 6月27日から29日までの夕方
- (D) 6月27日から29日までの夜中

검사 일시로 맞는 것은 어느 것입니까?
- (A) 6월 25일부터 27일까지의 오전 중
- ✓ (B) 6월 25일부터 27일까지의 오후
- (C) 6월 27일부터 29일까지의 저녁때
- (D) 6월 27일부터 29일까지의 한밤중

**Point 2** 문제와 관련 있는 내용을 메모하면서 듣기

🔾 세 번째 문장에서 일시는 6월 25일부터 27일까지의 오후 1시부터 3시까지라고 했음.

**3** 検査中のことで、正しいものはどれですか。
- ✓ (A) どの家庭も水が止まる。
- (B) パソコンはどの部屋も使える。
- (C) エレベーターは一部動く。
- (D) どの家庭も停電になる。

검사 중의 일로 맞는 것은 어느 것입니까?
- ✓ (A) 모든 가정이 물이 끊긴다.
- (B) 컴퓨터는 모든 방에서 쓸 수 있다.
- (C) 엘리베이터는 일부 작동한다.
- (D) 모든 가정이 정전이 된다.

**Point 2** 문제와 관련 있는 내용을 메모하면서 듣기

🔾 검사 중에는 모든 가정이 단수가 된다고 했음.

**STEP 4** 다음 기출문제를 기출문제 풀이 전략을 적용해서 풀어 보세요.

## (1~4)

初めに、結婚式をする教会とパーティーのお部屋をご説明いたします。¹教会はホテルから少し離れた所で、坂の上にございます。海が見えて素晴らしい景色です。結婚式の後、ホテルでパーティーをいたします。パーティーのお部屋は3つあって、どのお部屋も明るくて景色もいいのですが、²海が見えるのは一番大きいお部屋からだけです。こちらはとても人気があります。³パーティーのお料理は、2つのコースから選んでいただきます。⁴それでは、教会とお部屋を見ていただきますので、こちらへどうぞ。

처음에 결혼식을 할 교회와 파티 방을 설명해 드리겠습니다. ¹교회는 호텔에서 조금 떨어진 곳으로 고개 위에 있습니다. 바다가 보여 멋진 경치입니다. 결혼식 후 호텔에서 파티를 합니다. 파티 방은 세 개가 있고 어느 방도 밝고 경치도 좋습니다만, ²바다가 보이는 것은 가장 큰 방에서뿐입니다. 이곳은 매우 인기가 있습니다. ³파티 요리는 두 개 코스에서 고르시면 됩니다. ⁴그럼, 교회와 방을 보실 테니 이쪽으로 오세요.

어휘 | 初(はじ)め 처음　結婚式(けっこんしき) 결혼식　教会(きょうかい) 교회　パーティー 파티　部屋(へや) 방
ご+한자명사+いたす ~하다, ~해 드리다 *겸양표현　説明(せつめい) 설명　ホテル 호텔　少(すこ)し 조금
離(はな)れる (사이가) 떨어지다　所(ところ) 곳, 장소　坂(さか) 비탈길, 고개　上(うえ) 위　ござる 있다 *「ある」의 정중어　海(うみ) 바다
見(み)える 보이다　素晴(すば)らしい 멋지다　景色(けしき) 경치, 풍경　後(あと) 후　いたす 하다 *「する」의 겸양어
明(あか)るい 밝다, (빛·색이) 환하다　一番(いちばん) 가장, 제일　大(おお)きい 크다　~だけ ~만, ~뿐　こちら 이곳, 이쪽
とても 아주, 매우　人気(にんき) 인기　料理(りょうり) 요리　コース 코스　選(えら)ぶ 고르다, 선택하다
~て[で]いただく (남에게) ~해 받다, (남이) ~해 주시다 *「~てもらう」((남에게) ~해 받다, (남이) ~해 주다)의 겸양표현
それでは 그러면, 그렇다면, 그럼　どうぞ 상대방에게 무언가를 권하거나 허락할 때 쓰는 말

**1** 教会はどこにありますか。

　√(A) ホテルより高い所
　(B) ホテルのすぐ横
　(C) ホテルの中
　(D) ホテルの前の通り

교회는 어디에 있습니까?
√(A) 호텔보다 높은 곳
(B) 호텔 바로 옆
(C) 호텔 안
(D) 호텔 앞의 길

■ 결혼식을 치를 교회와 연회장을 소개하고 있다. 두 번째 문장에서 교회는 호텔에서 조금 떨어진 곳의 고개 위에 있다고 했다.
　즉, 교회는 호텔과는 조금 거리가 있고 호텔보다 높은 곳에 위치하고 있다는 것을 알 수 있으므로, 정답은 (A)가 된다.

■ ~より ~보다　高(たか)い 높다　すぐ 곧, 바로　横(よこ) 옆　中(なか) 안　前(まえ) 앞　通(とお)り 길, 거리, 도로

**2** 一番大きい部屋は、どうして人気がありますか。

(A) たくさん人が入れるから

✓ (B) 海が見えるから

(C) 一番新しいから

(D) 他の部屋より明るいから

가장 큰 방은 왜 인기가 있습니까?
(A) 많은 사람이 들어갈 수 있기 때문에
✓ (B) 바다가 보이기 때문에
(C) 가장 새롭기 때문에
(D) 다른 방보다 밝기 때문에

---

- 호텔의 파티 방에 대한 내용은 중반부에 나온다. 호텔에 있는 세 개의 파티 방은 모두 경치가 좋고 인기가 있지만, 그 가운데에서도 바다가 보이는 것은 가장 큰 방뿐이라서 매우 인기가 있다고 했다. 따라서, 정답은 (B)가 된다.

- どうして 어째서, 왜 たくさん 많음 入(はい)る 들어가다 新(あたら)しい 새롭다 他(ほか) 다름

---

**3** パーティーの料理はどうなっていますか。

(A) コースは1つしかない。

✓ (B) 2つのコースから選べる。

(C) メニューから好きな料理を選ぶ。

(D) どのような料理でも注文できる。

파티 요리는 어떻게 되어 있습니까?
(A) 코스는 하나밖에 없다.
✓ (B) 두 개의 코스에서 고를 수 있다.
(C) 메뉴에서 좋아하는 요리를 고른다.
(D) 어떤 요리라도 주문할 수 있다.

---

- 후반부에서 파티 요리는 두 개의 코스 중에서 고를 수 있다고 했으므로, 정답은 (B)가 된다. 코스는 하나가 아니라 두 개이며, 파티 요리는 코스 가운데에서만 선택할 수 있으므로, 나머지 선택지는 모두 틀린 설명이다.

- ~しか (부정어 수반) ~밖에 メニュー 메뉴 好(す)きだ 좋아하다 注文(ちゅうもん) 주문

---

**4** この人はこれから何をしますか。

(A) お客さんに値段の説明をする。

✓ (B) お客さんを教会に案内する。

(C) パーティー料理の準備をする。

(D) お客さんにパーティーを見てもらう。

이 사람은 이제부터 무엇을 합니까?
(A) 손님에게 가격 설명을 한다.
✓ (B) 손님을 교회로 안내한다.
(C) 파티 요리 준비를 한다.
(D) 손님에게 파티를 보게 한다.

---

- 마지막 문장의 의미를 파악하는 것이 포인트로, 교회와 방을 보여 줄 테니 이쪽으로 오라고 했다. 즉, 먼저 교회와 파티 방에 대한 소개를 마친 후, 고객에게 실제 장소를 보여 주기 위해 함께 이동하려 하고 있다는 것을 알 수 있다. 따라서, 정답은 (B)가 된다.

- お客(きゃく)さん 손님 値段(ねだん) 가격 案内(あんない) 안내 準備(じゅんび) 준비
  ~てもらう (남에게) ~해 받다, (남이) ~해 주다

**(5~7)**

⁵我が社は、12年間の実績を持つ派遣会社です。現在、来年度大学卒業予定の方を募集中です。⁶登録後は、最初の2年間は我が社の契約社員として私どもが紹介する企業で勤務していただきます。勤務する中でその企業との条件が合えば、その企業の正社員として採用されます。私どもの会社に登録された方の約7割の方が各企業の正社員になり、その数は4,000名に達しています。⁷登録前には充実した研修を一部有料ですが受けられますし、勤務先の変更のご相談など丁寧にアドバイスしています。是非我が社への登録をご検討ください。

⁵우리 회사는 12년간의 실적을 가진 파견회사입니다. 현재 내년도 대학 졸업 예정인 분을 모집 중입니다. ⁶등록 후는 처음 2년간은 우리 회사의 계약사원으로서 저희들이 소개하는 기업에서 근무하게 됩니다. 근무하는 중에 그 기업과의 조건이 맞으면 그 기업의 정사원으로서 채용됩니다. 저희들 회사에 등록된 분의 약 70%의 분이 각 기업의 정사원이 되어 그 수는 4천 명에 이르고 있습니다. ⁷등록 전에는 알찬 연수를 일부 유료입니다만 받을 수 있고, 근무지의 변경 상담 등 정성스럽게 조언하고 있습니다. 꼭 저희 회사로의 등록을 검토해 주십시오.

**어휘 |** 我(わ)が社(しゃ) 우리 회사　~年間(ねんかん) ~년간　実績(じっせき) 실적　持(も)つ 가지다　派遣会社(はけんがいしゃ) 파견회사　現在(げんざい) 현재　来年度(らいねんど) 내년도　大学(だいがく) 대학(교)　卒業(そつぎょう) 졸업　予定(よてい) 예정　方(かた) 분　募集(ぼしゅう) 모집　~中(ちゅう) ~중　登録(とうろく) 등록　~後(ご) ~후　最初(さいしょ) 최초, 맨 처음　契約(けいやく) 계약　社員(しゃいん) 사원　~として ~로서　~ども (1인칭에 붙여서) ~들　紹介(しょうかい) 소개　企業(きぎょう) 기업　勤務(きんむ) 근무　~て[で]いただく (남에게) ~해 받다, (남이) ~해 주시다 *「~てもらう」((남에게) ~해 받다, (남이) ~해 주다)의 겸양표현　条件(じょうけん) 조건　合(あ)う 맞다　正社員(せいしゃいん) 정사원　採用(さいよう) 채용　約(やく) 약　~割(わり) ~할, 십분의 일　各(かく) 각　数(かず) 수　達(たっ)する 이르다, 달하다, 도달하다　充実(じゅうじつ) 충실　研修(けんしゅう) 연수　一部(いちぶ) 일부　有料(ゆうりょう) 유료　受(う)ける 받다　~し ~하고　勤務先(きんむさき) 근무지　変更(へんこう) 변경　相談(そうだん) 상담, 상의, 의논　丁寧(ていねい)だ 정성스럽다　アドバイス 어드바이스, 조언　是非(ぜひ) 부디, 꼭　ご+한자명사+ください ~해 주십시오 *존경표현　検討(けんとう) 검토

**5** この会社はどういう会社ですか。
　(A) 社員を派遣する仕事を始めたばかりの会社
　(B) 研修担当者向けの研修を行っている会社
　(C) 大学生にアルバイト先を紹介する会社
✓(D) 社員の派遣に実績がある会社

이 회사는 어떤 회사입니까?
(A) 사원을 파견하는 일을 막 시작한 회사
(B) 연수 담당자 대상의 연수를 실시하고 있는 회사
(C) 대학생에게 아르바이트하는 곳을 소개하는 회사
✓(D) 사원 파견에 실적이 있는 회사

- 이 회사에 대한 설명은 첫 번째 문장에 나온다. 우리 회사는 12년간의 실적을 가진 파견회사라고 소개하고 있으므로, 정답은 (D)가 된다. (A)는 12년의 경력과는 거리가 먼 신생 파견회사에 대한 설명이고, (B)는 연수 담당자 대상의 연수를 실시하고 있는 회사도 아니므로 답이 될 수 없다. 또한 두 번째 문장에서 이 회사에 등록한 대학 졸업 예정자는 계약직을 거쳐 정사원이 될 수 있다고 했으므로, (C)도 틀린 설명이다.

- 仕事(しごと) 일　始(はじ)める 시작하다　동사의 た형+ばかり 막 ~함, ~한 지 얼마 안 됨　担当者(たんとうしゃ) 담당자　~向(む)け ~대상, ~용　行(おこな)う 행하다, 실시하다　大学生(だいがくせい) 대학생　アルバイト先(さき) 아르바이트하는 곳

**6** この<ruby>会社<rt>かいしゃ</rt></ruby>に<ruby>登録<rt>とうろく</rt></ruby>するとどうなりますか。

(A) <ruby>1年目<rt>いちねんめ</rt></ruby>に<ruby>正社員<rt>せいしゃいん</rt></ruby>になるか<ruby>契約社員<rt>けいやくしゃいん</rt></ruby>になるかを<ruby>選択<rt>せんたく</rt></ruby>できる。

(B) <ruby>2年後<rt>にねんご</rt></ruby>にこの<ruby>会社<rt>かいしゃ</rt></ruby>で<ruby>正社員<rt>せいしゃいん</rt></ruby>になることができる。

✓(C) <ruby>初<rt>はじ</rt></ruby>めは<ruby>全員契約社員<rt>ぜんいんけいやくしゃいん</rt></ruby>になる。

(D) <ruby>1年間<rt>いちねんかん</rt></ruby>だけ<ruby>契約社員<rt>けいやくしゃいん</rt></ruby>になる。

이 회사에 등록하면 어떻게 됩니까?
(A) 1년째에 정사원이 될지 계약사원이 될지를 선택할 수 있다.
(B) 2년 후에 이 회사에서 정사원이 될 수 있다.
✓(C) 처음에는 전원 계약사원이 된다.
(D) 1년간만 계약사원이 된다.

---

■ 세 번째 문장에서 등록 후 처음 2년간은 이 회사의 계약사원 자격으로 회사가 소개하는 기업에서 근무하게 된다고 했다. 즉, 누구나 예외없이 일단 계약사원으로 시작한다는 뜻이므로, 정답은 (C)가 된다. (A)의 1년째 선택 여부에 대한 내용은 나오지 않으며, 기업과의 조건이 맞을 때면 언제든 정사원이 될 수 있다고 했으므로, 기간을 지정한 (B)와 (D)도 틀린 설명이다.

■ ~目(め) ~째 *순서를 나타내는 말　選択(せんたく) 선택　全員(ぜんいん) 전원　~だけ ~만, ~뿐

**7** <ruby>研修<rt>けんしゅう</rt></ruby>はどのように<ruby>受<rt>う</rt></ruby>けられますか。

✓(A) この<ruby>会社<rt>かいしゃ</rt></ruby>に<ruby>登録<rt>とうろく</rt></ruby>する<ruby>前<rt>まえ</rt></ruby>に<ruby>一部有料<rt>いちぶゆうりょう</rt></ruby>で<ruby>受<rt>う</rt></ruby>けられる。

(B) この<ruby>会社<rt>かいしゃ</rt></ruby>に<ruby>登録<rt>とうろく</rt></ruby>する<ruby>前<rt>まえ</rt></ruby>に<ruby>全<rt>すべ</rt></ruby>て<ruby>無料<rt>むりょう</rt></ruby>で<ruby>受<rt>う</rt></ruby>けられる。

(C) <ruby>勤務先<rt>きんむさき</rt></ruby>の<ruby>企業<rt>きぎょう</rt></ruby>で<ruby>無料<rt>むりょう</rt></ruby>で<ruby>受<rt>う</rt></ruby>けられる。

(D) <ruby>勤務先<rt>きんむさき</rt></ruby>の<ruby>企業<rt>きぎょう</rt></ruby>で<ruby>一部有料<rt>いちぶゆうりょう</rt></ruby>で<ruby>受<rt>う</rt></ruby>けられる。

연수는 어떻게 받을 수 있습니까?
✓(A) 이 회사에 등록하기 전에 일부 유료로 받을 수 있다.
(B) 이 회사에 등록하기 전에 모두 무료로 받을 수 있다.
(C) 근무지인 기업에서 무료로 받을 수 있다.
(D) 근무지인 기업에서 일부 유료로 받을 수 있다.

---

■ 후반부에서 등록 전에 일부 유료이기는 하지만 충실한 연수를 받을 수 있다고 했으므로, 정답은 (A)가 된다. (B)는 무료라는 설명이 잘못되었으며, 연수를 실시하는 곳은 근무지가 될 기업이 아니라 이 파견회사이므로, (C)와 (D)도 틀린 설명이다.

■ 동사의 기본형+前(まえ)에 ~하기 전에　無料(むりょう) 무료

**STEP 5**  핵심 어휘를 메모하면서 들어 보세요.

**1**  この公園の池はどんな池ですか。

메모

    (A) 珍しい魚を育てている。

    (B) 色々なスポーツが楽しめる。

    (C) 飲む水に使われている。

    (D) 美しい景色で有名だ。

**2**  子供を連れている人へのお願いは何ですか。

메모

    (A) 決まった場所で食べたり飲んだりする。

    (B) 大きな声を出させないようにする。

    (C) ごみはごみ箱に捨てさせる。

    (D) 池の近くには行かない。

**3**  この公園でできることは何ですか。

메모

    (A) 水泳

    (B) サッカー

    (C) ボートに乗ること

    (D) 自転車に乗ること

**4**  土曜日は何時に閉まりますか。

메모

    (A) 4時

    (B) 4時半

    (C) 5時

    (D) 5時半

**5** 昼食はいつ、どこで食べることになっていますか。　　메모

(A) バラ園の中にあるレストランで食べる。

(B) 11時半頃にバスの中でお弁当を食べる。

(C) バラ園を見学後、別の場所に移動して食べる。

(D) 駐車場の右側にあるレストランで食べる。

**6** バスに乗っている人たちは、何をもらっています　　메모
か。

(A) 駐車場の売店で使える割引券

(B) バラ園に入場するためのチケット

(C) 飲み物と交換できるサービス券

(D) レストランで使える食事券

**7** バスに乗っている人たちが言われたことは何です　　메모
か。

(A) 必ずバラの花を買うこと

(B) かばんに鍵を掛けておくこと

(C) 食事はレストランで済ませること

(D) 貴重品を置きっぱなしにしないこと

# (1~4)

今日(きょう)は緑公園(みどりこうえん)をご利用(りよう)くださいまして、ありがとうございます。¹この公園(こうえん)の大(おお)きな池(いけ)は、皆(みな)さんの大切(たいせつ)な水道(すいどう)の水(みず)に利用(りよう)されています。水(みず)を汚(よご)すようなことは絶対(ぜったい)にしないでください。²池(いけ)の近(ちか)くで遊(あそ)ぶのは危険(きけん)です。お子様(こさま)を連(つ)れているお客様(きゃく)様(さま)は、池(いけ)に近付(ちかづ)かないようにお願(ねが)いいたします。公園(こうえん)の中(なか)では自転車(じてんしゃ)に乗(の)ることはできません。³サッカーや野球(やきゅう)は決(き)められた場所(ばしょ)でやってください。ごみは持(も)って帰(かえ)りましょう。⁴この公園(こうえん)の門(もん)が閉(し)まるのは、月曜日(げつようび)から金曜日(きんようび)までは4時半(じはん)、週末(しゅうまつ)は5時(ごじ)ですので、ご注意(ちゅうい)ください。

오늘은 미도리 공원을 이용해 주셔서 감사합니다. ¹이 공원의 큰 연못은 여러분의 소중한 수돗물로 이용되고 있습니다. 물을 더럽히는 일은 절대로 하지 말아 주십시오. ²연못 근처에서 노는 것은 위험합니다. 자제분을 데리고 있는 손님은 연못에 가까이 가지 않도록 부탁드립니다. 공원 안에서는 자전거를 탈 수는 없습니다. ³축구나 야구는 정해진 장소에서 해 주십시오. 쓰레기는 가지고 돌아갑시다. ⁴이 공원의 문이 닫히는 것은 월요일부터 금요일까지는 4시 반, 주말은 5시니까 주의해 주십시오.

**어휘|** 今日(きょう) 오늘　公園(こうえん) 공원　ご+한자명사+くださる ~하시다 *존경표현　利用(りよう) 이용　大(おお)きな 큰
池(いけ) 연못　皆(みな)さん 여러분　大切(たいせつ)だ 소중하다　水道(すいどう) 수도　水(みず) 물　汚(よご)す 더럽히다
~ような ~와 같은　絶対(ぜったい)に 절대로　近(ちか)く 근처　遊(あそ)ぶ 놀다　危険(きけん)だ 위험하다
お子様(こさま) 자녀분, 자제분 *남의 아이에 대한 높임말　連(つ)れる 데리고　개(오)다, 동반하다
近付(ちかづ)く 접근하다, 가까이 가다, 다가오다　お+동사의 ます형+いたす ~하다, ~해 드리다 *겸양표현　願(ねが)う 부탁하다
自転車(じてんしゃ) 자전거　乗(の)る (탈것에) 타다　サッカー 축구　野球(やきゅう) 야구　決(き)める 정하다, 결정하다
場所(ばしょ) 장소　やる 하다　ごみ 쓰레기　持(も)つ 가지다, 들다　帰(かえ)る 돌아가다　門(もん) 문　閉(し)まる 닫히다
月曜日(げつようび) 월요일　~から~まで ~부터 ~까지　金曜日(きんようび) 금요일　週末(しゅうまつ) 주말
ご+한자명사+ください ~해 주십시오 *존경표현　注意(ちゅうい) 주의

**1** この公園(こうえん)の池(いけ)はどんな池(いけ)ですか。
(A) 珍(めずら)しい魚(さかな)を育(そだ)てている。
(B) 色々(いろいろ)なスポーツが楽(たの)しめる。
(C) 飲(の)む水(みず)に使(つか)われている。
(D) 美(うつく)しい景色(けしき)で有名(ゆうめい)だ。

이 공원의 연못은 어떤 연못입니까?
(A) 진귀한 물고기를 키우고 있다.
(B) 여러 가지 운동을 즐길 수 있다.
(C) 마시는 물로 사용되고 있다.
(D) 아름다운 경치로 유명하다.

**해설|** 한 공원의 안내방송으로, 연못에 대한 설명은 두 번째 문장에 나온다. 공원의 큰 연못은 소중한 수돗물로 이용되고 있다고 했으므로, 정답은 (C)가 된다. 설명문의「水道(すいどう)の水(みず)」(수돗물)를「飲(の)む水(みず)」(마시는 물)로 바꿔 표현했다.

**어휘|** 珍(めずら)しい 희귀하다, 진귀하다　魚(さかな) 물고기　育(そだ)てる 키우다　色々(いろいろ)だ 여러 가지다, 다양하다
スポーツ 스포츠, 운동　楽(たの)しむ 즐기다　飲(の)む 마시다　使(つか)う 쓰다, 사용하다　美(うつく)しい 아름답다
景色(けしき) 경치, 풍경　有名(ゆうめい)だ 유명하다

**2** 子供(こども)を連(つ)れている人(ひと)へのお願(ねが)いは何(なん)ですか。
(A) 決(き)まった場所(ばしょ)で食(た)べたり飲(の)んだりする。
(B) 大(おお)きな声(こえ)を出(だ)させないようにする。
(C) ごみはごみ箱(ばこ)に捨(す)てさせる。
(D) 池(いけ)の近(ちか)くには行(い)かない。

아이를 데리고 있는 사람에 대한 부탁은 무엇입니까?
(A) 정해진 장소에서 먹거나 마시거나 한다.
(B) 큰 소리를 내게 하지 않도록 한다.
(C) 쓰레기는 쓰레기통에 버리게 한다.
(D) 연못 근처에는 가지 않는다.

**해설|** 아이를 동반한 손님에 대한 부탁은 중반부에 나오는데, 연못 근처에서 노는 것은 위험하므로 자제분을 데려 온 손님은 연못에 가까이 가지 말라고 했다. 즉, 물놀이 사고 방지를 위해 연못 근처에 접근하지 말 것을 당부하고 있으므로, 정답은 (D)가 된다.

**어휘|** お願(ねが)い 부탁　食(た)べる 먹다　~たり[だり]~たり[だり]する ~하거나 ~하거나 하다　飲(の)む 마시다
声(こえ) (목)소리　出(だ)す 내다　ごみ箱(ばこ) 쓰레기통　捨(す)てる 버리다

**3** この公園でできることは何ですか。

(A) 水泳

(B) サッカー

(C) ボートに乗ること

(D) 自転車に乗ること

이 공원에서 할 수 있는 것은 무엇입니까?

(A) 수영

(B) 축구

(C) 보트를 타는 것

(D) 자전거를 타는 것

해설 | 후반부에서 축구나 야구는 정해진 장소에서 해 달라고 말하고 있으므로, 정답은 (B)가 된다. (A)와 (C)는 수돗물로 이용하는 연못에서 할 수 없는 행동이며, (D)는 자전거는 탈 수 없다고 했으므로 답이 될 수 없다.

어휘 | できる 할 수 있다, 가능하다  水泳(すいえい) 수영  ボート 보트

**4** 土曜日は何時に閉まりますか。

(A) 4時

(B) 4時半

(C) 5時

(D) 5時半

토요일은 몇 시에 닫힙니까?

(A) 4시

(B) 4시 반

(C) 5시

(D) 5시 반

해설 | 마지막 문장에서 공원 문을 닫는 시간은 월요일부터 금요일까지는 4시 반, 주말은 5시라고 했다. 토요일은 주말에 해당하므로, 정답은 (C)의 5시가 된다.

어휘 | 土曜日(どようび) 토요일

## (5~7)

皆さん、バラ園に到着しました。ここでの見学時間は1時間ですので、11時15分にはこのバスにお戻りください。⁵全員お戻りになり次第、昼食の場所に移動いたします。レストランの予約時間がありますので、集合時間を必ずお守りください。それから、⁶この駐車場の右手の方にあります売店で、安くお買い物ができる割引券をお渡しします。よろしければご利用ください。私は入り口までご案内した後、バスに戻りますが、⁷貴重品はバスの中に置かず、必ずご自分でお持ちください。それでは、参りましょう。

여러분, 장미 정원에 도착했습니다. 여기서의 견학 시간은 1시간이므로 11시 15분에는 이 버스로 돌아오세요. ⁵전원 돌아오시는 대로 점심 장소로 이동하겠습니다. 레스토랑 예약 시간이 있으니 집합 시간은 반드시 지켜 주세요. 그리고 ⁶이 주차장 오른편에 있는 매점에서 싸게 쇼핑할 수 있는 할인권을 드리겠습니다. 괜찮으시면 이용해 주세요. 저는 입구까지 안내해 드린 후 버스로 돌아오지만, ⁷귀중품은 버스 안에 두지 말고 반드시 본인이 소지해 주세요. 그럼, 갑시다.

어휘 | 皆(みな)さん 여러분  バラ園(えん) 장미 정원  到着(とうちゃく) 도착  ここ 여기, 이곳  見学(けんがく) 견학  時間(じかん) 시간  この 이  バス 버스  お+동사의 ます형+ください ~해 주십시오 *존경표현  戻(もど)る (본래의 장소로) 되돌아오다  全員(ぜんいん) 전원  お+동사의 ます형+になる ~하시다 *존경표현  동사의 ます형+次第(しだい) ~하자마자, ~하는 대로  昼食(ちゅうしょく) 중식, 점심  場所(ばしょ) 장소  移動(いどう) 이동  いたす 하다 *する의 겸양어  レストラン 레스토랑  予約(よやく) 예약  集合(しゅうごう) 집합  必(かなら)ず 꼭, 반드시  守(まも)る 지키다  それから 그리고, 그 다음에  駐車場(ちゅうしゃじょう) 주차장  右手(みぎて) 오른쪽  方(ほう) 편, 쪽  売店(ばいてん) 매점  安(やす)い (값이) 싸다  買(か)い物(もの) 물건을 삼, 쇼핑, 장을 봄  できる 할 수 있다, 가능하다  割引券(わりびきけん) 할인권  お+동사의 ます형+する ~하다, ~해 드리다 *겸양표현  渡(わた)す 건네다, 건네주다  よろしい 좋다, 괜찮다 *「よい」(좋다)의 공손한 표현  ご+한자명사+ください ~해 주십시오 *존경표현  利用(りよう) 이용  入(い)り口(ぐち) 입구  ご+한자명사+する ~하다, ~해 드리다 *겸양표현  案内(あんない) 안내  동사의 た형+後(あと) ~한 후  貴重品(きちょうひん) 귀중품  中(なか) 안, 속  置(お)く 놓다, 두다  ~ず(に) ~하지 않고[말고]  自分(じぶん) 자기, 자신, 나  持(も)つ 지니다, 소지하다  それでは 그러면, 그렇다면, 그럼  参(まい)る 가다 *行(い)く의 겸양어  ~ましょう ~합시다

**5** 昼食はいつ、どこで食べることになっていますか。

(A) バラ園の中にあるレストランで食べる。

(B) 11時半頃にバスの中でお弁当を食べる。

(C) バラ園を見学後、別の場所に移動して食べる。

(D) 駐車場の右側にあるレストランで食べる。

점심은 언제, 어디에서 먹기로 되어 있습니까?
(A) 장미 정원 안에 있는 레스토랑에서 먹는다.
(B) 11시 반쯤에 버스 안에서 도시락을 먹는다.
(C) 장미 정원을 견학한 후 다른 장소로 이동해서 먹는다.
(D) 주차장 오른편에 있는 레스토랑에서 먹는다.

해설 | 가이드가 버스 단체관광 여행객을 대상으로 앞으로의 스케줄을 알려주고 있다. 초반부에서 장미 정원을 견학하고 「全員(ぜんいん)お戻(もど)りになり次第(しだい)、昼食(ちゅうしょく)の場所(ばしょ)に移動(いどう)いたします」(전원 돌아오시는 대로 점심 장소로 이동하겠습니다)라고 했다. 즉, 견학 후 버스로 돌아오는 대로 다른 점심 장소로 이동하겠다는 뜻이므로, 정답은 (C)가 된다. (A)는 장미 정원 안에서 점심을 먹는다는 뜻이 되므로 부적절. (B)는 시간과 메뉴 모두 틀린 설명이며, (D)의 주차장 오른쪽에 있는 것은 레스토랑이 아니라 매점이다.

어휘 | 동사의 보통형+ことになっている ~하기로 되어 있다  半(はん) 반  ~頃(ごろ) ~경[쯤]  弁当(べんとう) 도시락
~後(ご) ~후  場所(ばしょ) 장소  右側(みぎがわ) 우측, 오른쪽

**6** バスに乗っている人たちは、何をもらっていますか。

(A) 駐車場の売店で使える割引券

(B) バラ園に入場するためのチケット

(C) 飲み物と交換できるサービス券

(D) レストランで使える食事券

버스에 타고 있는 사람들은 무엇을 받았습니까?
(A) 주차장의 매점에서 쓸 수 있는 할인권
(B) 장미 정원에 입장하기 위한 티켓
(C) 음료와 교환할 수 있는 서비스권
(D) 레스토랑에서 쓸 수 있는 식사권

해설 | 「割引券(わりびきけん)」(할인권)이라는 단어가 포인트. 중반부에서 주차장 오른쪽에 있는 매점에서 물건을 싸게 구입할 수 있는 할인권을 주겠다고 했다. 따라서 정답은 (A)가 된다.

어휘 | 乗(の)る (탈것에) 타다  ~たち (사람이나 생물을 나타내는 말에 붙어) ~들  もらう (남에게) 받다  入場(にゅうじょう) 입장
~ため ~위함  チケット 티켓  飲(の)み物(もの) 음료  交換(こうかん) 교환  サービス券(けん) 서비스권
使(つか)う 쓰다, 사용하다  食事券(しょくじけん) 식사권

**7** バスに乗っている人たちが言われたことは何ですか。

(A) 必ずバラの花を買うこと

(B) かばんに鍵を掛けておくこと

(C) 食事はレストランで済ませること

(D) 貴重品を置きっぱなしにしないこと

버스에 타고 있는 사람들이 들은 말은 무엇입니까?
(A) 반드시 장미꽃을 살 것
(B) 가방에 자물쇠를 채워 둘 것
(C) 식사는 레스토랑에서 해결할 것
(D) 귀중품을 방치하지 말 것

해설 | 후반부에서 안내를 마치기에 앞서 「貴重品(きちょうひん)はバスの中(なか)に置(お)かず、必(かなら)ずご自分(じぶん)でお持(も)ちください」(귀중품은 버스 안에 두지 말고 반드시 본인이 소지해 주세요)라고 당부하고 있다. 정답은 (D)로, 「置(お)く」는 '놓다, 두다', 「동사의 ます형+っぱなし」는 '~한 채로, ~상태로'라는 뜻으로, 「置(お)きっぱなし」라고 하면 '방치함, 그냥 내버려 둠'이라는 의미다.

어휘 | 花(はな) 꽃  かばん 가방  鍵(かぎ) 자물쇠  掛(か)ける (자물쇠 등을) 잠그다, 채우다  ~ておく ~해 놓다[두다]
済(す)ませる 끝내다, 해결하다, 때우다

# 주요 어휘 및 표현 정리 20

| 한자 | 읽기 | 의미 |
| --- | --- | --- |
| ☐ 働き | はたらき | 작용 |
| ☐ 意識 | いしき | 의식 |
| ☐ 積極性 | せっきょくせい | 적극성 |
| ☐ 表す | あらわす | 나타내다 |
| ☐ 濃い | こい | (색이) 짙다 |
| ☐ 共同 | きょうどう | 공동 |
| ☐ 断水 | だんすい | 단수 |
| ☐ 離れる | はなれる | (사이가) 떨어지다 |
| ☐ 我が社 | わがしゃ | 우리 회사 |
| ☐ 達する | たっする | 이르다, 달하다, 도달하다 |
| ☐ 充実 | じゅうじつ | 충실 |
| ☐ 丁寧だ | ていねいだ | 정성스럽다 |
| ☐ 水道 | すいどう | 수도 |
| ☐ 珍しい | めずらしい | 희귀하다, 진귀하다 |
| ☐ 捨てる | すてる | 버리다 |
| ☐ 汚す | よごす | 더럽히다 |
| ☐ 동사의 ます형+次第 | 동사의 ます형+しだい | ~하자마자, ~하는 대로 |
| ☐ 売店 | ばいてん | 매점 |
| ☐ 貴重品 | きちょうひん | 귀중품 |
| ☐ 掛ける | かける | (자물쇠 등을) 잠그다, 채우다 |

PART 4

217

# 03 뉴스·기사 및 이슈

STEP 1 먼저 핵심 기출 어휘 및 표현을 익히세요.

## 핵심 기출 어휘 및 표현

음원 89

- 強化 강화
- 設置 설치
- 人口 인구
- 疑い 혐의
- 復旧 복구
- 配達 배달
- 特徴 특징
- 仲間 동료
- 損害 손해
- 愚痴 푸념
- 取り調べ 조사, 취조
- 売れ行き 팔림새, 물건이 팔리는 상태
- 快適だ 쾌적하다
- 滑る 미끄러지다
- 売れる (잘) 팔리다

- 決める 정하다, 결정하다
- 和らぐ 누그러지다, (바람·통증 등이) 가라앉다, 풀리다
- 引っ繰り返す 뒤집다
- 戸惑う 망설이다
- 取り下げる (신청 등을) 취하하다, 철회하다
- 若い 젊다
- 従来 종래
- 影響 영향
- 通報 통보
- 全国 전국
- 話題 화제
- 発言 발언
- 通過 통과
- 戦略 전략
- 制度 제도

- 加<sup>くわ</sup>える 더하다
- 急成長<sup>きゅうせいちょう</sup> 급성장
- 年賀状<sup>ねんがじょう</sup> 연하장
- 容疑者<sup>ようぎしゃ</sup> 용의자
- 難点<sup>なんてん</sup> 난점, 어려운 점
- 不審<sup>ふしん</sup>だ 수상하다
- 温室効果<sup>おんしつこうか</sup> 온실효과
- 飼<sup>か</sup>い主<sup>ぬし</sup> 사육주, 주인
- アナウンサー 아나운서
- 抑<sup>おさ</sup>える (커지는 것을) 막다, 억제하다
- 状態<sup>じょうたい</sup> 상태
- 事故<sup>じこ</sup> 사고
- 衝突<sup>しょうとつ</sup> 충돌
- 負傷<sup>ふしょう</sup> 부상
- 応急<sup>おうきゅう</sup> 응급
- 収集<sup>しゅうしゅう</sup> 수집
- 帰省<sup>きせい</sup> 귀성
- 商品<sup>しょうひん</sup> 상품
- 品切<sup>しなぎ</sup>れ 품절
- 大半<sup>たいはん</sup> 대부분
- 謝<sup>あやま</sup>る 사과하다

- 取<sup>と</sup>り締<sup>し</sup>まり 단속
- 可能性<sup>かのうせい</sup> 가능성
- 目撃者<sup>もくげきしゃ</sup> 목격자
- ブーム 붐, 인기
- 怠<sup>おこた</sup>る 게을리하다
- 見込<sup>みこ</sup>み 전망, 예상
- 目指<sup>めざ</sup>す 목표로 하다, 지향하다
- 控<sup>ひか</sup>える 자제하다, 삼가다, 적게 하다
- めっきり 눈에 띄게, 현저히
- 力<sup>ちから</sup>を尽<sup>つ</sup>くす 있는 힘을 다하다
- ～ものだ ～인 것[법]이다 *상식·진리·본성
- 恵<sup>めぐ</sup>みの雨<sup>あめ</sup> 단비
- 手当<sup>てあて</sup>を受<sup>う</sup>ける 치료를 받다
- 人目<sup>ひとめ</sup>を引<sup>ひ</sup>く 이목을 끌다
- 重傷<sup>じゅうしょう</sup>を負<sup>お</sup>う 중상을 입다
- 疎<sup>おろそ</sup>かにする 소홀히 하다
- 非難<sup>ひなん</sup>を受<sup>う</sup>ける 비난을 받다
- 工夫<sup>くふう</sup>を凝<sup>こ</sup>らす 머리를[생각을] 짜내다
- 白黒<sup>しろくろ</sup>をつける 흑백을 가리다
- 影響<sup>えいきょう</sup>を及<sup>およ</sup>ぼす 영향을 미치다
- 肩<sup>かた</sup>を並<sup>なら</sup>べる 어깨를 나란히 하다

- ~て以来 ~한 이래

- ~をよそに ~을 아랑곳하지 않고

- ~はもとより ~은 물론이고

- ~を問わず ~을 불문하고

- 後の祭り 사후 약방문

- 図に乗る 생각대로 되어 우쭐거리다

- 根に持つ 앙심을 품다

- ためになる 도움이 되다

- 被害を被る 피해를 입다

- 目鼻が付く 전망이 서다

- 愛想がいい 붙임성이 있다

- 동사의 ます형+つつ ~하면서

- ~てやまない ~해 마지않다

- パニックに陥る 패닉에 빠지다

- ~につき ~당, ~때문에

- ~おきに ~걸러서, ~간격으로

- ~て初めて ~하고 나서 비로소

- 동사의 ます형+がちだ (자칫) ~하기 쉽다, 자주 ~하다

- 동사의 ます형+放題 마음대로 ~함

- 동사의 ます형+立て 갓[막] ~한

- 동사의 ます형+ようがない ~할 수개[방법이] 없다

- 気の毒 안됐음, 가엾음, 불쌍함, 딱함

- 気が多い 변덕스럽다

- ~からには ~한 이상은

- 納得がいく 납득이 가다

- ~とのことだ ~라고 한다 *전문

- 頭を捻る 골똘히 생각하다

- ~を巡って ~을 둘러싸고

- ~を皮切りに ~을 시작으로

- ~てばかりいる ~하고만 있다, ~하기만 하다

- 出費が嵩む 지출이 늘어나다

- ~を基にして ~을 바탕으로[근거로] 해서

- クレームをつける 클레임을 걸다

- 世渡りがうまい 처세를 잘하다

- 肩身が狭い 부끄럽다, 창피하다

- 明らかになる 밝혀지다

- ~きらいがある ~인 (나쁜) 경향이 있다

- ~とあって ~라서, ~이기 때문에

- 동사의 ます형+かねる ~하기 어렵다

- ~にほかならない 바로 ~인 것이다

- ~上に ~인 데다가, ~에 더해

**STEP 2** 이제 YBM이 엄선한 빈출 문제를 잘 듣고 풀어 보세요.

## (1~3)

植玩と呼ばれる商品が今ブームだ。¹これは、植物をおもちゃのような感覚で楽しんでもらおうというもので、色々なタイプの商品が売り出されている。²ある商品は、土と種の入った缶詰で、蓋を開けて水を注ぐと芽が出てくるようになっている。その芽には「ありがとう」や「好き」などの言葉が刻まれていて、プレゼントにもいい。他にも、皿に草の種が蒔いており、上におもちゃの犬を置いておくとやがて草が生えて野原に犬が座っているように見えるものもある。³ゆっくりする時間がない若い女性の間では、眺めてほっとできるという点で人気を集めている。

식완(植玩)이라고 불리는 상품이 지금 인기다. ¹이것은 식물을 장난감과 같은 감각으로 즐기게 하려는 것으로, 다양한 타입의 상품이 판매되고 있다. ²어떤 상품은 흙과 씨가 들어간 통조림으로, 뚜껑을 열어 물을 부으면 싹이 트게 되어 있다. 그 싹에는 '고마워'나 '좋아해' 등의 문구가 새겨져 있어 선물로도 좋다. 이외에도 접시에 풀씨가 뿌려져 있고 위에 장난감 개를 놓아두면 머지않아 싹이 자라서 들판에 개가 앉아 있는 것처럼 보이는 것도 있다. ³느긋할 시간이 없는 젊은 여성 사이에서는 바라보며 마음이 편안해질 수 있다는 점에서 인기를 모으고 있다.

**1** 今、ブームになっているものは何ですか。
(A) 数種類を組み合わせて植えてあるプレゼント用の植物
✓(B) 成長を楽しみつつ、おもちゃのようにも楽しめる植物
(C) 光や音に反応するおもちゃの植物
(D) 画面上で植物の栽培が体験できるおもちゃ

지금 인기가 있는 것은 무엇입니까?
(A) 몇 종류를 조합해서 심어져 있는 선물용 식물
✓(B) 성장을 즐기면서 장난감처럼도 즐길 수 있는 식물
(C) 빛이나 소리에 반응하는 장난감 식물
(D) 화면상에서 식물 재배를 체험할 수 있는 장난감

**2** 缶詰の商品はどのようなものですか。
✓(A) 伝言の書かれた芽が出る種が入っている。
(B) 蓋を開けると、おもちゃの花が飛び出てくる。
(C) 蓋を開けて水を注ぐと、数日で野菜が食べられる。
(D) 水に浸けると言葉が現れるカードが入っている。

통조림 상품은 어떤 것입니까?
✓(A) 전언이 적힌 싹이 나오는 씨앗이 들어 있다.
(B) 뚜껑을 열면 장난감 꽃이 튀어나온다.
(C) 뚜껑을 열어 물을 부으면 며칠만에 채소를 먹을 수 있다.
(D) 물에 담그면 문구가 나타나는 카드가 들어 있다.

**3** 犬のおもちゃと草の商品はどのような人に人気がありますか。
(A) 子育てが終わって寂しい高齢者
(B) 田舎暮らしに憧れる若い女性
✓(C) 忙しくて時間的な余裕がない若い女性
(D) 動物に慰めを求める夫婦

개 장난감과 풀 상품은 어떤 사람에게 인기가 있습니까?
(A) 육아가 끝나 쓸쓸한 고령자
(B) 시골 생활을 동경하는 젊은 여성
✓(C) 바빠서 시간적인 여유가 없는 젊은 여성
(D) 동물에게 위로를 구하는 부부

음원 91

**STEP 3** 문제의 내용을 정확하게 기억하면서 지문을 들으세요.

**Point 1** 문제의 내용과 핵심적인 단어를 기억

문제의 내용을 정확하게 기억하고 핵심적인 단어나 표현은 표시해 두기!

**Point 2** 문제와 관련 있는 내용을 메모하면서 듣기

문제와 관련 있는 내용이나 단어가 나오면 반드시 메모하면서 듣기!

| CHECK UP |

**(1~3)**

　　近頃寄付をする人が増加してきました。大規模な災害などで寄付に対する市民の意識が高まったこともありますが、<sup>Point 1</sup>大きな要因は子供のない夫婦の増加や、自分で築いた財産で社会に貢献したいという、価値観の変化などだそうです。また国税庁によると寄付金で税金控除の適用を受けた人は5年連続で増加したということです。しかし、<sup>Point 2</sup>まだ日本の寄付金の額は米国の1%にすぎません。米国では寄付金による税金控除率が日本に比べてはるかに高いのです。<sup>Point 2</sup>日本も今後税金の控除率を上げれば、寄付金はもっと増加していくでしょう。

요즘 기부를 하는 사람이 증가했습니다. 대규모 재해 등으로 기부에 대한 시민 의식이 높아진 것도 있지만, <sup>Point 1</sup>큰 요인은 아이가 없는 부부의 증가나 스스로 모은 재산으로 사회에 공헌하고 싶다고 하는 가치관의 변화 등이라고 합니다. 또한 국세청에 따르면 기부금으로 세금 공제 적용을 받은 사람은 5년 연속으로 증가했다는 것입니다. 그러나 <sup>Point 2</sup>아직 일본의 기부금 액수는 미국의 1%에 불과합니다. 미국에서는 기부금에 따른 세금 공제율이 일본에 비해 훨씬 높습니다. <sup>Point 2</sup>일본도 앞으로 세금 공제율을 높이면 기부금은 좀 더 증가해 갈 것입니다.

**1** 日本で、お金を寄付する人が増加した大きな要因は何ですか。
　(A) 大規模な災害で市民の意識が高まったこと
　(B) 富裕層が増えたこと
　(C) 税金対策を考える人が増えたこと
✓(D) 財産を社会に役立てたいと考える人が増えたこと

일본에서 돈을 기부하는 사람이 증가한 큰 요인은 무엇입니까?
　(A) 대규모 재해로 시민 의식이 높아진 것
　(B) 부유층이 증가한 것
　(C) 세금 대책을 생각하는 사람이 증가한 것
✓(D) 재산을 사회에 유용하게 쓰고 싶다고 생각하는 사람이 증가한 것

**Point 1** 문제의 내용과 핵심적인 단어를 기억

➡ 두 번째 문장을 끝까지 듣지 않았다면 (A)를 정답으로 고를 수도 있음. 문제에서 묻고 있는 것은 일본에서 돈을 기부하는 사람이 증가한 「大(おお)きな要因(よういん)」(큰 요인)이므로, 정답은 (D)가 됨.

**2** 寄付金の額は日本でどのように変化してきましたか。

(A) 戦後少しずつ増えて、米国に追いつきそうだ。

✓(B) ここ数年増加しているが、まだ米国の足元にも及ばない。

(C) 急激に増加し、米国に追いつく日も近い。

(D) 今年初めて前年度を上回ったが、米国にはほど遠い。

기부금 액수는 일본에서 어떻게 변화해 왔습니까?

(A) 전후 조금씩 증가해서 미국을 따라잡을 것 같다.

✓(B) 최근 몇 년 증가하고 있지만 아직 미국의 발밑에도 미치지 못한다.

(C) 급격하게 증가해서 미국을 따라잡을 날도 멀지 않다.

(D) 올해 처음 전년도를 웃돌았지만 미국에는 아직 차이가 많이 난다.

**Point 2** 문제와 관련 있는 내용을 메모하면서 듣기

➡ 국세청 자료에 따르면 일본의 기부금은 5년 연속 증가하고는 있지만 미국의 1%에 불과하다고 했음. 이 말은 미국과는 비교가 안 될 정도로 액수가 적다는 뜻이므로, 정답은 (B)가 됨

**3** この人は寄付金の今後について、どう思っていますか。

(A) 日本人の意識変化で増加していくだろう。

(B) 不況で今後はこれ以上には増えないだろう。

✓(C) 税金控除額を増やせばもっと増加するだろう。

(D) 少子化により遠い将来は減少するだろう。

이 사람은 앞으로의 기부금에 대해 어떻게 생각하고 있습니까?

(A) 일본인의 의식 변화로 증가해 갈 것이다.

(B) 불황으로 앞으로는 이 이상으로는 증가하지 않을 것이다.

✓(C) 세금 공제액을 늘리면 좀 더 증가할 것이다.

(D) 저출산화로 인해 먼 미래에는 감소할 것이다.

**Point 2** 문제와 관련 있는 내용을 메모하면서 듣기

➡ 마지막 부분에서 일본도 앞으로 세금 공제율을 높이면 기부금은 좀 더 증가해 갈 것이라고 했음.

**STEP 4** 다음 기출문제를 기출문제 풀이 전략을 적용해서 풀어 보세요.

## (1~3)

[1]これまで地方税は役所か金融機関でしか支払えなかったが、今年から東京都や神奈川県など、5つの都道府県ではコンビニでも支払いができるようになった。業務を委託した自治体は、滞納が減少し、順調な滑り出しだと強調するが、委託されたコンビニ業界は困惑している。[2]納付書に押す領収印の場所が他の納付書と違っていて間違いやすい上に、コード番号を一々入力しなければならず、神経を使うわりに手数料が少ないのだ。形式の変更を要望しているが、役所は何かと対応が遅い。[3]民間の声に対して迅速に対応することが望まれる。

[1]지금까지 지방세는 관공서나 금융기관에서밖에 지불할 수 없었지만, 올해부터 도쿄도나 가나가와현 등 다섯 개 도도부현에서는 편의점에서도 지불이 가능하게 되었다. 업무를 위탁한 자치단체는 체납이 감소하여 순조로운 시작이라고 강조하지만, 위탁받은 편의점 업계는 곤혹스러워하고 있다. [2]납부서에 찍는 영수증 도장 장소가 다른 납부서와 달라서 틀리기 쉬운 데다가, 코드 번호를 일일이 입력하지 않으면 안 돼서 신경을 쓰는 것에 비해서 수수료가 적은 것이다. 형식 변경을 요망하고 있지만 관공서는 여러 가지로 대응이 늦다. [3]민간의 소리에 대해서 신속하게 대응하는 것이 요구된다.

어휘 | これまで 지금까지  地方税(ちほうぜい) 지방세  役所(やくしょ) 관청, 관공서  金融機関(きんゆうきかん) 금융기관
~しか (부정어 수반) ~밖에  支払(しはら)う 지불하다  今年(ことし) 올해  東京都(とうきょうと) 도쿄도
神奈川県(かながわけん) 가나가와현  ~など ~등  都道府県(とどうふけん) 일본의 행정구역인 도도부현(현재 東京都(とうきょうと)・北海道(ほっかいどう)・京都府(きょうとふ)・大阪府(おおさかふ) 및 43개의 현(縣))
コンビニ 편의점 *「コンビニエンスストア」의 준말  支払(しはら)い 지불  できる 할 수 있다, 가능하다
~ようになる ~하게(끔) 되다 *변화  業務(ぎょうむ) 업무  委託(いたく) 위탁  自治体(じちたい) 자치제, 자치단체
滞納(たいのう) 체납  減少(げんしょう) 감소  順調(じゅんちょう)だ 순조롭다  滑(すべ)り出(だ)し 시작, 출발
強調(きょうちょう) 강조  業界(ぎょうかい) 업계  困惑(こんわく) 곤혹, 난처함  納付書(のうふしょ) 납부서
押(お)す (도장을) 누르다, 찍다  領収印(りょうしゅういん) 영수인, 영수증 도장, 돈이나 물품 따위를 받았다는 표시를 찍는 도장
場所(ばしょ) 장소  他(ほか) 다름  違(ちが)う 다르다  間違(まちが)う 틀리다  동사의 ます형+やすい ~하기 쉽다[편하다]
~上(うえ)に ~인 데다가, ~에 더해  コード 코드  番号(ばんごう) 번호  一々(いちいち) 일일이, 하나하나  入力(にゅうりょく) 입력
~なければならない ~하지 않으면 안 된다, ~해야 한다  ~ず ~하지 않아서  神経(しんけい) 신경  使(つか)う 쓰다, 사용하다
~わりに ~에 비해서  手数料(てすうりょう) 수수료  少(すく)ない 적다  形式(けいしき) 형식  変更(へんこう) 변경
要望(ようぼう) 요망  何(なに)かと 이것저것, 여러 가지로  対応(たいおう) 대응  遅(おそ)い 늦다  民間(みんかん) 민간
声(こえ) (목)소리, 의견  ~に対(たい)して ~에 대해서  迅速(じんそく)だ 신속하다  望(のぞ)む 바라다, 원하다

**1** 地方税の支払い方法で、正しいものはどれですか。
　(A) 役所かコンビニでのみ支払いが可能だ。
✓(B) 都道府県によってはコンビニで支払いが可能だ。
　(C) 全国どこでもコンビニで支払いが可能だ。
　(D) 数県を除いてコンビニでの支払いが可能だ。

지방세 지불 방법으로 맞는 것은 어느 것입니까?
(A) 관청이나 편의점에서만 지불이 가능하다.
✓(B) 도도부현에 따라서는 편의점에서 지불이 가능하다.
(C) 전국 어디에서나 편의점에서 지불이 가능하다.
(D) 몇 개 현을 제외하고 편의점에서의 지불이 가능하다.

■ 첫 번째 문장에서 지금까지 지방세는 관청이나 금융기관에서만 지불할 수 있었지만, 올해부터 도쿄도나 가나가와현 등 다섯 개 도도부현에서는 편의점에서도 지불이 가능하게 되었다고 했다. 따라서 정답은 (B)가 된다. (A)는 금융기관에서도 지불이 가능하고, (C)와 (D)도 현재 다섯 개 도도부현의 편의점에서만 가능한 상태라고 했으므로, 본문의 내용과 맞지 않는다.

■ 方法(ほうほう) 방법　～のみ ～만, ～뿐　可能(かのう)だ 가능하다　～によっては ～에 따라서는
全国(ぜんこく) 전국　数(すう)～ 수~, 몇~　～を除(のぞ)いて ～을 제외하고

**2** 地方税(ちほうぜい)の支払(しはら)いについて、コンビニはどう考(かんが)えていますか。
　(A) 取(と)り扱(あつか)いが面倒(めんどう)なので、改善(かいぜん)してほしい。
　(B) コンビニの収益(しゅうえき)が上(あ)がり、嬉(うれ)しい限(かぎ)りだ。
　(C) 役所(やくしょ)の対応(たいおう)もよく、順調(じゅんちょう)な滑(すべ)り出(だ)しだ。
　(D) 利益(りえき)が出(で)ないので、返上(へんじょう)したい。

지방세 지불에 대해서 편의점은 어떻게 생각하고 있습니까?
√ (A) 취급이 번거로우니 개선해 주었으면 한다.
(B) 편의점 수익이 올라서 기쁠 따름이다.
(C) 관청의 대응도 좋고 순조로운 시작이다.
(D) 이익이 나지 않기 때문에 반력하고 싶다.

■ 지방세를 편의점에서 납부할 수 있게 된 것은 납세자 입장에서는 매우 편리하지만, 정작 그 업무를 취급하는 편의점 측의 입장은 다르다. 후반부에서 지방세 납부서는 영수 도장 장소가 다른 납부서와 달라서 틀리기 쉬울 뿐만 아니라, 코드 번호를 일일이 입력하지 않으면 안 되고 신경을 쓰는 것에 비해서 수수료가 적어서 형식 변경을 요망하고 있다고 했으므로, 정답은 (A)가 된다. (B)와 (C)는 지방세 지불을 찬성한다는 뜻이 되므로 틀린 설명이며, 편의점 측은 납부 업무 자체를 거부하는 것이 아니라 형식을 변경해 주기를 바라고 있으므로 (D) 역시 답이 될 수 없다.

■ 取(と)り扱(あつか)い 취급　面倒(めんどう)だ 귀찮다, 성가시다　改善(かいぜん) 개선
～てほしい ～해 주었으면 하다, ~하길 바라다　収益(しゅうえき) 수익　上(あ)がる (수입 따위가) 오르다
利益(りえき)が出(で)る 이익이 나다　返上(へんじょう) 반려, 반환

**3** 本文(ほんぶん)は役所(やくしょ)に対(たい)して、どうするべきだと言(い)っていますか。
　(A) 手数料値上(てすうりょうね あ)げは必要不可欠(ひつようふかけつ)で、早急(さっきゅう)に実現(じつげん)するべきだ。
　(B) 民間(みんかん)の意見(いけん)を聞(き)くようになったことは喜(よろこ)ぶべきことだ。
　(C) 民間委託政策(みんかんいたくせいさく)を早急(さっきゅう)に推(お)し進(すす)めるべきだ。
　(D) 民間(みんかん)の意見(いけん)にもっと耳(みみ)を傾(かたむ)け、迅速(じんそく)に処理(しょり)するべきだ。

본문은 관공서에 대해서 어떻게 해야 한다고 말하고 있습니까?
(A) 수수료 인상은 필요 불가결하며 조속히 실현해야 한다.
(B) 민간의 의견을 듣게 되었다는 것은 기뻐해야 할 일이다.
(C) 민간위탁정책을 조속히 추진해야 한다.
√ (D) 민간의 의견에 더욱 귀를 기울여 신속하게 처리해야 한다.

■ 지방세를 다양한 방식으로 수납할 수 있게 됨으로써 납세자나 자치단체 모두 만족스러운 결과를 얻었지만, 그 업무를 떠맡게 된 편의점은 고충을 토로하고 있다. 이에 관공서의 늦은 대응을 지적하면서, 마지막 문장에서 민간의 목소리에 대해서 신속하게 대응하는 것이 요구된다고 했으므로, 정답은 (D)가 된다. (A)는 수수료가 적은 것이 불만이라는 내용이 나오기는 하지만, 수수료 인상에 대해 언급된 바 없으므로 답이 될 수 없다.

■ 동사의 기본형+べきだ (마땅히) ~해야 한다 *단, 「する」(하다)는 「するべきだ」「すべきだ」 모두 가능함
値上(ねあ)げ 가격 인상　必要不可欠(ひつようふかけつ) 필요 불가결　早急(さっきゅう)に 급히, 조속하게
実現(じつげん) 실현　喜(よろこ)ぶ 기뻐하다　政策(せいさく) 정책　推(お)し進(すす)める 밀고 나아가다, 추친하다
もっと 더, 더욱　耳(みみ)を傾(かたむ)ける 귀를 기울이다　処理(しょり) 처리

## (4~6)

高校生や大学生の睡眠不足が深刻な問題となっている。⁴遅くまで友達と携帯電話で話をしたりメールをしたり、夜中にコンビニへ行ったりと、夜更かしをする学生が増えているのだ。勉強や運動に集中できなくなるだけでなく、病気に繋がる恐れもある。そんな状況を改善しようと、昼休みに昼寝の時間を設けている学校がある。⁵参加は自由だが昼寝をした生徒の2割から「成績が上がった」という声もあった。⁶寝ているところを見られたくない女子生徒のための教室も用意し、安心して眠れる雰囲気作りもしているそうだ。

고등학생이나 대학생의 수면부족이 심각한 문제가 되고 있다. ⁴늦게까지 친구와 휴대전화로 이야기를 하거나 문자를 하거나 밤중에 편의점에 가거나 해서, 밤늦게까지 자지 않는 학생이 늘고 있는 것이다. 공부나 운동에 집중할 수 없게 될 뿐만 아니라 병으로 이어질 우려도 있다. 그런 상황을 개선하고자 점심시간에 낮잠시간을 만든 학교가 있다. ⁵참가는 자유지만, 낮잠을 잔 학생의 20%로부터 '성적이 올랐다'라는 소리도 있었다. ⁶자고 있는 모습을 보이고 싶지 않은 여학생을 위한 교실도 준비하여 안심하고 잘 수 있는 분위기 조성도 하고 있다고 한다.

어휘 | 高校生(こうこうせい) 고등학생 ~や ~나 大学生(だいがくせい) 대학생 睡眠不足(すいみんぶそく) 수면부족
深刻(しんこく)だ 심각하다 問題(もんだい) (해결해야 할) 문제 遅(おそ)い (밤이) 늦다 友達(ともだち) 친구
携帯電話(けいたいでんわ) 휴대전화 話(はなし) 이야기 ~たり ~하거나 メール 메일, 문자 夜中(よなか) 밤중
コンビニ 편의점 *「コンビニエンスストア」의 준말 夜更(よふ)かし 밤늦게까지 안 잠 学生(がくせい) 학생, 특히 대학생
増(ふ)える 늘다, 늘어나다 勉強(べんきょう) 공부 運動(うんどう) 운동 集中(しゅうちゅう) 집중 できる 할 수 있다, 가능하다
~だけでなく ~뿐만 아니라 病気(びょうき) 병 繋(つな)がる 이어지다, 연결되다 恐(おそ)れ 우려 状況(じょうきょう) 상황
改善(かいぜん) 개선 昼休(ひるやす)み 점심시간 昼寝(ひるね) 낮잠 時間(じかん) 시간 設(もう)ける 만들다, 마련하다
学校(がっこう) 학교 参加(さんか) 참가 自由(じゆう) 자유 生徒(せいと) (중·고교) 학생 割(わり) 할, 십분의 일의 비율
成績(せいせき) 성적 上(あ)がる (성적 등이) 오르다 声(こえ) (목)소리, 의견 寝(ね)る 자다 ところ 장면, 모습
동사의 ます형+たい ~하고 싶다 女子(じょし) 여자 ~ため ~위함 教室(きょうしつ) 교실 用意(ようい) 준비 安心(あんしん) 안심
眠(ねむ)る 자다 雰囲気(ふんいき) 분위기 명사+作(づく)り ~만들기 품사의 보통형+そうだ ~라고 한다 *전문

**4** 学生の睡眠時間が減っている原因は何ですか。

(A) 夜遅くならないと勉強に集中できなくなっていること

(B) 携帯電話の料金を払うため、アルバイトをする学生が増えていること

(C) 夜遅くまで受験勉強をしていること

✓(D) 携帯電話の使用や夜中の外出で夜更かしをすることが多くなったこと

학생의 수면시간이 줄고 있는 원인은 무엇입니까?

(A) 밤늦게가 아니면 공부에 집중할 수 없게 된 것

(B) 휴대전화 요금을 내기 위해 아르바이트를 하는 학생이 늘고 있는 것

(C) 밤늦게까지 입시 공부를 하고 있는 것

✓(D) 휴대전화 사용이나 밤중 외출로 밤늦게까지 자지 않는 일이 많아진 것

■ 학생들의 수면부족 문제에 대해 지적하면서, 두 번째 문장에서 그 원인에 대해 이야기하고 있다. 늦게까지 친구와 휴대전화로 이야기나 문자를 하거나 밤중에 편의점에 가느라 밤에 잠을 자지 않는 학생이 늘고 있다고 했으므로, 정답은 휴대전화 사용과 외출 때문이라고 한 (D)가 된다. 나머지 선택지의 공부와 아르바이트는 수면부족의 원인으로 거론된 바 없다.

■ 減(へ)る 줄다 原因(げんいん) 원인 夜(よる) 밤 料金(りょうきん) 요금 払(はら)う (돈을) 내다, 지불하다
アルバイト 아르바이트 受験(じゅけん) 수험, 입시, 시험을 치룸 使用(しよう) 사용 外出(がいしゅつ) 외출
多(おお)い 많다

**5** 昼休みの昼寝には、どんな効果があったと言っている人がいますか。

　　(A) 成績がよくなった。
　　(B) 病気になりにくくなった。
　　(C) 集中力が持続するようになった。
　　(D) 睡眠時間が短くても気にならなくなった。

점심시간의 낮잠에는 어떤 효과가 있었다고 말하고 있는 사람이 있습니까?
　√ (A) 성적이 좋아졌다.
　　(B) 좀처럼 병에 걸리지 않게 되었다.
　　(C) 집중력이 지속되게 되었다.
　　(D) 수면시간이 짧아도 신경이 쓰이지 않게 되었다.

---

■ 중반부에서 수면부족 문제를 해결하기 위해 낮잠시간을 만든 학교의 예를 들고 있다. 낮잠시간에 참가한 학생 중 20%가 「成績(せいせき)が上(あ)がった』(성적이 올랐다)라고 했으므로, 정답은 본문의 「上(あ)がった』(올랐다)를 「よくなった』(좋아졌다)로 바꿔 표현한 (A)가 된다. 나머지 선택지도 낮잠의 효과로 볼 여지가 있지만, 이에 대한 언급은 없으므로 답이 될 수 없다.

■ 効果(こうか) 효과　동사의 ます형+にくい ~하기 어렵다[힘들다], 좀처럼 ~하지 않다
　集中力(しゅうちゅうりょく) 집중력　持続(じぞく) 지속　~ようになる ~하게(끔) 되다 *변화
　短(みじか)い (시간이) 짧다　気(き)になる 신경이 쓰이다

---

**6** 女子生徒のための特別な工夫は何ですか。
　　(A) 女子生徒だけが保健室を利用できるようにしている。
　√ (B) 寝ている姿が見られないように専用の教室を用意している。
　　(C) 成績を上げるために特別授業を行っている。
　　(D) よく眠れるように枕を貸し出している。

여학생을 위한 특별한 아이디어는 무엇입니까?
　　(A) 여학생만이 양호실을 이용할 수 있도록 하고 있다.
　√ (B) 자고 있는 모습을 볼 수 없도록 전용 교실을 준비하고 있다.
　　(C) 성적을 올리기 위해 특별 수업을 실시하고 있다.
　　(D) 잘 잘 수 있도록 베개를 빌려주고 있다.

---

■ 후반부에 「寝(ね)ているところを見(み)られたくない女子生徒(じょしせいと)のための教室(きょうしつ)』(자고 있는 모습을 보이고 싶지 않은 여학생을 위한 교실)라는 내용이 나온다. 즉, 다른 사람에게 잠자는 모습을 보여주고 싶어하지 않는 여학생들을 위한 별도의 공간을 마련했다는 의미이므로, 정답은 「専用(せんよう)の教室(きょうしつ)』(전용 교실)를 준비하고 있다고 한 (B)가 된다. 양호실이나 베개 대여에 관한 내용은 나오지 않으므로 (A)와 (D)는 부적절하며, (C) 역시 낮잠시간과는 무관한 내용이다.

■ 特別(とくべつ)だ 특별하다　工夫(くふう) 궁리함, 고안함, 생각을 짜냄　~だけ ~만, ~뿐
　保健室(ほけんしつ) 보건실, 양호실　利用(りよう) 이용　~ようにする ~하도록 하다　姿(すがた) 모습
　専用(せんよう) 전용　上(あ)げる (성적 등을) 올리다　授業(じゅぎょう) 수업　行(おこな)う 하다, 실시하다
　よく 잘, 충분히　枕(まくら) 베개　貸(か)し出(だ)す 대출하다, (금품 등을 외부에) 빌려주다

# 뉴스・기사 및 이슈 | 기출 확인 문제

**STEP 5** 핵심 어휘를 메모하면서 들어 보세요.

1 数年後には大学入試はどのようになると言っていますか。

  (A) 社会人の受験者が増えるため、募集者数を増やす。

  (B) 誰でも入学できるように入試制度が変わる。

  (C) 入試が難しいことへの批判はない。

  (D) 大学の募集者数が受験者総数を超える。

메모

2 最近の受験産業の例として、正しいのはどれですか。

  (A) 幼稚園に通っている子供に受験の勉強をさせる講座

  (B) 社会人が有名大学に受験するための講座

  (C) 有名な私立大学付属幼稚園に入るための親の面接講座

  (D) 有名な公立大学付属幼稚園に入るためのマナー講座

메모

3 受験戦争がどうなると言っていますか。

  (A) 一流大学に向けた競争は今後も続くだろう。

  (B) 低年齢化によって、受験戦争は無くなる。

  (C) 大学進学を望まない子供が増えていくはずだ。

  (D) 親だけが必死で、子供は無関心という時代になる。

메모

4 このレストランを開いた狙いは何ですか。

    (A) 安い値段で高級なものを提供すること

    (B) 将来有望なシェフにチャンスの場を与えること

    (C) 注目を浴びるような話題作りをすること

    (D) 新しい客を開拓すること

메모

5 この店のルールは何ですか。

    (A) プロの料理人しか客になれないこと

    (B) 料理の評価が0円でも寄付金を払うこと

    (C) 入場料と料理を評価した金額を払うこと

    (D) 料理を残すと高額な料金を請求されること

메모

6 経営者は客の反応をどう思っていますか。

    (A) 予想以上の高い評価だ。

    (B) 案外評価が低い。

    (C) 大盛況で光栄だ。

    (D) 定価を設けるべきだった。

메모

## (1~3)

¹子供の数の減少に伴い、数年後には大学入学者の募集数が受験者総数より多くなると言われているが、受験戦争は本当に無くなるのだろうか。実際には一部の大学の受験競争が激しさを増し、我が子を少しでも良い大学に入れたいと必死になる親がますます増えるだろうと思われる。²最近は入試の低年齢化が進み、毎年大勢の子供たちが有名私立大学の付属幼稚園を受験している。そのための受験産業も盛んで、面接に向けた親のための面接講座もある。³大学に行ける確率は増えても、一流大学に入るための戦いは今後も続いていくかもしれない。

¹자녀 수가 감소함에 따라 몇 년 후에는 대학 입학자 모집수가 응시자 총수보다 많아진다고 하는데 입시전쟁은 정말 없어지는 것일까? 실제로는 일부 대학의 입시 경쟁이 치열해지고 내 아이를 조금이라도 좋은 대학에 보내고 싶다면서 필사적으로 되는 부모가 점점 늘어날 것이라고 생각된다. ²최근에는 입시의 저연령화가 진행되어 매년 많은 아이들이 유명 사립대학의 부속 유치원에 시험을 치르고 있다. 그것을 위한 수험산업도 번성해 면접을 목표로 한 부모를 위한 면접 강좌도 있다. ³대학에 갈 수 있는 확률은 늘어도 일류대학에 들어가기 위한 싸움은 앞으로도 계속되어 갈지도 모른다.

어휘 | 子供(こども) 아이, 자식 数(かず) 수 減少(げんしょう) 감소 ~に伴(ともな)い ~에 동반해[따라] 数年(すうねん) 수년, 몇 년
~後(ご) ~후 大学(だいがく) 대학(교) 入学者(にゅうがくしゃ) 입학자 募集(ぼしゅう) 모집 ~数(すう) ~수
受験者(じゅけんしゃ) 수험자, 응시자 総数(そうすう) 총수 ~より ~보다 多(おお)い 많다
~と言(い)われている ~라고 하다. ~라고들 하다 受験(じゅけん) 수험, 입시, 시험을 치름 戦争(せんそう) 전쟁
本当(ほんとう)に 정말로 無(な)くなる 사라지다 実際(じっさい)には 실제로는 一部(いちぶ) 일부 激(はげ)しさ 격렬함
増(ま)す (수량·양·정도가) 커지다, 많아지다, 늘다 我(わ)が子(こ) 내 아이 少(すこ)し 조금 良(よ)い 좋다 入(い)れる 넣다
동사의 ます형+たい ~하고 싶다 必死(ひっし)だ 필사적이다 親(おや) 부모 ますます 점점 増(ふ)える 늘다, 늘어나다
最近(さいきん) 최근 入試(にゅうし) 입시 低年齢化(ていねんれいか) 저연령화 進(すす)む 진행되다 毎年(まいとし) 매년
大勢(おおぜい) 많은 사람 有名(ゆうめい) 유명 付属(ふぞく) 부속 幼稚園(ようちえん) 유치원 産業(さんぎょう) 산업
盛(さか)んだ 성하다, 번성[번창]하다 面接(めんせつ) 면접 向(む)ける 향하다, 목표로 하다 講座(こうざ) 강좌 確率(かくりつ) 확률
一流(いちりゅう) 일류 入(はい)る 들어가다, 입학하다 戦(たたか)い 싸움 今後(こんご) 금후, 앞으로 続(つづ)く 이어지다, 계속되다
~ていく ~해 가다[나가다] ~かもしれない ~일지도 모른다

**1** 数年後には大学入試はどのようになると言っていますか。
(A) 社会人の受験者が増えるため、募集者数を増やす。
(B) 誰でも入学できるように入試制度が変わる。
(C) 入試が難しいことへの批判はない。
(D) 大学の募集者数が受験者総数を超える。

몇 년 후에는 대학 입시는 어떻게 된다고 말하고 있습니까?
(A) 사회인 응시자가 늘어나기 때문에 모집자 수를 늘린다.
(B) 누구든지 입학할 수 있도록 입시제도가 바뀐다.
(C) 입시가 어려운 것에 대한 비판은 없다.
(D) 대학의 모집자 수가 응시자 총수를 뛰어넘는다.

해설 | 첫 번째 문장에서 자녀 수 감소에 따라 몇 년 후에는 대학 입학자의 모집수가 응시자 총수보다 많아진다고 했다. 즉, 대학시험에 응시하는 인원보다 대학이 모집하는 인원수가 더 많아져 버린다는 뜻이므로, 정답은 (D)가 된다.

어휘 | 社会人(しゃかいじん) 사회인 増(ふ)やす 늘리다 制度(せいど) 제도 変(か)わる 바뀌다 難(むずか)しい 어렵다
批判(ひはん) 비판 超(こ)える 뛰어넘다

**2** 最近の受験産業の例として、正しいのはどれですか。
(A) 幼稚園に通っている子供に受験の勉強をさせる講座
(B) 社会人が有名大学に受験するための講座
(C) 有名な私立大学付属幼稚園に入るための親の面接講座
(D) 有名な公立大学付属幼稚園に入るためのマナー講座

최근의 수험산업의 예로서 맞는 어느 것입니까?
(A) 유치원에 다니고 있는 아이에게 입시공부를 시키는 강좌
(B) 사회인이 유명대학에 응시하기 위한 강좌
(C) 유명한 사립대학 부속 유치원에 들어가기 위한 부모의 면접 강좌
(D) 유명한 공립대학 부속 유치원에 들어가기 위한 매너 강좌

해설 | 중반부의 내용 문제. 학령기 인원수의 감소로 대학입학 자체는 예전보다 쉬워졌을지 모르지만, 일류대학에 입학하려는 경쟁은 더욱 치열해진 상황이다. 이런 현상을 반영하듯 최근에는 입시의 저연령화로 인해 유명 사립대학의 부속 유치원에 들어가기 위해서 아이들이 시험을 치르는가 하면 부모 대상의 면접 대비 강좌까지 있다고 했으므로, 정답은 (C)가 된다.

어휘 | 通(かよ)う 다니다　勉強(べんきょう) 공부　私立(しりつ) 사립　公立(こうりつ) 공립　マナー 매너

**3**　受験戦争(じゅけんせんそう)がどうなると言(い)っていますか。
　　(A) 一流大学(いちりゅうだいがく)に向(む)けた競争(きょうそう)は今後(こんご)も続(つづ)くだろう。
　　(B) 低年齢化(ていねんれいか)によって、受験戦争(じゅけんせんそう)は無(な)くなる。
　　(C) 大学進学(だいがくしんがく)を望(のぞ)まない子供(こども)が増(ふ)えていくはずだ。
　　(D) 親(おや)だけが必死(ひっし)で、子供(こども)は無関心(むかんしん)という時代(じだい)になる。

수험전쟁이 어떻게 된다고 말하고 있습니까?
(A) 일류대학을 목표로 한 경쟁은 앞으로도 계속될 것이다.
(B) 저연령화에 의해 수험전쟁은 사라진다.
(C) 대학진학을 원하지 않는 아이가 늘어갈 것이다.
(D) 부모만이 필사적이고 아이는 무관심한 시대가 된다.

해설 | 마지막 문장에서 대학에 갈 수 있는 확률은 늘어도 일류대학에 들어가기 위한 경쟁은 앞으로도 계속되어 갈지도 모른다고 했다. 즉, 대학시험에 응시하는 인원이 줄더라도 일류대학을 향한 입시전쟁은 계속될 것이라고 전망하고 있으므로, 정답은 (A)가 된다.

어휘 | 競争(きょうそう) 경쟁　～によって ～에 의해서[따라서]　望(のぞ)む 바라다, 원하다　～はずだ (당연히) ～할 것[터]이다
無関心(むかんしん) 무관심　時代(じだい) 시대

# (4~6)

食(た)べた料理(りょうり)の値段(ねだん)を客自身(きゃくじしん)が決(き)めるという一風(いっぷう)変(か)わったレストランがあります。4この店(みせ)は、いい腕(うで)を持(も)ちながらも自分(じぶん)の店(みせ)を持(も)っていないシェフが、腕試(うでだめ)しをする場所(ばしょ)として昨年(さくねん)オープンしました。料理(りょうり)の価格(かかく)の上限(じょうげん)は1万円(いちまんえん)で、下限(かげん)はありません。5客(きゃく)は入場料(にゅうじょうりょう)の1,500円(せんごひゃくえん)と、自分(じぶん)で決(き)めた料理(りょうり)の評価額(ひょうかがく)を支払(はら)うシステムになっており、その料理(りょうり)が評価(ひょうか)できなければ0円(れいえん)でもかまいません。客(きゃく)の佐藤(さとう)さんは頭(あたま)を悩(なや)ませた末(すえ)に2,000円(にせんえん)と付(つ)けました。6経営者(けいえいしゃ)は「評価(ひょうか)の基準(きじゅん)が難(むずか)しいと思(おも)いますが、全体的(ぜんたいてき)に評価(ひょうか)がもう少(すこ)し高(たか)ければ利益(りえき)も上(あ)がり、より多(おお)くのシェフの未来(みらい)を応援(おうえん)できるのですが」と経営(けいえい)の難(むずか)しさを感(かん)じています。

먹은 요리의 가격을 손님 자신이 정한다는 좀 색다른 레스토랑이 있습니다. 4이 가게는 좋은 솜씨를 가지고 있으면서도 자신의 가게를 가지고 있지 않은 셰프가 솜씨를 시험해 보는 곳으로서 작년에 문을 열었습니다. 요리의 가격 상한은 만 엔이고 하한은 없습니다. 5손님은 입장료 1,500엔과 직접 정한 요리의 평가액을 지불하는 시스템으로 되어 있고 그 요리를 평가할 수 없으면 0엔이라도 상관없습니다. 손님인 사토 씨는 고민한 끝에 2,000엔이라고 적었습니다. 6경영자는"평가 기준이 어렵다고 생각하지만 전체적으로 평가가 조금 더 높으면 이익도 오르고 보다 많은 셰프의 미래를 응원할 수 있는데요"라며 경영의 어려움을 느끼고 있습니다.

어휘 | 食(た)べる 먹다　料理(りょうり) 요리　値段(ねだん) 가격　客(きゃく) 손님　自身(じしん) 자신, 자기　決(き)める 정하다, 결정하다
一風(いっぷう) (「～変(か)わった～」의 꼴로) 좀 색다른~, 좀 특이한~　レストラン 레스토랑　店(みせ) 가게　腕(うで) 솜씨, 실력, 기술
持(も)つ 가지다, 소유하다　동사의 ます형+ながら(も) ~하면서도　自分(じぶん) 자기, 자신, 나　シェフ 셰프, 요리사
腕試(うでだめ)し (솜씨 등을) 시험해 봄　場所(ばしょ) 장소, 곳　昨年(さくねん) 작년 *去年(きょねん)의 격식 차린 말씨
オープン 오픈, 개업　価格(かかく) 가격　上限(じょうげん) 상한　下限(かげん) 하한　入場料(にゅうじょうりょう) 입장료
自分(じぶん)で 직접, 스스로　評価額(ひょうかがく) 평가액　支払(しはら)う 지불하다　システム 시스템
～ておる ～하고 있다 *「～ている」의 겸양표현　～でもかまわない ～이라도 상관없다　頭(あたま)を悩(なや)ませる 고민하다
동사의 た형+末(すえ)に ～한 끝에　付(つ)ける 기입하다, 적다　経営者(けいえいしゃ) 경영자　基準(きじゅん) 기준
難(むずか)しい 어렵다　全体的(ぜんたいてき)だ 전체적이다　もう少(すこ)し 조금 더　高(たか)い 높다　利益(りえき) 이익
上(あ)がる 오르다　より 보다　多(おお)く 많음　未来(みらい) 미래　応援(おうえん) 응원　感(かん)じる 느끼다

**4**　このレストランを開(ひら)いた狙(ねら)いは何(なん)ですか。
　　(A) 安(やす)い値段(ねだん)で高級(こうきゅう)なものを提供(ていきょう)すること
　　(B) 将来有望(しょうらいゆうぼう)なシェフにチャンスの場(ば)を与(あた)えること
　　(C) 注目(ちゅうもく)を浴(あ)びるような話題作(わだいづく)りをすること
　　(D) 新(あたら)しい客(きゃく)を開拓(かいたく)すること

이 레스토랑을 연 목적은 무엇입니까?
(A) 싼 가격으로 고급스러운 음식을 제공하는 것
(B) 장래가 유망한 셰프에게 기회의 장을 주는 것
(C) 주목을 받을 만한 화제를 만드는 것
(D) 새 손님을 개척하는 것

해설 | 이 레스토랑은 손님이 직접 자신이 먹은 음식의 가격을 정하는 색다른 방식을 채택하고 있다. 이런 독특한 방식을 채택한 이유는 두 번째 문장에 나오는데, 좋은 솜씨를 가지고 있지만 자신의 가게를 가지고 있지 않은 셰프가 솜씨를 시험해 보는 곳이라고 했다. 즉, 실력은 있지만 아직 자리를 잡지 못한 요리사가 자신의 실력을 검증해 볼 수 있는 자리라는 뜻이므로, 정답은 (B)가 된다.

어휘 | 開(ひら)く 열다 狙(ねら)い 노리는 바, 목적 安(やす)い (값이) 싸다 高級(こうきゅう)だ 고급이다 提供(ていきょう) 제공 有望(ゆうぼう)だ 유망하다 チャンス 찬스, 기회 場(ば) 장 *어떤 일이 행하여 지는 곳 与(あた)える 주다 注目(ちゅうもく)を浴(あ)びる 주목을 받다 話題(わだい) 화제 명사+作(づく)り ~만들기 開拓(かいたく) 개척

5 この店のルールは何ですか。
　(A) プロの料理人しか客になれないこと
　(B) 料理の評価が0円でも寄付金を払うこと
　(C) 入場料と料理を評価した金額を払うこと
　(D) 料理を残すと高額な料金を請求されること

이 가게의 규칙은 무엇입니까?
(A) 프로 요리사밖에 손님이 될 수 없는 것
(B) 요리의 평가가 0엔이라도 기부금을 지불하는 것
(C) 입장료와 요리를 평가한 금액을 지불하는 것
(D) 요리를 남기면 고액의 요금을 청구받는 것

해설 | 중반부에서 이 가게는 입장료 1,500엔과 직접 정한 요리의 평가액을 지불하는 시스템으로 되어 있다고 했으므로, 정답은 (C)가 된다. 나머지 선택지의 손님의 자격이나 기부금, 요리를 남겼을 때의 페널티에 대한 내용은 나오지 않는다.

어휘 | ルール 룰, 규칙 プロ 프로 料理人(りょうりにん) 요리인, 요리사 ~しか (부정어 수반) ~밖에 寄付金(きふきん) 기부금 払(はら)う (돈을) 내다, 지불하다 金額(きんがく) 금액 残(のこ)す 남기다 高額(こうがく)だ 고액이다 料金(りょうきん) 요금 請求(せいきゅう) 청구

6 経営者は客の反応をどう思っていますか。
　(A) 予想以上の高い評価だ。
　(B) 案外評価が低い。
　(C) 大盛況で光栄だ。
　(D) 定価を設けるべきだった。

경영자는 손님의 반응을 어떻게 생각하고 있습니까?
(A) 예상 이상의 높은 평가.
(B) 의외로 평가가 낮다.
(C) 대성황이라 영광이다.
(D) 정가를 마련했어야 했다.

해설 | 마지막 문장에서 전체적으로 평가가 좀 더 높으면 이익도 올라가고, 보다 많은 셰프의 미래를 응원할 수 있을 것이라면서 경영상의 어려움을 토로하고 있다. 즉, 손님이 정해서 지불하는 요리의 가격이 생각보다 높지 않아서 이익을 남기기가 쉽지 않다는 뜻이므로, 정답은 (B)가 된다. (A)와 (C)는 오히려 손님들이 높은 평가를 내려서 결과적으로 경영이 잘 되고 있다는 뜻이며, (D)는 지금의 경영난을 타개하기 위한 의견으로 제시할 만한 내용이다.

어휘 | 反応(はんのう) 반응 予想(よそう) 예상 以上(いじょう) 이상 案外(あんがい) 의외로, 예상 외로 低(ひく)い 낮다 大盛況(だいせいきょう) 대성황 光栄(こうえい) 영광 定価(ていか) 정가 設(もう)ける 마련하다, 설치하다

## 주요 어휘 및 표현 정리 20

| 한자 | 읽기 | 의미 |
| --- | --- | --- |
| ☐ 缶詰 | かんづめ | 통조림 |
| ☐ 生える | はえる | (풀이나 나무가) 나다, 자라다 |
| ☐ 滞納 | たいのう | 체납 |
| ☐ 順調だ | じゅんちょうだ | 순조롭다 |
| ☐ 滑り出し | すべりだし | 시작, 출발 |
| ☐ 困惑 | こんわく | 곤혹, 난처함 |
| ☐ 手数料 | てすうりょう | 수수료 |
| ☐ 迅速だ | じんそくだ | 신속하다 |
| ☐ 返上 | へんじょう | 반려, 반환 |
| ☐ 推し進める | おしすすめる | 밀고 나아가다, 추진하다 |
| ☐ 耳を傾ける | みみをかたむける | 귀를 기울이다 |
| ☐ 夜中 | よなか | 밤중 |
| ☐ 設ける | もうける | 만들다, 마련하다 |
| ☐ 用意 | ようい | 준비 |
| ☐ 気になる | きになる | 신경이 쓰이다 |
| ☐ 枕 | まくら | 베개 |
| ☐ 必死だ | ひっしだ | 필사적이다 |
| ☐ 確率 | かくりつ | 확률 |
| ☐ 超える | こえる | 뛰어넘다 |
| ☐ 腕 | うで | 솜씨, 실력, 기술 |

# PART 5

정답
찾기

| | |
|---|---|
| 1. 문항 수 | – 20개(101~120번) |
| 2. 문제 형식 | – 한자의 올바른 음독과 훈독, 같은 의미의 표현이나 동일한 용법으로 쓰인 선택지를 고르는 형식 |
| 3. 주요 문제 유형 | – 발음 및 한자 찾기 1 |
| | – 발음 및 한자 찾기 2 |
| | – 대체표현 찾기 |
| | – 의미 및 용법 구분 |
| 4. 최근 출제 경향 | – 발음 및 한자 찾기는 발음 문제가 7문항, 한자 찾기 문제가 3문항씩 나오는데, 대부분이 2자 한자나 동사를 찾는 문제이다. |
| | – 대체표현 찾기는 문법표현의 의미나 동일한 의미의 문법표현을 찾는 문제가 매 시험 출제되고 있다. |
| | – 의미 및 용법 구분은 조사·명사·동사·형용사 등의 다양한 의미와 용법을 찾는 문제가 주로 출제된다. |

# 발음 및 한자 찾기 1

먼저 핵심 기출 어휘 및 표현을 익히세요.

## 핵심 기출 어휘 및 표현

▶ **1자 한자**

- 綿 <sup>めん</sup> 면, 무명
- 隅 <sup>すみ</sup> 구석
- 額 <sup>ひたい</sup> 이마
- 病 <sup>やまい</sup> 병
- 氷 <sup>こおり</sup> 얼음
- 穴 <sup>あな</sup> 구멍
- 腕 <sup>うで</sup> 솜씨
- 橋 <sup>はし</sup> 다리, 교량
- 東 <sup>ひがし</sup> 동쪽
- 噂 <sup>うわさ</sup> 소문
- 溝 <sup>みぞ</sup> 도랑, 개천
- 札 <sup>ふだ</sup> 표, 팻말
- 粉 <sup>こな</sup> 가루, 분말
- 証 <sup>あかし</sup> 증명, 증거
- 趣 <sup>おもむき</sup> 멋, 풍취, 정취
- 跡 <sup>あと</sup> 자국, 흔적
- 節 <sup>ふし</sup> (대나무 등의) 마디
- 由 <sup>よし</sup> 수단, 방법
- 公 <sup>おおやけ</sup> 공적, 공공
- 源 <sup>みなもと</sup> 수원, 강물이 흘러나오는 근원
- 闇 <sup>やみ</sup> 어둠, 암거래

▶ **2자 한자**

- 発端 <sup>ほったん</sup> 발단
- 供給 <sup>きょうきゅう</sup> 공급
- 摩擦 <sup>まさつ</sup> 마찰
- 家内 <sup>かない</sup> 아내
- 斡旋 <sup>あっせん</sup> 알선
- 閑散 <sup>かんさん</sup> 한산
- 貧困 <sup>ひんこん</sup> 빈곤
- 湿気 <sup>しっけ</sup> 습기
- 唯一 <sup>ゆいいつ</sup> 유일
- 一括 <sup>いっかつ</sup> 일괄
- 夕方 <sup>ゆうがた</sup> 해질녘, 저녁때
- 均衡 <sup>きんこう</sup> 균형
- 家出 <sup>いえで</sup> 가출
- 身分 <sup>みぶん</sup> 신분
- 迅速 <sup>じんそく</sup> 신속
- 名札 <sup>なふだ</sup> 명찰
- 休憩 <sup>きゅうけい</sup> 휴게
- 固執 <sup>こしつ</sup> 고집

- 承諾 しょうだく 승낙
- 吟味 ぎんみ 음미
- 掲載 けいさい 게재
- 機嫌 きげん 기분
- 買収 ばいしゅう 매수
- 内緒 ないしょ 비밀
- 添削 てんさく 첨삭
- 奇跡 きせき 기적
- 対照 たいしょう 대조
- 人材 じんざい 인재
- 核心 かくしん 핵심
- 栄養 えいよう 영양
- 推移 すいい 추이
- 波紋 はもん 파문
- 傑作 けっさく 걸작
- 生涯 しょうがい 생애
- 難航 なんこう 난항
- 紹介 しょうかい 소개
- 赤字 あかじ 적자
- 反省 はんせい 반성
- 勝敗 しょうはい 승패

- 素朴 そぼく 소박
- 提携 ていけい 제휴
- 為替 かわせ 환율
- 内訳 うちわけ 내역
- 出納 すいとう 출납
- 郷愁 きょうしゅう 향수
- 防止 ぼうし 방지
- 循環 じゅんかん 순환
- 尊重 そんちょう 존중
- 遺憾 いかん 유감
- 願書 がんしょ 원서
- 就職 しゅうしょく 취직
- 設置 せっち 설치
- 実施 じっし 실시
- 用意 ようい 준비
- 宣伝 せんでん 선전
- 往復 おうふく 왕복
- 拒絶 きょぜつ 거절
- 待遇 たいぐう 대우
- 嫉妬 しっと 질투
- 融通 ゆうずう 융통

- 迷子 まいご 미아
- 妥当 だとう 타당
- 稲妻 いなずま 번개
- 欠如 けつじょ 결여
- 転嫁 てんか 전가
- 一行 いっこう 일행
- 面子 めんつ 체면
- 麻痺 まひ 마비
- 種類 しゅるい 종류
- 演説 えんぜつ 연설
- 禁物 きんもつ 금물
- 伝言 でんごん 전언
- 有無 うむ 유무
- 悪気 わるぎ 악의
- 漏洩 ろうえい 누설
- 手配 てはい 수배
- 隠居 いんきょ 은거
- 呵責 かしゃく 가책
- 人質 ひとじち 인질
- 苦渋 くじゅう 고뇌
- 会得 えとく 터득

- 繁盛 번성
- 豊富 풍부
- 暗闇 어둠
- 気配 기운, 기색
- 長蛇 장사, 길게 이어짐

- 平等 평등
- 挑戦 도전
- 真心 진심
- 雨戸 덧문, 빈지문
- 身内 친척, 일가, 집안

- 指図 지시
- 規則 규칙
- 獲物 사냥감
- 笑顔 웃는 얼굴
- 雑踏 붐빔, 혼잡

## ▶ 3자·4자 한자

- 領収書 영수증
- 滑走路 활주로
- 順風満帆 순풍만범

- 感無量 감개무량
- 一石二鳥 일석이조
- 自業自得 자업자득

- 頭文字 두문자
- 肝心要 가장 중요함
- 和洋折衷 일본식과 서양식의 절충

## ▶ い형용사

- 苦い 쓰다
- 暑い 덥다
- 厚い 두껍다, 두텁다
- 重い 무겁다
- 汚い 더럽다
- 痒い 가렵다
- 羨ましい 부럽다
- 懐かしい 그립다
- 優しい 다정하다
- 夥しい 매우 많다

- 丸い 둥글다
- 快い 상쾌하다
- 危うい 위태롭다
- 温い 미지근하다
- 情けない 한심하다
- 騒がしい 시끄럽다
- 用心深い 신중하다
- 若々しい 젊디젊다
- 慌ただしい 분주하다
- 疑わしい 의심스럽다

- 浅い 얕다
- 渋い 떫다
- 濃い 진하다
- 親しい 친하다
- 古い 오래되다
- 眩しい 눈부시다
- 空しい 허무하다
- 望ましい 바람직하다
- 潔い 깨끗하다, 미련 없다
- 恨めしい 원망스럽다

- 騒々しい 시끄럽다
- 決まり悪い 쑥스럽다
- 図々しい 뻔뻔스럽다
- 尊い 귀하다, 소중하다
- 珍しい 드물다, 진귀하다, 희귀하다
- 待ち遠しい 오래 기다리다
- 著しい 뚜렷하다, 현저하다
- 煩わしい 번거롭다, 성가시다
- 名残惜しい (헤어지기가) 섭섭하다, 아쉽다

- 鈍い 둔하다, 무디다
- 厚かましい 뻔뻔스럽다
- 生臭い 비린내가 나다
- 潔い 깨끗하다, 미련이 없다
- 惜しい 아깝다, 애석하다
- 呆気ない 싱겁다, 맥없다
- 脆い 맥없다, (마음이) 약하다
- 鋭い 날카롭다, 예리하다
- 甚だしい (정도가) 심하다, 대단하다

- 頼もしい 믿음직스럽다
- 荒い 거칠다, 난폭하다
- 乏しい 모자라다, 부족하다
- 切ない 애절하다, 안타깝다
- 相応しい 걸맞다, 상응하다
- 容易い 용이하다, 손쉽다
- 堅苦しい 딱딱하다, 엄격하다
- 緩い 느슨하다, 완만하다
- 心細い 불안하다, 허전하다

▶ **な형용사**

- 厳かだ 엄숙하다
- 微かだ 희미하다
- 滑らかだ 매끄럽다
- 華やかだ 화려하다
- 鮮やかだ 선명하다

- 豊かだ 풍부하다
- 愚かだ 어리석다
- 機敏だ 기민하다, 민첩하다
- 賑やかだ 떠들썩하다, 번화하다
- 明らかだ 분명하다

- 遥かだ 아득하다
- 穏やかだ 온화하다
- 余計だ 불필요하다
- 強情だ 고집이 세다
- 和やかだ 부드럽다, 온화하다

PART 5

정답찾기

STEP 2 　앞에서 익힌 핵심 어휘를 상기하며 기출 문제를 풀어 보세요.

1자 한자

**1** 　橋を渡って学校へ行きます。
(A) きょ 　　　　　(B) きょう 　　　　　(C) ばし 　　　　　(D) はし

**2** 　昨日、綿100%のシャツを買った。
(A) きぬ 　　　　　(B) わな 　　　　　(C) いと 　　　　　(D) めん

2자 한자

**3** 　船は暗闇の中を漂っていた。
(A) あんしょう 　　(B) おんきょう 　　(C) くろおみ 　　(D) くらやみ

**4** 　安達建設ご一行様がお着きになりました。
(A) いちこう 　　　(B) いちきょう 　　(C) いっこう 　　(D) いっぎょう

**5** 　高齢で、血液のじゅんかんが悪くなっています。
(A) 順患 　　　　　(B) 循環 　　　　　(C) 巡管 　　　　　(D) 純感

**6** 　仕事が順調なのか、最近は夫のきげんが良い。
(A) 機嫌 　　　　　(B) 気嫌 　　　　　(C) 機減 　　　　　(D) 気減

3자·4자 한자

**7** 　経費を使う場合、必ずりょうしゅうしょをもらってください。
(A) 領収書 　　　　(B) 領主書 　　　　(C) 領集書 　　　　(D) 領修書

**8** 　彼の事業家としての道のりは常に順風満帆だったわけではない。
(A) じゅんぷうまんぱん 　　　　　　(B) じゅんふうまんぽ
(C) じゅんぷうみっぽう 　　　　　　(D) じゅんびばんたん

정답 | 1 (D)  2 (D)  3 (D)  4 (C)  5 (B)  6 (A)  7 (A)  8 (A)

い형용사

**1** 散歩の途中で珍しい花を見つけました。
(A) めずらしい　　　(B) うつくしい　　　(C) あたらしい　　　(D) すばらしい

**2** 長年愛用した車を廃車にすると思うと、何だか名残惜しいなあ。
(A) なこりよしい　　(B) なごりおしい　　(C) めいごりおしい　　(D) めこりおしい

**3** この上着はあついけれども、軽くて寒い冬にはとてもいい。
(A) 熱い　　　　　　(B) 暖い　　　　　　(C) 厚い　　　　　　(D) 暑い

**4** 今回はいさぎよく身を引くことにした。
(A) 凄く　　　　　　(B) 清く　　　　　　(C) 潔く　　　　　　(D) 快く

な형용사

**5** 彼がその事実を知っていたというのは明らかです。
(A) ほがらか　　　　(B) なだらか　　　　(C) あきらか　　　　(D) なめらか

**6** 彼は強情な面もあるけど、良い人だよ。
(A) ごうじょう　　　(B) きょうこう　　　(C) ぎょうせい　　　(D) がんじょう

**7** 彼女はなごやかな笑顔を持っている。
(A) 鮮やか　　　　　(B) 賑やか　　　　　(C) 和やか　　　　　(D) 華やか

**8** 隊員のきびんな行動により、大きな被害を免れた。
(A) 基便　　　　　　(B) 機敏　　　　　　(C) 気微　　　　　　(D) 奇瓶

정답 | 1 (A) 2 (B) 3 (C) 4 (C) 5 (C) 6 (A) 7 (C) 8 (B)

□ <ruby>翼<rt>つばさ</rt></ruby> 날개

□ <ruby>草<rt>くさ</rt></ruby> 풀

□ <ruby>垣<rt>かき</rt></ruby> 담

□ <ruby>軒<rt>のき</rt></ruby> 처마

□ <ruby>筋<rt>すじ</rt></ruby> 힘줄

□ <ruby>癖<rt>くせ</rt></ruby> 버릇

□ <ruby>波<rt>なみ</rt></ruby> 파도

□ <ruby>炎<rt>ほのお</rt></ruby> 불길

□ <ruby>秋<rt>あき</rt></ruby> 가을

□ <ruby>油<rt>あぶら</rt></ruby> 기름

□ <ruby>峠<rt>とうげ</rt></ruby> 고개

□ <ruby>絹<rt>きぬ</rt></ruby> 비단

□ <ruby>勢<rt>いきお</rt></ruby>い 기세

□ <ruby>親<rt>おや</rt></ruby> 부모

□ <ruby>旗<rt>はた</rt></ruby> 깃발

□ <ruby>嫁<rt>よめ</rt></ruby> 신부, 며느리

□ <ruby>兆<rt>きざ</rt></ruby>し 조짐, 징조

□ <ruby>災<rt>わざわ</rt></ruby>い 재앙, 재난

□ <ruby>環境<rt>かんきょう</rt></ruby> 환경

□ <ruby>地図<rt>ちず</rt></ruby> 지도

□ <ruby>天気<rt>てんき</rt></ruby> 날씨

□ <ruby>観光<rt>かんこう</rt></ruby> 관광

□ <ruby>悪寒<rt>おかん</rt></ruby> 오한

□ <ruby>相続<rt>そうぞく</rt></ruby> 상속

□ <ruby>運転<rt>うんてん</rt></ruby> 운전

□ <ruby>福祉<rt>ふくし</rt></ruby> 복지

□ <ruby>収穫<rt>しゅうかく</rt></ruby> 수확

□ <ruby>常識<rt>じょうしき</rt></ruby> 상식

□ <ruby>事件<rt>じけん</rt></ruby> 사건

□ <ruby>不況<rt>ふきょう</rt></ruby> 불황

□ <ruby>作業<rt>さぎょう</rt></ruby> 작업

□ <ruby>提供<rt>ていきょう</rt></ruby> 제공

□ <ruby>混雑<rt>こんざつ</rt></ruby> 혼잡

□ <ruby>商品<rt>しょうひん</rt></ruby> 상품

□ <ruby>行列<rt>ぎょうれつ</rt></ruby> 행렬

□ <ruby>負担<rt>ふたん</rt></ruby> 부담

□ <ruby>夜景<rt>やけい</rt></ruby> 야경

□ <ruby>行事<rt>ぎょうじ</rt></ruby> 행사

□ <ruby>想像<rt>そうぞう</rt></ruby> 상상

□ <ruby>液体<rt>えきたい</rt></ruby> 액체

□ <ruby>支給<rt>しきゅう</rt></ruby> 지급

□ <ruby>往来<rt>おうらい</rt></ruby> 왕래

□ <ruby>相当<rt>そうとう</rt></ruby> 상당, 해당

□ <ruby>折衝<rt>せっしょう</rt></ruby> 절충

□ <ruby>把握<rt>はあく</rt></ruby> 파악

□ <ruby>手当<rt>てあて</rt></ruby> (상처 등의) 치료, 수당

□ <ruby>台風<rt>たいふう</rt></ruby> 태풍

□ <ruby>危険<rt>きけん</rt></ruby> 위험

□ <ruby>呼吸<rt>こきゅう</rt></ruby> 호흡

□ <ruby>支度<rt>したく</rt></ruby> 준비

□ <ruby>寛容<rt>かんよう</rt></ruby> 관용

□ <ruby>安否<rt>あんぴ</rt></ruby> 안부

□ <ruby>帰省<rt>きせい</rt></ruby> 귀성

□ <ruby>遺憾<rt>いかん</rt></ruby> 유감

□ <ruby>削除<rt>さくじょ</rt></ruby> 삭제

□ <ruby>干渉<rt>かんしょう</rt></ruby> 간섭

□ <ruby>影響<rt>えいきょう</rt></ruby> 영향

□ <ruby>歩道<rt>ほどう</rt></ruby> 보도

□ <ruby>渋滞<rt>じゅうたい</rt></ruby> 정체

□ <ruby>傾向<rt>けいこう</rt></ruby> 경향

| | | |
|---|---|---|
| 販売 판매 | 理由 이유 | 偏見 편견 |
| 継続 계속 | 促進 촉진 | 人口 인구 |
| 低迷 침체 | 沈黙 침묵 | 回復 회복 |
| 問題 문제 | 写真 사진 | 習慣 습관 |
| 朝刊 조간(신문) | 求人 구인 | 相談 상담 |
| 飛躍的 비약적 | 交番 파출소 | 三日月 초승달 |
| 従兄弟 사촌 | 図書館 도서관 | 地下鉄 지하철 |
| 副作用 부작용 | 取引先 거래처 | 血液型 혈액형 |
| 憎い 밉다 | 涼しい 시원하다 | 深い 깊다 |
| 旨い 맛있다 | 平たい 평평하다 | 薄い 연하다 |
| 恋しい 그립다 | 怪しい 수상하다 | 難しい 어렵다 |
| 悔しい 분하다 | 勿体無い 아깝다 | 逞しい 늠름하다 |
| 詳しい 상세하다 | 勇ましい 용감하다 | 姦しい 시끄럽다 |
| 厳しい 엄격하다 | 愛しい 사랑스럽다 | 肌寒い 날씨가 쌀쌀하다 |
| 高い 높다, (값이) 비싸다 | 甘い 달다, 무르다 | 何気ない 아무렇지도 않다 |
| 潔い 깨끗하다, 떳떳하다 | 華々しい 매우 화려하다 | 素早い 재빠르다, 민첩하다 |
| 煙たい (연기 등으로) 냅다 | 紛らわしい 헷갈리기 쉽다 | 素っ気ない 무정하다, 냉담하다 |
| 素敵だ 멋지다 | 手軽だ 손쉽다 | 粋だ 세련되다 |
| 新鮮だ 신선하다 | 円らだ 둥글다 | 平らかだ 평평하다, 평온하다 |
| 大丈夫だ 괜찮다 | 盛んだ 왕성하다 | 無口だ 과묵하다 |
| 丈夫だ 튼튼하다 | 切実だ 절실하다 | 上品だ 고상하다 |

□ 穏健だ 온건하다

□ 細やかだ 세세하다

□ 駄目だ 소용없다

□ 見事だ 훌륭하다

□ 爽やかだ 상쾌하다

□ 大幅だ 대폭적이다

□ 朗らかだ 명랑하다

□ 淑やかだ 정숙하다

□ 清らかだ 맑다, 깨끗하다

□ 大げさだ 과장되다

□ 半端だ 어중간하다

□ 真っ青だ 새파랗다, 창백하다

□ 器用だ 요령이 있다

□ 大まかだ 대략적이다

□ 巧みだ 교묘하다, 솜씨가 좋다

244

**STEP 3** 다음 기출 문제를 풀어 보세요.

1 相場がどこまで上がるかは、知る由もない。
(A) もと　　　　　(B) よし　　　　　(C) わけ　　　　　(D) すべ

2 私は起きたら、すぐ朝刊を読みます。
(A) ちょかん　　　(B) ちょうかん　　(C) しょかん　　　(D) しょうかん

3 雪山に登った友人の安否が気に掛かる。
(A) あっひ　　　　(B) あんひ　　　　(C) あっび　　　　(D) あんぴ

4 この度の事件につきまして、遺憾の意を表します。
(A) いげん　　　　(B) いかん　　　　(C) いんぎん　　　(D) いぎ

5 異例のスピード昇進をした彼に、周囲から嫉妬の眼差しが向けられた。
(A) しっと　　　　(B) しっせき　　　(C) へいがい　　　(D) へいこう

6 彼は先生に作文のてんさくをしてもらった。
(A) 展索　　　　　(B) 点作　　　　　(C) 添削　　　　　(D) 典策

7 彼は常におんけんな考え方をする。
(A) 恩兼　　　　　(B) 温見　　　　　(C) 怨剣　　　　　(D) 穏健

8 これまでの経緯を考えると、この成功にはかんむりょうのものがある。
(A) 感無量　　　　(B) 感夢料　　　　(C) 観矛良　　　　(D) 観霧領

9 毎日髭を剃るのは本当にわずらわしいことです。
(A) 羨わしい　　　(B) 煩わしい　　　(C) 厚わしい　　　(D) 情わしい

10 実は彼女のほがらかな性格が気に入りました。
(A) 朗らか　　　　(B) 清らか　　　　(C) 平らか　　　　(D) 明らか

**1** 시세가 어디까지 올라갈지는 알 방법도 없다.
해설 | 「由」는 '수단, 방법'이라는 뜻의 명사로, (B)의 「よし」라고 읽는다.
어휘 | 相場(そうば) 시세  どこ 어디  ～まで ～까지  上(あ)がる (값이) 오르다  知(し)る 알다  もと(基) 근본  わけ(訳) 이유, 까닭
すべ(術) 방법, 수단, 도리

**2** 저는 일어나면 바로 조간을 읽습니다.
해설 | 「朝刊」은 '조간(신문)'이라는 뜻의 명사로, (B)의 「ちょうかん」이라고 읽는다.
어휘 | 起(お)きる 일어나다, 기상하다  すぐ 곧, 바로  読(よ)む 읽다  しょかん(所感) 소감  しょうかん(償還) 상환

**3** 설산에 오른 친구의 안부가 염려된다.
해설 | 「安否」는 '안부'라는 뜻의 명사로, (D)의 「あんぴ」라고 읽는다.
어휘 | 雪山(ゆきやま) 설산, 눈이 쌓인 산  登(のぼ)る 높은 곳으로 올라가다  友人(ゆうじん) 친구
気(き)に 掛(か)かる 마음에 걸리다, 염려되다

**4** 이번 사건에 대해서 유감의 뜻을 표합니다.
해설 | 「遺憾」은 '유감'이라는 뜻의 명사로, (B)의 「いかん」이라고 읽는다.
어휘 | この度(たび) 이번  事件(じけん) 사건  ～につきまして ～에 대해서 *「～について」의 공손한 표현  意(い) 뜻, 마음
表(あらわ)す 표하다, 나타내다, 표현하다

**5** 이례적으로 고속 승진한 그에게 주위로부터 질투의 눈길이 쏠렸다.
해설 | 「嫉妬」는 '질투'라는 뜻의 명사로, (A)의 「しっと」라고 읽는다.
어휘 | 異例(いれい) 이례, 전례가 없음  スピード 스피드, 속도  昇進(しょうしん) 승진  周囲(しゅうい) 주위
眼差(まなざ)し 눈길, 시선  向(む)ける 쏠다, 기울이다

**6** 그는 선생님에게 작문의 첨삭을 받았다.
해설 | 「てんさく」는 '첨삭'이라는 의미로, 한자로는 (C)의 「添削」라고 쓴다.
어휘 | 先生(せんせい) 선생(님)  作文(さくぶん) 작문  ～てもらう (남에게) ～해 받다, (남이) ～해 주다

**7** 그는 항상 온건한 생각을 한다.
해설 | 「おんけん」은 '온건'이라는 뜻의 な형용사로, 한자로는 (D)의 「穏健」이라고 쓴다.
어휘 | 常(つね)に 늘, 항상  考(かんが)え方(かた) 생각, 사고방식

**8** 지금까지의 경위를 생각하면 이 성공에는 감개무량한 것이 있다[정말 감개무량하다].
해설 | 「かんむりょう」는 '감개무량'이라는 뜻의 명사로, 한자로는 (A)의 「感無量」라고 쓴다.
어휘 | 経緯(けいい) 경위  考(かんが)える 생각하다  成功(せいこう) 성공  ～ものがある ～인 것이 있다, 정말 ～하다

**9** 매일 수염을 깎는 것은 정말로 성가신 일입니다.
해설 | 「わずらわしい」는 '번거롭다, 성가시다'라는 뜻의 い형용사로, 한자로는 (B)의 「煩わしい」라고 쓴다.
어휘 | 毎日(まいにち) 매일  髭(ひげ)を 剃(そ)る 수염을 깎다, 면도하다  本当(ほんとう)に 정말로

**10** 실은 그녀의 명랑한 성격이 마음에 들었습니다.
해설 | 「ほがらか」는 '명랑함'이라는 뜻의 な형용사로, 한자로는 (A)의 「朗らか」라고 쓴다.
어휘 | 実(じつ)は 실은  性格(せいかく) 성격  気(き)に 入(い)る 마음에 들다  清(きよ)らかだ 맑다, 깨끗하다
平(たい)らかだ 평평하다, 평온하다  明(あき)らかだ 분명하다

| 한자 | 읽기 | 의미 |
|---|---|---|
| ☐ 橋 | はし | 다리 |
| ☐ 貧困 | ひんこん | 빈곤 |
| ☐ 暗闇 | くらやみ | 어둠 |
| ☐ 循環 | じゅんかん | 순환 |
| ☐ 呵責 | かしゃく | 가책 |
| ☐ 珍しい | めずらしい | 드물다, 진귀하다, 희귀하다 |
| ☐ 潔い | いさぎよい | 깨끗하다, 미련이 없다 |
| ☐ 慌ただしい | あわただしい | 분주하다 |
| ☐ 強情だ | ごうじょうだ | 고집이 세다, 완강하다 |
| ☐ 相場 | そうば | 시세 |
| ☐ 由 | よし | 수단, 방법 |
| ☐ 朝刊 | ちょうかん | 조간(신문) |
| ☐ 安否 | あんぴ | 안부 |
| ☐ 遺憾 | いかん | 유감 |
| ☐ 嫉妬 | しっと | 질투 |
| ☐ 添削 | てんさく | 첨삭 |
| ☐ 穏健だ | おんけんだ | 온건하다 |
| ☐ 煩わしい | わずらわしい | 번거롭다, 성가시다 |
| ☐ 朗らかだ | ほがらかだ | 명랑하다 |
| ☐ 気に入る | きにいる | 마음에 들다 |

# 02 발음 및 한자 찾기 2

**STEP 1** 먼저 핵심 기출 어휘 및 표현을 익히세요.

## 핵심 기출 어휘 및 표현

▶ **난독어**

- 有無 (うむ) 유무
- 謙遜 (けんそん) 겸손
- 人質 (ひとじち) 인질
- 台頭 (たいとう) 대두
- 会得 (えとく) 터득
- 大小 (だいしょう) 대소
- 懇談 (こんだん) 간담
- 上下 (じょうげ) 상하
- 拉致 (らち) 납치
- 硫黄 (いおう) 유황
- 弾劾 (だんがい) 탄핵
- 墜落 (ついらく) 추락
- 網羅 (もうら) 망라

- 応募 (おうぼ) 응모
- 疾病 (しっぺい) 질병
- 逸脱 (いつだつ) 일탈
- 侮辱 (ぶじょく) 모욕
- 所定 (しょてい) 소정, 정해진 바
- 土木 (どぼく) 토목
- 日向 (ひなた) 양지
- 執念 (しゅうねん) 집념
- 更迭 (こうてつ) 경질
- 勘定 (かんじょう) 계산
- 陰口 (かげぐち) 험담
- 核心 (かくしん) 핵심
- 防疫 (ぼうえき) 방역

- 芝生 (しばふ) 잔디
- 仮病 (けびょう) 꾀병
- 裸足 (はだし) 맨발
- 合図 (あいず) 신호
- 遭難 (そうなん) 조난
- 徹夜 (てつや) 철야
- 万事 (ばんじ) 만사
- 外科 (げか) 외과
- 悲惨 (ひさん) 비참
- 無難 (ぶなん) 무난
- 崇拝 (すうはい) 숭배
- 煩悩 (ぼんのう) 번뇌
- 親睦 (しんぼく) 친목

- 怨恨 원한
- 度胸 담력, 배짱
- 売却 매각

- 貪欲 탐욕
- 津波 쓰나미, 지진해일
- 素人 초보, 비전문가

- 危篤 위독
- 面影 (기억 속에 떠오르는) 모습
- 目論見 계획, 의도

- 衝突 충돌
- 副作用 부작용
- 馬耳東風 마이동풍

- 寄付金 기부금
- 几帳面 꼼꼼함
- 東奔西走 동분서주

- 幼馴染み 소꿉친구
- 最寄り 가장 가까움
- 調子者 경박한 사람

▶ 동사

- 拾う 줍다
- 殴る 때리다
- 似る 닮다

- 破る 찢다
- 動く 움직이다
- 眠る 자다

- 朽ちる 썩다
- 表す 표현하다
- 減る 줄다

- 施す 베풀다
- 巡る 둘러싸다
- 植える 심다

- 覆す 뒤집다
- 営む 경영하다
- 冷える 식다

- 尽くす 다하다
- 耕す 경작하다
- 酔う 취하다

- 構う 상관하다
- 偏る 치우치다
- 輝く 빛나다

- 費やす 소비하다
- 否む 부인하다
- 臨む 임하다

- 伺う 찾아뵙다
- 挑む 도전하다
- 盗む 훔치다

- 揃う 갖추어지다
- 養う 양육하다
- 誓う 맹세하다

- 代わる 대신하다
- 募る 모집하다
- 操る 조종하다

- 慰める 위로하다
- 断る 거절하다
- 貫く 관철하다

- 染める 염색하다
- 蓄える 저장하다
- 預ける 맡기다

- 壊れる 부서지다
- 試みる 시도하다
- 渇く (목이) 마르다
- 扱う 다루다, 취급하다
- 翻す 뒤집다, 번복하다
- 覗く 들여다보다, 엿보다
- 払う (돈을) 내다, 지불하다
- 倒れる 쓰러지다, 넘어지다
- 配る 나누어주다, 배포하다
- 背く 반항하다, 거역하다
- 許す 용서하다, 허락하다
- 裁く 심판하다, 시비를 가리다
- 刻む 새기다
- 兼ねる 겸하다
- 培う 재배하다
- 沈む 가라앉다
- 悼む 애도하다
- 剥げる (칠 등이) 벗겨지다
- 免れる 피하다, 면하다

- 携わる 종사하다
- 鍛える 단련하다
- 省みる 뒤돌아보다, 반성하다
- 揉める 분규가 일어나다, 옥신각신하다
- 凌ぐ 참고 견디다, 능가하다
- 催す (어떤 기분을) 불러일으키다, 느끼게 하다
- 侮る 깔보다, 얕보다
- 阻む 막다, 저지하다
- 赴く (목적지로) 가다
- 設ける 만들다, 설치하다
- 占める 점하다, 차지하다
- 慌てる 당황하다, 허둥대다
- 偽る 속이다
- 迷う 망설이다
- 雇う 고용하다
- 果たす 완수하다
- 奏でる 연주하다
- 報いる 보답하다
- 衰える 쇠약해지다

- 休む 쉬다
- 謝る 사과하다
- 拒む 거부하다
- 足りる 충분하다
- 求める 요구하다
- 悔いる 후회하다
- 訪れる 방문하다
- 負ける 지다, 패배하다
- 襲う 덮치다, 습격하다
- 飾る 장식하다, 꾸미다
- 絡む 휘감기다, 얽히다
- 抱く (마음속에) 안다, 품다
- 響く 울리다
- 憤る 성내다
- 叫ぶ 외치다
- 妨げる 방해하다
- 納める 납부하다
- 防ぐ 막다, 방지하다
- 控える 자제하다, 삼가다, 적게 하다

▶ 복합동사

- 立ち退く 떠나다
- 取り出す 꺼내다
- 切り詰める 절약하다
- 目指す 목표로 하다, 지향하다
- 込み上げる 복받치다
- 差し支える 지장이 있다
- 追いかける 뒤쫓아 가다
- 思い止まる (하려고 했던 일을) 그만두다, 단념하다

- 寄りかかる 기대다
- 掛け合う 교섭하다
- 途絶える 두절되다
- 立ち直る 회복하다
- 取り付ける 설치하다
- 問い合わせる 문의하다
- 見逃す 못 보고 놓치다
- 歩み寄る 접근하다, 양보하다

- 張り合う 경쟁하다
- 見直す 다시 보다, 재검토하다
- 引き揚げる 철수하다
- 言い付ける 명령하다
- 際立つ 뛰어나다, 두드러지다
- 見入る 넋을 잃고 보다
- 飲み込む 이해하다, 납득하다

▶ 기타 품사

- 強引に 억지로
- 未だに 아직까지
- 大分 꽤, 상당히
- 所詮 결국, 어차피
- 尽く 모두, 전부, 모조리
- 苛々 초조해하는 모양

- 強いて 굳이
- 一斉に 일제히
- 滅多に 좀처럼
- 生憎 공교롭게도
- 前以て 미리, 사전에
- 辛うじて 겨우, 간신히

- 主に 주로
- 殊に 특히
- 決して 결코
- 度々 자주, 종종
- 軒並み 모두, 다같이

**STEP 2** 앞에서 익힌 핵심 어휘를 상기하며 기출 문제를 풀어 보세요.

난독어

1 区役所の最寄りの駅はどこですか。
(A) もより　　　　(B) もきり　　　　(C) さいより　　　　(D) さいきり

2 この参考書は受験生の弱点を網羅している。
(A) あみら　　　　(B) あみらん　　　　(C) もうら　　　　(D) もうらん

3 使用した物はしょていの場所に戻しておくこと。
(A) 所帯　　　　(B) 所定　　　　(C) 指訂　　　　(D) 指定

4 今回の話し合いでは、問題のかくしんには触れてはいない。
(A) 核心　　　　(B) 確信　　　　(C) 格新　　　　(D) 革真

동사

5 谷さんは会議で述べた意見を後になって翻した。
(A) おびやかした　　(B) ひるがえした　　(C) こじした　　　(D) ゆるがした

6 この薬を飲むと、眠気をもよおすことがあります。
(A) 催す　　　　(B) 促す　　　　(C) 崔す　　　　(D) 足す

7 糸がからんでなかなか解けない。
(A) 揉んで　　　　(B) 絡んで　　　　(C) 交んで　　　　(D) 混んで

8 ペンキがはげてしまったから、塗り直します。
(A) 塞げて　　　　(B) 離げて　　　　(C) 掘げて　　　　(D) 剥げて

정답 | 1 (A) 2 (C) 3 (B) 4 (A) 5 (B) 6 (A) 7 (B) 8 (D)

**1** 私は幼い時から医者を<u>目指し</u>ていた。
(A) もくしして　　　　(B) めゆびして　　　　(C) もくゆびして　　　　(D) めざして

**2** 彼女の語学の才能は<u>際立</u>っていた。
(A) さいたって　　　　(B) きわだって　　　　(C) さいだって　　　　(D) きわたって

**3** 猛吹雪の中、彼女との連絡が<u>とだえて</u>しまった。
(A) 止絶えて　　　　(B) 途耐えて　　　　(C) 途絶えて　　　　(D) 止堪えて

**4** 山下さんは泥棒を<u>おいかけて</u>行った。
(A) 追いかけて　　　　(B) 廻いかけて　　　　(C) 追いかけて　　　　(D) 廷いかけて

**5** バブル時代には地価をはじめ、物価は<u>軒並み</u>高騰した。
(A) ひとなみ　　　　(B) ひざしへみ　　　　(C) けんなみ　　　　(D) のきなみ

**6** 彼は何かがうまくいかないのか、さっきから<u>いらいら</u>している。
(A) 苛々　　　　(B) 度々　　　　(C) 着々　　　　(D) 堂々

**7** 一生懸命やったのに、<u>ことごとく</u>失敗してしまった。
(A) 常く　　　　(B) 突く　　　　(C) 尽く　　　　(D) 全く

**8** 今年は寒波が早いせいか、デパートは<u>いっせいに</u>冬物に変わった。
(A) 一済に　　　　(B) 一斉に　　　　(C) 一制に　　　　(D) 一題に

---

정답 | 1 (D)　2 (B)　3 (C)　4 (C)　5 (D)　6 (A)　7 (C)　8 (B)

□ <ruby>荒廃<rt>こうはい</rt></ruby> 황폐

□ <ruby>曖昧<rt>あいまい</rt></ruby> 애매

□ <ruby>葛藤<rt>かっとう</rt></ruby> 갈등

□ <ruby>比喩<rt>ひ ゆ</rt></ruby> 비유

□ <ruby>比例<rt>ひ れい</rt></ruby> 비례

□ <ruby>犠牲<rt>ぎ せい</rt></ruby> 희생

□ <ruby>協調<rt>きょうちょう</rt></ruby> 협조

□ <ruby>地盤<rt>じ ばん</rt></ruby> 지반

□ <ruby>矛盾<rt>む じゅん</rt></ruby> 모순

□ <ruby>既存<rt>き そん</rt></ruby> 기존

□ <ruby>断絶<rt>だんぜつ</rt></ruby> 단절

□ <ruby>謝罪<rt>しゃざい</rt></ruby> 사죄

□ <ruby>鉱山<rt>こうざん</rt></ruby> 광산

□ <ruby>人手<rt>ひと で</rt></ruby> 일손

□ <ruby>泥棒<rt>どろぼう</rt></ruby> 도둑

□ <ruby>随一<rt>ずいいち</rt></ruby> 제일

□ <ruby>怠惰<rt>たい だ</rt></ruby> 나태

□ <ruby>卑怯<rt>ひ きょう</rt></ruby> 비겁

□ <ruby>説得<rt>せっとく</rt></ruby> 설득

□ <ruby>蔓延<rt>まんえん</rt></ruby> 만연

□ <ruby>懸念<rt>け ねん</rt></ruby> 걱정

□ <ruby>断食<rt>だんじき</rt></ruby> 단식

□ <ruby>吐息<rt>と いき</rt></ruby> 한숨

□ <ruby>名札<rt>な ふだ</rt></ruby> 명찰

□ <ruby>崩壊<rt>ほうかい</rt></ruby> 붕괴

□ <ruby>日夜<rt>にち や</rt></ruby> 밤낮

□ <ruby>進捗<rt>しんちょく</rt></ruby> 진척

□ <ruby>遮断<rt>しゃだん</rt></ruby> 차단

□ <ruby>激怒<rt>げき ど</rt></ruby> 격노

□ <ruby>内訳<rt>うちわけ</rt></ruby> 내역

□ <ruby>恥辱<rt>ち じょく</rt></ruby> 치욕

□ <ruby>洪水<rt>こうずい</rt></ruby> 홍수

□ <ruby>刺激<rt>し げき</rt></ruby> 자극

□ <ruby>花園<rt>はなぞの</rt></ruby> 화원

□ <ruby>乳母<rt>うば</rt></ruby> 유모

□ <ruby>愚鈍<rt>ぐ どん</rt></ruby> 우둔

□ <ruby>餓死<rt>が し</rt></ruby> 아사

□ <ruby>見当<rt>けんとう</rt></ruby> 짐작, 가량

□ <ruby>紅葉<rt>もみじ</rt></ruby> 단풍

□ <ruby>参拝<rt>さんぱい</rt></ruby> 참배

□ <ruby>腕前<rt>うでまえ</rt></ruby> 솜씨

□ <ruby>行方<rt>ゆくえ</rt></ruby> 행방

□ <ruby>仲人<rt>なこうど</rt></ruby> 중매인

□ <ruby>目眩<rt>め まい</rt></ruby> 현기증

□ <ruby>可憐<rt>か れん</rt></ruby> 가련

□ <ruby>狩人<rt>かりゅうど</rt></ruby> 사냥꾼

□ <ruby>人気<rt>ひと け</rt></ruby> 인기척

□ <ruby>叱責<rt>しっせき</rt></ruby> 질책

□ <ruby>勘弁<rt>かんべん</rt></ruby> 용서함

□ <ruby>雪崩れ<rt>なだ</rt></ruby> 눈사태

□ <ruby>勾配<rt>こうばい</rt></ruby> 경사, 비탈

□ <ruby>吹雪<rt>ふぶき</rt></ruby> 눈보라

□ <ruby>辛抱<rt>しんぼう</rt></ruby> 참고 견딤

□ <ruby>上役<rt>うわやく</rt></ruby> 상사, 윗사람

□ <ruby>閉口<rt>へいこう</rt></ruby> 질림, 손듦, 난처함

□ <ruby>億劫<rt>おっくう</rt></ruby> 귀찮음, 내키지 않음

□ <ruby>沙汰<rt>さ た</rt></ruby> 소식, 기별

□ <ruby>手加減<rt>て か げん</rt></ruby> 적당히 처리함

□ <ruby>終止符<rt>しゅうし ふ</rt></ruby> 종지부

□ <ruby>湯加減<rt>ゆ か げん</rt></ruby> 목욕물의 온도

□ 不気味 (어쩐지) 기분이 나쁨

□ 大黒柱 (집안 등의) 큰 기둥, 대들보

□ 犯す (범죄 등을) 저지르다, 범하다

□ 枯れる 시들다

□ 経る (시간이) 흐르다, 지나다

□ 彩る 채색하다

□ 黙る 침묵하다

□ 測る 측정하다

□ 蘇る 소생하다

□ 仰ぐ 우러러보다, 위를 보다

□ 交わす 교환하다

□ 率いる 인솔하다

□ 脅かす 위협하다

□ 加わる 더해지다

□ 薦める 추천하다

□ 誇る 자랑하다, 뽐내다

□ 支える 받치다, 떠받치다

□ 労る (노고를) 위로하다

□ 司る 관장하다, 관리하다

□ 富む 재산이 많다, 풍부하다

□ 青二才 풋내기

□ 醍醐味 참맛, 묘미

□ 弾む 튀다

□ 騒ぐ 떠들다

□ 稼ぐ 돈을 벌다

□ 避ける 피하다

□ 生える (풀이나 나무가) 나다, 자라다

□ 届く 도착하다

□ 怠る 방심하다

□ 捗る 진척되다

□ 図る 도모하다

□ 慰める 위로하다

□ 整える 조절하다

□ 破れる 찢어지다

□ 戒める 타이르다

□ 急かす 재촉하다

□ 劣る (다른 것만) 못하다, 뒤떨어지다

□ 暮らす 살다, 생활하다

□ 外れる 빗나가다

□ 茂る 무성해지다

□ 指南役 일을 지도하는 역

□ 長丁場 (일 등이) 오래 걸림

□ 絞る 짜다

□ 結う 묶다

□ 救う 구하다

□ 至る 이르다

□ 尋ねる 묻다

□ 慎む 삼가다

□ 味わう 맛보다

□ 装う 치장하다

□ 妬む 질투하다

□ 悩む 고민하다

□ 抑える 억제하다

□ 栄える 번영하다

□ 秀でる 뛰어나다, 빼어나다

□ 訴える 호소하다

□ 似合う 어울리다

□ 冴える 맑아지다

□ 滑る 미끄러지다

□ 甘える 응석부리다

| | | |
|---|---|---|
| □ 打ち切る 중지하다 | □ 隔てる 사이를 두다 | □ 上回る 웃돌다, 상회하다 |
| □ 食い違う 어긋나다 | □ 企てる 계획하다, 꾀하다 | □ 構える 꾸미다, 자세를 취하다 |
| □ 繰り返す 반복하다 | □ 煽てる 치켜세우다, 부추기다 | □ 取り立てる 징수하다 |
| □ 差し掛かる 다다르다 | □ 教わる 가르침을 받다, 배우다 | □ 巻き込む 말려들게 하다 |
| □ 強張る 굳어지다, 경직되다 | □ 仕組む (몰래) 계획하다 | □ 打ち合わせる 상의하다, 협의하다 |
| □ 差し控える 삼가다, 보류하다 | □ 張り切る 기운이 넘치다 | □ 引き付ける 사람의 마음을 사로잡다 |

STEP 3 다음 기출 문제를 풀어 보세요.

1 彼が作った料理は、素人とは思えないほどの出来栄えだ。
  (A) すびと　　　　　(B) そじん　　　　　(C) くろうにん　　　(D) しろうと

2 久しぶりに会った友には子供の頃の面影が残っていた。
  (A) めんかげ　　　　(B) めんけい　　　　(C) おもかげ　　　　(D) おもけい

3 転勤により、僻地に赴くことになった。
  (A) おもむく　　　　(B) あざむく　　　　(C) まねく　　　　　(D) とく

4 明日の仕事に差し支えるので、今日の飲み会はパスします。
  (A) さしのかえる　　(B) さしつかえる　　(C) さししかえる　　(D) さしふかえる

5 強いて言えば、これはどちらに近いですか。
  (A) かいて　　　　　(B) しいて　　　　　(C) まいて　　　　　(D) といて

6 飛行機がついらくして乗客全員が死亡した。
  (A) 墜落　　　　　　(B) 怠落　　　　　　(C) 遂落　　　　　　(D) 逃落

7 自分の過去をかえりみて、やり直すことにした。
  (A) 省みて　　　　　(B) 試みて　　　　　(C) 心みて　　　　　(D) 験みて

8 父の意にそむいて、彼は歌手になる道を選んだ。
  (A) 強いて　　　　　(B) 裂いて　　　　　(C) 背いて　　　　　(D) 除いて

9 頑張ってはいるものの、いまだにこれといった打開策はないようだ。
  (A) 既だに　　　　　(B) 替だに　　　　　(C) 然だに　　　　　(D) 未だに

10 今年はことに作柄がよくなくて心配である。
  (A) 更に　　　　　　(B) 現に　　　　　　(C) 特に　　　　　　(D) 殊に

**1** 그가 만든 요리는 <u>초보</u>라고는 생각되지 않을 만큼의 솜씨다.

해설 | 「素人」는 '초보, 비전문가'라는 뜻의 명사로, (D)의 「しろうと」라고 읽는다.

어휘 | 作(つく)る 만들다　料理(りょうり) 요리　思(おも)える 생각되다　~ほど ~정도, ~만큼　出来栄(できば)え 솜씨, 기량

**2** 오랜만에 만난 친구에게는 어릴 때의 <u>모습</u>이 남아 있었다.

해설 | 「面影」는 '(기억 속에 떠오르는) 모습'이라는 뜻의 명사로, (C)의 「おもかげ」라고 읽는다.

어휘 | 久(ひさ)しぶりだ 오랜만이다　会(あ)う 만나다　友(とも) 친구　子供(こども) 아이　頃(ころ) 때, 시절, 무렵　残(のこ)る 남다

**3** 전근 때문에 벽지로 <u>가게</u> 되었다.

해설 | 「赴く」는 '(목적지로) 가다'라는 뜻의 동사로, (A)의 「おもむく」라고 읽는다.

어휘 | 転勤(てんきん) 전근　~により ~때문에　僻地(へきち) 벽지, 도회지에서 먼 외진 땅　동사의 보통형+ことになる ~하게 되다　あざむ(欺)く 속이다, 기만하다　まね(招)く 초대하다, 초래하다　と(解)く 풀다

**4** 내일 일에 <u>지장이 있</u>으니까 오늘 술자리는 패스하겠습니다.

해설 | 「差し支える」는 '지장이 있다'라는 뜻의 동사로, (B)의 「さしつかえる」라고 읽는다.

어휘 | 仕事(しごと) 일　飲(の)み会(かい) 술자리, 회식　パス 패스, 상관하지 않고 끝내는 것

**5** <u>굳이</u> 말하자면 이것은 어느 쪽에 가깝습니까?

해설 | 「強いて」는 '굳이'라는 뜻의 부사로, (B)의 「しいて」라고 읽는다. 참고로 같은 뜻의 부사로는 「敢(あ)えて」가 있다.

어휘 | どちら 어느 쪽　近(ちか)い 가깝다

**6** 비행기가 <u>추락</u>해 승객 전원이 사망했다.

해설 | 「ついらく」는 '추락'이라는 뜻의 명사로, 한자로는 (A)의 「墜落」라고 쓴다.

어휘 | 飛行機(ひこうき) 비행기　乗客(じょうきゃく) 승객　全員(ぜんいん) 전원　死亡(しぼう) 사망

**7** 내 과거를 <u>반성하고</u> 다시 시작하기로 했다.

해설 | 「かえりみる」는 '뒤돌아보다, 반성하다'라는 뜻의 동사로, 한자로는 (A)의 「省みる」라고 쓴다.

어휘 | 自分(じぶん) 자기, 자신, 나　過去(かこ) 과거　やり直(なお)す 다시 하다　동사의 보통형+ことにする ~하기로 하다

**8** 아버지의 뜻을 <u>거역하고</u> 그는 가수가 되는 길을 택했다.

해설 | 「そむく」는 '반항하다, 거역하다'라는 뜻의 동사로, 한자로는 (C)의 「背く」라고 쓴다.

어휘 | 父(ちち) (자신의) 아버지　意(い) 생각, 뜻　歌手(かしゅ) 가수　道(みち) 길　選(えら)ぶ 택하다　強(し)いる 강요하다　裂(さ)く 찢다　除(のぞ)く 제거하다, 없애다

**9** 노력하고는 있지만 <u>아직까지</u> 이렇다 할 타개책은 없는 것 같다.

해설 | 「いまだに」는 '아직까지'라는 뜻의 부사로, 한자로는 (D)의 「未だに」라고 쓴다.

어휘 | 頑張(がんば)る 열심히 하다, 노력하다, 분발하다　~ものの ~이지만　これといった 이렇다 할　打開策(だかいさく) 타개책　~ようだ ~인 것 같다, ~인 듯하다

**10** 올해는 <u>특히</u> 작황이 좋지 않아서 걱정스럽다.

해설 | 「ことに」는 '특히'라는 뜻의 부사로, 한자로는 (D)의 「殊に」라고 쓴다.

어휘 | 今年(ことし) 올해　作柄(さくがら) 작황　心配(しんぱい)だ 걱정스럽다　更(さら)に 더욱　現(げん)に 실제로, 지금　特(とく)に 특히

| 한자 | 읽기 | 의미 |
|---|---|---|
| ☐ 区役所 | くやくしょ | 구청 |
| ☐ 最寄り | もより | 가장 가까움 |
| ☐ 網羅 | もうら | 망라 |
| ☐ 所定 | しょてい | 소정, 정해진 바 |
| ☐ 核心 | かくしん | 핵심 |
| ☐ 翻す | ひるがえす | 뒤집다, 번복하다, 바꾸다 |
| ☐ 眠気 | ねむけ | 졸음 |
| ☐ 催す | もよおす | (어떤 기분을) 불러일으키다, 느끼게 하다 |
| ☐ 糸 | いと | 실 |
| ☐ 絡む | からむ | 휘감기다, 얽히다 |
| ☐ 剥げる | はげる | (칠 등이) 벗겨지다 |
| ☐ 幼い | おさない | 어리다 |
| ☐ 際立つ | きわだつ | 뛰어나다, 두드러지다 |
| ☐ 泥棒 | どろぼう | 도둑 |
| ☐ 〜をはじめ | ・ | 〜을 비롯해 |
| ☐ 面影 | おもかげ | (기억 속에 떠오르는) 모습 |
| ☐ 差し支える | さしつかえる | 지장이 있다 |
| ☐ 墜落 | ついらく | 추락 |
| ☐ 強いる | しいる | 강요하다 |
| ☐ 殊に | ことに | 특히 |

PART 5
정답찾기

STEP 1 먼저 핵심 기출 어휘 및 표현을 익히세요.

## 핵심 기출 어휘 및 표현

- ちょっと 조금 (=少し)
- 従兄弟 사촌 (=おばの娘・息子)
- 幼稚だ 유치하다 (=幼い)
- サボる 게으름 피우다 (=怠る)
- 食べられる 드시다 (=召し上がる)
- お届けする 갖다 주다 (=配達する)
- 冷静になる 냉정해지다 (=落ち着く)
- 抜けている 빠져 있다 (=漏れている)
- ～からには ～한 이상은 (=～以上は)
- 圧巻だった 압권이었다 (=最高だった)
- ～するあまり ～한 나머지 (=～しすぎて)
- キャンセルになる 취소되다 (=取り消しになる)
- 隅に置けない 얕볼 수 없다 (=見くびれない)
- ～はもちろんのこと ～은 물론이고 (=～はもとより)
- ～を契機に ～을 계기로 (=～をきっかけに)

- できるだけ 가능한 한, 되도록 (=なるべく)
- 少しずつ 조금씩 (=だんだん)
- ～あげく ～한 끝에 (=～すえに)
- いらっしゃる 오시다 (=お越しになる)
- ～ばかりに ～한 탓에 (=～せいで)
- ～げに ～한 듯이 (=～そうな様子で)
- 契約上は 계약상은 (=契約の面では)
- けりが付く 결말이 나다 (=決着が付く)
- 音がする 소리가 나다 (=～が聞こえる)
- 途方もない 터무니없다 (=とてつもない)
- 経つ (시간이) 지나다, 경과하다 (=過ぎる)

- 目下検討中 목하 검토 중 (=検討している最中)

- ～そばから ～하자마자 바로 (=～と同時に)

- ～いかんでは ～여하에 따라서는 (=～によっては)

- ～ではあるまいし ～은 아닐 테고 (=～ではないのに)

- 年甲斐もなく 나잇값도 못하고 (=いい年をして)

- 辞めさせられる (일자리를) 그만두게 되다, 해고되다 (=首になる)

- 気が削がれる 의욕이 꺾이다 (=意気込みが失われる)

- 동사의 ます형+次第 ～하는 대로, ～하자마자 (=～たら直ちに)

- ～にはあたらない ～할 것까지는 없다 (=～ほどのことではない)

- ～にほかならない 바로[다름 아닌] ～이다 (=～以外のものではない)

PART 5

정답찾기

대체 표현

**1** 今回の歌舞伎の出し物は圧巻だった。
(A) 最悪 　　　　　　　(B) 最低 　　　　　　(C) 最後 　　　　　　(D) 最高

**2** 虫歯になったら、できるだけ早く治すべきだ。
(A) なるべく 　　　　　(B) なるまえに 　　　(C) なるより 　　　(D) なるほど

**3** 山田さんの名前がリストから抜けているよ。
(A) 漏れている 　　　(B) 向けている 　　　(C) 摘んでいる 　　(D) 退いている

**4** 書類が着き次第連絡いたします。
(A) 着くか着かないうちに 　　　　　(B) 着いた際に
(C) 着いたら直ちに 　　　　　　　　(D) 着いたと確認できたら

**5** 経済危機の克服は、国民の努力のたまものにほかならない。
(A) 以上のものに違いない 　　　　　(B) 以上に方法はない
(C) 以上のものではない 　　　　　　(D) 以外のものではない

**6** あの店は、野菜はもちろんのこと、全て新鮮なものばかりだ。
(A) 野菜をきっかけに 　　　　　　　(B) 野菜をめぐって
(C) 野菜はもとより 　　　　　　　　(D) 野菜はともかく

**7** 年甲斐もなくゲームの結果にこだわるなんて、みっともない。
(A) 大人のわりに 　　　　　　　　　(B) いい年をして
(C) 背伸びして 　　　　　　　　　　(D) 子供ぶって

**8** 部長の一言で、最後まで頑張ろうという気が削がれた。
(A) 意気込みが失われた 　　　　　　(B) 意欲が涌いてきた
(C) 意志が強固になった 　　　　　　(D) 意気が上がった

---

정답 | 1 (D)　2 (A)　3 (A)　4 (C)　5 (D)　6 (C)　7 (B)　8 (A)

# 빈출 어휘로 실력 다지기

- 目処 전망 (=当て)
- 揃える 갖추다 (=整える)
- 長ける 뛰어나다 (=秀でる)
- 子供用 아이용 (=子供向け)
- 貸してあげる 빌려주다 (=渡す)
- 一番上 가장 위 (=長男・長女)
- それとなく 넌지시 (=遠回しに)
- 読まれる 읽으시다 (=お読みになる)
- 適当な〜 적당한〜 (=相応しい〜)
- お越しになる 오시다 (=お見えになる)
- 〜が早いか ~하자마자 (=〜や否や)
- たまらない 참을 수 없다 (=我慢できない)
- 電話中 전화 중 (=電話をかけている)
- 〜を問わず ~을 불문하고 (〜に関係なく)
- 雲泥の差 하늘과 땅 차이 (=月とすっぽん)
- 訪ねる 방문하다 (=伺う)
- なおざり 소홀히 함 (=疎か)
- 暇だ 한가하다 (=時間がある)
- ちっとも 조금도, 전혀 (=全然)
- 〜たびに ~할 때마다 (=〜といつも)
- 開けたまま 열어둔 채로 (=閉めずに)

- 一昨年 재작년 (=2年前)
- 予め 미리, 사전에 (=前以て)
- 生意気だ 건방지다 (=横柄だ)
- 受け持つ 담당하다 (=担当する)
- 世話を焼く 돌보다 (=面倒を見る)
- おおざっぱに 대략, 대충 (=ざっと)
- 自慢する 자랑하다 (=鼻にかける)
- 焼き立て 갓 구운 (=焼いたばかり)
- 翻す 뒤집다, 번복하다, 바꾸다 (=変える)
- 汚れている 더러워져 있다 (=汚い)
- 〜にたえる ~할 만한 (=見応えのある〜)
- 痛切に 절실히, 뼈저리게 (=ひしひし)
- 〜を限りに ~을 끝으로 (=〜を最後に)
- 〜に伴って ~에 동반해 (=〜と共に)
- 〜に連れて ~함에 따라서 (=〜に従って)
- 行われる 열리다, 개최되다 (=開かれる)
- 〜につき ~당 (=〜当たり)
- 相次いで 잇따라 (=次々に)
- 緊張する 긴장하다 (=上がる)
- 読んでしまう 읽어 버리다 (=読み終える)
- 鯖を読む 수량을 속이다 (=ごまかす)

□ 飽きるほど 질릴 정도로 (=飽きるまで)

□ 行くべく 가기 위해서 (=行かんがため)

□ やむを得ず 어쩔 수 없이 (=仕方なく)

□ ～とはいえ ~라고 해도 (=～といえども)

□ 頼むものか 부탁할까 보냐 (=頼むまい)

□ ～がてら ~겸, ~을 겸하여 (=～かたがた)

□ 目がない 아주 좋아하다 (=とても好きだ)

□ ～に先立って ~에 앞서서 (=～の前に)

□ 四六時中 하루 종일, 항상 (=一日中、常に)

□ 一目置く 한 수 위로 보다 (=力を認める)

□ 疲労困憊する 기진맥진하다 (=ぐったりする)

□ 暇さえあれば 여유만 있으면 (=暇ができれば)

□ ～かたわら ~하는 한편 (=～をする一方で)

□ ～が済んだら ~이 끝나면 (=～が終わったら)

□ 気が気でない 안절부절 못하다 (=はらはらする)

□ ～に及ばない ~할 것까지는 없다 (=～は不要だ)

□ ～恐れがある ~할 우려가 있다 (=～心配がある)

□ 捨て鉢になる 자포자기하다 (=やけくそになる)

□ 落ち込んでいる 침울해하고 있다 (=がっくりしている)

□ 使わないことには 사용하지 않고서는 (=使わなければ)

□ ～てから ~하고 나서, ~한 후에 (=동사 た형+後で)

□ 食べるのは無理だ 먹는 것은 무리다 (=食べられない)

□ ～ということだ ~라고 한다 (=～とのことだ)

□ 値段のわりに 가격에 비해 (=値段は安いが)

□ ～に基づいて ~에 근거해서 (=～に沿って)

□ 冷めないうちに 식기 전에 (=冷めてしまう前に)

□ あの人に限って 저 사람만은 (=あの人のみは)

□ 〜のみならず ~뿐만 아니라 (=〜ばかりでなく)

□ 水臭いなあ 서먹서먹하군 (=他人行儀だなあ)

□ 本を読むために 책을 읽기 위해 (=本を読みに)

□ いつにもまして 여느 때보다 더 (=いつも以上に)

□ 〜に違いない ~임에 틀림없다 (=〜に相違ない)

□ 〜にもかかわらず ~임에도 불구하고 (=〜のに)

□ 〜に欠けている ~이 부족하다 (=〜が足りない)

□ 동사의 た형+とたん ~하자마자 (=〜か〜ないかのうちに)

□ 書き切れない 전부 쓸 수 없다 (=全部書けない)

□ 腕が立つ 솜씨나 기량이 매우 뛰어나다 (=技術が優れている)

□ ご注意ください 주의하십시오 (=気を付けてください)

□ 黒ずくめの服 검정 일색의 옷 (=黒だけで装った服)

□ 来ないはずがない 안 올 리가 없다 (=来るに違いない)

□ 〜を禁じ得ない ~을 금할 수 없다 (=〜を抑えられない)

□ 嬉しくてならない 너무 기쁘다 (=嬉しくてしょうがない)

□ 동사의 ます형+がたい ~하기 어렵다 (=〜のが難しい)

□ 〜をものともせず(に) ~에도[을] 아랑곳하지 않고, ~을 개의치 않고, ~에도 불구하고 (=〜をよそに)

□ 〜てからでないと ~한 후가 아니면 (=〜ないことには)

□ 使う機会がない 사용할 기회가 없다 (=使うことがない)

□ がっかりしている 실망하고 있다 (=失望して元気がない)

□ 〜どころではない ~할 상황이 아니다 (=〜余裕がない)

□ 許可を得ずに 허가를 받지 않고 (=許可を得ることなしに)

□ 家に誰もいない 집에 아무도 없다 (=みんな出かけている)

□ ～にかたくない ～하기에 어렵지 않다 (=容易に～できる)

□ 雨模様だ 비가 내릴 듯한 날씨다 (=雨の降りそうな空だ)

□ ついてない 운이 없다, 재수가 없다 (=幸運に恵まれていない)

□ 直るとは思う 고쳐질 것이라고는 생각하다 (=直らないことはない)

□ 気が進まない 마음이 내키지 않다 (=しようとする気持ちになれない)

□ 동사의 보통형+つもりだ ～할 생각[작정]이다 (=～(よ)うと思っている)

□ しないわけにはいかない 하지 않을 수는 없다 (=しなければならない)

□ 目と鼻の先にある 엎어지면 코 닿을 데에 있다 (=とても近いところにある)

□ 동사의 ます형+かねない ～할지도 모른다 (=～かもしれない)

□ ～だけはちゃんとしている ～만은 제대로 하고 있다 (～を欠かすことがない)

□ ～に越したことはない ～보다 나은 것은 없다, ～이 최고다 (=～ばなお良い)

□ ～に見せてもかまわない ～에게 보여주어도 상관이 없다 (=～が見ても問題ない)

□ 午前中しか開いていない 오전 중밖에 열려 있지 않다 (=朝から昼までだけ開いている)

□ ～(よ)うにも+동사의 가능형+ない ～하려고 해도 ～할 수 없다 (=～(よ)うとしてもできない)

□ ～を一笑に付する ～을 일소에 부치다, ～을 문제 삼지 않고 웃어 넘기다
(=～を真剣に取り上げない)

# 대체표현 찾기 | 기출 확인 문제

**STEP 3** 다음 기출 문제를 풀어 보세요.

**1** 人前だと<u>緊張して</u>、うまく話せません。
(A) あがって
(B) おだてて
(C) かぶせて
(D) つながって

**2** 父は出張に<u>行くたびに</u>お土産を買って来てくれます。
(A) 行ったついでに
(B) 行く以上は
(C) 行った先で
(D) 行くといつも

**3** 彼女は<u>寂しげに</u>手を振った。
(A) 寂しそうな様子で
(B) 寂しいことはないという表情で
(C) 寂しさを我慢して
(D) 寂しいと言いつつ

**4** 彼女は<u>四六時中</u>何かぶつぶつ独り言を言っている。
(A) 寝ないで
(B) 4～6時間ぐらい
(C) 常に
(D) 何もしないで

**5** 彼に預けたら<u>無くしかねない</u>から、止めた方がいいと思います。
(A) 駄目だから
(B) 同時に二つの仕事ができるから
(C) 無くすかもしれないから
(D) 絶対無くさないから

**6** <u>あの人に限っては</u>人を騙すなんてことはしないと思っていたのに。
(A) あの人をおいては
(B) あの人のみは
(C) あの人しかは
(D) あの人においては

267

**7** 今日の会議は、<u>いつにもまして</u>激しい議論であった。

(A) いつも以上に                      (B) いつの間にか

(C) 普段と同様に                      (D) 絶え間なく


**8** 鈴木さんは、<u>会社勤めのかたわら</u>小説も書いている。

(A) 会社勤めのついでに              (B) 会社勤めをする一方で

(C) 会社勤めをもとに                (D) 会社勤めをきっかけに


**9** 勝敗にはこだわらないとはいえ、やはり<u>勝つに越したことはない</u>。

(A) 勝てばなお良い                   (B) 勝ったところで意味がない

(C) 勝たないではすまない           (D) 勝たなければそれまでだ


**10** 彼はコミュニケーション<u>能力に欠けている</u>よね。

(A) 能力を生かしている            (B) 能力が足りない

(C) 能力に優れている              (D) 能力が高い


**11** <u>生意気な</u>ことばかり言わないで、まずは行動しなさい。

(A) 確かな                          (B) 横柄な

(C) 大げさな                      (D) 意地悪な


**12** この仕事は、よほど<u>腕が立つ</u>職人でないとできないだろう。

(A) 技術が優れている             (B) 筋肉を鍛えた

(C) 忍耐強い                      (D) 肝の据わった

**1** 남 앞이라면 <u>긴장해서</u> 이야기를 잘 못합니다.

(A) 얼어서        (B) 부추겨서        (C) 덮어씌워서        (D) 연결되어서

해설 | 「緊張(きんちょう)する」는 '긴장하다'라는 뜻으로, 선택지 중 바꿔 쓸 수 있는 것은 (A)의 「あ(上)がる」(얼다)이다.

어휘 | 人前(ひとまえ) 남의 앞, 남이 보고 있는 곳   うまく 잘, 능숙하게   話(はな)す 말하다, 이야기하다

おだ(煽)てる 부추기다, 치켜세우다   かぶ(被)せる (죄·책임 등을) 덮어씌우다   つな(繋)がる 이어지다, 연결되다

**2** 아버지는 출장을 <u>갈 때마다</u> 선물을 사 와 줍니다.

(A) 간 김에        (B) 간 이상은        (C) 간 곳에서        (D) 가면 항상

해설 | 「~たびに」(~할 때마다)는 일회성이 아닌 반복적으로 같은 상황이 되는 경우에 쓰는 표현으로, 밑줄 친 「行(い)くたびに」는 '갈 때마다'라는 뜻이다. 선택지 중 바꿔 쓸 수 있는 것은 (D)의 「行(い)くといつも」(가면 항상)로, (A)의 「~ついでに」(~하는 김에)는 원래 하려던 일을 기회로 다른 일을 한다는 뜻의 표현이고, (B)의 「동사의 보통형+以上(いじょう)は」(~한 이상은)는 앞에 오는 내용을 조건으로 뒤에는 당연히 그래야 한다는 뜻의 표현으로, 「約束(やくそく)した以上(いじょう)は守(まも)るべきだ」(약속한 이상은 지켜야 한다)처럼 쓴다.

어휘 | 父(ちち) (자신의) 아버지   出張(しゅっちょう) 출장   行(い)く 가다

お土産(みやげ) 선물, (외출·여행지 등에서) 가족이나 친지를 위해 사 가는 특산품   買(か)う 사다

~てくれる (남이 나에게) ~해 주다   先(せき) 행선지, 곳

**3** 그녀는 <u>쓸쓸한 듯이</u> 손을 흔들었다.

(A) 쓸쓸해 보이는 모습으로                    (B) 쓸쓸한 것은 아니다라는 표정으로

(C) 쓸쓸함을 참고                           (D) 쓸쓸하다고 말하면서

해설 | 「~げ」(~듯한 모양, ~한 듯함)는 동사의 ます형·형용사의 어간에 접속하여 그러한 모양이나 그럴 듯하게 보이는 것을 나타낼 쓴다. 밑줄 친 「寂(さび)しげに」는 '쓸쓸한 듯이'라는 뜻으로, 선택지 중 바꿔 쓸 수 있는 것은 (A)의 「寂(さび)しそうな様子(ようす)で」(쓸쓸해 보이는 모습으로)이다. 「い형용사의 어간+そうだ」는 '~일[할] 것 같다, ~해 보이다', 「様子(ようす)」는 '모습'이라는 뜻이다.

어휘 | 寂(さび)しい 쓸쓸하다   手(て) 손   振(ふ)る 흔들다   表情(ひょうじょう) 표정   我慢(がまん) 참음, 견딤

동사의 ます형+つつ (동시동작을 나타내는) ~하면서

**4** 그녀는 항상 무엇인가 중얼중얼 혼잣말을 하고 있다.

(A) 자지 않고        (B) 4~6시간 정도        (C) 항상        (D) 아무것도 하지 않고

해설 | 「四六時中(しろくじちゅう)」는 '하루 종일, 항상'이라는 뜻으로, 선택지 중 바꿔 쓸 수 있는 것은 (C)의 「常(つね)に」(항상)이다.

어휘 | 何(なに)か 무엇인가   ぶつぶつ 중얼중얼   独(ひと)り言(ごと) 혼잣말

**5** 그에게 맡기면 <u>분실할지도 모르니까</u> 그만두는 편이 좋다고 생각합니다.

(A) 안 되니까                          (B) 동시에 두 가지 일을 할 수 있으니까

(C) 분실할지도 모르니까                 (D) 절대로 분실하지 않으니까

해설 | 「동사의 ます형+かねない」는 '~할지도 모른다'라는 뜻으로, 좋지 않은 사태가 발생할 가능성이 있음을 추측하는 표현이다. 밑줄 친 「無(な)くしかねないから」는 '분실할지도 모르니까'라는 뜻으로, 선택지 중 바꿔 쓸 수 있는 표현은 (C)의 「無(な)くすかもしれないから」(분실할지도 모르니까)이다. 「~かもしれない」는 '~일지도 모른다'라는 뜻으로 추측을 나타낸다.

어휘 | 預(あず)ける 맡기다   無(な)くす 잃다, 분실하다   止(や)める 끊다, 그만두다, 중지하다   駄目(だめ)だ 안 되다, 소용 없다

同時(どうじ)に 동시에   絶対(ぜったい) 절대로

**6** <u>저 사람만은</u> 다른 사람을 속이는 일 따위는 하지 않을 것이라고 생각하고 있었는데.

(A) 저 사람을 제외하고는      (B) 저 사람만은        (C) 저 사람밖에는        (D) 저 사람에 있어서는

해설 | 「~に限(かぎ)っては」(~에 한해서는, ~만은)는 부정표현을 수반하여 '~만은 절대 ~아니다, ~만은 아니라고 믿고 있다'라는 뜻을 나타낸다. 밑줄 친 「あの人(ひと)に限(かぎ)っては」는 '저 사람에 한해서는, 저 사람만은'이라는 뜻으로, 선택지 중 바꿔 쓸 수 있는 것은 (B)의 「あの人(ひと)のみは」(저 사람만은)이다. (A)의 「~をおいては」(~을 제외하고는, ~말고는)는 그밖에 없음을 나타내는 표현으로 「今回(こんかい)の仕事(しごと)は、山田(やまだ)さんをおいては誰(だれ)が責任者(せきにんしゃ)と言(い)うのだ」(이번 일은 야마다 씨를 제외하고는 누가 적임자라는 말인가)처럼 쓰고, (C)의 「~しか」는 '(부정어 수반) ~밖에', (D)의 「~においては」(~에 있어서는, ~에서는)는 장소나 시대·상황을 나타내는 말을 받아 어떤 사건·상황·상태의 배경을 나타내는 표현으로 「このマラソンにおいては、完走(かんそう)できない人(ひと)が多(おお)い」(이 마라톤에 있어서는 완주 못하는 사람이 많다)처럼 쓴다.

어휘 | 騙(だま)す 속이다   ~なんて   ~따위   ~のに   ~는데(도)

**7** 오늘 회의는 <u>여느 때보다 더</u> 격렬한 논의였다.

(A) 여느 때 이상으로　　(B) 어느 샌가　　　(C) 평소와 마찬가지로　　　(D) 끊임없이

해설 | 「～にもまして」(～보다 더, ～이상으로)는 과거의 어느 시점의 상태와 비교해서 그때보다도 정도가 심함을 나타내는 표현으로, 밑줄 친 「いつにもまして」는 '여느 때보다도 더'라는 뜻이다. 선택지 중 바꿔 쓸 수 있는 것은 (A)의 「いつも以上(いじょう)に」(여느 때 이상으로)이다.

어휘 | 会議(かいぎ) 회의　激(はげ)しい 격렬하다　議論(ぎろん) 논의　以上(いじょう) 이상　いつの間(ま)にか 어느 샌가
普段(ふだん) 평소, 평상시　～と同様(どうよう)に ～와 마찬가지로　絶(た)え間(ま)なく 끊임없이

**8** 스즈키 씨는 <u>회사 근무를 하는 한편</u> 소설도 쓰고 있다.

(A) 회사 근무를 하는 김에　　　　　　　　(B) 회사 근무를 하는 한편으로
(C) 회사 근무를 근거로　　　　　　　　　(D) 회사 근무를 계기로

해설 | 「～かたわら」(～하는 한편, 주로 ～을 하면서 그 한편으로)는 두 가지 일을 병행할 때 쓰는 표현으로, 밑줄 친 「会社勤(かいしゃづと)めのかたわら」는 '회사 근무를 하는 한편'이라는 뜻이다. 선택지 중 바꿔 쓸 수 있는 것은 (B)의 「会社勤(かいしゃづと)めをする一方(いっぽう)で」(회사 근무를 하는 한편으로)로, 「～一方(いっぽう)で」는 '～하는 한편으로'라는 뜻이다.

어휘 | 会社勤(かいしゃづと)め 회사 근무　小説(しょうせつ) 소설　書(か)く (글씨・글을) 쓰다　～ついでに ～하는 김에
～をもと(基)に ～을 바탕으로[근거로]　～をきっかけに ～을 계기로

**9** 승패에는 구애되지 않는다고 해도 역시 <u>이기는 것이 제일이다.</u>

(A) 이기면 더욱 좋다　　　　　　　　　(B) 이겨 봤자 의미가 없다
(C) 반드시 이긴다　　　　　　　　　　(D) 이기지 않으면 그것으로 끝이다

해설 | 「～に越(こ)したことはない」는 '～보다 나은 것은 없다. ～하는 것이 제일이다'라는 뜻으로, 밑줄 친 「勝(か)つに越(こ)したことはない」는 '이기는 것이 제일이다'라는 뜻이다. 선택지 중 바꿔 쓸 수 있는 것은 (A)의 「勝(か)てばなお良(よ)い」(이기면 더욱 좋다)이다. (B)의 「동사의 た형＋ところで」는 '～해 봤자, ～한들'이라는 뜻으로 「今(いま)から走(はし)って行(い)ったところで、間(ま)に合(あ)うはずがない」(지금부터 뛰어가 봤자 제시간에 닿을 리 없다)처럼 쓰고, (C)의 「～ないではすまない」는 '～하지 않고는 끝나지 않다, 반드시 ～하다', (D)의 「～ばそれまでだ」는 '～하면 그것으로 끝이다, 어쩔 도리가 없다'라는 뜻으로, 「いくら金持(かねも)ちでも死(し)んでしまえばそれまでだ」(아무리 부자라도 죽어 버리면 그것으로 끝이다)처럼 쓴다.

어휘 | 勝敗(しょうはい) 승패　こだわる 구애되다, 사소한 것까지 신경을 쓰다　～とはいえ ～라고 해도　やはり 역시
勝(か)つ 이기다　なお 더욱　良(よ)い 좋다　意味(いみ) 의미

**10** 그는 커뮤니케이션 <u>능력이 부족하네.</u>

(A) 능력을 살리고 있　　(B) 능력이 부족하　　(C) 능력이 뛰어나　　(D) 능력이 높

해설 | 「～に欠(か)けている」는 '～이 부족하다'라는 뜻으로, 밑줄 친 「能力(のうりょく)に欠(か)けている」는 '능력이 부족하다'라는 뜻이다. 선택지 중 바꿔 쓸 수 있는 것은 (B)의 「能力(のうりょく)が足(た)りない」로, 「～が足(た)りない」는 '～이 부족하다'라는 뜻이다.

어휘 | コミュニケーション 커뮤니케이션, 의사소통　能力(のうりょく) 능력　生(い)かす 살리다, 발휘하다, 활용하다
優(すぐ)れる 뛰어나다, 우수하다, 훌륭하다　高(たか)い (역량 등이) 높다

**11** <u>건방진</u> 말만 하지 말고 우선은 행동하세요.

(A) 확실한　　　　　　(B) 건방진　　　　　(C) 과장된　　　　　(D) 심술궂은

해설 | 「生意気(なまいき)な」는 '건방진'이라는 뜻으로, 선택지 중 바꿔 쓸 수 있는 것은 (B)의 「横柄(おうへい)な」(건방진)이다.

어휘 | ～ばかり ～만, ~뿐　まずは 우선은　行動(こうどう) 행동　確(たし)かだ 확실하다　大(おお)げさだ 과장되다
意地悪(いじわる)だ 심술궂다

**12** 이 일은 어지간히 <u>솜씨가 매우 뛰어난</u> 장인이 아니면 불가능할 것이다.

(A) 기술이 뛰어난　　　(B) 근육을 단련한　　　(C) 인내심이 강한　　　(D) 배짱이 두둑한

해설 | 「腕(うで)が立(た)つ」는 '솜씨나 기량이 매우 뛰어나다'라는 뜻으로, 선택지 중 바꿔 쓸 수 있는 것은 (A)의 「技術(ぎじゅつ)が優(すぐ)れている」(기술이 뛰어나다)이다.

어휘 | 仕事(しごと) 일　よほど 어지간히　職人(しょくにん) 장인　できる 할 수 있다. 가능하다　技術(ぎじゅつ) 기술
優(すぐ)れる 뛰어나다, 우수하다, 훌륭하다　筋肉(きんにく) 근육　鍛(きた)える 단련하다　忍耐強(にんたいづよ)い 인내심이 강하다
肝(きも)が据(す)わる 배짱이 두둑하다, 담력이 세다

# 주요 어휘 및 표현 정리 20

| 한자 | 읽기 | 의미 |
|------|------|------|
| ☐ 圧巻 | あっかん | 압권 |
| ☐ できるだけ | ・ | 가능한 한, 되도록 |
| ☐ 抜ける | ぬける | 누락되다, 빠지다 |
| ☐ 漏れる | もれる | 빠지다, 누락되다, 탈락되다 |
| ☐ 克服 | こくふく | 극복 |
| ☐ 背伸び | せのび | 발돋움, 기지개를 켬 |
| ☐ 意気込み | いきごみ | 기세, 패기, 열의 |
| ☐ 強固だ | きょうこだ | 공고하다, 굳다 |
| ☐ ぶつぶつ | ・ | 중얼중얼 |
| ☐ 独り言 | ひとりごと | 혼잣말 |
| ☐ 騙す | だます | 속이다 |
| ☐ 会社勤め | かいしゃづとめ | 회사 근무 |
| ☐ 勝敗 | しょうはい | 승패 |
| ☐ 欠ける | かける | 부족하다 |
| ☐ 生意気だ | なまいきだ | 건방지다 |
| ☐ 横柄だ | おうへいだ | 건방지다 |
| ☐ 腕が立つ | うでがたつ | 솜씨나 기량이 매우 뛰어나다 |
| ☐ 職人 | しょくにん | 장인(匠人) |
| ☐ 鍛える | きたえる | 단련하다 |
| ☐ 忍耐強い | にんたいづよい | 인내심이 강하다 |

# 04 의미 및 용법 구분

STEP 1
먼저 핵심 기출 어휘 및 표현을 익히세요.

## 핵심 기출 어휘 및 표현

- 口<sub>くち</sub> ① 입 ② 말 ③ 미각, 입맛 ④ 입구 ⑤ 일자리

- 足<sub>あし</sub> ① 다리, 발 ② 발길, 왕래 ③ (교통수단의) 발, 다리 ④ (활동의) 발, 발길

- いくら ① 얼마 ② (「いくら〜ても」의 꼴로) 아무리 〜해도 ③ (「〜か」의 꼴로) 다소, 조금

- きつい ① 심하다, 호되다 ② 고되다 ③ 꽉 끼다, 빠듯하다 ④ 다부지다, 사납다

- 怪しい<sub>あや</sub> ① 기이하다, 야릇하다 ② 미심쩍다 ③ (정체가) 수상하다 ④ (남녀 관계가) 수상하다

- 明るい<sub>あか</sub> ① (밝기가) 밝다 ② 명랑하다 ③ (전망 등이) 밝다 ④ (어떤 분야에) 정통하다, 환하다

- たつ ① 서다, 나서다, 출발하다, 떠나다(立つ) ② (이어진 것을) 끊다, (소식·관계·습관 등을) 끊다(断つ)
  ③ (시간이) 지나다, 경과하다(経つ) ④ (옷감을) 마르다, 재단하다(裁つ) ⑤ (건물이) 서다(建つ)

- ひく ① 당기다(引く) ② 빼다(引く) ③ 찾다(引く) ④ (악기를) 치다, 켜다, 연주하다(弾く)

- かかる ① (아래로) 걸리다 ② (시간·비용이) 걸리다, 들다 ③ 튀다 ④ 의심 따위를 받다 ⑤ 좌우되다
  ⑥ 공이 들다, 필요로 하다

- 埋まる<sub>う</sub> ① 묻히다 ② 메워지다 ③ 가득 차다 ④ 모자라는 부분이 보충되다

- 上がる<sub>あ</sub> ① (위로) 오르다 ② 좋아지다 ③ (가격이) 오르다 ④ 얼다, 잔뜩 긴장하다 ⑤ (함성 등이) 일다

- 流れる<sub>なが</sub> ① 흐르다 ② 흘러가다 ③ (좋지 않은 방향으로) 쏠리다 ④ 퍼지다, 유포되다
  ⑤ 성립하지 않다, 중지되다

- 〜のに ① 〜한데, 〜는데도(역접) ② (명사 「の」+조사 「に」)〜하는 것에, 〜하는 데

- 〜まい ① 〜하지 않을 것이다(부정의 추량) ② 〜하지 않겠다(부정의 의지)

- ～らしい ① (객관적 근거에 의한 추측·판단) ~인 것 같다(조동사) ② ~답다(접미사)

- ～さえ ① ~조차, ~마저 ② ~만, ~면

- ～とは ① ~라고 하는 것은, ~란(정의) ② ~라고는, ~라니, ~하다니(놀람) ③ ~라는 것은, ~라니(인용)
  ④ ~와는(「と」(~와)의 힘줌말)

- ～によって ① ~에 의해[따라](근거·의거·기준) ② ~따라(경우) ③ ~(으)로(수단·방법)
  ④ ~때문에(원인·이유) ⑤ 수동형의 동작주

- ～ように ① ~처럼(비유) ② ~처럼(예시) ③ ~하도록(목적)
  ④ (「～ようだ」의 꼴로) ~인 것 같다, ~인 듯하다

- ～もって ① (「～を」의 꼴로) ~을 시점으로 일단 끊어서, ~로써(시점)
  ② (「～を」의 꼴로) ~을 써서, ~로(써), ~으로(수단·방법) ③ 어조를 고르거나 강하게 하는 말

밑줄 친 부분과 같은 의미나 용법을 찾아보세요.

의미 및 용법 구분

**1** 給料をカットすることによって、経営の危機を乗り切ろうとしている。
(A) この会社は祖父によって創られました。
(B) インターネットによって世界中の情報が簡単に手に入るようになった。
(C) 時と場合によって考え方を変えなければならないこともある。
(D) ここ数年、不況によって倒産する会社が増えているそうだ。

**2** 彼が締め切りを守れるかどうか怪しいよ。
(A) 彼女は、怪しい微笑を浮かべていた。
(B) あの2人、最近いつも一緒で怪しいなあ。
(C) 二度としまいとは言っていたが、その発言も怪しいものだ。
(D) 外で怪しい物音がしたので、怖くて眠れなかった。

**3** この映画のシリーズは、第5作目をもって完結とする。
(A) 誠にもって遺憾に存じます。
(B) 彼女の才能はもって生まれたものだ。
(C) このプロジェクトは、本日をもって解散いたします。
(D) 私は人一倍の努力をもって、今日の地位を築き上げた。

**4** 今、ダイエットのために甘いものはたっている。
(A) 兄は友人との付き合いをたって受験勉強に没頭した。
(B) 私に選挙にたってほしいとの要請があった。
(C) 故郷をたってから10年の月日が流れた。
(D) 母が祖母の着物をたって小物を作ってくれた。

정답 | 1 (B)　2 (C)　3 (C)　4 (A)

# 빈출 어휘로 실력 다지기

□ いき ① 멋짐, 세련됨(粋) ② 싱싱함(生き) ③ 숨, 호흡(息) ④ 경지, 단계(域)

□ もの ① 것(구체적인 대상물) ② 「～ものだ」의 꼴로) ～인 법[것]이다 ③ 「～ものだ」의 꼴로) ～하군, ～구나
　　　 ④ 「～たものだ」의 꼴로) ～하곤 했다

□ あつい ① 덥다(暑い) ② 두껍다, 두텁다(厚い) ③ 뜨겁다(熱い) ④ 위독하다(篤い)

□ もう ① 이미, 벌써, 이제 ② 곧, 머지않아 ③ 더

□ さっぱり ① 「～する」의 꼴로) 상쾌해지다, 산뜻해지다 ② 「～した」의 꼴로) 담백한, 시원한
　　　　　 ③ 남김없이, 깨끗이 ④ (부정어 수반) 조금도, 전혀

□ あまり ① 나머지(余り) ② (부정어 수반) 그다지, 별로 ③ 너무, 아주 ④ 「～だ」의 꼴로) 심하다, 지나치다

□ 向く ① 적합하다, 어울리다 ② 향하다 ③ 가리키다 ④ 트이다

□ すむ ① 끝나다, 해결되다(済む) ② 살다, 거주하다(住む) ③ 맑다(澄む)

□ 控える ① 자제하다, 삼가다, 적게 하다 ② 기록해 두다 ③ 앞두다 ④ 중지하다 ⑤ 대기하다

□ ふける ① 열중하다(耽る) ② 늙다(老ける) ③ 깊어지다(更ける) ④ 푹 쪄지다(蒸ける)

□ おかす ① 범하다, 어기다(犯す) ② 침해하다, 침범하다(侵す) ③ 강행하다, 무릅쓰다(冒す)

□ いたむ ① 아프다, (심적으로) 괴롭다(痛む) ② 슬퍼하다, 애도하다(悼む)
　　　　 ③ 상하다, (식품이) 썩다, (기물이) 손상되다(傷む)

□ おさまる ① (속에) 들어가다(収まる) ② (어떤 자리에) 들어앉다(収まる)
　　　　　　 ③ (수선함이나 아픔 등이) 가라앉다(治まる) ④ 단정해지다(修まる)

□ かける ① 달다, 걸다(掛ける) ② (돈·시간 등을) 들이다, 쓰다(掛ける)
　　　　 ③ (내기·목숨·명예 등을) 걸다(懸ける) ④ (다리 등을) 놓다, 가설하다(架ける)
　　　　 ⑤ (필요한 것이) 빠지다(欠ける) ⑥ 달리다, 질주하다(駆ける)

□ ～で ① ～로(수단·방법) ② ～로(재료) ③ ～에, ～로(한정) ④ ～에서(장소) ⑤ ～때문에(원인)

□ ～に ① ～에(시간·때) ② ～에(대상의 존재 위치) ③ ～에(동작이 미치는 방향·귀착점)
　　　 ④ ～에게(주고받는 상대·동작의 대상) ⑤ 「동사의 ます형·동작성 명사」에 붙어) ～하러

□ ～にして ① ～이면서도(역접) ② ～이자, ～이고(연결) ③ ～에 와서(그 시점의 상태)

□ ～やら ① ～인지(부조사) ② ～인지, ～는지(종조사) ③ ～와 ～와(병렬·열거)

□ ～ながら ① ～하면서(동시동작) ② ～이지만, ～인데도(역접) ③ ～대로(상태)

□ ～を通<sup>つう</sup>じて ① ～을 통해서(수단·매개·중개) ② ～내내(기간)

# 의미 및 용법 구분 | 기출 확인 문제

**STEP 3** 다음 기출 문제를 풀어 보세요.

1 ケーキは全部で2,500円です。
(A) デパートで6,000円使いました。
(B) 旅行で友達に1万円借りました。
(C) 切符は3枚で9,800円でした。
(D) 会社までタクシーで1,500円でした。

2 その靴は素敵だが、結婚式にはむいていないよ。
(A) 占い師の話通り、今年は運がむいてくるだろう。
(B) アップルパイに使うりんごの皮をむいておいてくれ。
(C) 気の利く性格である君には、サービス業がむいているはずだ。
(D) 自然と足がむいてしまうほどのいい香りだ。

3 母は子供のように笑っています。
(A) 森さんが来たようだと伝えてください。
(B) 林さんは家にいないようです。
(C) 鳥のように自由に空を飛びたいです。
(D) 皆に聞こえるように話します。

4 家族全員が1枚の写真におさまって笑っている。
(A) やっと波もおさまって穏やかな海になった。
(B) 全ての本が本棚にきれいにおさまって見やすくなった。
(C) すったもんだの末、阿部氏が新社長の椅子におさまって決着した。
(D) 薬を飲んだので、痛みが徐々におさまって楽になってきた。

277

**5** 私が持っているこの本のシリーズは、7巻目が<u>かけて</u>いる。

　(A) 私は人生を<u>かけて</u>勝負に出た。

　(B) 馬が野を<u>かけて</u>いる姿は美しい。

　(C) メンバーが2人<u>かけて</u>は試合には出られない。

　(D) あなたのことはいつも気に<u>かけて</u>いたよ。


**6** あの人が事業に失敗する<u>とは</u>、夢にも思わなかった。

　(A) 私にとっての幸せ<u>とは</u>、家族が健康であることだ。

　(B) これだけ品数が揃った定食が500円<u>とは</u>、すぐ完売するはずだ。

　(C) 先輩に「お前」<u>とは</u>、生意気な奴だね。

　(D) ちゃっかりな彼<u>とは</u>、遠い昔に縁を切った。


**7** 昨夜の土砂崩れで、崖下の民家が<u>埋まって</u>しまった。

　(A) アルバイトの求人は、今日の午前中に<u>埋まって</u>しまいました。

　(B) あのレストランの予約は、2か月先まで<u>埋まって</u>いるそうだ。

　(C) 抗議集会の会場は、数十万の群集で<u>埋まって</u>いる。

　(D) 大地震から数日後、がれきに<u>埋まって</u>いた犬が救助された。


**8** 店主の<u>いき</u>な計らいで、素晴らしい記念日を過ごせた。

　(A) 彼の料理の腕前は、もうプロの<u>いき</u>に達している。

　(B) この高台から見る町並みは、<u>いき</u>を呑むほど美しい。

　(C) 今朝釣れたばかりだから、<u>いき</u>がいいよ。

　(D) 今日は、着物で<u>いき</u>に決めていますね。

**9** 彼は社長にして経営のノウハウを知らない。

(A) 彼は著名な舞台監督にして、演出家でもある。

(B) 英語教師にして英会話を不得手とする人もいる。

(C) 原油高に伴って経済状況はたちまちにして悪化した。

(D) 10年目にしてようやく商品化の目処が立った。

**10** 肉を冷蔵庫から出しておいたら、いたんで使えなくなってしまった。

(A) 築70年の家はあちらこちらいたんで、修理もままならない。

(B) 津波で流される人々の映像に心がいたんで、思わず涙がこぼれた。

(C) 怪我の傷がいたんで、なかなか熟睡できない。

(D) 事故で犠牲になった人々をいたんで、黙祷が捧げられた。

**11** 朝の日の光を浴びると、すんだ気持ちで一日が始められる。

(A) 彼女は東京の世田谷区にすんでいる。

(B) 今度のことはただではすまないだろう。

(C) もうすんだことだから、気にしなくてもいいよ。

(D) その子供のすんだ声が今でも忘れられない。

**12** なぜ彼が怒っているのか、さっぱり見当がつかない。

(A) 最近、さっぱり店に顔を出さないね。

(B) 親友に秘密を打ち明けたら、さっぱりした。

(C) 妊娠中は、さっぱりした食事がしたくなるという。

(D) 男性の部屋にしては、ずいぶんさっぱりとしていますね。

**1** 케이크는 전부 <u>해서</u> 2,500엔입니다.

(A) 백화점<u>에서</u> 6,000엔 썼습니다.

(B) 여행 <u>때문에</u> 친구에게 만 엔 빌렸습니다.

(C) 표는 3장<u>에</u> 9,800엔이었습니다.

(D) 회사까지 택시<u>로</u> 1,500엔이었습니다.

해설 | 문제의 「で」는 '~에, ~로'라는 뜻으로 한정을 나타내는데, 「全部(ぜんぶ)で」라고 하면 '전부 해서'라는 뜻이다. 선택지 중 이와 같은 뜻으로 쓰인 것은 (C)로, (A)는 '~에서'라는 뜻으로 '장소', (B)는 '~때문에'라는 뜻으로 '원인', (D)는 '~로'라는 뜻으로 '수단·방법'을 나타낸다.

어휘 | ケーキ 케이크 デパート 백화점 *「デパートメントストア」의 준말 使(つか)う 쓰다, 사용하다
切符(きっぷ) (입장권·승차권 등의) 표 ～枚(まい) ～장 *종이 등 얇고 평평한 것을 세는 말 会社(かいしゃ) 회사 ～まで ～까지
タクシー 택시

**2** 그 구두는 멋지지만 결혼식에는 <u>적합하지</u> 않아.

(A) 점쟁이 이야기대로 올해는 운이 <u>트일</u> 것이다.

(B) 애플파이에 쓸 사과껍질을 <u>벗겨</u> 놔 줘.

(C) 눈치가 빠른 성격인 너에게는 서비스업이 <u>어울릴</u> 거야.

(D) 자연스럽게 발길이 <u>향해</u> 버릴 정도의 좋은 향기다.

해설 | 문제의 「むく」는 '적합하다, 어울리다'라는 뜻으로, 한자로는 「向く」라고 쓴다. 선택지 중 이와 같은 뜻으로 쓰인 것은 (C)로, (A)는 「向(む)く」라고 쓰고 '트이다', (B)는 「剥(む)く」라고 쓰고 '껍질을 벗기다', (D)는 「向(む)く」라고 쓰고 '향하다'라는 뜻을 나타낸다.

어휘 | 靴(くつ) 신, 신발, 구두 素敵(すてき)だ 멋지다 結婚式(けっこんしき) 결혼식 占(うらな)い師(し) 점쟁이
명사+通(どお)り ～대로 今年(ことし) 올해 運(うん) 운 アップルパイ 애플파이 使(つか)う 쓰다, 사용하다 りんご 사과
皮(かわ) 껍질 ～ておく ～해 놓다[두다] ～てくれ (남이 나에게) ～해 줘 気(き)が利(き)く 눈치가 빠르다, 재치 있다
性格(せいかく) 성격 サービス業(ぎょう) 서비스업 ～はずだ (당연히) ～할 것[터]이다 自然(しぜん)と 자연스럽게
足(あし)が向(む)く 무의식 중에 그쪽으로 발길이 향하다 香(かお)り 향기

**3** 어머니는 아이<u>처럼</u> 웃고 있습니다.

(A) 모리 씨가 온 <u>것 같</u>다고 전해 주십시오.

(B) 하야시 씨는 집에 없는 <u>것 같</u>습니다.

(C) 새처럼 자유롭게 하늘을 날고 싶습니다.

(D) 모두에게 <u>들리도록</u> 이야기합니다.

해설 | 문제의 「～ように」는 '~처럼'이라는 뜻으로 비유를 나타내는데, 선택지 중 이와 같은 뜻으로 쓰인 것은 (C)이다. (A)와 (B)는 「～ようだ」의 꼴로 '~인 것 같다, ~인 듯하다'라는 '추량'을, (D)는 「～ように」의 꼴로 '~하도록'이라는 '목적'을 나타내는 용법으로 썼다.

어휘 | 母(はは) (자신의) 어머니 子供(こども) 아이 笑(わら)う 웃다 伝(つた)える 전하다 鳥(とり) 새 自由(じゆう)だ 자유롭다
空(そら) 하늘 飛(と)ぶ 날다 皆(みんな) 모두 聞(き)こえる 들리다

**4** 가족 전원이 한 장의 사진에 <u>들어가</u> 웃고 있다.

(A) 겨우 파도도 <u>가라앉아</u> 잔잔한 바다가 되었다.

(B) 모든 책이 책장에 깔끔히 <u>들어가</u> 보기 편하게 되었다.

(C) 옥신각신 끝에 아베 씨가 새 사장의 자리에 <u>앉아</u> 결말이 났다.

(D) 약을 먹었기 때문에 통증이 서서히 <u>가라앉아</u> 편안해졌다.

해설 | 문제의 「おさまる」는 '(속에) 들어가다'라는 뜻으로, 한자로 「収まる」라고 쓴다. 선택지 중 이와 같은 뜻으로 쓰인 것은 (B)로, (A)는 「治(おさ)まる」라고 쓰고 '(수선함이) 가라앉다, 조용해지다', (C)는 「収(おさ)まる」라고 쓰고 '(어떤 자리에) 들어앉다', (D)는 「治(おさ)まる」라고 쓰고 '(아픔이) 가라앉다'라는 뜻으로 쓰였다.

어휘 | 家族(かぞく) 가족 全員(ぜんいん) 전원 ～枚(まい) ～장 *종이 등 얇고 평평한 것을 세는 말 写真(しゃしん) 사진
笑(わら)う 웃다 やっと 겨우, 간신히 波(なみ) 파도 穏(おだ)やかだ (상태가) 온화하다, 평온하다 海(うみ) 바다
全(すべ)て 모두, 전부 本棚(ほんだな) 책장 きれいだ 깨끗하다, 깔끔하다 동사의 ます형+やすい ～하기 쉽다[편하다]
すったもんだ 옥신각신함 명사+の+末(すえ) ～끝에 新社長(しんしゃちょう) 새 사장 ～氏(し) ～씨 *성에 붙이는 존칭
椅子(いす) 자리, 지위 決着(けっちゃく)する 결말이 나다 薬(くすり) 약 飲(の)む (약을) 먹다 痛(いた)み 통증
徐々(じょじょ)に 서서히 楽(らく)だ 편안하다

**5** 내가 가지고 있는 이 책의 시리즈는 7권째가 <u>빠져</u> 있다.

(A) 나는 인생을 <u>걸고</u> 승부에 나섰다.

(B) 말이 들판을 <u>달리고</u> 있는 모습은 아름답다.

(C) 멤버가 두 명 <u>빠져서는</u> 시합에는 나갈 수 없다.

(D) 당신에 대해서는 항상 신경 <u>쓰고</u> 있었어.

해설 | 문제의 「かける」는 '(필요한 것이) 빠지다'라는 뜻으로, 한자로는 「欠ける」라고 쓴다. 선택지 중 이와 같은 뜻으로 쓰인 것은 (C)로, (A)는 「懸(か)ける」라고 쓰고 '(내기·목숨·명예 등을) 걸다', (B)는 「駆(か)ける」라고 쓰고 '달리다, 뛰다', (D)는 「掛(か)ける」라고 쓰고 '(돈·시간 등을) 들이다, 쓰다'라는 뜻을 나타낸다.

어휘 | 持(も)つ 가지다, 들다  本(ほん) 책  シリーズ 시리즈  ~巻(かん) ~권 *책 등을 세는 말  ~目(め) ~째 *순서를 나타내는 말  人生(じんせい) 인생  勝負(しょうぶ) 승부  出(で)る 나서다  馬(うま) 말  野(の) 들판  姿(すがた) 모습  美(うつく)しい 아름답다  メンバー 멤버  試合(しあい) 시합  いつも 늘, 항상  気(き)にか(掛)ける 신경을 쓰다

**6** 그 사람이 사업에 실패하<u>다니</u>, 꿈에도 생각지 못했다.

(A) 내게 있어서의 행복<u>이란</u> 가족이 건강한 것이다.

(B) 이만큼 구색이 갖추어진 정식이 500엔<u>이라니</u> 바로 모두 다 팔릴 것이다.

(C) 선배한테 '너'<u>라니</u> 건방진 녀석이군.

(D) 약삭빠른 <u>그와는</u> 먼 옛날에 연을 끊었다.

해설 | 문제의 「~とは」는 '~라고는, ~라니, ~하다니'라는 뜻으로, 놀람을 나타낸다. 선택지 중 이와 같은 뜻으로 쓰인 것은 (B)로, (A)는 '~라는 것은, ~란'이라는 뜻으로 '정의', (C)는 '~라는 것은, ~라니'라는 뜻으로 '인용', (D)는 '~와는'이라는 뜻으로 「と」(~와)의 힘줌말로 쓰였다.

어휘 | 事業(じぎょう) 사업  失敗(しっぱい) 실패  夢(ゆめ) 꿈  ~にとって ~에게 있어서  幸(しあわ)せ 행복  家族(かぞく) 가족  健康(けんこう)だ 건강하다  品数(しなかず) 물품의 종류[수] *「品数(しなかず)が揃(そろ)う」 − 구색이 갖추어지다  定食(ていしょく) 정식  すぐ 바로  完売(かんばい) 완매, 모두 다 팖  ~はずだ (당연히) ~할 것[터]이다  先輩(せんぱい) 선배  お前(まえ) 너, 자네  生意気(なまいき)だ 건방지다  奴(やつ) 녀석  ちゃっかりだ 약삭빠르다  遠(とお)い (시간이) 멀다  昔(むかし) 옛날  縁(えん) 연, 인연  切(き)る (인연을) 끊다, 절연하다

**7** 어젯밤의 산사태로 벼랑 아래 민가가 <u>묻혀</u> 버렸다.

(A) 아르바이트 구인은 오늘 오전 중에 <u>메워져</u> 버렸습니다.

(B) 저 레스토랑 예약은 두 달 후까지 <u>가득 차</u> 있다고 한다.

(C) 항의집회의 회장은 수만 명의 군중으로 <u>가득 차</u> 있다.

(D) 대지진으로부터 수일 후 기와와 자갈에 <u>묻혀</u> 있던 개가 구조되었다.

해설 | 문제의 「埋(う)まる」는 '묻히다, 파묻히다'라는 뜻으로, 선택지 중 이와 같은 뜻으로 쓰인 것은 (D)이다. (A)는 '메워지다, 보충되다', (B)와 (C)는 '가득 차다'라는 뜻으로 쓰였다.

어휘 | 昨夜(さくや) 어젯밤  土砂崩(どしゃくず)れ 산사태  崖下(がいか) 벼랑 아래, 절벽 밑  民家(みんか) 민가  アルバイト 아르바이트  求人(きゅうじん) 구인  午前(ごぜん) 오전  ~中(ちゅう) ~중  レストラン 레스토랑  予約(よやく) 예약  품사의 보통형+そうだ ~라고 한다 *전문  抗議(こうぎ) 항의  集会(しゅうかい) 집회  会場(かいじょう) 회장, 행사장  数万人(すうまんにん) 수만 명  群集(ぐんしゅう) 군중  大地震(だいじしん) 대지진  数日(すうじつ) 수일, 2·3일에서 5·6일 정도의 일수  ~後(ご) ~후  がれき 와륵, 기와와 자갈  犬(いぬ) 개  救助(きゅうじょ) 구조

**8** 가게 주인의 <u>세련된</u> 처리로 멋진 기념일을 보낼 수 있었다.

(A) 그의 요리 솜씨는 이미 프로의 <u>경지</u>에 도달해 있다.

(B) 이 돈대에서 보는 시가지는 <u>숨</u>을 삼킬 정도로 아름답다.

(C) 오늘 아침에 잡힌 지 얼마 안 돼서 물이 좋아.

(D) 오늘은 기모노로 <u>세련되게</u> 입었네요.

해설 | 문제의 「いき」는 '멋짐, 세련됨'이라는 뜻으로, 한자로는 「粋」라고 쓴다. 선택지 중 이와 같은 뜻으로 쓰인 것은 (D)로, (A)는 「域(いき)」라고 쓰고 '경지, 단계', (B)는 「息(いき)」라고 쓰고 '숨, 호흡', (C)는 「生(い)き」라고 쓰고 '싱싱함'이라는 뜻을 나타낸다. 「生(い)きがいい」라고 하면 '싱싱하다, 물이 좋다'라는 뜻이다.

어휘 | 店主(てんしゅ) 점주, 가게 주인  計(はか)らい 조치, 처분  素晴(すば)らしい 멋지다  記念日(きねんび) 기념일  過(す)ごす (시간을) 보내다, 지내다  料理(りょうり) 요리  腕前(うでまえ) 솜씨  もう 이미, 벌써  プロ 프로  達(たっ)する 달하다, 도달하다  高台(たかだい) 돈대, 주위보다 약간 높은 평지  町並(まちな)み 시가지  いき(息)を呑(の)む (놀라움 등으로) 숨을 삼키다  ~ほど ~정도, ~만큼  今朝(けさ) 오늘 아침  釣(つ)れる (물고기가) 낚이다, 잡히다  동사의 た형+ばかりだ 막 ~한 참이다  ~한 지 얼마 안 되다  着物(きもの) 기모노 *일본 전통 의상  決(き)める 맵시 있게 딱 맞는 복장을 하다

281

**9** 그는 사장인데도 경영 노하우를 모른다.

(A) 그는 저명한 무대감독이자 연출가이기도 하다.

(B) 영어교사인데도 영어회화를 잘 못하는 사람도 있다.

(C) 고유가에 동반해 경제 상황은 갑자기 악화되었다.

(D) 10년째에 겨우 상품화의 전망이 섰다.

해설 | 문제의 「〜にして」는 '〜라 할지라도, 〜는데(도)'라는 뜻으로, 역접을 나타낸다. 선택지 중 이와 같은 뜻으로 쓰인 것은 (B)로, (A)는 '〜인 동시에, 〜이자'라는 뜻으로 비슷한 것을 나열하여 제시하는 용법으로 쓰였고, (C)와 (D)는 '〜에, 〜로'라는 뜻으로 수량을 강조하는 용법으로 쓰였다.

어휘 | 社長(しゃちょう) 사장 経営(けいえい) 경영 ノウハウ 노하우 知(し)る 알다 著名(ちょめい)だ 저명하다
舞台(ぶたい) 무대 監督(かんとく) 감독 演出家(えんしゅつか) 연출가 英語(えいご) 영어 教師(きょうし) 교사
英会話(えいかいわ) 영어회화 不得手(ふえて)だ 잘하지 못하다, 서투르다 原油高(げんゆだか) 고유가
〜に伴(ともな)って 〜에 동반해[따라] 経済(けいざい) 경제 状況(じょうきょう) 상황 たちまち 갑자기
悪化(あっか)する 악화되다 〜目(め) 〜째 *순서를 나타내는 말 ようやく 겨우, 간신히 商品化(しょうひんか) 상품화
目処(めど)が立(た)つ 전망이 서다

**10** 고기를 냉장고에서 꺼내 두었더니 상해서 쓸 수 없게 되어 버렸다.

(A) 지은 지 70년이 된 집은 여기저기 상해서 수리도 마음대로 안 된다.

(B) 해일로 떠내려가는 사람들의 영상에 마음이 아파서 나도 모르게 눈물이 흘러내렸다.

(C) 부상 상처가 아파서 좀처럼 숙면할 수 없다.

(D) 사고로 희생이 된 사람들을 애도하며 묵념을 올렸다.

해설 | 문제의 「いたむ」는 '상하다, (식품이) 썩다, (기물이) 손상되다'라는 뜻으로 한자로는 「傷(いた)む」라고 쓴다. 선택지 중 이와 같은 뜻으로 쓰인 것은 (A)로, (B)와 (C)는 「痛(いた)む」라고 쓰고 '아프다, (심적으로) 괴롭다', (D)는 「悼(いた)む」라고 쓰고 '슬퍼하다, 애도하다'라는 뜻을 나타낸다.

어휘 | 肉(にく) 고기 冷蔵庫(れいぞうこ) 냉장고 出(だ)す 꺼내다 〜ておく 〜해 놓다[두다] 使(つか)う 쓰다, 사용하다
築(ちく) (연수+햇수를 나타내는 말 뒤에 와서) '건축한[지은] 지'의 뜻을 나타냄 あちらこちら 여기저기, 이쪽저쪽
修理(しゅうり) 수리 ままならない 마음대로[뜻대로] 되지 않다 津波(つなみ) 해일 流(なが)す 떠내려 보내다
人々(ひとびと) 사람들 映像(えいぞう) 영상 思(おも)わず 무의식 중에, 엉겁결에, 나도 모르게 涙(なみだ) 눈물
こぼれる 넘치다, 흘러내리다 怪我(けが) 부상 傷(きず) 상처 なかなか (부정어 수반) 좀처럼 熟睡(じゅくすい) 숙면
事故(じこ) 사고 犠牲(ぎせい) 희생 黙祷(もくとう) 묵도, 묵념 捧(ささ)げる 드리다, 올리다

**11** 아침 햇볕을 받으면 맑은 기분으로 하루를 시작할 수 있다.

(A) 그녀는 도쿄의 세타가야구에 살고 있다.

(B) 이번 일은 그냥은 끝나지 않을 것이다.

(C) 이미 끝난 일이니까 신경 쓰지 않아도 돼.

(D) 그 아이의 맑은 목소리가 지금도 잊을 수 없다.

해설 | 문제의 「すむ」는 '맑다'라는 뜻으로 한자로는 「澄む」라고 쓴다. 선택지 중 이와 같은 뜻으로 쓰인 것은 (D)로, (A)는 「住(す)む」라고 쓰고 '살다, 거주하다', (B)와 (C)는 「済(す)む」라고 쓰고 '끝나다, 해결되다'라는 뜻을 나타낸다.

어휘 | 朝(あさ) 아침 日(ひ) 해 光(ひかり) 빛 浴(あ)びる (햇볕 등을) 쬐다, 받다 気持(きも)ち 기분 一日(いちにち) 하루
始(はじ)める 시작하다 今度(こんど) 이번 ただ 그냥 もう 이미, 벌써 気(き)にする 신경을 쓰다, 걱정하다 声(こえ) (목)소리
今(いま)でも 지금도 忘(わす)れる 잊다

**12** 왜 그가 화를 내고 있는지 전혀 짐작이 가지 않는다.

(A) 요즘 전혀 가게에 얼굴을 내밀지 않네.

(B) 친한 친구에게 비밀을 고백하니 속이 후련하다.

(C) 임신 중에는 담백한 식사가 하고 싶어진다고 한다.

(D) 남자 방치고는 아주 깨끗하네요.

해설 | 문제의 「さっぱり」는 부정어를 수반하여 '조금도, 전혀'라는 뜻으로 쓰였다. 선택지 중 이와 같은 뜻으로 쓰인 것은 (A)로, (B)는 「〜する」의 꼴로 '상쾌해지다, 속이 후련하다', (C)는 「〜した」의 꼴로 '담백한, 시원한', (D)는 '깨끗이'라는 의미로 쓰였다.

어휘 | なぜ 왜, 어째서 怒(おこ)る 화를 내다 見当(けんとう) 짐작 *見当(けんとう)がつく – 짐작이 가다 店(みせ) 가게
顔(かお)を出(だ)す 얼굴을 내밀다 親友(しんゆう) 친우, 친한 친구 秘密(ひみつ) 비밀 打(う)ち明(あ)ける 고백하다
妊娠(にんしん) 임신 食事(しょくじ) 식사 男性(だんせい) 남성 部屋(へや) 방 〜にしては 〜치고는

| 한자 | 읽기 | 의미 |
|---|---|---|
| ☐ 乗り切る | のりきる | 뚫고 나가다, 극복하다 |
| ☐ 不況 | ふきょう | 불황 |
| ☐ 締め切り | しめきり | 마감 |
| ☐ 遺憾 | いかん | 유감 |
| ☐ 築き上げる | きずきあげる | 쌓아 올리다 |
| ☐ 切符 | きっぷ | (입장권·승차권 등의) 표 |
| ☐ 足が向く | あしがむく | 무의식 중에 그쪽으로 발길이 향하다 |
| ☐ 治まる | おさまる | (아픔이) 가라앉다 |
| ☐ すったもんだ | · | 옥신각신함 |
| ☐ 決着する | けっちゃくする | 결말이 나다 |
| ☐ 徐々に | じょじょに | 서서히 |
| ☐ 欠ける | かける | (필요한 것이) 빠지다 |
| ☐ 勝負 | しょうぶ | 승부 |
| ☐ 品数が揃う | しなかずがそろう | 구색이 갖추어지다 |
| ☐ 縁 | えん | 연, 인연 |
| ☐ 土砂崩れ | どしゃくずれ | 산사태 |
| ☐ 崖下 | がいか | 벼랑 아래, 절벽 밑 |
| ☐ 粋 | いき | 멋짐, 세련됨 |
| ☐ 生きがいい | いきがいい | 싱싱하다, 물이 좋다 |
| ☐ 打ち明ける | うちあける | 고백하다 |

# PART 6

오문
정정

| | |
|---|---|
| 1. 문항 수 | – 20개(121~140번) |
| 2. 문제 형식 | – 4개의 선택지 중 틀린 곳이나 문장의 흐름상 어색한 부분을 고르는 형식 |
| 3. 주요 문제 유형 | – 조사 및 부사 오용 |
| | – 형용사 및 동사 오용 |
| | – 조동사 및 문법표현 오용 |
| | – 명사 및 기타 오용 |
| 4. 최근 출제 경향 | – 동사 오용이 5~6문항으로 비중이 가장 높으므로, 동사 관련 기본 문법 사항을 정리해 두어야 한다. |
| | – 명사와 문법표현 오용도 매 시험 출제되는데, 특히 문법 표현 오용은 JLPT N1과 N2 수준의 문법을 완벽하게 숙지하고 있어야 한다. |
| | – 형용사나 동사는 접속 형태나 활용, 시제 오용 등의 문제도 자주 출제되므로, 이 부분에 대한 학습도 필요하다. |
| | – 기타 부사, 관용표현 등도 출제되므로, 기본 문법사항을 중심으로 어휘 부분도 다시 한 번 정리해 두어야 한다. |

# 01 조사 및 부사 오용

STEP 1 먼저 주요 조사 및 부사의 의미와 용법을 익히세요.

## 주요 조사의 의미와 용법

❶ **～か** : ～까?, ～인지, ～이나

> **예** 今日<sup>きょう</sup>もジムに行<sup>い</sup>きますか。
>
> 오늘도 체육관에 갑니까? (종조사적 용법)

> **예** いつかまた会<sup>あ</sup>える日<sup>ひ</sup>が来<sup>く</sup>ると思<sup>おも</sup>います。
>
> 언젠가 또 만날 수 있는 날이 올 것이라고 생각합니다. (부조사적 용법)

> **예** 今度<sup>こんど</sup>の出張<sup>しゅっちょう</sup>は鈴木君<sup>すずきくん</sup>か田中君<sup>たなかくん</sup>が行<sup>い</sup>くだろう。
>
> 이번 출장은 스즈키 군이나 다나카 군이 갈 것이다. (병립조사적 용법)

> ▶ 조사「か」를 사용한 표현으로는 일의 실현 여부나 적합성 여부를 물을 때 사용하는 「～かどうか」(～인지 어떤지, ～일지
> 어떨지), 「～かもしれない」(～일지도 모른다) 등이 있다.

> **예** 今度<sup>こんど</sup>のパーティーに彼女<sup>かのじょ</sup>が来<sup>く</sup>るかどうかよくわかりません。
>
> 이번 파티에 그녀가 올지 어떨지 잘 모르겠어요.

> **예** 一生懸命練習<sup>いっしょうけんめいれんしゅう</sup>したから、予選<sup>よせん</sup>を通過<sup>つうか</sup>できるかもしれない。
>
> 열심히 연습했으니까 예선을 통과할 수 있을지도 모른다.

❷ **～は** : ～은

> **예** 弟<sup>おとうと</sup>は刺身<sup>さしみ</sup>には目<sup>め</sup>がないです。
>
> 남동생은 생선회에는 사족을 못 씁니다. (주제 및 주체)

> **예** 私<sup>わたし</sup>は果物<sup>くだもの</sup>は好<sup>す</sup>きだが、野菜<sup>やさい</sup>はあまり好<sup>す</sup>きではない。
>
> 나는 과일은 좋아하지만 채소는 그다지 좋아하지 않는다. (대비)

> **예** 担当者<sup>たんとうしゃ</sup>に会<sup>あ</sup>ってはみたが、渋<sup>しぶ</sup>い返事<sup>へんじ</sup>が返<sup>かえ</sup>ってきた。
>
> 담당자를 만나는 봤지만 떨떠름한 대답이 돌아왔다. (강조)

> ▶ 조사「は」를 사용한 표현으로는 「～はおろか」(～은커녕, ～은 물론이고), 「～はもとより」(～은 물론이고), 「～はさておいて」
> (～은 제쳐두고), 「～はいざ知らず・～ならいざ知(し)らず」(～은 어떨지 모르지만) 등이 있다.

> **예** 日本語<sup>にほんご</sup>を勉強<sup>べんきょう</sup>したと言<sup>い</sup>ったのに、漢字<sup>かんじ</sup>はおろか、ひらがなもまだろくに読<sup>よ</sup>めないとは。
>
> 일본어를 공부했다면서 한자는커녕 히라가나도 아직 제대로 못 읽다니.

> **예** この映画<sup>えいが</sup>は国内<sup>こくない</sup>はもとより、国外<sup>こくがい</sup>でも評判<sup>ひょうばん</sup>が高<sup>たか</sup>い。
>
> 이 영화는 국내는 물론이고 국외에서도 평판이 높다[자자하다].

> **예** 他<sup>ほか</sup>の事情<sup>じじょう</sup>はさておいて、今<sup>いま</sup>自分<sup>じぶん</sup>ができることは何<sup>なん</sup>なのか考<sup>かんが</sup>えてみてください。
>
> 다른 사정은 제쳐두고 지금 자신이 할 수 있는 것은 뭔지 생각해 보세요.

예 小学生はいざ知らず、中学生がそんなことも知らないなんて、情けない。

초등학생은 어떨지 모르지만 중학생이 그런 것도 모르다니 한심하다.

❸ **～ほど** : ～정도, ～만큼, ～(할)수록

예 彼は冗談にもほどがあると、ぷりぷり怒っていた。

그는 농담에도 정도가 있다며 잔뜩 골을 내고 있었다. (명사적 용법)

예 今回は5人ほど参加できると思うよ。

이번에는 다섯 명 정도 참가할 수 있을 거라고 생각해. (수량)

예 2年ぐらい会っていない間に、彼女は驚くほど英語が上手になっていた。

2년 정도 만나지 않은 사이에 그녀는 놀랄 만큼 영어가 능숙해져 있었다. (정도의 심함)

▶ 조사「ほど」를 사용한 표현으로는「～ば～ほど」(～하면 ～할수록),「～ほど～(は)ない」(～만큼 ～(은) 아니다) 등이 있다.

예 日本語は勉強すればするほど難しくなるような気がする。

일본어는 공부하면 할수록 어려워지는 것 같은 생각이 든다.

예 今年の夏は去年の夏ほど暑くはなかった。

올해 여름은 작년 여름만큼 덥지는 않았다.

❹ **～を** : ～을

예 この椅子を2階に運んでもらえるかな。

이 의자를 2층으로 옮겨 줄 수 있을까? (대상이나 목적)

예 誕生日のプレゼントに夫にセーターを編んであげるつもりです。

생일 선물로 남편에게 스웨터를 떠 줄 생각입니다. (동작이나 작업의 결과)

예 子供を一人でそこまで行かせるなんて、とんでもない。

아이를 혼자서 그곳까지 가게 하다니[보내다니] 당치도 않다. (동작의 주체)

예 道を歩いている人々の表情はそれぞれ違う。

길을 걷고 있는 사람들의 표정은 각기 다르다. (이동)

▶ 조사「を」를 사용한 표현으로는「～を通じて」(～을 통해서, ～내내),「～を皮切りに」(～을 시작으로),「～を禁じ得ない」(～을 금할 수 없다) 등이 있다.

예 ここは1年を通じて降水量が少ない。

여기는 일 년을 통해서[일 년 내내] 강수량이 적다.

예 今度のコンサートは東京を皮切りに、全国10か所で開かれる。

이번 콘서트는 도쿄를 시작으로 전국 10군데에서 열린다.

예 今回のテロで両親を失った子供の話を聞いて、同情を禁じ得なかった。

이번 테러로 부모님을 잃은 아이의 이야기를 듣고 동정을 금할 수 없었다.

❺ **～が** : ～이, ～을, ～지만

예 新しいプロジェクトは山田さんが担当することになった。

새 프로젝트는 야마다 씨가 담당하게 되었다. (동작의 주체)

예 彼は歌が上手です。

그는 노래를 잘합니다. (대상)

예 鈴木と申しますが、山田部長いらっしゃいますか。

스즈키라고 합니다만 야마다 부장님 계십니까? (내용 연결)

예 勝算はあまりないが、最善を尽くすつもりだ。

승산은 별로 없지만 최선을 다할 생각이다. (역접)

예 もう少し大きな声で話していただきたいのですが。

조금 더 큰 소리로 이야기해 주셨으면 하는데요. (완곡)

▶ 조사「が」를 사용한 표현으로는「〜がする」(〜이 나다), 「〜が早いか」(〜하자마자) 등이 있다.

예 窓の外から何かが落ちる物音がした。

창밖에서 뭔가가 떨어지는 소리가 났다.

예 犯人は警察の姿を見るが早いか、逃げ出した。

범인은 경찰의 모습을 보자마자 달아났다.

**6** **〜から** : 〜부터, 〜로, 〜을 통해서, 〜이므로, 〜라서

예 明日から夏休みに入る。

내일부터 여름방학에 들어간다. (기점)

예 今日の企画会議は午後2時から始まる。

오늘 기획회의는 오후 2시부터 시작된다. (시간)

예 豆腐は豆から作られる。

두부는 콩으로 만들어진다. (재료(화학적인 변화))

예 運転中の車のボンネットから煙がもくもくと出ていた。

운전 중인 차의 보닛에서 연기가 뭉게뭉게 나오고 있었다. (나오는 곳, 출처)

예 せっかくの三連休だから、家族と一緒にどこかへ旅行に行きたい。

모처럼의 사흘 연휴라서 가족과 함께 어딘가에 여행(하러) 가고 싶다. (원인이나 이유)

▶ 조사「から」를 사용한 표현으로는「〜からには」(〜한 이상은), 「〜からといって」(〜라고 해서), 「〜からして」(〜부터가), 「〜からすると」(〜로 보면), 「(크기·길이·무게) 〜からある」(〜나 되는), 「(가격) 〜からする」(〜나 하는) 등이 있다.

예 行くと言ってしまったからには、行かないわけにはいかない。

간다고 말해 버린 이상은 가지 않을 수 없다.

예 この薬を飲んだからといって、すぐよくなるわけではない。

이 약을 먹었다고 해서 바로 좋아지는 것은 아니다.

예 彼はファッションからしてちょっとださい。

그는 패션부터가 조금 촌스럽다.

예 この頃の怪しい行動からすると、二人は付き合っているに違いない。

요즘의 수상한 행동으로 보면 두 사람은 사귀고 있음에 틀림없다.

예 100キロからある物を一人で持ち上げることはできない。

100kg이나 되는 물건을 혼자서 들어 올릴 수는 없다.

예 彼は3億円からする住宅を購入したそうだ。

그는 3억 엔이나 하는 주택을 구입했다고 한다.

❼ **～で** : ～에서, ～로, ～때문에

㉠ 室内でたばこを吸ってはいけない。
실내에서 담배를 피워서는 안 된다. (장소)

㉠ この木で和紙が作られる。
이 나무로 일본 (고유의) 종이가 만들어진다. (재료)

㉠ 日本では自転車で通学する生徒が多い。
일본에서는 자전거로 통학하는 학생이 많다. (수단이나 방법)

㉠ 商店街は買い物客で溢れていた。
상점가는 쇼핑객으로 넘치고 있었다. (충만의 대상)

㉠ 風邪で会社を休んだことは一度もない。
감기 때문에 회사를 쉰 적은 한 번도 없다. (원인)

㉠ 答えは自分で考えてみてください。
대답은 스스로 생각해 보세요. (한정)

❽ **～に** : ～에, ～에게, ～하러

㉠ 駅の近くに大きなデパートができるそうだ。
역 근처에 큰 백화점이 생긴다고 한다. (존재 위치)

㉠ 取引先にメールをしたが、まだ返事がない。
거래처에 메일을 보냈지만 아직 답장이 없다. (동작의 목표나 귀착점)

㉠ 日本語の授業は朝9時に始まる。
일본어 수업은 아침 9시에 시작된다. (시간이나 때)

㉠ 靴を買いに行ったが、気に入る物がなかった。
구두를 사러 갔지만 마음에 드는 것이 없었다. (동작의 목적)

▶ 조사 「に」를 사용한 표현으로는 「～に従って」(～함에 따라서), 「～に連れて」(~함에 따라서), 「～に反して」(~에 반해, ~와 달리), 「～に応じて」(~에 따라서), 「～に応えて」(~에 부응해서), 「～にもまして」(~보다 더) 등이 있다.

㉠ 山の上に高く登るに従って涼しくなった。
산 위에 높이 올라감에 따라서 시원해졌다.

㉠ 経済が発展するに連れて環境問題も深刻になってきた。
경제가 발전함에 따라 환경문제도 심각해졌다.

㉠ みんなの予想に反して、彼は予選で落ちてしまった。
모두의 예상과 달리 그는 예선에서 떨어지고 말았다.

㉠ 賠償金は被害状況に応じて払われるという。
배상금은 피해 상황에 따라서 지불된다고 한다.

㉠ 我が社も顧客の要望に応えて割引制度を導入することにした。
우리 회사도 고객의 요망에 부응해 할인제도를 도입하기로 했다.

㉠ 最近、以前にもまして生徒の個性を重視する教育が進められている。
최근 이전보다 더 학생의 개성을 중시하는 교육이 진행되고 있다.

## 주요 부사의 의미와 용법

**❶ 부정을 수반하는 부사**

- 決して 결코
- からっきし 통, 전혀
- 強ち 반드시
- 二度と 두 번 다시
- みじんも 조금도, 추호도

- 滅多に 좀처럼
- 必ずしも 반드시
- 少しも 조금도, 전혀
- てんで 아예, 도무지
- とんと 조금도, 전혀

- 一向に 전혀, 조금도
- まるっきり 전혀
- ろくに 제대로, 변변히
- ちっとも 조금도, 전혀
- 何も 아무것도

**❷ 긍정과 부정 양쪽 다 사용이 가능한 부사**

- まるで 마치, 전혀
- 何とも 정말로, 아무렇지도
- とても 아주, 도저히
- ちょっと 조금, 좀처럼
- なかなか 꽤, 좀처럼
- さっぱり 말끔히, 전혀

**❸ 의문형을 수반하는 부사**

- なぜ 왜, 어째서
- どうして 어째서, 왜
- 一体 도대체
- どれほど 어느 정도, 얼마나
- 果たして 과연
- いかに 어떻게

**❹ 희망이나 바람을 수반하는 부사**

- ぜひ 제발, 부디, 꼭
- どうか 부디, 어떻게든
- 何とか 어떻게든
- くれぐれも 아무쪼록, 부디

**❺ 가정을 수반하는 부사**

- もし 만약, 혹시, 만일
- 仮に 가령, 만일
- たとえ 설사, 설령
- ひょっとしたら 어쩌면
- いったん 일단, 우선
- もしかしたら 어쩌면

**❻ 그 밖의 주요 부사**

- やっと 겨우, 간신히
- わざと 고의로, 일부러
- すっかり 완전히
- 次々に 잇따라, 계속해서
- 今にも 당장이라도
- しっかり 제대로, 확실히
- なるべく 되도록, 가능한 한
- 一斉に 일제히
- かえって 오히려, 도리어
- 意外に 의외로, 예상외로

## JPT 기출문제로 훈련하기

**STEP 2** 밑줄 친 부분 중에서 틀리거나 어색한 부분을 찾아보세요.

조사

**1** 毎朝公園に 散歩するのが習慣ですが、夕べ飲み過ぎて今朝は起きられませんでした。
　　　　(A)　　　　　(B)　　　　　　　(C)　　　　　　　　　　(D)

**2** 部屋中 焦臭いにおいをしますが、何か燃やしたんですか。
　　(A)　(B)　　　(C)　　　　　　　　(D)

**3** 彼はお父さんよりお母さんも似ていると言われていますが、私はそうは思いません。
　　　　　　(A)　　　　(B)　　　　　(C)　　　　　　(D)

**4** 雨が降りそうなので、ハイキングにはレインコートを持って行った方がいいかもしらない。
　　(A)　　　　　　　　　　　(B)　　　　　　　(C)　　　　　　　(D)

부사

**5** この薬を飲むと、とても眠くなりますから、必ず車の運転はしないでください。
　　　　　(A)　　　(B)　　　　　　(C)　　　　(D)

**6** 今度こそ ろくに優勝できると思っていたのに、予選で負けてしまった。
　　(A)　(B)　　　　　　　　(C)　　　　　(D)

**7** 彼女は恋人に振られて、今から泣き出さん ばかりの顔をしていた。
　　　　　　(A)　　　(B)　　　(C)　　(D)

**8** あまりにも仕事が忙しかったので、友達との約束をしっかり忘れてしまった。
　(A)　　　　　　　　　　(B)　　　(C)　　　(D)

정답 | 1 (A) に → を  2 (C) を → が  3 (B) も → に  4 (D) かもしらない → かもしれない
　　5 (C) 必ず(かなら) → 絶対(ぜったい)  6 (B) ろくに → きっと  7 (B) 今から(いま) → 今にも(いま)  8 (C) しっかり → すっかり

**STEP 3** 다음 기출문제를 풀어 보세요.

1  館内には、他のお客様のご迷惑になりますので、大きな声で話さないようお願いします。
      (A)            (B)               (C)     (D)

2  肉類は何でも好んで よく食べるが、魚類も さほど好きな方ではない。
            (A)   (B)        (C)  (D)

3  普段運動する機会が少ないので、何ともエレベーターを使わずに階段を上るようにして
           (A)             (B)         (C)    (D)
います。

4  ここは禁煙だのでたばこを吸ってはいけないが、向こうの灰皿がある所はいいらしい。
      (A)        (B)               (C)       (D)

5  昨夜食べた物が当たったのか、今朝は腹痛がひどく何でも食べたくない。
 (A)          (B)    (C)           (D)

6  2、3日前から風邪気味で、昨日は一日中外出もせず誰へも会いませんでした。
          (A)       (B)    (C)  (D)

7  お忙しいところ、わざと お越しくださいまして誠にありがとうございました。
    (A)     (B)  (C)        (D)

8  みんなが一気に発言しても聞き取れないから、一人ずつ順番に言いなさい。
       (A)        (B)         (C)       (D)

9  富や名誉を手に入れた からといって、果たして幸福だとは限らないだろう。
        (A)     (B)      (C)        (D)

10  次々の欠陥が見つかり、これ以上取引先の信用を失えば、契約も無効になりかねない。
   (A)       (B)                  (C)         (D)

**1** 관내<u>에서는</u> 다른 손님에게 폐가 되므로 큰 소리로 이야기하지 않도록 부탁드립니다. / (A) に → で

해설 | (A)의 「〜に」(〜에)는 존재를 나타내는 조사로, 문장과는 맞지 않는다. 문맥상 (A)에는 동작이 이루어지는 장소를 나타내는 조사가 와야 하므로, 「〜で」(〜에서)로 고쳐야 한다. 조사 「〜に」(〜에)를 쓸 때는 주로 「図書館(としょかん)にはたくさんの本(ほん)がある」(도서관에는 많은 책이 있다)처럼 뒤에 존재를 나타내는 표현이 온다.

어휘 | 館内(かんない) 관내  他(ほか) 다른 (사람)  お客様(きゃくさま) 손님, 고객  迷惑(めいわく) 폐  大(おお)きな 큰  声(こえ) (목)소리  話(はな)す 말하다, 이야기하다  〜よう(に) 〜하도록  お+동사의 ます형+する 〜하다, 〜해 드리다 *겸양표현  願(ねが)う 부탁하다

**2** 육류는 뭐든지 좋아해서 자주 먹지만, 어류는 그다지 좋아하는 편이 아니다. / (C) も → は

해설 | 문제는 고기와 생선이라는 두 가지 음식을 대비시키고 있으므로, 같은 종류의 것을 나열하는 뜻을 나타내는 (C)의 「〜も」(〜도)는 맞지 않는다. (C)에는 대비를 나타내는 조사가 와야 하므로, (C)의 「〜も」(〜도)는 「〜は」(〜은)로 고쳐야 한다.

어휘 | 肉類(にくるい) 육류  何(なん)でも 무엇이든지, 뭐든지  好(この)む 좋아하다, 즐기다, 사랑하다  よく 자주  食(た)べる 먹다  魚類(ぎょるい) 어류  さほど (부정어 수반) 그다지, 별로  好(す)きだ 좋아하다  方(ほう) 편, 쪽

**3** 평소 운동할 기회가 적어서 <u>되도록</u> 엘리베이터를 이용하지 않고 계단을 오르도록 하고 있습니다. / (B) 何ʰᵃⁿとも → なるべく

해설 | (B)의 「何(なん)とも」는 '정말로, 아무렇지도'라는 뜻의 부사로, 문장과는 맞지 않는다. 문맥상 (B)에는 '가능한 한, 가능하다면, 할 수 있는 한'이라는 뜻의 부사가 와야 하므로, 「なるべく」(되도록, 가능한 한)로 고쳐야 한다.

어휘 | 普段(ふだん) 평소, 평상시  運動(うんどう) 운동  機会(きかい) 기회  少(すく)ない 적다  エレベーター 엘리베이터  使(つか)う 이용하다  〜ずに 〜하지 않고[말고]  階段(かいだん) 계단  上(のぼ)る 오르다, 올라가다  〜ようにする 〜하도록 하다

**4** 여기는 금연<u>이기</u> 때문에 담배를 피워서는 안 되지만, 맞은편의 재떨이가 있는 곳은 괜찮은 것 같다. / (A) だ → な

해설 | 「〜ので」(〜이기 때문에)는 원인이나 이유를 나타내는 접속조사로, 앞에 명사가 오면 「〜なので」의 형태로 접속한다. 따라서 (A)의 「だ」는 「な」로 고쳐야 한다.

어휘 | ここ 여기, 이곳  禁煙(きんえん) 금연  たばこ 담배  吸(す)う (담배를) 피우다  〜てはいけない 〜해서는 안 된다  向(む)こう 맞은편, 건너편  灰皿(はいざら) 재떨이  所(ところ) 곳, 장소  いい 좋다, 괜찮다  〜らしい 〜인 것 같다 *객관적 근거에 의한 추측·판단

**5** 어젯밤에 먹은 것이 체한 것인지 오늘 아침은 복통이 심해서 <u>아무것도</u> 먹고 싶지 않다. / (D) 何ⁿᵃⁿでも → 何ⁿᵃ も

해설 | (D)의 「何(なん)でも」는 '무엇이든지, 뭐든지'라는 뜻의 표현으로, 「果物(くだもの)は何(なん)でも好(す)きです」(과일은 뭐든지 좋아합니다)처럼 쓴다. 문제에서는 뒤에 「食(た)べたくない」(먹고 싶지 않다)라는 부정표현이 있으므로, 「何(なに)も」(아무것도)로 고쳐야 한다.

어휘 | 昨夜(ゆうべ) 어젯밤  当(あ)たる (음식에) 체하다  今朝(けさ) 오늘 아침  腹痛(ふくつう) 복통  ひどい 심하다  동사의 ます형+たい 〜하고 싶다

PART 6

오문정정

**6** 2, 3일 전부터 감기 기운으로 어제는 하루 종일 외출도 하지 않고 아무도 만나지 않았습니다. / (D) へも → にも

해설 | 감기 기운이 있어서 어제는 하루 종일 외출도 하지 않았다고 했으므로, 아무도 만나지 않았을 것이다. (D)의 「～へ」(～에, ～에게)는 「父(ちち)へのメール」(아버지께 보내는 메일)처럼 동작·작용의 대상을 나타내는 조사인데, 동사 「会(あ)う」(만나다) 앞에서는 쓸 수 없다. 「会(あ)う」(만나다)는 조사 「に」를 수반하므로, 「～にも」로 고쳐야 한다.

어휘 | 前(まえ) (시간적으로) 전 風邪気味(かぜぎみ) 감기 기운 昨日(きのう) 어제 一日中(いちにちじゅう) 하루 종일 外出(がいしゅつ) 외출 ～ず(に) ～하지 않고[말고] *「～ず(に)」가 「～する」(～하다)에 접속할 때는 「～せず(に)」가 됨 誰(だれ) 누구 会(あ)う 만나다

**7** 바쁘신 중에 <u>일부러</u> 와 주셔서 대단히 감사했습니다. / (B) わざと → わざわざ

해설 | 일본어에서는 상대방이 특별한 노력이나 수고를 일부러 해 준 경우에는 「わざわざ」(일부러)를, 고의성이 있는 경우에는 「わざと」(고의로, 일부러)로 구분 지어 쓴다. 문제는 특별히 시간을 내어서 와 준 것에 대한 감사 인사를 하고 있으므로, (B)의 「わざと」는 「わざわざ」로 고쳐야 한다.

어휘 | 忙(いそが)しい 바쁘다 ところ 때, 처지, 형편 お越(こ)し 가심, 오심 *「行(い)くこと」(가는 것), 「来(く)ること」(오는 것)의 존경어 ～てくださる (남이 나에게) ～해 주시다 *「～てくれる」((남이 나에게) ～해 주다)의 존경표현 誠(まこと)に 참으로, 대단히

**8** 모두가 <u>일제히</u> 발언해도 알아들을 수 없으니, 한 사람씩 차례대로 말하세요. / (A) 一気(いっき)に → 一斉(いっせい)に

해설 | (A)의 「一気(いっき)に」(단숨에, 단번에)는 한꺼번에 모든 일이 벌어짐을 나타내는 부사로, 「一気(いっき)に仕事(しごと)を片付(かたづ)けた」(단숨에 일을 해치웠다)와 같이 쓴다. 문맥상 (A)에는 '여럿이, 한꺼번에'라는 뜻의 부사가 와야 하므로, 「一斉(いっせい)に」(일제히)로 고쳐야 한다.

어휘 | みんな(皆) 모두 発言(はつげん) 발언 聞(き)き取(と)る 알아듣다 一人(ひとり) 한 명, 한 사람 ～ずつ ～씩 順番(じゅんばん) 순번, 차례 言(い)う 말하다 ～なさい ～하시오

**9** 부와 명예를 손에 넣었다고 해서 <u>반드시</u> 행복하다고는 할 수 없을 것이다. / (C) 果(は)たして → 必(かなら)ずしも·強(あなが)ち

해설 | (C)의 「果(は)たして」는 '정말로, 과연'이라는 뜻의 부사로, 문장과는 맞지 않는다. 문맥상 (C)에는 '반드시'라는 뜻의 부사가 와야 하는데, 뒤에 「～とは限(かぎ)らない」((반드시) ～하는 것은 아니다, ～하다고는 할 수 없다)라는 부정의 문법표현이 있으므로, 「必(かなら)ずしも」 또는 「強(あなが)ち」로 고쳐야 한다.

어휘 | 富(とみ) 부, 재산 名誉(めいよ) 명예 手(て)に入(い)れる 손에 넣다 ～からといって ～라고 해서 幸福(こうふく)だ 행복하다

**10** <u>계속해서</u> 결함이 발견되어 이 이상 거래처의 신용을 잃으면 계약도 무효가 될지도 모른다. / (A) 次々(つぎつぎ)の → 次々(つぎつぎ)に

해설 | 문맥상 (A)에는 '잇따라, 계속해서'라는 뜻을 지닌 부사가 와야 한다. 따라서 (A)는 명사에 연결하는 형태가 아닌 부사 「次々(つぎつぎ)に」로 고쳐야 한다.

어휘 | 欠陥(けっかん) 결함 見(み)つかる 발견되다, 찾게 되다 これ以上(いじょう) 이 이상 取引先(とりひきさき) 거래처 信用(しんよう) 신용 失(うしな)う 잃다 契約(けいやく) 계약 無効(むこう) 무효 동사의 ます형+かねない ～할지도 모른다 *부정적인 사항에 대해 씀

| 한자 | 읽기 | 의미 |
|------|------|------|
| ☐ 館内 | かんない | 관내 |
| ☐ 肉類 | にくるい | 육류 |
| ☐ 魚類 | ぎょるい | 어류 |
| ☐ なるべく | ・ | 되도록, 가능한 한 |
| ☐ 禁煙 | きんえん | 금연 |
| ☐ 吸う | すう | (담배를) 피우다 |
| ☐ 灰皿 | はいざら | 재떨이 |
| ☐ 当たる | あたる | (음식에) 체하다 |
| ☐ わざわざ | ・ | 일부러 |
| ☐ わざと | ・ | 일부러, 고의로 |
| ☐ 誠に | まことに | 참으로, 대단히 |
| ☐ 一気に | いっきに | 단숨에, 단번에 |
| ☐ 一斉に | いっせいに | 일제히 |
| ☐ ～からといって | ・ | ～라고 해서 |
| ☐ 果たして | はたして | 정말로, 과연 |
| ☐ 幸福だ | こうふくだ | 행복하다 |
| ☐ 次々に | つぎつぎに | 잇따라, 계속해서 |
| ☐ 信用 | しんよう | 신용 |
| ☐ 失う | うしなう | 잃다 |
| ☐ 無効 | むこう | 무효 |

# 02 형용사 및 동사 오용

먼저 필수 문법을 익히세요.

## い형용사 관련 기본 문법 사항

### ❶ 기본적인 활용 형태

- 부사형 ▶ 어미 「い」를 「く」로 바꿈　　　예 寒い(춥다) → 寒く(춥게)
- 과거형 ▶ 어미 「い」를 「かった」로 바꿈　　예 寒い(춥다) → 寒かった(추웠다)
- 부정형 ▶ 어미 「い」를 「くない」로 바꿈　　예 寒い(춥다) → 寒くない(춥지 않다)
- 가정형 ▶ 어미 「い」를 「ければ」로 바꿈　　예 寒い(춥다) → 寒ければ(춥다면)
- 동사형 ▶ 어미 「い」를 빼고 「がる」를 접속　예 寒い(춥다) → 寒がる(추워하다)
- 명사형 ▶ 어미 「い」를 「さ」나 「み」로 바꿈　예 寒い(춥다) → 寒さ(추위)

▶ 기본적인 활용 형태 연습

| い형용사 | 부사형 | 과거형 | 부정형 | 가정형 | 동사형 | 명사형 |
|---|---|---|---|---|---|---|
| 暑い 덥다 | | | | | | |
| 弱い 약하다 | | | | | | |
| 悲しい 슬프다 | | | | | | |
| 涼しい 시원하다 | | | | | | |
| 眩しい 눈부시다 | | | | | | |

⬇

| い형용사 | 부사형 | 과거형 | 부정형 | 가정형 | 동사형 | 명사형 |
|---|---|---|---|---|---|---|
| 暑い | 暑く | 暑かった | 暑くない | 暑ければ | 暑がる | 暑さ |
| 弱い | 弱く | 弱かった | 弱くない | 弱ければ | 弱がる | 弱さ |
| 悲しい | 悲しく | 悲しかった | 悲しくない | 悲しければ | 悲しがる | 悲しさ |
| 涼しい | 涼しく | 涼しかった | 涼しくない | 涼しければ | 涼しがる | 涼しさ |
| 眩しい | 眩しく | 眩しかった | 眩しくない | 眩しければ | 眩しがる | 眩しさ |

② 보조 형용사

- 동사의 ます형+やすい : ～하기 쉽다[편하다]

  예 だいぶ寒くなり、風邪を引きやすい季節になった。
  꽤 추워져서 감기에 걸리기 쉬운 계절이 되었다.

  예 ここは環境もいいし、住みやすいところですね。
  여기는 환경도 좋고 살기 편한 곳이네요.

- 동사의 ます형+にくい : ～하기 어렵다[힘들다](하려고 하면 가능하지만 그게 힘듦)

  예 このペン、思ったより書きにくいなあ。
  이 펜, 생각했던 것보다 쓰기 힘드네.

- 동사의 ます형+がたい : ～하기 어렵다(그렇게 하는 것이 불가능함)

  예 真面目な彼がそんな行動をするとは、信じがたい。
  성실한 그가 그런 행동을 하다니 믿기 힘들다.

- 동사의 ます형+づらい : ～하기 거북하다

  예 この話、先生にはちょっと言いづらいよ。
  이 이야기, 선생님에게는 좀 말하기 거북해.

③ 복합 형용사

- 명사+い형용사

  예 名 이름 + 高い 높다 → 名高い 유명하다
  塩 소금 + 辛い 짜다 → 塩辛い 짜다
  心 마음 + 細い 가늘다 → 心細い 마음이 불안하다

- い형용사의 어간+い형용사

  예 浅い 옅다 + 黒い 검다 → 浅黒い 거무스름하다
  重い 무겁다 + 苦しい 괴롭다 → 重苦しい 답답하다, 숨막힐 듯하다
  青い 푸르다 + 白い 희다 → 青白い 창백하다
  古い 오래되다 + くさい 냄새가 나다 → 古くさい 아주 낡다, 케케묵다, 진부하다

- 동사의 ます형+い형용사

  예 粘る 끈적거리다 + 強い 강하다 → 粘り強い 끈질기다
  見る 보다 + 苦しい 괴롭다 → 見苦しい 보기 흉하다
  恐れる 두려워하다 + 多い 많다 → 恐れ多い 황송하다
  頼る 의지하다 + ない 아니다 → 頼りない 미덥지 않다

## な형용사 관련 기본 문법 사항

**❶ 기본적인 활용 형태**

- 연체형 ▶ 어미 「だ」를 「な」로 바꿈　　예 微かだ(희미하다) → 微かな(희미한)
- 부사형 ▶ 어미 「だ」를 「に」로 바꿈　　예 微かだ(희미하다) → 微かに(희미하게)
- 중지형 ▶ 어미 「だ」를 「で」로 바꿈　　예 微かだ(희미하다) → 微かで(희미하고)
- 가정형 ▶ 어미 「だ」를 「なら」로 바꿈　　예 微かだ(희미하다) → 微かなら(희미하다면)
- 과거형 ▶ 어미 「だ」를 「だった」로 바꿈　　예 微かだ(희미하다) → 微かだった(희미했다)
- 부정형 ▶ 어미 「だ」를 「ではない」로 바꿈　　예 微かだ(희미하다) → 微かではない(희미하지 않다)

▶ 기본적인 활용 형태 연습

| な형용사 | 연체형 | 부사형 | 중지형 | 가정형 | 과거형 | 부정형 |
|---|---|---|---|---|---|---|
| 好きだ 좋아하다 | | | | | | |
| 下手だ 서투르다 | | | | | | |
| 遥かだ 아득하다 | | | | | | |
| 手軽だ 손쉽다 | | | | | | |
| 平気だ 태연하다 | | | | | | |

⬇

| な형용사 | 연체형 | 부사형 | 중지형 | 가정형 | 과거형 | 부정형 |
|---|---|---|---|---|---|---|
| 好きだ | 好きな | 好きに | 好きで | 好きなら | 好きだった | 好きではない |
| 下手だ | 下手な | 下手に | 下手で | 下手なら | 下手だった | 下手ではない |
| 遥かだ | 遥かな | 遥かに | 遥かで | 遥かなら | 遥かだった | 遥かではない |
| 手軽だ | 手軽な | 手軽に | 手軽で | 手軽なら | 手軽だった | 手軽ではない |
| 平気だ | 平気な | 平気に | 平気で | 平気なら | 平気だった | 平気ではない |

**❷ 외래어로 된 な형용사(な형용사로 굳어진 표현들)**

- ロマンチックだ 로맨틱하다　　・ デリケートだ 민감하다　　・ ユニークだ 독특하다
- ナイーブだ 천진난만하다　　・ モダンだ 현대적이다　　・ ナチュラルだ 자연스럽다
- カジュアルだ 캐주얼하다　　・ シンプルだ 간단하다　　・ ハンサムだ 잘생기다

**❸ 특수 활용하는 「同じだ」(같다)**

- 명사를 수식할 때 활용 어미인 「な」가 붙지 않는다.
  예 同じ人 같은 사람 (同じな人 ×)

- 다만 「～ので」(～때문에)나 「～のに」(～는데(도))에 접속할 때는 「な」가 붙는다.
  예 同じなので 같기 때문에　　예 同じなのに 같은데

298

# 동사 관련 기본 문법 사항

**❶ 「자동사+ている」는 문장에 따라 진행과 상태를 모두 나타낼 수 있다.**

- 例 小鳥が青空を飛んでいる。 작은 새가 푸른 하늘을 날고 있다. (진행)
- 例 家の前に車が一台止まっている。 집 앞에 자동차가 한 대 서 있다. (상태)

**❷ 「타동사+ている」는 진행을, 「타동사+てある」는 상태를 나타낸다.**

- 例 部屋の窓を開けている。 방의 창문을 열고 있다. (진행)
- 例 部屋の窓が開けてある。 방의 창문이 열려 있다. (상태)

▶ 상태 표현에서 「자동사+ている」는 자연스럽게 그렇게 되어 있는 단순한 상태를 나타내는 반면, 「타동사+てある」는 누군가에 의해 그렇게 되었다는 뉘앙스가 포함된다.

**❸ 자동사가 없는 타동사**

- 撃つ 쏘다
- 着る (옷을) 입다
- 食う 먹다
- 蹴る 차다
- 誇る 자랑하다, 뽐내다
- 読む 읽다
- 耕す 갈다, 일구다
- 叱る 꾸짖다, 나무라다
- 稼ぐ (돈을) 벌다
- 攻める 공격하다
- 書く (글씨·글을) 쓰다
- 帯びる (몸에) 달다, 차다
- 覚える 기억하다, 외우다
- えぐる 도려내다
- 試みる 시도하다

**❹ 타동사가 없는 자동사**

- 老いる 늙다
- 動く 움직이다
- 帰る 돌아가[오]다
- 宿る 묵다, 숙박하다
- 嫁ぐ 시집가다
- 栄える 번창하다
- 行く 가다
- 遊ぶ 놀다
- 経つ (시간이) 지나다, 경과하다

**❺ 묶어서 익혀 두어야 하는 자동사와 타동사**

- 揃う 갖추어지다
- 揃える 갖추다

- 退く 물러나다
- 退ける 물리치다

- 焼ける 타다
- 焼く 태우다

- 整う 정돈되다
- 整える 정돈하다

- 染まる 물들다
- 染める 물들이다

- 縮む 줄어들다
- 縮める 줄이다

- 捕まる 잡히다
- 捕まえる 잡다

- 燃える 불에 타다
- 燃やす 불에 태우다

- 潰れる 찌그러지다
- 潰す 찌그러뜨리다

- 届く 닿다
- 届ける 닿게 하다

- 浮く 뜨다
- 浮かべる 띄우다

- 溶ける 녹다
- 溶かす 녹이다

| | | |
|---|---|---|
| ⌈ 冷える 식다 | ⌈ 乱れる 흐트러지다 | ⌈ 破れる 찢어지다 |
| ⌊ 冷やす 식히다 | ⌊ 乱す 흐트러뜨리다 | ⌊ 破る 찢다 |

**❻ 주요 보조 동사**

- **～ていく** : ～해 가다(현재로부터 미래로 변화가 진행됨)

  ◎ 少子化の影響で、人手不足も深刻になっていく。

  저출산화의 영향으로 일손 부족도 심각해져 간다.

- **～てくる** : ～해 오다, ～해지다(과거로부터 현재로 변화가 진행됨)

  ◎ その国は豊富な資源のおかげで、発展してきた。

  그 나라는 풍부한 자원 덕분에 발전해 왔다.

- **～ておく** : ～해 놓다[두다](회화체에서는 「～とく」의 형태로 나타냄)

  ◎ 貴重品はホテルのフロントに預けておきましょう。

  귀중품은 호텔 프런트에 맡겨 둡시다.

- **～てしまう** : ～해 버리다, ～하고 말다(완료·유감을 나타내는 표현으로, 회화체에서는 「～ちゃう」의 형태로 나타냄)

  ◎ うっかりしてお札が入ったズボンを洗濯してしまった。

  깜빡하고 지폐가 든 바지를 세탁해 버렸다.

- **～てみる** : ～해 보다

  ◎ 彼のアドバイス通りにやってみたが、うまくできなかった。

  그의 조언대로 해 봤지만 잘되지 않았다.

## JPT 기출문제로 훈련하기

**STEP 2** 밑줄 친 부분 중에서 틀리거나 어색한 부분을 찾아보세요.

형용사

**1** 今日の夕ご飯は、家族みんなが大好きのカレーライスとサラダ にします。
　　　　(A)　　　　　　　　　　　　(B)　　　　　　　　　　(C)　(D)

**2** とても浅いなのに、子供たちは怖いと言って水の中に入ろうとしなかった。
　　　　　　　(A)　　　　　　　(B)　　　　　　(C)　　　(D)

**3** 元気の時は何でも食べられますが、病気の時は何も食べたくないです。
　　　(A)　　　　　　　　　　(B)　　　(C)　　(D)

**4** あいにく、小さいお金の持ち合わせがないので、あの売店で崩して来ますね。
　(A)　　　(B)　　　　(C)　　　　　　　　　　　　　(D)

동사

**5** アルバイトをして初めてお金をはらった時の嬉しさは今でも覚えている。
　　(A)　　　　　　　　　　　　　(B)　　　(C)　　(D)

**6** 日ごとに寒さが増やしてきましたが。お変わり ございませんか。
　(A)　　　　　　(B)　　　　　　　(C)　　　(D)

**7** 年末年始 ともなると、商店街の街路樹には様々なデコレーションが施す。
　(A)　　　(B)　　　　　(C)　　　　　　　　　　　　(D)

**8** 家族の猛反対を押し寄せて、妹は一人暮らしを始めた。
　　　(A)　　　(B)　　　　　(C)　　(D)

---

정답 | 1 (B) の → な　2 (A) なのに → のに　3 (A) の → な　4 (B) 小さい → 細かい(こま)
　　 5 (B) はら(払)った → 稼いだ(かせ)　6 (B) 増やして(ふ) → 増して(ま)　7 (D) 施す(ほどこ) → 施される(ほどこ)　8 (B) 押し寄せて(お) → 押し切って(お き)

STEP 3 다음 기출문제를 풀어 보세요.

**1** 暮らしに関しての調査結果で、昨年と比べ厳しさがやや 和らぎたという傾向が表れた。
　　　　　(A)　　　　　　(B)　　　　　　　　　　　　　　(C)　　　(D)

**2** 緊急を用する患者のために、危急時以外の救急車の要請は自粛しましょう。
　　　　(A)　　　　　　　　　(B)　(C)　　　　　(D)

**3** 子供が紙を燃えて遊んでいるのを見たら、よその子だとしても、叱らないわけにはいかない。
　　　　　　(A)　　　　　　　　　　　(B)　　　(C)　　　　　　　(D)

**4** 最近、この近くでは悪用な犯罪が多発しているから、夜の一人歩きは危ないよ。
　　　　　　(A)　　(B)　　　　　　　　　　　　　(C)　　　(D)

**5** 死力を尽くして勝負に挑もうとする彼の姿からは、他の選手を打倒する気迫が感じられる。
　　　　(A)　　　　(B)　(C)　　　　　　　　　　　(D)

**6** 美容院で髪をもめてもらうついでに、肌の手入れの仕方も教わった。
　　　　　　(A)　　　　　(B)　　　　(C)　　　(D)

**7** その子供のきつい洞察力には、大人の私でもしばしば 驚かされる。
(A)　　　　(B)　　　　　　　　　　(C)　　　(D)

**8** 記録的な降雪を伴う寒波の襲来で野菜の入荷が組み込み、軒並み価格が高騰している。
　　　　　(A)　　　　　　　(B)　　　　　　(C)　　(D)

**9** 時間をより有効に利用するために、メールは欠くことのできない情報通信手段となった。
　　　　(A)　　　　　(B)　　　　　　(C)　　　　　　　　(D)

**10** てっきり優勝できると思っていたチームだったのに、予選でそっけなく負けてしまった。
(A)　　　　　　　　(B)　　　　　　(C)　　　　(D)

**1** 생활에 관한 조사결과에서 작년과 비교해 심함이 다소 <u>누그러졌다</u>고 하는 경향이 나타났다. / (D) 和らぎた → 和らいだ

해설 | 동사의 활용형을 묻는 문제. 문맥상 (D)에는 「和(やわ)らぐ」(누그러지다)의 과거형이 와야 하는데 「ぐ」로 끝나는 동사의 경우 「ぐ」를 떼고 「いだ」를 붙이므로, (D)의 「和(やわ)らぎた」는 「和(やわ)らいだ」(누그러졌다)로 고쳐야 한다.

어휘 | 暮(く)らし 생활, 생계, 살림 ～に関(かん)しての ～에 관한～ 調査(ちょうさ) 조사 結果(けっか) 결과 昨年(さくねん) 작년 *「去年(きょねん)」의 격식 차린 말씨 ～と比(くら)べ ～와 비교해 厳(きび)しさ 심함, 혹독함 やや 약간, 다소 傾向(けいこう) 경향 表(あらわ)れる 나타나다

**2** 긴급을 <u>요하는</u> 환자를 위해서 위급 시 이외의 구급차 요청은 자제합시다. / (A) 用する → 要する

해설 | (A)의 「用する」와 같은 동사는 없다. 문맥상 (A)에는 '요하다, 필요로 하다'라는 뜻의 동사가 와야 하므로, 「要(よう)する」로 고쳐야 한다.

어휘 | 緊急(きんきゅう) 긴급 患者(かんじゃ) 환자 명사+の+ために ～을 위해서 危急(ききゅう) 위급 ～時(じ) ～시 以外(いがい) 이외 救急車(きゅうきゅうしゃ) 구급차 要請(ようせい) 요청 自粛(じしゅく) 자숙, 자제

**3** 아이가 종이를 <u>태우며</u> 놀고 있는 것을 보면 남의 집 아이라고 해도 나무라지 않을 수는 없다. / (A) 燃えて → 燃やして

해설 | (A)의 「燃(も)える」는 '타다, 불타다'라는 뜻의 자동사로, 목적격 조사 「～を」(～을)와 함께 쓸 수 없다. 문맥상 '태우다, 불태우다'라는 뜻의 타동사 「燃(も)やす」를 써야 하므로, (A)는 「燃(も)やして」(태우며)로 고쳐야 한다.

어휘 | 子供(こども) 아이 紙(かみ) 종이 遊(あそ)ぶ 놀다 見(み)る 보다 ～たら ～하면 よそ(余所) 남의 집 子(こ) 아이 ～としても ～라고 해도 叱(しか)る 꾸짖다, 나무라다 ～ないわけにはいかない ～하지 않을 수는 없다

**4** 요즘 이 근처에서는 <u>악질적인</u> 범죄가 빈발하고 있으니까 밤에 혼자 다니는 건 위험해. / (B) 悪用 → 悪質

해설 | (B)의 「悪用(あくよう)」는 '악용, 나쁜 목적에 씀'이라는 뜻의 명사로, 문장과는 맞지 않는다. 문맥상 (B)에는 '성품의 질이 나쁨'이라는 뜻의 표현이 와야 하므로, 「悪質(あくしつ)」(악질(적))로 고쳐야 한다.

어휘 | 最近(さいきん) 최근, 요즘 近(ちか)く 근처 犯罪(はんざい) 범죄 多発(たはつ) 다발, 빈발 夜(よる) 밤 一人歩(ひとりある)き 혼자 걸음[다님] 危(あぶ)ない 위험하다

**5** 사력을 다해서 승부에 도전하려고 하는 그의 모습에서는 다른 선수를 <u>압도하는</u> 기백이 느껴진다. / (D) 打倒する → 圧倒する

해설 | (D)의 「打倒(だとう)する」는 '타도하다'라는 뜻의 동사로, 문장과는 맞지 않는다. 문맥상 (D)에는 '보다 뛰어난 힘이나 재주로 남을 눌러 꼼짝 못 하게 하다'라는 뜻의 동사가 와야 하므로, 「圧倒(あっとう)する」(압도하다)로 고쳐야 한다.

어휘 | 死力(しりょく) 사력, 죽을 힘 尽(つ)くす 다하다 勝負(しょうぶ) 승부 挑(いど)む 도전하다 姿(すがた) 모습 他(ほか) 다른 (사람) 選手(せんしゅ) 선수 気迫(きはく) 기백 感(かん)じる 느끼다

PART 6

오문정정

**6** 미용실에서 머리를 <u>염색해</u> 받는 김에 피부 관리 방법도 배웠다. / (A) もめて → <ruby>染<rt>そ</rt></ruby>めて

해설 | (A)의 「も(揉)める」는 '분규가 일어나다, 옥신각신하다'라는 뜻의 동사로, 문장과는 맞지 않는다. 문맥상 (A)에는 '염색하다'라는 뜻의 동사가 와야 하므로, 「染(そ)める」라는 동사를 써서 「染(そ)めて」(염색해)로 고쳐야 한다.

어휘 | 美容院(びよういん) 미용실 髪(かみ) 머리(털) ~てもらう (남에게) ~해 받다, (남이) ~해 주다 ~ついでに ~하는 김에 肌(はだ) 피부 手入(ていれ) 손질 仕方(しかた) 방법, 방식 教(おそ)わる 가르침을 받다, 배우다

**7** 그 아이의 <u>예리한</u> 통찰력에는 어른인 나도 자주 놀란다. / (B) きつい → <ruby>鋭<rt>するど</rt></ruby>い

해설 | (B)의 「きつい」는 '힘들다'라는 뜻의 い형용사로, 문장과는 맞지 않는다. 문맥상 (B)에는 '예리하다'라는 뜻의 い형용사가 와야 하므로, 「鋭(するど)い」로 고쳐야 한다.

어휘 | 子供(こども) 아이 洞察力(どうさつりょく) 통찰력 大人(おとな) 어른 しばしば 자주, 여러 번 驚(おどろ)かす 놀라게 하다

**8** 기록적인 강설을 동반하는 한파의 내습으로 채소 입하량이 <u>떨어져서</u> 일제히 가격이 뛰어오르고 있다. / (C) <ruby>組<rt>く</rt></ruby>み込み → <ruby>落<rt>お</rt></ruby>ち<ruby>込<rt>こ</rt></ruby>み

해설 | (C)의 「組(く)み込(こ)む」는 '짜 넣다, 편성하다'라는 뜻의 동사로, 문장과는 맞지 않는다. 문맥상 (C)에는 '(나쁜 상태에) 빠지다, 떨어지다'라는 뜻의 동사가 와야 하므로, 「落(お)ち込(こ)む」를 써서 「落(お)ち込(こ)み」(떨어져서)로 고쳐야 한다.

어휘 | 記録的(きろくてき)だ 기록적이다 降雪(こうせつ) 강설 伴(ともな)う 동반하다 寒波(かんぱ) 한파 襲来(しゅうらい) 습래, 내습, 갑자기 습격해 옴 野菜(やさい) 채소, 야채 入荷(にゅうか) 입하 軒並(のきな)み 일제히, 모두 価格(かかく) 가격 高騰(こうとう) 고등, (물건 값이) 뛰어오름

**9** 시간을 보다 유효하게 이용하기 위해서 메일은 <u>빠뜨릴</u> 수 없는 정보통신 수단이 되었다. / (C) <ruby>欠<rt>か</rt></ruby>く → <ruby>欠<rt>か</rt></ruby>かす

해설 | (C)의 「欠(か)く」는 '빠지다'라는 뜻의 자동사로, 문장과는 맞지 않는다. 문맥상 (C)에는 '빠뜨리다'라는 뜻의 타동사가 와야 하므로, 「欠(か)かす」로 고쳐야 한다.

어휘 | 時間(じかん) 시간 より 보다 有効(ゆうこう)だ 유효하다 利用(りよう) 이용 ~ために ~위해서 メール 메일 *「電子(でんし)メール」(전자메일)의 준말 情報(じょうほう) 정보 通信(つうしん) 통신 手段(しゅだん) 수단

**10** 틀림없이 우승할 수 있을 것이라고 생각했던 팀이었는데 예선에서 <u>싱겁게</u> 져 버렸다. / (D) そっけなく → あっけなく

해설 | (D)의 「そっけない」는 '무정하다, 쌀쌀맞다'라는 뜻의 い형용사로, 문장과는 맞지 않는다. 문맥상 (D)에는 '싱겁다, 맥없다'라는 뜻의 い형용사가 와야 하므로, 「あっけ(呆気)ない」를 써서 「あっけ(呆気)なく」(싱겁게)로 고쳐야 한다.

어휘 | てっきり 틀림없이 優勝(ゆうしょう) 우승 思(おも)う 생각하다 チーム 팀 ~のに ~는데(도) 予選(よせん) 예선 負(ま)ける 지다, 패하다

# 주요 어휘 및 표현 정리 20

| 한자 | 읽기 | 의미 |
|---|---|---|
| ☐ 暮らし | くらし | 생활, 생계, 살림 |
| ☐ やや | ・ | 약간, 다소 |
| ☐ 和らぐ | やわらぐ | 누그러지다 |
| ☐ 傾向 | けいこう | 경향 |
| ☐ 表れる | あらわれる | 나타나다 |
| ☐ 救急車 | きゅうきゅうしゃ | 구급차 |
| ☐ 燃やす | もやす | 태우다, 불태우다 |
| ☐ 叱る | しかる | 꾸짖다, 나무라다 |
| ☐ 悪質だ | あくしつだ | 악질이다 |
| ☐ 死力 | しりょく | 사력, 죽을 힘 |
| ☐ 尽くす | つくす | 다하다 |
| ☐ 挑む | いどむ | 도전하다 |
| ☐ 気迫 | きはく | 기백 |
| ☐ 染める | そめる | 염색하다 |
| ☐ 手入れ | ていれ | 손질 |
| ☐ 教わる | おそわる | 가르침을 받다, 배우다 |
| ☐ 落ち込む | おちこむ | (나쁜 상태에) 빠지다, 떨어지다 |
| ☐ 高騰 | こうとう | 고등, (물건 값이) 뛰어오름 |
| ☐ あっけない | ・ | 싱겁다, 맥없다 |
| ☐ 負ける | まける | 지다, 패하다 |

# 03 조동사 및 문법표현 오용

먼저 필수 문법을 익히세요.

## 주요 조동사의 의미와 용법

**❶ 동사의 기본형+べし** : (마땅히) ~해야 한다, ~하는 것이 마땅하다

예 場内では静かにすべし。
장내에서는 조용히 해야 한다.

예 この壁に落書きするべからず。
이 벽에 낙서해서는 안 된다.

예 夢を実現すべく、今も頑張っている。
꿈을 실현하기 위해 지금도 노력하고 있다.

예 これが自分の進むべき道だと思う。
이것에 내가 나아가야 할 길이라고 생각한다.

예 今度のことは君が先に謝るべきだ。
이번 일은 네가 먼저 사과해야 한다.

예 他人に責任を負わせるべきではない。
다른 사람에게 책임을 지게 해서는 안 된다.

예 彼の行動は先生として許すべからざる行動だ。
그의 행동은 선생님으로서 용서해서는 안 되는 행동이다.

**❷ ~ごとし** : ~같다

예 禍福はあざなえる縄のごとし。
화복은 마치 꼬아진 새끼와도 같다.(재앙이 있으면 복이 있고 복이 있으면 재앙도 있음을 비유해 이르는 말)

예 今日は正に嵐のごとき一日だった。 오늘은 실로 폭풍우와 같은 하루였다.

예 彼は彗星のごとく音楽界に現れた。 그는 혜성과 같이 음악계에 나타났다.

▶ 고어에서 조동사로 쓰이는 「~ごとし」는 현대 일본어의 「~ようだ」와 용법면에서 상당히 유사한데, 각각의 활용에 따른 대응 관계를 나타내면 다음과 같다.

| 고어 | 현대 일본어 | 의미 |
|------|------------|------|
| ~ごとし | ~ようだ | ~같다 |
| ~ごとき | ~ような | ~같은 |
| ~ごとく | ~ように | ~같이 |

❸ **동사의 기본형+まい** : ~하지 않을 것이다(부정의 추량), ~하지 않겠다(부정의 의지)

예 まさかそんなことはあるまい(=ないだろう)。
설마 그런 일은 없을 것이다. (부정의 추량)

예 今後何があっても絶対泣くまい(=泣かない)と決心した。
앞으로 무슨 일이 있어도 절대 울지 않겠다고 결심했다. (부정의 의지)

예 神様じゃあるまいし(=じゃないだろうし)、誰も先のことはわからないものだ。
신도 아니고 누구도 앞날은 알 수 없는 법이다. (「~では[じゃ]あるまいし」(~은 아닐 테고, ~도 아니고)의 형태로)

예 森さんが来ようが来るまいが、2時からプレゼンを始めます。
모리 씨가 오든 오지 않든 2시부터 프레젠테이션을 시작하겠습니다. (「~(よ)うが~まいが」(~하든 ~하지 않든)의 형태로)

▶ 조동사 「まい」는 모든 동사의 기본형에 접속이 가능하지만 1그룹 동사 이외의 동사에는 ない형에 접속하는 경우도 있다. 한편 3그룹 동사인 「する」(하다)와 「来る」(오다)는 「するまい」・「しまい」, 「来るまい」・「来まい」의 두 가지 형태로 쓰인다.

❹ **동사의 ない형+ず(に)** : ~하지 않고[말고]

예 一日も休まずに働くと、体も持たない。
하루도 쉬지 않고 일하면 몸도 버텨내지 못한다.

예 そう興奮せず、冷静になりなさい。
그렇게 흥분하지 말고 냉정해지렴.

▶ 조동사 「ず」에서 파생된 표현으로는 「~のみならず」(~뿐만 아니라), 「~に限らず」(~뿐만 아니라), 「~を問わず」(~을 불문하고), 「~ずにはおかない」(반드시 ~하겠다, (자연히) ~하게 되다), 「~ざるを得ない」(~하지 않을 수 없다), 「~ずにはいられない」(~하지 않고는 있을 수 없다) 등이 있다.

예 いじめの問題は学校のみならず、社会全体が取り組むべき問題である。
괴롭힘 문제는 학교뿐만 아니라 사회 전체가 대처해야 할 문제이다.

예 その国とは政治に限らず、経済や文化面での交流も必要である。
그 나라와는 정치뿐만 아니라 경제나 문화면에서의 교류도 필요하다.

예 年齢、性別、職業を問わず、誰でも参加できます。
연령, 성별, 직업을 불문하고 누구라도 참가할 수 있습니다.

예 今回のプロジェクトとは何があっても成功させずにはおかない。
이번 프로젝트는 무슨 일이 있어도 성공시키겠다.

예 この遊びはとても危ないので、学校側も禁止せずにはおかないだろう。
이 놀이는 매우 위험하기 때문에 학교 측도 금지하지 않을 수 없을 것이다.

예 その選手は怪我のため、引退せざるを得なかった。
그 선수는 부상 때문에 은퇴하지 않을 수 없었다.

예 その映画を見た人なら、感動せずにはいられないだろう。
그 영화를 본 사람이라면 감동하지 않을 수 없을 것이다.

❺ **~(さ)せる** : ~하게 하다, ~시키다(사역)

예 授業の始めにいつも先生は生徒に教科書を大声で読ませる。
수업 처음에 늘 선생님은 학생에게 교과서를 큰 소리로 읽게 한다.

例 町を振興させるために、住民が団結すべきだと思う。

마을을 진흥시키기 위해 주민이 단결해야 한다고 생각한다.

**⑥ ～(ら)れる** : ～하게 되다(수동, 가능, 존경, 자발)

例 電車に乗った時、隣の人に足を踏まれた。

전철을 탔을 때 옆 사람에게 발을 밟혔다. (수동)

例 この梅干は塩辛くて食べられない。

이 매실장아찌는 짜서 먹을 수 없다. (가능)

例 先生が教科書の本文をゆっくり読まれる。

선생님이 교과서 본문을 천천히 읽으신다. (존경)

例 田舎で一人暮らししている母のことが案じられる。

시골에서 혼자 살고 있는 어머니가 걱정된다. (자발)

**⑦ ～(さ)せられる** : (마지못해, 억지로) ～하게 되다(사역수동)

例 昨日は先輩に無理にお酒を飲ませられた。

어제는 선배가 억지로 술을 먹였다.

例 野菜は嫌いなのに、母に食べさせられた。

채소는 싫어하는데도 어머니가 억지로 먹게 했다.

▶「1그룹 동사의 ない형+せられる」는 줄여서 「される」로 나타낼 수도 있다. 다만 「す」로 끝나는 동사는 「される」로 줄일 수 없다.

**⑧ ～そうだ** : (보기에, 느낌에) ～일[할] 것 같다, ～어 보이다(양태), ～라고 한다(전문)

例 このケーキはとてもおいしそうだ。

이 케이크는 아주 맛있어 보인다. (양태)

例 このケーキはとてもおいしいそうだ。

이 케이크는 아주 맛있다고 한다. (전문)

例 空を見上げると、今にも雨が降りそうだ。

하늘을 올려다보니 당장이라도 비가 내릴 것 같다. (양태)

例 天気予報によると、明日から雨が降るそうだ。

일기예보에 의하면 내일부터 비가 내린다고 한다. (전문)

▶ 양태의 「～そうだ」에서 「よい」(좋다)·「ない」(없다)는 예외적으로 「よさそうだ」(좋은 것 같다)·「なさそうだ」(없는 것 같다)로 쓴다.

例 彼は性格がよさそうだ。

그는 성격이 좋은 것 같다.

例 彼はお金がなさそうだ。

그는 돈이 없는 것 같다.

▶ 양태의 「～そうだ」의 부정표현은 い형용사는 「～くなさそうだ」(～하지 않을 것 같다), な형용사는 「～では[じゃ]なさそうだ」(～하지 않을 것 같다), 동사는 「～そうにない」(～할 것 같지 않다)인데, 「～そうもない」, 「～そうにもない」로 쓰기도 한다.

例 このケーキはあまりおいしくなさそうだ。
이 케이크는 별로 맛있지 않을 것 같다. (い형용사의 양태 부정)

例 あの机はあまり丈夫では[じゃ]なさそうだ。
저 책상은 그다지 튼튼하지 않을 것 같다. (な형용사의 양태 부정)

例 今晩は雨が降りそう(に)もない。
오늘 밤은 비가 내릴 것 같지 않다. (동사의 양태 부정)

⑨ **～ようだ** : ～인 것 같다, ～인 듯하다(주관적인 추량)

例 車が全く進まないのを見ると、前の交差点で事故があったようだ。
차가 전혀 나아가지 않는 걸 보니 앞 교차로에서 사고가 있었던 것 같다.

例 昨日雨に降られて、どうも風邪を引いてしまったようだ。
어제 비를 맞아서 아무래도 감기에 걸려 버린 것 같다.

▶ 「～ようだ」에서 파생된 표현인 「～ように」에는 '～하도록'(목적), '～처럼'(비유), '～처럼'(예시)의 용법이 있다.

例 彼女に明日は早く来るようにとお伝えください。
그녀에게 내일은 일찍 오도록[오라고] 전해 주십시오. (목적)

例 湖の水面に映っていた月は、まるで絵のように美しかった。
호수 수면에 비치고 있던 달은 마치 그림처럼 아름다웠다. (비유)

例 韓国のように礼儀を重視する国は少ない。
한국처럼 예의를 중시하는 나라는 적다. (예시)

⑩ **～みたいだ** : ～인 것 같다

例 髪を切ると、まるで別人みたいだ。
머리를 자르니 마치 딴 사람인 것 같다.

例 私も彼みたいに英語が上手になりたい。
나도 그처럼 영어를 잘하고 싶다.

例 この頃少し長めのスカートが流行っているみたいだ。
요즘 조금 긴 스커트가 유행하고 있는 것 같다.

▶ 「～みたいだ」는 의미나 용법에서 「～ようだ」와 유사하지만 회화체 표현으로 사용되며 앞에 명사가 올 때 접속 형태에서 차이가 난다.

例 あの風景は、まるで絵のようだ。 저 풍경은 마치 그림 같다.

例 あの風景は、まるで絵みたいだ。 저 풍경은 마치 그림 같다.

⑪ **～らしい** : (객관적 근거에 의한 추측·판단) ～인 것 같다(조동사), ～답다(접미어)

例 その意見に彼も賛成したらしい。
그 의견에 그도 찬성한 것 같다. (조동사)

例 最近は子供らしい子供が少ない。
최근에는 아이다운 아이가 적다. (접미어)

# 주요 문법표현의 의미와 용법

- **~弾みに** : ~한 찰나, ~한 순간, ~한 바람에
  - 예 酔った弾みに、彼に関する秘密をつい漏らしてしまった。
    - 취한 바람에 그에 관한 비밀을 그만 누설해 버렸다.

- **~術がない** : ~할 방법이 없다, ~할 수가 없다
  - 예 電話番号も住所も知らないでは、連絡する術がない。
    - 전화번호도 주소도 몰라서는 연락할 방법이 없다.

- **~とあって** : ~라서, ~이기 때문에
  - 예 町全体のお祭りとあって、朝から賑わっている。
    - 마을 전체의 축제라서 아침부터 떠들썩하다.

- **명사+めく** : ~다워지다
  - 예 冬の寒さも和らぎ、すっかり春めいてきた。
    - 겨울 추위도 누그러지고 완전히 봄다워졌다.

- **~そばから** : ~하자마자 바로, ~하는 족족(반복적이거나 규칙적인 일을 나타냄)
  - 예 掃くそばから、また落ち葉が落ちてくる。
    - 쓸자마자 또 낙엽이 떨어진다.

- **명사+(の)+いかんを問わず** : ~여하를 불문하고
  - 예 目的のいかんを問わず、当分の間この国への渡航は自粛してください。
    - 목적 여하를 불문하고 당분간 이 나라로의 도항은 자제해 주세요.

- **동사의 ます형+がちだ** : (자칫) ~하기 쉽다, 자주 ~하다(부정적인 경향을 나타냄)
  - 예 大金を手にすると、とかく人間は判断を誤りがちだ。
    - 큰돈을 손에 넣으면 자칫 인간은 판단을 그르치기 쉽다.

- **~において** : ~에 있어서, ~에서
  - 예 善悪を判断する力を養うことは、教育において大切なことだ。
    - 선악을 판단하는 힘을 기르는 것은 교육에서 중요한 일이다.

- **~に当たって** : ~에 즈음하여, ~함에 있어서, ~에 앞서
  - 예 試験に当たって注意事項などをご説明します。
    - 시험에 앞서 주의사항 등을 설명해 드리겠습니다.

- **~には当たらない** : ~할 것까지는 없다, ~할 정도의 일은 아니다
  - 예 人にはそれぞれの生き方があるので、高校に行かないことは非難するには当たらない。
    - 사람에게는 각자의 삶의 방식이 있기 때문에 고등학교에 가지 않는 것은 비난할 것까지는 없다[필요는 없다].

- **~てやまない** : ~해 마지않다, 진심으로 ~하다
  - 예 君たちのこれからの活躍を期待してやまない。
    - 자네들의 앞으로의 활약을 기대해 마지않는다.

- **명사+なりとも** : ~만이라도, ~나마
  - 예 機会があるなら、一目なりとも彼女に会ってみたい。
  - 기회가 있다면 한 번만이라도 그녀를 만나보고 싶다.

- **~どころではない** : ~할 상황이 아니다
  - 예 仕事で忙しくて旅行するどころではない。
  - 일 때문에 바빠서 여행할 상황이 아니다.

- **~にほかならない** : 바로[다름 아닌] ~이다
  - 예 ご両親からそんな言葉を言われたのも、親の愛にほかならない。
  - 부모님으로부터 그런 말을 들은 것도 바로 부모님의 사랑이다.

- **~か~ないかのうちに** : ~하자마자
  - 예 家を出るか出ないかのうちに雨が降り出した。
  - 집을 나서자마자 비가 내리기 시작했다.

- **~どころか** : ~은커녕
  - 예 海外旅行がしたいと言ったくせに、ビザどころかまだパスポートも作っていないなんて。
  - 해외여행을 하고 싶다고 말했으면서도 비자는커녕 아직 여권도 만들지 않았다니.

- **~くせに** : ~인 주제에, ~이면서도
  - 예 自分では何もできないくせに、人の悪口ばかり言うのは止めてくれよ。
  - 스스로는 아무것도 못하는 주제에 다른 사람 욕만 하는 것은 그만해 줘.

- **명사+と+명사+(と)が相まって** : ~와 ~이 어울려[어우러져]
  - 예 彼が作った映像作品は幻想的な絵と音楽が相まって独自の世界観となっている。
  - 그가 만든 영상작품은 환상적인 그림과 음악이 어울려 독자적인 세계관이 되었다.

- **~に先立って** : ~에 앞서
  - 예 試合に先立って、選手たちをご紹介します。
  - 시합에 앞서 선수들을 소개해 드리겠습니다.

- **동사의 ます형+かねない** : ~할지도 모른다
  - 예 そんな行動は誤解を招きかねない。
  - 그런 행동은 오해를 초래할지도 모른다.

- **~がてら** : ~하는 김에, ~을 겸해
  - 예 近くの公園に桜を見に行きがてら、買い物をした。
  - 근처 공원에 벚꽃을 보러 가는 김에 쇼핑을 했다.

- **동사의 기본형+や否や** : ~하자마자, ~하기가 무섭게
  - 예 その犯人は警官の姿を見るや否や、逃げ出した。
  - 그 범인은 경찰관의 모습을 보자마자 도망쳤다.

- **동사의 た형+ところで** : ~해 봤자, ~한들
  - 예 今から行ったところで、間に合うはずがない。
  - 지금부터 가 봤자 시간에 댈 리가 없다.

- 동사의 た형 + とたん(に) : ~하자마자
  - 예 爆発音を聞いたとたん、とっさに地面に身を伏せた。
    - 폭발음을 듣자마자 순간적으로 땅바닥에 엎드렸다.

- ~の至り : ~의 극치, 정말 ~함
  - 예 こんな賞までいただけるとは、感激の至りです。
    - 이런 상까지 받을 수 있다니 감격의 극치입니다.

- ~限りだ : ~일 따름이다
  - 예 勝てると思っていた試合に負けてしまい、悔しい限りだ。
    - 이길 수 있다고 생각했던 시합에 패하고 말아서 분할 따름이다.

- ~とのことだ : ~라고 한다
  - 예 来月、この村では5年に1度の大きな祭りが開かれるとのことだ。
    - 다음 달에 이 마을에서는 5년에 한 번 있는 큰 축제가 열린다고 한다.

- ~と思いきや : ~라고 생각했는데(사실은)
  - 예 やっと溜まっていた仕事が片付いたかと思いきや、部長に新たな仕事を頼まれた。
    - 간신히 쌓여 있던 일이 정리되었다고 생각했는데 부장님에게 새 업무를 부탁받았다.

- ~きらいがある : ~인 경향이 있다(부정적인 뉘앙스를 나타냄)
  - 예 彼はいつも物事を大げさに言うきらいがある。
    - 그는 늘 매사를 과장되게 말하는 경향이 있다.

- ~極まりない : ~하기 짝이 없다, 정말 ~하다
  - 예 こんな結果になってしまい、残念極まりない。
    - 이런 결과가 되어 버려서 정말 유감스럽다.

- ~に足る : ~하기에 충분하다, ~할 만하다
  - 예 彼ならこの仕事を任せるに足る人物だと思う。
    - 그라면 이 일을 맡기기에 충분한 인물이라고 생각한다.

- ~あっての : ~이 있어야 성립하는, ~이 있기에 가능한
  - 예 家族あっての会社生活であることを忘れてはいけない。
    - 가족이 있기에 가능한 회사생활이라는 것을 잊어서는 안 된다.

- 동사의 기본형·この·あの+始末だ : ~형편[꼴]이다(~이라는 나쁜 결과가 되었다)
  - 예 一人でできると言ったくせに、この始末だ。
    - 혼자서 할 수 있다고 말했으면서도 이 꼴이다.

**STEP 2** 밑줄 친 부분 중에서 틀리거나 어색한 부분을 찾아보세요.

조동사

1 この<u>辺り</u>は人の<u>往来</u>も少なく、<u>静か</u>住宅街が<u>広</u>がっています。
  (A)        (B)              (C)            (D)

2 このゲームは<u>見た目</u>は<u>やさしいそう</u>だが、実際に<u>やってみる</u>と思ったより<u>難しい</u>。
              (A)          (B)                        (C)          (D)

3 サッカーの試合中、ゴール<u>ポスト</u>に<u>激突</u>し骨折してしまい、当分試合に<u>出られ</u><u>そうではない</u>。
                    (A)      (B)                        (C)        (D)

문법표현

4 高層マンションの建設に<u>先走って</u>、住民<u>と</u>建築会社の<u>話し合い</u>が<u>行われた</u>。
                      (A)          (B)        (C)        (D)

5 彼は<u>よほど</u>急いでいたとみえて、電車のドアが<u>開く</u>とたんに<u>飛び出して</u>行った。
      (A)            (B)                  (C)        (D)

6 婦人<u>向け</u>の雑誌を<u>新たに</u>出版するに<u>そくして</u>、一般から雑誌名を<u>募集した</u>。
      (A)        (B)              (C)                    (D)

7 仕事優先で家庭を<u>顧みなかった</u>彼は子供には<u>無視され</u>、妻にも<u>去られた</u> <u>始末</u>だった。
                (A)                    (B)          (C)      (D)

8 <u>本書</u>が読者の<u>座右</u>に置かれ、<u>日々</u>活用されることを<u>念じ</u>やみません。
  (A)        (B)          (C)                  (D)

---

정답 | 1 (C) 静か → 静かな  2 (B) やさしいそう → やさしそう  3 (D) そうではない → そうもない  4 (A) 先走って → 先立って
5 (C) 開く → 開いた  6 (C) そく(即)して → 当たって  7 (C) 去られた → 去られる  8 (D) 念じ → 念じて

## 조동사 및 문법표현 오용 | 기출 확인 문제

**STEP 3** 다음 기출문제를 풀어 보세요.

1 <u>今にも</u>雨が<u>降りような</u>空ですから、傘を持って<u>行った</u>方がいいですよ。
　(A)　　　　(B)　　　　　　　　　　　　(C)　　　　　　　(D)

2 ここは魚がよく <u>釣れる</u>場所<u>として</u>日本全国に<u>知らせて</u>いる。
　　　　　　(A)　(B)　　(C)　　　　　　(D)

3 スープを<u>運ぶ</u>時は、<u>こぼさない</u> <u>ようで</u>気を<u>付けて</u>ね。
　　　　(A)　　　　(B)　　　(C)　　　(D)

4 <u>評判</u>を聞いて行ってみたが、<u>あまりにも</u>まずくて<u>もう</u>二度と<u>行かまい</u>と思った。
　(A)　　　　　　　　　　　　(B)　　　　　　(C)　　　　(D)

5 地球の温暖化<u>により</u> <u>絶滅</u>の危機に<u>さらして</u>いる昆虫の実態調査が<u>なされた</u>。
　　　　　　(A)　　(B)　　　　　(C)　　　　　　　　　　　　(D)

6 強盗に金庫を開ける<u>ように</u> <u>要求され</u>、中にしまって<u>あった</u>現金を<u>奪った</u>。
　　　　　　　　(A)　　(B)　　　　　　　(C)　　　　(D)

7 あの人は<u>実力</u>もない<u>くせで</u>、先輩だから<u>といって</u><u>威張って</u>ばかりいる嫌な人だ。
　　　　(A)　　　(B)　　　　　　(C)　　　(D)

8 会社首脳部は今期業績<u>の</u>いかんに問わず、人事部と<u>庶務部</u>を<u>縮小</u><u>統合</u>する方針だ。
　　　　　　　　　(A)　(B)　　　　　　　(C)　　　(D)

9 一発の銃声が<u>鳴った</u>や否や、闇夜を<u>引き裂く</u>ような悲鳴が<u>聞こえた</u>。
　　　　　　(A)　　　　　　　(B)　　(C)　　(D)

10 この<u>建築物</u>は、<u>優美な</u>デザインと機能性とが<u>至って</u>、建築家の注目を<u>集めて</u>いる。
　　　(A)　　(B)　　　　　　　　　(C)　　　　　　　　(D)

314

**1** 당장이라도 비가 <u>내릴 것 같은</u> 하늘이니까 우산을 가지고 가는 편이 좋을 거예요. / (B) 降りような → 降りそうな

해설 | (B)의 「降(ふ)りような」에서 「~ようだ」(~인 것 같다, ~인 듯하다)는 품사의 보통형에 접속하므로, 접속부터 틀렸다. 또한 '~일[할] 것 같다'라는 뜻으로 시각적 인상이나 직감을 표현할 때는 양태의 조동사 「そうだ」를 써야 하므로, (B)의 「降(ふ)りような」는 「降(ふ)りそうな」(내릴 것 같은)로 고쳐야 한다.

어휘 | 今(いま)にも 당장이라도 雨(あめ) 비 降(ふ)る (비·눈 등이) 내리다. 오다 空(そら) 하늘 傘(かさ) 우산 持(も)つ 가지다 동사의 た형+方(ほう)がいい ~하는 편[쪽]이 좋다

**2** 이곳은 물고기가 잘 잡히는 장소로 일본 전국에 <u>알려져</u> 있다. / (D) 知らせて → 知られて

해설 | (D)의 「知(し)らせる」는 '알리다'라는 뜻으로, 문장과는 맞지 않는다. 문맥상 (D)에는 '알려져 있다'라는 뜻의 표현이 와야 하므로, 「知(し)る」(알다)의 수동형인 「知(し)られる」(알려지다)를 써서 「知(し)られて」(알려져)로 고쳐야 한다.

어휘 | ここ 여기, 이곳 魚(さかな) 물고기 よく 잘 釣(つ)れる (물고기가) 낚이다. 잡히다 場所(ばしょ) 장소 日本(にほん) 일본 全国(ぜんこく) 전국

**3** 국을 나를 때는 흘리지 <u>않도록</u> 주의해. / (C) ようで → ように

해설 | (C)의 「~ようで」는 '~인 듯해서'라는 추측의 뜻으로, 문장과는 맞지 않는다. 문맥상 (C)에는 '~하도록'이라는 행위의 목적을 나타내는 표현이 와야 하므로, (C)는 「~ように」(~하도록)로 고쳐야 한다.

어휘 | スープ 수프, 국 運(はこ)ぶ 나르다, 옮기다 こぼす 엎지르다, 흘리다 気(き)を付(つ)ける 조심하다. 주의하다

**4** 평판을 듣고 가 봤는데 너무나도 맛이 없어서 이제 두 번 다시 <u>가지 않겠다</u>고 생각했다. / (D) 行かまい → 行くまい

해설 | (D)의 「~まい」는 '~하지 않을 것이다(부정의 추량), ~하지 않겠다(부정의 의지)'라는 뜻의 조동사로, 1그룹 동사의 경우 기본형에 접속한다. 따라서 (D)의 「行(い)かまい」는 「行(い)くまい」(가지 않겠다)로 고쳐야 한다.

어휘 | 評判(ひょうばん) 평판 聞(き)く 듣다 あまりにも 너무나도 まずい 맛없다 もう 이제 二度(にど)と (부정어 수반) 두 번 다시

**5** 지구온난화로 인해 멸종 위기에 <u>처해</u> 있는 곤충의 실태조사가 행해졌다. / (C) さらして → さらされて

해설 | (C)의 「さらす」는 '(위험한 상태에) 두다'라는 뜻의 동사로, 문장과 맞지 않는다. 문맥상 앞의 「危機(きき)」(위기)와 함께 쓰여 '위기에 처하다'라는 뜻이 되려면 수동형인 「さらされる」가 되어야 하므로, 「さらされて」(처해)로 고쳐야 한다. 많이 쓰는 표현이므로 「危機(きき)にさらされる」(위기에 처하다)를 통째로 기억해 두자.

어휘 | 地球(ちきゅう) 지구 温暖化(おんだんか) 온난화 ~により ~에 의해, ~으로 인해 絶滅(ぜつめつ) 절멸, 멸종 昆虫(こんちゅう) 곤충 実態(じったい) 실태 調査(ちょうさ) 조사 なす 하다, 행하다 *문어적인 표현

**6**  강도에게 금고를 열라고 요구받아 안에 넣어져 있던 현금을 빼앗겼다. / (D) 奪った → 奪われた

해설 | (D)의「奪(うば)う」는 '빼앗다'라는 뜻의 동사로, 문장과는 맞지 않는다. 강도에게 현금을 갈취당하는 피해를 입은 것이므로, (D)에는 '빼앗기다'라는 뜻의 수동형이 와야 한다. 따라서「奪(うば)われる」(빼앗기다)를 써서「奪(うば)われた」(빼앗겼다)로 고쳐야 한다.

어휘 | 強盗(ごうとう) 강도  金庫(きんこ) 금고  開(あ)ける 열다  ~ように ~하도록, ~하라고  要求(ようきゅう) 요구
中(なか) 안, 속  しま(仕舞)う 넣다, 간수하다  現金(げんきん) 현금

**7**  저 사람은 실력도 없는 주제에 선배라고 해서 으스대고만 있는 싫은 사람이다. / (B) くせで → くせに

해설 | 문맥상 (B)에는 비난·경멸·분노 등의 감정을 담아 비꼬는 표현이 와야 하는데,「~くせで」와 같은 표현은 없다. '~인 주제에 ~이면서도'라는 표현은「~くせに」라고 하므로, (B)는「~くせに」로 고쳐야 한다.

어휘 | 人(ひと) 사람  実力(じつりょく) 실력  先輩(せんぱい) 선배  ~からといって ~라고 해서
威張(いば)る 잘난 체하다, 뽐내다, 으스대다  ~てばかりいる ~하고만 있다, ~하기만 하다  嫌(いや)だ 싫다

**8**  회사 간부진은 당기 실적 여하를 불문하고 인사부와 서무부를 축소 통합할 방침이다. / (B) に → を

해설 | 문제는 실적이 어떤지 관계없이 무조건 두 부서를 통합할 방침이라는 뜻이므로,「業績(ぎょうせき)」(업적, 실적) 뒤에는 '그 내용은 관계 없다, 영향을 받지 않는다'라는 뜻을 나타내는 표현이 와야 한다. 이에 해당하는 표현은「~いかんを問(と)わず」(~여하를 불문하고)이므로, (B)의 조사「に」는「を」로 고쳐야 한다.

어휘 | 会社(かいしゃ) 회사  首脳部(しゅのうぶ) 수뇌부, 간부진  今期(こんき) 금기, 당기, 이번 시기  人事部(じんじぶ) 인사부
庶務部(しょむぶ) 서무부  縮小(しゅくしょう) 축소  統合(とうごう) 통합  方針(ほうしん) 방침

**9**  한 발의 총성이 울리자마자 어둠 속을 찢는 듯한 비명이 들렸다. / (A) 鳴った → 鳴る

해설 | (A) 뒤에 있는「~や否(いな)や」(~하자마자, ~하기가 무섭게)는 동사의 기본형에 접속하는 표현이다. 따라서 (A)의「鳴(な)った」(울렸다)는「鳴(な)る」(울리다)로 고쳐야 한다.

어휘 | 一発(いっぱつ) (사격 등에서의) 한 발, 한 방  銃声(じゅうせい) 총성  闇夜(やみよ) 캄캄한 밤  引(ひ)き裂(さ)く (잡아) 찢다
~ような ~인 듯한  悲鳴(ひめい) 비명  聞(き)こえる 들리다

**10**  이 건축물은 우아한 디자인과 기능성이 어우러져 건축가들의 주목을 받고 있다. / (C) 至って → 相まって

해설 | 문제의 건축물은 디자인에 기능성이 어우러져 건축가들의 주목을 받고 있다고 했으므로, (C)에는 어떤 사항에 또 다른 사항이 더해져서 보다 높은 효과를 나타내는 표현이 와야 한다. 이에 해당하는 표현은「~と~とが相(あい)まって」(~와 ~이 어울려[어우러져])이므로, (C)의「至(いた)って」(이르러)는「相(あい)まって」로 고쳐야 한다.

어휘 | 建築物(けんちくぶつ) 건축물  優美(ゆうび)だ 우아하다  デザイン 디자인  機能性(きのうせい) 기능성
建築家(けんちくか) 건축가  注目(ちゅうもく)を集(あつ)める 주목을 모으다[받다]

| 한자 | 읽기 | 의미 |
|---|---|---|
| ☐ 釣れる | つれる | (물고기가) 낚이다, 잡히다 |
| ☐ 知らせる | しらせる | 알리다 |
| ☐ こぼす | ・ | 엎지르다, 흘리다 |
| ☐ 評判 | ひょうばん | 평판 |
| ☐ 二度と | にどと | (부정어 수반) 두 번 다시 |
| ☐ 絶滅 | ぜつめつ | 절멸, 멸종 |
| ☐ 危機にさらされる | ききにさらされる | 위기에 처하다 |
| ☐ 昆虫 | こんちゅう | 곤충 |
| ☐ 実態 | じったい | 실태 |
| ☐ なす | ・ | 하다, 행하다 |
| ☐ 強盗 | ごうとう | 강도 |
| ☐ 威張る | いばる | 잘난 체하다, 뽐내다, 으스대다 |
| ☐ 首脳部 | しゅのうぶ | 수뇌부, 간부진 |
| ☐ 業績 | ぎょうせき | 업적, 실적 |
| ☐ 統合 | とうごう | 통합 |
| ☐ 銃声 | じゅうせい | 총성 |
| ☐ 引き裂く | ひきさく | (잡아) 찢다 |
| ☐ 悲鳴 | ひめい | 비명 |
| ☐ 聞こえる | きこえる | 들리다 |
| ☐ 優美だ | ゆうびだ | 우아하다 |

# 04 명사 및 기타 오용

먼저 필수 문법을 익히세요.

## 명사 관련 기본 문법 사항

**①** 형식 명사「**ところ**」

- 동사의 기본형＋**ところだ** : 막 ~하려던 참이다(뭔가를 막 하려고 할 때 사용함)

    **예** これからお風呂に入るところです。

    이제부터 막 목욕하려던 참입니다.

- 동사의 진행형＋**ところだ** : ~하고 있는 중이다(현재 어떤 동작이 진행 중임을 나타냄)

    **예** 今お風呂に入っているところです。

    지금 목욕하고 있는 중입니다.

- 동사의 た형＋**ところだ** : 막 ~한 참이다, ~한 지 얼마 안 되다(어떤 동작이 완료된 지 얼마 안 되었음을 나타냄)

    **예** さっきお風呂に入ったところです。

    조금 전에 막 목욕한 참입니다.

▶ 형식 명사「**ところ**」를 사용한 표현으로는 「お忙しいところ(を)」(바쁘실 텐데), 「~たところで」(~해 봤자), 「危うく~ところだった」(하마터면 ~할 뻔했다) 등이 있다.

**예** お忙しいところわざわざお越しいただきまして、誠にありがとうございます。

바쁘실 텐데 일부러 와 주셔서 정말 감사합니다.

**예** 試合に参加したところで、負けるに決まっている。

시합에 참가해 봤자 틀림없이 질 것이다.

**예** 危うくぶつかるところだったが、幸い事故は免れた。

하마터면 부딪칠 뻔했지만 다행히 사고는 면했다.

**②** 형식 명사「**もの**」

- 동사의 기본형＋**ものだ** : ~인 것[법]이다(상식·진리·본성을 나타냄)

    **예** 真心で接すれば、誰とでも心が通うものだ。

    진심으로 대하면 누구하고라도 마음이 통하는 법이다.

- 동사의 た형＋**ものだ** : ~하곤 했다(과거의 일을 회상할 때 사용함)

    **예** 昔はあの映画館によく行ったものだ。

    옛날에는 저 영화관에 자주 가곤 했다.

- **〜ものの** : 〜이지만(일단 인정을 하고 뒷부분에 상반되거나 모순된 내용이 전개됨을 나타냄)
  - 例 自分の意見を言ったものの、息子は受け入れようとしなかった。
    내 의견을 말했지만 아들은 받아들이려고 하지 않았다.

- **〜ものを** : 〜했을 것을, 〜했을 텐데(후회나 원망, 유감의 기분을 나타냄)
  - 例 電話してくれたら駅まで迎えに行ったものを。
    전화해 주었으면 역까지 마중 나갔을 텐데.

- **〜ものだから** : 〜이기 때문에(일반적인 이유나 개인적인 이유를 들어 변명할 때 사용함)
  - 例 なかなかバスが来なかったものだから、約束の時間に遅れてしまった。
    좀처럼 버스가 오지 않았기 때문에 약속 시간에 늦어 버렸다.

- **〜をものともせず(に)** : 〜에도[을] 아랑곳하지 않고, 〜을 개의치 않고, 〜에도 불구하고
  - 例 社長は社員たちの意見をものともせず、計画通り進めていった。
    사장은 사원들의 의견을 아랑곳하지 않고 계획대로 진행시켜 나갔다.

- **〜ものか** : 〜할까 보냐(반문하거나 부정할 때 사용함)
  - 例 あんな無礼な人と二度と話すものか。
    저런 무례한 사람과 두 번 다시 이야기할까 보냐!

- **〜ものなら** : (만일) 〜라면, 〜할 수 있다면(대개 실현 가능성이 희박한 것을 가정할 때 사용)
  - 例 できるものなら、鳥になって空を飛んでみたい。
    할 수만 있다면 새가 되어 하늘을 날아보고 싶다.

- **〜ものがある** : 〜인 것이 있다, 정말 〜하다
  - 例 彼の演技力にはすごいものがある。
    그의 연기력에는 굉장한 것이 있다[정말 굉장하다].

- **〜てからというもの** : 〜하고 나서부터(쭉)
  - 例 彼は鈴木先生に出会ってからというもの、見違えるほど人が変わった。
    그는 스즈키 선생님을 만나고 나서부터 몰라볼 만큼 사람이 변했다.

- **〜というものだ** : 〜라는 것이다(그것이 당연하다는 화자의 생각, 주장 등을 말할 때 사용함)
  - 例 8歳以下の子供は、この乗り物に乗れないというものだ。
    8세 이하의 아이는 이 탈것을 탈 수 없는 것이다.

- **〜というものでは[でも]ない** : (반드시) 〜라고는 할 수 없다, 〜라고는 단언할 수는 없다
  - 例 優勝経験があるからといって、今回も優勝できるというものでもない。
    우승 경험이 있다고 해서 이번에도 반드시 우승할 수 있다고는 할 수 없다.

**❸ 형식 명사 「こと」**

- **동사의 기본형+ことだ** : ~해야 한다(충고나 명령, 주장할 때 사용함)
  - 예 先生や生徒を問わず、この規則にはみんな従うことだ。
    선생님이나 학생을 불문하고 이 규칙에는 모두 따라야 한다.

- **동사의 보통형+ことがある** : ~할 때가 있다, ~하는 경우가 있다
  - 예 時々残業で夜遅くまで仕事をすることがあります。
    종종 잔업으로 밤늦게까지 일을 할 때가 있습니다.

- **동사의 た형+ことがある** : ~한 적이 있다(과거의 경험을 나타냄)
  - 예 何気ない一言で、大切な人を傷付けたことがある。
    무심코 한 말 한마디로 소중한 사람을 상처 입힌 적이 있다.

- **사람+のことだから** : ~니까(어떤 개인의 성격이나 행동 패턴에 근거해 판단을 내릴 때 사용함)
  - 예 朝寝坊の彼のことだから、まだ寝ているだろう。
    늦잠꾸러기인 그니까 아직 자고 있을 것이다.

- **동사의 보통형+ことにする** : ~하기로 하다(주체의 의지에 의해 결정됨을 나타냄)
  - 예 色々考えたあげく、来年アメリカに留学することにした。
    여러 가지로 생각한 끝에 내년에 미국에 유학하기로 했다.

- **동사의 보통형+ことになる** : ~하게 되다(주체의 의지와는 상관없이 결정됨을 나타냄)
  - 예 今度の韓国出張は田中さんが行くことになった。
    이번 한국 출장은 다나카 씨가 가게 되었다.

- **~こととて** : ~라서, ~이기 때문에
  - 예 休日のこととて、どこも人出が多い。
    휴일이라서 어디나 인파가 많다.

- **~ということだ・~とのことだ** : ~라고 한다(전해 들은 말을 나타냄)
  - 예 チケットは期間限定で販売されるということだ。
    티켓은 기간 한정으로 판매된다고 한다.
  - 예 その試験は5人に1人の割合で合格するとのことだ。
    그 시험은 다섯 명에 한 명꼴로 합격한다고 한다.

- **~ことなしに** : ~하는 일 없이, ~하지 않고
  - 예 人は何かを失うことなしに、何かを得ることはできない。
    인간은 뭔가를 잃지 않고 뭔가를 얻을 수는 없다.

- **~ことに** : ~하게도(주로 감탄이나 놀람을 나타낼 때 사용함)
  - 예 不思議なことに彼の未来の予言はすべて的中したという。
    신기하게도 그의 미래에 대한 예언은 모두 적중했다고 한다.

- **~ないことには** : ~하지 않고서는, ~하지 않으면
  - 예 この料理、見た目は悪くないけど、食べてみないことには、何とも言えないな。
    이 요리, 보기에는 나쁘지 않은데 먹어 보지 않고서는 뭐라고도 말할 수 없겠군.

**❹ 형식 명사 「わけ」와 「はず」**

- **이유, 까닭**

  **예** わけもなく子供を叱るのは教育上よくない。

  이유도 없이 아이를 야단치는 것은 교육상 좋지 않다.

- **뜻, 의미, 영문**

  **예** わけのわからないことばかり言わないで、はっきり要点だけ言ってください。

  영문을 알 수 없는 말만 하지 말고 확실하게 요점만 말해 주십시오.

- **わけない** : 수월하다, 간단하다

  **예** やり手の彼にとって、今度の仕事はわけないだろう。

  수완가인 그에게 있어서 이번 일은 수월할 것이다.

- **~わけがない** : ~일 리가 없다(주관적인 판단으로 당연함을 나타냄)

  **예** 彼女がそんな嘘をつくわけがない。

  그녀가 그런 거짓말을 할 리가 없다.

- **~はずがない** : ~일 리가 없다(객관적인 판단으로 당연함을 나타냄)

  **예** 生魚を食べない彼が、刺身が食べたいと言うはずがない。

  날생선을 먹지 않는 그가 회를 먹고 싶다고 말할 리가 없다.

- **~わけではない** : (전부) ~하는 것은 아니다(부분적으로 부정할 때 사용함)

  **예** 仕事に対して別に不満があるわけではない。

  일에 대해 특별히 불만이 있는 것은 아니다.

- **~ないわけではない** : ~하지 않는 것은 아니다(부분적으로 긍정할 때 사용함)

  **예** 林さんの立場もわからないわけではないですが、もう少し我慢してください。

  하야시 씨의 입장도 모르는 것은 아니지만 조금 더 참아 주세요.

- **~わけにはいかない** : (그렇게 간단히) ~할 수는 없다

  **예** たとえ1分でも遅刻は遅刻だから、試験を受けさせるわけにはいかない。

  설령 1분이라도 지각은 지각이니까 시험을 보게 할 수는 없다.

- **~ないわけにはいかない** : ~하지 않을 수는 없다(부득이하게 해야만 하는 상황임을 나타냄)

  **예** せっかく彼女が作ってくれた料理なんだから、食べないわけにはいかない。

  모처럼 그녀가 만들어 준 요리니까 먹지 않을 수는 없다.

- **~わけだ** : ~인 셈[것]이다(부드러운 단정을 나타냄)

  **예** 50ページの翻訳だから、1日に10ページずつすれば5日で終わるわけだ。

  50페이지 번역이니까 하루에 10페이지씩 하면 5일만에 끝나는 셈이다.

- **~はずだ** : (당연히) ~할 것[터]이다

  **예** 遊ぶのが好きな彼のことだから、きっと来るはずだ。

  노는 걸 좋아하는 그니까 틀림없이 올 것이다.

**⑤ 한일 어휘 비교**

| 우리말 | 올바른 일본어 | 잘못된 일본어 |
|---|---|---|
| 여기저기 | あちらこちら | こちらあちら |
| 왔다 갔다 | 行ったり来たり | 来たり行ったり |
| 약혼 | 婚約 | 約婚 |
| 첫인상 | 第一印象 | 初印象 |
| 평생 | 一生 | 平生 |
| 장점 | 長所 | 長点 |
| 단점 | 短所・欠点 | 短点 |
| 우회전 | 右折 | 右回転 |
| 좌회전 | 左折 | 左回転 |
| 착용감 | 着心地 | 着用感 |
| 승차감 | 乗り心地 | 乗車感 |
| 환불 | 払い戻し | 換払 |
| 비상금 | へそくり | 非常金 |
| 부실공사 | 手抜き工事 | 不実工事 |
| 수영복 | 水着 | 水泳服 |
| 당일여행 | 日帰り旅行 | 当日旅行 |
| 남녀노소 | 老若男女 | 男女老少 |
| 현모양처 | 良妻賢母 | 賢母良妻 |
| 적금 | 積み立て | 積金 |
| 흑백 | 白黒 | 黒白 |
| 예매권 | 前売り券 | 予売券 |
| 동서고금 | 古今東西 | 東西古今 |
| 명예퇴직 | リストラ | 名誉退職 |
| (남녀의) 미팅 | (合同)コンパ・合コン | ミーティング |
| (계좌 등의) 비밀번호 | 暗証番号 | 秘密番号 |
| 시간강사 | 非常勤講師 | 時間講師 |

322

風邪を取って (×)
風邪を引いて (○)

감기에 걸려서

大きな怪我を受けたり (×)
大きな怪我をしたり (○)

큰 부상을 입거나

彼は背が長いから (×)
彼は背が高いから (○)

그는 키가 크기 때문에

～が身に付けない (×)
～が身に付かない (○)

～이 몸에 배지 않다

棚に乗せて (×)
棚に上げて (○)

제쳐놓고

お金を探す (×)
お金を下ろす (○)

돈을 찾다[인출하다]

噂がつぶやかす (×)
噂が立つ (○)

소문이 나다

為さぬすべがない (×)
為すすべがない (○)

어찌할 방법이 없다

体を崩す (×)
体を壊す (○)

건강을 해치다

被害をもらいましたが (×)
被害を受けましたが (○)

피해를 입었습니다만

ひんしゅくをもらう (×)
ひんしゅくを買う (○)

빈축을 사다

気を付きなさい (×)
気を付けなさい (○)

주의하세요

足跡を掬われる (×)
足を掬われる (○)

실패를 하게 되다

雨が止まりました (×)
雨が止みました (○)

비가 그쳤습니다

昼寝を寝る (×)
昼寝をする (○)

낮잠을 자다

～から足を引く (×)
～から手を引く (○)

～에서 손을 떼다

お風呂に入れる (×)
お風呂に入る (○)

목욕하다

面倒を懸ける (×)
面倒を見る (○)

돌보다, 보살피다

余分なお世話 (×)
余計なお世話 (○)

쓸데없는 참견

人々が先を挑んで (×)
人々が先を争って (○)

**사람들이** 앞을 다투어

頭が立つ (×)
頭に来る (○)

화가 나다

～を見るに見えて (×)
～を見るに見かねて (○)

～을 차마 볼 수 없어서

# 존경어와 겸양어 공식

❶ 대표적인 존경어 공식

- **お+동사의 ます형+になる** : ～하시다
  - 예 この本、先生もお読みになりましたか。
    이 책, 선생님께서도 읽으셨습니까?

- **ご+한자 명사+になる** : ～하시다
  - 예 申し訳ありませんが、こちらからご乗車になってください。
    죄송하지만 이쪽에서 승차해 주십시오.

- **お+동사의 ます형+ください** : ～해 주십시오
  - 예 近くにいらっしゃることがあったら、ぜひお寄りください。
    근처에 오실 일이 있으면 꼭 들러 주십시오.

- **ご+한자 명사+ください** : ～해 주십시오
  - 예 ご来店の際は前もってご連絡ください。
    매장에 오실 때는 미리 연락 주십시오.

- **～(ら)れる** : ～하시다
  - 예 社長は何時頃来られるんですか。
    사장님은 몇 시쯤 오시는 겁니까?

❷ 대표적인 겸양어 공식

- **お+동사의 ます형+する** : ～하다, ～해 드리다
  - 예 皆様に迷子について、お知らせします。
    여러분께 미아에 대해 알려 드립니다.

- **お+동사의 ます형+いたす** : ～하다, ～해 드리다
  - 예 これからも何とぞよろしくお願いいたします。
    앞으로도 아무쪼록 잘 부탁드립니다.

- **ご+한자명사+する** : ～하다, ～해 드리다
  - 예 こちらに着き次第、ご連絡します。
    여기에 도착하는 대로 연락 드리겠습니다.

- **ご+한자명사+いたす** : ～하다, ～해 드리다
  - 예 それでは、この事故について詳しくご説明いたします。
    그럼, 이 사고에 대해서 자세하게 설명 드리겠습니다.

- **～(さ)せていただく** : ～하다
  - 예 それでは、私から発表させていただきます。
    그럼, 저부터 발표하겠습니다.

| 존경어 | 보통어 | 겸양어 |
|---|---|---|
| なさる | する 하다 | 致<ruby>致<rt>いた</rt></ruby>す → 致す いた |
| ご覧になる らん | 見<ruby>見<rt>み</rt></ruby>る 보다 | 拝見する はいけん |
| くださる | くれる (남이 나에게) 주다 | * |
| * | あげる・与える (남에게) 주다 あた | さしあげる 드리다 |
| お受け取りになる う と | もらう (남에게) 받다 | いただく・頂戴する ちょうだい |
| お借りになる か | 借りる 빌리다 か | お借りする・拝借する か はいしゃく |
| おぼしめす | 思う 생각하다 おも | 存じる ぞん |
| ご存じだ ぞん | 知る 알다 し | 存じる ぞん |
| おっしゃる | 言う 말하다 い | 申す・申し上げる もう もう あ |
| お聞きになる き | 聞く 듣다, 묻다 き | 承る・伺う うけたまわ うかが |
| 召し上がる め あ | 食べる 먹다・飲む 마시다 た の | いただく・頂戴する ちょうだい |
| お会いになる あ | 会う 만나다 あ | お会いする・お目にかかる あ め |
| * | 訪れる 방문하다 おとず | 伺う 찾아뵙다 うかが |
| おられる<br>いらっしゃる<br>お出でになる い | いる (사람이) 있다 | おる |
| いらっしゃる<br>おいでになる<br>お見えになる み<br>お越しになる こ | 行く 가다・来る 오다 い く | 参る まい |
| お示しになる しめ<br>お見せになる み | 見せる 보이다, 보여 주다 み | ご覧に入れる・お目にかける らん い め |
| 召す め<br>お召しになる め | 着る (옷을) 입다 き | 着させていただく き |

❶ **やる、〜てやる** : 주다, 〜해 주다(손아랫사람이나 동물·식물에게)

　예 金魚に餌をやった。
　　금붕어에게 먹이를 주었다.

　예 この花に水は2日おきにやればいい。
　　이 꽃에 물은 이틀 간격으로 주면 돼.

　예 弟の宿題を手伝ってやった。
　　남동생의 숙제를 도와주었다.

❷ **くれる、〜てくれる、〜てくださる** : 주다, 〜해 주다, 〜해 주시다(남이 나 또는 나와 관계되는 사람에게)

　예 友達は私にプレゼントをくれた。
　　친구는 나에게 선물을 주었다.

　예 彼は私を郵便局まで案内してくれた。
　　그는 나를 우체국까지 안내해 주었다.

　예 ちょっと難しかったが、先生が優しく教えてくださった。
　　조금 어려웠지만 선생님이 상냥하게 가르쳐 주셨다.

❸ **あげる、〜てあげる、〜てさしあげる** : 주다, 〜해 주다, 〜해 드리다(내가 남에게, 남이 남에게)

　예 私は友達にプレゼントをあげた。
　　나는 친구에게 선물을 주었다.

　예 友達は会社の同僚に日本語を教えてあげた。
　　친구는 회사 동료에게 일본어를 가르쳐 주었다.

　예 旅行で撮った写真を先生に送ってさしあげた。
　　여행에서 찍은 사진을 선생님께 보내 드렸다.

❹ **もらう、〜てもらう、〜ていただく** : 받다, 〜해 받다, 〜해 받다(다른 사람에게 뭔가를 해 받을 때(간접 표현))

　예 誕生日のお祝いにネックレスをもらった。
　　생일 축하선물로 목걸이를 받았다.

　예 父にせがんで、かばんを買ってもらった。
　　아빠를 졸라서 가방을 샀다.

　예 私のために時間を割いていただき、ありがとうございます。
　　저를 위해서 시간을 내어 주셔서 감사합니다.

## JPT 기출문제로 훈련하기

**STEP 2** 밑줄 친 부분 중에서 틀리거나 어색한 부분을 찾아보세요.

명사

**1** 私は<u>いくら忙しくても</u>、朝ご飯だけは<u>必ず</u>食べる<u>もの</u>にしています。
　　　(A)　　　　　(B)　　　　　　　　(C)　　　　　(D)

**2** 子供が駅の<u>線路</u>から落ちて<u>しまったが</u>、大きな怪我も<u>せずに</u> <u>助けられた</u>。
　　　　　(A)　　　　　　(B)　　　　　　　　　(C)　　　　(D)

**3** 新法案に関する国会審議で、与野党間の<u>歩み寄って</u>の<u>姿勢</u>が見え、<u>何とか</u>採決された。
　　　　　　　　(A)　　　　　　　　(B)　　(C)　　　　(D)

**4** このクリームは、<u>香り</u>やつけ<u>心得</u>に<u>こだわる</u>40代の女性に的を<u>絞って</u>開発された。
　　　　　　(A)　　　(B)　　(C)　　　　　　　　　　(D)

기타 오용

**5** 木村さんは<u>私に</u>英語<u>の</u>本<u>を</u>貸して<u>もらいました</u>。
　　　　　(A)　　　　(B)(C)　　　(D)

**6** 踏み切りで事故が<u>ありました</u>。<u>それとも</u>電車が<u>遅れて</u>、授業に<u>間に合いません</u>でした。
　　　　　　　　　(A)　　　　(B)　　　　(C)　　　　　(D)

**7** 10年<u>ぶりの</u>同窓会で<u>懐かしい</u>友人や、<u>担任</u>の吉野先生に<u>お会いになりました</u>。
　　　(A)　　　　　(B)　　　　　(C)　　　　　　(D)

**8** <u>引っ越し</u>をした<u>ので</u>、近くに<u>参られた</u>時は、ぜひ遊びに<u>いらしてください</u>。
　　(A)　　　　(B)　　　　(C)　　　　　　　　(D)

---

정답 | 1 (D) もの → こと　2 (A) 線路(せんろ) → ホーム　3 (B) 歩み寄って(あゆみよって) → 歩み寄り(あゆみより)　4 (B) 心得(こころえ) → 心地(ここち)
　　　5 (D) もらいました → くれました　6 (B) それとも → それで　7 (D) お会いになりました → お会いしました(あ)
　　　8 (C) 参られた(まいられた) → お越しの(こ)

**STEP 3** 다음 기출문제를 풀어 보세요.

**1** <u>とかく</u> <u>この世</u>は、自分の<u>思い通り</u>にはならない<u>こと</u>だ。
    (A)     (B)            (C)                  (D)

**2** <u>換払</u>のお客様は<u>改札口</u>を<u>出て</u>、右側の<u>精算窓口</u>へお越しください。
    (A)                (B)       (C)     (D)

**3** トルコ地震の被害総額は、日本円に 換算するとおよそ3兆円に見当するらしい。
                                (A) (B)      (C)       (D)

**4** 残念な<u>ものに</u>、彼は入学試験<u>に</u>落ちてしまい、夢を諦め<u>ざる</u>を<u>得な</u>かった。
         (A)              (B)            (C)   (D)

**5** <u>消費者の苦情への対応</u>いかんでは、業績に<u>イメージ</u>を与え、社長が<u>辞任</u>することもあり得る。
    (A)                      (B)         (C)          (D)

**6** 今日ご出席の皆さんに販売に<u>先駆け</u>、<u>当社</u>の新商品をご覧に<u>かけましょう</u>。
     (A)                   (B)  (C)             (D)

**7** 会社の<u>事業拡張</u>を<u>機に</u>、社員の<u>採取</u>を増やし、<u>海外支店</u>の数も増やした。
       (A)      (B)        (C)         (D)

**8** 増え<u>続ける</u>ゴミの問題は、一人ひとりの<u>意識</u>が変わらなければ、<u>到底</u>解決する<u>わけだろうか</u>。
       (A)                         (B)           (C)         (D)

**9** <u>ニュース</u>によ<u>ると</u>、若い人ほど本を読まず、活字<u>離れ</u>が進んでいるとの<u>もの</u>だ。
     (A)     (B)                        (C)            (D)

**10** 首相は新法案に<u>関して</u>反対派議員の意見に<u>反論</u>はしなかった<u>ものなら</u>、<u>認めよう</u>ともし
                (A)                  (B)          (C)     (D)
なかった。

**1** 아무튼 이 세상은 자신의 뜻대로는 되지 않는 법이다. / (D) こと → もの

해설 | (D)의 「〜ことだ」(〜해야 한다)는 충고나 명령, 주장 등을 나타낼 때 사용하는 표현으로, 문장과는 맞지 않는다. 세상이 자신의 뜻대로 되지 않는다는 것은 진리에 해당하므로, 상식·진리·본성을 나타내는 「〜ものだ」(〜인 것[법]이다)를 써야 한다. 따라서 (D)의 「こと」는 「もの」로 고쳐야 한다.

어휘 | とかく 아무튼 この世(よ) 이 세상 自分(じぶん) 자기, 자신, 나 思(おも)い通(どお)り 생각대로, 뜻대로

**2** 환불하실 손님은 개찰구를 나와 우측 정산 창구로 와 주십시오. / (A) 換払 → 払(はら)い戻(もど)し

해설 | (A)의 「換払」(환불)은 일본어에는 없는 표현이다. '환불'은 「払(はら)い戻(もど)し」라고 하므로, (A)의 「換払」은 「払(はら)い戻(もど)し」로 고쳐야 한다.

어휘 | お客様(きゃくさま) 손님 改札口(かいさつぐち) 개찰구 出(で)る 나오다 右側(みぎがわ) 우측
精算(せいさん) 정산 窓口(まどぐち) 창구 お越(こ)し 가심, 오심 *「行(い)くこと」(가는 것), 「来(く)ること」(오는 것)의 존경어

**3** 튀르키예 지진의 피해 총액은 일본 엔으로 환산하면 대략 3조 엔에 상당하는 것 같다. / (D) 見当 → 相当

해설 | (D)의 「見当(けんとう)」는 '짐작, 가량'이라는 뜻을 가지고 있는데, 보통 「見当(けんとう)がつく」(짐작이 가다)라는 표현으로 많이 쓴다. 「費用(ひよう)は3万円(さんまんえん)見当(けんとう)だ」(비용은 3만 엔 가량이다)처럼 수량과도 함께 쓸 수 있지만, 「見当(けんとう)する」의 형태로는 쓰지 않는다. 문맥상 (D)에는 일정한 액수나 수치 등에 해당한다는 뜻의 「相当(そうとう)」(상당, 해당)를 써야 하므로, 「見当(けんとう)」는 「相当(そうとう)」로 고쳐야 한다.

어휘 | トルコ 튀르키예 地震(じしん) 지진 被害(ひがい) 피해 総額(そうがく) 총액 日本(にほん) 일본
円(えん) 엔 *일본의 화폐 단위 換算(かんさん) 환산 およそ 대강, 대충, 대략 兆(ちょう) 조 *수의 단위
〜らしい 〜인 것 같다 *객관적 근거에 의한 추측·판단

**4** 유감스럽게도 그는 입학시험에 떨어져서 꿈을 단념하지 않을 수 없었다. / (A) ものに → ことに

해설 | (A)의 「〜ものに」는 '〜것으로'라는 뜻으로, 문장과는 맞지 않는다. 문맥상 (A)에는 감정을 강조하는 표현이 와야 하므로, 「〜ことに」로 고쳐야 한다. 「〜ことに」는 감정을 나타내는 형용사나 동사에 접속해서 「嬉(うれ)しことに」(기쁘게도), 「妙(みょう)なことに」(묘하게도), 「驚(おどろ)いたことに」(놀랍게도)처럼 쓴다.

어휘 | 残念(ざんねん)だ 아쉽다, 유감스럽다 入学試験(にゅうがくしけん) 입학시험 落(お)ちる (시험에) 떨어지다 夢(ゆめ) 꿈
諦(あきら)める 단념하다, 체념하다 〜ざるを得(え)ない 〜하지 않을 수 없다

**5** 소비자의 불만에 대한 대응 여하에 따라서는 실적에 타격을 주어 사장이 사임하는 일도 있을 수 있다. /
(C) イメージ → ダメージ

해설 | (C)의 「イメージ」는 '이미지'라는 뜻으로, 문장과는 맞지 않는다. 문맥상 (C)에는 '손해, 피해, 타격'이라는 뜻의 표현이 와야 하므로, 「ダメージ」로 고쳐야 한다.

어휘 | 消費者(しょうひしゃ) 소비자 苦情(くじょう) 불평, 불만 対応(たいおう) 대응 〜いかんでは 〜여하에 따라서는
業績(ぎょうせき) 업적, 실적 与(あた)える (주의·영향 등을) 주다 社長(しゃちょう) 사장 辞任(じにん) 사임
あり得(う)る 있을 수 있다

**6** 오늘 출석하신 여러분께 판매에 앞서 당사의 신상품을 보여 <u>드리죠</u>. / (D) かけましょう → 入(い)れましょう

해설 | 겸양표현에 대한 이해를 묻는 문제로, 문맥상 (D)에는 「見(み)せる」(보이다, 보여 주다)의 겸양어가 와야 한다. 「見(み)せる」의 겸양표현에는 「ご覧(らん)に入(い)れる・お目(め)にかける」(보여 드리다)가 있는데 앞에 「ご覧(らん)」이 있으므로, (D)의 「かけましょう」는 「入(い)れましょう」로 고쳐야 한다.

어휘 | 出席(しゅっせき) 출석  皆(みな)さん 여러분  販売(はんばい) 판매  先駆(さきが)ける 앞장서다, 앞서다
当社(とうしゃ) 당사, 이[우리] 회사  新商品(しんしょうひん) 신상품

**7** 회사의 사업 확장을 계기로 사원의 <u>채용</u>을 늘리고 해외지점 수도 늘렸다. / (C) 採取(さいしゅ) → 採用(さいよう)

해설 | (C)의 「採取(さいしゅ)」는 '채취'라는 뜻으로, 앞에 있는 「社員(しゃいん)」(사원)과 어울리지 않는다. 문맥상 (C)에는 사람을 골라 쓴다는 뜻을 지닌 표현이 와야 하므로, (C)는 「採用(さいよう)」(채용)로 고쳐야 한다.

어휘 | 会社(かいしゃ) 회사  事業(じぎょう) 사업  拡張(かくちょう) 확장  ～を機(き)に ～을 계기로  社員(しゃいん) 사원
増(ふ)やす 늘리다  海外(かいがい) 해외  支店(してん) 지점  数(かず) 수

**8** 계속 늘어나는 쓰레기 문제는 각자의 의식이 바뀌지 않으면 도저히 해결될 <u>리가 없다</u>. / (D) わけだろうか → わけがない

해설 | (D)의 「～わけだろうか」는 '～까닭일까?'라는 뜻으로, 문장과는 맞지 않는다. 문맥상 (D)에는 그러한 사항이 성립할 이유·가능성이 없다고 강하게 주장하는 표현이 와야 하므로, 「～わけがない」(～일 리가 없다)로 고쳐야 한다.

어휘 | 増(ふ)える 늘다, 늘어나다  동사의 ます형+続(つづ)ける 계속 ～하다  ゴミ 쓰레기  問題(もんだい) 문제
一人(ひとり)ひとり 한 사람 한 사람, 각자  意識(いしき) 의식  変(か)わる 바뀌다, 변하다  到底(とうてい) (부정어 수반) 도저히
解決(かいけつ) 해결

**9** 뉴스에 의하면 젊은 사람일수록 책을 읽지 않아서 활자이탈이 진행되고 있다고 <u>한다</u>. / (D) もの → こと

해설 | 앞 문장에 「～によると」(～에 의하면[따르면])라는 정보나 판단의 출처를 나타내는 표현이 있으므로, (D)에는 전해 들은 내용을 그대로 인용하는 전달, 전문의 뜻을 나타내는 표현이 와야 한다. 따라서 (D)는 '～라고 한다'라는 뜻의 「～ということだ」나 「～とのことだ」가 와야 하므로, 「もの」는 「こと」로 고쳐야 한다.

어휘 | ニュース 뉴스  若(わか)い 젊다  人(ひと) 사람  ～ほど ～일수록  本(ほん) 책  読(よ)む 읽다  ～ず ～하지 않아서
活字離(かつじばな)れ 활자이탈  進(すす)む 진행되다

**10** 수상은 새 법안에 관해서 반대파 의원의 의견에 반론은 하지 않았지만 인정하려고도 하지 않았다. / (C) ものなら → ものの

해설 | (C)의 「～ものなら」는 동사의 가능형에 접속해 '(만약) ～할 수만 있다면'이라는 뜻을 나타내는 표현으로, 실현 가능성이 희박한 어떤 사항을 가정할 때 쓴다. 문맥상 (C)에는 일단 인정을 하고 뒷부분에 상반되거나 모순된 내용이 전개됨을 나타내는 표현이 와야 하므로, 「～ものの」(～이지만)로 고쳐야 한다.

어휘 | 首相(しゅしょう) 수상  新(しん) 신～, 새로운～  法案(ほうあん) 법안  ～に関(かん)して ～에 관해서
反対派(はんたいは) 반대파  議員(ぎいん) 의원  意見(いけん) 의견  反論(はんろん) 반론  認(みと)める 인정하다

| 한자 | 읽기 | 의미 |
|---|---|---|
| ☐ とかく | ・ | 아무튼 |
| ☐ この世 | このよ | 이 세상 |
| ☐ 思い通り | おもいどおり | 생각대로, 뜻대로 |
| ☐ 精算 | せいさん | 정산 |
| ☐ 窓口 | まどぐち | 창구 |
| ☐ お越し | おこし | 가심, 오심 |
| ☐ 見当 | けんとう | 짐작, 가량 |
| ☐ 相当 | そうとう | 상당, 해당 |
| ☐ およそ | ・ | 대강, 대충, 대략 |
| ☐ 見込み | みこみ | 전망, 예상 |
| ☐ 残念だ | ざんねんだ | 아쉽다, 유감스럽다 |
| ☐ 苦情 | くじょう | 불평, 불만 |
| ☐ ～いかんでは | ・ | ～여하에 따라서는 |
| ☐ あり得る | ありうる | 있을 수 있다 |
| ☐ ご覧に入れる | ごらんにいれる | 보여 드리다 |
| ☐ 採用 | さいよう | 채용 |
| ☐ ～を機に | ～をきに | ～을 계기로 |
| ☐ ～わけがない | ・ | ～일 리가 없다 |
| ☐ 活字離れ | かつじばなれ | 활자이탈 |
| ☐ 反論 | はんろん | 반론 |

# PART 7

| 1. 문항 수 | – 30개(141~170번) |
|---|---|
| 2. 문제 형식 | – 공란에 들어갈 적절한 어휘나 문법표현을 찾는 형식 |
| 3. 주요 문제 유형 | – 조사·의문사·조수사 찾기 |
| | – 형용사·부사·동사 찾기 |
| | – 명사 및 문법표현 찾기 |
| | – 관용표현 및 기타 적절한 표현 찾기 |
| 4. 최근 출제 경향 | – 문법 관련 문제에서는 접속 형태와 문법표현을 찾는 문제가 가장 많이 출제되므로, 이 두 부분은 반드시 정리해 두어야 한다. |
| | – 어휘 관련 문제는 명사와 동사를 찾는 문제가 많이 출제되고, 기타 의태어나 접속사, 가타카나어 등을 찾는 문제도 간혹 출제되고 있다. |

# 조사 · 의문사 · 조수사 찾기

STEP 1 먼저 필수 문법을 익히세요.

## 주요 조사의 의미와 용법

❶ **～と** : ～와, (「～となる」의 형태로) ～이 되다, ～라고

예 久しぶりに妹と料理を作った。
오랜만에 여동생과 요리를 만들었다. (공동 행위자)

예 彼女は昔からの夢だった大学の教授となった。
그녀는 옛날부터 꿈이었던 대학교수가 되었다. (변화된 결과)

예 彼は「もう駄目か」とぼそっと独り言を言った。
그는 "이제 틀렸나?"라고 나직이 혼잣말을 했다. (인용)

▶ 조사 「と」를 사용한 표현으로는 「～といえども」・「～とはいえ」(～라고 해도), 「～ときたら」(～로 말하자면), 「～とは限らない」((반드시) ～하다고는 할 수 없다, ～하는 것은 아니다), 「～ともなると」(～정도 되면) 등이 있다.

예 いくら子供といえども、そんな行動をするなんて信じられない。
아무리 아이라고 해도 그런 행동을 하다니 믿을 수 없다.

예 新人とはいえ、こんなに間違いが多くてはこちらも困る。
신입이라고 해도 이렇게 실수가 많아서는 이쪽도 곤란해.

예 うちの息子ときたら、勉強はしないでゲームばかりしている。
우리 아들로 말하자면 공부는 하지 않고 게임만 하고 있다.

예 先生だからといって、全部知っているとは限らない。
선생님이라고 해서 전부 알고 있다고는 할 수 없다.

예 大学生ともなると、こんな問題は朝飯前だろう。
대학생 정도 되면 이런 문제는 식은 죽 먹기일 것이다.

❷ **～ながら** : ～하면서, ～이지만[이면서도], ～대로

예 ご飯を食べながらスマートホンを見る習慣はよくない。
밥을 먹으면서 스마트폰을 보는 습관은 좋지 않다. (동시 진행)

예 傷付くと知っていながら、言ってしまった。
상처받을 것이라고 알고 있으면서도 말해 버렸다. (역접)

예 その街には昔ながらの家々が軒を並べていた。
그 거리에는 옛날 그대로의 집들이 처마를 잇대고 늘어서 있었다. (상태)

❸ **～も** : ～도, ～(이)나

㉠ 君が行くなら、私も行く。
　　네가 간다면 나도 간다. (같은 종류 중에서 하나를 들어 나타냄)

㉠ 5時間も登山をしたら、足がふらふらした。
　　5시간이나 등산을 했더니 다리가 휘청거렸다. (감동 · 강조)

▶ 조사「も」를 사용한 표현으로는「～もさることながら」(~은[도] 물론이거니와), 「～も～ば～も」(~도 ~하고[하거니와] ~도) 등이 있다.

㉠ 彼は水泳もさることながら、テニスもとても上手だそうだ。
　　그는 수영은 물론이거니와 테니스도 아주 잘한다고 한다.

㉠ 人生には悲しいこともあれば楽しいこともある。
　　인생에는 슬픈 일도 있고[있거니와] 즐거운 일도 있다.

❹ **～の** : ～의, ～인, ～이, ～인 것, ～거야?

㉠ 私の意見は彼とは違う。　내 의견은 그와는 다르다. (명사와 명사 연결)

㉠ こちらは弟の和雄です。　이쪽은 남동생인 가즈오입니다. (동격)

㉠ この曲は母の好きな曲だ。
　　이 곡은 어머니가 좋아하는 곡이다. (「～が」(~이)의 대용)

㉠ 裏庭で息子が遊んでいるのが見える。
　　뒤뜰에서 아들이 놀고 있는 것이 보인다. (체언의 역할)

㉠ どうしたの(?)。顔色がよくないよ。
　　어떻게 된 거야? 안색이 좋지 않아. (가벼운 의문)

❺ **～まで** : ～까지, ～에(게)

㉠ 昨日は彼女と二人で駅まで歩きました。
　　어제는 그녀와 둘이서 역까지 걸었습니다. (동작의 범위)

㉠ こちらの乗り物は、5歳以下の子供2人までなら無料です。
　　이 탈것은 5세 이하 아이 두 명까지라면 무료입니다. (한도)

㉠ 最近、忙しくて日曜日にまで出勤しなければならない。
　　요즘 바빠서 일요일에까지 출근해야 한다. (극단적인 예)

㉠ 明後日から期末テストなので、昨日は2時過ぎまで勉強した。
　　모레부터 기말시험이기 때문에 어제는 2시 지나서까지 공부했다. (끝나는 시간)

㉠ 詳しいことは、申し込み先までお問い合わせください。
　　자세한 것은 신청하신 곳에 문의해 주십시오. (이동의 도착점)

▶ 조사「～まで」(~까지)는 어떤 범위까지 계속됨을 나타내고, 「～までに」는 최종 기한에 중점을 두는 표현으로 '늦어도 ~까지'라고 해석이 가능하다.

㉠ 注文した商品は明日の午後6時までに届けてもらいたいんですが。
　　주문한 상품은 (늦어도) 내일 6시까지 배달해 줬으면 하는데요.

**⑥ 〜つつ** : 〜하면서, 〜하면서도, (「〜ある」의 형태로) 〜하고 있다

예 月を眺めつつ、お酒を飲むのは趣がある。
달을 바라보면서 술을 마시는 것은 정취가 있다.

예 たばこは体に悪いと思いつつ、また吸ってしまう。
담배는 몸에 나쁘다고 생각하면서도 또 피우고 만다. (상반된 동작)

예 最近、結婚しない人が増えつつある。
요즘 결혼하지 않는 사람이 늘고 있다.


**⑦ 〜より** : 〜보다, 〜수밖에, 〜부터

예 中国は日本より人口が多い国である。
중국은 일본보다 인구가 많은 나라이다. (비교의 기준)

예 合格するためには、これからもっと頑張るよりほかない。
합격하기 위해서는 앞으로 좀 더 노력하는 수밖에 없다. (유일한 방법)

예 入社説明会は本日の午後1時より行います。
입사 설명회는 오늘 오후 1시부터 실시합니다. (기점이나 출처)


**⑧ 〜きり** : 〜만[뿐], 〜한 채[그 후, 그 이후], 그런 상태가 지속됨

예 参加者が一人きりだったので、講演はキャンセルになった。
참가자가 한 명뿐이었기 때문에 강연은 취소가 되었다. (겨우 그것뿐이라는 의미를 나타냄)

예 卒業したきり、彼とは全く会っていない。
졸업한 이후로 그와는 전혀 만나지 않았다. ('〜을 마지막으로'라는 의미를 나타냄)

예 風邪を引いた息子を付ききりで看病した。
감기에 걸린 아들을 계속 곁에 붙어서 간병했다. (그런 상태가 지속됨을 나타냄)


**⑨ 〜すら** : 〜조차(도), 〜까지도

예 彼女はまだひらがなすらきちんと書けない。
그녀는 아직 히라가나조차 제대로 못 쓴다.

예 悲しすぎるのか、涙すら出ないね。
너무 슬퍼서 그런지 눈물조차 나질 않네.

예 去年は沖縄ですら雪が降るほど雪が多い冬だった。
작년은 오키나와에서조차 눈이 내릴 만큼 눈이 많은 겨울이었다.


**⑩ 〜こそ** : 〜야말로, 〜이지만, 〜지언정(딱딱한 문어체 표현)

예 こちらこそ失礼いたしました。
저야말로 실례했습니다.

예 難しさこそあれ、日本語の勉強は面白い。
어렵지만 일본어 공부는 재미있다.

⑪ **〜やら** : 〜인가, 〜인지, 〜와 〜와

  ㉑ それはどこやらで聞いたことのある話である。
    그것은 어딘가에서 들은 적이 있는 이야기다. (불확실한 추량)

  ㉑ これからどんなことが起こるやら。
    앞으로 어떤 일이 일어날런지? (불확실한 의문)

  ㉑ 昨日、お菓子やらケーキやら色々ご馳走になった。
    어제 과자와 케이크와 여러 가지로 대접을 받았다. (병렬이나 열거)


⑫ **〜のに** : 〜는데(도), 〜이지만

  ㉑ 立春も過ぎたのに、まだ寒い。
    입춘도 지났는데도 아직 춥다.

  ㉑ 彼女はそのことについて知っているのに、何も教えてくれない。
    그녀는 그 일에 대해서 이미 알고 있지만 아무것도 가르쳐 주지 않는다.


⑬ **〜なり** : 〜든지, 〜나 〜나, 〜하자마자, 〜한 채로

  ㉑ 言いたいことがあったら、何なり言ってください。
    하고 싶은 말이 있으면 뭐든지 말하세요. (부조사)

  ㉑ これは焼くなり煮るなりして食べた方がいい。
    이것은 굽거나 삶거나 해서 먹는 편이 좋다. (부조사)

  ㉑ 立ち上がるなり、目眩がした。
    일어서자마자 현기증이 났다. (접속조사)

  ㉑ 息子は朝早く家を出たなり、まだ帰ってこない。
    아들은 아침 일찍 집을 나선 채로 아직 돌아오지 않는다. (접속조사)

기타 조사 및 의문사의 용법은
PART 2 질의응답 UNIT 1(p.74)과 PART 6 오문정정 UNIT 1(p.286) 참고

❶ **〜枚**(まい) : 〜장, 〜매(종이 · 손수건 · 우표 · CD 등 얇고 평평한 물건을 셀 때 사용함)

예 誕生日(たんじょうび)のプレゼントとして友達(ともだち)からCD(シーディー)を1枚(いちまい)もらった。

생일 선물로 친구에게 CD를 한 장 받았다.

❷ **〜台**(だい) : 〜대(차 · 세탁기 · 냉장고 · TV 등 큰 물건을 셀 때 사용함)

예 この工場(こうじょう)では毎月(まいつき)5千台(ごせんだい)の自動車(じどうしゃ)を生産(せいさん)する。

이 공장에서는 매달 5천 대의 자동차를 생산한다.

❸ **〜本**(ほん) : 〜자루, 〜병, 〜그루(우산 · 담배 · 연필 · 병 · 나무 등 가늘고 긴 물건을 셀 때 사용함)

예 庭(にわ)に大(おお)きな木(き)を1本(いっぽん)植(う)えた。

정원에 큰 나무를 한 그루 심었다.

❹ **〜冊**(さつ) : 〜권(책 · 잡지 · 노트 등을 셀 때 사용함)

예 彼(かれ)は天文学(てんもんがく)に関(かん)する数冊(すうさつ)の書物(しょもつ)を書(か)いたそうだ。

그는 천문학에 관한 몇 권의 책을 썼다고 한다.

❺ **〜足**(そく) : 〜켤레(신 · 양말을 셀 때 사용함)

예 明日(あした)、デパートに行(い)って革(かわ)の靴(くつ)を1足(いっそく)買(か)おうと思(おも)っています。

내일 백화점에 가서 가죽 구두를 한 켤레 사려고 생각하고 있습니다.

❻ **〜匹**(ひき) : 〜마리(개 · 고양이 등 작은 동물을 셀 때 사용함)

예 私(わたし)は猫(ねこ)と犬(いぬ)を1匹(いっぴき)ずつ飼(か)っている。

나는 고양이와 개를 한 마리씩 기르고 있다.

❼ **〜頭**(とう) : 〜마리(소 · 말 · 코끼리 등 큰 동물을 셀 때 사용함)

예 大(おお)きな馬(うま)が1頭(いっとう)私(わたし)に近付(ちかづ)いてきた。

큰 말이 한 마리 나에게 다가왔다.

❽ **〜羽**(わ) : 〜마리(새 · 토끼를 셀 때 사용함)

예 植木(うえき)の上(うえ)に小(ちい)さい鳥(とり)が1羽(いちわ)止(と)まっていた。

정원수 위에 작은 새가 한 마리 앉아 있었다.

❾ **〜個**(こ) : 〜개(작은 물건을 셀 때 사용함)

예 1日(いちにち)1個(いっこ)のリンゴを食(た)べれば医者(いしゃ)は要(い)らないという。

하루에 한 개의 사과를 먹으면 의사는 필요 없다고 한다.

❿ **〜杯**(はい) : 〜잔(술 등의 액체를 셀 때 사용함)

예 私(わたし)はお酒(さけ)に弱(よわ)くてビール1杯(いっぱい)飲(の)むだけで酔(よ)ってしまう。

나는 술이 약해서 맥주 한 잔 마시는 것만으로 취해 버린다.

▶ 기타 조수사로는 행이나 줄을 셀 때 사용하는 「〜行(ぎょう)」(〜행, 〜줄), 집을 셀 때 사용하는 「〜軒(けん)」(〜채), 빌딩을 셀 때 사용하는 「〜棟(とう)」(〜동), 옷을 셀 때 사용하는 「〜着(ちゃく)」(〜벌), 편지를 셀 때 사용하는 「〜通(つう)」(〜통), 종이의 부수를 셀 때 사용하는 「〜部(ぶ)」(〜부) 등이 있다. 참고로 영화를 셀 때는 「〜本(ほん)」(〜편)을 쓴다.

**STEP 2** 공란에 들어갈 알맞은 표현을 찾아보세요.

조사

**1** 今あそこで先生と話している＿＿＿＿＿が、田中さんです。

(A) だ      (B) に      (C) の      (D) なの

**2** いつも2位なので、今回＿＿＿＿＿優勝したい。

(A) きり      (B) ほど      (C) こそ      (D) さえ

**3** 初めてヨーロッパを訪れたのは、もう15年＿＿＿＿＿前のことだ。

(A) も      (B) を      (C) まで      (D) より

의문사

**4** 本を探しましたが、＿＿＿＿＿ありませんでした。

(A) どこやら      (B) どこへも      (C) どこかで      (D) どこかに

**5** 東京駅までここから＿＿＿＿＿行きますか。

(A) どうも      (B) どのくらい      (C) どちら      (D) どうやって

조수사

**6** このカタログを3＿＿＿＿＿いただけますか。

(A) 部      (B) 前      (C) 品      (D) 帳

**7** 檻の中には象が＿＿＿＿＿もいた。

(A) 5羽      (B) 5匹      (C) 5枚      (D) 5頭

**8** 彼はいつも質素な生活をしているが、実はビルを10＿＿＿＿＿も持っている資産家である。

(A) 棟      (B) 軒      (C) 着      (D) 台

PART 7

공란메우기

정답 | 1 (C) 2 (C) 3 (A) 4 (B) 5 (D) 6 (A) 7 (D) 8 (A)

STEP 3 다음 기출 문제를 풀어 보세요.

**1** _____いない部屋のドアがひとりでに開いた。
  (A) いつか       (B) どこに       (C) 誰も       (D) 何か

**2** 一日のカロリーを_____くらい摂取しているのか調べてみた。
  (A) なん       (B) いくら       (C) どの       (D) どんな

**3** 前から読みたかった本がやっと手に入ったものだから、徹夜_____して読んじゃった。
  (A) から       (B) ぐらい       (C) まで       (D) じゅう

**4** オーストラリア産の牛肉の我が国への輸入は、年々増え_____ある。
  (A) すら       (B) つつ       (C) やら       (D) なり

**5** あんなに一生懸命勉強した_____、試験では30点しか取れなかった。
  (A) までに       (B) のに       (C) きり       (D) なら

**6** 今度_____、必ず勝ってみせますよ。
  (A) まで       (B) つつ       (C) こそ       (D) のみ

**7** この1_____の本があなたの人生を変えるかもしれません。
  (A) けん       (B) つう       (C) さつ       (D) だい

**8** この機械は、説明を_____ながら組み立てれば、必ず動くはずです。
  (A) 見       (B) 見る       (C) 見た       (D) 見て

**9** 久しぶりの連休だから、今日は映画でも_____見て気晴らししたいものだ。
  (A) 1着       (B) 1本       (C) 1冊       (D) 1枚

**10** 風邪を引いた時は、薬などを飲む_____ゆっくり寝るに限る。
  (A) より       (B) ので       (C) のに       (D) だけ

**1** <u>아무도</u> 없는 방문이 저절로 열렸다.

해설 | 공란 뒤에 「いない」((사람·동물이) 없다)라는 표현이 있으므로, 공란에는 사람을 나타내는 의문사가 와야 한다. 정답은 (C)의 「誰(だれ)も」(아무도)로, 흔히 부정어를 수반한다. (A)의 「いつか」(언젠가)는 막연한 시기를, (B)의 「どこに」(어디에)는 잘 모르는 어느 곳을 가리킬 때, (D)의 「何(なに)か」(무엇인가, 뭔가)는 사물을 물을 때 쓰는 표현이다.

어휘 | 部屋(へや) 방  ドア 도어, (서양식) 문  ひとりでに 저절로  開(ひら)く 열리다  いつか 언젠가  どこに 어디에
何(なに)を 무엇을

**2** 하루에 칼로리를 <u>어느</u> 정도 섭취하고 있는 것인지 조사해 봤다.

해설 | 공란 뒤의 「～くらい」(～정도)는 수량을 나타내는 말에 붙는 말이므로, 공란에는 정도나 수량을 묻거나 또는 어떤 정도나 얼마만큼의 수량을 막연하게 이를 때 쓰는 의문사가 와야 한다. (A)의 「なん(何)」은 '무엇', (B)의 「いくら」는 '얼마', (C)의 「どの」는 '어느', (D)의 「どんな」는 '어떤'이라는 뜻이므로, 정답은 (C)의 「どの」(어느)가 된다.

어휘 | 一日(いちにち) 하루  カロリー 칼로리  摂取(せっしゅ) 섭취  調(しら)べる 조사하다, 알아보다  ～てみる ～해 보다

**3** 전부터 읽고 싶었던 책이 겨우 손에 들어왔기 때문에 밤샘<u>까지</u> 하며 읽어 버렸다.

해설 | 문맥상 공란에는 극단적인 예를 나타내는 조사가 와야 하므로, 정답은 (C)의 「～まで」(～까지)가 된다.

어휘 | 前(まえ) 전, 이전  読(よ)む 읽다  동사의 ます형+たい ～하고 싶다  本(ほん) 책  やっと 겨우, 간신히
手(て)に入(はい)る 손에 들어오다, 입수하다  徹夜(てつや) 철야, 밤샘  ～じゃう ～해 버리다, ～하고 말다 *「～でしまう」의 축약형

**4** 호주산 소고기의 우리나라로의 수입은 해마다 증가<u>하고</u> 있다.

해설 | 문맥상 공란에는 뒤에 있는 「ある」와 호응하면서 어떠한 변화가 점점 진행되고 있다는 것을 나타내는 조사가 와야 한다. 정답은 (B)의 「つつ」로, 「동사의 ます형+つつある」의 형태로 쓰여 '～하고 있다'라는 뜻을 나타낸다.

어휘 | オーストラリア 호주  ～産(さん) ～산  牛肉(ぎゅうにく) 소고기  我(わ)が国(くに) 우리나라  輸入(ゆにゅう) 수입
年々(ねんねん) 해마다  増(ふ)える 늘다, 늘어나다  ～すら ～조차  ～まで ～까지  ～やら  ～いか, ～인가  ～いじ ～인지  ～なり  ～どじ

**5** 그렇게 열심히 공부<u>했는데도</u> 시험에서는 30점밖에 못 땄다.

해설 | '그렇게 열심히 공부했다'와 '시험에서는 30점밖에 못 땄다'는 보통 예상하는 것과 반대되는 내용이다. 따라서 공란에는 기대나 예상에 어긋나는 조사가 와야 하므로, 정답은 (B)의 「～のに」(～는데(도))가 된다.

어휘 | あんなに (서로 알고 있는) 그렇게(나)  一生懸命(いっしょうけんめい) 열심히  勉強(べんきょう) 공부  試験(しけん) 시험
～点(てん) ～점  ～しか (부정어 수반) ～밖에  取(と)る 얻다, 따다, 취득하다  ～までに ～까지 *최종 기한
～きり  ～한 채로[그 후, 그 이후]  ～なら ～라면

**6** 이번에야말로 꼭 이겨 보이겠어요.

해설 | 문제는 이번에는 꼭 이기겠다는 결의를 다지고 있으므로, 공란에는 「今度(こんど)」(이번)를 강조하는 표현이 와야 한다. 정답은 (C)의 「~こそ」로, '~야말로'라는 뜻이다.

어휘 | 必(かなら)ず 꼭, 반드시  勝(か)つ 이기다  ~てみせる ~해 보이다[보이겠다] *화자의 강한 결의, 각오를 나타냄  ~まで ~까지  동사의 ます형+つつ ~하면서, ~하면서도  ~のみ ~만, ~뿐

**7** 이 한 권의 책이 당신의 인생을 바꿀지도 모릅니다.

해설 | 공란 뒤에 「本(ほん)」(책)이 있으므로, 공란에는 책을 세는 말이 와야 한다. 정답은 (C)의 「~さつ(冊)」로, '~권'이라는 뜻이다.

어휘 | あなた 당신  人生(じんせい) 인생  変(か)える 바꾸다  ~かもしれない ~일지도 모른다  ~けん(軒) ~채 *집을 세는 말  ~つう(通) ~통 *편지를 세는 말  ~だい(台) ~대 *차·기계 등을 세는 말

**8** 이 기계는 설명을 보면서 조립하면 반드시 작동할 것입니다.

해설 | 공란 뒤의 「~ながら」(~하면서)는 동시동작을 나타내는 표현으로 동사의 ます형에 접속한다. 「見(み)る」(보다)의 ます형은 「見(み)」이므로, 정답은 (A)의 「見(み)」가 된다.

어휘 | 機械(きかい) 기계  説明(せつめい) 설명  組(く)み立(た)てる 조립하다  必(かなら)ず 꼭, 반드시  動(うご)く (기계가) 작동하다  ~はずだ (당연히) ~할 것[터]이다

**9** 오랜만의 연휴니까 오늘은 영화라도 한 편 보고 기분 전환하고 싶군.

해설 | 공란 앞에 「映画(えいが)」(영화)가 있으므로, 공란에는 영화를 세는 말이 와야 한다. 영화를 세는 말은 「~本(ほん)」(~편)이므로, 정답은 (B)의 「1本(いっぽん)」(한 편)이 된다.

어휘 | 久(ひさ)しぶり 오랜만임  連休(れんきゅう) 연휴  映画(えいが) 영화  見(み)る 보다  気晴(きば)らし 기분 전환  동사의 ます형+たい ~하고 싶다  ~ものだ (정말) ~하군, ~하구나  ~着(ちゃく) ~벌 *옷을 세는 말  ~冊(さつ) ~권 *책 등을 세는 말  ~枚(まい) ~장 *종이 등 얇고 평평한 것을 세는 말

**10** 감기에 걸렸을 때는 약 등을 먹기보다 푹 자는 게 최고야.

해설 | 문제는 '감기에 걸렸을 때는 약보다 숙면을 취하는 것이 가장 좋은 방법'이라는 뜻이므로, 공란에는 비교의 기준을 나타내는 조사가 와야 한다. 정답은 (A)의 「~より」로 '~보다'라는 뜻이다.

어휘 | 風邪(かぜ)を引(ひ)く 감기에 걸리다  薬(くすり) 약  ~など ~등, ~같은 것  飲(の)む (약을) 먹다  ゆっくり 느긋하게, 푹  寝(ね)る 자다  동사의 기본형+に限(かぎ)る ~하는 것이 제일이다[최고다]  ~ので ~이기 때문에  ~のに ~는데(도)  ~だけ ~만, ~뿐

## 주요 어휘 및 표현 정리 20

| 한자 | 읽기 | 의미 |
|---|---|---|
| □ 誰も | だれも | 아무도 |
| □ ひとりでに | ・ | 저절로 |
| □ 摂取 | せっしゅ | 섭취 |
| □ 我が国 | わがくに | 우리나라 |
| □ 輸入 | ゆにゅう | 수입 |
| □ 年々 | ねんねん | 해마다 |
| □ あんなに | ・ | (서로 알고 있는) 그렇게(나) |
| □ 一生懸命 | いっしょうけんめい | 열심히 |
| □ 取る | とる | 얻다, 따다, 취득하다 |
| □ 勝つ | かつ | 이기다 |
| □ 人生 | じんせい | 인생 |
| □ 組み立てる | くみたてる | 조립하다 |
| □ 久しぶり | ひさしぶり | 오랜만임 |
| □ 映画 | えいが | 영화 |
| □ 気晴らし | きばらし | 기분 전환 |
| □ 동사의 기본형+に限る | 동사의 기본형+にかぎる | ~하는 것이 제일이다[최고다] |
| □ 一般 | いっぱん | 일반 |
| □ 患者 | かんじゃ | 환자 |
| □ 診察 | しんさつ | 진찰 |
| □ 緊急 | きんきゅう | 긴급 |

# 02 형용사 · 부사 · 동사 찾기

STEP 1 먼저 핵심 기출 어휘 및 표현을 익히세요.

## 핵심 기출 어휘 및 표현

▶ **い형용사**

- 恋しい 그립다
- うるさい 시끄럽다, 까다롭다
- 情けない 한심하다
- 騒がしい 시끄럽다
- 好ましい 바람직하다
- 頼もしい 믿음직하다
- 手ごわい (상대하기에) 힘겹다, 벅차다, 만만치 않다
- 幼い 어리다, 유치하다
- 久しい 오래다, 오래간만이다
- 卑しい 천하다, 비열하다
- 賢い 현명하다, 영리하다
- 何気ない 아무렇지도 않다
- 凄まじい 무섭다, 무시무시하다
- 晴れがましい 자랑스럽다, 명예롭다

- だるい 나른하다
- だらしない 단정하지 못하다
- 息苦しい 숨막히다
- ぎこちない 어색하다
- 恨めしい 원망스럽다
- おめでたい 경사스럽다
- 面倒くさい (아주) 귀찮다, 번거롭다
- みっともない 꼴불견이다
- きつい 심하다, 꽉 끼다
- 惜しい 아깝다, 애석하다
- 堅苦しい 딱딱하다, 거북스럽다
- 粗い 엉성하다, 조잡하다
- 切ない 애달프다, 안타깝다
- 愛しい 귀엽다, 사랑스럽다

- 淡い 엷다, 희미하다
- 根強い 끈질기다
- くだらない 시시하다
- 紛らわしい (비슷해서) 혼동하기 쉽다
- 心強い 마음 든든하다
- 照れくさい 멋쩍다, 겸연쩍다
- 危なっかしい 위태위태하다
- 思いがけない 뜻밖이다
- 後ろめたい 뒤가 켕기다
- 等しい 같다, 마찬가지다
- 険しい 험하다, 험악하다
- くすぐったい 간지럽다
- 心細い 마음이 불안하다
- 痛ましい 가엾다, 애처롭다

- 遠慮深い 조심성이 많다, 신중하다
- はしたない 볼썽사납다
- 歯がゆい 답답하다, 안타깝다
- 著しい 현저하다, 두드러지다
- 潔い 맑고 깨끗하다, 결백하다
- 浅ましい 비참하다, 비열하다

- 青臭い 미숙하다, 유치하다
- 煩わしい 번거롭다, 성가시다
- 華々しい 화려하다, 눈부시다
- うっとうしい 마음이 울적하고 답답하다
- おびただしい (수량이) 엄청나다, 광장하다
- 物足りない 약간 부족하다

- 慌ただしい 분주하다, 어수선하다
- 労しい 측은하다, 애처롭다
- そっけない 무뚝뚝하다
- 決まり悪い 쑥스럽다
- 悩ましい 괴롭다, 고민하다
- 気難しい 까다롭다, 신경질적이다

▶ **な형용사**

- 稀だ 드물다
- 強かだ 만만치 않다
- 秘かだ 은밀하다
- 完璧だ 완벽하다
- 手頃だ 적당하다, 알맞다
- 無駄だ 쓸데없다
- 軽率だ 경솔하다
- 盛大だ 성대하다
- 婉曲だ 완곡하다
- 円滑だ 원활하다
- 清らかだ 맑다, 깨끗하다
- 厳かだ 엄숙하다
- お洒落だ 멋을 내다, 멋지다
- のどかだ 한가롭다

- 新ただ 새롭다
- 無念だ 원통하다
- 微かだ 희미하다, 미약하다
- 不審だ 수상하다
- 冷酷だ 냉혹하다
- 気楽だ 마음 편하다
- 冷淡だ 냉담하다
- 地味だ 수수하다
- 貧弱だ 빈약하다
- 臆病だ 겁이 많다
- 滑らかだ 매끈하다
- 緩やかだ 완만하다
- 和やかだ 부드럽다, 온화하다
- 華やかだ 화려하다

- 厄介だ 성가시다, 번거롭다
- 見事だ 멋지다, 훌륭하다
- 明らかだ 분명하다, 명백하다
- 簡素だ 간소하다
- 無口だ 과묵하다
- 頑丈だ 튼튼하다
- 強烈だ 강렬하다
- 勤勉だ 근면하다
- 健全だ 건전하다
- 質素だ 검소하다
- 虚ろだ 공허하다
- 愚かだ 어리석다
- 鮮やかだ 선명하다, 뚜렷하다
- 艶やかだ 아리땁다, 요염하다

- 伸びやかだ 느긋하다, 구김살이 없다
- 淑やかだ 정숙하다
- 斜めだ 비스듬하다
- 意地悪だ 심술궂다
- 露骨だ 노골적이다
- 無茶だ 터무니없다
- 大まかだ 대략적이다
- おおざっぱだ 대략적이다, 엉성하다
- ぶっきらぼうだ 무뚝뚝하다, 퉁명스럽다

- もっともだ 지당하다
- おおげさだ 과장되다
- 疎かだ 소홀하다
- あべこべだ 거꾸로이다, 반대이다
- 上品だ 품위가 있다
- にこやかだ 상냥하다
- 遥かだ 아득하다
- わがままだ 제멋대로다

- 惨めだ 비참하다, 참혹하다
- 丁寧だ 예의 바르다, 신중하다
- しなやかだ 유연하다
- 曖昧だ 애매하다
- 下品だ 품위가 없다
- 多忙だ 매우 바쁘다
- 真っ青だ 새파랗다, 창백하다
- きらびやかだ 화려하다

▶ 부사 1(일반 부사)

- ふと 문득
- まさか 설마
- ことごとく 모조리, 전부
- 勿論 물론
- 差し当たり 우선, 당장
- 決して 결코
- さっぱり 말끔히, 전혀
- 自ずから 저절로, 스스로
- めきめき 눈에 띄게, 두드러지게
- 是非 제발, 부디, 꼭
- はっきり 확실히

- ただ 단지
- 辛うじて 가까스로, 간신히
- 今更 이제 와서
- さぞ 아마, 필시
- 次第に 점차
- 仮に 가령, 만약
- 到底 도저히
- 滅多に 좀처럼
- すっかり 완전히
- ひたすら 오로지
- 恐らく 아마, 필시

- たぶん 아마
- 何とも 정말로, 참으로
- さすが 과연
- 一向に 전혀, 조금도
- ぎっしり 가득, 잔뜩
- 一斉に 일제히
- 思い切って 과감히
- 全く 정말, 전혀
- くれぐれも 부디
- 刻一刻 시시각각
- 予め 미리, 사전에

- まるで 마치, 전혀
- とっくに 훨씬 전에, 진작에
- もしかすると 어쩌면
- まんざら 반드시는, 아주, 전혀
- 何<sup>なん</sup>なりと 무엇이든지
- 一<sup>いちがい</sup>概に 일률적으로
- あたかも 마치, 흡사
- 大<sup>たい</sup>して 그다지, 별로
- ちっとも 조금도, 전혀
- てっきり 꼭, 틀림없이
- やがて 이윽고, 머지않아
- できるだけ 되도록, 가능한 한

- あながち 반드시, 꼭
- そのうち 머지않아
- さも 아주, 참으로, 자못
- いかに 어떻게, 얼마나, 아무리
- ひょっとすると 어쩌면
- もしかして 혹시, 만일
- 何<sup>なに</sup>気<sup>げ</sup>なく 무심코
- 思<sup>おも</sup>う存<sup>ぞんぶん</sup>分 마음껏, 힘껏
- あくまでも 어디까지나
- ろくに 제대로
- とりあえず 일단, 우선
- 何<sup>なん</sup>だか 어쩐지, 웬일인지

- 大<sup>たいへん</sup>変 대단히, 아주
- あいにく 공교롭게도
- ようやく 겨우, 간신히
- どうしても 반드시, 꼭
- 割<sup>わり</sup>に 비교적, 의외로
- まして 더구나, 하물며
- かえって 오히려, 도리어
- 徐<sup>じょじょ</sup>々に 서서히, 조금씩
- たちまち 금세, 순식간에
- よほど 상당히, 어지간히
- つい 그만, 나도 모르게
- もろに 직접, 정면으로

▶ **부사 2(의성어·의태어)**

- てきぱき 척척
- だんだん 점점
- うとうと 꾸벅꾸벅
- ぐらぐら 흔들흔들
- ぐるぐる 빙글빙글
- ごくごく 벌컥벌컥
- ゆらゆら 흔들흔들
- はらはら 아슬아슬, 조마조마

- くよくよ 끙끙
- ずるずる 질질
- すっと 불쑥, 쑥, 개운함, 후련함
- うじうじ 우물쭈물
- もじもじ 머뭇머뭇
- まじまじ 말똥말똥
- こりごり 지긋지긋
- ぞくぞく 오싹오싹

- ぞっと 오싹
- すらすら 술술
- げらげら 껄껄
- だらだら 줄줄
- じわじわ 서서히
- ひしひし 오싹오싹, 뼈저리게
- くらくら 어질어질
- しとしと 부슬부슬

- まごまご 우물쭈물
- こそこそ 소곤소곤
- ざらざら 까칠까칠
- にこにこ 싱글벙글
- どたばた 쿵쾅쿵쾅
- のろのろ 느릿느릿
- そわそわ 들썽들썽
- ぶらぶら 어슬렁어슬렁, 빈둥빈둥
- おずおず 머뭇머뭇
- つやつや 반들반들
- からから 바싹, 텅텅
- がちがち 탁탁, 딱딱
- みすみす 뻔히 알고도
- じめじめ 구질구질, 눅눅히
- ぺこぺこ (머리를) 굽실굽실

- ぎしぎし 삐걱삐걱
- うずうず 근질근질
- びくびく 벌벌, 흠칫
- ねとねと 끈적끈적
- どさどさ 우르르
- よちよち 아장아장
- むらむら 뭉게뭉게
- ひそひそ 소곤소곤
- すかすか 척척
- ほかほか 따끈따끈
- くすくす 킥킥, 낄낄
- すやすや 새근새근
- ぺらぺら 술술, 줄줄
- うろうろ 어슬렁어슬렁
- どろどろ 우르르, 쿵쿵

- もぐもぐ 우물우물
- すくすく 무럭무럭
- せかせか 종종걸음, 부산한 모양
- とぼとぼ 터벅터벅
- でこぼこ 울퉁불퉁
- おどおど 주저주저
- きらきら 반짝반짝
- ずきずき 욱신욱신
- にやにや 히죽히죽
- ふわふわ 둥실둥실
- だぶだぶ 헐렁헐렁
- むかむか 메슥메슥
- さばさば (동작·성격이) 시원시원
- うつらうつら 꾸벅꾸벅
- がたがた 덜커덩덜커덩

## ▶ 동사 1(일반동사)

- 脱ぐ 벗다
- 拾う 줍다
- 望む 바라다, 원하다
- 畳む 개다, 접다
- 帯びる (몸에) 달다, 차다

- 昇る (해·달이) 뜨다, 떠오르다
- 改める (좋게) 고치다, 바로잡다
- 苦しめる 괴롭히다
- 陥る (나쁜 상태에) 빠지다
- 覆す 뒤엎다

- 掘る (땅을) 파다
- 腐る 썩다, 상하다
- 超える 넘다
- 漏れる (비밀등이) 새다, 누설되다
- 老いる 늙다

348

- 忌む 꺼리다
- 従う 따르다
- 響く 울리다
- 束ねる 묶다
- 刻む 새기다
- 流す (소문 따위를) 퍼뜨리다
- 叫ぶ 외치다
- 閉まる 닫히다
- 重なる 겹치다, 거듭되다
- 預ける 맡기다
- 離す 떼다, 멀리 떼어놓다
- 謝る 사과하다
- 及ぶ 미치다, 이르다
- 潜む 잠복하다
- 劣る 떨어지다, 뒤지다
- 渇く (목이) 마르다
- くすぐる 간질이다, 간지럽게 하다
- かさばる 부피가 커지다

- 尽きる 다하다, 바닥나다
- 惜しむ 아끼다
- 生かす 살리다, 발휘하다
- 外す 떼어내다
- 緩める 완화하다, 느슨하게 하다
- 招く 초대하다
- 悼む 애도하다
- 迫る 다가오다, 닥쳐오다
- 鈍る 둔해지다
- 預かる 맡다, 보관하다
- 催す 개최하다
- 持て成す 대접하다
- 揺れる 흔들리다
- 妨げる 방해하다
- 傾げる 갸웃하다
- 納める 납입하다, 납부하다
- 託す 맡기다, 부탁하다
- 賄う 조달하다, 마련하다

- 恵まれる 혜택을 받다
- 養う 기르다
- 触る (가볍게) 닿다, 손을 대다, 건드리다, 만지다
- 勝つ 이기다
- 除く 제거하다
- 漂う 표류하다, 감돌다
- 遮る 차단하다
- 強いる 강요하다
- 廃れる 쇠퇴하다
- 率いる 인솔하다
- もたらす 초래하다, 야기하다
- 授ける 수여하다
- 弱まる 약해지다, 수그러지다
- 滅びる 멸망하다
- 広まる 넓어지다
- 紛れる 헷갈리다
- 試みる 시도하다
- 滞る 정체되다, 밀리다

▶ **동사 2(복합동사)**

- 長引く 오래 끌다, 길어지다
- 取り出す 꺼내다

- 差し引く 빼다, 공제하다
- 似合う 어울리다

- 気付く 깨닫다
- 見合う 대응하다, 어울리다

- 区切る 구분 짓다
- すれ違う 마주 스쳐 지나가다, 엇갈리다
- 取り消す 취소하다
- 取り次ぐ 연결하다
- 割り込む 끼어들다
- 受け取る 받다, 수취하다
- 繰り返す 반복하다
- 見落とす 간과하다
- 掛け合う 교섭하다
- 踏み切る 결단하다, 단행하다
- 追い込む 몰아넣다
- 切り替える 새로 바꾸다
- 取り締まる 단속하다
- やり違う 부딪치지 않게 스치듯 지나가다
- 見とれる 넋을 잃고 보다
- 打ち明ける 고백하다
- 見合わせる 보류하다
- 牛耳る 좌지우지하다
- 見せ付ける 과시하다
- 張り切る 힘이 넘치다
- 押し切る 무릅쓰고 강행하다

- 傷付く 상처를 입다
- 差し出す (앞으로) 내밀다
- 取り戻す 되찾다
- 見込む 예상하다
- 見送る 배웅하다
- 座り込む 농성하다
- 結び付く 결부되다
- 仕上げる 완성하다
- 成り立つ 성립되다
- 投げ出す 내던지다
- 押し込む 밀어 넣다
- 放り込む 던져 넣다
- 付け加える 덧붙이다
- 飛び違う 뒤섞여 날다
- 押し付ける 강요하다
- 言い付ける 명령하다
- 引き起こす 일으키다, 야기하다
- 折り返す 되돌아오다
- 組み立てる 조립하다
- 呼び止める 불러 세우다
- 落ち込む 침울해지다, (실적 등이) 뚝 떨어지다

- 突っ込む 처넣다
- 裏切る 배신하다
- 仕組む 궁리해서 짜다
- 食い違う 일이 어긋나다
- 見計らう 가늠하다
- 打ち合わせる 미리 의논하다
- 追い抜く 추월하다
- 乗り出す 착수하다
- 付き合う 교제하다
- 打ち切る 중단하다
- 引っ掛かる 걸리다
- 引っ繰り返す 뒤집다
- 取り立てる 징수하다
- 引き止める 만류하다
- 引っ込む 틀어박히다
- 飛び出す 뛰어나오다, 튀어나오다
- 見上げる 올려다보다
- 差し支える 지장이 있다
- 巻き込む 말려들게 하다
- 立て替える 대신 지불하다

**STEP 2** 공란에 들어갈 알맞은 표현을 찾아보세요.

い형용사

1 めでたい席だから＿＿＿＿＿話は抜きにして大いに楽しみましょう。
　(A) 気難しい　　　　(B) 堅苦しい　　　　(C) 悩ましい　　　　(D) 決まり悪い

2 葬式にきらきら光る服を着て来るなんて、非常識も＿＿＿＿＿。
　(A) 甚だしい　　　　(B) 華々しい　　　　(C) 歯がゆい　　　　(D) 晴れがましい

な형용사

3 幼い少女の＿＿＿＿＿演技に、世界中の観客が感動の拍手を送った。
　(A) 見事な　　　　(B) 最適な　　　　(C) 満足な　　　　(D) 気楽な

4 妊娠中の喫煙や飲酒が子供に悪影響を与えるのは＿＿＿＿＿だ。
　(A) 新た　　　　(B) 明らか　　　　(C) 曖昧　　　　(D) 鮮やか

부사

5 彼女の口ぶりは、＿＿＿＿＿私に非があるかのようだった。
　(A) あたかも　　　　(B) おのずから　　　　(C) なんとも　　　　(D) まんざら

6 都会の生活は＿＿＿＿＿していて、のんびりした私の性に合わない。
　(A) そわそわ　　　　(B) さばさば　　　　(C) すかすか　　　　(D) せかせか

동사

7 経験豊かなスタッフがご案内しますので、ご心配には＿＿＿＿＿。
　(A) 劣りません　　　　(B) 応じません　　　　(C) 及びません　　　　(D) 勝ちません

8 その店員がとても素敵だったので、思わず＿＿＿＿＿しまった。
　(A) 見送って　　　　(B) 見落として　　　　(C) 見とれて　　　　(D) 見合って

정답 | 1 (B)　2 (A)　3 (A)　4 (B)　5 (A)　6 (D)　7 (C)　8 (C)

STEP 3　다음 기출 문제를 풀어 보세요.

**1** 新しい事業計画を立てたが、資金が＿＿＿＿＿実行できそうにない。
(A) 乏しく　　　　(B) 労しく　　　　(C) 険しく　　　　(D) 厳しく

**2** 試験が1週間後に＿＿＿＿＿、彼も緊張している様子だ。
(A) 昇り　　　　　(B) 広まり　　　　(C) 迫り　　　　　(D) 重なり

**3** この国は高温で雨が多く、＿＿＿＿＿している。
(A) だぶだぶ　　　(B) じめじめ　　　(C) のろのろ　　　(D) もぐもぐ

**4** 社長の吉田様に＿＿＿＿＿よろしくお伝えください。
(A) くれぐれも　　(B) てきぱきと　　(C) ひしひしと　　(D) みすみす

**5** たとえ相手が上司であろうと、あまり＿＿＿＿＿頭を下げすぎるのはどうかと思う。
(A) ぐらぐら　　　(B) ぺこぺこ　　　(C) ずきずき　　　(D) つやつや

**6** 恋人が去った今は何もする気がせず、全てが＿＿＿＿＿。
(A) まぶしい　　　(B) かゆい　　　　(C) むなしい　　　(D) だるい

**7** 近所の工事の音がうるさくて、昨夜は＿＿＿＿＿眠れなかった。
(A) よほど　　　　(B) ろくに　　　　(C) もろに　　　　(D) まさか

**8** そんな＿＿＿＿＿食べ方をすると、皆に嫌がれますよ。
(A) はしたない　　(B) うっとうしい　(C) あさましい　　(D) ぎこちない

**9** 先週の大地震は、各地に大きな被害を＿＿＿＿＿。
(A) もたらした　　(B) もてなした　　(C) もらした　　　(D) もよおした

**10** 彼の不注意な運転が、あのような悲惨な事故を＿＿＿＿＿しまった。
(A) 差し出して　　(B) 見合わせて　　(C) 引き起こして　(D) 取り立てて

**1** 새로운 사업 계획을 세웠지만 자금이 <u>부족해서</u> 실행할 수 없을 것 같다.

해설 | 공란 앞의 「資金(しきん)」(자금)이라는 단어와 어울리는 い형용사를 찾는다. (A)의 「乏(とぼ)しい」는 '모자라다, 부족하다', (B)의 「労(いたわ)しい」는 '측은하다, 애처롭다', (C)의 「険(けわ)しい」는 '험하다, 험악하다', (D)의 「厳(きび)しい」는 '엄하다, 혹독하다, 심하다'라는 뜻이므로, 정답은 (A)의 「乏(とぼ)しく」(부족해서)가 된다.

어휘 | 新(あたら)しい 새롭다 事業(じぎょう) 사업 計画(けいかく) 계획 立(た)てる (계획 등을) 세우다, 정하다 実行(じっこう) 실행 동사의 ます형+そうにない ~할 것 같지 않다

**2** 시험이 일주일 후로 <u>다가와서</u> 그도 긴장하고 있는 모습이다.

해설 | 공란 앞에 「1週間後(いっしゅうかんご)」(일주일 후)라는 시기를 나타내는 표현이 있으므로, 이에 어울리는 동사가 와야 한다. 정답은 (C)의 「迫(せま)る」(다가오다, 닥쳐오다)로, '일정한 때가 가까이 닥쳐오다'라는 뜻이다.

어휘 | 試験(しけん) 시험 1週間(いっしゅうかん) 일주일 *「~週間(しゅうかん)」 - ~주간, ~주일 ~後(ご) ~후 緊張(きんちょう) 긴장 様子(ようす) 모습 昇(のぼ)る (해·달이) 뜨다, 떠오르다 広(ひろ)まる 넓어지다 重(かさ)なる 겹치다, 거듭되다

**3** 이 나라는 고온이고 비가 많아서 <u>눅눅하다</u>.

해설 | 온도가 높고 비가 많이 오는 곳이라면 습기가 많아 눅눅할 것이다. 따라서 공란에는 습기가 많아 불쾌한 모양을 나타내는 부사가 와야 하므로, 정답은 (B)의 「じめじめ」(눅눅히)가 된다. (A)의 「だぶだぶ」(헐렁헐렁)는 너무 크거나 남아서 옷 등이 헐렁헐렁한 모양을, (C)의 「のろのろ」(느릿느릿)는 동작이나 일의 진행이 심하게 천천히 되고 있는 모습을, (D)의 「もぐもぐ」(우물우물)는 입안에 무언가가 많이 있거나 씹을 수 없어서 계속 입을 움직이고 있는 모양을 나타낸다.

어휘 | 国(くに) 나라 多(おお)い 많다

**4** 요시다 사장님께 <u>아무쪼록</u> 안부 잘 전해 주십시오.

해설 | 공란 뒤에 「よろしくお伝(つた)えください」(안부 잘 전해 주십시오)라는 표현이 있으므로, 공란에는 남에게 청하거나 부탁할 때 간절함을 나타내는 부사가 와야 한다. 정답은 (A)의 「くれぐれも」로, '아무쪼록, 부디'라는 뜻이다. (B)의 「てきぱきと」(척척)는 일을 재빨리 능숙하게 처리하는 모습을 나타내고, (C)의 「ひしひしと」(오싹오싹, 뼈저리게)는 「寒(さむ)さがひしひしと身(み)に染(し)みる」(추위가 오싹오싹 몸에 스미다)처럼 뭔가 사무치게 느끼는 모양을 나타낸다. (D)의 「みすみす」(빤히 알고도)는 「みすみす損(そん)をした」(빤히 알고도 손해를 봤다)처럼 분명히 알고 있으면서도 그에 상응하는 대응을 하지 않는 모양을 나타낼 때 쓴다.

어휘 | 社長(しゃちょう) 사장(님) ~様(さま) ~님 お+동사의 ます형+ください ~해 주십시오 *존경표현 伝(つた)える 전하다

**5** 설령 상대가 상사라고 하더라도 너무 <u>굽실굽실</u> 머리를 숙이는 것은 어떨까 싶대[별로 좋지 않을 성 싶다].

해설 | 공란 뒤의 「頭(あたま)を下(さ)げる」(머리를 숙이다, 인사하다)라는 표현과 어울리는 부사를 찾는다. 정답은 (B)의 「ぺこぺこ」(굽실굽실)로, 몇 번이나 비굴하게 머리를 숙이는 모습을 나타낸다. 참고로 「ぺこぺこ」가 な형용사로서 「ぺこぺこだ」의 형태가 되면 몹시 배가 고픈 모양을 나타낸다. 「お腹(なか)がぺこぺこだ」(배가 고프다)처럼 쓴다.

어휘 | たとえ 설령, 설사 相手(あいて) 상대 上司(じょうし) 상사 ~であろうと ~이든, ~라고 하더라도 あまり 너무, 지나치게 동사의 ます형+すぎる 너무 ~하다 ぐらぐら 흔들흔들 *(사물이나 기분 등이) 흔들려서 안정감이 없는 모양 ずきずき 욱신욱신 *(상처나 종기 등이) 쑤시면서 아픈 모양 つやつや 반들반들 *광택[윤]이 나는 모양

**6** 연인이 떠난 지금은 아무것도 할 생각이 들지 않아서 모든 것이 <u>공허하다</u>.

해설 | '연인이 떠난 지금은 아무것도 할 생각이 들지 않아서 모든 것이 ~'라고 했으므로, 공란에는 그런 심정을 대변하는 い형용사가 와야 한다. 정답은 (C)의 「むな(虚)しい」로, '공허하다, 헛되다'라는 뜻이다.

어휘 | 恋人(こいびと) 연인  去(さ)る 떠나다  今(いま) 지금  何(なに)も (부정어 수반) 아무것도  気(き)がする 느낌[생각]이 들다
~ず ~하지 않아서  全(すべ)て 모든 것  まぶ(眩)しい 눈부시다  かゆい 가렵다  だるい 나른하다

**7** 근처의 공사 소리가 시끄러워서 어젯밤에는 <u>제대로</u> 잘 수 없었다.

해설 | 공사 때문에 시끄러워서 잠을 잘 못 잤다는 말이므로, 공란에는 '충분히, 만족할 정도로'라는 의미를 지닌 부사가 들어가야 한다. 정답은 (B)의 「ろくに」(제대로)로, 부정어를 수반한다. (A)의 「よほど」는 '상당히, 어지간히', (C)의 「もろに」는 '직접, 정면으로'라는 뜻으로, 「泥水(どろみず)をもろにかぶった」(흙탕물을 정면으로 뒤집어썼다)처럼 쓰고, (D)의 「まさか」(설마)는 「すみません、まさかこんなことになるとは」(죄송합니다, 설마 일이 이렇게 될 줄이야)처럼 쓴다.

어휘 | 近所(きんじょ) 근처  工事(こうじ) 공사  音(おと) 소리  うるさい 시끄럽다  昨夜(ゆうべ) 어젯밤
眠(ねむ)る 자다, 잠자다, 잠들다

**8** 그렇게 볼썽사납게 먹으면 모두가 싫어할 거예요.

해설 | 뒷 문장에서 「皆(みんな)に嫌(いや)がれますよ」(모두가 싫어할 거예요)라고 했으므로, 공란에는 남들이 싫어할 만한 행동에 해당하는 い형용사가 와야 한다. (A)의 「はしたない」는 '볼썽사납다', (B)의 「うっとうしい」는 '마음이 울적하고 답답하다', (C)의 「あさ(浅)ましい」는 '비참하다', (D)의 「ぎこちない」는 '어색하다'라는 의미이므로, 정답은 (A)의 「はしたない」가 된다.

어휘 | そんな 그런, 그렇게  食(た)べる 먹다  동사의 ます형+方(かた) ~하는 법  皆(みんな) 모두  嫌(いや)がる 싫어하다, 꺼려하다

**9** 지난주의 대지진은 각지에 큰 피해를 <u>초래했다</u>.

해설 | 공란 앞의 「被害(ひがい)」(피해)라는 단어와 어울리는 동사를 찾는다. (A)의 「もたらす」는 '초래하다, 야기하다', (B)의 「も(持)てな(成)す」는 '대접하다', (C)의 「も(漏)らす」는 '(비밀 등을) 누설하다', (D)의 「もよお(催)す」는 '개최하다'라는 뜻이므로, 정답은 (A)의 「もたらした」(초래했다)가 된다.

어휘 | 先週(せんしゅう) 지난주  大地震(だいじしん) 대지진  各地(かくち) 각지  大(おお)きな 큰

**10** 그의 부주의한 운전이 그와 같은 비참한 사고를 <u>일으키고</u> 말았다.

해설 | 공란 앞의 「事故(じこ)」(사고)라는 단어와 어울리는 복합동사를 찾는다. (A)의 「差(さ)し出(だ)す」는 '(앞으로) 내밀다', (B)의 「見合(みあ)わせる」는 '보류하다', (C)의 「引(ひ)き起(お)こす」는 '일으키다, 야기하다', (D)의 「取(と)り立(た)てる」는 '징수하다'라는 뜻으로, 정답은 (C)의 「引(ひ)き起(お)こして」(일으키고)가 된다.

어휘 | 不注意(ふちゅうい)だ 부주의하다  運転(うんてん) 운전  あのような (서로 알고 있는) 그와 같은  悲惨(ひさん)だ 비참하다
~てしまう ~해 버리다, ~하고 말다

# 주요 어휘 및 표현 정리 20

| 한자 | 읽기 | 의미 |
|---|---|---|
| ☐ 乏しい | とぼしい | 모자라다, 부족하다 |
| ☐ 実行 | じっこう | 실행 |
| ☐ 緊張 | きんちょう | 긴장 |
| ☐ 様子 | ようす | 모습 |
| ☐ 広まる | ひろまる | 넓어지다 |
| ☐ 重なる | かさなる | 겹치다, 거듭되다 |
| ☐ じめじめ | ・ | 눅눅히 |
| ☐ くれぐれも | ・ | 아무쪼록, 부디 |
| ☐ 伝える | つたえる | 전하다 |
| ☐ 頭を下げる | あたまをさげる | 머리를 숙이다, 인사하다 |
| ☐ たとえ | ・ | 설령, 설사 |
| ☐ 恋人 | こいびと | 연인 |
| ☐ 去る | さる | 떠나다 |
| ☐ 気がする | きがする | 느낌[생각]이 들다 |
| ☐ ろくに | ・ | (부정어 수반) 제대로 |
| ☐ 音 | おと | 소리 |
| ☐ はしたない | ・ | 볼썽사납다 |
| ☐ 嫌がる | いやがる | 싫어하다, 꺼려하다 |
| ☐ 持て成す | もてなす | 대접하다 |
| ☐ 悲惨だ | ひさんだ | 비참하다 |

# UNIT

# 03 명사 및 문법표현 찾기

STEP 1 먼저 핵심 기출 어휘 및 표현과 용법을 익히세요.

## 핵심 기출 어휘 및 표현

▶ 명사

| | | |
|---|---|---|
| 穴 (あな) 구멍 | 骨 (ほね) 뼈, 수고 | 幅 (はば) 폭 |
| 角 (かど) 모퉁이 | うねり 너울 | 訳 (わけ) 이유, 영문 |
| 災い (わざわい) 재앙, 재난, 화 | 要 (かなめ) 중요한 점, 요점 | 閲覧 (えつらん) 열람 |
| 寿命 (じゅみょう) 수명, (물건 등이) 사용에 견디는 기간 | 摩擦 (まさつ) 마찰 | 均衡 (きんこう) 균형 |
| 役目 (やくめ) 임무 | 育児 (いくじ) 육아 | 人柄 (ひとがら) 인품 |
| 芝居 (しばい) 연극 | 陰気 (いんき) 음기, 음산함 | 忍耐 (にんたい) 인내 |
| 干渉 (かんしょう) 간섭 | 分担 (ぶんたん) 분담 | 人材 (じんざい) 인재 |
| 負債 (ふさい) 부채 | 認識 (にんしき) 인식 | 短縮 (たんしゅく) 단축 |
| 油断 (ゆだん) 방심 | 困惑 (こんわく) 곤혹 | 良識 (りょうしき) 양식 |
| 相場 (そうば) 시세 | 鬱憤 (うっぷん) 울분 | 起伏 (きふく) 기복 |
| 腕前 (うでまえ) 솜씨 | 手際 (てぎわ) 솜씨 | 合図 (あいず) 신호 |
| 顔触れ (かおぶれ) 멤버 | 加減 (かげん) 조절 | 克服 (こくふく) 극복 |
| 割合 (わりあい) 비율 | 家賃 (やちん) 집세 | 規制 (きせい) 규제 |
| 本場 (ほんば) 본고장 | 反感 (はんかん) 반감 | 合併 (がっぺい) 합병 |
| 名残 (なごり) 여운, 흔적 | 手当 (てあて) (상처 등의) 치료, 수당 | 気配り (きくばり) 배려 |

356

- 目安めやす 표준, 기준
- 横着おうちゃく 교활함, 뻔뻔스러움
- 感無量かんむりょう 감개무량
- 仕組み しくみ 구조, 짜임새
- 足踏み あしぶみ 제자리걸음, 답보

- 言い訳いわけ 변명
- 無謀むぼう 무모
- 献立こんだて 식단, 메뉴
- 体裁ていさい 외관, 체면
- 適度てきど 적당, 적당한 정도

- 割り当て わりあて 할당
- 取り締まり とりしまり 단속
- 有頂天うちょうてん 기뻐서 어쩔 줄 모름
- 無駄遣い むだづかい 낭비
- 目玉商品めだましょうひん 특별 세일 상품

▶ 가타가나어

- アピール 어필, 호소
- エンジン 엔진
- カロリー 칼로리
- アリバイ 알리바이
- ボート 보트
- キャンセル 캔슬, 취소
- オリンピック 올림픽
- パターン 패턴, 유형
- トラウマ 트라우마, 정신적 외상
- メディア 미디어, 매체
- ニュアンス 뉘앙스, 어감
- ダイヤ 철도의 운행시각표
- アプローチ 어프로치, 접근
- トレーニング 트레이닝, 훈련
- コミュニケーション 커뮤니케이션, 의사소통

- ベテラン 베테랑
- マラソン 마라톤
- ストレス 스트레스
- エチケット 에티켓
- エレガント 우아함
- スムーズ 원활함, 순조로움
- ロマンチック 로맨틱
- プログラム 프로그램
- スプレー 스프레이
- ターゲット 타깃, 표적
- アイドル 아이돌, 우상
- フィクション 픽션, 허구
- インテリ 인텔리, 지식인
- リラックス 릴랙스, 긴장을 풂
- ワンクッション 충격을 완화시키기 위해 사이에 두는 단계

- ポスター 포스터
- キャッチ 캐치, 잡음
- リサイクル 리사이클, 재활용
- ハイキング 하이킹
- カルテ 카르테, 진료 기록 카드
- キャンパス 캠퍼스
- ステージ 스테이지
- サンプル 샘플
- チャレンジ 도전
- スケジュール 스케줄
- エスカレーター 에스컬레이터
- ラッシュアワー 러시아워
- コレクション 컬렉션, 수집(품)
- ジャーナリスト 저널리스트

- **~げ(だ)** : ~한 듯함(외부에서 보았을 때 추측되는 기색·모양·느낌·경향 등의 뜻을 나타냄)
  - 例 彼女はとても悲しげな顔で座っていた。
  - 그녀는 매우 슬픈 듯한 얼굴로 앉아 있었다.

- **~なくしては** : ~없이는
  - 例 辛い経験なくしては、本当の人生は味わえない。
  - 힘든 경험 없이는 진정한 인생은 맛볼 수 없다.

- **~恐れがある** : ~할 우려가 있다(~의 위험성이 있다(그래서 걱정이다))
  - 例 この状態が続くと、消費はもっと落ち込む恐れがある。
  - 이 상태가 지속되면 소비는 더욱 침체될 우려가 있다.

- **~に伴って** : ~에 동반해[따라](A와 함께 B도 일어남)
  - 例 体の成長に伴って、精神的にも大人になっていく。
  - 몸의 성장에 동반해 정신적으로도 어른이 되어 간다.

- **~に沿って** : ~에[을] 따라(기준이 되는 것에서 벗어나지 않도록 함)
  - 例 点線に沿って切り取ってお使いください。
  - 점선을 따라 오려 내서 쓰세요.

- **~あまり** : ~한 나머지
  - 例 驚いたあまり、つい泣いてしまった。
  - 놀란 나머지 그만 울어 버렸다.

- **~にしては** : ~치고는(~비해서는, 보통 예상되는 것과 달리)
  - 例 子供が描いたにしては、上手だと思う。
  - 아이가 그린 것치고는 잘 그렸다고 생각한다.

- **~いかんでは** : ~여하에 따라서는
  - 例 今度の試験の結果いかんでは、昇進できなくなるかもしれない。
  - 이번 시험 결과 여하에 따라서는 승진할 수 없게 될지도 모른다.

- **~だらけ** : ~투성이(마이너스인 것이 많이 있는 상태)
  - 例 あまり掃除をしていないので、部屋は埃だらけだ。
  - 별로 청소를 하지 않고 있어서 방은 먼지투성이다.

- **~まみれ** : ~투성이, ~범벅(더러운 것이 표면 전체에 붙어 있는 상태)
  - 例 家に帰ってきた息子の体は泥まみれになっていた。
  - 집에 돌아온 아들의 몸은 흙투성이가 되어 있었다.

- **~ずくめ** : ~뿐, ~일색(온통 그것뿐임)
  - 例 規則ずくめの寮生活に嫌気がさした。
  - 규칙 일색인 기숙사 생활에 싫증이 났다.

- **동사의 기본형+一方だ** : ~할 뿐이다, ~하기만 하다(한 방향(대부분은 마이너스의 방향)으로만 변화가 진행됨)
  - 例 不景気の影響で、失業者の数は増える一方だ。

    불경기의 영향으로 실업자 수는 늘기만 한다.

- **동사의 기본형+まじき** : ~할 수 없는, ~해서는 안 될(결코 ~해서는 안 된다)
  - 例 生徒をいじめるなんて、教師としてあるまじきことだ。

    학생을 괴롭히다니 교사로서 있어서는 안 될 일이다.

- **~の際は** : ~할 때는
  - 例 非常の際は、このボタンを押してください。

    비상시에는 이 버튼을 눌러 주세요.

- **~かたわら** : ~하는 한편(주로 ~일을 하면서 그 한편으로)
  - 例 彼は俳優として活躍するかたわら、様々な事業にも取り組んでいる。

    그는 배우로서 활약하는 한편, 다양한 사업에도 매진하고 있다.

- **~だけあって** : ~인 만큼
  - 例 彼はアメリカに留学しただけあって、英語の発音がいい。

    그는 미국에 유학한 만큼 영어 발음이 좋다.

- **~てはじめて** : ~하고 비로소
  - 例 友達を失ってはじめて友情の大切さに気付いた。

    친구를 잃고 나서 비로소 우정의 소중함을 깨달았다.

- **동사의 ます형+ようがない** : ~할 수가 없다, ~할 방법이 없다(수단·방법이 없음)
  - 例 名前も電話番号も知らないでは、連絡の取りようがない。

    이름도 전화번호도 몰라서는 연락을 취할 수가 없다.

- **~わりに(は)** : ~에 비해서(는)(~으로부터 당연히 생각되는 것과는 달리, 의외로)
  - 例 この料理は時間がかかったわりにはおいしくないと思う。

    이 요리는 시간이 걸린 것에 비해서는 맛있지 않은 것 같다.

- **~かたがた** : ~할 겸, ~을 겸하여(두 개의 목적을 가지고 ~하다(격식 차린 표현))
  - 例 この間のお礼かたがたお伺いしました。

    요전의 감사 인사 겸 찾아뵈었습니다.

- **~に基づいて** : ~에 근거해서, ~에 의거하여
  - 例 これは歴史的な事実に基づいて書かれた本です。

    이것은 역사적인 사실에 근거해서 쓰여진 책입니다.

- **~に決まっている** : ~임에 틀림없다, 분명[반드시] ~이다(확신)
  - 例 状況から見て、彼女の話は嘘に決まっている。

    상황으로 보아 그녀의 이야기는 거짓말임에 틀림없다[분명 거짓말이다].

- **~ならではの** : ~이 아니고는 할 수 없는, ~특유의, ~만의
  - 예 この時期ならではの秋の味覚をお楽しみくださいませ。
    이 시기만의 가을 미각을 즐겨 주십시오.

- **~て以来** : ~한 이래
  - 예 卒業して以来、彼女には一度も会っていない。
    졸업한 이래 그녀는 한 번도 안 만났다.

- **~てならない** : 매우 ~하다(참을 수 없을 정도로 ~하다(강한 감정·감각·욕구))
  - 예 彼女は息子が大学に合格して嬉しくてならないそうだ。
    그녀는 아들이 대학에 합격해서 매우 기쁘다고 한다.

- **~か~ないかのうちに** : ~하자마자
  - 예 授業の終了ベルが鳴るか鳴らないかのうちに、生徒たちが教室を飛び出していった。
    수업 종료 벨이 울리자마자 학생들이 교실을 뛰쳐나갔다.

- **~にかたくない** : ~하기에 어렵지 않다, 쉽게 ~할 수 있다
  - 예 子供を亡くした親の悲しみは、察するにかたくない。
    아이를 잃은 부모의 슬픔은 헤아리기에 어렵지 않다.

- **~にせよ** : ~라고 해도
  - 예 どんな仕事をするにせよ、大変なことはあるものだ。
    어떤 일을 한다고 해도 힘든 일은 있는 법이다.

- **~を禁じ得ない** : ~을 금할 길이 없다(~의 감정을 억누를 수 없다)
  - 예 その人の話を聞いて涙を禁じ得なかった。
    그 사람의 이야기를 듣고 눈물을 금할 길이 없었다.

- **~を余儀なくされる** : 어쩔 수 없이 ~하게 되다, ~할 수밖에 없다
  - 예 地震で家を失った人々は仮設テントでの暮らしを余儀なくされた。
    지진으로 집을 잃은 사람들은 가설 텐트에서의 생활을 할 수밖에 없었다.

- **~に即して** : ~에 입각[의거]해서
  - 예 今度の件は法律に即して処分されるだろう。
    이번 건은 법률에 입각해서 처분받을 것이다.

- **~よりほかない** : ~할 수밖에 (방법이) 없다
  - 예 お酒を飲んで運転するなんて、無茶と言うよりほかない。
    술을 마시고 운전하다니 무모하다고 말할 수밖에 없다.

---

기타 문법표현은
PART 6 오문정정 UNIT 1(p.286), UNIT 3(p.306)과 PART 7 공란메우기 UNIT 1(p.334) 참고

**STEP 2** 공란에 들어갈 알맞은 표현을 찾아보세요.

명사

**1** この洗濯機はもう駄目だ。そろそろ＿＿＿＿＿かもしれない。
(A) 懸命　　　　　(B) 寿命　　　　　(C) 運命　　　　　(D) 革命

**2** これが本日の＿＿＿＿＿商品です。定価の5割引となっています。
(A) 最大限　　　　(B) 足踏み　　　　(C) 目玉　　　　　(D) 大手

가타카나어

**3** 無料の＿＿＿＿＿をご希望の方は、この機会に是非どうぞ。
(A) ポーズ　　　　(B) アリバイ　　　(C) カルテ　　　　(D) サンプル

**4** 自分の能力をどんどん＿＿＿＿＿しないと、なかなか認めてもらえないよ。
(A) アピール　　　(B) オープン　　　(C) スプレー　　　(D) キャッチ

문법표현

**5** 大学を卒業＿＿＿＿＿以来、ずっと友人に会っていない。
(A) した　　　　　(B) して　　　　　(C) する　　　　　(D) から

**6** さっきの説明では、反論は出なかったに＿＿＿＿＿、納得できない人もいただろう。
(A) つき　　　　　(B) 反し　　　　　(C) せよ　　　　　(D) 関わらず

**7** 何度も引っ越しをしているから、うちの家具は傷＿＿＿＿＿だ。
(A) だらけ　　　　(B) のせい　　　　(C) ぎみ　　　　　(D) がち

**8** せっかく海外へ行くなら、その国＿＿＿＿＿の体験をしたい。
(A) がてら　　　　(B) ずくめ　　　　(C) たりとも　　　(D) ならでは

정답 | 1 (B)  2 (C)  3 (D)  4 (A)  5 (B)  6 (C)  7 (A)  8 (D)

**STEP 3** 다음 기출 문제를 풀어 보세요.

**1** その話、彼女には＿＿＿＿＿＿置いてから言った方がいいだろう。
 (A) ベテラン     (B) チャレンジ     (C) プログラム     (D) ワンクッション

**2** ある大学では、合格者の男女の＿＿＿＿＿＿は5対2だそうだ。
 (A) 割合     (B) 試合     (C) 釣合     (D) 具合

**3** さっきから家の周りを＿＿＿＿＿＿な人がうろうろしている。
 (A) 怪しく     (B) 怪しさ     (C) 怪しい     (D) 怪しげ

**4** お年寄りを騙して金を取るなんて、人間として＿＿＿＿＿＿行為だ。
 (A) あるべき     (B) あり得る     (C) あるまじき     (D) あるゆえの

**5** 監督と選手の間にできた＿＿＿＿＿＿を解消しない限り、優勝は望めないだろう。
 (A) わざわい     (B) うっぷん     (C) うねり     (D) しこり

**6** 娘が久しぶりに留学先から帰って来るので、嬉しくて＿＿＿＿＿＿。
 (A) すまない     (B) かまわない     (C) ならない     (D) いけない

**7** あんな無責任な発言ばかりしていると、＿＿＿＿＿＿を疑うよな。
 (A) 良好     (B) 良識     (C) 良質     (D) 良性

**8** 国の母を看病するためには、帰国する＿＿＿＿＿＿。
 (A) わけにはいかない       (B) よりほかない
 (C) どころではない       (D) にすぎない

**9** 客を大事にしないあんな店には、もう二度と＿＿＿＿＿＿。
 (A) 行くまい     (B) 行きかねない     (C) 行きやすい     (D) 行くに決まっている

**10** この病院では、これ以上処置ができないと言われ、転院を＿＿＿＿＿＿。
 (A) するまでのことだ       (B) するにとどまった
 (C) 禁じ得なかった       (D) 余儀なくされた

## 해설 및 정답 명사 및 문법표현·기출 확인 문제

**1** 그 이야기, 그녀에게는 <u>사이에 한 단계를 둔 후에</u> 말하는 편이 좋을 것이다.

해설 | 공란 뒤에 「置(お)いてから言(い)った方(ほう)がいいだろう」(둔 후에 말하는 편이 좋을 것이다)라는 문장이 있으므로, 공란에는 말하는 방식을 나타내는 가타카나어가 와야 한다. (A)의 「ベテラン」은 '베테랑', (B)의 「チャレンジ」는 '도전', (C)의 「プログラム」는 '프로그램', (D)의 「ワンクッション」은 '충격을 완화시키기 위해 사이에 두는 단계'라는 뜻이므로, 정답은 (D)의 「ワンクッション」이 된다.

어휘 | 話(はなし) 이야기 置(お)く 놓다, 두다 ~てから ~하고 나서, ~한 후에 동사의 た형+方(ほう)がいい ~하는 편[쪽]이 좋다

**2** 어떤 대학에서는 합격자의 남녀 <u>비율</u>은 5 대 2라고 한다.

해설 | 공란 앞의 「男女(だんじょ)」(남녀)라는 단어와 공란 뒤의 「5(ご)対(たい)2(に)」(5 대 2)라는 내용으로 보아, 공란에는 두 가지 이상의 수량을 비교할 때 쓰는 말이 들어가야 하므로, 정답은 (A)의 「割合(わりあい)」(비율)가 된다.

어휘 | ある 어느, 어떤 大学(だいがく) 대학 合格者(ごうかくしゃ) 합격자 対(たい) (비교의) 대 품사의 보통형+そうだ ~라고 한다 *전문 試合(しあい) 시합 釣合(つりあい) 균형, 조화 具合(ぐあい) (건강) 상태

**3** 아까부터 집 주위를 <u>수상한 듯한</u> 사람이 어슬렁거리고 있다.

해설 | 선택지에는 「怪(あや)しい」(수상하다)의 기본형과 활용형이 나와 있는데, 공란 뒤에 「~な」가 있으므로, 이와 접속 가능한 형태를 찾는다. 정답은 (D)의 「怪(あや)しげ」(수상한 듯함)로, 「~げ」(~한 듯함)는 동사의 ます형·い형용사의 어간·な형용사의 어간에 접속해서 な형용사화하는 접속사이다. 외부에서 보았을 때의 추측되는 기색·모양·느낌·경향 등의 뜻을 나타낸다.

어휘 | さっき 조금 전, 아까 家(いえ) 집 周(まわ)り 주위, 주변 うろうろ 어슬렁어슬렁

**4** 노인을 속여 돈을 빼앗다니 인간으로서 <u>있어서는 안 될</u> 행위다.

해설 | 노인을 속여 돈을 빼앗는 짓은 인간으로서 해서는 안 될 행위이다. 따라서 공란에는 해서는 안 되는 행위나 태도에 대해서 비난을 담아 말하는 표현이 와야 하므로, 정답은 (C)의 「あるまじき」(있어서는 안 될)가 된다. 「동사의 기본형+まじき」는 '~해서는 안 될'이라는 뜻으로, 주로 「あるまじき」의 형태로 쓰인다.

어휘 | お年寄(としよ)り 노인 騙(だま)す 속이다 金(かね) 돈 取(と)る 빼앗다 人間(にんげん) 인간 ~として ~로서 行為(こうい) 행위 동사의 기본형+べき (마땅히) ~해야 할 あり得(え)る 그렇게 될 가능성이 있다, 있을 수 있다(=あり得(う)る) ~ゆえの ~이기 때문의~

**5** 감독과 선수 사이에 생긴 <u>응어리</u>를 해소하지 않는 한 우승은 바랄 수 없을 것이다.

해설 | 공란 뒤의 「解消(かいしょう)」(해소)라는 단어와 어울리는 명사를 찾는다. (A)의 「わざわ(災)い」는 '재앙, 재난, 화', (B)의 「うっぷん(鬱憤)」은 '울분', (C)의 「うねり」는 '너울', (D)의 「しこり」는 '응어리'라는 뜻이므로, 정답은 (D)가 된다.

어휘 | 監督(かんとく) 감독 選手(せんしゅ) 선수 間(あいだ) (사람과 사람) 사이 できる 생기다 ~ない限(かぎ)り ~하지 않는 한 優勝(ゆうしょう) 우승 望(のぞ)む 바라다, 원하다

PART 7

공란메우기

**6** 딸이 오랜만에 유학간 곳에서 돌아오기 때문에 매우 기쁘<u>다</u>.

해설 | 딸이 오랜만에 유학간 곳에서 돌아오면 매우 기쁠 것이다. 따라서 공란에는 앞의 「~て」에 접속하여 '참을 수 없을 정도로 ~하다'라는 저절로 생겨나는 감정을 강조하는 표현이 와야 한다. 정답은 (C)의 「ならない」로, 「~てならない」는 감정・상태를 나타내는 형용사와 동사에 접속해서 '매우 ~하다'라는 뜻을 나타낸다.

어휘 | 娘(むすめ) (자신의) 딸  久(ひさ)しぶり 오랜만임  留学先(りゅうがくさき) 유학간 곳  帰(かえ)る 돌아오다
嬉(うれ)しい 기쁘다  すまない 미안하다  かまわない 상관없다  いけない 좋지 않다, 바람직하지 않다

**7** 저런 무책임한 발언만 하고 있으면 <u>양식</u>을 의심하게 되지.

해설 | 공란 앞의 「無責任(むせきにん)な発言(はつげん)」(무책임한 발언)이라는 내용과 공란 뒤의 「疑(うたが)う」(의심하다)라는 동사로 보아 공란에는 (B)의 「良識(りょうしき)」(양식, 사회인으로서의 건전한 판단력)가 오는 것이 적절하다. (A)의 「良好(りょうこう)」는 '양호, 좋은 일, 바람직한 일', (C)의 「良質(りょうしつ)」는 '양질, 품질이 뛰어난 것', (D)의 「良性(りょうせい)」는 '양성, 좋은 성질'이라는 뜻이므로, 정답은 (B)가 된다.

어휘 | あんな 저런  ~ばかり ~만, ~뿐  疑(うたが)う 의심하다

**8** 고국의 어머니를 간병하기 위해서는 귀국할 <u>수밖에 없다</u>.

해설 | 문제는 어머니를 간병하기 위해서는 귀국이라는 방법밖에 없다는 뜻이 되어야 하므로, 공란에는 어떤 일에 있어서 가능한 수단이나 방법이 그것밖에 없으므로 그렇게 할 수밖에 없음을 나타내는 표현이 와야 한다. 정답은 (B)의 「~よりほかない」로, '~할 수 밖에 없다'라는 뜻이다. (A)의 「~わけにはいかない」((그렇게 간단히) ~할 수는 없다)는 「今更(いまさら)諦(あきら)めるわけにはいかない」(이제 와서 단념할 수는 없다)처럼 쓰고, (C)의 「~どころではない」(~할 상황이 아니다)는 어떤 이유가 있어서 그것을 할 상황이 아님을 나타내는 표현으로 「風邪(かぜ)を引(ひ)いて旅行(りょこう)どころではない」(감기에 걸려서 여행할 상황이 아니다)처럼 쓰며, (D)의 「~にすぎない」(~에 불과하다, ~에 지나지 않다)는 '그 이상의 것은 아니다, 단지 그 정도의 것이다'라는 뜻으로 정도의 낮음을 강조할 때 쓴다.

어휘 | 国(くに) 고국, 고향  母(はは) (자신의) 어머니  看病(かんびょう) 간병  ~ためには ~하기 위해서는  帰国(きこく) 귀국

**9** 손님을 소중히 하지 않는 저런 가게에는 이제 두 번 다시 <u>가지 않겠</u>다.

해설 | 공란 앞에 「もう二度(にど)と」(이제 두 번 다시)라는 부정표현이 있으므로, 공란에는 '~하지 않겠다'라는 부정의 의지를 나타내는 표현이 와야 한다. 정답은 (A)의 「行(い)くまい」(가지 않겠다)로, 「~まい」는 동사의 기본형에 접속한다.

어휘 | 客(きゃく) 손님  大事(だいじ)だ 소중하다  あんな 저런  店(みせ) 가게  もう 이제
二度(にど)と (부정어 수반) 두 번 다시  동사의 ます형+かねない ~할지도 모른다  동사의 ます형+やすい ~하기 쉽다[편하다]
~に決(き)まっている 분명히 ~일 것이다, ~임에 틀림없다

**10** 이 병원에서는 이 이상 처치를 할 수 없다는 말을 들어 <u>어쩔 수 없이</u> 전원하게 되었다.

해설 | 문제는 본인이 원해서가 아니라 지금 입원 중인 병원에서 더 이상 치료 방법이 없어서 옮긴다는 의미이므로, 공란에는 부득이한 상황을 나타내는 표현이 와야 한다. 정답은 (D)의 「~を余儀(よぎ)なくされる」로, '어쩔 수 없이 ~하게 되다'라는 뜻이다. (A)의 「~までのことだ」는 '~하면 그만이다'라는 뜻이고, (B)의 「~にとどまる」는 숫자와 함께 쓰여 '~에 그치다'라는 뜻을, (C)의 「~を禁(きん)じ得(え)ない」(~을 금할 수 없다)는 '감정을 억누르거나 참을 수 없다'라는 뜻을 나타낸다.

어휘 | 病院(びょういん) 병원  これ以上(いじょう) 이 이상  処置(しょち) (상처・병에 대한) 처치
転院(てんいん) 전원, 환자가 치료받던 병원에서 다른 병원으로 옮김

| 한자 | 읽기 | 의미 |
|---|---|---|
| ☐ 男女 | だんじょ | 남녀 |
| ☐ 対 | たい | (비교의) 대 |
| ☐ 釣合 | つりあい | 균형, 조화 |
| ☐ 具合 | ぐあい | (건강) 상태 |
| ☐ 怪しい | あやしい | 수상하다 |
| ☐ 周り | まわり | 주위, 주변 |
| ☐ うろうろ | ・ | 어슬렁어슬렁 |
| ☐ あるまじき | ・ | 있어서는 안 될 |
| ☐ お年寄り | おとしより | 노인 |
| ☐ 災い | わざわい | 재앙, 재난, 화 |
| ☐ しこり | ・ | 응어리 |
| ☐ 良識 | りょうしき | 양식, 사회인으로서의 건전한 판단력 |
| ☐ 疑う | うたがう | 의심하다 |
| ☐ 国 | くに | 고국, 고향 |
| ☐ 看病 | かんびょう | 간병 |
| ☐ 帰国 | きこく | 귀국 |
| ☐ 大事だ | だいじだ | 소중하다 |
| ☐ 処置 | しょち | (상처·병에 대한) 처치 |
| ☐ 転院 | てんいん | 전원, 환자가 치료받던 병원에서 다른 병원으로 옮김 |
| ☐ ～を余儀なくされる | ～をよぎなくされる | 어쩔 수 없이 ～하게 되다 |

# 관용표현 및 기타 적절한 표현 찾기

STEP 1 먼저 핵심 기출 어휘 및 표현과 용법을 익히세요.

## 핵심 기출 어휘 및 표현

▶ **관용표현**

- 面倒を見る 돌보다, 보살피다

- 汗をかく 땀을 흘리다

- ばかにならない 무시할 수 없다

- お金を稼ぐ 돈을 벌다

- 気が重い 마음이 무겁다

- 口が堅い 입이 무겁다

- 決まりが悪い 쑥스럽다, 겸연쩍다

- 注目の的 주목의 대상

- 電話をかける 전화를 걸다

- 気に障る 신경에 거슬리다

- お茶を入れる 차를 끓이다

- 融通が利く 융통성이 있다

- 拍車をかける 박차를 가하다

- 歯止めをかける 제동을 걸다

- お金に卑しい 돈에 째째하다

- 虫がいい 뻔뻔스럽다

- 腹が立つ 화가 나다

- 頭に来る 화가 나다

- 目が回る 몹시 바쁘다

- 時間を割く 시간을 내다[할애하다]

- 朝飯前 식은 죽 먹기

- でこぼこ道 울퉁불퉁한 길

- ひんしゅくを買う 빈축을 사다

- 注目を浴びる 주목을 받다

- 全力を尽くす 전력을 다하다

- 軌道に乗る 궤도에 오르다

- 話の腰を折る 말허리를 자르다

- お茶を濁す 어물어물 넘기다

- 梅雨が明ける 장마가 끝나다

- 気に食わない 마음에 들지 않다

- 頭が切れる 두뇌 회전이 빠르다
- 見るに見かねる 차마 볼 수 없다
- 愛想が尽きる 정나미가 떨어지다
- ダイヤが乱れる 열차 운행표에 크게 혼란이 일어나다
- 火の車 살림이 쪼들림
- 息を呑む (놀라움·두려움 등으로) 숨을 삼키다
- 突拍子もない 엉뚱하다, 생뚱맞다
- 埒が明かない 결말[해결]이 나지 않다
- 根掘り葉掘り 꼬치꼬치, 미주알고주알
- 根に持つ 앙심을 품다
- 目が覚める 잠이 깨다
- 手が塞がる 딴 일에 손댈 수 없다
- 専らの噂 소문이 자자함
- 一途を辿る (~을 향한) 일로를 걷다
- 口を出す 말참견을 하다
- 目を通す 훑어보다
- 身に付ける (지식·기술 등이) 몸에 배다
- 昼寝をする 낮잠을 자다
- 二つ返事 흔쾌히 승낙함
- 物音がする 소리가 나다
- 腕を揮う 솜씨를 발휘하다

- 親の脛をかじる 부모에게 의존하다
- 金遣いが荒い 돈 씀씀이가 헤프다
- 嫌気が差す 지겹다, 싫증이 나다
- 一目置く 한 수 위로 보다
- 時計が進んでいる 시계가 빠르다
- 草の根を分けても 온갖 방법으로, 무슨 수를 써서라도
- だだをこねる 떼를 쓰다, 응석을 부리다
- ブレーキがかかる 브레이크가[제동이] 걸리다
- 目から火が出る 눈에서 불이 번쩍 나다
- 目がない 사족을 못 쓰다
- 鯖を読む 수량을 속이다
- 言い訳をする 변명을 하다
- 胸を打たれる 감동을 받다
- 台無し 노력한 보람이 없음
- お金を下ろす 돈을 찾다[인출하다]
- 身に染みる 뼈저리게 느끼다
- ピリオドを打つ 종지부를 찍다
- 時間を潰す 시간을 때우다
- お金を崩す 잔돈으로 바꾸다
- 愚痴をこぼす 푸념을 늘어놓다
- 顔を潰す 체면을 손상시키다

- 体<small>からだ</small>がだるい 몸이 나른하다
- 口<small>くち</small>が過<small>す</small>ぎる 말이 지나치다
- 相<small>あい</small>づちを打<small>う</small>つ 맞장구를 치다
- 相談<small>そうだん</small>に乗<small>の</small>る 상담에 응하다
- 誤解<small>ごかい</small>が解<small>と</small>ける 오해가 풀리다
- 足踏<small>あしぶ</small>みをする 제자리걸음을 하다, 답보상태다
- 髭<small>ひげ</small>を剃<small>そ</small>る 수염을 깎다, 면도하다
- 見<small>み</small>かけに寄<small>よ</small>らない 겉보기와는 다르다
- うなぎ登<small>のぼ</small>り (물가・지위 등이) 계속 올라감
- 顔<small>かお</small>から火<small>ひ</small>が出<small>で</small>る 부끄러워 얼굴이 화끈거리다
- 地団駄<small>じだんだ</small>を踏<small>ふ</small>む 발을 동동 구르며 분해하다
- 折<small>お</small>り合<small>あ</small>いがつく 타협이 되다

- 歯<small>は</small>が立<small>た</small>たない 당해 낼 수 없다, 감당할 수 없다
- 名残<small>なごり</small>を惜<small>お</small>しむ 이별을 아쉬워하다
- しのぎを削<small>けず</small>る 극심하게 경쟁하다
- 首<small>くび</small>を傾<small>かし</small>げる 의심스럽게 생각하다
- 油<small>あぶら</small>を売<small>う</small>る 잡담으로 시간을 보내다
- 合<small>あ</small>わせる顔<small>かお</small>がない 대할 낯이 없다, 면목이 없다
- けりがつく 끝이 나다, 결론이 나다
- 非<small>ひ</small>の打<small>う</small>ち所<small>どころ</small>がない 나무랄 데가 없다
- へそを曲<small>ま</small>げる 토라져서 심통을 부리다
- 土壇場<small>どたんば</small>になる 막판에 이르다, 궁지에 몰리다
- 手<small>て</small>を出<small>だ</small>す 손을 대다
- 耳<small>みみ</small>を澄<small>す</small>ます 귀를 기울이다

▶ **속담**
- 三日坊主<small>みっかぼうず</small> 작심삼일
- 雀<small>すずめ</small>の涙<small>なみだ</small> 새발의 피
- 高嶺<small>たかね</small>の花<small>はな</small> 그림의 떡
- 目<small>め</small>と鼻<small>はな</small>の先<small>さき</small> 엎어지면 코 닿을 데, 매우 가까움
- 泣<small>な</small>き面<small>つら</small>に蜂<small>はち</small> 우는 얼굴에 벌침, 설상가상
- 住<small>す</small>めば都<small>みやこ</small> 정들면 고향
- 身<small>み</small>から出<small>で</small>た錆<small>さび</small> 자업자득
- 猫<small>ねこ</small>に小判<small>こばん</small> 돼지 목에 진주

- 犬猿<small>けんえん</small>の仲<small>なか</small> 견원지간
- 蛙<small>かえる</small>の子<small>こ</small>は蛙<small>かえる</small> 부전자전
- 鬼<small>おに</small>に金棒<small>かなぼう</small> 범에게 날개
- あばたもえくぼ 제 눈에 안경
- 備<small>そな</small>えあれば憂<small>うれ</small>い無<small>な</small>し 유비무환
- 急<small>いそ</small>がば回<small>まわ</small>れ 급할수록 돌아가라
- 寝耳<small>ねみみ</small>に水<small>みず</small> 아닌 밤중에 홍두깨
- 鶴<small>つる</small>の一声<small>ひとこえ</small> 권위자의 말 한마디

・知らぬが仏 모르는 게 약

・花より団子 금강산도 식후경

・井の中の蛙 우물 안 개구리

・月とすっぽん 하늘과 땅 차이

・焼け石に水 언 발에 오줌 누기

・灯台下暗し 등잔 밑이 어둡다

・どんぐりの背比べ 도토리 키 재기

・棚からぼたもち 굴러들어온 호박

・噂をすれば影がさす 호랑이도 제 말하면 온다

・猿も木から落ちる 원숭이도 나무에서 떨어진다

・千里の道も一歩より始まる 천 리 길도 한 걸음부터

・仏の顔も三度 참는 데도 한계가 있다

・飼い犬に手を噛まれる 믿는 도끼에 발등 찍힌다

・人の噂も七十五日 남의 말도 석 달, 소문은 오래가지 않는다

・雨垂れ石を穿つ 낙숫물이 댓돌을 뚫는다, 작은 힘이라도 계속하면 성공한다

・無くて七癖 누구라도 버릇이 없는 사람은 없다

・石の上にも三年 참고 견디면 성공할 날이 있다

・あぶ蜂取らず 욕심을 내다가 모두 놓치게 된다

・一寸の虫にも五分の魂 지렁이도 밟으면 꿈틀한다

・飛ぶ鳥を落とす勢い 나는 새를 떨어뜨리는 권세, 권세가 대단함

・安物買いの銭失い 싼 게 비지떡

・光陰矢の如し 세월은 화살과 같다

・のれんに腕押し 아무런 효과가 없음

・馬耳東風 마이동풍, 소 귀에 경 읽기

・百聞は一見に如かず 백문이 불여일견

・医者の不養生 언행이 일치하지 않다

・濡れ手で粟 수고도 없이 손쉽게 이득을 보다

・悪事千里を走る 나쁜 일은 금새 알려진다

・後の祭り 소 잃고 외양간 고친다

・塵も積もれば山となる 티끌 모아 태산

# 접속사

**❶ 순접 접속사**

- そこで 그래서
- すると 그러자
- では 그럼
- したがって 따라서
- だから 그러므로
- それで 그래서
- そのために 그 때문에
- ですから 그래서
- それから 그리고
- ゆえに 그러므로, 따라서
- だったら 그렇다면
- それなら 그렇다면

**❷ 역접 접속사**

- でも 하지만
- だが 하지만
- しかし 그러나
- だけど 하지만
- ところが 하지만
- けれども 하지만
- だって 하지만
- それでも 그런데도
- しかしながら 그렇지만

**❸ 첨가 접속사**

- また 또
- なお 또한
- しかも 게다가
- それに 게다가
- おまけに 게다가
- その上 게다가

**❹ 선택 접속사**

- または 또는
- もしくは 또는
- あるいは 또는
- それとも 그렇지 않으면, 아니면 혹은
- ないし 또는, 혹은 *'내지'라는 의미로 '범위'를 나타내기도 함.

**❺ 설명 접속사**

- ただし 다만
- なぜなら 왜냐하면
- もっとも 다만
- ちなみに 덧붙여

**❻ 병렬 접속사**

- また 또
- および 및
- ならびに 및
- かつ 또한
- それから 그리고

**❼ 화제 전환 접속사**

- さて 그런데
- ところで 그런데
- そう言えば 그러고 보니

# 가정법

**①  ～ば**

- 속담은 대부분 「**ば**」가정법으로 나타냄.
  - **예** 急がば回れ。
    급할수록 돌아가라.

- 논리적, 항상적, 법칙적인 관계나 인과관계를 나타냄.
  - **예** 春になれば様々な花が咲く。
    봄이 되면 여러 가지 꽃이 핀다.

- 「**～さえ**」(～만)와 함께 사용되어 최소 조건을 나타냄.
  - **예** 時間さえあれば行きます。
    시간만 있으면 가겠습니다.

- 「**～ば～ほど**」(～하면 ～할수록), 「**～も～ば～も**」(～도 ～하고[하거니와] ～도), 「**～ばこそ**」(～이기에, ～때문에), 「**～ばそれまでだ**」(～하면 그것으로 끝이다) 등 정해진 문법 표현으로 사용.
  - **예** 運動は練習すればするほど上手になる。
    운동은 연습하면 할수록 능숙해진다.
  - **예** 彼女は肯定もしなければ否定もしなかった。
    그녀는 긍정도 하지 않고 부정도 하지 않았다.
  - **예** 君を思えばこそ、こんなに厳しく言うのだ。
    너를 생각하기 때문에 이렇게 엄하게 말하는 것이다.
  - **예** いくら素晴らしい技術があったとしても販売戦略がなければそれまでだ。
    아무리 훌륭한 기술이 있다 해도 판매 전략이 없으면 그것으로 끝이다.

**②  ～と**

- 필연적 조건을 나타냄.
  - **예** 水は100度になると、沸騰する。
    물은 100도가 되면 끓어오른다.

- 길을 안내할 때 사용함.
  - **예** あの角を右に曲がると、郵便局があります。
    저 모퉁이를 오른쪽으로 돌면 우체국이 있습니다.

- '～하자', '～했더니'라는 의미로 어떤 사실의 발견을 나타냄.
  - **예** 部屋に入ると、弟は木で何かを作っていた。
    방에 들어갔더니 남동생은 나무로 뭔가를 만들고 있었다.

- 「**と**」가정법 앞에는 **た**형이 올 수 없으며 기본형에 접속.
  - **예** これはやってみたと(→みると)わかります。
    이것은 해 보면 알 수 있습니다.

❸ ～たら

- 가정적인 상황이나 시간의 경과를 나타냄.
  - 예 仕事が終わったら、そちらに伺います。
    일이 끝나면 그쪽으로 찾아뵙겠습니다.

- 어떤 행동을 한 뒤의 새로운 사실의 발견을 나타냄.
  - 예 似ていると思ったら、双子だった。
    닮았다고 생각했더니 쌍둥이였다.

- 행위가 성립하는 상황의 설정을 나타냄. 뒷부분에는 명령·의뢰·허가·권유 등의 표현이 옴.
  - 예 駅に着いたら、電話してください。
    역에 도착하면 전화해 주세요.

❹ ～なら

- 가상적인 사항이나 사태를 나타냄.
  - 예 結婚するなら、何と言っても優しい人がいい。
    결혼한다면 뭐니 뭐니 해도 다정한 사람이 좋다.

- 주제를 나타냄.
  - 예 彼ならとっくに家に帰ってしまったよ。
    그라면 한참 전에 집에 돌아가 버렸어.

- 몰랐던 사실에 대한 후회나 유감을 나타냄.
  - 예 バーゲンになるなら買わないで我慢すべきだったのに。
    세일을 한다면 사지 않고 참았어야 했는데.

- 상대방 말에 근거한 권유·추천·충고·조언 등을 나타냄.
  - 예 靴を買うなら、デパートよりあの店がいいよ。
    구두를 살 거면 백화점보다 저 가게가 좋아.

- 실현 가능성이 희박한 사실의 가정을 나타냄.
  - 예 私が鳥なら空を飛んでみたい。
    내가 새라면 하늘을 날아 보고 싶다.

**STEP 2** 공란에 들어갈 알맞은 표현을 찾아보세요.

관용표현 및 속담

**1** 一度_____に付いた生活習慣は、なかなか変えられないものだ。
(A) 身 　　　　　　(B) 頭 　　　　　　(C) 胸 　　　　　　(D) 体

**2** 彼はこちらの話に_____を打つこともせず、黙って聞いていた。
(A) 強調 　　　　　(B) 同意 　　　　　(C) 親しみ 　　　　(D) 相づち

**3** 資材の不足で、それまで順調に進んでいた作業に_____しまった。
(A) ピッチがあがって 　　　　　　　　(B) ブレーキがかかって
(C) エンジンがかかって 　　　　　　　(D) ピークを迎えて

**4** 日米首脳会談実施に向け、双方の日程の_____がつかず、現在調整中だ。
(A) 寄り添い 　　　(B) それきり 　　　(C) 折り合い 　　　(D) けじめ

접속사 및 가정법

**5** この携帯電話はテレビが見られ、_____録画までできる。
(A) そこで 　　　　(B) しかも 　　　　(C) および 　　　　(D) しかし

**6** あなたのことを_____、時にはきついことも言うのだ。
(A) 思えなければ 　　(B) 思ったからには 　(C) 思ったからといって (D) 思えばこそ

기타 표현

**7** 最近一段と寒くなって_____が、皆様いかがお過ごしでしょうか。
(A) いただきました 　(B) うかがいました 　(C) くださいました 　(D) まいりました

**8** 次回の講演会にも、_____ください。
(A) お越し 　　　　(B) お見え 　　　　(C) お伺い 　　　　(D) お招き

정답 | 1 (A) 2 (D) 3 (B) 4 (C) 5 (B) 6 (D) 7 (D) 8 (A)

다음 기출 문제를 풀어 보세요.

**1** お飲み物は、今お持ちしましょうか。＿＿＿＿＿＿お食事の後がよろしいですか。
(A) それとも　　(B) けれども　　(C) それで　　(D) ですから

**2** 保護者の皆様、＿＿＿＿＿＿、来賓の方々、本日は誠にありがとうございました。
(A) すなわち　　(B) ならびに　　(C) ゆえに　　(D) よって

**3** 私は先生から名刺を＿＿＿＿＿＿。
(A) くださった　　(B) 申し上げた　　(C) お目にかかった　　(D) 頂戴した

**4** 駅に＿＿＿＿＿＿、バスが便利ですよ。
(A) 行くなら　　(B) 行っても　　(C) 行ったら　　(D) 行くと

**5** 新入社員の＿＿＿＿＿＿アイデアが、新たなヒット商品を生み出した。
(A) だだをこねる　　(B) 歯が立たない　　(C) 突拍子もない　　(D) 埒が明かない

**6** ちょっと、話の＿＿＿＿＿＿を折らないでくれないか。
(A) 足　　(B) 腰　　(C) 骨　　(D) 指

**7** 首になるやら交通事故に遭うやら、本当に泣き面に＿＿＿＿＿＿だね。
(A) 熊　　(B) 馬　　(C) 犬　　(D) 蜂

**8** ただ今、台風の影響で電車のダイヤが大きく＿＿＿＿＿＿おります。
(A) 荒れて　　(B) 漏れて　　(C) 乱れて　　(D) 揺れて

**9** 頭を机にぶつけて、＿＿＿＿＿＿から火が出るほど痛かった。
(A) 額　　(B) 目　　(C) 顔　　(D) 鼻

**10** 彼女は詮索好きで、いつも＿＿＿＿＿＿聞かれて嫌な気分にさせられる。
(A) 根掘り葉掘り　　(B) 草の根を分けても　　(C) 息を呑んで　　(D) 耳を澄まして

**1** 음료는 지금 갖다 드릴까요? 아니면 식사 후가 괜찮으세요?

해설 | 음료를 지금 가져올지 식사 후에 가져올지 선택을 묻고 있는 상황이므로, 공란에는 둘 중 하나를 고를 때 쓰는 접속사가 와야 한다. 정답은 (A)의 「それとも」로, '그렇지 않으면, 아니면, 혹은'이라는 뜻이다.

어휘 | 飲(の)み物(もの) 음료 今(いま) 지금 お+동사의 ます형+する ~하다, ~해 드리다 *겸양표현
持(も)つ 가지다, 들다 食事(しょくじ) 식사 後(あと) 후, 다음 よろしい 괜찮다 けれども 하지만 それで 그래서
ですから 그래서

**2** 보호자 여러분 및 내빈 여러분, 오늘은 대단히 감사했습니다.

해설 | 「保護者(ほごしゃ)の皆様(みなさま)」(보호자 여러분)와 「来賓(らいひん)の方々(かたがた)」(내빈 여러분)를 대등하게 이어주는 접속사를 찾으면 된다. (A)의 「すなわち」는 '즉', (B)의 「ならびに」는 '및', (C)의 「ゆえに」는 '고로, 그러므로', (D)의 「よって」는 '그러므로, 따라서'라는 뜻이므로, 정답은 (B)가 된다.

어휘 | 保護者(ほごしゃ) 보호자 皆様(みなさま) 여러분 *「皆(みな)さん」보다 정중한 말씨 来賓(らいひん) 내빈
方々(かたがた) 여러분 *「人々(ひとびと)」(사람들)의 높임말 本日(ほんじつ) 금일, 오늘 *「今日(きょう)」의 격식 차린 말
誠(まこと)に 참으로, 대단히 ありがとうございます 감사합니다

**3** 나는 선생님에게 명함을 받았다.

해설 | 공란 앞에 「先生(せんせい)に名刺(めいし)を~」(선생님에게 명함을~)라는 내용과 어울리는 경어를 찾는다. (A)의 「くださる」는 「くれる」(남이 나에게) 주다)의 존경어로 '주시다'라는 뜻이고, (B)의 「申(もう)し上(あ)げる」는 「言(い)う」(말하다)의 겸양어로 '말씀드리다'라는 뜻이며, (C)의 「お目(め)にかかる」는 「会(あ)う」(만나다)의 겸양어로 '만나 뵙다'라는 뜻이다. 마지막으로 (D)의 「頂戴(ちょうだい)する」는 「もらう」(남에게) 받다)의 겸양어로 '(남에게) 받다'라는 뜻이다. 이중에서 문맥상 맞는 것은 「頂戴(ちょうだい)する」이므로, 정답은 (D)의 「頂戴(ちょうだい)した」(받았다)가 된다.

어휘 | 先生(せんせい) 선생님 名刺(めいし) 명함

**4** 역에 갈 거라면 버스가 편리해요.

해설 | 문제는 역에 가는 거면 버스가 편리하다고 상대방에게 권유를 하고 있는 내용이다. 가정법 중에서 상대방의 이야기나 결심을 듣고 그것을 근거로 한 충고나 권유를 나타낼 때는 「~なら」를 써야 하므로, 정답은 (A)의 「行(い)くなら」(갈 거라면)가 된다.

어휘 | 駅(えき) 역 バス 버스 便利(べんり)だ 편리하다

**5** 신입사원의 엉뚱한 아이디어가 새로운 히트 상품을 만들어냈다.

해설 | 공란 뒤의 「アイデア」(아이디어)와 어울리는 관용표현을 찾는다. (A)의 「だだをこねる」는 '떼를 쓰다, 응석을 부리다', (B)의 「歯(は)が立(た)たない」는 '당해 낼 수 없다', (C)의 「突拍子(とっぴょうし)もない」는 '엉뚱하다, 생뚱맞다', (D)의 「埒(らち)が明(あ)かない」는 '결말[해결]이 나지 않다'라는 뜻으로, 이 중 문맥상 어울리는 것은 (C)뿐이다.

어휘 | 新入社員(しんにゅうしゃいん) 신입사원 新(あら)ただ 새롭다 ヒット 히트 商品(しょうひん) 상품
生(う)み出(だ)す 새로 만들어 내다

**6** 좀 <u>말허리를 자르지</u> 말아 줄래?

해설 | 공란 앞의 「話(はなし)」(이야기, 말)와 함께 쓰일 수 있는 관용표현을 찾는다. 정답은 (B)의 「腰(こし)」(허리)로, 「話(はなし)の腰(こし)を折(お)る」라고 하면 '말허리를 자르다, 상대방이 말하는 도중에 말을 중지시키다'라는 뜻이다.

어휘 | ～てくれる (남이 나에게) ～해 주다　足(あし) 발, 다리　骨(ほね) 뼈　指(ゆび) 손가락

**7** 해고되기도 하고 교통사고를 당하기도 하고 정말 <u>설상가상</u>이네.

해설 | 해고된 상태에서 교통사고까지 당했다고 했으므로, 공란에는 난처한 일이나 불행한 일이 잇따라 일어남을 이르는 말이 와야 한다. 정답은 (D)의 「蜂(はち)」로, 「泣(な)き面(つら)に蜂(はち)」라고 하면 '우는 얼굴에 벌침, 엎친 데 덮치기, 설상가상'이라는 뜻이다.

어휘 | 首(くび)になる 해고되다　～やら～やら ～하기도 하고 ～하기도 하고　交通事故(こうつうじこ)に遭(あ)う 교통사고를 당하다　熊(くま) 곰　馬(うま) 말　犬(いぬ) 개

**8** 현재 태풍의 영향으로 전철 운행표에 크게 혼란이 일어나 있습니다.

해설 | 공란 앞에 있는 「ダイヤ」(열차 운행표)와 어울리는 동사를 찾는다. 정답은 (C)의 「乱(みだ)れる」(흐트러지다)로, 「ダイヤが乱(みだ)れる」는 '열차 운행표에 크게 혼란이 일어나다'라는 뜻이다.

어휘 | ただ今(いま) 현재　台風(たいふう) 태풍　影響(えいきょう) 영향　電車(でんしゃ) 전철　大(おお)きい 크다　～ておる ～어 있다 *「～ている」의 겸양표현　荒(あ)れる (날씨 등이) 사나워지다　漏(も)れる (비밀 등이) 새다, 누설되다　揺(ゆ)れる 흔들리다

**9** 머리를 책상에 부딪쳐 <u>눈에서 불이 나올</u> 만큼 아팠다.

해설 | 머리를 세게 얻어맞거나 부딪쳤을 때 사용하는 관용표현을 찾는다. 정답은 (B)의 「目(め)」(눈)로, 「目(め)から火(ひ)が出(で)る」라고 하면 '눈에서 불이 번쩍 나다'라는 뜻의 관용표현이다.

어휘 | 頭(あたま) 머리　机(つくえ) 책상　ぶつける 부딪치다　～ほど ～만큼　痛(いた)い 아프다　額(ひたい) 이마　顔(かお) 얼굴　鼻(はな) 코

**10** 그녀는 남의 일 캐기를 좋아하는 사람이라 항상 <u>꼬치꼬치</u> 물어서 기분을 불쾌하게 만든다.

해설 | 공란 앞에 「詮索好(せんさくず)き」(남의 일 캐기를 좋아함[좋아하는 사람])라는 내용이 있으므로, 공란에는 집요하게 따져 묻는 모양을 나타내는 표현이 와야 한다. 정답은 (A)의 「根掘(ねほ)り葉掘(はほ)り」로, '꼬치꼬치, 미주알고주알'이라는 뜻이다.

어휘 | 詮索(せんさく) 세세한 점까지 귀찮을 정도로 물어보는 것　명사+好(ず)き ～을 좋아함[좋아하는 사람]　いつも 늘, 항상　聞(き)く 묻다　嫌(いや)だ 싫다　気分(きぶん) 기분　草(くさ)の根(ね)を分(わ)けても 온갖 방법으로, 무슨 수를 써서라도　息(いき)を呑(の)む (놀라움·두려움 등으로) 숨을 삼키다　耳(みみ)を澄(す)ます 귀를 기울이다

# 주요 어휘 및 표현 정리 20

| 한자 | 읽기 | 의미 |
|---|---|---|
| ☐ それとも | ・ | 그렇지 않으면, 아니면, 혹은 |
| ☐ 飲み物 | のみもの | 음료 |
| ☐ 保護者 | ほごしゃ | 보호자 |
| ☐ 来賓 | らいひん | 내빈 |
| ☐ 方々 | かたがた | 여러분 |
| ☐ 名刺 | めいし | 명함 |
| ☐ 突拍子もない | とっぴょうしもない | 엉뚱하다, 생뚱맞다 |
| ☐ 新ただ | あらただ | 새롭다 |
| ☐ 生み出す | うみだす | 새로 만들어 내다 |
| ☐ 骨 | ほね | 뼈 |
| ☐ 泣き面に鉢 | なきつらにはち | 우는 얼굴에 벌침, 엎친 데 덮치기, 설상가상 |
| ☐ 首になる | くびになる | 해고되다 |
| ☐ 台風 | たいふう | 태풍 |
| ☐ 荒れる | あれる | (날씨 등이) 사나워지다 |
| ☐ 額 | ひたい | 이마 |
| ☐ 鼻 | はな | 코 |
| ☐ 詮索 | せんさく | 세세한 점까지 귀찮을 정도로 물어보는 것 |
| ☐ 根掘り葉掘り | ねほりはほり | 꼬치꼬치, 미주알고주알 |
| ☐ 草の根を分けても | くさのねをわけても | 온갖 방법으로, 무슨 수를 써서라도 |
| ☐ 息を呑む | いきをのむ | (놀라움·두려움 등으로) 숨을 삼키다 |

# PART 8 독해

| 1. 문항 수 | – 30개(171~200번) |
|---|---|
| 2. 문제 형식 | – 장문의 글을 읽고 3문항 또는 4문항에 답하는 형식으로, 4문항짜리 지문이 6개, 3문항짜리 지문이 2개로 총 8개의 지문이 출제됨 |
| 3. 주요 문제 유형 | – 인물 소개 및 일상생활<br>– 설명문 및 기사 · 이슈 |
| 4. 최근 출제 경향 | – 인물 소개 및 일상생활은 초반부에 주로 출제되며, 인물이 한 일이나 행동, 배우는 일 등에 주목해야 한다.<br>– 설명문은 어떤 주제에 대한 설명이 나오고 내용 일치를 묻는 문제가 나온다.<br>– 기사 · 이슈는 최근에 화제가 되고 있는 내용에 관한 것으로, 다소 까다로운 어휘가 나온다. 따라서 평소에 일본 뉴스 등을 통해 많은 어휘를 익혀 두어야 한다. |

# 인물 소개 및 일상생활

STEP 1 먼저 핵심 기출 어휘 및 표현을 익히세요.

## 핵심 기출 어휘 및 표현

| | | |
|---|---|---|
| • 壁 벽 | • 絵 그림 | • 流行 유행 |
| • 味 맛 | • 家族 가족 | • 約束 약속 |
| • 棚 선반 | • 利用 이용 | • 画面 화면 |
| • 家具 가구 | • 家賃 집세 | • 見物 구경 |
| • 配慮 배려 | • 陳列 진열 | • 改善 개선 |
| • 掃除 청소 | • 屋上 옥상 | • 出口 출구 |
| • 近所 이웃 | • 手紙 편지 | • 環境 환경 |
| • 配置 배치 | • 新聞 신문 | • 不利 불리 |
| • 雑誌 잡지 | • 薬屋 약국 | • 練習 연습 |
| • 普通 보통 | • 節約 절약 | • 汚染 오염 |
| • 配達 배달 | • 用意 준비 | • 基本 기본 |
| • 興味 흥미 | • 玄関 현관 | • 意味 의미 |
| • 照明 조명 | • 給料 급료 | • 自宅 자택 |
| • 夜景 야경 | • 暖房 난방 | • 室内 실내 |
| • 増加 증가 | • 温度 온도 | • 主人 (자신의) 남편 |

- 医院 의원
- 過去 과거
- 拡大 확대
- 自然 자연
- 無視 무시
- 卒業 졸업
- 先行 선행
- 失望 실망
- 体験 체험
- 保護 보호
- 専攻 전공
- 勘違い 착각
- 思い出 추억
- 知らせ 소식, 알림
- 開設 개설
- 催促 재촉
- 住宅 주택
- 国立 국립
- 接待 접대
- 広告 광고

- 希望 희망
- 予約 예약
- 種類 종류
- 筋肉 근육
- 短縮 단축
- 手術 수술
- 診察 진찰
- 確認 확인
- 金額 금액
- 植物 식물
- 印刷 인쇄
- 小児科 소아과
- 形 모양, 형태
- ガードレール 가드레일
- 協会 협회
- 状況 상황
- 感激 감격
- 唯一 유일
- 待機 대기
- 不況 불황

- 応用 응용
- 商品 상품
- 調理 조리
- 就職 취직
- 見本 견본
- 成功 성공
- 体操 체조
- 限界 한계
- 停電 정전
- 関心 관심
- 注文 주문
- 内情 내부 사정
- 年賀状 연하장
- コンビニ 편의점
- 家庭 가정
- 進歩 진보
- 作業 작업
- 多数 다수
- 過程 과정
- 主婦 주부

- 診療 진료
- 独身 독신
- 招待 초대
- 紹介 소개
- 調子 상태, 컨디션
- 世話 신세, 돌봄
- 姿勢 자세
- 挑戦 도전
- 伝統 전통
- 日時 일시, 날짜와 시간
- 打診 타진
- 気晴らし 기분 전환
- 熱い 뜨겁다
- 寂しい 쓸쓸하다
- 温かい 따뜻하다
- 静かだ 조용하다
- 新鮮だ 신선하다
- 迅速だ 신속하다
- 典型的だ 전형적이다
- 飼う (동물을) 기르다

- 将棋 장기
- 能力 능력
- 定年 정년
- 徒歩 도보
- 同僚 동료
- 祝日 경축일
- 通勤 통근, 출퇴근
- 年配 연배, 중년
- 家事 가사, 집안일
- 買い物 쇼핑, 장을 봄
- 商店街 상점가
- 悠々自適 유유자적
- 古い 오래되다
- 面白い 재미있다
- 詳しい 상세하다, 자세하다
- 簡単だ 간단하다
- 親切だ 친절하다
- 膨大だ 방대하다
- 真面目だ 성실하다
- 習う 배우다, 익히다

- 要領 요령
- 伝達 전달
- 受付 접수, 접수처
- 用事 볼일, 용무
- 青年 청년
- 低迷 침체
- 現役 현역
- 歯医者 치과, 치과의사
- 世界中 전 세계
- 選択肢 선택지
- ラッシュアワー 러시아워
- 青天の霹靂 청천벽력
- 危ない 위험하다
- 眩しい 눈부시다
- 思いがけない 의외이다, 뜻밖이다
- 容易だ 용이하다, 손쉽다
- 立派だ 훌륭하다
- 消極的だ 소극적이다
- 几帳面だ 꼼꼼하다
- 届く 도착하다

- 働く 일하다

- 送る 보내다

- 手伝う 돕다, 도와주다

- 呼ぶ 부르다

- 頼る 의지하다

- 欠かす 빠뜨리다

- 生まれる 태어나다

- 集める 모으다, 수집하다

- 思い込む 믿어 버리다, 확신하다

- 乗り越える 극복하다

- ほとんど 거의, 대부분

- たまたま 우연히, 때마침

- 目にする 보다

- 薬を飲む 약을 먹다

- 日記を付ける 일기를 쓰다

- 顔を出す 얼굴을 내밀다

- 注目を浴びる 주목을 받다

- 風邪を引く 감기에 걸리다

- お風呂に入る 목욕을 하다

- ～わけではない (전부) ~하는 것은 아니다

- 泣く 울다

- 探す 찾다

- 困る 곤란하다, 난처하다

- 運ぶ 옮기다, 운반하다

- 頼む 부탁하다

- 片付ける 치우다, 정리하다

- 楽しむ 즐기다

- 辞める (일자리를) 그만두다

- 取り組む 대처하다

- 勤め上げる 임기를 마치다

- 大分 꽤, 상당히

- 目がない 아주 좋아하다

- 目に付く 눈에 띄다

- うまくいく 잘되다, 순조롭게 진행되다

- 気に入る 마음에 들다

- やむにやまれぬ 어쩔 수 없는

- 病気になる 병에 걸리다

- ～に就く ~에 종사하다

- ～ようになる ~하게(끔) 되다

- ストレスがたまる 스트레스가 쌓이다

- 弾く (악기를) 키다, 켜다, 연주하다

- 過ごす (시간을) 지내다, 보내다

- 選ぶ 고르다, 선택하다

- 借りる 빌리다

- 込む 붐비다, 혼잡하다

- 引っ越す 이사하다

- 預ける 맡기다

- 離れる 떨어지다, 멀어지다

- 役に立つ 도움이 되다

- ～ものの ~이지만

- 予め 미리, 사전에

- 目が回る 몹시 바쁘다

- 文句を言う 불평하다

- ～を問わず ~을 불문하고

- 동사의 기본형+前に ~하기 전에

- 病気になる 병에 걸리다

- 腕を揮う 솜씨를 발휘하다

- ～に負ける ~에 지다[패하다]

- 事故を起こす 사고를 일으키다

- 怪我をする 부상을 입다, 다치다

**STEP 2** 이제 YBM이 엄선한 기출문제를 풀어 보세요.

## (1~4)

私の家には(1)ロンという犬がいます。¹祖母の家にいた犬の子供で、4匹の中の1匹です。³私たち家族が初めて4匹に会ったのは、生まれてから2週間後でした。²4匹は元気に鳴いていましたが、その中で体も声も小さかったのがロンです。³その時は、どの犬をもらうか決められませんでしたが、その1週間後に祖母の家に行った時、ロンが玄関に座っていました。1週間でとても元気になっていて、目が大きくてかわいくなっていたので、その犬をもらうことにしました。

ロンは今年8歳になります。⁴毎朝玄関から父のベッドまで新聞を持って行って、父を起こします。そして父と一緒に散歩に行きます。海へ行ったり旅行をしたりする時も一緒で、家族のように生活しています。

우리 집에는 (1)론이라는 개가 있습니다. 1할머니 댁에 있던 개의 새끼로, 네 마리 중 한 마리입니다. 3우리 가족이 처음 네 마리를 만난 것은 태어난 지 2주 후였습니다. 2네 마리는 건강하게 울고 있었지만 그 중에서 몸도 울음소리도 작았던 것이 론입니다. 3그때는 어느 개를 받을지 정하지 못했지만, 그 일주일 후에 할머니 댁에 갔을 때 론이 현관에 앉아 있었습니다. 일주일 사이에 매우 건강해졌고 눈이 크고 귀여워졌기 때문에 그 개를 받기로 했습니다.

론은 올해 여덟 살이 됩니다. 4매일 아침 현관에서 아버지 침대까지 신문을 가지고 가서 아버지를 깨웁니다. 그리고 아버지와 함께 산책하러 갑니다. 바다에 가거나 여행을 하거나 할 때도 함께이고 가족처럼 생활하고 있습니다.

어휘 | 家(いえ) 집 犬(いぬ) 개 祖母(そぼ) (자신의) 할머니 子供(こども) 자식, (동물의) 새끼
~匹(ひき) ~마리 *짐승·물고기·벌레 등을 세는 말 ~中(なか) ~중 ~たち (사람이나 생물을 나타내는 말에 붙어) ~들
家族(かぞく) 가족 初(はじ)めて 처음(으로) 会(あ)う 만나다 生(う)まれる 태어나다 ~てから ~하고 나서, ~한 후
~週間(しゅうかん) ~주간, ~주일 ~後(ご) ~후 元気(げんき)だ 건강하다 鳴(な)く (새·짐승 등이) 울다 体(からだ) 몸
声(こえ) (새·벌레 등의) 울음소리 小(ちい)さい 작다 どの 어느 もらう (남에게) 받다 決(き)める 정하다, 결정하다
玄関(げんかん) 현관 座(すわ)る 앉다 とても 아주, 매우 目(め) 눈 大(おお)きい 크다 かわいい 귀엽다
동사의 보통형+ことにする ~하기로 하다 今年(ことし) 올해 ~歳(さい) ~세, ~살 毎朝(まいあさ) 매일 아침 父(ちち) (자신의) 아버지
ベッド 침대 新聞(しんぶん) 신문 持(も)つ 가지다, 들다 起(お)こす 깨우다 そして 그리고 一緒(いっしょ)に 함께
散歩(さんぽ) 산책 동작성 명사+に ~하러 *동작의 목적 海(うみ) 바다 ~たり~たりする ~하거나 ~하거나 하다
旅行(りょこう) 여행 ~ように ~와 같이, ~처럼 生活(せいかつ) 생활

**1** (1)ロンは誰からもらってきましたか。

(A) おじいさん

✓(B) おばあさん

(C) お母さん

(D) おばさん

(1)론은 누구에게 받아왔습니까?

(A) 할아버지

✓(B) 할머니

(C) 어머니

(D) 아주머니

■ 론은 이 사람이 기르고 있는 개의 이름이다. 두 번째 문장에서 론에 대해「祖母(そぼ)の家(いえ)にいた犬(いぬ)の子供(こども)」(할머니 댁에 있던 개의 새끼)라고 말했으므로, 정답은 (B)이다. 본문의「祖母(そぼ)」((자신의) 할머니)를「おばあさん」(할머니)으로 바꿔 표현했다. 참고로, (D)의「おばさん」은 '아주머니'라는 뜻으로, '백모, 숙모, 고모, 이모' 등을 부르는 말로도 쓴다.

■ おじいさん 할아버지 おばあさん 할머니 お母(かあ)さん 어머니

**2** この人が初めて会った時の(1)ロンはどうでしたか。

✓(A) 体と声が小さかった。

(B) 大きい声で元気に鳴いていた。

(C) 体が大きくて太っていた。

(D) 目が大きくてかわいかった。

이 사람이 처음 만났을 때의 (1)론은 어땠습니까?

✓(A) 몸과 울음소리가 작았다.

(B) 큰 울음소리로 건강하게 울고 있었다.

(C) 몸이 크고 살쪄 있었다.

(D) 눈이 크고 귀여웠다.

■ 이 사람은 네 마리의 강아지를 처음 봤을 때를 회상하며 「その中(なか)で体(からだ)も声(こえ)も小(ちい)さかったのがロンです」(그 중에서 몸도 울음소리도 작았던 것이 론입니다)라고 했으므로, 정답은 (A)가 된다. 눈이 크고 귀여워진 것은 그로부터 일주일 후 건강해졌을 때의 모습이므로, (D)는 답이 될 수 없다.

■ 太(ふと)る 살찌다

**3** (1)ロンをもらおうと思ったのはいつですか。

(A) 生まれてすぐ

(B) 生まれて2週間後

✓(C) 生まれて3週間後

(D) 生まれて2か月後

(1)론을 받자고 생각한 것은 언제입니까?

(A) 태어나고 바로

(B) 태어나고 2주 후

✓(C) 태어나고 3주 후

(D) 태어나고 2개월 후

■ 이 사람은 네 마리의 강아지를 태어난 지 2주 후에 처음 봤다고 했다. 그때는 어느 개를 받을지 정하지 못했다고 했으므로, (A)와 (B)는 제외. 그로부터 일주일 뒤 할머니 집에 갔을 때 론을 받기로 결정했다고 했으므로, 태어난 지 3주 후에 받은 셈이 된다. 따라서 정답은 (C)가 된다.

■ いつ 언제 すぐ 곧, 바로 ~か月(げつ) ~개월

**4** (1)ロンが毎日していることは何ですか。

(A) この人と散歩をする。

✓(B) お父さんに新聞を届ける。

(C) お父さんと寝る。

(D) 海で泳ぐ。

(1)론이 매일 하고 있는 것은 무엇입니까?

(A) 이 사람과 산책을 한다.

✓(B) 아버지에게 신문을 갖다 준다.

(C) 아버지와 잔다.

(D) 바다에서 헤엄친다.

■ 마지막 단락에 론의 일상에 대해 나온다. 「毎朝(まいあさ)玄関(げんかん)から父(ちち)のベッドまで新聞(しんぶん)を持(も)って行(い)って、父(ちち)を起(お)こします」(매일 아침 현관에서 아버지 침대까지 신문을 가지고 가서 아버지를 깨웁니다)라고 했다. 이에 대한 적절한 설명은 (B)로, 「届(とど)ける」는 '(물건을) 전하다, 갖다 주다'라는 뜻이다. (A)의 산책은 이 사람이 아니라 아버지와 간다고 했으며, (C)는 아버지를 깨운다고 해야 맞는 설명이다. (D)의 바다에 가는 것은 일상이 아니라 특별한 일정에 해당하므로 역시 답이 될 수 없다.

■ 毎日(まいにち) 매일 寝(ね)る 자다 泳(およ)ぐ 헤엄치다, 수영하다

斉藤医院、開院のお知らせ

　来る6月1日(月)、美浜町1丁目に内科、小児科を開設させていただくことになりました。5医師で院長の斉藤宏は、東京大学医学部を卒業した後、15年間国立の医療センターで内科医として活躍してまいりましたが、この度この地域に開院することとなりました。長年の経験を生かし、地域医療への積極的な診療を提供していきたいと考えております。また、緊急の入院を必要とする患者さんには、お近くの病院をご紹介するなど、素早い対応を心がけてまいります。6スタッフは医師、斉藤の他、常時4名の看護士がおり、電子カルテを採用することで、スムーズな診察と待ち時間の短縮を目指していく所存です。

　開院に先立ち、5月30日(土)内覧会を開催いたします。7当日は院長による診察はできかねますが、医院内の見学、簡単な健康相談や当院に関する質問なども承りますので、ぜひ、ご来院ください。スタッフ一同お待ちしております。

사이토 의원 개원 알림

　오는 6월 1일(월), 미하마쵸 1가에 내과, 소아과를 개설하게 되었습니다. 5의사이자 원장인 사이토 히로시는 도쿄대학 의학부를 졸업한 후, 15년간 국립의료센터에서 내과의로 활약해 왔는데, 이번에 이 지역에 개원하게 되었습니다. 오랜 세월의 경험을 살려 지역 의료에 적극적인 진료를 제공해 가고 싶습니다. 또한, 긴급 입원을 필요로 하는 환자분께는 근처 병원을 소개하는 등 민첩한 대응을 유념하겠습니다. 6스태프는 의사 사이토 외에 상시 4명의 간호사가 있고, 전자 진료기록카드를 채용함으로써 원활한 진찰과 대기 시간 단축을 지향해 갈 생각입니다.

　개원에 앞서 5월 30일(토) 비공식 관람회를 개최합니다. 7당일은 원장에 의한 진찰은 할 수 없지만 의원 내부 견학, 간단한 건강 상담이나 당원에 관한 질문 등도 듣고자 하니, 부디 내원해 주십시오. 스태프 일동 기다리고 있겠습니다.

어휘 | 医院(いいん) 의원　開院(かいいん) 개원　知(し)らせ 소식, 알림　来(きた)る 오는　~丁目(ちょうめ) ~가 *번지보다 크게 구분한 것
内科(ないか) 내과　小児科(しょうにか) 소아과　開設(かいせつ) 개설　~(さ)せていただく ~(하)다 *겸양표현
동사의 보통형+ことになる ~하게 되다　医師(いし) 의사　院長(いんちょう) 원장　大学(だいがく) 대학(교)　医学部(いがくぶ) 의학부
卒業(そつぎょう) 졸업　동사의 た형+後(あと) ~한 후　国立(こくりつ) 국립　センター 센터　内科医(ないかい) 내과의　~として ~로서
活躍(かつやく) 활약　~てまいる ~해 오다, ~해 가다 *『~てくる』『~ていく』의 겸양표현　この度(たび) 이번　地域(ちいき) 지역
長年(ながねん) 오랜 세월　生(い)かす 살리다, 발휘하다, 활용하다　積極的(せっきょくてき)だ 적극적이다　診療(しんりょう) 진료
提供(ていきょう) 제공　~ていく ~해 가다　동사의 ます형+たい ~하고 싶다　考(かんが)える 생각하다
~ておる ~하고 있다 *『~ている』의 겸양표현　また 또, 또한　緊急(きんきゅう) 긴급　入院(にゅういん) 입원　必要(ひつよう) 필요
患者(かんじゃ) 환자　近(ちか)く 근처　病院(びょういん) 병원　ご+한자명사+する ~하다, ~해 드리다 *겸양표현
紹介(しょうかい) 소개　~など ~등　素早(すばや)い 재빠르다, 민첩하다　対応(たいおう) 대응　心(こころ)がける 유념하다, 명심하다
スタッフ 스태프　他(ほか) 이외, 그 밖　常時(じょうじ) 상시　~名(めい) ~명 *인원수를 세는 말　看護士(かんごし) 간호사
電子(でんし) 전자　カルテ 진료기록카드　採用(さいよう) 채용　~ことで ~함으로써　スムーズだ 원활하다, 순조롭다
診察(しんさつ) 진찰　待(ま)ち時間(じかん) 기다리는 시간, 대기 시간　短縮(たんしゅく) 단축　目指(めざ)す 목표로 하다, 지향하다
所存(しょぞん) 의견, 생각　先立(さきだ)つ 앞서다　内覧会(ないらんかい) 일반 공개에 앞선 비공식적인 관람회　開催(かいさい) 개최
いたす 하다 *『する』의 겸양어　当日(とうじつ) 당일　~による ~에 의한[따른]　できる 할 수 있다, 가능하다
동사의 ます형+かねる ~하기 어렵다, ~할 수 없다　内(ない) 안, 내부　見学(けんがく) 견학　健康(けんこう) 건강
相談(そうだん) 상담　~や ~나　当院(とういん) 당원　~に関(かん)する ~에 관한　質問(しつもん) 질문
承(うけたまわ)る (삼가) 듣다 *『聞(き)く』(듣다)의 겸양어　ぜひ 부디, 꼭　ご+한자명사+ください ~해 주십시오 *존경표현
来院(らいいん) 내원　一同(いちどう) 일동　お+동사의 ます형+する ~하다, ~해 드리다 *겸양표현　待(ま)つ 기다리다

**5** 院長の<ruby>経歴<rt>けいれき</rt></ruby>として<ruby>正<rt>ただ</rt></ruby>しいものはどれですか。

✓(A) <ruby>国立<rt>こくりつ</rt></ruby>の<ruby>医療<rt>いりょう</rt></ruby>センターで<ruby>内科医<rt>ないかい</rt></ruby>をしていた。

(B) <ruby>医学部<rt>いがくぶ</rt></ruby><ruby>卒業後<rt>そつぎょうご</rt></ruby>も<ruby>大学<rt>だいがく</rt></ruby>に<ruby>残<rt>のこ</rt></ruby>り、<ruby>研究生活<rt>けんきゅうせいかつ</rt></ruby>をしていた。

(C) <ruby>国立<rt>こくりつ</rt></ruby>の<ruby>病院<rt>びょういん</rt></ruby>で<ruby>医者<rt>いしゃ</rt></ruby>としての<ruby>研修<rt>けんしゅう</rt></ruby>をしていた。

(D) <ruby>他<rt>ほか</rt></ruby>の<ruby>地域<rt>ちいき</rt></ruby>で<ruby>小児科<rt>しょうにか</rt></ruby>の<ruby>病院<rt>びょういん</rt></ruby>を<ruby>開<rt>ひら</rt></ruby>いていた。

원장의 경력으로 맞는 것은 어느 것입니까?

✓(A) 국립의료센터에서 내과의를 하고 있었다.
(B) 의학부 졸업 후에도 대학에 남아 연구 생활을 하고 있었다.
(C) 국립 병원에서 의사로서의 연수를 하고 있었다.
(D) 다른 지역에서 소아과 병원을 열었었다.

- 한 병원의 개원 인사로, 원장의 경력에 대한 소개는 초반부에 나온다. 원장인 사이토 히로시는 도쿄대학 의학부 출신으로, 15년간 국립의료센터 내과의로 활약했다고 했다. 따라서 정답은 (A)가 된다. 나머지 선택지의 대학 연구생활이나 연수, 소아과 병원 개원 이력과 같은 내용은 나오지 않는다.

- 経歴(けいれき) 경력  正(ただ)しい 바르다, 맞다  どれ 어느 것  残(のこ)る 남다  研究(けんきゅう) 연구
生活(せいかつ) 생활  研修(けんしゅう) 연수  開(ひら)く (가게 등을) 열다

---

**6** この<ruby>病院<rt>びょういん</rt></ruby>の<ruby>特徴<rt>とくちょう</rt></ruby>は<ruby>何<rt>なん</rt></ruby>ですか。

(A) <ruby>入院設備<rt>にゅういんせつび</rt></ruby>が<ruby>充実<rt>じゅうじつ</rt></ruby>している。

(B) <ruby>多数<rt>たすう</rt></ruby>の<ruby>医師<rt>いし</rt></ruby>が<ruby>常<rt>つね</rt></ruby>に<ruby>待機<rt>たいき</rt></ruby>している。

(C) <ruby>子供専用<rt>こどもせんよう</rt></ruby>の<ruby>病院<rt>びょういん</rt></ruby>で、<ruby>専門医<rt>せんもんい</rt></ruby>が<ruby>何人<rt>なんにん</rt></ruby>もいる。

✓(D) <ruby>待<rt>ま</rt></ruby>ち<ruby>時間<rt>じかん</rt></ruby>の<ruby>短縮<rt>たんしゅく</rt></ruby>のためのシステムを<ruby>導入<rt>どうにゅう</rt></ruby>している。

이 병원의 특징은 무엇입니까?

(A) 입원 설비가 충실하다.
(B) 다수의 의사가 늘 대기하고 있다.
(C) 아이 전용 병원으로 전문의가 여러 명 있다.
✓(D) 대기 시간 단축을 위한 시스템을 도입하고 있다.

- 중반부의 내용 문제. 이 병원의 스태프는 의사 사이토 외 상시 4명의 간호사가 있다고 했으므로, 결국 의사는 사이토 씨 단 한 명 뿐이라는 뜻이다. 따라서 의사가 여러 명 있다고 한 (B)와 (C)는 제외. 또한, 긴급 입원을 필요로 하는 환자에게는 근처 병원을 소개한다는 것으로 보아, 이 병원에는 입원실이 없다는 것을 알 수 있으므로 (A)도 틀린 설명이다. 정답은 (D)로, 전자 진료기록카드를 채용함으로써 원활한 진찰과 대기 시간 단축을 지향해 갈 생각이라는 부분과 일치하는 내용이다.

- 特徴(とくちょう) 특징  設備(せつび) 설비  充実(じゅうじつ) 충실  多数(たすう) 다수  常(つね)に 늘, 항상
待機(たいき) 대기  子供(こども) 아이  専用(せんよう) 전용  専門医(せんもんい) 전문의
何人(なんにん)も 몇 명이나, 여러 명  ~ため ~위함  システム 시스템  導入(どうにゅう) 도입

---

**7** <ruby>内覧会<rt>ないらんかい</rt></ruby>で<ruby>行<rt>おこな</rt></ruby>われないことはどれですか。

(A) <ruby>健康<rt>けんこう</rt></ruby>についてアドバイスすること

(B) <ruby>診察室<rt>しんさつしつ</rt></ruby>を<ruby>見<rt>み</rt></ruby>せること

(C) この<ruby>医院<rt>いいん</rt></ruby>について<ruby>詳<rt>くわ</rt></ruby>しい<ruby>説明<rt>せつめい</rt></ruby>をすること

✓(D) <ruby>院長<rt>いんちょう</rt></ruby>が<ruby>診察<rt>しんさつ</rt></ruby>に<ruby>応<rt>おう</rt></ruby>じること

비공식 관람회에서 행해지지 않는 것은 어느 것입니까?

(A) 건강에 대해서 조언하는 것
(B) 진찰실을 보여 주는 것
(C) 이 의원에 대해서 상세한 설명을 하는 것
✓(D) 원장이 진찰에 응하는 것

- 개원에 앞서 실시하는 비공식 관람회에 대한 설명은 후반부에 나오는데, 해당하지 않는 것에 대해 묻고 있으므로 소거법으로 정답을 찾아야 한다. 당일 원장에 의한 진찰은 할 수 없지만, 의원 내부 견학이나 간단한 건강 상담, 병원에 대한 질문에는 응할 예정이라고 했다. 즉, 당일 진찰은 불가하다는 뜻이므로, 정답은 (D)가 된다. 건강에 대한 조언이나 진찰실 공개, 의원에 대한 설명 등은 모두 가능하다는 뜻이므로, 나머지 선택지는 모두 맞는 설명이다.

- 行(おこな)う 하다, 행하다, 실시하다  ~について ~에 대해서  アドバイス 어드바이스, 조언
診察室(しんさつしつ) 진찰실  見(み)せる 보이다, 보여 주다  詳(くわ)しい 상세하다, 자세하다  説明(せつめい) 설명
応(おう)じる 응하다

**STEP 3** 다음 글을 읽고 문제를 풀어 보세요.

**(1~4)**

料理は難しいものと思い込んでいる男性は多いようですが、実はむしろ楽しいもの。東京料理協会では「60歳からの男の料理の会」を開催します。天ぷらなど油を使った料理、煮魚や野菜の煮物など、身近な材料を使った簡単な家庭料理を4月から1年間に12回、プロの料理の先生がご指導いたします。会費は1年分で4万円、半年分ずつに分けてお支払いいただいても結構です。ただし、その場合は1回のお支払いが2万5百円になります。尚、材料費は別で、使った材料によって毎回変わります。途中からの参加も可能です。

興味はあるができるかどうかわからないという方は、一度だけ試しに参加することもできます。参加費用3千円と材料費は当日お支払いいただきます。ご希望の方は予めお電話でご連絡ください。開催場所及び日時は以下の通りです。
　・渋谷区民センター 毎月第1月曜日 10:00～13:00
　・池袋区民センター 毎月第1水曜日 10:00～13:00
　お申し込みは 03-3333-4545(受付時間/9:30～17:30 日曜・祝日除く)

**1** この料理教室はどんな教室ですか。
(A) 基本的な料理を専門家が教えてくれる。
(B) 家庭の主婦が毎回家庭料理を教えてくれる。
(C) 魚や野菜を使った珍しい料理に挑戦できる。
(D) 地方の伝統料理を教えてくれる。

**2** この料理教室はどのような人向けに開催されますか。
(A) 初めて料理を勉強する青年
(B) 料理を敬遠していた年配の男性
(C) 料理を趣味とする定年後の男性
(D) 食べることが好きな独身男性

**3** 会費について、正しいものはどれですか。

(A) 1年分で4万円。材料費は参加した回だけ当日千円支払う。

(B) 全部で4万円だが、まとめて払うと安くなる。材料費も含まれる。

(C) 少し高くなるが、数回に分けて払うこともできる。材料費は別。

(D) 材料費を含めて4万円、2回払いにすると少し高くなる。

**4** 試しに参加する場合について、正しくないものはどれですか。

(A) 会場は2個所あり、自由に選ぶことができる。

(B) 開催日は会場によって異なるが、時間は共通である。

(C) 参加費は3千円、材料費も含まれる。

(D) 申し込みは前もって電話でしておかなければならない。

## (5~7)

　　竹内さんに「早期希望退職」の打診があった。60歳の定年まで勤め上げ、その後悠々自適の生活をと考えていた53歳の彼にとって青天の霹靂であった。しかし、業績低迷にあえぐ会社の厳しさを考えて応じることにした。だが、会社は辞めたものの、「第2の人生」はなかなか見えず、焦りを感じ始めていた。そんな時、たまたま乗った電車の中で大学の「社会人入学者募集」の広告が目に留まった。奥さんと息子さんに話してみると2人とも大賛成。息子さんなどは、経営を勉強して自営業の自分の手助けをしてくれるのなら授業料を援助するとまで言ってくれた。かくして54歳の大学生が誕生した。現役学生と肩を並べて勉強に没頭する一方、若い学生と大声を上げてスポーツ大会の応援をしたり、コンパへも参加したりと「第2の青春」を謳歌した。教授の勧めもあり、思いがけず大学院へも進んだ。人生を見直すためにも、学校で学ぶこともセカンドライフの選択肢の1つではないかと彼は考え始めている。

**5** 竹内さんは退職後をどのように暮らしたいと思っていましたか。
　(A) のんびりと思うままに暮らしたい。
　(B) 学校でもう一度勉強をしたい。
　(C) 再就職をしたい。
　(D) 自営業をしたい。

**6** 大学入学に対して、息子さんの反応はどうでしたか。
　(A) 大学などには行かず会社を手伝ってほしいと言った。
　(B) 卒業後会社を手助けするという条件で、渋々賛成した。
　(C) 経営を学び、起業するつもりなら賛成すると言った。
　(D) 諸手を挙げて賛成し、場合によってはお金を出すと言った。

**7** 竹内さんの大学生活はどのようなものでしたか。
　(A) 若者とともにスポーツで汗を流した。
　(B) 学業のかたわら若者との交流にも意欲的だった。
　(C) 大学院を目指し、勉強一筋だった。
　(D) 学生たちに対して物足りなさを感じていた。

## (1~4)

²料理は難しいものと思い込んでいる男性は多いようですが、実はむしろ楽しいもの。東京料理協会では「60歳からの男の料理の会」を開催します。¹天ぷらなど油を使った料理、煮魚や野菜の煮物など、身近な材料を使った簡単な家庭料理を4月から1年間に12回、プロの料理の先生がご指導いたします。³会費は1年分で4万円、半年分ずつに分けてお支払いいただいても結構です。ただし、その場合は1回のお支払いが2万5百円になります。尚、材料費は別で、使った材料によって毎回変わります。途中からの参加も可能です。

興味はあるができるかどうかわからないという方は、一度だけ試しに参加することもできます。⁴参加費用3千円と材料費は当日お支払いいただきます。ご希望の方は予めお電話でご連絡ください。開催場所及び日時は以下の通りです。
・渋谷区民センター 毎月第1月曜日 10:00~13:00
・池袋区民センター 毎月第1水曜日 10:00~13:00
お申し込みは 03-3333-4545 (受付時間/9:30~17:30 日曜・祝日除く)

²요리는 어려운 것이라고 확신하고 있는 남성은 많은 것 같지만 실은 오히려 즐거운 것. 도쿄 요리협회에서는 '60세부터의 남자 요리 모임'을 개최합니다. ¹튀김 등 기름을 사용한 요리, 생선조림이나 채소 요리 등 친숙한 재료를 사용한 간단한 가정요리를 4월부터 1년간 12회, 프로 요리 선생님이 지도해 드립니다. ³회비는 1년분으로 4만 엔, 반 년분씩 나누어서 지불해 주셔도 괜찮습니다. 단, 그 경우에는 1회 지불이 2만 5백 엔이 됩니다. 또한 재료비는 별도로, 사용한 재료에 따라 매회 바뀝니다. 도중에 참가도 가능합니다.

흥미는 있지만 할 수 있을지 어떨지 모르겠다는 분은 한 번만 시험 삼아 참가할 수도 있습니다. ⁴참가 비용 3천 엔과 재료비는 당일 지불해 주십시오. 희망하시는 분은 미리 전화로 연락 주십시오. 개최 장소 및 일시는 이하와 같습니다.
• 시부야 구민센터 매월 첫째 주 월요일 10:00 ~13:00
• 이케부쿠로 구민센터 매월 첫째 주 수요일 10:00 ~13:00
신청은 03-3333-4545 (접수 시간/9:30~ 17:30 일요일·국경일 제외)

**어휘 |** 料理(りょうり) 요리 難(むずか)しい 어렵다 思(おも)い込(こ)む 믿어 버리다, 확신하다 男性(だんせい) 남성 多(おお)い 많다 ~ようだ ~인 것 같다, ~인 듯하다 実(じつ)は 실은 むしろ 오히려 楽(たの)しい 즐겁다 協会(きょうかい) 협회 ~歳(さい) ~세, ~살 男(おとこ) 남자 会(かい) 모임 開催(かいさい) 개최 天(てん)ぷら 튀김 ~など ~등 油(あぶら) 기름 使(つか)う 쓰다, 사용하다 煮魚(にざかな) 생선 조림 野菜(やさい) 채소, 야채 煮物(にもの) (음식을) 끓임, 또는 끓인 음식 身近(みぢか)だ 자기와 관계가 깊다, 일상에서 익숙해져 있다 材料(ざいりょう) 재료 簡単(かんたん)だ 간단하다 家庭(かてい) 가정 ~回(かい) ~회, ~번 プロ 프로, 전문가 *「プロフェッショナル」의 준말 先生(せんせい) 선생님 ご+한자명사+いたす ~하다, ~해 드리다 *겸양표현 指導(しどう) 지도 会費(かいひ) 회비 分(ぶん) 분, 몫 半年(はんとし) 반년 ~ずつ ~씩 分(わ)ける 나누다 お+동사의 ます형+いただく (남에게) ~해 받다, (남이) ~해 주시다 *「~てもらう」((남에게) ~해 받다, (남이) ~해 주다)의 겸양표현 支払(しはら)う 지불하다 結構(けっこう)だ 괜찮다 ただし 단 場合(ばあい) 경우 尚(なお) 덧붙여 말하면, 또한 材料費(ざいりょうひ) 재료비 別(べつ) 별도 ~によって ~에 의해서[따라서] 毎回(まいかい) 매회, 매번 変(か)わる 바뀌다, 변하다 途中(とちゅう) 도중 参加(さんか) 참가 可能(かのう)だ 가능하다 興味(きょうみ) 흥미 できる 할 수 있다, 가능하다 ~かどうか ~일지 어떨지, ~인지 어떤지 方(かた) 분 一度(いちど) 한 번 試(ため)しに 시험 삼아 동사의 기본형+ことができる ~할 수 있다 費用(ひよう) 비용 当日(とうじつ) 당일 希望(きぼう) 희망 予(あらかじ)め 미리, 사전에 電話(でんわ) 전화 ご+한자명사+ください ~해 주십시오 *존경표현 連絡(れんらく) 연락 場所(ばしょ) 장소 及(およ)び 및 日時(にちじ) 일시, 날짜와 시간 以下(いか) 이하, 아래 ~通(とお)り ~대로 区民(くみん)センター 구민센터 毎月(まいつき) 매월, 매달 第(だい) (순서의) 제 月曜日(げつようび) 월요일 水曜日(すいようび) 수요일 申(もう)し込(こ)み 신청 受付(うけつけ) 접수(처) 時間(じかん) 시간 日曜(にちよう) 일요일 祝日(しゅくじつ) 축일, 국경일 除(のぞ)く 제외하다

**1** この料理教室はどんな教室ですか。
(A) 基本的な料理を専門家が教えてくれる。
(B) 家庭の主婦が毎回家庭料理を教えてくれる。
(C) 魚や野菜を使った珍しい料理に挑戦できる。
(D) 地方の伝統料理を教えてくれる。

이 요리교실은 어떤 교실입니까?
(A) 기본적인 요리를 전문가가 가르쳐 준다.
(B) 가정주부가 매회 가정요리를 가르쳐 준다.
(C) 생선이나 채소를 사용한 진귀한 요리에 도전할 수 있다.
(D) 지방의 전통 요리를 가르쳐 준다.

해설 | 한 요리교실에 대한 안내문으로 이곳에서 어떤 수업을 하는지에 대한 구체적인 내용은 세 번째 문장에 나온다. 친숙한 재료를 사용한 「簡単(かんたん)な家庭料理(かていりょうり)」(간단한 가정요리)를 「プロの料理(りょうり)の先生(せんせい)」(프로 요리 선생님)이 지도한다고 했으므로, 정답은 (A)가 된다. (B)는 요리를 지도하는 사람이, (C)와 (D)는 수업에서 하게 될 요리가 잘못되었다.

어휘 | どんな 어떤 基本的(きほんてき)だ 기본적이다 専門家(せんもんか) 전문가 教(おし)える 가르치다, 알려 주다
~てくれる (남이 나에게) ~해 주다 主婦(しゅふ) 주부 魚(さかな) 물고기, 생선 珍(めずら)しい 드물다, 진귀하다, 희귀하다
挑戦(ちょうせん) 도전 地方(ちほう) 지방 伝統(でんとう) 전통

**2** この料理教室はどのような人向けに開催されますか。
(A) 初めて料理を勉強する青年
(B) 料理を敬遠していた年配の男性
(C) 料理を趣味とする定年後の男性
(D) 食べることが好きな独身男性

이 요리교실은 어떤 사람을 대상으로 개최됩니까?
(A) 처음 요리를 공부하는 청년
(B) 요리를 경원했던 중년의 남성
(C) 요리를 취미로 하는 정년 후의 남성
(D) 먹는 것을 좋아하는 독신 남성

해설 | 첫 번째 문장에서 '요리는 어려운 것이라고 확신하고 있는 남성은 많다'라고 했고, 이어 두 번째 문장에서 '60세부터의 남자 요리 모임'을 개최한다고 했다. 이를 종합해 보면 '요리를 멀리해 온 중년 남성'이 이 모임의 대상임을 알 수 있다. 정답은 (B)로, 여기서 「敬遠(けいえん)」은 '경원, 의식해서 사람이나 사물을 피함'이라는 뜻이고, 「年配(ねんぱい)」는 '연배, 중년'이라는 뜻이다.

어휘 | ~向(む)け ~대상, ~용 初(はじ)めて 처음(으로) 勉強(べんきょう) 공부 青年(せいねん) 청년 趣味(しゅみ) 취미
定年(ていねん) 정년 好(す)きだ 좋아하다 独身(どくしん) 독신

**3** 会費について、正しいものはどれですか。
(A) 1年分で4万円。材料費は参加した回だけ当日千円支払う。
(B) 全部で4万円だが、まとめて払うと安くなる。材料費も含まれる。
(C) 少し高くなるが、数回に分けて払うこともできる。材料費は別。
(D) 材料費を含めて4万円、2回払いにすると少し高くなる。

회비에 대해서 맞는 것은 어느 것입니까?
(A) 1년분으로 4만 엔. 재료비는 참가한 회만 당일 천 엔 지불한다.
(B) 전부 해서 4만 엔이지만 한데 모아서 지불하면 싸진다. 재료비도 포함된다.
(C) 조금 비싸지지만 몇 회로 나누어서 지불할 수도 있다. 재료비는 별도.
(D) 재료비를 포함하여 4만 엔, 2회 지불로 하면 조금 비싸진다.

해설 | 중반부의 내용 문제. 회비는 1년에 4만 엔이고 반 년씩 나누어 낼 수 있지만, 그렇게 하면 반 년에 2만 5백 엔이 된다고 했다. 즉, 2회로 나눠서 내면 총 4만 천 엔으로, 천 엔이 비싸진다는 뜻이다. 또한 재료비는 별도로, 사용한 재료에 따라 매회 바뀐다고 했다. 선택지 가운데 이 조건을 모두 충족시키는 것은 (C)뿐이며, 나머지 선택지는 모두 재료비에 대한 설명이 잘못되었다.

어휘 | どれ 어느 것 全部(ぜんぶ) 전부, 모두 まとめる 한데 모으다 安(やす)い (값이) 싸다 含(ふく)む 포함하다
高(たか)い (값이) 비싸다 数回(すうかい) 몇 회, 몇 번 払(はら)う (돈을) 내다, 지불하다 含(ふく)める 포함하다, 포함시키다

**4** 試しに参加する場合について、正しくないものはどれですか。
(A) 会場は2個所あり、自由に選ぶことができる。
(B) 開催日は会場によって異なるが、時間は共通である。
(C) 参加費は3千円、材料費も含まれる。
(D) 申し込みは前もって電話でしておかなければならない。

시험 삼아 참가할 경우에 대해서 맞지 않는 것은 어느 것입니까?
(A) 회장은 두 군데 있고 자유롭게 선택할 수 있다.
(B) 개최일은 회장에 따라 다르지만 시간은 공통이다.
(C) 참가비용은 3천 엔, 재료비도 포함된다.
(D) 신청은 미리 전화로 해 두어야 한다.

해설 | 후반부에서 등록을 망설이는 사람을 위한 별도의 체험 교실을 안내하고 있다. 체험 교실은 시부야와 이케부쿠로 구민센터에서 각각 월요일과 수요일, 10시부터 1시까지 개최된다. 따라서 (A)와 (B)는 맞는 설명이다. 또한, (D)도 희망자는 미리 전화로 연락해 달라는 당부의 말과 일치하는 내용이다. 정답은 (C)로, 시험 삼아 참가할 경우 참가비용 3천 엔과 재료비는 당일 지불해 달라고 했으므로, 재료비는 별도라는 것을 알 수 있다.

어휘 | 会場(かいじょう) 회장 ~箇所(かしょ) ~군데 自由(じゆう)だ 자유롭다 選(えら)ぶ 고르다, 선택하다
異(こと)なる 다르다 共通(きょうつう) 공통 前(まえ)もって 미리, 사전에 ~ておく ~해 두다[놓다]
~なければならない ~하지 않으면 안 된다, ~해야 한다

竹内さんに「早期希望退職」の打診があった。⁵60歳の定年まで勤め上げ、その後悠々自適の生活をと考えていた53歳の彼にとって青天の霹靂であった。しかし、業績低迷にあえぐ会社の厳しさを考えて応じることにした。だが、会社は辞めたものの、「第2の人生」はなかなか見えず、焦りを感じ始めていた。そんな時、たまたま乗った電車の中で大学の「社会人入学者募集」の広告が目に留まった。⁶奥さんと息子さんに話してみると2人とも大賛成。息子さんなどは、経営を勉強して自営業の自分の手助けをしてくれるのなら授業料を援助するとまで言ってくれた。かくして54歳の大学生が誕生した。⁷現役学生と肩を並べて勉強に没頭する一方、若い学生と大声を上げてスポーツ大会の応援をしたり、コンパへも参加したりと「第2の青春」を謳歌した。教授の勧めもあり、思いがけず大学院へも進んだ。人生を見直すためにも、学校で学ぶこともセカンドライフの選択肢の1つではないかと彼は考え始めている。

다케우치 씨에게 '조기희망퇴직' 타진이 있었다. ⁵60세 정년까지 임기를 마치고, 그 후 유유자적한 생활을 생각했던 53세의 그에게 있어서 청천벽력이었다. 그러나 실적 부진에 허덕이는 회사의 어려움을 생각해서 응하기로 했다. 하지만 회사는 그만뒀지만 '제2의 인생'은 좀처럼 보이지 않고 초조함을 느끼기 시작했다. 그때 우연히 탄 전철 안에서 대학교의 '사회인 입학자 모집'이라는 광고가 눈에 들어왔다. ⁶부인과 아들에게 이야기해 보니 두 사람 모두 대찬성. 아들 등은 경영을 공부하여 자영업을 하는 자신에게 도움을 준다면 수업료를 원조하겠다고까지 말해 주었다. 이리하여 54세 대학생이 탄생했다. ⁷현역 학생과 어깨를 나란히 하고 공부에 몰두하는 한편, 젊은 학생과 큰 소리를 지르며 체육대회 응원을 하거나 친목 모임에도 참가하거나 하여 '제2의 청춘'을 구가했다. 교수의 권유도 있어 생각지도 않게 대학원에도 진학했다. 인생을 재검토하기 위해서도 학교에서 배우는 것도 제2의 인생 선택지 중의 하나가 아닐까 하고 그는 생각하기 시작했다.

PART 8 독해

어휘 | 早期希望退職(そうききぼうたいしょく) 조기희망퇴직 打診(だしん) 타진, (상대방을 살짝) 떠봄 ～歳(さい) ～세, ～살
定年(ていねん) 정년 勤(つと)め上(あ)げる 임기를 마치다 悠々自適(ゆうゆうじてき) 유유자적 生活(せいかつ) 생활
考(かんが)える 생각하다 ～にとって ～에게 있어서 青天(せいてん)の霹靂(へきれき) 청천벽력 業績(ぎょうせき) 업적, 실적
低迷(ていめい) (나쁜 상태에서) 헤어나지 못하여 헤맴 あえぐ 허덕이다, 시달리다 厳(きび)しさ 힘듦, 혹독함
応(おう)じる 응하다 동사의 보통형+ことにする ～하기로 하다 だが 하지만, 그렇지만 辞(や)める (일자리를) 그만두다
～ものの ～이지만 第(だい) (순서의) 제 人生(じんせい) 인생 なかなか (부정어 수반) 좀처럼 見(み)える 보이다
～ず(に) ～하지 않고[말고] 焦(あせ)り 초조함 感(かん)じる 느끼다 동사의 ます형+始(はじ)める ～하기 시작하다
たまたま 우연히, 때마침 乗(の)る (탈것에) 타다 電車(でんしゃ) 전철 大学(だいがく) 대학(교) 社会人(しゃかいじん) 사회인
入学者(にゅうがくしゃ) 입학자 募集(ぼしゅう) 모집 広告(こうこく) 광고 目(め)に留(と)まる 우연히 보이다, 눈에 들어오다
奥(おく)さん (남의) 부인 息子(むすこ)さん (남의) 아들 話(はな)す 말하다, 이야기하다 ～てみる ～해 보다 ～とも ～모두, ～다
大賛成(だいさんせい) 대찬성 経営(けいえい) 경영 勉強(べんきょう) 공부 自営業(じえいぎょう) 자영업
自分(じぶん) 자기, 자신, 나 手助(てだす)け 도움, 거듦 ～てくれる (남이 나에게) ～해 주다 ～なら ～라면
授業料(じゅぎょうりょう) 수업료 援助(えんじょ) 원조 かくして 이렇게 하여, 이리하여 大学生(だいがくせい) 대학생
誕生(たんじょう) 탄생 現役(げんえき) 현역 学生(がくせい) 학생, (특히) 대학생 肩(かた)を並(なら)べる 어깨를 나란히 하다
没頭(ぼっとう) 몰두 동사의 기본형+一方(いっぽう) ～하는 한편 若(わか)い 젊다 大声(おおごえ) 큰 소리
上(あ)げる (큰 소리를) 지르다, 올리다, 내다 スポーツ 스포츠, 운동 大会(たいかい) 대회 応援(おうえん) 응원 ～たり ～하거나
コンパ 대학생 등이 비용을 공동으로 부담하여 개최하는 친목 모임 * 「コンパニー」의 준말 参加(さんか) 참가, 참석
青春(せいしゅん) 청춘 謳歌(おうか) 구가 教授(きょうじゅ) (대학 등의) 교수 勧(すす)め 권유
思(おも)いがけず 생각지도 않게, 뜻밖에 大学院(だいがくいん) 대학원 進(すす)む 진학하다 見直(みなお)す 다시 보다, 재검토하다
～ためにも～위해서도 学校(がっこう) 학교 学(まな)ぶ 배우다 セカンドライフ 세컨드 라이프, 제2의 인생, 정년 후의 인생
選択肢(せんたくし) 선택지

**5** 竹内さんは退職後をどのように暮らしたいと思っていましたか。

(A) のんびりと思うままに暮らしたい。
(B) 学校でもう一度勉強をしたい。
(C) 再就職をしたい。
(D) 自営業をしたい。

다케우치 씨는 퇴직 후를 어떻게 보내고 싶다고 생각했습니까?
(A) 느긋하게 생각대로 살고 싶다.
(B) 학교에서 한 번 더 공부를 하고 싶다.
(C) 재취직을 하고 싶다.
(D) 자영업을 하고 싶다.

**해설 |** 뜻하지 않은 조기희망퇴직을 하게 된 다케우치 씨는 원래 정년까지 임기를 마치고 「悠々自適(ゆうゆうじてき)の生活(せいかつ)」(유유자적한 생활)를 보낼 생각이었다고 했다. 여기서 「悠々自適(ゆうゆうじてき)」(유유자적)란 아무 속박 없이 조용하고 편안하게 사는 것을 말하므로, 정답은 (A)가 된다.

**어휘 |** 暮(く)らす 살다, 생활하다　のんびり 한가로이, 느긋하게　思(おも)うまま 생각대로, 마음껏　もう一度(いちど) 한 번 더
再就職(さいしゅうしょく) 재취직

**6** 大学入学に対して、息子さんの反応はどうでしたか。
(A) 大学などには行かず会社を手伝ってほしいと言った。
(B) 卒業後会社を手助けするという条件で、渋々賛成した。
(C) 経営を学び、起業するつもりなら賛成すると言った。
(D) 諸手を挙げて賛成し、場合によってはお金を出すと言った。

대학 입학에 대해 아들의 반응은 어땠습니까?
(A) 대학 같은 곳에는 가지 말고 회사를 도와주었으면 한다고 말했다.
(B) 졸업 후 회사를 도와준다는 조건으로 마지못해 찬성했다.
(C) 경영을 배워 창업할 생각이라면 찬성한다고 말했다.
(D) 쌍수를 들어 찬성하고 경우에 따라서는 돈을 내겠다고 말했다.

**해설 |** 다케우치 씨는 퇴직 후 제2의 인생을 찾기 위해 초조한 시간을 보내던 중 우연히 한 대학교의 '사회인 입학자 모집' 공고를 보게 되었다. 그리고 부인과 아들에게 상의했더니 「2人(ふたり)とも大賛成(だいさんせい)」(두 사람 모두 대찬성)라고 했다. 게다가 아들은 경영을 공부해 자신의 사업을 도와준다면 수업료를 원조하겠다고 말해 주었다고 했으므로, 정답은 (D)가 된다. (A)는 대학 진학 자체를 반대한다는 뜻이므로 부적절. (B)와 (C) 역시 조건부로 찬성한다는 의미가 되므로 답이 될 수 없다.

**어휘 |** 反応(はんのう) 반응　~など ~같은 것, ~따위　手伝(てつだ)う 돕다, 도와주다　~てほしい ~해 주었으면 하다, ~하길 바라다
卒業(そつぎょう) 졸업　条件(じょうけん) 조건　渋々(しぶしぶ) 마지못해, 할 수 없이　起業(きぎょう) 기업, 창업
つもり 생각, 작정　諸手(もろて)を挙(あ)げて 쌍수를 들어, 무조건, 전적으로　場合(ばあい) 경우　~によっては ~에 따라서는
金(かね) 돈　出(だ)す (돈을) 내다, 지불하다

**7** 竹内さんの大学生活はどのようなものでしたか。
(A) 若者とともにスポーツで汗を流した。
(B) 学業のかたわら若者との交流にも意欲的だった。
(C) 大学院を目指し、勉強一筋だった。
(D) 学生たちに対して物足りなさを感じていた。

다케우치 씨의 대학 생활은 어떠한 것이었습니까?
(A) 젊은이와 함께 운동으로 땀을 흘렸다.
(B) 학업과 동시에 젊은이와의 교류에도 의욕적이었다.
(C) 대학원을 목표로 하여 오직 공부뿐이었다.
(D) 학생들에 대해 뭔가 아쉬움을 느끼고 있었다.

**해설 |** 후반부의 내용 문제. 이렇게 늦깎이 대학생이 된 다케우치 씨는 공부에 몰두하는 한편, 젊은 학생들과 체육대회 응원을 하거나 친목 모임에도 참가하며 제2의 청춘을 구가했다고 했다. 따라서 정답은 (B)가 된다. (A)는 체육대회 응원이 아니라 직접 시합에 참가했다는 의미이며, (C)의 대학원은 원래 목표가 아니라 교수의 권유에 의해 생각지도 않게 가게 되었다고 했으므로 틀린 설명이다. (D)와 같은 내용은 나오지 않는다.

**어휘 |** 若者(わかもの) 젊은이　~とともに ~와 함께　汗(あせ) 땀　流(なが)す 흘리다　学業(がくぎょう) 학업
~かたわら ~하는 한편, 주로 ~을 하면서 그 한편으로　交流(こうりゅう) 교류　意欲的(いよくてき)だ 의욕적이다
目指(めざ)す 목표로 하다, 지향하다　一筋(ひとすじ) 외곬, 일편단심　物足(ものた)りなさ 약간 부족함, 어딘지 아쉬움

| 한자 | 읽기 | 의미 |
|---|---|---|
| ☐ 初めて | はじめて | 처음(으로) |
| ☐ 鳴く | なく | (새·짐승 등이) 울다 |
| ☐ 届ける | とどける | (물건을) 전하다, 갖다 주다 |
| ☐ 着く | つく | 도착하다 |
| ☐ 長年 | ながねん | 오랜 세월 |
| ☐ 心がける | こころがける | 유념하다, 명심하다 |
| ☐ 常時 | じょうじ | 상시 |
| ☐ 待ち時間 | まちじかん | 기다리는 시간, 대기 시간 |
| ☐ 研修 | けんしゅう | 연수 |
| ☐ 多数 | たすう | 다수 |
| ☐ 待機 | たいき | 대기 |
| ☐ 導入 | どうにゅう | 도입 |
| ☐ 目に留まる | めにとまる | 우연히 보이다, 눈에 들어오다 |
| ☐ 大声 | おおごえ | 큰 소리 |
| ☐ 上げる | あげる | (큰 소리를) 지르다, 올리다, 내다 |
| ☐ 思うまま | おもうまま | 생각대로, 마음껏 |
| ☐ 渋々 | しぶしぶ | 마지못해, 할 수 없이 |
| ☐ 起業 | きぎょう | 기업, 창업 |
| ☐ 諸手を挙げて | もろてをあげて | 쌍수를 들어, 무조건, 전적으로 |
| ☐ 一筋 | ひとすじ | 외곬, 일편단심 |

PART 8

독해

STEP 1 먼저 핵심 기출 어휘 및 표현을 익히세요.

## 핵심 기출 어휘 및 표현

- 株 주식
- 支持 지지
- 香水 향수
- 割引 할인
- 実力 실력
- 価格 가격
- 料金 요금
- 撤去 철거
- 鉄道 철도
- 発行 발행
- 処分 처분
- 機能 기능
- 複数 복수
- 邪魔 방해
- 内容 내용
- 被害 피해
- 条件 조건
- 波紋 파문
- 体温 체온
- 消化 소화
- 開発 개발
- 対象 대상
- 損害 손해
- 目的 목적
- 保険 보험
- 返却 반납
- 解決 해결
- 紹介 소개
- 訴訟 소송
- 風潮 풍조
- 能力 능력
- 調節 조절
- 要因 요인
- 難航 난항
- 見方 견해
- 状態 상태
- 試合 시합
- 発送 발송
- 現象 현상
- 通行 통행
- 報道 보도
- 快適 쾌적
- 事実 사실
- 減少 감소
- 分散 분산

- 陳列 진열
- 迷惑 폐
- 実力 실력
- 関係 관계
- 診療 진료
- 時期 시기
- 注意 주의
- 自重 자중
- 発売 발매
- 成功 성공
- 記念 기념
- 行列 행렬
- 観察 관찰
- 企業 기업
- 程度 정도
- 以前 이전
- 拡張 확장
- 行動 행동
- 偏見 편견
- 給料 급여, 급료

- 海水 해수
- 名所 명소
- 責任 책임
- 直接 직접
- 出席 출석
- 招待 초대
- 義務 의무
- 準備 준비
- 歓声 환성
- 主催 주최
- 移転 이전
- 確認 확인
- 様子 모습
- 予定 예정
- 破壊 파괴
- 保全 보전
- 技術 기술
- 完成 완성
- 実態 실태
- 機関 기관

- 要領 요령
- 検討 검토
- 税金 세금
- 品目 품목
- 徴収 징수
- 催促 재촉
- 間隔 간격
- 平日 평일
- 業界 업계
- 訪問 방문
- 投資 투자
- 都心 도심
- 家賃 집세
- 個人 개인
- 相続 상속
- 人口 인구
- 急増 급증
- 納税 납세
- 妥当 타당
- 太陽 태양

- 年齢 연령
- 開始 개시
- 相応 상응
- 感想 감상
- 実施 실시
- 装置 장치
- 操作 조작
- 施設 시설
- 規模 규모
- 並木 가로수
- 装置 장치
- 好み 기호, 흥미
- 手作り 손수 만듦
- 通勤客 통근객
- 人生観 인생관
- 駐車場 주차장
- 未知数 미지수
- 向こう側 맞은편
- エネルギー 에너지
- 試行錯誤 시행착오

- 店舗 점포
- 患者 환자
- 速報 속보
- 趣味 취미
- 被害 피해
- 用意 준비
- 活躍 활약
- 移動 이동
- 余裕 여유
- 鮮度 선도, 신선도
- 網羅 망라
- 影響 영향
- 異例 이례, 전례가 없음
- 不特定 불특정
- 上乗せ 덧붙임, 추가
- 指定席 지정석
- 売り上げ 매상, 매출
- マナー 매너
- ストライキ 동맹파업
- 自動販売機 자동판매기

- 住民 주민
- 創業 창업
- 存在 존재
- 全般 전반
- 説得 설득
- 範囲 범위
- 語学 어학
- 発揮 발휘
- 安心 안심
- 調査 조사
- 種類 종류
- 外見 외견, 겉모습
- 仕組み 구조
- 参加者 참가자
- 不動産 부동산
- 少子化 저출산화
- 売れ行き 팔림새, 물건이 팔리는 상태
- オフィス 오피스
- 日常生活 일상생활
- きつい 꽉 끼다

- 足<sub>た</sub>りない 모자라다, 부족하다
- 多様<sub>たよう</sub>だ 다양하다
- 苦手<sub>にがて</sub>だ 잘 못하다, 서투르다

- 面倒<sub>めんどう</sub>だ 성가시다, 귀찮다
- 手軽<sub>てがる</sub>だ 손쉽다, 간단하다
- 真面目<sub>まじめ</sub>だ 성실하다

- 着<sub>つ</sub>く 도착하다, (자리에) 앉다
- 防<sub>ふせ</sub>ぐ 막다, 방지하다
- 眠<sub>ねむ</sub>る 자다, 잠자다, 잠들다

- 載<sub>の</sub>る (신문·잡지 등에) 실리다
- 望<sub>のぞ</sub>む 바라다, 원하다
- 放<sub>ほう</sub>る 방치하다

- 見合<sub>みあ</sub>う 대응하다, 걸맞다
- 超<sub>こ</sub>える (정도를) 넘다
- 兼<sub>か</sub>ねる 겸하다

- 伸<sub>の</sub>びる 늘다, 신장하다
- 集<sub>あつ</sub>まる 모이다
- 繋<sub>つな</sub>がる 이어지다, 연결되다

- 脅<sub>おど</sub>かす 위협하다
- 冷<sub>ひ</sub>やす 차갑게 하다
- 目指<sub>めざ</sub>す 목표로 하다, 지향하다

- 相次<sub>あいつ</sub>ぐ 잇따르다
- 泊<sub>と</sub>まる 묵다, 숙박하다
- 疲<sub>つか</sub>れる 지치다, 피로해지다

- 上達<sub>じょうたつ</sub>する 능숙해지다
- 繰<sub>く</sub>り返<sub>かえ</sub>す 되풀이하다, 반복하다
- 目<sub>め</sub>に余<sub>あま</sub>る 눈에 거슬리다

- やり遂<sub>と</sub>げる 완수하다
- 仮<sub>かり</sub>に 가령, 만일
- きちんと 제대로, 확실히

- たかが 고작, 기껏해야
- 意外<sub>いがい</sub>と 의외로, 예상외로
- 目<sub>め</sub>にする 보다, 목격하다

- ～のわりに ~에 비해서
- ～に比<sub>くら</sub>べて ~에 비해서
- 後<sub>あと</sub>を絶<sub>た</sub>たない 끊이질 않다

- 生<sub>い</sub>かす
  살리다, 발휘하다, 활용하다
- 見<sub>み</sub>かけによらず
  겉보기와는 달리
- 歯止<sub>はど</sub>めがかかる
  제동이 걸리다

**STEP 2** 이제 YBM이 엄선한 기출 문제를 풀어 보세요.

## (1~3)

日本列島を(1)二つに分ける天候の違いは、日本人の生活にも大きな影響を与えてきた。¹日本海側は、しばしば大雪が降り、列車が止まるなど、色々な被害が出る。冬の間ずっと、雪に閉ざされる生活を送ってきた、ある雪国の人は²冬晴れの太平洋側にやって来て、「冬が、これほど明るかったら人生観が変わるなあ」と溜め息交じりに言っている。

日本海側の人々にとって雪は生活を脅かすものとなるので、冬の間は、来る日も来る日も暗い雪の下で雪と戦い続けなければならない。しかし、³太平洋側の人々にとっては、雪は天からの美しい贈り物のような感覚で受け取られている。雪が降ると、子供たちは大喜びで雪だるまを作ったり、雪合戦をしたりして遊び、大人たちも一面の雪景色を見て楽しむのだ。

일본 열도를 (1)둘로 나누는 날씨 차이는 일본인들의 생활에도 큰 영향을 미쳤다. 1동해쪽은 자주 큰눈이 내리고 열차가 멈추는 등 여러 가지 피해가 생긴다. 겨우내 눈에 갇힌 생활을 보내온 어느 눈이 많이 내리는 지방의 사람은 2맑고 쾌청한 겨울날의 태평양 쪽으로 와서 "겨울이 이 정도로 환하면 인생관이 바뀌겠군"이라며 한숨 섞인 목소리로 말했다.

동해 쪽 사람들에게 있어서 눈은 생활을 위태롭게 하는 존재가 되기 때문에 겨울 동안은 날마다 암울한 눈 아래에서 눈과 계속 싸워야 한다. 그러나 3태평양 쪽 사람들에게 있어서는 눈은 하늘로부터의 아름다운 선물과 같은 감각으로 받아들여지고 있다. 눈이 오면 아이들은 크게 기뻐하며 눈사람을 만들거나 눈싸움을 하거나 하며 놀고 어른들도 일대의 설경을 보며 즐거워하는 것이다.

어휘 | 日本列島(にほんれっとう) 일본 열도 *아시아 대륙 동쪽에 있는 활 모양의 열도, 홋카이도(北海道), 혼슈(本州), 시코쿠(四國), 규슈(九州) 따위의 큰 섬과 3,500여 개의 작은 섬으로 이루어져 있음  二(ふた)つ 둘, 두 개  分(わ)ける 나누다
天候(てんこう) 일기, 날씨  違(ちが)い 차이  日本人(にほんじん) 일본인  生活(せいかつ) 생활  大(おお)きな 큰  影響(えいきょう) 영향
与(あた)える (주의·영향 등을) 주다  日本海(にほんかい) 동해  ~側(がわ) ~측[쪽]  しばしば 자주, 여러 번  大雪(おおゆき) 대설, 큰눈
降(ふ)る (비·눈 등이) 내리다, 오다  列車(れっしゃ) 열차  止(と)まる 멈추다, 서다  色々(いろいろ)だ 여러 가지다, 다양하다
被害(ひがい) 피해  出(で)る 생기다, 나다  冬(ふゆ) 겨울  間(あいだ) 동안, 사이  ずっと 쭉, 계속  閉(と)ざす 가두다, 갇히게 하다
送(おく)る 보내다  ある 어느  雪国(ゆきぐに) 눈이 많이 내리는 지방  冬晴(ふゆば)れ 맑고 쾌청한 겨울날  太平洋(たいへいよう) 태평양
やって来(く)る 이쪽으로 향하여 오다  これほど 이 정도로  明(あか)るい 밝다, (빛·색이) 환하다  人生観(じんせいかん) 인생관
変(か)わる 바뀌다  溜(た)め息(いき) 한숨, 탄식  交(ま)じり 섞임  人々(ひとびと) 사람들  ~にとって ~에게 있어서
脅(おびや)かす (위치·생활 등을) 위태롭게 하다, 위협하다  来(く)る日(ひ) 새롭게 다가오는 날  暗(くら)い 어둡다, 밝지 않다, 우울하다
下(した) 아래, 밑  戦(たたか)う 싸우다  동사의 ます형+続(つづ)ける 계속 ~하다
~なければならない ~하지 않으면 안 된다, ~해야 한다  しかし 그러나  天(てん) 하늘  美(うつく)しい 아름답다
贈(おく)り物(もの) 선물  感覚(かんかく) 감각  受(う)け取(と)る 받아들이다, 이해하다  子供(こども) 아이
~たち (사람이나 생물을 나타내는 말에 붙어) ~들  大喜(おおよろこ)び 매우 기뻐함  雪(ゆき)だるま 눈사람  作(つく)る 만들다
~たり~たりする ~하거나 ~하거나 하다, ~하기도 하고 ~하기도 하다  雪合戦(ゆきがっせん) 눈싸움  遊(あそ)ぶ 놀다
大人(おとな) 어른  一面(いちめん) 전체, 일대  雪景色(ゆきげしき) 설경  楽(たの)しむ 즐기다

**1** (1)<u>二つに分けるとは何ですか。</u>

✓(A) 日本海側と太平洋側

(B) 雪だるまと雪合戦

(C) 子供たちと大人たち

(D) 大雪と雪景色

(1)둘로 나눈다란 무엇입니까?

✓(A) 동해 쪽과 태평양 쪽

(B) 눈사람과 눈싸움

(C) 아이들과 어른들

(D) 큰눈과 설경

---

■ 이 글에서 일본 열도를 둘로 나누는 기준은 「天候(てんこう)の違(ちが)い」(날씨 차이)이다. 첫 번째 문단에서 동해 쪽은 큰눈 때문에 여러 가지 피해를 보는 반면 태평양 쪽은 맑고 쾌청한 날씨라고 말하고 있으므로, 정답은 (A)가 된다.

■ ~とは ~라고 하는 것은, ~란 *정의

---

**2** 冬は、どの地方が晴れの日が多いですか。

(A) 北の地方

(B) 南の地方

✓(C) 太平洋側

(D) 日本列島の方

겨울은 어느 지방이 맑은 날이 많습니까?

(A) 북쪽 지방

(B) 남쪽 지방

✓(C) 태평양 쪽

(D) 일본 열도 쪽

---

■ 첫 번째 단란 후반부에서 「冬晴(ふゆば)れの太平洋側(たいへいようがわ)」(맑고 쾌청한 겨울날의 태평양 쪽)라고 했으므로, 정답은 (C)가 된다.

■ どの 어느  晴(は)れ 맑음  地方(ちほう) 지방  北(きた) 북쪽  南(みなみ) 남쪽

---

**3** 太平洋側の人は、雪をどのように受け止めていますか。

(A) 戦い続けなければならないもの

(B) 人生観を変えるもの

(C) 色々な被害が出るもの

✓(D) 美しい贈り物

태평양 쪽 사람은 눈을 어떻게 받아들이고 있습니까?

(A) 계속 싸우지 않으면 안 되는 것

(B) 인생관을 바꾸는 것

(C) 여러 가지 피해가 생기는 것

✓(D) 아름다운 선물

---

■ 같은 눈이지만 사는 지역에 따라 그 느낌은 전혀 다르다. 자주 내리는 눈 때문에 피해를 보는 동해 쪽 사람들에게 눈은 생활을 위태롭게 하는 존재지만, 맑고 쾌청한 날씨의 태평양 쪽 사람들에게 눈은 하늘에서 내려오는 아름다운 선물과도 같다고 했다. 따라서 정답은 (D)가 된다. (A)와 (C)는 동해 쪽 사람들이 느끼는 감정이고, (B)는 「人生観(じんせいかん)」(인생관)이라는 어휘를 응용한 오답이다.

■ 変(か)える 바꾸다

　布団に入ってから眠るまでの時間は人様々だ。そして⁴眠りに(1)_____までにかかる時間には生活習慣が影響しているという。睡眠は、人間の生命を守るために体内の働きを調節する神経が、休息状態にならないと訪れない。「食べると眠くなる」とよく言われるが、実際は、⁵寝る直前まで食物を口にしていると、その消化活動が眠りへの妨げとなるのだ。

　では、どうすれば(2)快い睡眠が取れるのだろうか。その方法の一つに軽い運動がある。人間の体温は午後6時頃が最も高く、それから徐々に下がり、⁶2、3時間後が眠りに一番適した体温になる。しかし、その時間に寝るのは早すぎるという場合は、運動で再度体温を上げるといいのだ。早めの入浴も軽い運動と同様の効果がある。

　また、人間の体にはリズムがあるので、⁷どんなに夜更かししても起きる時間は決めておき、日中短時間の睡眠を取った方がいいと言われる。人間の体内時計は２５時間周期のため、放っておくとどんどん夜更かしになるが、朝太陽の光を浴びることで修正できるそうだ。

이불 속으로 들어가고 난 후 잠들 때까지의 시간은 사람마다 각기 다르다. 그리고 ⁴잠이 (1)들 때까지 걸리는 시간에는 생활습관이 영향을 주고 있다고 한다. 수면은 인간의 생명을 지키기 위해서 체내의 작용을 조절하는 신경이 휴식상태가 되지 않으면 찾아오지 않는다. '먹으면 졸린다'고들 하는데 실제로는 ⁵자기 직전까지 음식을 먹고 있으면 그 소화활동이 수면으로의 방해가 되는 것이다.

그렇다면 어떻게 하면 (2)상쾌한 수면을 취할 수 있을까? 그 방법 중 하나로 가벼운 운동이 있다. 인간의 체온은 오후 6시경이 가장 높고 그러고 나서 서서히 내려가 ⁶2, 3시간 후가 잠들기에 가장 적합한 체온이 된다. 그러나 그 시간에 자는 것이 너무 이르다는 경우는 운동으로 재차 체온을 올리면 좋은 것이다. 조금 이른 목욕도 가벼운 운동과 마찬가지의 효과가 있다.

또한 인간의 몸에는 리듬이 있기 때문에 ⁷아무리 밤늦게까지 잠을 안 자도 일어나는 시간은 정해 두고 낮에 짧은 시간의 수면을 취하는 편이 좋다고 한다. 인간의 체내시계는 25시간 주기이기 때문에 내버려두면 점점 밤늦게까지 안 자게 되지만, 아침에 햇빛을 쬠으로써 수정할 수 있다고 한다.

---

어휘 | 布団(ふとん)に入(はい)る 이불 속으로 들어가다　〜てから 〜하고 나서, 〜한 후에　眠(ねむ)る 자다, 잠자다, 잠들다
時間(じかん) 시간　人様々(ひとさまざま) 사람마다 각기 다름　そして 그리고　眠(ねむ)りに落(お)ちる 잠이 들다
かかる (시간이) 걸리다　生活(せいかつ) 생활　習慣(しゅうかん) 습관　影響(えいきょう)する 영향을 주다　睡眠(すいみん) 수면
人間(にんげん) 인간　生命(せいめい) 생명　守(まも)る 지키다　〜ために 〜위해서　体内(たいない) 체내　働(はたら)き 작용
調節(ちょうせつ) 조절　神経(しんけい) 신경　休息(きゅうそく) 휴식　状態(じょうたい) 상태
訪(おとず)れる (계절이나 어떤 상황이) 찾아오다　食(た)べる 먹다　眠(ねむ)い 졸리다　よく 자주　実際(じっさい) 실제　寝(ね)る 자다
直前(ちょくぜん) 직전　食物(しょくもつ) 음식　口(くち)にする 입에 대다, 먹다　消化(しょうか) 소화　活動(かつどう) 활동
妨(さまた)げ 방해　では 그렇다면　どう 어떻게　快(こころよ)い 기분이 좋다, 상쾌하다　取(と)る 취하다　方法(ほうほう) 방법
軽(かる)い 가볍다　運動(うんどう) 운동　体温(たいおん) 체온　午後(ごご) 오후　最(もっと)も 가장, 제일　高(たか)い 높다
それから 그러고 나서　徐々(じょじょ)に 서서히　下(さ)がる (기온·온도·열 등이) 내려가다　一番(いちばん) 가장, 제일
適(てき)する 적합하다　しかし 그러나　早(はや)い 빠르다, 이르다　い형용사의 어간+すぎる 너무 〜하다　場合(ばあい) 경우
再度(さいど) 재차, 다시　上(あ)げる (온도를) 올리다, 높이다　早(はや)め 정해진 시간보다 조금 이름　入浴(にゅうよく) 입욕, 목욕
〜と同様(どうよう) 〜와 마찬가지임　効果(こうか) 효과　また 또, 또한　体(からだ) 몸, 신체　リズム 리듬　どんなに 아무리
夜更(よふ)かし 밤늦게까지 안 잠　起(お)きる 일어나다, 기상하다　決(き)める 정하다, 결정하다　〜ておく 〜해 놓다[두다]
日中(にっちゅう) 낮, 주간　短時間(たんじかん) 단시간, 짧은 시간　동사의 た형+方(ほう)がいい 〜하는 편[쪽]이 좋다
〜と言(い)われる 〜라는 말을 듣다, 〜라고 하다　体内時計(たいないどけい) 체내시계　周期(しゅうき) 주기
放(ほう)る (「放(ほう)っておく」의 꼴로) (돌보지 않고) 내버려두다, 방치하다　どんどん 점점　朝(あさ) 아침　太陽(たいよう) 태양, 해
光(ひかり) 빛　浴(あ)びる (햇볕 등을) 쬐다　〜ことで 〜함으로써　修正(しゅうせい) 수정　품사의 보통형+そうだ 〜라고 한다 *전문

**4** (1)＿＿＿＿＿＿＿にどんな言葉が入りますか。

(A) 覚(さ)める      ✓(B) 落(お)ちる

(C) 負(ま)ける      (D) 任(まか)せる

(1)＿＿＿＿＿＿에 어떤 말이 들어갑니까?

(A) 깰      ✓(B) 들

(C) 질      (D) 맡길

---

- 문맥상 공란에는 앞의 「眠(ねむ)りに」(잠(수면)에)라는 표현과 함께 써서 '잠에 빠지다, 잠이 들다'와 같은 의미를 나타내는 동사가 와야 한다. 정답은 (B)로, 「眠(ねむ)りに落(お)ちる」는 '잠이 들다'라는 의미이다. 참고로, (A)의 「覚(さ)める」는 '(잠 등이) 깨다, 눈이 뜨이다'라는 뜻의 동사로, 「目(め)が覚(さ)める」라고 하면 '잠이 깨다'라는 의미이다.

- 負(ま)ける 지다, 패하다   任(まか)せる 맡기다

---

**5** この文(ぶん)の内容(ないよう)で正(ただ)しいものはどれですか。

(A) 胃(い)と睡眠(すいみん)とは関係(かんけい)がない。

(B) お腹(なか)いっぱい食(た)べると早(はや)く眠(ねむ)ることができる。

✓(C) 消化済(しょうかず)みの状態(じょうたい)で寝(ね)ることがよりよく眠(ねむ)れる。

(D) 寝(ね)る直前(ちょくぜん)に何(なに)かを食(た)べることが一番(いちばん)だ。

이 글의 내용으로 맞는 것은 어느 것입니까?

(A) 위와 수면과는 관계가 없다.

(B) 배부르게 먹으면 일찍 잘 수 있다.

✓(C) 소화가 끝난 상태로 자는 것이 보다 잘 잘 수 있다.

(D) 자기 직전에 뭔가를 먹는 것이 제일이다.

---

- 첫 번째 단락 후반부에서 수면은 체내 작용을 조절하는 신경이 휴식상태가 되지 않으면 찾아오지 않는데, 실제로 자기 직전까지 음식을 먹고 있으면 그 소화활동이 수면 방해로 이어진다고 했다. 따라서 정답은 (C)가 된다. 나머지 선택지는 모두 이와는 반대되는 내용이다.

- 胃(い) 위   関係(かんけい) 관계   お腹(なか)いっぱい 배부르게   명사+済(ず)み ～이 끝남   よりよい 보다 좋은

---

**6** (2)快(こころよ)い睡眠(すいみん)を誘(さそ)うためにいいものはどれですか。

(A) 昼間(ひるま)十分(じゅうぶん)な運動(うんどう)をする。

(B) 寝(ね)る直前(ちょくぜん)に軽(かる)い運動(うんどう)をする。

(C) 夜(よる)の6時頃(ろくじごろ)までに運動(うんどう)を済(す)ませる。

✓(D) 寝(ね)る数時間前(すうじかんまえ)に軽(かる)い運動(うんどう)をする。

(2)상쾌한 수면을 유도하기 위해서 좋은 것은 어느 것입니까?

(A) 낮에 충분한 운동을 한다.

(B) 자기 직전에 가벼운 운동을 한다.

(C) 밤 6시경까지 운동을 끝낸다.

✓(D) 자기 몇 시간 전에 가벼운 운동을 한다.

---

- 두 번째 단락에서 상쾌한 수면을 취하는 방법으로 들고 있는 것은 가벼운 운동이다. 선택지는 모두 운동을 권하고 있으므로, 포인트가 되는 것은 운동을 하는 시간대가 된다. 이어지는 내용에서 운동 2, 3시간 후가 잠들기에 가장 적합한 체온이 된다고 했으므로, 정답은 자기 몇 시간 전에 운동을 한다고 한 (D)가 된다. (A)와 (C)는 수면 유도를 위한 운동 시간으로는 너무 이르고, (B)는 너무 늦은 시간이므로 답이 될 수 없다.

- 誘(さそ)う 자아내다, 불러일으키다   昼間(ひるま) 낮   十分(じゅうぶん)だ 충분하다   夜(よる) 밤   済(す)ませる 끝내다

---

**7** 夜遅(よるおそ)く寝(ね)た時(とき)にはどうすればいいですか。

✓(A) 足(た)りない睡眠時間(すいみんじかん)は昼間(ひるま)に時間(じかん)を区切(くぎ)って取(と)る。

(B) 普段(ふだん)より遅(おそ)く起(お)きて、午後12時(ごごじゅうにじ)までテレビを見(み)る。

(C) 足(た)りなかった分(ぶん)を普段(ふだん)より早(はや)く寝(ね)ることで補(おぎな)う。

(D) 普段(ふだん)より早(はや)めに起(お)き、軽(かる)い運動(うんどう)で体(からだ)を刺激(しげき)する。

밤늦게 잤을 때에는 어떻게 하면 됩니까?

✓(A) 부족한 수면시간은 낮에 시간을 나눠서 취한다.

(B) 평소보다 늦게 일어나 오후 12시까지 TV를 본다.

(C) 부족했던 분을 평소보다 일찍 자는 것으로 보충한다.

(D) 평소보다 일찍 일어나 가벼운 운동으로 몸을 자극한다.

---

- 세 번째 단락에서 정답을 찾을 수 있다. 밤늦게까지 잠을 자지 않더라도 일어나는 시간은 일정하게 해야 한다면서, 부족한 수면 시간은 낮에 짧은 시간의 수면으로 보충하라고 조언하고 있다. 따라서 정답은 (A)가 된다. (B)와 (C)는 기상 시간을 평소와는 다르게 하라는 뜻이므로 부적절하며, 수면 시간을 앞당기라는 내용도 나오지 않으므로 (C)도 답이 될 수 없다.

- 足(た)りない 모자라다, 부족하다   区切(くぎ)る 구분하다, 구획짓다   普段(ふだん) 평소, 평상시   遅(おそ)い 늦다   テレビ 텔레비전, TV *「テレビジョン」의 준말   分(ぶん) 분, 분량

**STEP 3** 다음 글을 읽고 문제를 풀어 보세요.

**(1~4)**

> インターネットや携帯電話の普及に伴い、ネット競売や着メロのダウンロードなど、子供たちも簡単に消費者になり、高額請求の被害者にもなり得る時代が来た。そんな現実が引き金にもなって、小中学校で金融や経済を学ぶ(1)授業が盛んになってきている。
>
> 都内の(2)ある小学校では、学校の近くの商店街に店を出すことを想定し、仮想の出店計画を立てるという授業を行った。この授業に当たっては、銀行の人に銀行の役割や融資を受ける際の注意を聞いたり、商店主や商店街のリーダーに商売の(3)＿＿＿＿＿＿や心得を聞くなど準備に3か月費やした。これらの体験を通し、経済の知識を得ただけでなく、信用や責任といった生き方や働くことの意味を考える機会にもなったようだ。
>
> また授業だけでなく、遊びを通して職業や経済について学べる子供向けの(4)職業体験テーマパークの建設も予定されている。子供たちは園内の「街」で様々な職業になりきり、園内通貨を使って報酬を得、消費し、銀行で貯蓄や融資をしたりといった体験ができるようになる。

**1** こうした(1)授業が行われる理由は何ですか。
(A) 起業を目指す子供たちが増えてきたから
(B) 子供たちも金融や経済と密接な関係を持ち始めたから
(C) 高収入を望む子供たちが増えてきたから
(D) 子供たちが金融や経済に興味を示し始めたから

**2** (2)ある小学校の授業について、正しいものはどれですか。
(A) 現実に仕事に携わっている人たちから話を聞いて学んだ。
(B) 準備に長い時間をかけ、商店街に出店した。
(C) 専門家から学んだ知識を商店街の人に伝えた。
(D) 社会における信用や責任について先生と話し合った。

**3** (3)＿＿＿＿＿＿に入る最も適当な言葉はどれですか。

(A) ファイト

(B) カタログ

(C) ノウハウ

(D) エッセー

**4** (4)職業体験テーマパークの意義は何ですか。

(A) 社会で流通している貨幣を使って生活の実体験ができる。

(B) 職業訓練を受けることで将来の仕事の練習ができる。

(C) 遊びながら実際の仕事を手伝うことで社会のことが学べる。

(D) 疑似体験によって社会の仕組みが学習できる。

下水道のマンホールの蓋は、普段は踏まれてばかりでほとんど目に留まらない。かつては幾何学模様の味気ない量産品で、汚水用か雨水用かの識別も困難だった。しかし、最近ふと目をやると、ユニークなデザインが少なくないことに気が付く。

ここ数年で全国198の地域で市町村の合併が行われたが、新設合併して生まれ変わった自治体では、マンホールの蓋に地域のシンボルマークを使おうと、新たに蓋を作り直したところが1割に上る。3つの町が合併してできた香川県(1)東かがわ市では、新しい市としてスタートすべく、また、新しい市への愛着を持ってもらう効果も狙い、旧3町の絵柄を廃し、公募によって決定したデザインに一新した。蓋のメーカーによると、最近のデザインは自治体を代表する動植物が約6割、風景、特産品、祭りなどが約3割、他は公募やイメージキャラクターなどということだが、単なる絵柄ではなく、スリップ防止に配慮したデザインも使われている。

**5** 従来のマンホールの蓋はどのようなものでしたか。
 (A) 個性も趣もない量産品だった。
 (B) ユニークでセンスあるデザインだった。
 (C) 下水道の用途が一目瞭然のものだった。
 (D) 装飾的で人目を引くものだった。

**6** (1)東かがわ市の蓋について、正しいものはどれですか。
 (A) 市職員らによってデザインが考案された。
 (B) 新旧の蓋が混在している。
 (C) 市内のすべての蓋を新しいものに換えた。
 (D) かつての3つの地域ごとに絵柄を統一した。

**7** 最近のマンホールの蓋について、正しくないものはどれですか。
 (A) 地方色を出した、自治体独自のデザインが多い。
 (B) 一般の人がデザインした絵柄のものもある。
 (C) 滑らない工夫のされたデザインのものもある。
 (D) 歩行者の転倒防止を考えた材質が開発された。

## (1~4)

<sup>1</sup>インターネットや携帯電話の普及に伴い、ネット競売や着メロのダウンロードなど、子供たちも簡単に消費者になり、高額請求の被害者にもなり得る時代が来た。そんな現実が引き金にもなって、小中学校で金融や経済を学ぶ(1)授業が盛んになってきている。

都内の(2)ある小学校では、学校の近くの商店街に店を出すことを想定し、仮想の出店計画を立てるという授業を行った。<sup>2</sup>この授業に当たっては、銀行の人に銀行の役割や融資を受ける際の注意を聞いたり、<sup>3</sup>商店主や商店街のリーダーに商売の(3)_____や心得を聞くなど準備に3か月費やした。これらの体験を通し、経済の知識を得ただけでなく、信用や責任といった生き方や働くことの意味を考える機会にもなったようだ。

<sup>4</sup>また授業だけでなく、遊びを通して職業や経済について学べる子供向けの(4)職業体験テーマパークの建設も予定されている。子供たちは園内の「街」で様々な職業になりきり、園内通貨を使って報酬を得、消費し、銀行で貯蓄や融資をしたりといった体験ができるようになる。

<sup>1</sup>인터넷이나 휴대전화 보급에 따라 인터넷 경매나 벨소리 다운로드 등 아이들도 간단히 소비자가 되어 고액 청구의 피해자도 될 수 있는 시대가 됐다. 그런 현실이 계기가 되어 초중학교에서 금융이나 경제를 배우는 (1)<u>수업</u>이 활발해지고 있다.

도내의 (2)<u>어느</u> 초등학교에서는 학교 근처의 상점가에 가게를 내는 것을 상정해 가상의 출점 계획을 세우는 수업을 실시했다. <sup>2</sup>이 수업에 즈음해서는 은행 직원에게 은행의 역할이나 융자를 받을 때의 주의사항을 듣거나 <sup>3</sup>상점주나 상점가의 리더에게 장사 (3)<u>노하우</u>나 주의사항을 듣는 등 준비에 3개월 소비했다. 이들 체험을 통해 경제의 지식을 얻었을 뿐만 아니라 신용이나 책임이라는 생활 태도나 일하는 것의 의미를 생각하는 기회도 된 것 같다.

<sup>4</sup>또한 수업뿐만 아니라 놀이를 통해서 직업이나 경제에 대해 배울 수 있는 아이들 대상의 (4)<u>직업체험</u> 테마파크 건설도 예정되어 있다. 아이들은 테마파크 안의 '거리'에서 여러 가지 직업이 되어, 테마파크 안의 통화를 사용하여 보수를 받고, 소비하고, 은행에서 저축이나 융자를 하거나 하는 체험을 할 수 있게 된다.

어휘 | インターネット 인터넷 *줄여서 「ネット」라고도 함　携帯電話(けいたいでんわ) 휴대전화
普及(ふきゅう) 보급　~に伴(ともな)い ~에 동반해[따라]　競売(きょうばい) 경매　~や ~나
着(ちゃく)メロ 통화 벨소리, 휴대전화 등의 착신을 알리는 멜로디 *「着信(ちゃくしん)メロディー」의 준말
ダウンロード 다운로드　簡単(かんたん)だ 간단하다　消費者(しょうひしゃ) 소비자
高額(こうがく) 고액, 금액이 많음　請求(せいきゅう) 청구　被害者(ひがいしゃ) 피해자　동사의 ます형+得(う)る ~할 수 있다
時代(じだい) 시대　来(く)る (시간적으로) 오다, 되다　現実(げんじつ) 현실, 실제　引(ひ)き金(がね) 원인, 계기
小中学校(しょうちゅうがっこう) 초중학교, 초등학교와 중학교　金融(きんゆう) 금융　経済(けいざい) 경제　学(まな)ぶ 배우다
授業(じゅぎょう) 수업　盛(さか)んだ 왕성하다, 활발하다　ある 어느　近(ちか)く 근처　商店街(しょうてんがい) 상점가　店(みせ) 가게
出(だ)す (가게 등을) 내다　想定(そうてい) 상정　仮想(かそう) 가상　出店(しゅってん) 출점, 새로 가게를 냄　計画(けいかく) 계획
立(た)てる (계획을) 세우다　行(おこな)う 하다, 행하다, 실시하다　~に当(あ)たっては ~에 즈음해서는　銀行(ぎんこう) 은행
役割(やくわり) 역할　融資(ゆうし) 융자　受(う)ける 받다　~際(さい) ~때　注意(ちゅうい) 주의　商店主(しょうてんしゅ) 상점주
リーダー 리더　商売(しょうばい) 장사　心得(こころえ) 수칙, 주의사항　準備(じゅんび) 준비　費(つい)やす 쓰다, 소비하다
これら 이들, 이것들　体験(たいけん) 체험　~を通(とお)し(て) ~을 통해(서)　知識(ちしき) 지식　得(え)る 얻다　信用(しんよう) 신용
責任(せきにん) 책임　生(い)き方(かた) 생활 방식[태도]　働(はたら)く 일하다　意味(いみ) 의미　考(かんが)える 생각하다
機会(きかい) 기회　~ようだ ~인 것 같다, ~인 듯하다　遊(あそ)び 놀이　職業(しょくぎょう) 직업　~向(む)け ~대상, ~용
テーマパーク 테마파크　建設(けんせつ) 건설　予定(よてい) 예정　園内(えんない) (공원·정원 등의) 원내　街(まち) 거리
様々(さまざま)だ 다양하다, 여러 가지다　なりきる 완전히 ~한 것이 되어 버리다　通貨(つうか) 통화　報酬(ほうしゅう) 보수
消費(しょうひ) 소비　貯蓄(ちょちく) 저축　~ようになる ~하도록[하게] 되다

PART 8

독해

407

**1** こうした(1)授業が行われる理由は何ですか。
(A) 起業を目指す子供たちが増えてきたから
(B) 子供たちも金融や経済と密接な関係を持ち始めたから
(C) 高収入を望む子供たちが増えてきたから
(D) 子供たちが金融や経済に興味を示し始めたから

이러한 (1)수업이 실시되는 이유는 무엇입니까?
(A) 창업을 목표로 하는 아이들이 늘어났기 때문에
(B) 아이들도 금융이나 경제와 밀접한 관계를 갖기 시작했기 때문에
(C) 고수입을 원하는 아이들이 늘어났기 때문에
(D) 아이들이 금융이나 경제에 흥미를 보이기 시작했기 때문에

해설 | 첫 번째 문장에 주목해야 한다. 인터넷 경매나 벨소리 다운로드 등 아이들도 간단히 소비자가 되어 고액 청구의 피해자도 될 수 있는 시대가 됐다. 그리고 이런 현실을 계기로 금융이나 경제를 배우는 수업이 활발해졌다고 했으므로, 정답은 (B)가 된다. 금융이나 경제 수업이 활발해진 것은 아이들이 흥미를 보여서가 아니라, 경제관념을 알려줄 필요가 있기 때문이므로 (D)는 틀린 설명이다.

어휘 | 起業(きぎょう) 기업, 창업　増(ふ)える 늘다, 늘어나다　密接(みっせつ)だ 밀접하다　関係(かんけい) 관계
동사의 ます형+始(はじ)める ~하기 시작하다　高収入(こうしゅうにゅう) 고수입　望(のぞ)む 바라다, 원하다
興味(きょうみ) 흥미　示(しめ)す 보이다, 나타내다

**2** (2)ある小学校の授業について、正しいものはどれですか。
(A) 現実に仕事に携わっている人たちから話を聞いて学んだ。
(B) 準備に長い時間をかけ、商店街に出店した。
(C) 専門家から学んだ知識を商店街の人に伝えた。
(D) 社会における信用や責任について先生と話し合った。

(2)어느 초등학교의 수업에 대해서 맞는 것은 어느 것입니까?
(A) 실제로 업무에 종사하고 있는 사람들로부터 이야기를 듣고 배웠다.
(B) 준비에 오랜 시간을 들여 상점가에 가게를 냈다.
(C) 전문가로부터 배운 지식을 상점가의 사람에게 전했다.
(D) 사회에서의 신용이나 책임에 대해 선생님과 서로 이야기했다.

해설 | 두 번째 단락의 내용 문제. 이 초등학교에서는 학교 근처의 상점가에 가게를 내는 것을 상정해서 가상의 출점 계획을 세우는 수업을 실시했다. 이 수업 준비를 위해 은행 직원이나 상점가의 사람 등 실제로 업무에 종사하는 사람들에게 주의사항 등을 듣고 배웠다고 했으므로, 정답은 (A)가 된다. 실제로 가게를 낸 것은 아니므로 (B)는 틀린 설명이며, (C)나 (D)와 같은 내용은 나오지 않는다.

어휘 | 携(たずさ)わる 관계하다, 종사하다　長(なが)い (시간적으로) 길다, 오래다　かける (비용·시간 등을) 들이다, 쓰다
伝(つた)える 전하다　~における ~에서의 *동작·작용이 행해지는 곳·때를 나타냄　話(はな)し合(あ)う 서로 이야기하다

**3** (3)_____に入る最も適当な言葉はどれですか。
(A) ファイト　　　　(B) カタログ
(C) ノウハウ　　　　(D) エッセー

(3)_____에 들어갈 가장 적당한 말은 어느 것입니까?
(A) 투지　　　　(B) 카탈로그
(C) 노하우　　　(D) 에세이

해설 | 공란 전후의 내용을 통해 어울리는 어휘를 찾는다. '상점주나 상점가의 리더에게 장사 ~나 주의사항을 들었다'라고 했으므로, 선택지 중 문맥상 어울리는 말은 (C)가 된다. 「ノウハウ(노하우)」는 '비밀 정보, 기술, 비법' 등을 뜻하는 말이다.

어휘 | ファイト 투지, 기운　カタログ 카탈로그, 상품목록　エッセー 에세이, 수필

**4** (4)職業体験テーマパークの意義は何ですか。
(A) 社会で流通している貨幣を使って生活の実体験ができる。
(B) 職業訓練を受けることで将来の仕事の練習ができる。
(C) 遊びながら実際の仕事を手伝うことで社会のことが学べる。
(D) 疑似体験によって社会の仕組みが学習できる。

(4)직업체험 테마파크의 의의는 무엇입니까?
(A) 사회에서 유통되고 있는 화폐를 사용해 생활의 실체험을 할 수 있다.
(B) 직업훈련을 받음으로써 미래의 직업 연습을 할 수 있다.
(C) 놀면서 실제 업무를 도움으로써 사회를 배울 수 있다.
(D) 유사 체험에 의해 사회의 구조를 학습할 수 있다.

해설 | 후반부에서 정답을 찾을 수 있다. 직업체험 테마파크에 대해 '수업뿐만 아니라 놀이를 통해서 직업이나 경제에 대해 배울 수 있다'라고 했으므로, 정답은 (D)가 된다. 실제 화폐가 아닌 테마파크 안의 통화를 사용한다고 했으므로 (A)는 틀린 설명이다. 또한, 이 테마파크는 여러 가지 직업을 경험하는 놀이를 통해 보수를 받고 소비를 하는 등 사회 구조를 체험하는 곳이므로, 직업훈련을 받는다고 한 (B)와 실제 업무를 돕는다고 한 (C)도 답이 될 수 없다.

어휘 | 意義(いぎ) 의의　流通(りゅうつう) 유통　貨幣(かへい) 화폐　生活(せいかつ) 생활　訓練(くんれん) 훈련
将来(しょうらい) 장래, 미래　練習(れんしゅう) 연습　実際(じっさい) 실제　手伝(てつだ)う 돕다, 도와주다　疑似(ぎじ) 의사, 유사
~によって ~에 의해서[따라서]　仕組(しく)み 구조　学習(がくしゅう) 학습

408

**(5~7)**

　下水道のマンホールの蓋は、普段は踏まれてばかりでほとんど目に留まらない。5かつては幾何学模様の味気ない量産品で、汚水用か雨水用かの識別も困難だった。しかし、最近ふと目をやると、ユニークなデザインが少なくないことに気が付く。

　ここ数年で全国１９８の地域で市町村の合併が行われたが、新設合併して生まれ変わった自治体では、マンホールの蓋に地域のシンボルマークを使おうと、新たに蓋を作り直したところが1割に上る。63つの町が合併してできた香川県(1)東かがわ市では、新しい市としてスタートすべく、また、新しい市への愛着を持ってもらう効果も狙い、旧3町の絵柄を廃し、公募によって決定したデザインに一新した。7蓋のメーカーによると、最近のデザインは自治体を代表する動植物が約6割、風景、特産品、祭りなどが約3割、他は公募やイメージキャラクターなどということだが、単なる絵柄ではなく、スリップ防止に配慮したデザインも使われている。

하수도의 맨홀 뚜껑은 평소에는 밟히기만 해서 거의 눈에 띄지 않는다. 5전에는 기하학 무늬의 멋없는 대량생산제품으로 하수용인지 빗물용인지의 식별도 곤란했다. 그러나 요즘 문득 쳐다보니 독특한 디자인이 적지 않다는 것을 알게 됐다.

요 몇 년 사이에 전국 198개 지역에서 시초손(市町村)의 합병이 이루어졌는데, 신설 합병하여 다시 태어난 자치단체에서는 맨홀 뚜껑에 지역의 심벌마크를 쓰려고 새로 뚜껑을 다시 제작한 곳이 10%에 달한다. 6세 개의 초(町)가 합병하여 생긴 가가와현 (1)히가시카가와시에서는 새로운 시(市)로서 출발하기 위해, 또 새로운 시에 대한 애착을 갖게 하는 효과도 노려, 예전의 세 개 초(町)의 도안을 폐지하고 공모에 의해 결정된 디자인으로 일신했다. 7뚜껑 제조회사에 따르면 요즘 디자인은 자치단체를 대표하는 동식물이 약 60%, 풍경, 특산품, 축제 등이 약 30%, 그 밖에는 공모나 이미지 캐릭터 등이라고 하는데, 단순한 도안이 아니라 미끄럼 방지를 배려한 디자인도 사용되고 있다.

어휘 | 下水道(げすいどう) 하수도　マンホール 맨홀　蓋(ふた) 뚜껑　普段(ふだん) 평소, 평상시　踏(ふ)む 밟다　~ばかり ~만, ~뿐　ほとんど 거의, 대부분　目(め)に留(と)まる 눈에 띄다　かつて 일찍이, 예로부터, 전에　幾何学(きかがく) 기하학　模様(もよう) 무늬　味気(あじき)ない 재미나 멋을 느낄 수 없다　量産品(りょうさんひん) 양산품, 대량생산제품　汚水(おすい) 오수, 하수　~用(よう) ~용　雨水(あまみず) 빗물　識別(しきべつ) 식별　困難(こんなん)だ 곤란하다　しかし 그러나, 그렇지만　最近(さいきん) 최근, 요즘　ふと 문득, 얼핏　ユニークだ 유니크하다, 독특하다　デザイン 디자인　少(すく)なくない 적지 않다　気(き)が付(つ)く 깨닫다, 알아차리다　ここ 요, 요새　数年(すうねん) 수년, 몇 년　全国(ぜんこく) 전국　地域(ちいき) 지역　市町村(しちょうそん) 시초손 *일본 행정 구획의 명칭, 우리나라의 시·읍·면에 해당함　合併(がっぺい) 합병　行(おこな)われる 행해지다, 실시되다　新設(しんせつ) 신설　生(う)まれ変(か)わる 다시 태어나다　自治体(じちたい) 자치단체　シンボルマーク 심벌마크 *주의·단체·행위 등의 성격을 상징하는 도안　使(つか)う 쓰다, 사용하다　동사의 의지형+と ~하려고　新(あら)ただ 새롭다　作(つく)り直(なお)す 다시[고쳐] 만들다　ところ(所) 곳, 장소　割(わり) 할, 십분의 일의 비율　上(のぼ)る 달하다, 이르다　3(みっ)つ 세 개　できる 만들어지다, 생기다　新(あたら)しい 새롭다　~として ~로서　スタート 시작, 출발　~べく ~하기 위해, ~할 목적으로 *단, 「する」(하다)는 「するべく」 「すべく」 모두 가능함　また 또, 또한　愛着(あいちゃく) 애착　持(も)つ 가지다　~てもらう (남에게) ~해 받다, (남이) ~해 주다　効果(こうか) 효과　狙(ねら)う (목표·기회를) 노리다　旧(きゅう) 구, 예전의　絵柄(えがら) 무늬, 문양, 도안　廃(はい)する 폐하다, 폐지하다　公募(こうぼ) 공모　~によって ~에 의해[따라]　決定(けってい) 결정　一新(いっしん) 일신, 모든 것을 새롭게 함　メーカー 메이커, 제조회사　~によると ~에 의하면[따르면]　代表(だいひょう) 대표　動植物(どうしょくぶつ) 동식물　約(やく) 약, 대략　風景(ふうけい) 풍경　特産品(とくさんひん) 특산품　祭(まつ)り 축제　他(ほか) 이외, 그 밖　イメージキャラクター 이미지 캐릭터 *기업·상품 등에 좋은 인상을 주기 위해 광고나 선전에 기용하는 인물　単(たん)なる 단순한　スリップ 슬립, 미끄럼　防止(ぼうし) 방지　配慮(はいりょ) 배려

**5** 従来のマンホールの蓋はどのようなものでしたか。

(A) 個性も趣もない量産品だった。

(B) ユニークでセンスあるデザインだった。

(C) 下水道の用途が一目瞭然のものだった。

(D) 装飾的で人目を引くものだった。

종래의 맨홀 뚜껑은 어떤 것이었습니까?
(A) 개성도 멋도 없는 양산품이었다.
(B) 독특하고 센스 있는 디자인이었다.
(C) 하수도의 용도가 일목요연한 것이었다.
(D) 장식적이라서 남의 눈을 끄는 것이었다.

해설 | 두 번째 문장에서 과거의 하수도 맨홀 뚜껑에 대해「かつては幾何学模様(きかがくもよう)の味気(あじき)ない量産品(りょうさんひん)」(전에는 기하학 무늬의 멋없는 양산품)이라고 했다. 따라서 정답은 (A)가 된다. (B)와 (D)는 이와는 반대로 개성이 있다는 뜻이 되므로 부적절하다. (C)의「一目瞭然(いちもくりょうぜん)」(일목요연)은 한 번 보고 대번에 알아볼 수 있다는 뜻으로, 하수용과 빗물용의 식별이 곤란했다는 내용과 맞지 않는다.

어휘 | 従来(じゅうらい) 종래  個性(こせい) 개성  趣(おもむき) 멋, 풍치, 정취  センス 센스, 감각  用途(ようと) 용도
装飾的(そうしょくてき)だ 장식적이다  人目(ひとめ)を引(ひ)く 남의 눈을 끌다

**6** (1)東かがわ市のマンホールの蓋について、正しいものは
どれですか。

(A) 市職員らによってデザインが考案された。

(B) 新旧の蓋が混在している。

(C) 市内のすべての蓋を新しいものに換えた。

(D) かつての3つの地域ごとに絵柄を統一した。

(1)히가시카가와시의 맨홀 뚜껑에 대해서 맞는 것은 어느 것입니까?
(A) 시 직원들에 의해 디자인이 고안되었다.
(B) 새 뚜껑과 헌 뚜껑이 섞여 있다.
(C) 시내 모든 뚜껑을 새로운 것으로 바꿨다.
(D) 예전의 세 지역별로 디자인을 통일했다.

해설 | 중반부의 내용 문제. '히가시카가와시'는 세 개의 초(町)가 합병하여 만들어진 시(市)인 만큼 예전 세 개 초(町)의 도안을 폐지하고 공모에 의해 결정한 디자인으로 일신했다고 했다. 선택지 중 이와 일치하는 내용은 (C)뿐이다. 디자인은 공모에 의해 결정해서 새로운 것으로 모두 바꿨다고 했으므로 (A)와 (B)는 틀린 설명이며, (D)는 본문의 어휘를 응용한 오답이다.

어휘 | 職員(しょくいん) 직원  ~ら (체언에 붙어서) ~들 *복수를 나타냄  考案(こうあん) 고안
新旧(しんきゅう) 신구, 새것과 헌 것  混在(こんざい) 혼재, 섞여 있음  市内(しない) 시내  すべて 전부, 모두
換(か)える 바꾸다, 교체하다  ~ごと ~마다  統一(とういつ) 통일

**7** 最近のマンホールの蓋について、正しくないものはどれ
ですか。

(A) 地方色を出した、自治体独自のデザインが多い。

(B) 一般の人がデザインした絵柄のものもある。

(C) 滑らない工夫のされたデザインのものもある。

(D) 歩行者の転倒防止を考えた材質が開発された。

요즘의 맨홀 뚜껑에 대해서 맞지 않는 것은 어느 것입니까?
(A) 지방색을 띤 자치단체의 독자적인 디자인이 많다.
(B) 일반인이 디자인한 도안인 것도 있다.
(C) 미끄러지지 않게 고안된 디자인인 것도 있다.
(D) 보행자의 전도 방지를 생각한 재질이 개발되었다.

해설 | 요즘 맨홀 뚜껑의 디자인에 대한 설명은 후반부에 나오는데, 언급되지 않은 내용을 묻고 있으므로 소거법을 이용해 정답을 찾아야 한다. 맨홀 뚜껑의 디자인에는 자치단체를 대표하는 동식물, 풍경, 특산품, 축제 등이 있다고 했는데, 이 말은 자치단체의 지방색을 띤 독자적인 디자인이 많다는 뜻이므로 (A)는 일단 제외. 또한 공모에 의한 것도 있으며, 미끄럼 방지를 배려한 디자인도 있다고 했으므로, (B)와 (C)도 맞는 설명이다. 정답은 (D)로, 본문에 디자인을 제외한 맨홀 뚜껑의 재질에 대한 설명은 나오지 않는다.

어휘 | 地方色(ちほうしょく) 지방색  出(だ)す 드러내다, 띠다  独自(どくじ) 독자  多(おお)い 많다  一般(いっぱん) 일반
滑(すべ)る 미끄러지다  工夫(くふう) 궁리함, 생각을 짜냄, 고안함  歩行者(ほこうしゃ) 보행자  転倒(てんとう) 전도, 넘어짐
考(かんが)える 생각하다  材質(ざいしつ) 재질  開発(かいはつ) 개발

| 한자 | 읽기 | 의미 |
|---|---|---|
| ☐ 天候 | てんこう | 일기, 날씨 |
| ☐ しばしば | ・ | 자주, 여러 번 |
| ☐ 冬晴れ | ふゆばれ | 맑고 쾌청한 겨울날 |
| ☐ 溜め息 | ためいき | 한숨, 탄식 |
| ☐ 脅かす | おびやかす | (위치·생활 등을) 위태롭게 하다, 위협하다 |
| ☐ 人様々 | ひとさまざま | 사람마다 각기 다름 |
| ☐ 眠りに落ちる | ねむりにおちる | 잠이 들다 |
| ☐ 夜更かし | よふかし | 밤늦게까지 안 잠 |
| ☐ 명사+済み | 명사+ずみ | ~이 끝남 |
| ☐ 補う | おぎなう | 보충하다 |
| ☐ 刺激 | しげき | 자극 |
| ☐ 競売 | きょうばい | 경매 |
| ☐ 仮想 | かそう | 가상 |
| ☐ 心得 | こころえ | 수칙, 주의사항 |
| ☐ 下水道 | げすいどう | 하수도 |
| ☐ 味気ない | あじきない | 재미나 멋을 느낄 수 없다 |
| ☐ 雨水 | あまみず | 빗물 |
| ☐ 識別 | しきべつ | 식별 |
| ☐ 絵柄 | えがら | 무늬, 문양, 도안 |
| ☐ 廃する | はいする | 폐하다, 폐지하다 |

PART 8

독해

411

최종
평가

# JPT® 日本語能力試験

Japanese Proficiency Test

次の質問1番から質問100番までは聞き取りの問題です。

どの問題も1回しか言いませんから、よく聞いて答えを(A)、(B)、(C)、(D)の中から一つ選びなさい。答えを選んだら、それにあたる答案用紙の記号を黒くぬりつぶしなさい。

**I.** 次の写真を見て、その内容に合っている表現を(A)、(B)、(C)、(D)の中から一つ選びなさい。

（例）

(A) この人は本を読んでいます。

(B) この人は掃除をしています。

(C) この人は電話をしています。

(D) この人はビールを飲んでいます。

■ ------ 答 (A)、(B)、(●)、(D)

(1)

(2)

次のページに続く

(3)

(4)

(5)

(6)

次のページに続く

(7)

(8)

(9)

(10)

次のページに続く

(11)

(12)

(13)

(14)

次のページに続く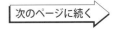

(15)

(16)

(17)

(18)

次のページに続く

423

(19)

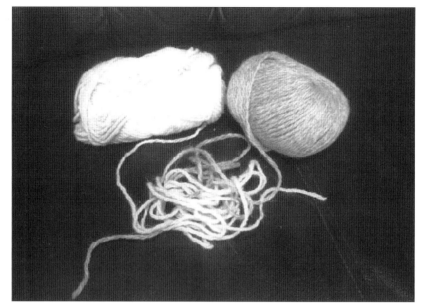

(20)

**II.** 次の言葉の返事として、最も適したものを(A)、(B)、(C)、(D)の中から一つ選び
なさい。

(例) 明日は何をしますか。
  (A) 土曜日です。
  (B) 朝ご飯の後にします。
  (C) 友達の家に行きます。
  (D) テニスをしました。

(21) 答えを答案用紙に書き入れなさい。

(22) 答えを答案用紙に書き入れなさい。

(23) 答えを答案用紙に書き入れなさい。

(24) 答えを答案用紙に書き入れなさい。

(25) 答えを答案用紙に書き入れなさい。

(26) 答えを答案用紙に書き入れなさい。

(27) 答えを答案用紙に書き入れなさい。

(28) 答えを答案用紙に書き入れなさい。

(29) 答えを答案用紙に書き入れなさい。

(30) 答えを答案用紙に書き入れなさい。

(31) 答えを答案用紙に書き入れなさい。

(32) 答えを答案用紙に書き入れなさい。

(33) 答えを答案用紙に書き入れなさい。

(34) 答えを答案用紙に書き入れなさい。

(35) 答えを答案用紙に書き入れなさい。

(36) 答えを答案用紙に書き入れなさい。

(37) 答えを答案用紙に書き入れなさい。

(38) 答えを答案用紙に書き入れなさい。

(39) 答えを答案用紙に書き入れなさい。

(40) 答えを答案用紙に書き入れなさい。

(41) 答えを答案用紙に書き入れなさい。

(42) 答えを答案用紙に書き入れなさい。

(43) 答えを答案用紙に書き入れなさい。

(44) 答えを答案用紙に書き入れなさい。

(45) 答えを答案用紙に書き入れなさい。

(46) 答えを答案用紙に書き入れなさい。

(47) 答えを答案用紙に書き入れなさい。

(48) 答えを答案用紙に書き入れなさい。

(49) 答えを答案用紙に書き入れなさい。

(50) 答えを答案用紙に書き入れなさい。

次のページに続く

**III.** 次の会話をよく聞いて、後の問いに最も適したものを(A)、(B)、(C)、(D)の中から一つ選びなさい。

(例) 女：すみません。この辺に本屋がありますか。

男：はい。駅の前にありますよ。

女：郵便局も本屋のそばにありますか。

男：いいえ。郵便局はあのデパートのとなりです。

郵便局はどこにありますか。

(A) 駅の前

(B) 本屋のとなり

(C) 本屋の前

(D) デパートのとなり

(51) 男の人は何時から何時まで働きますか。

(A) 7時から11時まで

(B) 8時から11時まで

(C) 11時から2時まで

(D) 11時から3時まで

(52) 女の人について、正しいものはどれですか。

(A) 中国人と旅行する。

(B) 中国語を勉強しに行く。

(C) 勉強をしに中国へ行く。

(D) 仕事で中国に行く。

(53) 休みはいつからいつまでですか。

(A) 3日から6日まで

(B) 3日から7日まで

(C) 6日から10日まで

(D) 6日から15日まで

(54) 今日はどんな天気だと言っていますか。

(A) 一日中晴れる。

(B) 今朝は雨だ。

(C) 午後から晴れる。

(D) 午後から雨だ。

(55) 女の人はこれからどこへ行きますか。

(A) 東京銀行

(B) 駅

(C) みんながいる所

(D) 女の人の家

(56) 男の人について、正しいものはどれですか。

(A) 家族と一緒に東京に行く。

(B) 家族が大阪に来ることになった。

(C) 大阪で新しい仕事が始まる。

(D) 東京で家族と一緒に生活ができる。

(57) 男の人はどんな財布を見せますか。

    (A) 黒くて畳める財布

    (B) 茶色で畳める財布

    (C) 黒くて長い財布

    (D) 茶色で長い財布

(58) 2人について、正しいものはどれですか。

    (A) 昨日ここに久しぶりに来た。

    (B) 5年前までここに通っていた。

    (C) 女の人は5年の間に一度ここに来た。

    (D) 男の人は昨日学校を卒業した。

(59) 女の人は写真について、何と言っていますか。

    (A) 全然よくない。

    (B) かなり上手に撮れた。

    (C) 他の人もこれくらいは撮れる。

    (D) 本当はもっといい写真が撮れる。

(60) 2人はどうしますか。

    (A) 仕事を止める。

    (B) 12時から食事する。

    (C) 食べながら仕事する。

    (D) 先に仕事をする。

(61) 男の人が褒められていることは何ですか。

    (A) 教え方がいいこと

    (B) 間違いが少ないこと

    (C) 話をよく聞くこと

    (D) 皆とよく相談すること

(62) 講演会の準備の状況について、何と言っていますか。

    (A) 席が空いていてもやむを得ない。

    (B) 参加申し込みが多過ぎる。

    (C) 宣伝の費用が足りない。

    (D) もっと参加者を集めなければならない。

(63) 女の人は何と言っていますか。

    (A) 他の日に会いたい。

    (B) 3時までに会議は終わる。

    (C) 4時に来てほしい。

    (D) 2時なら問題ない。

(64) 女の人は何がうまくなりましたか。

    (A) 英語

    (B) 料理

    (C) テニス

    (D) ゴルフ

(65) 女の人は旅行をどうすることにしましたか。

    (A) 旅行会社が設定したものに参加する。

    (B) 自分の好みに合わせて日程を考える。

    (C) 安い航空券の予約だけする。

    (D) 団体客のいない宿を予約する。

(66) お父さんについて、正しいものはどれですか。

    (A) 娘の言うことしか信用しない。

    (B) 医者に言われたことを聞かない。

    (C) 薬の効果を信じている。

    (D) 禁酒しようと努力している。

次のページに続く

(67) 女の人は何をしますか。

    (A) 公演を行う。

    (B) 講義を受ける。

    (C) 面接を受ける。

    (D) 質問に答える。

(68) 若者の流出について、どうしたらいいと言っていますか。

    (A) 教育費の無料化

    (B) 家賃割引制度の導入

    (C) 就職先の確保

    (D) 公共交通機関の整備

(69) 男の人はどう思っていますか。

    (A) この頃は小さなことでも気になる。

    (B) わざわざ病院に行くことはない。

    (C) 体の調子は回復している。

    (D) 検査に行くのが怖い。

(70) この市場はどんな所ですか。

    (A) 色鮮やかな熱帯魚を目にすることができる。

    (B) 新鮮な魚のイメージを保とうと、生きている魚を売り物にしている。

    (C) 庶民には手が届かないほどの値段で売られている。

    (D) 安い上に、新鮮さにかけては、どこにも引けを取らない。

(71) 男の人はどうすると言っていますか。

    (A) 案内図を作成する。

    (B) 机の並べ方を示す。

    (C) 図の通りに会場を作る。

    (D) 会議室に客を通す。

(72) 女の人はボーナスについて、何と言っていますか。

    (A) 例年ほどは出そうもない。

    (B) 海外市場の動きに左右される。

    (C) 幸いにも減らされなかった。

    (D) 赤字を覚悟で支給される。

(73) キャンプについて、正しいものはどれですか。

    (A) 真冬に行くと、人も少なく虫もいなくていい。

    (B) 最近は8月に行く人が一番多い。

    (C) 最近は9月に行く人が二番目に多い。

    (D) 男の人は冬に行ったことがある。

(74) 女の人はどう思っていますか。

    (A) 仕事に行かざるを得ない。

    (B) 今日は休むしかない。

    (C) 具合が悪い時は、休むに限る。

    (D) 年度末は比較的余裕がある。

(75) 男の人は神田さんに対して、何をしました
か。
(A) 退職を思い止まらせた。
(B) 将来について助言をした。
(C) 就職という選択肢を示した。
(D) 夢と現実の違いを説明した。

(76) 会話の内容と合っているものはどれです
か。
(A) エネルギー摂取量は増加している。
(B) たんぱく質の摂取量は増加している。
(C) 炭水化物の摂取量は増加している。
(D) 脂肪の摂取量は減少している。

(77) ローンについて、何と言っていますか。
(A) 景気動向にかかわらず、一定額を納
める。
(B) 景気回復に伴い、返済額が膨らんだ。
(C) 給与が下がっても、新たには組めな
い。
(D) 返済額が市場に連動することになっ
た。

(78) 女の人が言いたいことは何ですか。
(A) 真心のこもらない挨拶は交わさないこ
とだ。
(B) 何気ない言葉でも気持ちは伝わるもの
だ。
(C) よりよい交流を図るために、挨拶は有
効な手段だ。
(D) 相手の不快な気持ちは理解しがたいも
のだ。

(79) 今後の台風の進路はどうなりますか。
(A) 関東地方を直撃する。
(B) 関西地方を逸れて北上する。
(C) 沖縄に上陸する。
(D) 関西地方を通過して北へ向かう。

(80) 企画について、正しいものはどれですか。
(A) 課長はあまり乗り気ではない。
(B) 実行されるのは間違いない。
(C) 課長には決定の権限はない。
(D) 社長の了承は必ずしも必要ではない。

次のページに続く

**IV.** 次の文章をよく聞いて、後の問いに最も適したものを(A)、(B)、(C)、(D)の中から一つ選びなさい。

(例) 山田さんは、もう8年間銀行に勤めています。去年結婚してから、奥さんと2人でテニスを始めました。日曜日の朝は、いつも家の近くの公園で練習しています。

    (1) 山田さんは、何年間銀行に勤めていますか。
        (A) 4年間
        (B) 6年間
        (C) 8年間
        (D) 10年間

    (2) 山田さんは、結婚してから何を始めましたか。
        (A) テニス
        (B) サッカー
        (C) ゴルフ
        (D) 野球

(81) この人は大抵どこで本を読みますか。
    (A) 家
    (B) 大学の図書館
    (C) 家の近くの図書館
    (D) 公園

(82) この人は図書館で何をよくしますか。
    (A) 図書館の仕事をする。
    (B) 子供に本を読ませる。
    (C) 山田さんと話をする。
    (D) 友達と勉強する。

(83) 山田さんについて、正しいものはどれですか。
    (A) いつもこの人と公園で会う。
    (B) 北海道から来た。
    (C) もうすぐ仕事を辞める。
    (D) 結婚している。

(84) この人は今晩何をしますか。
    (A) パーティーへ行く。
    (B) 山田さんの代わりに働く。
    (C) 山田さんの家へ行く。
    (D) 公園を散歩する。

(85) 明日のテストはどんなテストですか。

    (A) 大学に入るためのテスト

    (B) 料理学校に入るためのテスト

    (C) 料理関係の人たちのためのテスト

    (D) 学校やレストランを建てる人たちのためのテスト

(86) 明日、この人は初めにどこへ行きますか。

    (A) 会社

    (B) レストラン

    (C) 料理学校

    (D) 大学

(87) 明日、この人がする仕事はどれですか。

    (A) 車を運転する。

    (B) 料理を教える。

    (C) 試験問題を作る。

    (D) 荷物を運ぶ。

(88) 試験について、正しいものはどれですか。

    (A) 試験は2日間行われる。

    (B) 明日合格できなかったら、3か月後にもう一度受けられる。

    (C) 3か月後の試験は明日の試験ほど難しくない。

    (D) 3か月後の試験にはなかなか合格できない。

(89) 日本人に初めてパンを伝えたのは誰ですか。

    (A) アメリカ人

    (B) スペイン人

    (C) ポルトガル人

    (D) フランス人

(90) 日本でパン屋ができたのはいつですか。

    (A) 50年ぐらい前

    (B) 100年ぐらい前

    (C) 150年ぐらい前

    (D) 400年ぐらい前

(91) どうしてパンを食べる日本人が多くなりましたか。

    (A) 米よりパンの方が安かったから

    (B) パンを食べると丈夫な体になるから

    (C) 朝はパンの方が体にいいから

    (D) 牛乳や肉に合わせて食べようとしたから

次のページに続く➡

(92) この企業の選手について、正しいものは
どれですか。
   (A) 去年の春、初めて優勝者が出た。
   (B) 昨年の東京大会にも参加した。
   (C) 北海道大会では銀メダルを取った。
   (D) 今年のアジア大会では金メダルを取っ
た。

(93) 企業チームについて、正しいものはどれ
ですか。
   (A) 集団練習するチームは少ない。
   (B) 寮生活をしないチームは珍しい。
   (C) ほとんどのチームの選手は生活が別々
である。
   (D) 寮生活をし、練習は個別にするのが一
般的だ。

(94) 本文で述べられているのはどれですか。
   (A) ストレスの少ない生活がいい成績と結
び付いた。
   (B) 選手たちの競争心がやる気を出させた。
   (C) 多少のストレスは成績の向上に必要で
ある。
   (D) アクセサリーは練習の邪魔になる。

(95) この商品はどんな人に向いていますか。
   (A) 忙しくて家族と住んでいる人
   (B) 多忙で一人で暮らしている人
   (C) 共働きの夫婦
   (D) 余裕のある家族

(96) ここで述べている商品の特徴はどれです
か。
   (A) 騒音が少ないので、深夜の使用も可能
である。
   (B) 洗剤は多く使うが、デザインは現代的
である。
   (C) 大家族に対応できる大型サイズである。
   (D) 作業しやすく、体への負担が少ないデ
ザインである。

(97) 購入について、正しいものはどれですか。
   (A) 古いものと交換する場合は20%引き
となる。
   (B) 今日だけ通常価格の20%引きである。
   (C) 今日買った人は保証期間が3年になる。
   (D) この商品を安く購入できるのは10人
だけである。

(98) 帽子教室はどんな所ですか。

    (A) 先生が厳しく、緊張感に満ちている。

    (B) 芸術作品が並んだ、ひっそりとした空間である。

    (C) 色彩豊かで、和やかな空気がある。

    (D) 布や帽子が無造作に置かれ、雑然とした様子だ。

(99) 生徒について、本文で述べているのはどれですか。

    (A) 皆、流行に敏感である。

    (B) 幅広い年齢層である。

    (C) 定年後に妻と通っている人もいる。

    (D) 作品で商売を始めた人もいる。

(100) この人はどんな帽子を作りましたか。

    (A) 服にぴったりマッチした手縫いの帽子

    (B) プロのような出来映えのシックな帽子

    (C) 縫い目が不揃いだが、自分によく似合う帽子

    (D) きれいな縫い目のおしゃれな帽子

これで聞き取りの問題は終わります。

それでは、次の質問101番から質問200番までの問題に答えなさい。

答案用紙に書き込む要領は聞き取りの場合と同じです。

次のページに続く

**V.** 下の＿＿＿線の(101)～(110)は、漢字の読み方・書き方の正しいものを、(111)～
(120)は、最も意味が近いものを(A)、(B)、(C)、(D)の中から一つ選びなさい。

(101) 小松さんは1週間ずっと会社を休んでい
　　　ます。
　　　(A) のんで
　　　(B) やすんで
　　　(C) くんで
　　　(D) いたんで

(102) 夕方、父を駅まで迎えに行くことになっ
　　　た。
　　　(A) よなか
　　　(B) ゆうがた
　　　(C) よるかた
　　　(D) ゆうべ

(103) 彼女は日本で生まれたが、アメリカで
　　　育ったので英語が上手だ。
　　　(A) いたった
　　　(B) かよった
　　　(C) そだった
　　　(D) になった

(104) 彼はその写真を見たとたん、強張った
　　　表情になった。
　　　(A) がんばった
　　　(B) つよがった
　　　(C) こわがった
　　　(D) こわばった

(105) 優秀な人材を育てるには、お金も時間
　　　も要するものだ。
　　　(A) しんさい
　　　(B) しんざい
　　　(C) じんざい
　　　(D) にんざい

(106) 子供の玩具には色々な種類がある。
　　　(A) しゅうるい
　　　(B) しゅりゅ
　　　(C) しゅうりゅう
　　　(D) しゅるい

(107) 彼の犯した罪が多くの人を苦しめた。
　　　(A) おどかした
　　　(B) かくした
　　　(C) だました
　　　(D) おかした

(108) 食事のよういはまだできていません。
　　　(A) 様居
　　　(B) 容易
　　　(C) 用意
　　　(D) 要井

(109) 井上さんは若いから、病気のかいふく
　　　も早いだろう。
　　　(A) 解福
　　　(B) 会復
　　　(C) 快複
　　　(D) 回復

(110) 20歳を過ぎたら、自分の生活費ぐらい
　　　は自分でかせぐようにしなさい。
　　　(A) 稼ぐ
　　　(B) 嫁ぐ
　　　(C) 穏ぐ
　　　(D) 婉ぐ

(111) 父は今、電話中です。
　　　(A) もう電話しました
　　　(B) 電話がかけられます
　　　(C) まだ電話していません
　　　(D) 電話をかけています

(112) 課長、受付でお客様がお待ちになって
　　　います。
　　　(A) 待たせています
　　　(B) 待ちます
　　　(C) 待っています
　　　(D) 待たされています

(113) 最近、結婚しない男の人が増えてきた。
　　　(A) 多くなくなった
　　　(B) 多くなっている
　　　(C) 多いようだ
　　　(D) 多くないままだ

(114) 雨のおかげで、今晩は涼しくなりそう
　　　だ。
　　　(A) 雨が降ったわりには
　　　(B) 雨が降っていなくて
　　　(C) 雨が降ったばかりに
　　　(D) 雨が降ってくれたので

(115) 近いうちに大きな地震が来るおそれが
　　　ある。
　　　(A) 可能性がある
　　　(B) 確信がある
　　　(C) 記録がある
　　　(D) 現実がある

(116) スポーツのみならず勉強にも力を入れ
　　　てほしい。
　　　(A) スポーツを止めて
　　　(B) スポーツを通して
　　　(C) スポーツばかりは
　　　(D) スポーツだけでなく

次のページに続く

(117) この書類はペンで書いてください。

    (A) この喫茶店は、静かでいいですね。

    (B) そこは待合室で、あそこが喫煙室です。

    (C) 日本人は箸でご飯を食べます。

    (D) 今日は雪で電車が止まっています。

(118) 母が食事をするところだったので、一緒に食べました。

    (A) 私たちが行くところは海がきれいな町です。

    (B) この工場はテレビを作るところだったが、今は使われていません。

    (C) ここは私たちがいつも食事をするところです。

    (D) 山本さんは帰るところでしたが、仕事をお願いしました。

(119) 山林は荒れる一方で、決して元には戻らない。

    (A) 資源が不足する一方で、町には物が溢れている。

    (B) 外国生活には寂しさを感じる一方で、気楽さも感じている。

    (C) 母の病気は悪くなる一方で、家族は皆心配している。

    (D) 優秀な子供に育てたければ叱る一方で、褒めることも忘れてはならない。

(120) この作家は、生涯を通じて自分の信念を曲げなかった。

    (A) 知人や先輩を通じて就職活動を行うといいらしい。

    (B) この公園は、四季を通じて様々な花が咲き乱れている。

    (C) この周辺も、鉄道が通じてから住宅が増え始めた。

    (D) 相手が気に入らないなら、仲人を通じて断ればいい。

**Ⅵ.** 下の＿＿＿＿線の(A)、(B)、(C)、(D)の中から正しくないものを一つ選びなさい。

(121) 今日は<u>一日中</u>雨が降<u>っていて</u>、<u>寒かった</u>ですが、明日はいい天気に<u>なった</u>でしょう。
            (A)               (B)    (C)                     (D)

(122) 仕事が<u>忙しくて</u>毎日家に帰るのが遅くなる<u>から</u>、<u>帰ってから</u>何も<u>しなくて</u>寝ます。
            (A)                        (B)   (C)       (D)

(123) 家に<u>帰る</u><u>あとで</u>会社の<u>同僚</u>に電話をかける<u>つもり</u>です。
           (A)         (B)       (C)       (D)

(124) 毎朝、駅前の<u>スーパー</u><u>で</u>雑誌を<u>買って</u>から、電車の中で<u>どの</u>雑誌を読んでいる。
               (A)     (B)      (C)             (D)

(125) <u>隣</u>の<u>家</u>の<u>前</u>にタクシーが<u>1枚</u>止まっています。
      (A)  (B)       (C)        (D)

(126) 動物を見に動物園に<u>行った</u>のだが、人が<u>多い</u>すぎて動物<u>より</u>人を見に行った<u>ようだった</u>。
                     (A)        (B)        (C)         (D)

(127) 家を<u>出よう</u>とした<u>ちょっと</u>その時電話がかかってきて、約束の<u>時間</u>に遅れて<u>しまった</u>。
         (A)          (B)                (C)           (D)

(128) 一般的にワインは果物のぶどうから<u>作られる</u>酒で、ぶどうの<u>種類</u>で味が違うと<u>聞かれている</u>。
                    (A)             (B)         (C)      (D)

(129) このケーキ屋は日本中から<u>注文</u>がある人<u>気</u>の店で、2か月待っ<u>ても</u>なかなか<u>買える</u>。
                      (A)        (B)          (C)    (D)

(130) 駅前のパン屋の前<u>を</u>通るといつもおいし<u>そうな</u>匂いが<u>なっていて</u>、つい<u>買ってしまう</u>。
                 (A)          (B)         (C)        (D)

次のページに続く

(131) 雨の降る<u>季節</u>になると、洗濯した<u>品物</u>がいつまでも濡れていて<u>なかなか</u> <u>乾かない</u>。
           (A)                  (B)                   (C)   (D)

(132) 慌てていると<u>失敗する</u>ことが多いので、忙しい時ほど <u>落ち着いた</u>行動を<u>取った</u>べきである。
             (A)                         (B)  (C)    (D)

(133) 男女間の給与<u>格差</u>は縮まってきた<u>とはいって</u>、<u>労働</u>条件などの問題を<u>抱えている</u>企業が多い。
             (A)           (B)        (C)         (D)

(134) <u>濡れている</u>床で<u>滑って</u>、足の骨を<u>割って</u>しまったため、入院<u>しなければならなかった</u>。
        (A)       (B)         (C)                    (D)

(135) 育児休暇制度が<u>拡大</u>されても、女性に<u>とって</u>仕事と育児の<u>連立</u>は<u>なお</u>困難を伴う。
                  (A)          (B)         (C)   (D)

(136) 若者の<u>マナー</u>の<u>悪さ</u>に頭が<u>立って</u>も、相手によってはむやみに注意をしない<u>に限る</u>。
           (A)     (B)        (C)                     (D)

(137) 衛星<u>仲介</u>技術の<u>発達</u>と共に、世界の<u>情報</u>を一瞬のうちに<u>手に入れる</u>ことが可能になった。
           (A)        (B)       (C)             (D)

(138) 決定は、第三者が<u>手を挟む</u>ことではなく、企業<u>同士</u>の<u>取り決め</u>に<u>従って</u>下されるべきだ。
                (A)                 (B)  (C)   (D)

(139) 新型の<u>ロボット</u>は二足歩行も<u>さることだ</u>が、人間の<u>動き</u>に合わせて物を<u>移動させたり</u>もする。
           (A)          (B)        (C)          (D)

(140) 台風の進路が<u>若干</u> <u>去って</u>、本州には<u>上陸</u>しなかったため、収穫前の作物の被害は<u>免れた</u>。
         (A)   (B)        (C)                     (D)

**VII.** 下の_____線に入る最も適したものを(A)、(B)、(C)、(D)の中から一つ選びなさい。

(141) ここから銀行まで_____行き方を教えてください。
    (A) へ
    (B) で
    (C) の
    (D) に

(142) まだ時間がありますから、_____歩いて行きましょう。
    (A) あっさり
    (B) こっそり
    (C) ぎっしり
    (D) ゆっくり

(143) 森さんは風邪を_____学校を休むそうです。
    (A) なって
    (B) かかって
    (C) ふいて
    (D) ひいて

(144) 来週から、東京の品川_____ところで働きます。
    (A) という
    (B) くらい
    (C) など
    (D) だけ

(145) この荷物は、どこに_____いいですか。
    (A) 置くほど
    (B) 置かなく
    (C) 置いたら
    (D) 置いていた

次のページに続く

(146) 昨日彼女と映画を見ました。＿＿＿＿＿＿秋葉原で買い物をしました。

    (A) それの

    (B) それでは

    (C) それから

    (D) そこの

(147) 江川さんは、中国料理を＿＿＿＿＿＿作ります。

    (A) 上手

    (B) 上手に

    (C) 上手で

    (D) 上手な

(148) このノートブックは軽いから、女性にも持ち＿＿＿＿＿＿だろう。

    (A) うまい

    (B) すごい

    (C) やすい

    (D) よい

(149) 来月、新しい社長が＿＿＿＿＿＿らしい。

    (A) 決まる

    (B) 決めず

    (C) 決めた

    (D) 決まり

(150) この腕時計は、就職のお祝い＿＿＿＿＿＿父からもらったものだ。

    (A) で

    (B) を

    (C) が

    (D) に

(151) 困っている友達を助けて＿＿＿＿＿残念です。

    (A) あげられなければ

    (B) あげられなくて

    (C) あげられなかった

    (D) あげられないの


(152) 先生、間違っているところを直して＿＿＿＿＿。

    (A) もらいますか

    (B) いただきますか

    (C) いただけますか

    (D) さしあげますか


(153) このスイッチには、絶対に＿＿＿＿＿ください。

    (A) やぶらないで

    (B) さらわないで

    (C) こわれないで

    (D) さわらないで


(154) 結婚の＿＿＿＿＿で友人に相談した。

    (A) もの

    (B) ため

    (C) こと

    (D) てん


(155) 何度も計算したから、この数字は＿＿＿＿＿はずだ。

    (A) 正確の

    (B) 正確で

    (C) 正確に

    (D) 正確な

次のページに続く

(156) 新しい社員を雇うに＿＿＿＿、社内は何かと慌ただしい。

 (A) あたって

 (B) かけて

 (C) よって

 (D) ともなって


(157) 会社の命令とあらば、＿＿＿＿わけにはいかない。

 (A) 従わない

 (B) 従う

 (C) 従った

 (D) 従わずとは


(158) 彼は親の反対にもかかわらず、カナダに行った＿＿＿＿、帰って来ない。

 (A) 以来

 (B) 末に

 (C) きり

 (D) 次第


(159) この1週間＿＿＿＿な物を食べていないので、力が出ない。

 (A) ろく

 (B) みごと

 (C) むちゃ

 (D) たっぷり


(160) そちらに責任があるのだから、きちんと＿＿＿＿べきだ。

 (A) 訴える

 (B) 費やす

 (C) 反らす

 (D) 詫びる

(161) 彼は日本新記録を持ちながら、オリンピックの日本代表から_____しまった。

    (A) 揺れて

    (B) 流れて

    (C) 漏れて

    (D) 割れて


(162) 和室で「お楽に」と言われ、彼は_____をかいた。

    (A) いびき

    (B) せき

    (C) あぐら

    (D) くしゃみ


(163) 彼は何とかして借金の返済を_____と、頻りに頭を下げている。

    (A) 払い込もう

    (B) 払い戻そう

    (C) 引き受けよう

    (D) 引き延ばそう


(164) 最近、企業などに_____個人情報保護に大きな関心が寄せられている。

    (A) とって

    (B) おける

    (C) 対して

    (D) ついて


(165) 会社設立のため、銀行に融資を求めたが、_____拒否された。

    (A) 何気なく

    (B) 辛うじて

    (C) ことごとく

    (D) 差し当たり

次のページに続く

(166) 医師が現場に駆け付けた時は、既に手の＿＿＿＿＿ようがない状態だった。

    (A) 操り

    (B) 執り

    (C) 絡み

    (D) 施し

(167) 新聞社から政治家へ、不正な献金があったのではないかという疑念を国民に＿＿＿＿＿。

    (A) 抱かせた

    (B) 煩わせた

    (C) 巻き込まれた

    (D) 差し挟んだ

(168) 彼は警官の姿を見る＿＿＿＿＿、一目散に逃げ出した。

    (A) ゆえに

    (B) と思いきや

    (C) ばかりに

    (D) や否や

(169) 言葉を＿＿＿＿＿だけで、改善しようとしない経営者側に対して抗議すべきだ。

    (A) 挟む

    (B) つむる

    (C) 削がれる

    (D) 濁す

(170) 彼は障害を＿＿＿＿＿、これまでに何度も高山に挑戦している。

    (A) ものともせず

    (B) 皮切りに

    (C) ひきかえ

    (D) いざ知らず

**VIII.** 下の文を読んで、後の問いに最も適したものを(A)、(B)、(C)、(D)の中から一つ
選びなさい。

(171~173)

　　　隣に住む(1)おばあさんは、80歳ぐらいです。私がこのアパートに来た時、初めて話を
　　した人です。おばあさんは「私は1人で住んでいて、毎日暇ですから、遊びに来てください
　　」と言いました。でも、私は毎日仕事で忙しいです。おばあさんの家にも行きたいと思い
　　ますが、休みの日も友達と会ったり映画などを見に行ったりしますから、時間がありませ
　　ん。今も1週間に1度か2度、朝アパートの前で会った時に、おばあさんは「私の家に来ませ
　　んか」と言います。私は「今晩遊びに行きます」と言いたいですが、仕事で遅くなりますから
　　言うことができません。
　　　おばあさんは、時々、家族や友達と大きな声で電話をしています。その声を聞いて「今
　　日もおばあさんは元気だわ」と(2)安心しています。今度仕事が早く終わった時に、おばあ
　　さんの家に遊びに行きたいと思います。

(171)(1)おばあさんについて、正しいものはどれですか。

　　(A) アパートの前で毎日会う人

　　(B) アパートの隣の家に家族と住んでいる人

　　(C) 家に初めて遊びに来た人

　　(D) 同じアパートに1人で住んでいる人

(172) この人について、本文と合っているものはどれですか。

　　(A) 若いからおばあさんと話したいと思わない。

　　(B) おばあさんに「今晩遊びに行きます」と言った。

　　(C) まだおばあさんの家に遊びに行ったことがない。

　　(D) 週に1度か2度、おばあさんの家に遊びに行く。

(173) 誰が(2)安心していますか。

　　(A) この人

　　(B) おばあさん

　　(C) おばあさんの家族

　　(D) おばあさんの友達

次のページに続く

(174〜177)

私の家は東京にある会社から1時間半ぐらいです。家を買う時、妻は東京に住みたいと言っていましたが、とても高くて買うことができませんでした。それで、両親の家の近くに家を買いました。家を買ってから、妻はピアノを教え始めて、生徒たちが毎日ピアノを習いに家に来ます。私も妻も音楽がとても好きで、結婚する前はよくコンサートに行きました。でも、結婚してからは、妻の仕事が9時までありますから、行くことができません。3年前子供が生まれてからは、それは(1)もっと難しくなりました。でも、来月は子供を両親に頼んで、2人で妻の大好きな音楽を聞きに行く予定です。チケットも、もう買っておきました。明日が妻の誕生日ですから、これは誕生日のプレゼントにしたいと思っています。

(174) この人の家について、正しいものはどれですか。

(A) 会社からもらった家だ。

(B) 東京の会社のそばにある。

(C) 両親が買った家だ。

(D) 近くに両親が住んでいる。

(175) 奥さんについて、正しいものはどれですか。

(A) 子供と一緒にピアノを習っている。

(B) 自分の家で、ピアノを教えている。

(C) よくコンサートでピアノを弾いている。

(D) 音楽の学校に通っている。

(176) 何が(1)もっと難しくなりましたか。

(A) 2人でコンサートに行くこと

(B) 家でピアノを練習すること

(C) 仕事の後で早く家に帰ること

(D) 奥さんが仕事を続けること

(177) この人は奥さんに何をプレゼントしますか。

(A) ピアノ

(B) CD

(C) コンサートのチケット

(D) 旅行

(178〜180)

　　先週仕事が忙しくて、とても疲れていた日、私は帰りの電車で眠ってしまいました。そして駅に着いた時、急いで降りたので、かばんを持たずに降りてしまいました。私はすぐに駅の事務所に行って、かばんを探してくれるように頼みましたが、その日は見つかりませんでした。駅員さんは、もし見つかったら連絡をすると言ってくれました。家に帰って家族にかばんを無くしたことを話したら、娘がとても残念がりました。そのかばんには、娘が初めてもらった給料で買ってくれた、革の手袋が入っていたからです。

(178) この人が、かばんを持たずに電車を降りた理由は何ですか。

　　(A) 盗まれてしまったから
　　(B) 他に荷物をたくさん持っていたから
　　(C) 目が覚めて、急いで降りたから
　　(D) 本を読んでいて、急いで降りたから

(179) かばんが無くなって、この人はどうしましたか。

　　(A) 1人で探した。
　　(B) 駅の事務所に行った。
　　(C) 電話で駅に連絡した。
　　(D) そのまま帰った。

(180) なぜこの人の娘さんは残念がりましたか。

　　(A) この人が一生懸命かばんを探そうとしなかったから
　　(B) かばんの中にはこの人に贈った物が入っていたから
　　(C) 自分がプレゼントしたかばんだったから
　　(D) 初めてもらった給料が入っていたから

次のページに続く

　　家の中には古くなって邪魔になった本が必ずあります。そのような本を皆さんはどうしていますか。ゴミのように捨ててしまいますか。

　　福島県の森の中の只見町に「たもかく」という会社があります。この会社は、日本中から送られてきた古い本を買って只見町の「本の街」で売っています。しかし、本を売った人にはお金を渡すのではなく、(1)特別な券を渡すのです。この券は、「本の街」で好きな本と換えられますが、それだけでなく、この町の森を少しだけ買うこともできます。町の森を守るために、皆に森や木について考えてもらおうと始めたのだそうです。本は「本の街」で売られるだけではありません。欲しいと言う他の会社に(2)＿＿＿＿＿＿＿＿ こともあります。このように、古くなった本もこの会社に送れば必ず読んでくれる人を探してもらえるのです。

　　また、券を使うために只見町に来る人が増えたそうです。只見町は静かできれいな所なので、この町が好きになって、住み始める人も増えています。今、社長は「私の育ったこの町がもっと元気になってくれればいいと思っています」と話しています。

(181)(1)特別な券を使って何ができますか。

　　(A) どこの本屋でも好きな本が買える。

　　(B) この町で食事ができる。

　　(C) 家を借りて住むことができる。

　　(D) 森を少し買うことができる。

(182)(2)＿＿＿＿＿＿＿＿に入る最も適当な言葉はどれですか。

　　(A) 分けてもらう　　　　　　　　　(B) 買ってもらう

　　(C) 送ってもらう　　　　　　　　　(D) 持って来てもらう

(183)「たもかく」ができてから、只見町はどう変わりましたか。

　　(A) 本が好きな人が増えた。　　　　(B) ゴミが減った。

　　(C) 森の木が増えた。　　　　　　　(D) 住む人が増えた。

(184)「たもかく」の社長は、なぜこの仕事を始めましたか。

　　(A) 家にたくさん古い本が残っていたから

　　(B) 今まで誰もしなかった仕事をやりたかったから

　　(C) 森をもっと大切にしてほしかったから

　　(D) 自分の育った町を有名にしたかったから

友人の息子さんの淳一君が新聞配達のアルバイトをしている。新聞配達の仕事はとても大変だ。朝早いだけでなく、自転車に積んだ新聞が強風で飛ばされたり、自転車が倒れて新聞が汚れてしまったりすることもあるそうだ。ある日淳一君が「僕、(1)涙が出ちゃったんですよ」と言って、年末の出来事を話してくれた。

いつもと同様に新聞を配っていると、ある家の郵便受けに「お正月は旅行に出かけるので、新聞の配達は結構です」と書かれた紙と、お年玉の袋が入っていたそうだ。お年玉の額は大したことはなかったが、淳一君にとっては、今までもらったどのお年玉より嬉しかったという。(2)それは、淳一君が辛い仕事でも頑張ってきたことを、わかってもらえたように感じたからに違いない。

毎年子供たちがもらうお年玉は景気と関係があるようで、ここ数年(3)減ってきているという。お年玉の額に不満を言う子供たちにこの話を聞かせて、お金に込める気持ちや、お金の大切さについて考えさせたい(4)＿＿＿＿＿。

(185) 淳一君が(1)涙が出ちゃったのはどうしてですか。

(A) 自転車が倒れてしまったから

(B) 朝早く出かけなければならないから

(C) ある家でお年玉をもらったから

(D) お年玉の額が少なかったから

(186) (2)それはどんなことですか。

(A) 淳一君が嬉しかった理由

(B) 淳一君が新聞配達をしている理由

(C) お年玉が高額ではなかった理由

(D) その家の人がお年玉をあげた理由

(187) 何が(3)減ってきているのですか。

(A) 子供の数　　　　　　　　　(B) お年玉の額

(C) アルバイトの給料　　　　　(D) お金の大切さを考える機会

(188) (4)＿＿＿＿＿に入る最も適当な言葉はどれですか。

(A) わけだ　　　　　　　　　　(B) だらけだ

(C) はずだ　　　　　　　　　　(D) ものだ

次のページに続く

(189〜192)

　　履歴書を書く時、字が下手な人は誰かに代わりに書いてもらってもいいのだろうか。また、履歴書に貼る写真は、白黒でもかまわないのだろうか。このような(1)初歩的な疑問を、様々な会社の採用担当者100人に尋ねた。「短期の就職でも、今までどんな仕事をしたかを職歴欄に書くべきか」という質問には、(2)74%がイエスと答えている。「何もしていない期間のあることが一番問題なので、短期だった理由を添えた上で書いた方がいい」とか「履歴書には嘘がないことが重要なので、後で知られた場合大きな問題になる」などの回答が(3)＿＿＿＿＿、必要ないと答えた人の中には「主張すべきことがなければわざわざ書かない方がいい」という考えもあった。私としては事実を伝える方がよさそうに思えるが、大切なのは短期間で退職した理由をしっかり伝えることだろう。その際、前の会社の批判や悪口は避けること。将来を考えての退職なら、必ずしもマイナスイメージにはならないのではないだろうか。

(189)(1)初歩的な疑問として挙げられているものはどれですか。

　　(A) 自分の履歴書が他人の書いた文字でもいいかどうか

　　(B) 数年前の古い写真でもかまわないかどうか

　　(C) 履歴書は採用担当者に直接送るべきかどうか

　　(D) 仕事内容に関わりない趣味や資格を書くのかどうか

(190)(2)74%の会社は、職歴欄についてどう答えましたか。

　　(A) 全てではなくても、代表的なものを書けばいい。

　　(B) 書くことによってたとえ不利になっても、正直に書くべきだ。

　　(C) 短期で仕事を辞めた場合にも、履歴書に書くべきだ。

　　(D) 職歴は確認のしようがないので、正確に書いてほしい。

(191)(3)＿＿＿＿＿に入る最も適当な言葉はどれですか。

　　(A) あった一方

　　(B) あったばかりに

　　(C) あったといっても

　　(D) あった上に

(192) 筆者は、どう言っていますか。

　　(A) 短期間の就職は、職歴に入れない方がいい。

　　(B) 以前勤めた会社の評価を、面接時に正直に話すべきだ。

　　(C) 職を短期で離れた理由をきちんと説明することが重要だ。

　　(D) 採用する側にとって、転職を繰り返している人はイメージが悪い。

健康や美味しさへのこだわりからか、ミネラルウォーターの人気が続いている。飲料水をペットボトルで買うなど、一昔前の日本では考えられなかったが、「水道水のカビ臭さやカルキ臭さは仕方がない」、「水はただ」という日本人の意識は過去のものになったようだ。

だが水道水も捨てたものではない。浄水場には高度浄水処理装置が設置され、臭いの元を取り除く新たな技術が導入されている。また、下水道整備による川の水質改善の効果もあり、この十数年で水道水も劇的に変化し、住民の満足度も上がっている。しかし改善されたとはいえ、水源が地域によって異なるため、公共といえども自ずと水質にも料金にも違いが出てくる。これは残念なことだが、致し方ないだろう。

また、水質改善がされたとしても給水方法に不備があれば台無しである。従って、貯水槽を経ず、直接水道管に導水する直接給水方法に切り替えることが優先される。美味しい水を飲みたいという要望もさることながら、それを作る過程も看過できないものである。

(193) 現在の日本人の水への意識は、どのようなものですか。

(A) 美味しい水を無料で供給すべきだ。

(B) 買ってでも美味しい水が飲みたい。

(C) 水は買ってまで飲むものではない。

(D) 水道水で満足すべきだ。

(194) 水道水の現状はどうですか。

(A) 以前に比べて格段に美味しくなった。

(B) 捨てたくなるほどのまずさである。

(C) カビ臭さが依然として残っている。

(D) ここ数年、水質は緩やかに向上している。

(195) 水道による水の供給事情で、正しいものはどれですか。

(A) 水質の向上により、料金が上がった。

(B) 全国の水源が改善され、同質の水が提供されている。

(C) 水質、料金共に地域格差がある。

(D) 全国一律の水質、料金が保証されている。

(196) 筆者は水道水について、どう考えていますか。

(A) 水道水を飲むことは危険だ。

(B) 水を高額で買うことは贅沢である。

(C) 飲む水はその味が一番優先される。

(D) 給水側は水の質と給水方法に気を配るべきだ。

次のページに続く

(197〜200)

　　一挙にテレビゲームファンの裾野を広げたと言われる(1)作品がある。業界内にも多くのファンを持ち、ゲーム作家志望の若者がバイブルと称賛する作品である。かく言う私も寝食を忘れ、始めてからクリアするまでの数か月、そのゲームの世界に生きた。宣伝になってしまうから、名前も、詳しい内容もここで述べるのは控えるが、おじさんか子供か、日本人かイタリア人かよくわからないが、愛嬌のある男が魔王の城の奥深くに囚われているお姫様を冒険の旅の末、救い出す話と言えば、(2)はたと膝を打つ人もいるだろう。

　　心理学者で精神科医だったユングによると、人間には意識の下に個人的無意識の層があり、更にその下に人類に普遍の集合的無意識の層があるという。ユングは、古代より全く行き来がなかったはずの国々も含めて、世界中に同様の神話や昔話があることを、(3)その根拠の1つとしている。世界中に存在する共通の伝説の典型と言えるものに、敵や怪物に捕らえられた姫君を救出する英雄神話がある。古代の神話と現代のテレビゲーム。共に心理学で読み解くと、人々を熱狂させるものの(4)共通項が発見できるかもしれない。

(197) この(1)作品の説明として、正しいものはどれですか。

　　(A) 業界受けするが、若者向けではない作品

　　(B) テレビゲームのファン層を広げた作品

　　(C) 筆者にはなかなか馴染めなかった作品

　　(D) ゲームをする人々の健康を害するような作品

(198) (2)はたと膝を打つ人とは、どんな人ですか。

　　(A) このゲームがどんなゲームかわかった人

　　(B) このゲームの意味がわからないと言って怒る人

　　(C) ゲームをしながら、跳び上がって喜ぶ人

　　(D) ゲームをしながらも、様々なことに気が回る人

(199) (3)そのが指すものは、どれですか。

　　(A) 世界中に同様の神話や昔話があること

　　(B) 人類に普遍的な集合的無意識の層があること

　　(C) このゲーム作品は英雄神話を下敷きにしていること

　　(D) 古代には往来のない国々があったこと

(200) (4)共通項が発見できる鍵だと、筆者が考えているものはどれですか。

　　(A) ゲーム感覚　　　　　　　　　(B) ファン層

　　(C) 人々の熱狂　　　　　　　　　(D) 心理学

これでテストの問題は全部終わりました。
時間があまったらもう一度答えを確かめてみましょう。

次のページに続く

# ANSWER SHEET

## JPT® 기출 850⁺ 30일 완성 최종평가

JPT® Japanese Proficiency Test

응시일자 : 20    년    월    일

수험번호

| 성0 | 한글 |
|---|---|
| | 한자 |
| 명0 | 영자 |

좌석번호

A B C D E
① ② ③ ④ ⑤ ⑥ ⑦

## 聽 解

| NO. | ANSWER | NO. | ANSWER | NO. | ANSWER | NO. | ANSWER | NO. | ANSWER |
|---|---|---|---|---|---|---|---|---|---|
| | A B C D | | A B C D | | A B C D | | A B C D | | A B C D |
| 1 | ⓐ ⓑ ⓒ ⓓ | 21 | ⓐ ⓑ ⓒ ⓓ | 41 | ⓐ ⓑ ⓒ ⓓ | 61 | ⓐ ⓑ ⓒ ⓓ | 81 | ⓐ ⓑ ⓒ ⓓ |
| 2 | ⓐ ⓑ ⓒ ⓓ | 22 | ⓐ ⓑ ⓒ ⓓ | 42 | ⓐ ⓑ ⓒ ⓓ | 62 | ⓐ ⓑ ⓒ ⓓ | 82 | ⓐ ⓑ ⓒ ⓓ |
| 3 | ⓐ ⓑ ⓒ ⓓ | 23 | ⓐ ⓑ ⓒ ⓓ | 43 | ⓐ ⓑ ⓒ ⓓ | 63 | ⓐ ⓑ ⓒ ⓓ | 83 | ⓐ ⓑ ⓒ ⓓ |
| 4 | ⓐ ⓑ ⓒ ⓓ | 24 | ⓐ ⓑ ⓒ ⓓ | 44 | ⓐ ⓑ ⓒ ⓓ | 64 | ⓐ ⓑ ⓒ ⓓ | 84 | ⓐ ⓑ ⓒ ⓓ |
| 5 | ⓐ ⓑ ⓒ ⓓ | 25 | ⓐ ⓑ ⓒ ⓓ | 45 | ⓐ ⓑ ⓒ ⓓ | 65 | ⓐ ⓑ ⓒ ⓓ | 85 | ⓐ ⓑ ⓒ ⓓ |
| 6 | ⓐ ⓑ ⓒ ⓓ | 26 | ⓐ ⓑ ⓒ ⓓ | 46 | ⓐ ⓑ ⓒ ⓓ | 66 | ⓐ ⓑ ⓒ ⓓ | 86 | ⓐ ⓑ ⓒ ⓓ |
| 7 | ⓐ ⓑ ⓒ ⓓ | 27 | ⓐ ⓑ ⓒ ⓓ | 47 | ⓐ ⓑ ⓒ ⓓ | 67 | ⓐ ⓑ ⓒ ⓓ | 87 | ⓐ ⓑ ⓒ ⓓ |
| 8 | ⓐ ⓑ ⓒ ⓓ | 28 | ⓐ ⓑ ⓒ ⓓ | 48 | ⓐ ⓑ ⓒ ⓓ | 68 | ⓐ ⓑ ⓒ ⓓ | 88 | ⓐ ⓑ ⓒ ⓓ |
| 9 | ⓐ ⓑ ⓒ ⓓ | 29 | ⓐ ⓑ ⓒ ⓓ | 49 | ⓐ ⓑ ⓒ ⓓ | 69 | ⓐ ⓑ ⓒ ⓓ | 89 | ⓐ ⓑ ⓒ ⓓ |
| 10 | ⓐ ⓑ ⓒ ⓓ | 30 | ⓐ ⓑ ⓒ ⓓ | 50 | ⓐ ⓑ ⓒ ⓓ | 70 | ⓐ ⓑ ⓒ ⓓ | 90 | ⓐ ⓑ ⓒ ⓓ |
| 11 | ⓐ ⓑ ⓒ ⓓ | 31 | ⓐ ⓑ ⓒ ⓓ | 51 | ⓐ ⓑ ⓒ ⓓ | 71 | ⓐ ⓑ ⓒ ⓓ | 91 | ⓐ ⓑ ⓒ ⓓ |
| 12 | ⓐ ⓑ ⓒ ⓓ | 32 | ⓐ ⓑ ⓒ ⓓ | 52 | ⓐ ⓑ ⓒ ⓓ | 72 | ⓐ ⓑ ⓒ ⓓ | 92 | ⓐ ⓑ ⓒ ⓓ |
| 13 | ⓐ ⓑ ⓒ ⓓ | 33 | ⓐ ⓑ ⓒ ⓓ | 53 | ⓐ ⓑ ⓒ ⓓ | 73 | ⓐ ⓑ ⓒ ⓓ | 93 | ⓐ ⓑ ⓒ ⓓ |
| 14 | ⓐ ⓑ ⓒ ⓓ | 34 | ⓐ ⓑ ⓒ ⓓ | 54 | ⓐ ⓑ ⓒ ⓓ | 74 | ⓐ ⓑ ⓒ ⓓ | 94 | ⓐ ⓑ ⓒ ⓓ |
| 15 | ⓐ ⓑ ⓒ ⓓ | 35 | ⓐ ⓑ ⓒ ⓓ | 55 | ⓐ ⓑ ⓒ ⓓ | 75 | ⓐ ⓑ ⓒ ⓓ | 95 | ⓐ ⓑ ⓒ ⓓ |
| 16 | ⓐ ⓑ ⓒ ⓓ | 36 | ⓐ ⓑ ⓒ ⓓ | 56 | ⓐ ⓑ ⓒ ⓓ | 76 | ⓐ ⓑ ⓒ ⓓ | 96 | ⓐ ⓑ ⓒ ⓓ |
| 17 | ⓐ ⓑ ⓒ ⓓ | 37 | ⓐ ⓑ ⓒ ⓓ | 57 | ⓐ ⓑ ⓒ ⓓ | 77 | ⓐ ⓑ ⓒ ⓓ | 97 | ⓐ ⓑ ⓒ ⓓ |
| 18 | ⓐ ⓑ ⓒ ⓓ | 38 | ⓐ ⓑ ⓒ ⓓ | 58 | ⓐ ⓑ ⓒ ⓓ | 78 | ⓐ ⓑ ⓒ ⓓ | 98 | ⓐ ⓑ ⓒ ⓓ |
| 19 | ⓐ ⓑ ⓒ ⓓ | 39 | ⓐ ⓑ ⓒ ⓓ | 59 | ⓐ ⓑ ⓒ ⓓ | 79 | ⓐ ⓑ ⓒ ⓓ | 99 | ⓐ ⓑ ⓒ ⓓ |
| 20 | ⓐ ⓑ ⓒ ⓓ | 40 | ⓐ ⓑ ⓒ ⓓ | 60 | ⓐ ⓑ ⓒ ⓓ | 80 | ⓐ ⓑ ⓒ ⓓ | 100 | ⓐ ⓑ ⓒ ⓓ |

## 讀 解

| NO. | ANSWER | NO. | ANSWER | NO. | ANSWER | NO. | ANSWER | NO. | ANSWER |
|---|---|---|---|---|---|---|---|---|---|
| | A B C D | | A B C D | | A B C D | | A B C D | | A B C D |
| 101 | ⓐ ⓑ ⓒ ⓓ | 121 | ⓐ ⓑ ⓒ ⓓ | 141 | ⓐ ⓑ ⓒ ⓓ | 161 | ⓐ ⓑ ⓒ ⓓ | 181 | ⓐ ⓑ ⓒ ⓓ |
| 102 | ⓐ ⓑ ⓒ ⓓ | 122 | ⓐ ⓑ ⓒ ⓓ | 142 | ⓐ ⓑ ⓒ ⓓ | 162 | ⓐ ⓑ ⓒ ⓓ | 182 | ⓐ ⓑ ⓒ ⓓ |
| 103 | ⓐ ⓑ ⓒ ⓓ | 123 | ⓐ ⓑ ⓒ ⓓ | 143 | ⓐ ⓑ ⓒ ⓓ | 163 | ⓐ ⓑ ⓒ ⓓ | 183 | ⓐ ⓑ ⓒ ⓓ |
| 104 | ⓐ ⓑ ⓒ ⓓ | 124 | ⓐ ⓑ ⓒ ⓓ | 144 | ⓐ ⓑ ⓒ ⓓ | 164 | ⓐ ⓑ ⓒ ⓓ | 184 | ⓐ ⓑ ⓒ ⓓ |
| 105 | ⓐ ⓑ ⓒ ⓓ | 125 | ⓐ ⓑ ⓒ ⓓ | 145 | ⓐ ⓑ ⓒ ⓓ | 165 | ⓐ ⓑ ⓒ ⓓ | 185 | ⓐ ⓑ ⓒ ⓓ |
| 106 | ⓐ ⓑ ⓒ ⓓ | 126 | ⓐ ⓑ ⓒ ⓓ | 146 | ⓐ ⓑ ⓒ ⓓ | 166 | ⓐ ⓑ ⓒ ⓓ | 186 | ⓐ ⓑ ⓒ ⓓ |
| 107 | ⓐ ⓑ ⓒ ⓓ | 127 | ⓐ ⓑ ⓒ ⓓ | 147 | ⓐ ⓑ ⓒ ⓓ | 167 | ⓐ ⓑ ⓒ ⓓ | 187 | ⓐ ⓑ ⓒ ⓓ |
| 108 | ⓐ ⓑ ⓒ ⓓ | 128 | ⓐ ⓑ ⓒ ⓓ | 148 | ⓐ ⓑ ⓒ ⓓ | 168 | ⓐ ⓑ ⓒ ⓓ | 188 | ⓐ ⓑ ⓒ ⓓ |
| 109 | ⓐ ⓑ ⓒ ⓓ | 129 | ⓐ ⓑ ⓒ ⓓ | 149 | ⓐ ⓑ ⓒ ⓓ | 169 | ⓐ ⓑ ⓒ ⓓ | 189 | ⓐ ⓑ ⓒ ⓓ |
| 110 | ⓐ ⓑ ⓒ ⓓ | 130 | ⓐ ⓑ ⓒ ⓓ | 150 | ⓐ ⓑ ⓒ ⓓ | 170 | ⓐ ⓑ ⓒ ⓓ | 190 | ⓐ ⓑ ⓒ ⓓ |
| 111 | ⓐ ⓑ ⓒ ⓓ | 131 | ⓐ ⓑ ⓒ ⓓ | 151 | ⓐ ⓑ ⓒ ⓓ | 171 | ⓐ ⓑ ⓒ ⓓ | 191 | ⓐ ⓑ ⓒ ⓓ |
| 112 | ⓐ ⓑ ⓒ ⓓ | 132 | ⓐ ⓑ ⓒ ⓓ | 152 | ⓐ ⓑ ⓒ ⓓ | 172 | ⓐ ⓑ ⓒ ⓓ | 192 | ⓐ ⓑ ⓒ ⓓ |
| 113 | ⓐ ⓑ ⓒ ⓓ | 133 | ⓐ ⓑ ⓒ ⓓ | 153 | ⓐ ⓑ ⓒ ⓓ | 173 | ⓐ ⓑ ⓒ ⓓ | 193 | ⓐ ⓑ ⓒ ⓓ |
| 114 | ⓐ ⓑ ⓒ ⓓ | 134 | ⓐ ⓑ ⓒ ⓓ | 154 | ⓐ ⓑ ⓒ ⓓ | 174 | ⓐ ⓑ ⓒ ⓓ | 194 | ⓐ ⓑ ⓒ ⓓ |
| 115 | ⓐ ⓑ ⓒ ⓓ | 135 | ⓐ ⓑ ⓒ ⓓ | 155 | ⓐ ⓑ ⓒ ⓓ | 175 | ⓐ ⓑ ⓒ ⓓ | 195 | ⓐ ⓑ ⓒ ⓓ |
| 116 | ⓐ ⓑ ⓒ ⓓ | 136 | ⓐ ⓑ ⓒ ⓓ | 156 | ⓐ ⓑ ⓒ ⓓ | 176 | ⓐ ⓑ ⓒ ⓓ | 196 | ⓐ ⓑ ⓒ ⓓ |
| 117 | ⓐ ⓑ ⓒ ⓓ | 137 | ⓐ ⓑ ⓒ ⓓ | 157 | ⓐ ⓑ ⓒ ⓓ | 177 | ⓐ ⓑ ⓒ ⓓ | 197 | ⓐ ⓑ ⓒ ⓓ |
| 118 | ⓐ ⓑ ⓒ ⓓ | 138 | ⓐ ⓑ ⓒ ⓓ | 158 | ⓐ ⓑ ⓒ ⓓ | 178 | ⓐ ⓑ ⓒ ⓓ | 198 | ⓐ ⓑ ⓒ ⓓ |
| 119 | ⓐ ⓑ ⓒ ⓓ | 139 | ⓐ ⓑ ⓒ ⓓ | 159 | ⓐ ⓑ ⓒ ⓓ | 179 | ⓐ ⓑ ⓒ ⓓ | 199 | ⓐ ⓑ ⓒ ⓓ |
| 120 | ⓐ ⓑ ⓒ ⓓ | 140 | ⓐ ⓑ ⓒ ⓓ | 160 | ⓐ ⓑ ⓒ ⓓ | 180 | ⓐ ⓑ ⓒ ⓓ | 200 | ⓐ ⓑ ⓒ ⓓ |

# JPT® 日本語能力試験
Japanese Proficiency Test

30일 완성

출제기관 독점제공

실제 시험을 완벽분석한
점수대별 기출 전략서!

정기시험과 동일한 JPT® 성우 음성
음원 및 동영상 QR코드 수록

▶ 최종평가 핵심문제풀이
무료 동영상 10강 제공
▶ 음원 무료 다운로드
www.ybmbooks.com

# JPT®
# 기출
# 850+
# 정답 및 해설

와이비엠
홀딩스

# JPT® 기출 30일 완성 850+

## 정답 및 해설

# 목차

# JPT 기출 850⁺

30일 완성

최종평가 | 정답 및 해설

## PART 1

| | | | | | | | | | |
|---|---|---|---|---|---|---|---|---|---|
| 1 (A) | 2 (C) | 3 (B) | 4 (D) | 5 (B) | 6 (D) | 7 (D) | 8 (C) | 9 (A) | 10 (B) |
| 11 (A) | 12 (D) | 13 (D) | 14 (B) | 15 (A) | 16 (B) | 17 (C) | 18 (B) | 19 (C) | 20 (A) |

## PART 2

| | | | | | | | | | |
|---|---|---|---|---|---|---|---|---|---|
| 21 (C) | 22 (A) | 23 (C) | 24 (D) | 25 (D) | 26 (B) | 27 (D) | 28 (A) | 29 (B) | 30 (D) |
| 31 (C) | 32 (A) | 33 (D) | 34 (B) | 35 (A) | 36 (A) | 37 (C) | 38 (C) | 39 (D) | 40 (C) |
| 41 (C) | 42 (C) | 43 (A) | 44 (C) | 45 (B) | 46 (B) | 47 (C) | 48 (D) | 49 (A) | 50 (C) |

## PART 3

| | | | | | | | | | |
|---|---|---|---|---|---|---|---|---|---|
| 51 (A) | 52 (D) | 53 (C) | 54 (D) | 55 (C) | 56 (D) | 57 (B) | 58 (B) | 59 (C) | 60 (D) |
| 61 (C) | 62 (D) | 63 (C) | 64 (C) | 65 (A) | 66 (B) | 67 (D) | 68 (C) | 69 (D) | 70 (D) |
| 71 (C) | 72 (C) | 73 (A) | 74 (A) | 75 (B) | 76 (B) | 77 (A) | 78 (C) | 79 (D) | 80 (C) |

## PART 4

| | | | | | | | | | |
|---|---|---|---|---|---|---|---|---|---|
| 81 (C) | 82 (C) | 83 (C) | 84 (A) | 85 (C) | 86 (A) | 87 (D) | 88 (D) | 89 (C) | 90 (B) |
| 91 (D) | 92 (A) | 93 (B) | 94 (A) | 95 (B) | 96 (A) | 97 (D) | 98 (C) | 99 (B) | 100 (C) |

## PART 5

| | | | | | | | | | |
|---|---|---|---|---|---|---|---|---|---|
| 101 (B) | 102 (B) | 103 (C) | 104 (D) | 105 (C) | 106 (D) | 107 (D) | 108 (C) | 109 (D) | 110 (A) |
| 111 (D) | 112 (C) | 113 (B) | 114 (D) | 115 (A) | 116 (D) | 117 (C) | 118 (D) | 119 (C) | 120 (B) |

## PART 6

| | | | | | | | | | |
|---|---|---|---|---|---|---|---|---|---|
| 121 (D) | 122 (D) | 123 (A) | 124 (D) | 125 (C) | 126 (B) | 127 (B) | 128 (D) | 129 (D) | 130 (C) |
| 131 (B) | 132 (D) | 133 (B) | 134 (C) | 135 (C) | 136 (B) | 137 (A) | 138 (A) | 139 (B) | 140 (B) |

## PART 7

| | | | | | | | | | |
|---|---|---|---|---|---|---|---|---|---|
| 141 (C) | 142 (D) | 143 (D) | 144 (A) | 145 (C) | 146 (C) | 147 (B) | 148 (C) | 149 (A) | 150 (D) |
| 151 (B) | 152 (C) | 153 (D) | 154 (C) | 155 (D) | 156 (A) | 157 (A) | 158 (C) | 159 (A) | 160 (D) |
| 161 (C) | 162 (C) | 163 (D) | 164 (B) | 165 (C) | 166 (D) | 167 (A) | 168 (D) | 169 (D) | 170 (A) |

## PART 8

| | | | | | | | | | |
|---|---|---|---|---|---|---|---|---|---|
| 171 (D) | 172 (C) | 173 (A) | 174 (D) | 175 (B) | 176 (A) | 177 (C) | 178 (C) | 179 (B) | 180 (B) |
| 181 (D) | 182 (B) | 183 (D) | 184 (C) | 185 (C) | 186 (A) | 187 (B) | 188 (D) | 189 (A) | 190 (C) |
| 191 (A) | 192 (C) | 193 (B) | 194 (A) | 195 (C) | 196 (D) | 197 (B) | 198 (A) | 199 (B) | 200 (D) |

## PART 1 | 사진묘사

### 1 1인 등장 사진

(A) 靴下をはいています。
(B) 靴を脱いでいます。
(C) スカートをはいています。
(D) 靴下を脱いでいます。

(A) 양말을 신고 있습니다.
(B) 신발을 벗고 있습니다.
(C) 치마를 입고 있습니다.
(D) 양말을 벗고 있습니다.

해설 | 사진 속 여자의 복장에 주목해야 한다. 여자는 무릎 아래까지 오는 양말을 신고 있으므로, 정답은 (A)가 된다. (B)는 신발을 신고 있다고 해야 맞는 설명이고, 여자가 입고 있는 것은 치마가 아니라 반바지이므로 (C)도 틀린 설명이다.

어휘 | 靴下(くつした) 양말 は(履)く (신·양말 등을) 신다
靴(くつ) 신, 신발, 구두 脱(ぬ)ぐ 벗다 スカート 스커트, 치마
は(穿)く (하의를) 입다

### 2 사물 등장 사진

(A) 写真の横にカレンダーがあります。
(B) 壁に絵が掛けてあります。
(C) 壁にカレンダーが掛けてあります。
(D) カレンダーと写真が置いてあります。

(A) 사진 옆에 달력이 있습니다.
(B) 벽에 그림이 걸려 있습니다.
(C) 벽에 달력이 걸려 있습니다.
(D) 달력과 사진이 놓여 있습니다.

해설 | 「壁(かべ)」(벽)와 「カレンダー」(달력)라는 단어를 알아듣는 것이 포인트. 벽에 걸려 있는 것은 그림이 아니라 달력이므로, 정답은 (C)가 된다. 「写真(しゃしん)」(사진)은 찾아볼 수 없으므로 (A)와 (D)는 답

이 될 수 없다.

어휘 | 写真(しゃしん) 사진 横(よこ) 옆 絵(え) 그림
掛(か)ける 달다, 걸다 타동사+てある ~해져 있다 *상태표현
置(お)く 놓다, 두다

### 3 1인 등장 사진

(A) 飲み物を飲んでいます。
(B) ご飯を食べています。
(C) 食事を作っています。
(D) お弁当を買っています。

(A) 음료를 마시고 있습니다.
(B) 밥을 먹고 있습니다.
(C) 식사를 만들고 있습니다.
(D) 도시락을 사고 있습니다.

해설 | 여자가 젓가락으로 도시락을 먹고 있으므로, 정답은 (B)가 된다. 도시락 옆에 음료수가 보이기는 하지만, 마시고 있는 것은 아니므로 (A)는 부적절. (C)와 (D)는 사진과 관련이 있는 「食事(しょくじ)」(식사)와 「お弁当(べんとう)」(도시락)라는 어휘를 응용한 오답이다.

어휘 | 飲(の)み物(もの) 음료 飲(の)む 마시다 ご飯(はん) 밥
食(た)べる 먹다 作(つく)る 만들다 買(か)う 사다

### 4 2인 이상 등장 사진

(A) 自動車を運転しています。
(B) 子供は眠っています。
(C) 自転車を洗っています。
(D) 自転車に大人と子供が乗っています。

(A) 자동차를 운전하고 있습니다.
(B) 아이는 잠들어 있습니다.
(C) 자전거를 씻고 있습니다.
(D) 자전거에 어른과 아이가 타고 있습니다.

해설 | 인물의 동작과 사물의 상태에 주목해야 한다. 남자는 이륜 자전거를 타고 있으므로, 자동차를 운전하고 있다고 한 (A)나 자전거를 씻고 있다고 한 (C)는 제외. 또한 자전거 앞에 달린 어린이용 안장에 탄 아이

4

는 눈을 뜨고 카메라를 응시하고 있으므로, 자고 있다고 한 (B)도 틀린 설명이다. 따라서 정답은 (D)가 된다.

어휘 | 自動車(じどうしゃ) 자동차, 차   運転(うんてん) 운전
子供(こども) 아이   眠(ねむ)る 자다, 잠자다, 잠들다
自転車(じてんしゃ) 자전거   洗(あら)う 씻다
大人(おとな) 어른   乗(の)る (탈것에) 타다

## 5 1인 등장 사진

(A) 花を花瓶に入れています。
(B) 花に水をやっています。
(C) 花瓶に水を入れています。
(D) 花瓶の水を捨てています。

(A) 꽃을 꽃병에 넣고 있습니다.
(B) 꽃에 물을 주고 있습니다.
(C) 꽃병에 물을 넣고 있습니다.
(D) 꽃병의 물을 버리고 있습니다.

해설 | 사물의 종류와 손동작에 주목해야 한다. 물뿌리개를 이용해서 화분의 꽃에 물을 주고 있는 사진이므로, 정답은 (B)가 된다. 나머지 선택지는 모두 화분이 아니라 꽃병에 대한 설명이므로 답이 될 수 없다.

어휘 | 花(はな) 꽃   花瓶(かびん) 꽃병   入(い)れる 넣다
水(みず) 물   やる (손아랫사람이나 동식물에게) 주다
捨(す)てる 버리다

## 6 풍경 및 상황 묘사 사진

(A) 車が踏切を渡っています。
(B) 駐車場に車が止まっています。
(C) 電車がホームに止まっています。
(D) 車が電車が通るのを待っています。

(A) 자동차가 건널목을 건너고 있습니다.
(B) 주차장에 자동차가 서 있습니다.
(C) 전철이 플랫폼에 서 있습니다.
(D) 자동차가 전철이 지나가기를 기다리고 있습니다.

해설 | 건널목의 철길로 전철이 통과하고 있고, 건너편에 차단기가 내려진 상태에서 대기하고 있는 자동차와 오토바이가 보인다. 따라서 정답은 (D)가 된다. 자동차는 서 있는 상태이고, 또한 이곳은 주차장이나 플랫폼도 아니므로 나머지 선택지는 모두 틀린 설명이다.

어휘 | 車(くるま) 자동차, 차   踏切(ふみきり) (철도의) 건널목

渡(わた)る (길을) 지나다, 건너다
駐車場(ちゅうしゃじょう) 주차장   止(と)まる 멈추다, 서다
電車(でんしゃ) 전철   ホーム 플랫폼 *「プラットホーム」의 준말
通(とお)る 통과하다, 지나가다   待(ま)つ 기다리다

## 7 2인 이상 등장 사진

(A) 髪をドライヤーで乾かしています。
(B) 濡れた髪をタオルで拭いています。
(C) 自分の髪の毛を手で触っています。
(D) 前髪をはさみで切っています。

(A) 머리를 드라이어로 말리고 있습니다.
(B) 젖은 머리를 수건으로 닦고 있습니다.
(C) 자신의 머리카락을 손으로 만지고 있습니다.
(D) 앞머리를 가위로 자르고 있습니다.

해설 | 「はさみ」(가위)라는 단어를 알아듣는 것이 포인트. 누군가 가위로 여자의 앞머리를 잘라주고 있는 상황이므로, 정답은 (D)가 된다. 나머지 선택지도 모두 「髪(かみ)」(머리(털))와 관련된 내용이기는 하지만, (A)와 (B)는 머리를 자르는 것이 아니라 젖은 머리를 말리고 있다는 뜻이고, (C)는 다른 사람이 아니라 여자 스스로 자신의 머리를 만지고 있다는 의미가 되므로 역시 틀린 설명이다.

어휘 | ドライヤー 드라이어, 건조기   乾(かわ)かす 말리다
濡(ぬ)れる 젖다   タオル 타월, 수건   拭(ふ)く 닦다, 훔치다
自分(じぶん) 자기, 자신, 나   髪(かみ)の毛(け) 머리카락
手(て) 손   触(さわ)る (가볍게) 닿다, 손을 대다, 만지다
前髪(まえがみ) 앞머리   切(き)る 자르다

## 8 풍경 및 상황 묘사 사진

(A) 木の下で人たちが花見をしています。
(B) 木の下で昼寝をしている人たちがいます。
(C) 日陰に座っている人たちがいます。
(D) 木の下に立っている人たちがいます。

(A) 나무 아래에서 사람들이 꽃구경을 하고 있습니다.
(B) 나무 아래에서 낮잠을 자고 있는 사람들이 있습니다.
(C) 그늘에 앉아 있는 사람들이 있습니다.
(D) 나무 아래에 서 있는 사람들이 있습니다.

해설 | 나무 그늘에 앉아 있는 두 사람의 모습이 보인다. 선택지 중 이와 일치하는 내용은 (C)로, 나머지 선택지처럼 「木(き)の下(した)」(나무 아래)라는 표현 대신 「日陰(ひかげ)」(그늘)라는 단어를 쓴 점에 주

의해야 한다. 두 사람 주변에서 꽃나무는 찾아볼 수 없으므로 (A)는 틀린 설명이고, 두 사람은 모두 앉아 있는 상태이므로 (B)와 (D)도 답이 될 수 없다.

어휘 | 木(き) 나무  下(した) 아래, 밑  人(ひと) 사람
~たち (사람이나 생물을 나타내는 말에 붙어) ~들
花見(はなみ) 꽃구경, 꽃놀이  昼寝(ひるね)をする 낮잠을 자다
座(すわ)る 앉다  立(た)つ 서다

## 9 사물 등장 사진

(A) 先が三つに分かれているスプーンです。
(B) 先が汚れた三角のスプーンです。
(C) 折れて曲がったスプーンです。
(D) スプーンが集められています。

(A) 끝이 세 개로 갈라져 있는 숟가락입니다.
(B) 끝이 더러워진 삼각 숟가락입니다.
(C) 접혀 구부러진 숟가락입니다.
(D) 숟가락이 모아져 있습니다.

해설 | 사물의 모양에 주목해야 한다. 이것은 숟가락과 포크를 합친 형태의 숟가락포크로, 끝이 세 개로 갈라져 있는 것이 특징이다. 정답은 (A)로, 「三(みっ)つに分(わ)かれている」(세 개로 갈라져 있다)라는 표현을 알아듣는 것이 포인트. (B)는 숟가락 모양이 아예 삼각형이라는 뜻이 되므로 부적절. (C)는 숟가락이 접혀 있는 상태를 말하고, (D)는 숟가락이 여러 개 있다는 의미이므로 역시 답이 될 수 없다.

어휘 | 先(さき) 끝  三(みっ)つ 세 개  分(わ)かれる 갈라지다
スプーン 스푼, 숟가락  汚(よご)れる 더러워지다
三角(さんかく) 삼각, 세모  折(お)れる 접히다
曲(ま)がる 구부러지다  集(あつ)める 모으다

## 10 사물 등장 사진

(A) 傘を差しています。
(B) どの傘も開いて掛けてあります。
(C) 閉じた傘が掛けてあります。
(D) 傘が開いたまま床に置いてあります。

(A) 우산을 쓰고 있습니다.
(B) 모든 우산이 펼쳐서 걸려 있습니다.
(C) 접힌 우산이 걸려 있습니다.
(D) 우산이 펼친 채로 바닥에 놓여 있습니다.

해설 | 우산의 상태에 주목해야 한다. 사진 속 우산은 모두 펼쳐서 거꾸로 매달아 놓은 상태이므로, 정답은 (B)가 된다. (A)는 사람이 우산을 쓰고 있다는 뜻이므로 부적절. (C)는 우산이 접힌 채로 걸려 있다는 뜻이고, (D)는 우산을 펼친 채로 걸어 놓은 것이 아니라 바닥에 놓아 두었다는 뜻이므로 답이 될 수 없다.

어휘 | 傘(かさ) 우산  差(さ)す (우산 등을) 쓰다, 받치다
どの 「~も」의 꼴로) 어느 것이나 가리지 않고, 전부
開(ひら)く (닫혀 있던 것이) 열리다, (닫혔던 것을) 열다, 펴다, 펼치다
掛(か)ける 걸다, 달다  타동사+てある ~해져 있다 *상태표현
閉(と)じる (펼친 것을) 접다  동사의 た형+まま ~한 채, ~상태로
床(ゆか) 바닥  置(お)く 놓다, 두다

## 11 풍경 및 상황 묘사 사진

(A) ビルの入り口に丸い柱が建っています。
(B) 柱の上には三角の屋根があります。
(C) 玄関の前にガラスの柱があります。
(D) 1階の高さまでの四角い柱です。

(A) 빌딩 입구에 둥근 기둥이 서 있습니다.
(B) 기둥 위에는 삼각 지붕이 있습니다.
(C) 현관 앞에 유리 기둥이 있습니다.
(D) 1층 높이까지의 네모난 기둥입니다.

해설 | 빌딩의 특징에 주목해야 한다. 빌딩은 유리로 된 입구 양쪽으로 둥근 석조 기둥이 세워져 있고, 그 위의 지붕 위쪽은 평평하며 아래쪽은 아치 모양으로 되어 있다. 선택지 중 이와 일치하는 내용은 (A)뿐이다. (B)는 지붕이 삼각형이라고 한 부분이, (C)는 기둥의 소재가, (D)는 기둥의 높이와 모양에 대한 설명이 잘못되었다.

어휘 | ビル 빌딩 *「ビルディング」의 준말  入(い)り口(ぐち) 입구
丸(まる)い 둥글다  柱(はしら) 기둥  建(た)つ (건물 등이) 서다
上(うえ) 위  三角(さんかく) 삼각, 세모  屋根(やね) 지붕
玄関(げんかん) 현관  前(まえ) 앞  ガラス 유리
1階(いっかい) 1층 *「~階(かい)」- ~층  高(たか)さ 높이
~まで ~까지  四角(しかく)い 네모지다, 네모나다

## 12 1인 등장 사진

(A) 玉ねぎの皮を剥いています。
(B) ゆで卵を潰しています。

(C) 卵を材料と混ぜています。
(D) 卵の殻を剥いています。

(A) 양파 껍질을 벗기고 있습니다.
(B) 삶은 계란을 으깨고 있습니다.
(C) 계란을 재료와 섞고 있습니다.
(D) 계란 껍질을 벗기고 있습니다.

해설 | 사물의 상태와 인물의 동작에 주목해야 한다. 사진 속 인물은 삶은 계란의 껍질을 벗기고 있으므로, 정답은 (D)가 된다. 사진에 등장하는 것은 양파가 아니라 계란이므로 (A)는 답이 될 수 없고, (B)는 「ゆで卵(たまご)」(삶은 계란)라는 어휘를 응용한 함정이며, (C)는 계란 껍질을 벗기고 난 후에 할 수 있는 행동이다.

어휘 | 玉(たま)ねぎ 양파  皮(かわ) 가죽, 껍질
剥(む)く (껍질 등을) 벗기다, 까다  潰(つぶ)す (짓눌러) 부수다, 으깨다
卵(たまご) 계란, 달걀  材料(ざいりょう) 재료  混(ま)ぜる 섞다
殻(から) 껍질, 껍데기

## 13 사물 등장 사진

(A) 紙くずと埃です。
(B) 様々な模様の国旗です。
(C) 様々な大きさの絵葉書です。
(D) 様々な国の貨幣です。

(A) 휴지와 먼지입니다.
(B) 여러 가지 모양의 국기입니다.
(C) 여러 가지 크기의 그림엽서입니다.
(D) 여러 나라의 화폐입니다.

해설 | 「貨幣(かへい)」(화폐)라는 단어를 알아듣는 것이 포인트. 한국과 일본, 미국 등 여러 나라의 화폐가 놓여 있는 사진이므로, 정답은 (D)가 된다. (A)는 전혀 엉뚱한 내용이고, (B)와 (C)는 「様々(さまざま)な」(여러 가지)라는 표현을 응용한 오답이다.

어휘 | 紙(かみ)くず 휴지  埃(ほこり) 먼지
様々(さまざま)だ 다양하다, 여러 가지다  模様(もよう) 모양
国旗(こっき) 국기  大(おお)きさ 크기
絵葉書(えはがき) 그림엽서  国(くに) 나라

## 14 1인 등장 사진

(A) 折り畳み椅子に腰かけて居眠りしています。
(B) 折り畳み椅子に腰かけて絵を描いています。

(C) 寝転んで景色を眺めています。
(D) しゃがんで絵を眺めています。

(A) 접이식 의자에 걸터앉아서 졸고 있습니다.
(B) 접이식 의자에 걸터앉아서 그림을 그리고 있습니다.
(C) 드러누워서 경치를 바라보고 있습니다.
(D) 쭈그리고 앉아서 그림을 바라보고 있습니다.

해설 | 「絵(え)を描(か)く」(그림을 그리다)라는 표현을 알아듣는 것이 포인트. 사진 속 인물은 야외에서 접이식 의자에 걸터앉아서 그림을 그리고 있으므로, 정답은 (B)가 된다. 따라서 접이식 의자에 걸터앉아서 졸고 있다고 한 (A)와 드러누워서 경치를 바라보고 있다고 한 (C), 쭈그리고 앉아서 그림을 바라보고 있다고 한 (D)는 모두 틀린 설명이다.

어휘 | 折(お)り畳(たた)み椅子(いす) 접이식 의자
腰(こし)かける 걸터앉다  居眠(いねむ)り (앉아서) 졸음
絵(え) 그림  描(か)く (그림을) 그리다
寝転(ねころ)ぶ 아무렇게나 드러눕다  景色(けしき) 경치, 풍경
眺(なが)める 바라보다  しゃがむ 쭈그리고 앉다

## 15 풍경 및 상황 묘사 사진

(A) 船が波を立てて進んでいます。
(B) 船が港に泊まっています。
(C) 沖で沈んでいる船の様子です。
(D) 砂浜が続いている海岸です。

(A) 배가 물결을 일으키며 나아가고 있습니다.
(B) 배가 항구에 정박해 있습니다.
(C) 앞바다에서 가라앉고 있는 배의 모습입니다.
(D) 모래사장이 이어져 있는 해안입니다.

해설 | 수로를 따라 배 한 척이 물결을 일으키며 운항하고 있는 모습이 보인다. 정답은 (A)로, 「波(なみ)を立(た)てる」(물결을 일으키다)라는 표현을 알아듣는 것이 포인트. 배가 정박해 있다고 한 (B)나 물 속에 가라앉고 있다고 한 (C)는 틀린 설명이고, (D)의 모래사장이 이어져 있는 해안이라는 장소 역시 사진과는 거리가 멀다.

어휘 | 船(ふね) 배  波(なみ) 물결, 파도
立(た)てる (파도 등을) 일게 하다, 일으키다  進(すす)む 나아가다
港(みなと) 항구  泊(と)まる (배를) 대다, 정박하다  沖(おき) 앞바다
沈(しず)む (배가) 가라앉다  様子(ようす) 모습
砂浜(すなはま) 모래사장  続(つづ)く 이어지다, 계속되다
海岸(かいがん) 해안

## 16 사물 등장 사진

(A) 鍋が逆さに置いてあります。
(B) 鍋の蓋がずれています。
(C) 鍋に切れが被せてあります。
(D) 鍋の手前に割り箸があります。

(A) 냄비가 거꾸로 놓여 있습니다.
(B) 냄비 뚜껑이 어긋나 있습니다.
(C) 냄비에 헝겊이 씌워져 있습니다.
(D) 냄비 바로 앞에 나무젓가락이 있습니다.

해설 | 사물의 상태에 주목해야 한다. 가스레인지 위에 냄비가 올려져 있는데 뚜껑이 어긋나게 덮여 있으므로, 정답은 (B)가 된다. (C)는 「切(き)れ」(천 조각, 헝겊)가 아니라 「蓋(ふた)」(뚜껑)라고 해야 맞는 설명이고, 냄비 옆에 놓여 있는 것은 국자로, 나무젓가락은 찾아볼 수 없으므로 (D)도 답이 될 수 없다.

어휘 | 鍋(なべ) 냄비 逆(さか)さ 거꾸로 됨 *「逆様(さかさま)」의 준말 置(お)く 놓다, 두다 타동사+てある ~해져 있다 *상태표현 ずれる (위치가) 어긋나다, 비뚤어지다 被(かぶ)せる 씌우다, 덮다 手前(てまえ) 바로 앞 割(わ)り箸(ばし) 나무젓가락

## 17 사물 등장 사진

(A) 塀の模様は全て同じです。
(B) 板を組み合わせてできた塀です。
(C) 塀の一部が竹でできています。
(D) 全面コンクリートでできた塀です。

(A) 담장의 모양은 모두 같습니다.
(B) 판자를 조합해 만들어진 담장입니다.
(C) 담장 일부가 대나무로 되어 있습니다.
(D) 전면이 콘크리트로 이루어진 담장입니다.

해설 | 벽돌로 쌓아 올린 담장 가운데 부분이 대나무로 되어 있으므로, 정답은 (C)가 된다. 담장은 벽돌과 대나무라는 두 종류의 소재로 되어 있으므로, 담장이 한 가지 소재와 모양으로 이루어졌다고 한 나머지 선택지는 모두 틀린 설명이다.

어휘 | 塀(へい) 담, 담장 模様(もよう) 모양 全(すべ)て 모두, 전부 同(おな)じだ 같다 板(いた) 판자 組(く)み合(あ)わせる 조합하다 できる 만들어지다, 되다, 이루어지다 一部(いちぶ) 일부 竹(たけ) 대나무 全面(ぜんめん) 전면, 전체 コンクリート 콘크리트

## 18 사물 등장 사진

(A) 宛名が記入されていない領収証です。
(B) 金額の入った領収証です。
(C) 商品の案内書です。
(D) 印鑑が押してある履歴書です。

(A) 수신인명이 기입되어 있지 않은 영수증입니다.
(B) 금액이 들어간 영수증입니다.
(C) 상품 안내서입니다.
(D) 인감이 찍혀 있는 이력서입니다.

해설 | 종이 맨 윗부분에 「領収証(りょうしゅうしょう)」(영수증)라는 글씨가 보이므로, 상품 안내서와 이력서라고 한 (C)와 (D)는 일단 제외. 또한 그 아래에 「SASC様(さま)」(SASC 님)라고 적혀 있으므로, (A)도 틀린 설명이다. 정답은 (B)로, '2,520엔'이라는 금액이 적혀 있는 것이 보인다.

어휘 | 宛名(あてな) 수신인명 記入(きにゅう) 기입 金額(きんがく) 금액 入(はい)る 들어가다 商品(しょうひん) 상품 案内書(あんないしょ) 안내서 印鑑(いんかん) 인감 押(お)す (도장 등을) 찍다 타동사+てある ~해져 있다 *상태표현 履歴書(りれきしょ) 이력서

## 19 사물 등장 사진

(A) 編み物を解いています。
(B) 汚れた雑巾です。
(C) 2種類の毛糸が絡んでいます。
(D) 解いて束ねられた毛糸です。

(A) 뜨개질한 것을 풀고 있습니다.
(B) 더러워진 걸레입니다.
(C) 두 종류의 털실이 얽혀 있습니다.
(D) 풀어서 묶여진 털실입니다.

해설 | 사물의 종류와 상태에 주목해야 한다. 일단 털실이 아니라 걸레가 있다고 한 (B)는 제외. 두 종류의 털실은 서로 얽힌 채 방치되어 있으므로, 정답은 (C)가 된다. 털실은 아직 뜨개질을 하기 전이고, 풀다가 만 상태이므로 (A)와 (D) 틀린 설명이다.

어휘 | 編(あ)み物(もの) 뜨개질, 뜨개질한 것 解(ほど)く 풀다 汚(よご)れる 더러워지다 雑巾(ぞうきん) 걸레 種類(しゅるい) 종류 毛糸(けいと) 털실 絡(から)む 휘감기다, 얽히다 束(たば)ねる 다발로 묶다

**20 사물 등장 사진**

(A) 翼を広げた鳥の彫刻です。
(B) 鳥かごの中で羽ばたいている鳥です。
(C) 堂々とした構えの小鳥です。
(D) くちばしで木をついている鳥の模型です。

(A) 날개를 펼친 새 조각입니다.
(B) 새장 안에서 날개치고 있는 새입니다.
(C) 당당한 자세의 작은 새입니다.
(D) 부리로 나무를 쪼고 있는 새 모형입니다.

해설 |「翼(つばさ)」(날개)라는 단어를 알아듣는 것이 포인트. 사진은 날개를 활짝 펼친 맹금류의 조각이므로, 정답은 (A)가 된다. (B)는 살아 있는 새에 대한 설명이므로 부적절하고, (C)는「小鳥(ことり)」(작은 새)라는 부분이, (D)는 부리로 나무를 쪼고 있지도 않고 모형도 아니다.

어휘 | 広(ひろ)げる 펴다, 펼치다 鳥(とり) 새
彫刻(ちょうこく) 조각 鳥(とり)かご 새장
羽(は)ばたく 홰치다, 날개치다 堂々(どうどう)とした 당당한
構(かま)え 자세 くちばし 부리 木(き) 나무
つつく (가볍게 여러 번 쿡쿡) 쪼다 模型(もけい) 모형

---

## PART 2 | 질의응답

**21 예/아니요형 질문**

宿題をしましたか。
(A) いいえ、まだ使っていません。
(B) いいえ、授業で習いました。
(C) はい、さっきやりました。
(D) はい、弟も買いました。

숙제를 했어요?
(A) 아니요, 아직 사용하지 않았어요.
(B) 아니요, 수업에서 배웠어요.
(C) 예, 조금 전에 했어요.
(D) 예, 남동생도 샀어요.

해설 | 숙제를 했는지 묻고 있는 상황이다. 적절한 응답은 조금 전에 했다고 한 (C)로,「する」(하다)를「やる」((어떤 행위·무엇인가를) 하다)로 바꿔 표현했다. 나머지 선택지는 질문과는 모두 무관한 응답이다.

어휘 | 宿題(しゅくだい) 숙제 まだ 아직
使(つか)う 쓰다, 사용하다 授業(じゅぎょう) 수업
習(なら)う 배우다, 익히다 さっき 조금 전, 아까
弟(おとうと) (자신의) 남동생 買(か)う 사다

**22 의문사형 질문**

何か運動をしていますか。
(A) 1週間に3回、水泳教室に通っています。
(B) 手をよく洗っています。
(C) もう5冊を読み終わりました。
(D) 辞書を引くようにしています。

뭔가 운동을 하고 있어요?
(A) 일주일에 세 번 수영교실에 다니고 있어요.
(B) 손을 잘 씻고 있어요.
(C) 벌써 다섯 권을 다 읽었어요.
(D) 사전을 찾도록 하고 있어요.

해설 |「何(なに)か」(무엇인가, 뭔가)라는 의문사를 써서 뭔가 운동을 하고 있는지 묻고 있다. 적절한 응답은 (A)로, 하고 있는 운동은 수영으로 일주일에 세 번 다니고 있다는 뜻이다. 나머지 선택지는 모두 운동과는 거리가 먼 내용이다.

어휘 | 運動(うんどう) 운동 ~回(かい) ~회, ~번
水泳(すいえい) 수영 教室(きょうしつ) (기술 등을 가르치는) 교실
通(かよ)う 다니다 手(て) 손 よく 잘 洗(あら)う 씻다
もう 이미, 벌써 ~冊(さつ) ~권 *책 등을 세는 말 読(よ)む 읽다
동사의 ます형+終(お)わる 다 ~하다 辞書(じしょ) 사전
引(ひ)く (사전을) 찾다 ~ようにする ~하도록 하다

**23 정해진 문구**

会議の後で、食事に行きませんか。
(A) はい、先週チケットを買いました。
(B) いいですね。一緒に見学しましょう。
(C) いいですね。どこに行きましょうか。
(D) お弁当はいくつ注文しましょうか。

회의 후에 식사하러 가지 않을래요?
(A) 예, 지난주에 티켓을 샀어요.
(B) 좋죠, 함께 견학합시다.
(C) 좋죠, 어디로 갈까요?
(D) 도시락은 몇 개 주문할까요?

해설 | 「~ませんか」는 '~하지 않겠습니까?'라는 뜻으로, 뭔가를 의뢰·부탁·권유할 때 사용하는 표현이다. 회의 후에 함께 식사하러 가지 않겠냐고 권유하고 있으므로, 정답은 좋다고 하면서 어디로 갈지 되묻고 있는 (C)가 된다. (A)는 티켓의 구매 여부를 묻는 질문에, (B)는 견학을 함께 가자는 말에 대해 할 수 있는 응답이므로 부적절. (D)는 질문의 「食事(しょくじ)」(식사)라는 단어를 응용한 오답이다.

어휘 | 会議(かいぎ) 회의 ~後(あと)で ~후에
先週(せんしゅう) 지난주 チケット 티켓 買(か)う 사다
一緒(いっしょ)に 함께 見学(けんがく) 견학
お弁当(べんとう) 도시락 いくつ 몇 개 注文(ちゅうもん) 주문

### 24 일상생활 표현

ねえ、チャンネルを変(か)えてくれる(?)。
(A) いいよ。何(なに)が食(た)べたいの(?)。
(B) じゃ、どこに引(ひ)っ越(こ)すつもり(?)。
(C) でも、このシャツ好(す)きなんだ。
(D) え、この番組(ばんぐみ)面白(おもしろ)いのに…。

있잖아, 채널을 바꿔 줄래?
(A) 좋아. 뭐가 먹고 싶어?
(B) 그럼, 어디로 이사할 생각이야?
(C) 하지만 이 셔츠 좋아하거든.
(D) 뭐? 이 프로그램 재미있는데….

해설 | 대화가 이루어지는 상황에 대한 이해를 필요로 하는 문제. TV 채널을 다른 방송으로 바꿔 달라고 부탁하고 있는 상황이므로, 이에 어울리는 응답을 찾아야 한다. (A)는 메뉴, (B)는 이사할 곳, (C)는 셔츠의 기호에 대해 말하고 있으므로 모두 답이 될 수 없다. 정답은 (D)로, 지금 방송 중인 프로그램이 재미있어서 채널을 바꾸고 싶지 않다는 의미다.

어휘 | ねえ 저기, 있잖아 *다정하게 말을 걸거나 다짐하거나 할 때 하는 말 チャンネル 채널 変(か)える 바꾸다
~てくれる (남이 나에게) ~해 주다 いい 좋다 食(た)べる 먹다
동사의 ます형+たい ~하고 싶다
~の (의문·질문을 나타내는) ~느냐?, ~니? じゃ 그럼, 그러면
引(ひ)っ越(こ)す 이사하다 つもり 생각, 작정 でも 하지만
シャツ 셔츠 好(す)きだ 좋아하다
番組(ばんぐみ) (방송·연예 등의) 프로그램
面白(おもしろ)い 재미있다 ~のに ~는데(도)

### 25 일상생활 표현

週末(しゅうまつ)の天気予報(てんきよほう)を聞(き)いた(?)。
(A) いいえ、ずっと雨(あめ)でしたよ。
(B) いいえ、もうすぐ生(う)まれるみたいです。
(C) ええ、いつものように元気(げんき)でしたよ。
(D) ええ、残念(ざんねん)ですが、雨(あめ)が続(つづ)くようですよ。

주말 일기예보를 들었어?
(A) 아니요, 쭉 비였어요.
(B) 아니요, 이제 곧 태어날 것 같아요.
(C) 네, 여느 때처럼 활기찼어요.
(D) 네, 아쉽지만 비가 계속될 것 같아요.

해설 | 주말 일기예보를 들었는지, 들었다면 날씨가 어떻게 될 것인지 궁금해하고 있다. 선택지 중 날씨에 대해 언급한 것은 (A)와 (D)인데, (A)는 날씨가 좋았냐고 물었을 때 할 수 있는 응답이므로 부적절하다. 정답은 (D)로, 주말 일기예보를 들었는데 아쉽게도 비가 계속될 것 같다는 소식을 전하고 있다.

어휘 | 週末(しゅうまつ) 주말 天気予報(てんきよほう) 일기예보
聞(き)く 듣다 ずっと 쭉, 계속 雨(あめ) 비 もうすぐ 이제 곧
生(う)まれる 태어나다 ~みたいだ ~인 것 같다
いつも 평소, 여느 때 ~ように ~처럼
元気(げんき)だ 활기차다, 기운이 넘치다
残念(ざんねん)だ 아쉽다, 유감스럽다
続(つづ)く 계속되다, 이어지다 ~ようだ ~인 것 같다, ~인 듯하다

### 26 의문사형 질문

それでは、何時(なんじ)に会(あ)いましょうか。
(A) 昨日(きのう)は遅(おそ)かったです。
(B) 夕方(ゆうがた)の6時頃(ろくじごろ)がいいです。
(C) 1時(いちじ)にお昼(ひる)を食(た)べます。
(D) 木曜日(もくようび)に行(い)きます。

그럼, 몇 시에 만날까요?
(A) 어제는 늦었어요.
(B) 저녁때 6시쯤이 좋겠어요.
(C) 1시에 점심을 먹어요.
(D) 목요일에 가요.

해설 | 「何時(なんじ)」(몇 시)라는 의문사를 써서 몇 시에 만날지를 묻고 있으므로, 적절한 응답은 저녁때 6시쯤이 좋겠다고 시간을 말한 (B)가 된다. (A)는 미래의 약속 시간을 묻는 질문에 대해 과거의 일에 대해 이야기하고 있으므로 부적절. (C)는 점심을 언제 먹느냐고 물었을 때, (D)는 요일을 묻는 질문에 대해 할 수 있는 응답이다.

어휘 | それでは 그럼, 그렇다면 会(あ)う 만나다
昨日(きのう) 어제 遅(おそ)い 늦다
夕方(ゆうがた) 해질녘, 저녁때 ~頃(ごろ) ~경[쯤] いい 좋다
お昼(ひる) 점심(식사) 食(た)べる 먹다
木曜日(もくようび) 목요일 行(い)く 가다

### 27 일상생활 표현

昨夜(ゆうべ)の地震(じしん)にはびっくりしたわね。
(A) 天気予報(てんきよほう)は正確(せいかく)だったね。
(B) 梅雨(つゆ)だから、仕方(しかた)ないね。
(C) この季節(きせつ)の台風(たいふう)は珍(めず)しいね。
(D) あれで目(め)が覚(さ)めちゃったよ。

어젯밤 지진에는 깜짝 놀랐지.
(A) 일기예보는 정확했군.
(B) 장마니까 어쩔 수 없지.
(C) 이 계절의 태풍은 이상하군.
(D) 그 지진으로 잠이 깨 버렸어.

해설 | 「地震(じしん)」(지진)이라는 단어를 알아듣는 것이 포인트. 어젯밤에 일어난 지진 때문에 깜짝 놀랐다고 말하고 있으므로, 적절한

응답은 그 지진 때문에 잠이 깨 버렸다고 한 (D)가 된다. (A)는 「天気予報(てんきよほう)」(일기예보)가 아닌 「地震予報(じしんよほう)」(지진예보)라고 해야 맞는 응답이고, (B)는 '장마', (C)는 '태풍'에 대해 말하고 있으므로 정답과는 거리가 멀다.

어휘 | 昨夜(ゆうべ) 어젯밤  びっくりする 깜짝 놀라다
正確(せいかく)だ 정확하다  梅雨(つゆ) 장마
仕方(しかた)ない 어쩔 수 없다  季節(きせつ) 계절
台風(たいふう) 태풍  珍(めずら)しい 드물다, 이상하다
あれ (서로 알고 있는) 그것  目(め)が覚(さ)める 잠이 깨다
~ちゃう ~해 버리다, ~하고 말다 *「~てしまう」의 축약표현

### 28 정해진 문구

よろしければ、こちらも召(め)し上(あ)がってください。
(A) ありがとう。どれもご馳走(ちそう)ですね。
(B) すみません。では、拝見(はいけん)します。
(C) どうぞ、差(さ)し上(あ)げますよ。
(D) これ、僕(ぼくひとり)1人で作(つく)ったんですよ。

괜찮으시면 이것도 드세요.
(A) 고마워요. 어느 것이나 다 맛있는 음식이네요.
(B) 죄송해요. 그럼, 볼게요.
(C) 그러세요. 드릴게요.
(D) 이거, 나 혼자서 만든 거예요.

해설 | 「召(め)し上(あ)がる」(드시다)는 「飲(の)む」(마시다)와 「食(た)べる」(먹다)의 존경어로, 상대방에게 음식을 권하고 있는 상황이다. 일반적으로 떠올릴 수 있는 응답은 「いただきます」(잘 먹겠습니다) 정도지만, 선택지 중에 이런 표현은 없으므로 의미가 통하는 것을 골라야 한다. 적절한 응답은 (A)로, 잘 차려진 음식을 칭찬하며 감사의 마음을 표시하고 있다. (B)는 상대방에게 양해를 구하고 뭔가를 보려고 할 때, (C)는 상대방에게 허락하며 뭔가를 줄 때, (D)는 누가 만들었느냐는 질문을 받았을 때 할 수 있는 응답이다.

어휘 | よろしい 좋다, 괜찮다 *「よい」의 공손한 표현
こちら 이(쪽)것  どれも 어느 것이나 다
ご馳走(ちそう) 맛있는 음식  では 그럼, 그렇다면
拝見(はいけん) 배견, (삼가) 봄
どうぞ 상대방에게 무언가를 권하거나 허락할 때 쓰는 말
差(さ)し上(あ)げる 드리다 *「与(あた)える」(주다)의 겸양어
僕(ぼく) 나 *남자의 자칭  1人(ひとり)で 혼자서  作(つく)る 만들다

### 29 일상생활 표현

プラスチックのゴミを捨(す)てる日(ひ)はいつかしら。
(A) 注文(ちゅうもん)してから3週間(さんしゅうかん)はかかるよ。
(B) 毎週火曜日(まいしゅうかようび)に出(だ)せばいいはずだよ。
(C) 連絡(れんらく)すれば、配達(はいたつ)に来(き)てくれるよ。
(D) あれから3年(さんねん)も経(た)ったんだね。

플라스틱 쓰레기를 버리는 날은 언제일까?
(A) 주문하고 나서 3주는 걸려.
(B) 매주 화요일에 내놓으면 될 거야.
(C) 연락하면 배달하러 와 줘.
(D) 그 후로 3년이나 지났네.

해설 | 「いつ」(언제)라는 의문사가 포인트. 플라스틱 쓰레기를 버리는 날이 언제인지 묻고 있으므로, 날짜나 요일로 응답한 선택지를 고르면 된다. 적절한 응답은 (B)로, 매주 화요일에 내놓으면 될 것이라고 말하고 있다. 나머지 선택지는 모두 쓰레기 배출에 대한 정보와는 관련이 없는 응답이다.

어휘 | プラスチック 플라스틱  ゴミ 쓰레기  捨(す)てる 버리다
日(ひ) 날  ~かしら ~일까? *의문의 뜻을 나타냄
注文(ちゅうもん) 주문  ~てから ~하고 나서, ~한 후에
~週間(しゅうかん) ~주간, ~주일  かかる (시간이) 걸리다
毎週(まいしゅう) 매주  火曜日(かようび) 화요일
出(だ)す 내놓다  ~はずだ (당연히) ~할 것[터]이다
連絡(れんらく) 연락  配達(はいたつ) 배달
동작성 명사+に ~하러 *동작의 목적
~てくれる (남이 나에게) ~해 주다  あれから 그 후
숫자+も ~이나  経(た)つ (시간이) 지나다, 경과하다

### 30 의문사형 질문

お弁当(べんとう)はいくつ注文(ちゅうもん)しましょうか。
(A) 今日電話(きょうでんわ)すれば、来週中(らいしゅうちゅう)には届(とど)くよ。
(B) コピー用紙(ようし)も一緒(いっしょ)に頼(たの)んでくれないかな。
(C) 大(おお)きい方(ほう)の会議室(かいぎしつ)を予約(よやく)してもらえるかな。
(D) お客(きゃく)が5人(ごにん)来(く)るから、全部(ぜんぶ)で20(にじゅう)だね。

도시락은 몇 개 주문할까요?
(A) 오늘 전화하면 다음 주에는 도착해.
(B) 복사용지도 함께 부탁해 주지 않을래?
(C) 큰 쪽의 회의실을 예약해 줄 수 있을까?
(D) 손님이 다섯 명 오니까 전부 해서 20개네.

해설 | 「いくつ」(몇 개)라는 의문사가 포인트로, 도시락을 몇 개 주문할지 묻고 있다. (A)는 당일 먹어야 할 도시락에 대해서는 할 수 없는 응답이고, 도시락 가게에 사무용품인 복사용지를 함께 주문하고 있는 (B)도 부자연스러우며, (C)는 도시락 주문이 아니라 회의실 예약을 부탁했을 때 할 수 있는 응답이다. 정답은 (D)로, 다섯 명 손님 것까지 포함해서 총 20개를 주문해 달라고 부탁하고 있다.

어휘 | お弁当(べんとう) 도시락  注文(ちゅうもん) 주문
今日(きょう) 오늘  電話(でんわ) 전화  来週(らいしゅう) 다음 주
~中(ちゅう) ~중  届(とど)く 도착하다
コピー用紙(ようし) 복사용지  一緒(いっしょ)に 함께
頼(たの)む 부탁하다  ~てくれる (남이 나에게) ~해 주다
~かな ~일까? *가벼운 의문을 나타냄  大(おお)きい 크다
方(ほう) 편, 쪽  会議室(かいぎしつ) 회의실  予約(よやく) 예약
~てもらえる(?) (남에게) ~해 받을 수 있을까?, (남이) ~해 줄 수 있을까?  お客(きゃく) 손님  全部(ぜんぶ)で 전부 해서

### 31 일상생활 표현

あの島(しま)の人口(じんこう)はどれくらいですか。
(A) 20(にじゅう)キロメートルぐらいですね。
(B) 港(みなと)から船(ふね)で行(い)けますよ。
(C) 500人(ごひゃくにん)ぐらいの人(ひと)が住(す)んでいます。
(D) 1,000年(せんねん)ぐらいの歴史(れきし)があります。

저 섬의 인구는 어느 정도예요?
(A) 20km 정도죠.
(B) 항구에서 배로 갈 수 있어요.
(C) 500명 정도의 사람이 살고 있어요.
(D) 1,000년 정도의 역사가 있어요.

해설 | 「どれくらい」는 '어느 정도, 얼마나'라는 뜻의 부사이다. 문제는 섬의 인구가 얼마나 되는지 묻고 있으므로 인원수로 응답한 선택지를 고르면 된다. 정답은 500명 정도의 사람이 살고 있다고 한 (C)로, (A)는 '거리'를 묻는 질문에, (B)는 '이동수단'을 묻는 질문에 할 수 있는 응답이며, (D)는 숫자를 응용한 오답이다.

어휘 | 島(しま) 섬  人口(じんこう) 인구
キロメートル 킬로미터, km  ~ぐらい ~정도  港(みなと) 항구
船(ふね) 배  人(ひと) 사람  住(す)む 살다, 거주하다
歴史(れきし) 역사

## 32 일상생활 표현

アメリカに行くから、円をドルに換えなくちゃ。
(A) 両替だったら空港でもできるよ。
(B) 早く警察に届けた方がいいよ。
(C) 郵便局から送れば簡単だよ。
(D) 航空便の方が船便より速いよ。

미국에 가니까 엔을 달러로 바꿔야겠어.
(A) 환전이라면 공항에서도 할 수 있어.
(B) 빨리 경찰에 신고하는 편이 좋아.
(C) 우체국에서 보내면 간단해.
(D) 항공편 쪽이 배편보다 빨라.

해설 | 「円(えん)をドルに換(か)える」(엔을 달러로 바꾸다)라는 표현이 포인트. 즉, 돈을 환전한다는 뜻이므로, 「両替(りょうがえ)」(환전)에 대한 정보를 제공하고 있는 (A)가 정답이다. 경찰서에 신고를 하라고 한 (B)나 우체국에서 보내면 간단하다고 한 (C)는 환전과는 관련이 없는 응답이고, (D)는 「アメリカ」(미국)라는 단어를 응용한 오답이다.

어휘 | 円(えん) 엔 *일본의 화폐 단위  ドル 달러 *미국의 화폐 단위
換(か)える 바꾸다, 교환하다
~なくちゃ(いけない・ならない) ~하지 않으면 (안 된다), ~해야 (한다) *「~なくちゃ」는 「~なくては」의 축약표현
~たら ~라면  空港(くうこう) 공항  早(はや)く 빨리
警察(けいさつ) 경찰  届(とど)ける 신고하다
동사의 た형+方(ほう)がいい ~하는 편[쪽]이 좋다
郵便局(ゆうびんきょく) 우체국  送(おく)る (멀리) 보내다, 부치다
簡単(かんたん)だ 간단하다  航空便(こうくうびん) 항공편
船便(ふなびん) 배편  ~より ~보다  速(はや)い (속도가) 빠르다

## 33 정해진 문구

佐藤さんと鈴木さんって従兄弟だそうよ。
(A) だから苗字が同じなんだね。
(B) そんなに簡単に見つかるとは思わなかったよ。
(C) ええっ、夫婦とわかるはずがないよ。
(D) 言われてみれば、二人はよく似ているね。

사토 씨와 스즈키 씨는 사촌이래.
(A) 그래서 성이 같은 거구나.
(B) 그렇게 간단히 찾게 되리라고는 생각지 못했어.
(C) 뭐? 부부라고 알 수 있을 리가 없어.
(D) 듣고 보니 두 사람은 많이 닮았네.

해설 | 「従兄弟(いとこ)」는 '사촌'이라는 뜻으로, 사토 씨와 스즈키 씨가 사촌이라는 사실을 전하고 있다. 두 사람의 성씨는 각각 사토와 스즈키이고, 부부가 아니라 사촌간이므로 (A)와 (C)는 응답으로는 부적절하고, (B)는 몰래 숨겨 놓았던 것을 누군가가 찾아냈을 때 할 수 있는 응답이므로 역시 답이 될 수 없다. 정답은 (D)로, 사촌이라는 이야기를 듣고 보니 두 사람의 외모가 꼭 닮았다는 사실을 깨달았다고 말하고 있다.

어휘 | ~って (서술 제목의) ~(이)란, ~은
품사의 보통형+そうだ ~라고 한다 *전문
だから 그러니까, 그래서  苗字(みょうじ) 성씨, 성
同(おな)じだ 같다  そんなに 그렇게(나)
簡単(かんたん)だ 간단하다  見(み)つかる 발견되다, 찾게 되다
~とは ~라고는 *'뜻밖이다'라는 기분을 강조함
思(おも)う 생각하다  夫婦(ふうふ) 부부
~はずがない ~일 리가 없다  言(い)われてみれば 듣고 보니
よく 아주, 몹시  似(に)る 닮다

## 34 예/아니요형 질문

招待するお客様の名前、社長にお知らせした(?)。
(A) はい、出席の葉書は先週出しました。
(B) はい、昨日の朝、お伝えしました。
(C) いいえ、早く返事をするように言ってるんですが。
(D) いいえ、運転手には今日中に連絡します。

초대할 손님의 이름, 사장님께 알려 드렸어?
(A) 예, 출석 엽서는 지난주에 부쳤어요.
(B) 예, 어제 아침에 알려 드렸어요.
(C) 아니요, 빨리 답변을 달라고 말하고 있기는 한데요.
(D) 아니요, 운전기사에게는 오늘 중으로 연락할게요.

해설 | 초대할 손님의 이름을 사장님께 알려 드렸는지 묻고 있는 상황으로, 「お+동사의 ます형+する」는 '~하다, ~해 드리다'라는 뜻을 나타내는 겸양표현이다. 정답은 (B)로, 어제 아침에 알려 드렸다고 말하고 있다. (A)는 출석 엽서의 발송, (C)는 답변을 촉구하는 내용으로 질문과는 거리가 먼 응답이고, (D)는 손님이 아니라 운전기사에게 연락하겠다고 했으므로 역시 답이 될 수 없다.

어휘 | 招待(しょうたい) 초대  お客様(きゃくさま) 손님
名前(なまえ) 이름  社長(しゃちょう) 사장  知(し)らせる 알리다
出席(しゅっせき) 출석  葉書(はがき) 엽서
先週(せんしゅう) 지난주  出(だ)す 보내다, 부치다
昨日(きのう) 어제  朝(あさ) 아침  伝(つた)える 전하다, 알리다
早(はや)く 빨리  返事(へんじ) 답변, 대답  ~ように ~하도록
運転手(うんてんしゅ) 운전사, 운전기사
今日中(きょうじゅう) 오늘 중  連絡(れんらく) 연락

## 35 일상생활 표현

新型テレビの評判、なかなかのものね。
(A) 売り場もかなり賑わっているらしいよ。
(B) この様子から見ると、かなり売れ残りそうだな。
(C) 昔の物の良さが、改めて認められたということだ。
(D) 人気が落ちた今、注目する人はいないね。

신형 TV의 평판, 상당하네.
(A) 매장도 꽤 붐비는 것 같아.
(B) 이 상황으로 보면 상당히 팔리지 않고 남을 것 같아.
(C) 옛날 물건의 좋은 점이 재차 인정받았다는 거군.
(D) 인기가 떨어진 지금 주목할 사람은 없지.

해설 |「なかなかのもの」(상당함, 대단함)는 장래가 기대되는 사람이나 물건에 대한 기대감을 나타낼 때 쓰는 표현이다. 즉, 문제는 신형 TV에 대한 평판이 매우 좋다는 뜻이므로, 적절한 응답은 매장도 이런 평판을 반영하듯 상당히 붐비는 것 같다는 소식을 전하고 있는 (A)가 된다. (B)와 (D)는 평판이 좋지 않은 말에 어울리는 응답이고, 옛 물건의 재발견에 대해 말하고 있는 (C) 역시 신형 TV에 대한 반응으로는 부적절하다.

어휘 | 新型(しんがた) 신형
テレビ 텔레비전, TV *「テレビジョン」의 준말
評判(ひょうばん) 평판  売(う)り場(ば) 매장
かなり 꽤, 상당히  賑(にぎ)わう 붐비다, 북적거리다
~らしい ~인 것 같다 *객관적 근거에 의한 추측·판단
様子(ようす) 상황  ~から見(み)ると ~로 보면
売(う)れ残(のこ)る 팔리지 않고 남다
동사의 ます형+そうだ ~일[할] 것 같다 *양태  昔(むかし) 옛날
物(もの) (어떤 형태를 갖춘) 것, 물건  良(よ)さ 좋은 점, 장점
改(あらた)めて 재차, 다시  認(みと)める 인정하다
人気(にんき) 인기  落(お)ちる 떨어지다  今(いま) 지금
注目(ちゅうもく) 주목  人(ひと) 사람

## 36 일상생활 표현

知事の発言に批判が集中していますね。
(A) 言葉遣いが不適切だったと思うよ。
(B) 歴史に残る名演説だったね。
(C) 首相になるべき人物じゃなかったね。
(D) 見事な経営計画で感心したよ。

지사의 발언에 비판이 집중되고 있네요.
(A) 말투가 부적절했다고 생각해.
(B) 역사에 남을 명연설이었네.
(C) 수상이 될 만한 인물이 아니었네.
(D) 멋진 경영 계획이라 감탄했어.

해설 |「批判(ひはん)」(비판)이라는 단어가 포인트로, 지사의 발언에 비판이 집중되고 있다고 했다. 즉, 지사의 발언이 세간에 좋지 않은 평을 받고 있다는 뜻이므로, 이에 대한 응답으로는 비판의 근거가 되는 내용이 와야 한다. 정답은 (A)로, 부적절한 말투를 원인으로 생각하고 있다는 것을 알 수 있다. (B)와 (D)는 연설이나 경영 계획이 훌륭하다는 전제하에 할 수 있는 응답이므로 부적절하고, (C)는 지사가 아닌 수상

의 됨됨이에 대해 말하고 있으므로 역시 답이 될 수 없다.

어휘 | 知事(ちじ) 지사  発言(はつげん) 발언
集中(しゅうちゅう) 집중  言葉遣(ことばづか)い 말씨, 말투
不適切(ふてきせつ)だ 부적절하다  歴史(れきし) 역사
残(のこ)る 남다  名演説(めいえんぜつ) 명연설
首相(しゅしょう) 수상, 총리
동사의 기본형+べき (마땅히) ~해야 할, ~할 만한
人物(じんぶつ) 인물  見事(みごと)だ 멋지다, 훌륭하다
経営(けいえい) 경영  計画(けいかく) 계획  感心(かんしん) 감탄

## 37 일상생활 표현

世界的に石油の需要が急増したようね。
(A) それじゃ、石油の使用量が減少したわけだ。
(B) 石炭は十分に供給できる見通しだそうだよ。
(C) いずれ、灯油の価格も上昇するだろうね。
(D) 需要と供給のバランスがうまく取れているね。

세계적으로 석유 수요가 급증한 것 같네.
(A) 그러면 석유 사용량이 감소한 거네.
(B) 석탄은 충분히 공급할 수 있을 전망이래.
(C) 머지않아 등유 가격도 상승하겠지.
(D) 수요와 공급의 균형이 잘 잡혀 있네.

해설 | 내용에 대한 이해를 필요로 하는 문제. 세계적으로 석유 수요가 급증한 것 같다고 했으므로, 이로 인해 발생할 수 있는 일이 무엇인지 생각해 봐야 한다. 수요가 급증할 경우 공급 부족으로 가격이 상승하게 되어 있으므로, 정답은 머지않아 등유 가격도 상승할 거라고 예상한 (C)가 된다. (A)는 문제와 반대되는 내용이고, (B)는 석유가 아니라 석탄에 대해 말하고 있으므로 답이 될 수 없다. (D)는 수요와 공급의 균형이 잘 잡혀 있다고 했으므로 이 또한 거리가 먼 응답이다.

어휘 | 世界的(せかいてき)だ 세계적이다  石油(せきゆ) 석유
需要(じゅよう) 수요  急増(きゅうぞう) 급증
~ようだ ~인 것 같다, ~인 듯하다
それじゃ 그러면, 그렇다면, 그럼
使用量(しようりょう) 사용량  減少(げんしょう) 감소
~わけだ ~인 셈[것]이다 *부드러운 단정을 나타냄
石炭(せきたん) 석탄  十分(じゅうぶん)に 충분히
供給(きょうきゅう) 공급  見通(みとお)し 전망
품사의 보통형+そうだ ~라고 한다 *전문  いずれ 머지않아
灯油(とうゆ) 등유  価格(かかく) 가격  上昇(じょうしょう) 상승
バランス 밸런스, 균형  うまく 잘, 목적한 대로  取(と)れる 잡히다

## 38 일상생활 표현

鈴木さんって、全く救いようがないわ。
(A) 救助されて命は助かったそうだよ。
(B) さすが、彼だからこそできたんだね。
(C) 人のことを悪く言うもんじゃないよ。
(D) みんなの手本というだけのことはあるね。

스즈키 씨는 정말 구제불능이야.
(A) 구조돼서 목숨은 건졌대.
(B) 과연 그이기 때문에 할 수 있었구나.

13

(C) 남을 나쁘게 말하는 게 아니야.
(D) 모두의 본보기라고 할 만하네.

해설 | 「救(すく)う」(구하다, 구제하다)라는 동사가 포인트로, 여기에 「~
ようがない」(~할 수가[방법이] 없다)라는 부정 표현을 접속해서 「救(す
く)いようがない」라고 하면 '구제불능이다, 구제할 방법이 없다'라는
의미를 나타낸다. 즉, 스즈키 씨에 대해 매우 부정적인 평가를 내리고 있
으므로, 적절한 응답은 이런 상대방의 극단적인 평가를 나무라고 있는
(C)가 된다. (A)는 문제의 「救(すく)う」(구하다, 구제하다)라는 동사를 응
용한 오답이고, (B)와 (D)는 긍정적인 평가와 어울리는 응답이므로 답이
될 수 없다.

어휘 | ~って (서술 제목의) ~(이)란, ~은
全(まった)く 정말, 참으로, 실로　救助(きゅうじょ) 구조
命(いのち) 목숨, 생명
助(たす)かる (위기나 죽음에서) 살아남다, 목숨을 건지다
품사의 보통형+そうだ ~라고 한다 *전문　さすが 과연
~からこそ ~이기 때문에　人(ひと) 남, 타인
悪(わる)い 나쁘다, 좋지 않다　~もんじゃない ~하는 것이 아니다,
~해서는 안 된다 *「~ものじゃない」의 회화체 표현
みんな(皆) 모두　手本(てほん) 모범, 본보기
~だけのことはある ~라 할 만하다, ~할 만한 가치가 있다

**39 일상생활 표현**

この先(さき)の峠道(とうげみち)、通行止(つうこうど)めですって(?)。
(A) 悪天候(あくてんこう)で離陸(りりく)できないんだって。
(B) 波(なみ)が高(たか)くて港(みなと)に入(はい)れないんだって。
(C) 新(あたら)しい橋(はし)がやっと開通(かいつう)したんだね。
(D) 崖崩(がけくず)れで不通(ふつう)になったらしいよ。

이 앞쪽의 고갯길, 통행금지라면서요?
(A) 악천후로 이륙할 수 없대.
(B) 파도가 높아서 항구에 들어갈 수 없대.
(C) 새 다리가 이제야 개통했네.
(D) 산사태로 불통이 된 것 같아.

해설 | 앞쪽에 있는 「峠道(とうげみち)」(고갯길)의 통행금지 여부를 확
인하고 있으므로, 적절한 응답은 산사태로 인해 고갯길의 통행이 금지
된 것 같다고 말하고 있는 (D)가 된다. 나머지 선택지는 공항과 항구의
사정, 새 다리의 개통에 대해 말하고 있으므로 답이 될 수 없다.

어휘 | 先(さき) 전방, 앞쪽　通行止(つうこうど)め 통행금지
~って ~대, ~래, ~라면서　悪天候(あくてんこう) 악천후
離陸(りりく) 이륙　波(なみ) 파도
高(たか)い (기세 등이) 높다　港(みなと) 항구
入(はい)る 들어가[오]다　新(あたら)しい 새롭다　橋(はし) 다리
やっと 겨우, 간신히, 이제야　開通(かいつう) 개통
崖崩(がけくず)れ 산사태　不通(ふつう) 불통
~らしい ~인 것 같다 *객관적 근거에 의한 추측·판단

**40 업무 및 비즈니스 표현**

残業続(ざんぎょうつづ)きで、くたくただわ。
(A) たまには本気(ほんき)で仕事(しごと)してみたら(?)。
(B) 最近(さいきん)の就職活動(しゅうしょくかつどう)は大変(たいへん)だね。

(C) 無理(むり)しないで休暇(きゅうか)をもらったら(?)。
(D) 気楽(きらく)な仕事(しごと)で羨(うらや)ましいよ。

잔업이 계속돼서 지쳤어.
(A) 가끔은 진지하게 일해 보는 게 어때?
(B) 최근의 구직활동은 힘들지.
(C) 무리하지 말고 휴가를 받는 게 어때?
(D) 마음 편한 일이어서 부러워.

해설 | 「くたくた」는 '지치거나 약해져서 힘·생기가 빠진 모양'을 나
타내는 말로, 계속되는 잔업으로 인해 무척이나 지쳐 있는 상태라는 것
을 알 수 있다. 적절한 응답은 무리하지 말고 휴가를 받는 것이 어떠냐
고 권유하고 있는 (C)가 된다. (A)와 (D)는 이미 지칠 정도로 업무를 하
고 있는 상황에는 부적절한 응답이고, (B)는 아직 취직을 못했다는 의
미이므로 답이 될 수 없다.

어휘 | 残業(ざんぎょう) 잔업, 야근
명사+続(つづ)き ~계속됨[연속됨]　たまには 가끔은
本気(ほんき) 진정임, 진지함　仕事(しごと) 일
~たら ~하는 게 어때? *완곡하게 명령하거나 권고할 때 씀
最近(さいきん) 최근, 요즘
就職活動(しゅうしょくかつどう) (주로 대학 졸업생들이 하는 일
련의) 구직활동　大変(たいへん)だ 힘들다　無理(むり) 무리
~ないで ~하지 않고[말고]　休暇(きゅうか) 휴가　もらう 받다
気楽(きらく)だ 마음 편하다, 홀가분하다　羨(うらや)ましい 부럽다

**41 정해진 문구**

締(し)め切(き)りは過(す)ぎたんですが、受(う)け付(つ)けていただけ
ませんか。
(A) 引(ひ)き止(と)めるのは困難(こんなん)です。
(B) この意見(いけん)は受(う)け入(い)れられませんね。
(C) すみません、決(き)まりですから。
(D) 提出(ていしゅつ)したものはお返(かえ)しできません。

마감은 지났지만 접수해 주실 수 없을까요?
(A) 만류하는 건 곤란해요.
(B) 이 의견은 받아들일 수 없네요.
(C) 죄송해요, 규정이라서요.
(D) 제출한 것은 돌려드릴 수 없어요.

해설 | 마감 기한이 지난 상태에서 접수해 줄 수 없는지 묻고 있다. 적
절한 응답은 죄송하지만 규정이라서 그럴 수 없다고 거절하고 있는 (C)
가 된다. (A)와 (B)는 앞부분을 놓치고 「困難(こんなん)です」(곤란해
요), 「受(う)け入(い)れられませんね」(받아들일 수 없네요)의 뒷부분
내용만 들으면 정답이라고 생각할 수도 있는데, 앞부분의 「引(ひ)き止
(と)める」(만류하다, 말리다, (가지 못하게) 붙잡다)와 「意見(いけん)」
(의견)은 마감 이후의 접수와는 무관한 내용이므로 답이 될 수 없다. 그
리고 (D)는 이미 접수한 서류를 돌려 달라는 요구에 대해 할 수 있는
응답이다.

어휘 | 締(し)め切(き)り 마감
過(す)ぎる (정해진 기한·기간이) 넘다, 지나다, 끝나다
受(う)け付(つ)ける 접수하다
~ていただけませんか (남에게) ~해 받을 수 없습니까?, (남이) ~
해 주시지 않겠습니까? *「~てもらえませんか」((남에게) ~해 받을
수 없습니까?, (남이) ~해 주지 않겠습니까?)의 겸양표현

困難(こんなん) 곤란  受(う)け入(い)れる 받아들이다
決(き)まり 규칙, 규정  提出(ていしゅつ) 제출
お+동사의 ます형+する ~하다, ~해 드리다 *겸양표현
返(かえ)す 돌려주다, 반환하다

## 42 일상생활 표현

突然英語(とつぜんえいご)で話(はな)しかけられて、とっさに何(なに)も言(い)えな
かったわ。
(A) 日頃(ひごろ)から訓練(くんれん)したおかげだね。
(B) そんなに話(はな)せるなんて、羨(うらや)ましいよ。
(C) 誰(だれ)だってそんなものだよ。
(D) 大雑把(おおざっぱ)な性格(せいかく)なんじゃない(?)。

갑자기 영어로 말을 걸어와서 순간적으로 아무 말도 할 수 없었어.
(A) 평소에 훈련한 덕분이네.
(B) 그렇게 이야기할 수 있다니 부러워.
(C) 누구라도 그런 법이지.
(D) 덤벙거리는 성격이지 않아?

해설 | 누군가 갑자기 영어로 말을 걸어와서 순간적으로 아무 말도 할 수 없었다고 했다. 영어로 대답할 수 없어서 당황했다는 말에 대한 적절한 응답은 (C)로, 누구나 그런 법이라며 위로와 공감을 표시하고 있다. (A)와 (B)는 영어로 대답을 잘했다는 말에 대한 응답이므로 부적절. (D)는 영어 실력이 아니라 성격에 대해 말하고 있으므로 역시 정답과는 거리가 멀다.

어휘 | 突然(とつぜん) 돌연, 갑자기  英語(えいご) 영어
話(はな)しかける 말을 걸다  とっさに 순간적으로
日頃(ひごろ) 평소  訓練(くんれん) 훈련  ~おかげ ~덕분
羨(うらや)ましい 부럽다  誰(だれ) 누구  ~だって ~라도
そんな 그런  ~ものだ ~인 것[법]이다 *상식·진리·본성
大雑把(おおざっぱ)だ (찬찬하지 못하고) 거칠다, 엉성하다
性格(せいかく) 성격

## 43 일상생활 표현

この試合(しあい)を制(せい)した者(もの)が優勝(ゆうしょう)なのね。
(A) うん、この対決(たいけつ)は見物(みもの)だね。
(B) うん、どうにか持(も)ち堪(こた)えたね。
(C) うん、努力(どりょく)が報(むく)われて、いい結果(けっか)に結(むす)び付(つ)い
　　たね。
(D) うん、惜(お)しい試合(しあい)だったね。

이 시합을 제압한 사람이 우승이겠네.
(A) 응, 이 대결은 구경거리네.
(B) 응, 간신히 버텼네.
(C) 응, 노력이 보답받아서 좋은 결과로 이어졌네.
(D) 응, 아쉬운 시합이었지.

해설 | 이 시합을 제압한 사람이 우승할 것이라고 예상하고 있으므로, 아직 시합의 승자는 가려지지 않은 상태이다. 정답은 (A)로, 우승이 걸린 시합인 만큼 볼 만한 대결이 될 것이라고 기대감을 표시하고 있다. 나머지 선택지는 이미 시합 결과가 나온 상태에서 할 수 있는 응답이므로 답이 될 수 없다.

어휘 | 試合(しあい) 시합  制(せい)する 제압하다, 지배하다
者(もの) 자, 사람  優勝(ゆうしょう) 우승  対決(たいけつ) 대결
見物(みもの) 구경거리  どうにか 그럭저럭, 간신히, 그런대로
持(も)ち堪(こた)える 지탱하다, 버티다, 견디다
努力(どりょく) 노력  報(むく)う 보답하다, 갚다
結果(けっか) 결과  結(むす)び付(つ)く 결부되다, 이어지다
惜(お)しい 아깝다, 애석하다

## 44 일상생활 표현

彼(かれ)は民話(みんわ)の採集(さいしゅう)に一生(いっしょう)を捧(ささ)げました。
(A) 民俗音楽(みんぞくおんがく)の研究家(けんきゅうか)だったんですね。
(B) 世界有数(せかいゆうすう)の抽象画(ちゅうしょうが)コレクションですね。
(C) 民間(みんかん)に伝(つた)わる昔話(むかしばなし)を集(あつ)めたんですね。
(D) 未開地(みかいち)で昆虫(こんちゅう)を集(あつ)めたんですね。

그는 민화 채집에 일생을 바쳤어요.
(A) 민속음악 연구가였군요.
(B) 세계 유수의 추상화 컬렉션이네요.
(C) 민간에 전해 내려오는 옛날이야기를 모았군요.
(D) 미개지에서 곤충을 모았군요.

해설 | 「民話(みんわ)」(민화, 민간에 전해 내려오는 옛날이야기)라는 단어를 알아듣는 것이 포인트. 그가 민화 채집에 일생을 바쳤다고 했으므로, 적절한 응답은 민간에 전해 내려오는 옛날이야기를 모았다고 이야기한 (C)가 된다. 나머지 선택지는 민속음악, 추상화, 곤충 수집과 관련된 내용이므로 정답과는 거리가 멀다.

어휘 | 採集(さいしゅう) 채집  一生(いっしょう) 일생, 평생
捧(ささ)げる (정성·애정 등을) 바치다  民俗(みんぞく) 민속
音楽(おんがく) 음악  研究家(けんきゅうか) 연구가
世界(せかい) 세계  有数(ゆうすう) 유수, 특별히 손꼽을 정도로 눈에 띔  抽象画(ちゅうしょうが) 추상화
コレクション 컬렉션, 수집(품)  民間(みんかん) 민간
伝(つた)わる 전해지다, 전해 내려오다
昔話(むかしばなし) 옛날이야기  集(あつ)める 모으다
未開地(みかいち) 미개지, 아직 개간되지 않은 자연 상태의 토지
昆虫(こんちゅう) 곤충

## 45 정해진 문구

塩分(えんぶん)を制限(せいげん)されているから、父(ちち)の食事(しょくじ)には気(き)を使(つか)っているわ。
(A) 父(ちち)の見舞(みま)いかたがた実家(じっか)に帰(かえ)っていたんだ。
(B) 毎日(まいにち)メニューを考(かんが)えるって、本当(ほんとう)に大変(たいへん)だね。
(C) 君(きみ)の健康(けんこう)を考(かんが)えればこそ、食事(しょくじ)にも気(き)を付(つ)けろ
　　と言(い)っているんだ。
(D) 一人暮(ひとりぐ)らしだと、食事(しょくじ)の支度(したく)はつい手(て)を抜(ぬ)い
　　てしまうね。

염분을 제한받고 있어서 아버지 식사에는 신경을 쓰고 있어.
(A) 아버지 병문안 겸 본가에 돌아가 있었거든.
(B) 매일 메뉴를 생각하는 거, 정말로 힘들겠네.
(C) 네 건강을 생각하기에 식사에도 주의하라고 말하는 거야.

(D) 혼자서 살면 식사 준비는 무심코 빼먹고 말지.

해설 | 「塩分(えんぶん)」은 '염분, 소금기'라는 뜻이므로, 염분 섭취에 제한이 있는 아버지를 위해 식사에 신경을 쓰고 있다는 말이다. 즉, 소금을 적게 넣어 요리하느라 이리저리 궁리하고 있다는 뜻이므로, 적절한 응답은 매일 메뉴를 생각하는 것이 정말로 힘들겠다며 걱정하고 있는 (B)가 된다. (A)는 문제의 「父(ちち)」((자신의) 아버지)라는 단어를, (C)와 (D)는 「食事(しょくじ)」(식사)라는 단어를 응용한 오답이다.

어휘 | 制限(せいげん) 제한
気(き)を使(つか)う 마음[신경]을 쓰다, 배려하다
見舞(みま)い 병문안 ～かたがた 일단 ～할 겸, ～을 겸해
実家(じっか) 생가, 본가 帰(かえ)る 돌아가다
毎日(まいにち) 매일 メニュー 메뉴 考(かんが)える 생각하다
本当(ほんとう)に 정말로 大変(たいへん)だ 힘들다
君(きみ) 너, 자네 健康(けんこう) 건강
～ばこそ ～이기에, ～때문에
気(き)を付(つ)ける 조심하다, 주의하다
一人暮(ひとりぐ)らし 혼자서 삶 支度(したく) 준비
つい 그만, 무심코 手(て)を抜(ぬ)く (할 일을) 겉날리다, 빼먹다

**46 일상생활 표현**

為替相場の変動から目が離せませんね。
(A) 悪気はないんだけどね。
(B) 円高の進行状況は予断を許さないね。
(C) 物価の上昇に歯止めがかからないね。
(D) 地球温暖化に対する唯一の解決策だね。

환율 변동에서 눈을 뗄 수 없네요.
(A) 악의는 없는데 말이야.
(B) 엔고의 진행 상황은 예측을 불허하네.
(C) 물가 상승에 제동이 걸리지 않네.
(D) 지구온난화에 대한 유일한 해결책이네.

해설 | 「為替相場(かわせそうば)」(환시세, 환율)라는 단어가 포인트로, 환율 변동에서 눈을 뗄 수 없다고 했다. 즉, 환율 변동이 심하다는 것을 알 수 있으므로, 정답은 엔고 상황은 예측 불허라면서 상대방의 말에 동의하고 있는 (B)가 된다. 나머지 선택지는 모두 환율과는 전혀 관련이 없는 응답이다.

어휘 | 変動(へんどう) 변동 目(め)が離(はな)せない 눈을 뗄 수 없다 悪気(わるぎ) 악의 円高(えんだか) 엔고
進行(しんこう) 진행 状況(じょうきょう) 상황
予断(よだん)を許(ゆる)さない 예측을 불허하다
物価(ぶっか) 물가 上昇(じょうしょう) 상승
歯止(はど)めがかかる 제동이 걸리다 地球(ちきゅう) 지구
温暖化(おんだんか) 온난화 ～に対(たい)する ～에 대한
唯一(ゆいいつ) 유일 解決策(かいけつさく) 해결책

**47 일상생활 표현**

ねえ、今日の会議で前回の決定を遂に覆せたのよ。
(A) 粘り強く説得されてまいったよ。
(B) 今回は見放されたって感じかな。
(C) 君が上司に食い下がった成果だね。
(D) それでそんな青ざめた顔してるのか。

있잖아, 오늘 회의에서 지난번 결정을 마침내 뒤집을 수 있었어.
(A) 끈질기게 설득당해서 질렸어.
(B) 이번에는 버림받았다는 느낌일까?
(C) 네가 상사에게 끈질기게 맞선 성과네.
(D) 그래서 그런 창백해진 얼굴을 하고 있는 거야?

해설 | 「覆(くつがえ)す」(뒤집다)라는 동사가 포인트로, 오늘 회의에서 지난번 결정을 마침내 뒤집을 수 있었다면서 만족해하고 있다. 정답은 (C)로, 상사에게 끈질기게 맞선 성과라며 상대방의 노고를 칭찬하고 있다. (B)와 (D)는 좋지 않은 결과에 대해 할 수 있는 응답이므로 답이 될 수 없다.

어휘 | ねえ 저기, 있잖아 *다정하게 말을 걸거나 다짐하거나 할 때 하는 말 会議(かいぎ) 회의 前回(ぜんかい) 전회, 지난번
決定(けってい) 결정 遂(つい)に 마침내, 드디어
粘(ねば)り強(づよ)い 끈기 있다, 끈질기다 説得(せっとく) 설득
まいる 질리다, 손들다 今回(こんかい) 이번
見放(みはな)す 버리다 돌아보지 않다, 단념[포기]하다
感(かん)じ 느낌 ～かな ～일까 *가벼운 의문을 나타냄
上司(じょうし) 상사 食(く)い下(さ)がる 끈덕지게 싸우다, 끈질기게 늘어지다 成果(せいか) 성과 それで 그래서
青(あお)ざめる 새파래지다, 창백해지다 顔(かお) 얼굴

**48 업무 및 비즈니스 표현**

あのライバル会社と提携するとはね。
(A) 合併はご破算になったってわけか。
(B) 溝を埋められずに終わったね。
(C) 話し合いが打ち切られたんだってね。
(D) お互い、相当歩み寄りをしたんだろうね。

그 라이벌 회사와 제휴하다니 말이야.
(A) 합병은 백지화되었다는 건가?
(B) (인간 관계의) 틈을 메우지 못하고 끝났네.
(C) 교섭이 중지됐대.
(D) 서로 상당히 양보를 했겠네.

해설 | 문말의 「～とは」(～라니, ～하다니)는 놀라움을 나타내는 표현으로, 라이벌 회사와 제휴한 것에 대해 놀라고 있는 상황이다. 정답은 (D)로, 두 회사 모두 상당히 양보를 했을 것이라고 그 배경을 추측하고 있다. 나머지 선택지는 합병 무산과 교섭 중지 등 모두 좋지 않은 결과에 대해 보일 수 있는 반응으로, 문제와는 거리가 먼 내용이다.

어휘 | あの (서로 알고 있는) 그
ライバル会社(がいしゃ) 라이벌 회사 提携(ていけい) 제휴
合併(がっぺい) 합병 ご破算(はさん) (일을) 백지화함
～って ～라는 ～わけか ～인 셈[것]인가
溝(みぞ) (인간 관계의) 틈, 간격 埋(う)める 메우다
～ずに ～하지 않고[말고] 終(お)わる 끝나다
話(はな)し合(あ)い 서로 이야기함, 의논, 교섭
打(う)ち切(き)る 중단하다, 중지하다 お互(たが)い 서로
相当(そうとう) 상당히
歩(あゆ)み寄(よ)り (의논이나 교섭에서) 서로 양보하여 접근함

政界の内幕を暴露した本が話題ですね。
せいかい　ないまく　ばくろ　　　ほん　　わだい

(A) ノンフィクションの傑作と言えるね。
　　　　　　　　　　　　けっさく　　い

(B) 短歌の世界では、革新的な作品だよ。
　　たんか　せかい　　　かくしんてき　さくひん

(C) 少年期の素朴な感情を描いた本だね。
　　しょうねんき　そぼく　かんじょう　えが　　ほん

(D) 画期的な恋愛物語が誕生したね。
　　かっきてき　れんあいものがたり　たんじょう

정계의 내막을 폭로한 책이 화제네요.

(A) 논픽션의 걸작이라고 말할 수 있겠군.

(B) 단가의 세계에서는 혁신적인 작품이야.

(C) 소년기의 소박한 감정을 그린 책이지.

(D) 획기적인 연애 이야기가 탄생했네.

해설 | 책의 내용이 되는 「政界(せいかい)の内幕(ないまく)」(정치계의 내막)라는 표현이 포인트. 선택지 중 정계의 내막을 폭로한 책에 대한 설명으로 적절한 것은 논픽션의 걸작이라고 한 (A)뿐이다. (B)는 일본의 전통 시가인 '단가', (C)는 '소년기의 감정', (D)는 '연애'를 다룬 책에 대한 설명이므로 모두 정답과는 거리가 멀다.

어휘 | 政界(せいかい) 정계　内幕(ないまく) 내막
暴露(ばくろ) 폭로　本(ほん) 책　話題(わだい) 화제
ノンフィクション 논픽션, 창작이 섞이지 않은 글
傑作(けっさく) 걸작　短歌(たんか) 단가 *5·7·5·7·7의 5구 31음을 기준으로 한 일본의 전통 시가　世界(せかい) 세계
革新的(かくしんてき)だ 혁신적이다　作品(さくひん) 작품
少年期(しょうねんき) 소년기　素朴(そぼく)だ 소박하다
感情(かんじょう) 감정　描(えが)く 그리다, (글로) 묘사하다
画期的(かっきてき)だ 획기적이다
恋愛物語(れんあいものがたり) 연애 이야기
誕生(たんじょう) 탄생

新種の野菜の開発に、大手の企業も乗り出したそ
しんしゅ　やさい　かいはつ　　おおて　きぎょう　の　だ
うよ。

(A) これで開発が行き詰まったな。
　　　　　かいはつ　い　づ

(B) この手の研究は一気に廃れたね。
　　　て　けんきゅう　いっき　すた

(C) この分野の事業は今後侮れないな。
　　　ぶんや　じぎょう　こんごあなど

(D) 早くも撤退してしまったか。
　　はや　　　てったい

신종 채소 개발에 대기업도 착수했대.

(A) 이걸로 개발이 정돈 상태에 빠졌군.

(B) 이런 종류의 연구는 단번에 쓸모없게 되었네.

(C) 이 분야의 사업은 앞으로 경시할 수 없겠군.

(D) 벌써 철수해 버렸나?

해설 | 신종 채소 개발에 대기업도 착수했다는 소식을 전하고 있다. 대기업까지 연구 개발에 뛰어들었다는 것은 사업 전망을 밝게 보고 있다는 의미이므로, 정답은 (C)가 된다. 나머지 선택지는 모두 연구 개발에 어려움을 겪고 있다는 이야기를 들었을 때 보일 수 있는 반응이다.

어휘 | 新種(しんしゅ) 신종　野菜(やさい) 채소, 야채
開発(かいはつ) 개발　大手(おおて) 대형
企業(きぎょう) 기업　乗(の)り出(だ)す 착수하다
품사의 보통형+そうだ ~라고 한다 *전문　これで 이걸로
行(い)き詰(づ)まる 정돈 상태에 빠지다, 벽에 부딪치다
手(て) 종류　研究(けんきゅう) 연구
一気(いっき)に 단숨에, 단번에
廃(すた)れる 쓰이지 않게 되다, 소용없게 되다　分野(ぶんや) 분야
事業(じぎょう) 사업　今後(こんご) 금후, 앞으로
侮(あなど)る 경시하다, 깔보다　早(はや)くも 이미, 벌써
撤退(てったい) 철수

## 51 숫자 청취

> 女 アルバイトは何時からですか。
> 男 朝7時からです。
> 女 朝早いから大変ですね。
> 男 でも午前11時までなので、大丈夫です。

여 아르바이트는 몇 시부터예요?
남 아침 7시부터요.
여 아침 일찍이라 힘들겠네요.
남 하지만 오전 11시까지라서 괜찮아요.

男の人は何時から何時まで働きますか。
(A) 7時から11時まで
(B) 8時から11時まで
(C) 11時から2時まで
(D) 11時から3時まで

남자는 몇 시부터 몇 시까지 일합니까?
(A) 7시부터 11시까지
(B) 8시부터 11시까지
(C) 11시부터 2시까지
(D) 11시부터 3시까지

해설 | 남자의 대화에 주목해야 한다. 아르바이트 시간을 묻는 여자의 질문에 대해 남자는 아침 7시에 시작해서 오전 11시까지라고 대답하고 있으므로, 정답은 (A)가 된다.

어휘 | アルバイト 아르바이트 何時(なんじ) 몇 시 朝(あさ) 아침 早(はや)い 빠르다, 이르다 大変(たいへん)だ 힘들다 でも 하지만 ~まで ~까지 大丈夫(だいじょうぶ)だ 괜찮다 働(はたら)く 일하다

## 52 인물 설명

> 男 おはようございます。旅行ですか。
> 女 いいえ。今日は仕事で、中国へ。
> 男 そうですか。行ってらっしゃい。
> 女 行ってきます。

남 안녕하세요. 여행이에요?
여 아니요. 오늘은 일 때문에 중국에.
남 그래요? 다녀오세요.
여 다녀올게요.

女の人について、正しいものはどれですか。
(A) 中国人と旅行する。
(B) 中国語を勉強しに行く。
(C) 勉強をしに中国へ行く。
(D) 仕事で中国に行く。

여자에 대해서 맞는 것은 어느 것입니까?
(A) 중국인과 여행한다.
(B) 중국어를 공부하러 간다.
(C) 공부를 하러 중국에 간다.
(D) 일 때문에 중국에 간다.

해설 | 여자의 첫 번째 대화에 주목해야 한다. 남자가 여행을 가는 것이냐고 묻자, 여자는 「いいえ」(아니요)라고 부정했으므로 일단 (A)는 제외. 이어지는 대화에서 「仕事(しごと)で中国(ちゅうごく)へ」(일 때문에 중국에)라고 했으므로, 일 때문에 중국으로 출장을 간다는 것을 알 수 있다. 따라서 정답은 (D)가 된다. 나머지 선택지는 여자의 첫 번째 대화에 나오는 「中国(ちゅうごく)」(중국)라는 단어만 들었을 때 고를 수 있는 오답이다.

어휘 | おはようございます 안녕하세요 *아침 인사
旅行(りょこう) 여행 今日(きょう) 오늘 仕事(しごと) 일
行(い)ってらっしゃい 다녀오십시오
行(い)ってきます 다녀오겠습니다
中国人(ちゅうごくじん) 중국인 中国語(ちゅうごくご) 중국어
勉強(べんきょう) 공부 동사의 ます형+に ~하러 *동작의 목적

## 53 숫자 청취

> 男 今年の夏休みはいつからですか。
> 女 8月6日から10日までです。
> 男 3日からですか。
> 女 いいえ、6日から5日間です。

남 올해 여름휴가는 언제부터예요?
여 8월 6일부터 10일까지예요.
남 3일부터요?
여 아니요, 6일부터 5일간이에요.

休みはいつからいつまでですか。
(A) 3日から6日まで
(B) 3日から7日まで
(C) 6日から10日まで
(D) 6日から15日まで

휴가는 언제부터 언제까지입니까?
(A) 3일부터 6일까지
(B) 3일부터 7일까지
(C) 6일부터 10일까지
(D) 6일부터 15일까지

해설 | 날짜 청취 문제. 올해 여름휴가 일정을 묻는 남자의 질문에 대해 여자는 첫 번째 대화에서 「6日(むいか)から10日(とおか)まで」(6일부터 10일까지)라고 했으므로, 정답은 (C)가 된다. 남자의 두 번째 대화에 나오는 「3日(みっか)」(3일)는 남자가 잘못 알아들은 날짜일 뿐 여자의 휴가 일정과는 관계가 없다.

어휘 | 今年(ことし) 올해  夏休(なつやす)み 여름휴가  いつ 언제
8月(はちがつ) 8월  6日(むいか) 6일  ~から~まで ~부터 ~까지
10日(とおか) 10일  5日(いつか) 5일  ~間(かん) ~간
7日(なのか) 7일  ~日(にち) ~일

## 54 대화 내용에 대한 이해

男 今朝は晴れましたね。

女 そうですね。今日も雨だと思いましたが。

男 でも、午後からまた降るそうですよ。

女 そうですか。

남 오늘 아침에는 개었네요.
여 그러게요. 오늘도 비 올 것 같았는데요.
남 하지만 오후부터 또 내린대요.
여 그래요?

今日はどんな天気だと言っていますか。
(A) 一日中晴れる。
(B) 今朝は雨だ。
(C) 午後から晴れる。
(D) 午後から雨だ。

오늘은 어떤 날씨라고 말하고 있습니까?
(A) 하루 종일 맑다.
(B) 오늘 아침에는 비가 온다.
(C) 오후부터 갠다.
(D) 오후부터 비가 온다.

해설 | 남자의 대화에 주목해야 한다. 남자의 첫 번째 대화에서 오늘 아침에는 개었다고 했으므로, 일단 (B)는 제외. 그리고 두 번째 대화에서 오후부터 비가 또 온다고 했으므로, (A)와 (C)도 틀린 내용이다. 따라서 정답은 (D)가 된다.

어휘 | 今朝(けさ) 오늘 아침  晴(は)れる (하늘이) 개다, 맑다
雨(あめ) 비  でも 하지만  午後(ごご) 오후  また 또
降(ふ)る (비·눈 등이) 내리다, 오다
품사의 보통형+そうだ ~라고 한다 *전문  天気(てんき) 날씨
一日中(いちにちじゅう) 하루 종일

## 55 성별에 따른 의견 및 행동 구분

男 もしもし、今、どこですか。

女 すみません。今、駅に着きました。

男 みんな、待っていますよ。

女 どうもすみません。東京銀行の隣ですよね。
すぐ行きます。

남 여보세요, 지금 어디예요?
여 죄송해요. 지금 역에 도착했어요.
남 모두 기다리고 있어요.
여 정말 죄송해요. 도쿄은행 옆이죠? 바로 갈게요.

女の人はこれからどこへ行きますか。
(A) 東京銀行
(B) 駅
(C) みんながいる所
(D) 女の人の家

여자는 이제부터 어디로 갑니까?
(A) 도쿄은행
(B) 역
(C) 모두가 있는 곳
(D) 여자의 집

해설 | 대화에서 여자가 가려는 장소가 정확히 나오지 않기 때문에 대화 내용을 주의깊게 들어야 한다. 약속시간에 늦은 여자는 거듭 사과하면서 두 번째 대화에서 도쿄은행 옆으로 바로 가겠다고 했다. 여기서 「東京銀行(とうきょうぎんこう)」(도쿄은행)라는 말만 들으면 (A)를 정답으로 고를 수도 있으므로 주의해야 한다. 여자는 도쿄은행 옆의 모두가 기다리고 있는 장소로 가야 하므로, 정답은 (C)가 된다.

어휘 | もしもし 여보세요 *전화할 때 씀  今(いま) 지금  どこ 어디
すみません 죄송합니다  駅(えき) 역  着(つ)く 도착하다
みんな(皆) 모두  待(ま)つ 기다리다  どうも 정말
隣(となり) 옆, 이웃  すぐ 곧, 바로  行(い)く 가다
これから 이제부터, 앞으로  所(ところ) 곳, 장소  家(いえ) 집

## 56 대화 내용에 대한 이해

女 部長になられるんですね。じゃ、来週から
東京ですか。

男 ええ、家族は東京なので、戻れてよかった
です。

女 これからもまた、お忙しくなりますね。

男 そうですね。大阪では色々とお世話になり
ました。

여 부장님이 되시는 거군요. 그럼, 다음 주부터 도쿄예요?
남 네, 가족은 도쿄에 있기 때문에 돌아갈 수 있어서 다행이에요.
여 앞으로도 또 바빠지시겠네요.
남 그러게요. 오사카에서는 여러 가지로 신세를 졌어요.

男の人について、正しいものはどれですか。
(A) 家族と一緒に東京に行く。
(B) 家族が大阪に来ることになった。
(C) 大阪で新しい仕事が始まる。
(D) 東京で家族と一緒に生活ができる。

남자에 대해서 맞는 것은 어느 것입니까?
(A) 가족과 함께 도쿄로 간다.
(B) 가족이 오사카로 오게 되었다.
(C) 오사카에서 새로운 업무가 시작된다.
(D) 도쿄에서 가족과 함께 생활할 수 있다.

해설 | 남자의 대화에 주목해야 한다. 남자는 부장이 되어 도쿄로 돌아

갈 예정으로, 가족이 있는 도쿄로 돌아갈 수 있어서 다행이라고 생각하고 있다. 따라서 정답은 (D)가 된다. 남자의 두 번째 대화를 통해 그동안 남자는 오사카에 혼자 부임해서 일해 왔다는 사실을 알 수 있으므로, 나머지 선택지는 모두 틀린 설명이다.

어휘 | 部長(ぶちょう) 부장　じゃ 그럼, 그러면
来週(らいしゅう) 다음 주　東京(とうきょう) 도쿄
家族(かぞく) 가족　戻(もど)る (본래의 자리로) 돌아가다
~てよかった ~해서 잘됐다[다행이다]　これからも 앞으로도
また 또　忙(いそが)しい 바쁘다　色々(いろいろ)と 여러 가지로
お世話(せわ)になる 신세를 지다　一緒(いっしょ)に 함께
동사의 보통형＋ことになる ~하게 되다　新(あたら)しい 새롭다
仕事(しごと) 일, 업무　始(はじ)まる 시작되다
生活(せいかつ) 생활

**57** 대화 내용에 대한 이해

女 すみません、その右(みぎ)から2番目(にばんめ)のを見(み)せてください。
男 この黒(くろ)くて長(なが)い財布(さいふ)ですか。
女 いいえ、その後(うし)ろの2つに畳(たた)んである物(もの)です。
男 ああ、こちらの茶色(ちゃいろ)のですね。

여 저기요, 그 오른쪽에서 두 번째 걸 보여 주세요.
남 이 검고 긴 지갑이요?
여 아니요, 그 뒤의 둘로 접혀 있는 거요.
남 아-, 이쪽 갈색 거 말이군요.

男(おとこ)の人(ひと)はどんな財布(さいふ)を見(み)せますか。
(A) 黒(くろ)くて畳(たた)める財布(さいふ)
(B) 茶色(ちゃいろ)で畳(たた)める財布(さいふ)
(C) 黒(くろ)くて長(なが)い財布(さいふ)
(D) 茶色(ちゃいろ)で長(なが)い財布(さいふ)

남자는 어떤 지갑을 보여 줍니까?
(A) 검고 접을 수 있는 지갑
(B) 갈색이고 접을 수 있는 지갑
(C) 검고 긴 지갑
(D) 갈색이고 긴 지갑

해설 | 「畳(たた)む」(접다)라는 동사가 포인트로, 여자가 원하는 지갑에 대한 상세한 묘사는 대화의 후반부에 나온다. 여자는 남자가 처음에 말한 검고 긴 지갑이 아니라, 둘로 접혀 있는 지갑을 보여 달라고 했고, 이에 남자는 이쪽에 있는 갈색 지갑이냐고 재차 확인하고 있다. 즉, 여자가 남자에게 보여 주길 원하는 지갑은 갈색의 접이식 지갑을 말하므로, 정답은 (B)가 된다.

어휘 | すみません 저기요 *주의를 환기할 때 하는 말
右(みぎ) 오른쪽　~番目(ばんめ) ~번째
見(み)せる 보이다, 보여 주다　黒(くろ)い 검다　長(なが)い 길다
財布(さいふ) 지갑　後(うし)ろ 뒤　2(ふた)つ 둘, 두 개
타동사＋て[で]ある ~해져 있다 *상태표현
物(もの) (어떤 형태를 갖춘) 것, 물건　こちら 이쪽
茶色(ちゃいろ) 갈색

**58** 대화 내용에 대한 이해

女 私(わたし)たちがこの学校(がっこう)を卒業(そつぎょう)して、もう5年(ごねん)ね。
男 速(はや)いね。まるで昨日(きのう)のことのようだよ。
女 私(わたし)は卒業(そつぎょう)してから初(はじ)めてここに来(き)たわ。鈴木(すずき)君(くん)は(?)。
男 一度(いちど)会社(かいしゃ)の仕事(しごと)で、車(くるま)で通(とお)ったかな。

여 우리가 이 학교를 졸업한 지 벌써 5년이네.
남 빠르네. 마치 어제 일인 것 같아.
여 나는 졸업하고 나서 처음 여기에 왔어. 스즈키 군은?
남 한 번 회사 일 때문에 차로 지나갔나?

2人(ふたり)について、正(ただ)しいものはどれですか。
(A) 昨日(きのう)ここに久(ひさ)しぶりに来(き)た。
(B) 5年前(ごねんまえ)までここに通(かよ)っていた。
(C) 女(おんな)の人(ひと)は5年(ごねん)の間(あいだ)に一度(いちど)ここに来(き)た。
(D) 男(おとこ)の人(ひと)は昨日(きのう)学校(がっこう)を卒業(そつぎょう)した。

두 사람에 대해서 맞는 것은 어느 것입니까?
(A) 어제 여기에 오랜만에 왔다.
(B) 5년 전까지 여기에 다니고 있었다.
(C) 여자는 5년 동안에 한 번 여기에 왔다.
(D) 남자는 어제 학교를 졸업했다.

해설 | 여자의 첫 번째 대화에 주목해야 한다. 우리가 이 학교를 졸업한 지 벌써 5년이라고 했으므로, 정답은 (B)가 된다. (A)와 (D)는 「昨日(きのう)」(어제)와 「卒業(そつぎょう)」(졸업)라는 말만 들었을 때 고를 수 있는 오답이고, (C)는 여자의 두 번째 대화에서 졸업하고 나서 처음 왔다고 했으므로, 이 또한 틀린 설명이다.

어휘 | 私(わたし)たち 우리　学校(がっこう) 학교
もう 이미, 벌써　速(はや)い (속도가) 빠르다
まるで~ようだ 마치 ~인 것 같다[인 듯하다]
~てから ~하고 나서, ~한 후에　初(はじ)めて 처음(으로)
ここ 여기, 이곳　来(く)る 오다　~君(くん) ~군
一度(いちど) 한 번　会社(かいしゃ) 회사　仕事(しごと) 일, 업무
車(くるま) 자동차, 차　通(とお)る 지나가다, 통과하다
~かな ~일까? *가벼운 의문을 나타냄　久(ひさ)しぶり 오랜만임
前(まえ) (현재의) 전, 이전　~まで ~까지
通(かよ)う (학교・직장에) 다니다　間(あいだ) 동안

**59** 대화 내용에 대한 이해

男 いい写真(しゃしん)が撮(と)れましたね。
女 私(わたし)の撮(と)り方(かた)がうまいからじゃありませんよ。
男 でも、なかなかいい写真(しゃしん)って撮(と)れないものですよ。
女 たぶん、誰(だれ)が撮(と)ってもよく撮(と)れると思(おも)いますけど。

남 좋은 사진이 찍혔네요.
여 제 촬영 기법이 뛰어나서가 아니에요.

남 그래도 좀처럼 좋은 사진은 찍을 수 없거든요.
여 아마 누가 찍어도 잘 찍을 수 있을 거라고 생각하는데요.

女の人は写真について、何と言っていますか。
(A) 全然よくない。
(B) かなり上手に撮れた。
(C) 他の人もこれくらいは撮れる。
(D) 本当はもっといい写真が撮れる。

여자는 사진에 대해서 뭐라고 말하고 있습니까?
(A) 전혀 좋지 않다.
(B) 상당히 잘 찍혔다.
(C) 다른 사람도 이 정도는 찍을 수 있다.
(D) 사실은 더 좋은 사진을 찍을 수 있다.

해설 | 남자는 여자가 찍은 사진을 보고 칭찬하고 있지만, 여자는 좋은 사진이 나온 것은 자신의 촬영 기법이 능숙해서가 아니라면서, 누구라도 잘 찍을 수 있을 것이라며 겸손하게 대답하고 있다. (A)는 사진이 잘 나오지 않았다는 뜻이므로 부적절하고, (B)는 자신의 촬영법을 인정한다는 의미가 되므로 역시 답이 될 수 없다. 정답은 (C)로, 여자의 두 번째 대화와 일치하는 내용이다. (D)와 같은 내용은 나오지 않는다.

어휘 | 写真(しゃしん) 사진 撮(と)れる ①찍히다 ②찍을 수 있다
*「撮(と)る」((사진을) 찍다)의 가능형
동사의 ます형+方(かた) ~하는 방법[방식]
うまい 잘하다, 능숙하다 でも 하지만
なかなか (부정어 수반) 좀처럼 ~って (서술 제목의) ~(이)란, ~은
~ものだ ~인 것[법]이다 *상식·진리·본성 たぶん 아마
よく 잘 全然(ぜんぜん) (부정어 수반) 전혀 かなり 꽤, 상당히
上手(じょうず)だ 능숙하다, 잘하다 他(ほか) 다른 (사람)
これくらい 이 정도 本当(ほんとう) 사실, 정말 もっと 더, 더욱

**60 대화 내용에 대한 이해**

男 食堂から、いい匂いがするなあ。ああ、お腹が空いた。
女 もう12時だし、仕事は、食事をしてから続けましょうか。
男 いや、先にこれを終わらせよう。
女 頑張りますね。

남 식당에서 좋은 냄새가 나는군. 아-, 배고파.
여 벌써 12시이고, 일은 식사를 한 후에 계속할까요?
남 아니, 먼저 이걸 끝내자.
여 분발할게요.

2人はどうしますか。
(A) 仕事を止める。
(B) 12時から食事する。
(C) 食べながら仕事する。
(D) 先に仕事をする。

두 사람은 어떻게 합니까?
(A) 업무를 중지한다.
(B) 12시부터 식사한다.
(C) 먹으면서 일한다.
(D) 먼저 일을 한다.

해설 | 남자의 두 번째 대화에 주목해야 한다. 여자는 12시가 되었으니 식사를 하고 나서 일을 계속할지 묻고 있는데, 남자는 먼저 '이것'을 끝내자고 했다. 여기서 「これ」(이것)는 「仕事(しごと)」(일, 업무)를 대신한 말로, 즉, 하던 일을 마무리 짓고 나서 식사를 하자는 뜻이다. 따라서 정답은 (D)가 된다.

어휘 | 食堂(しょくどう) 식당 いい 좋다
匂(にお)いがする 냄새가 나다 お腹(なか)が空(す)く 배가 고프다
もう 이미, 벌써 食事(しょくじ) 식사
~てから ~하고 나서, ~한 후에 続(つづ)ける 계속하다
いや 아니 先(さき)に 먼저 終(お)わる 끝나다
頑張(がんば)る 열심히 하다, 노력하다, 분발하다
止(や)める 끊다, 그만두다, 중지하다 食(た)べる 먹다
동사의 ます형+ながら ~하면서 *동시동작

**61 업무 및 비즈니스 표현**

女 岡田君、この仕事、ずいぶん速くできるようになったわね。
男 丸山さんがわかりやすく教えてくださいましたから。
女 岡田君がよく話を聞いてくれるから、教えやすかったのよ。
男 ありがとうございます。

여 오카다 군, 이 업무, 꽤 빨리 할 수 있게 되었네.
남 마루야마 씨가 이해하기 쉽게 가르쳐 주셨으니까요.
여 오카다 군이 이야기를 잘 들어주니까 가르치기 편했던 거야.
남 감사합니다.

男の人が褒められていることは何ですか。
(A) 教え方がいいこと
(B) 間違いが少ないこと
(C) 話をよく聞くこと
(D) 皆とよく相談すること

남자가 칭찬받고 있는 것은 무엇입니까?
(A) 가르치는 법이 좋은 것
(B) 실수가 적은 것
(C) 이야기를 잘 듣는 것
(D) 모두와 자주 상담하는 것

해설 | 여자의 두 번째 대화에 주목해야 한다. 일단 여자는 첫 번째 대화에서 남자가 일을 빨리 할 수 있게 된 점에 대해 칭찬하고 있다. 그러나 선택지에 이와 같은 내용은 나오지 않으므로, 이어지는 대화에서 정답을 찾아야 한다. 남자가 일이 능숙해진 것은 여자가 쉽게 가르쳐 준 덕분이라고 하자, 여자는 남자가 이야기를 잘 들어줘서 가르치기 편했다고 했다. 즉, 여자는 남자가 자신의 이야기를 잘 듣고 따라주었

다며 칭찬하고 있으므로, 정답은 (C)가 된다. (A)는 남자가 여자에 대해 고마움을 표시하며 한 말이고, (B)나 (D)와 같은 내용은 나오지 않는다.

어휘 | ～君(くん) ～군　仕事(しごと) 일, 업무
ずいぶん 꽤, 몹시, 퍽　速(はや)い (속도가) 빠르다
できる 할 수 있다, 가능하다　～ようになる ～하게(끔) 되다 *변화
わかる 알다, 이해하다　동사의 ます형+やすい ～하기 쉽다[편하다]
教(おし)える 가르치다, 알려 주다
～てくださる (남이 나에게) ～해 주시다 *「～てくれる」((남이 나에게) ～해 주다)의 존경표현　よく 잘　話(はなし) 이야기
聞(き)く (충고 등을) 듣다, 받아들이다, 들어주다
褒(ほ)める 칭찬하다　동사의 ます형+方(かた) ～하는 방법[방식]
間違(まちが)い 실수, 잘못　少(すく)ない 적다　皆(みんな) 모두
相談(そうだん) 상담, 상의, 의논

**62 대화 내용에 대한 이해**

男　講演会の準備、うまく進んでる(?)。
女　それが、予定の3分の1しか申し込みがなくて…。
男　そうか。あんまり席が空いていると、講師の方に申し訳ないなあ。
女　ええ、もっと宣伝して集めないと。

남　강연회 준비, 잘 진행되고 있어?
여　그게 예정의 1/3밖에 신청이 없어서….
남　그래? 너무 좌석이 비어 있으면 강사 분에게 면목 없겠군.
여　네, 좀 더 선전해서 모아야죠.

講演会の準備の状況について、何と言っていますか。
(A) 席が空いていてもやむを得ない。
(B) 参加申し込みが多過ぎる。
(C) 宣伝の費用が足りない。
(D) もっと参加者を集めなければならない。

강연회 준비 상황에 대해서 뭐라고 말하고 있습니까?
(A) 좌석이 비어 있어도 어쩔 수 없다.
(B) 참가 신청이 너무 많다.
(C) 선전 비용이 부족하다.
(D) 좀 더 참가자를 모으지 않으면 안 된다.

해설 | 강연회 준비 상황을 묻는 남자의 질문에 여자는 신청자가 예정했던 것의 1/3밖에 되지 않기 때문에 좀 더 선전해서 사람을 모아야 한다고 했다. (A)는 남자의 두 번째 대화에 나오는 「席(せき)が空(あ)く」(자리가 비다), (C)는 여자의 두 번째 대화에 나오는 「宣伝(せんでん)」(선전)이라는 말만 들었을 때 고를 수 있는 오답이고, (B)는 대화와는 정반대의 내용이므로 답이 될 수 없다. 정답은 (D)로, 여자의 두 번째 대화와 일치하는 내용이다.

어휘 | 講演会(こうえんかい) 강연회　準備(じゅんび) 준비
うまく 잘, 순조롭게　進(すす)む 진행되다　予定(よてい) 예정
～しか (부정어 수반) ～밖에　申(もう)し込(こ)み 신청
あんまり 너무, 지나치게　席(せき) 좌석, 자리

空(あ)く (자리·방 따위가) 나다, 비다　講師(こうし) 강사
方(かた) 분　申(もう)し訳(わけ)ない 면목 없다, 미안하다
もっと 좀 더, 더욱　集(あつ)める 모으다
～ないと(いけない) ～하지 않으면 (안 된다), ～해야 (한다)
状況(じょうきょう) 상황
やむを得(え)ない 할 수 없다, 어쩔 수 없다, 부득이하다
参加(さんか) 참가　多(おお)い 많다
い형용사의 어간+過(す)ぎる 너무 ～하다　費用(ひよう) 비용
足(た)りない 모자라다, 부족하다　参加者(さんかしゃ) 참가자
～なければならない ～하지 않으면 안 된다, ～해야 한다

**63 숫자 청취**

男　明日、2時に伺いたいんですが、いかがでしょうか。
女　1時からの会議が2時までに終わるかどうか…。
男　そうですか。じゃ、他の日がいいでしょうか。
女　いえ、4時なら大丈夫です。

남　내일 2시에 찾아뵙고 싶은데, 어떠신지요?
여　1시부터인 회의가 2시까지 끝날지 어떨지….
남　그래요? 그럼, 다른 날이 좋을까요?
여　아뇨, 4시라면 괜찮아요.

女の人は何と言っていますか。
(A) 他の日に会いたい。
(B) 3時までに会議は終わる。
(C) 4時に来てほしい。
(D) 2時なら問題ない。

여자는 뭐라고 말하고 있습니까?
(A) 다른 날에 만나고 싶다.
(B) 3시까지 회의는 끝난다.
(C) 4시에 와 주었으면 한다.
(D) 2시라면 문제없다.

해설 | 대화를 끝까지 들어야 하는 문제. 서로 약속 시간을 조정하고 있는데, 남자는 처음에 2시에 찾아뵙겠다고 했다. 그러나 여자가 1시부터 회의가 있어서 2시에 끝날지 확실하지 않다면서 곤란해하자, 남자는 그럼 다른 날로 약속을 잡을지 되물었다. 이 말을 들은 여자는 아니라면서 4시라면 괜찮다고 말하고 있으므로, 정답은 (C)가 된다. 이때의 「～てほしい」는 '～해 주었으면 하다, 해 주기 바라다'라는 뜻으로, 타인에게 바라는 요구나 희망을 나타내는 표현이다. (A)는 남자의 제안에 해당하는 내용이므로 답이 될 수 없다.

어휘 | 明日(あした) 내일　伺(うかが)う 찾아뵙다 *「訪(おとず)れる」(방문하다)의 겸양어
동사의 ます형+たい ～하고 싶다　いかがでしょうか 어떠세요? *「どうですか」(어때요?)의 공손한 표현
会議(かいぎ) 회의　～までに ～까지 *최종 기한
終(お)わる 끝나다　～かどうか ～일지 어떨지, ～인지 어떤지
他(ほか) 다른 (것)　日(ひ) 날　いえ 아뇨　～なら ～라면

大丈夫(だいじょうぶ)だ 괜찮다 会(あ)う 만나다
問題(もんだい)ない 문제없다

## 64 대화 내용에 대한 이해

男 うまくなったね。僕の負けだ。
女 教室に通って1年だもん。
男 攻撃力もあるし、どんな球も打ち返してくるね。
女 褒められると、ますますやる気が出てくるわ。

남 능숙해졌네. 내가 졌어.
여 교실에 다닌 지 1년인 걸.
남 공격력도 있고 어떤 공도 되받아치네.
여 칭찬받으니 점점 의욕이 솟아.

女の人は何がうまくなりましたか。
(A) 英語
(B) 料理
(C) テニス
(D) ゴルフ

여자는 무엇이 능숙해졌습니까?
(A) 영어
(B) 요리
(C) 테니스
(D) 골프

해설 | 두 사람이 정확히 무엇을 하고 있는지에 대한 언급은 없으므로, 대화 내용을 통해 유추해야 한다. 전반부의 대화만 들으면 선택지 모두 답이 될 가능성이 있지만, 남자의 두 번째 대화에 나오는 「攻撃力(こうげきりょく)」(공격력), 「球(たま)」(공), 「打(う)ち返(かえ)す」(받아 치다, 되받아 넘기다)라는 표현을 모두 만족시키는 것은 (C)의 '테니스'뿐이다. (D)의 '골프'는 서로 공을 주고받는 경기가 아니므로 답이 될 수 없다.

어휘 | うまい 잘하다, 능숙하다 僕(ぼく) 나 *남자의 자칭
負(ま)け 짐, 패배 教室(きょうしつ) (기술 등을 가르치는) 교실
通(かよ)う 다니다 〜もん 〜인 걸, 니까(변명이나 이유) *「〜もの」의 회화체 표현 〜し 〜고
どんな 어떤 褒(ほ)める 칭찬하다 ますます 점점
やる気(き) 할 마음, 의욕 出(で)る (원기 등이) 나다, 솟다
英語(えいご) 영어 料理(りょうり) 요리 ゴルフ 골프

## 65 성별에 따른 의견 및 행동 구분

女 夏の旅行だけど、団体旅行でいいのがあって申し込んじゃった。
男 旅行会社には、航空券の予約だけ頼むんじゃなかったの(?)。

女 それだと昼のお弁当もお土産も付かないからら。
男 まあ、君が納得したのならいいけど。

여 여름 여행 말인데, 단체여행으로 좋은 게 있어서 신청해 버렸어.
남 여행사에는 항공권 예약만 부탁하는 거 아니었어?
여 그러면 점심 도시락도 선물도 없으니까.
남 뭐, 네가 납득한 거라면 괜찮지만.

女の人は旅行をどうすることにしましたか。
(A) 旅行会社が設定したものに参加する。
(B) 自分の好みに合わせて日程を考える。
(C) 安い航空券の予約だけする。
(D) 団体客のいない宿を予約する。

여자는 여행을 어떻게 하기로 했습니까?
(A) 여행사가 설정한 것에 참가한다.
(B) 자신의 취향에 맞춰 일정을 생각한다.
(C) 싼 항공권의 예약만 한다.
(D) 단체손님이 없는 숙소를 예약한다.

해설 | 여자의 첫 번째 대화에 주목해야 한다. 여자는 단체여행에 좋은 상품이 있어서 신청했다고 말하고 있으므로, 자유여행이 아니라 여행사에서 일정을 짠 패키지여행을 가기로 했다는 것을 알 수 있다. 따라서 정답은 (A)가 된다. (B)와 (C)는 남자의 첫 번째 대화 내용만, (D)는 여자의 첫 번째 대화에 나오는 「団体(だんたい)」(단체)라는 말만 들었을 때 고를 수 있는 오답이다.

어휘 | 夏(なつ) 여름 旅行(りょこう) 여행
団体(だんたい) 단체 申(もう)し込(こ)む 신청하다
旅行会社(りょこうがいしゃ) 여행사
航空券(こうくうけん) 항공권 予約(よやく) 예약
〜だけ 〜만, 〜뿐 頼(たの)む 부탁하다 昼(ひる) 점심(식사)
お弁当(べんとう) 도시락 お土産(みやげ) 선물, (외출・여행지 등에서) 가족이나 친지를 위해 사가는 특산품
付(つ)く 붙다, 덧붙다 まあ 뭐 *상대의 말을 가볍게 제지할 때 쓰는 말
君(きみ) 너, 자네 納得(なっとく) 납득 〜なら 〜라면
동사의 보통형+ことにする 〜하기로 하다 設定(せってい) 설정
参加(さんか) 참가 自分(じぶん) 자기, 자신, 나
好(この)み 취미, 기호, 취향 合(あ)わせる 맞추다
日程(にってい) 일정 考(かんが)える 생각하다
安(やす)い (값이) 싸다 団体客(だんたいきゃく) 단체손님
宿(やど) 숙소

## 66 대화 내용에 대한 이해

女 お父さん、お医者さんにお酒は止めるようにって言われてるんでしょ(?)。
男 少しぐらいなら大丈夫だよ。
女 いつもそう言ってるけど、実は違うっておお医者さんも言っていたじゃない。

男 無理して止める方が精神的にはもっと悪いんだよ。

여 아버지, 의사 선생님이 술은 끊으라고 했잖아?
남 조금 정도라면 괜찮아.
여 항상 그렇게 말하지만 실은 그렇지 않다고 의사 선생님도 말했잖아.
남 무리해서 끊는 쪽이 정신적으로는 더 안 좋다고.

お父さんについて、正しいものはどれですか。
(A) 娘の言うことしか信用しない。
(B) 医者に言われたことを聞かない。
(C) 薬の効果を信じている。
(D) 禁酒しようと努力している。

아버지에 대해서 맞는 것은 어느 것입니까?
(A) 딸이 하는 말밖에 신용하지 않는다.
(B) 의사가 말한 것을 듣지 않는다.
(C) 약의 효과를 믿고 있다.
(D) 금주하려고 노력하고 있다.

해설 | 남자의 대화에 주목해야 한다. 의사의 금주 지시를 좀처럼 따르지 않는 아버지와 딸의 대화로, 여자는 의사가 말한 대로 금주해야 한다고 남자를 설득하고 있다. 그러나 남자는 조금 마시는 것은 괜찮다면서 무리해서 끊는 편이 더 안 좋다고 버티고 있는 상황이다. 즉, 의사의 말에 따르지 않고 계속 술을 마시고 있다는 뜻이므로, 정답은 (B)가 된다. 남자는 여자의 말을 듣지 않고 계속해서 술을 마시려 하고 있으므로 (A)와 (D)는 틀린 설명이고, (C)의 약에 대한 언급은 없다.

어휘 | お父(とう)さん 아버지 医者(いしゃ) 의사
お酒(さけ) 술 止(や)める 끊다, 그만두다, 중지하다
~ように ~하도록 ~って ~라고 言(い)う 말하다
少(すこ)し 조금 ~ぐらい ~정도 ~なら ~라면
大丈夫(だいじょうぶ)だ 괜찮다 いつも 항상 そう 그렇게
実(じつ)は 실은 違(ちが)う 다르다, 그렇지 않다 無理(むり) 무리
方(ほう) 편, 쪽 精神的(せいしんてき)だ 정신적이다
もっと 더, 더욱 悪(わる)い 나쁘다, 좋지 않다 娘(むすめ) 딸
~しか (부정어 수반) ~밖에 信用(しんよう) 신용
聞(き)く (충고 등을) 듣다 薬(くすり) 약 効果(こうか) 효과
信(しん)じる 믿다 禁酒(きんしゅ) 금주 努力(どりょく) 노력

**67 성별에 따른 의견 및 행동 구분**

男 よりよいサービスがご提供できるよう、このアンケートにご協力いただけますか。
女 はあ、質問の数が多いですね。
男 答えを選んで、丸をお付けいただくだけなので…。
女 わかりました。

남 보다 좋은 서비스를 제공할 수 있도록 이 앙케트에 협력해 주실 수 있을까요?
여 아ー, 질문 수가 많네요.

---

남 답을 선택해서 동그라미만 쳐 주시면 되니까요….
여 알겠어요.

女の人は何をしますか。
(A) 公演を行う。
(B) 講義を受ける。
(C) 面接を受ける。
(D) 質問に答える。

여자는 무엇을 합니까?
(A) 공연을 한다.
(B) 강의를 듣는다.
(C) 면접을 치른다.
(D) 질문에 답한다.

해설 | 「アンケート」(앙케트)라는 단어가 포인트. 남자는 여자에게 앙케트를 부탁하고 있고, 여자는 질문 수가 많다고 불만을 표시하면서도 이에 응하고 있다. 따라서 정답은 (D)가 된다.

어휘 | よりよい 보다 좋은 サービス 서비스
ご+한자명사+する ~하다, ~해 드리다 *겸양표현
提供(ていきょう) 제공 ~ように(に) ~하도록
ご+한자명사+いただく (남에게) ~해 받다, (남이) ~해 주시다 *겸양표현 協力(きょうりょく) 협력
はあ 허어 *놀람·감탄의 기분을 나타냄
質問(しつもん) 질문 数(かず) 수 多(おお)い 많다
答(こた)え (문제의) 답 選(えら)ぶ 고르다, 선택하다
丸(まる)を付(つ)ける 동그라미를 치다
お+동사의 ます형+いただく (남에게) ~해 받다, (남이) ~해 주시다 *「~てもらう」((남에게) ~해 받다, (남이) ~해 주다)의 겸양표현
公演(こうえん) 공연 行(おこな)う 하다, 행하다, 실시하다
講義(こうぎ) 강의 受(う)ける 받다, (시험·면접 등을) 보다, 치르다
面接(めんせつ) 면접 答(こた)える (문제에) 답하다

**68 대화 내용에 대한 이해**

男 地方では、若者の都会への流出が止まらないらしいな。
女 安い住宅の提供やら教育費の補助やら色々しているみたいだけど…。
男 でも、働き口がないんじゃ、しょうがないよ。
女 根本的な解決策ではないってことね。

남 지방에서는 젊은이의 도시로의 유출이 멈추지 않는 모양이야.
여 싼 주택 제공이며 교육비 보조며 여러 가지 하고 있는 것 같은데….
남 하지만 일자리가 없어선 어쩔 수 없어.
여 근본적인 해결책은 아니라는 말이구나.

若者の流出について、どうしたらいいと言っていますか。

24

(A) 教育費(きょういくひ)の無料化(むりょうか)
(B) 家賃割引制度(やちんわりびきせいど)の導入(どうにゅう)
(C) 就職先(しゅうしょくさき)の確保(かくほ)
(D) 公共交通機関(こうきょうこうつうきかん)の整備(せいび)

젊은이들의 유출에 대해서 어떻게 하면 된다고 말하고 있습니까?
(A) 교육비의 무료화
(B) 집세 할인 제도의 도입
(C) 취직자리의 확보
(D) 공공 교통기관의 정비

해설 | 젊은이들의 도시 집중화를 막기 위한 방안에 대해 이야기를 나누고 있다. 여자는 저렴한 주택 제공과 교육비 보조 등의 정책을 예로 들었지만, 남자는 그런 정책보다 일자리가 우선이라고 말하고 있다. 정답은 (C)로, 「働(はたら)き口(ぐち)」(일자리)를 「就職先(しゅうしょくさき)」(취직자리)로 바꿔 표현했다. (A)와 (B)는 여자의 대화와 일치하는 내용이지만, 두 번째 대화에서 근본적인 해결책은 아니라고 했으므로 답이 될 수 없다.

어휘 | 地方(ちほう) 지방  若者(わかもの) 젊은이
都会(とかい) 도회, 도시  流出(りゅうしゅつ) 유출
止(と)まる 멈추다  安(やす)い (값이) 싸다  住宅(じゅうたく) 주택
提供(ていきょう) 제공
~やら~やら (사물을 열거하는) ~이며 ~이며
教育費(きょういくひ) 교육비  補助(ほじょ) 보조
色々(いろいろ) 여러 가지  ~みたいだ ~인 것 같다
しょうがない 어쩔 수 없다  根本的(こんぽんてき)だ 근본적이다
解決策(かいけつさく) 해결책  無料化(むりょうか) 무료화
家賃(やちん) 집세  割引(わりびき) 할인  制度(せいど) 제도
導入(どうにゅう) 도입  確保(かくほ) 확보
公共(こうきょう) 공공  交通機関(こうつうきかん) 교통기관
整備(せいび) 정비

**69** 대화 내용에 대한 이해

女 最近顔色(さいきんかおいろ)が優(すぐ)れないようですね。
男 どうも胃(い)の辺(あた)りがすっきりしなくてね。
女 一度検査(いちどけんさ)してもらったらいかがですか。
男 もし重(おも)い病気(びょうき)だったらと思(おも)うと、勇気(ゆうき)が出(で)なくてね。

여 요즘 안색이 좋지 않은 것 같네요.
남 아무래도 위 언저리가 개운하지 않아서 말이야.
여 한 번 검사받는 게 어떠세요?
남 혹시 중병이면 이라고 생각하니 용기가 나지 않아서 말이야.

男(おとこ)の人(ひと)はどう思(おも)っていますか。
(A) この頃(ごろ)は小(ちい)さなことでも気(き)になる。
(B) わざわざ病院(びょういん)に行(い)くことはない。
(C) 体(からだ)の調子(ちょうし)は回復(かいふく)している。
(D) 検査(けんさ)に行(い)くのが怖(こわ)い。

남자는 어떻게 생각하고 있습니까?
(A) 요즘에는 작은 일이더라도 신경이 쓰인다.

(B) 일부러 병원에 갈 필요는 없다.
(C) 몸 상태는 회복되고 있다.
(D) 검사하러 가는 것이 무섭다.

해설 | 남자의 두 번째 대화에 주목해야 한다. 여자가 안색이 좋지 않은 남자의 건강 상태를 걱정하며, 검사를 받아볼 것을 권하고 있다. 그러나 남자는 검사를 했다가 혹시 중병이라는 판정을 받을까 봐 용기가 나지 않는다고 했다. 즉, 검사를 받으러 가기가 무섭다는 뜻이므로, 정답은 (D)가 된다. (A)와 같은 내용은 나오지 않고, 현재 남자의 상태는 병원에 가서 검사를 받아야 할 정도이므로 (B)와 (C)도 답이 될 수 없다.

어휘 | 最近(さいきん) 최근, 요즘  顔色(かおいろ) 안색, 얼굴빛
優(すぐ)れる (「~れない」의 꼴로) 좋지 않다
~ようだ ~인 것 같다, ~인 듯하다  どうも 아무래도  胃(い) 위
辺(あた)り 부근, 주변, 언저리  すっきり 개운한 모양
一度(いちど) 한 번  検査(けんさ) 검사
~てもらう (남에게) ~해 받다, (남이) ~해 주다
~たらいかがですか ~하는 게 어때세요?  もし 만약, 혹시, 만일
重(おも)い (병·죄가) 무겁다, 심하다  病気(びょうき) 병
勇気(ゆうき) 용기  出(で)る (원기 등이) 솟다, 나다
この頃(ごろ) 요즘, 최근  小(ちい)さな 작은
気(き)になる 신경이 쓰이다  わざわざ 일부러
~ことはない ~할 것은[필요는] 없다  体(からだ) 몸, 신체
調子(ちょうし) 몸 상태, 컨디션  回復(かいふく)する 회복되다
怖(こわ)い 무섭다

**70** 대화 내용에 대한 이해

女 この市場(いちば)の魚(さかな)は、どこよりも生(い)きがいいのが売(う)りですよ。
男 こんなに生(い)きがいいのに、この値段(ねだん)(?)。すごいな。
女 卸売(おろしう)りの値段(ねだん)ですからね。普通(ふつう)なら相当値(そうとうね)が張(は)るでしょうね。
男 そうなったら、僕(ぼく)のような貧乏人(びんぼうにん)は手(て)が出(だ)せないよ。

여 이 시장의 생선은 어디보다도 물이 좋은 게 세일즈 포인트예요.
남 이렇게 싱싱한데 이 가격이야? 굉장하네.
여 도매가격이니까요. 보통이라면 상당히 비싸겠죠.
남 그렇게 되면 나처럼 가난한 사람은 살 수 없어.

この市場(いちば)はどんな所(ところ)ですか。
(A) 色鮮(いろあざ)やかな熱帯魚(ねったいぎょ)を目(め)にすることができる。
(B) 新鮮(しんせん)な魚(さかな)のイメージを保(たも)とうと、生(い)きている魚(さかな)を売(う)り物(もの)にしている。
(C) 庶民(しょみん)には手(て)が届(とど)かないほどの値段(ねだん)で売(う)られている。
(D) 安(やす)い上(うえ)に、新鮮(しんせん)さにかけては、どこにも引(ひ)けを取(と)らない。

이 시장은 어떤 곳입니까?
(A) 색이 선명한 열대어를 볼 수 있다.
(B) 싱싱한 생선의 이미지를 유지하려고 살아 있는 생선을 세일즈 포인트로 하고 있다.
(C) 서민은 손댈 수 없을 정도의 가격으로 팔리고 있다.
(D) 싼 데다가 싱싱함에 관해서는 어디에도 뒤지지 않는다.

해설 | 여자의 대화에 주목해야 한다. 이 시장의 생선은 어디보다도 물이 좋은 것이 세일즈 포인트라고 했으므로, 일단 열대어를 볼 수 있다고 한 (A)는 제외. 또한 도매라서 매우 저렴한 가격에 살 수 있다고 했으므로, 매우 비싼 가격이라고 한 (C)도 틀린 설명이다. 정답은 (D)로, 「引(ひ)けを取(と)らない」는 「引(ひ)けを取(と)る』(뒤지다)의 부정형으로 '뒤지지 않다'라는 의미다. (B)는 살아 있는 생선을 세일즈 포인트로 하고 있다는 부분이 잘못되었다.

어휘 | 市場(いちば) 시장  魚(さかな) 생선  どこ 어디
~よりも ~보다도  生(い)きがいい 물이 좋다 *「生(い)き」- 싱싱함
売(う)り 세일즈 포인트 *「売(う)り物(もの)」의 준말
値段(ねだん) 가격  すごい 굉장하다  卸売(おろしう)り 도매
普通(ふつう) 보통  ~なら ~라면  相当(そうとう) 상당히
値(ね)が張(は)る 값이 비싸다  僕(ぼく) 나 *남자의 자칭
貧乏人(びんぼうにん) 가난한 사람
手(て)が出(だ)せない 손댈 수 없다 *「手(て)を出(だ)す」- 손대다
どんな 어떤  所(ところ) 곳, 장소  色(いろ) 색
鮮(あざ)やかだ 선명하다, 뚜렷하다  イメージ 이미지
保(たも)つ 유지하다  生(い)きる (생존해서) 살다
庶民(しょみん) 서민  手(て)が届(とど)く 살 수 있다, 손이 미치다
~ほど ~정도, ~만큼  売(う)る 팔다  安(やす)い (값이) 싸다
~上(うえ)に ~인 데다가, ~에 더해
~にかけては ~에 관해서는, ~에 관한 한 *분야

**71 성별에 따른 의견 및 행동 구분**

男 明日(あした)の会議(かいぎ)、大勢(おおぜい)来(く)るんじゃなかった(?)。
女 そう。今(いま)から会場(かいじょう)を準備(じゅんび)するの。
男 机(つくえ)や椅子(いす)の位置(いち)を図(ず)に書(か)いてくれれば、皆(みんな)で手伝(てつだ)うよ。
女 ありがとう。じゃあ、今(いま)書(か)くわ。

남 내일 회의, 많은 사람이 오는 거 아니었어?
여 맞아. 지금부터 행사장을 준비할 거야.
남 책상이랑 의자 위치를 도면에 써 주면 다 같이 도울게.
여 고마워. 그럼, 지금 쓸게.

男(おとこ)の人(ひと)はどうすると言(い)っていますか。
(A) 案内図(あんないず)を作成(さくせい)する。
(B) 机(つくえ)の並(なら)べ方(かた)を示(しめ)す。
(C) 図(ず)の通(とお)りに会場(かいじょう)を作(つく)る。
(D) 会議室(かいぎしつ)に客(きゃく)を通(とお)す。

남자는 어떻게 한다고 말하고 있습니까?
(A) 안내도를 작성한다.
(B) 책상의 배열 방식을 제시한다.
(C) 도면대로 행사장을 만든다.
(D) 회의실로 손님을 안내한다.

해설 | 남자의 두 번째 대화에 주목해야 한다. 남자는 내일 회의가 열릴 행사장을 준비하는 여자를 도와주겠다면서 책상이나 의자 위치를 도면에 표시해 주면 그대로 배치해 주겠다고 했다. 따라서 정답은 (C)가 된다. 행사장의 안내도를 작성하고 책상 배열 방식을 그려서 보여 주는 것은 남자가 아니라 여자가 해야 할 일이므로, (A)와 (B)는 답이 될 수 없다.

어휘 | 会議(かいぎ) 회의  大勢(おおぜい) 많은 사람, 여럿
来(く)る 오다  今(いま)から 지금부터
会場(かいじょう) 회장, 행사장  準備(じゅんび) 준비
机(つくえ) 책상  椅子(いす) 의자  位置(いち) 위치
図(ず) 도, 도면  書(か)く (글씨·글을) 쓰다
~てくれる (남이 나에게) ~해 주다  皆(みんな)で 모두 함께, 다 같이
手伝(てつだ)う 돕다, 도와주다  案内図(あんないず) 안내도
作成(さくせい) 작성  並(なら)べる (물건 등을) 늘어놓다
동사의 ます형+方(かた) ~하는 방법[방식]
示(しめ)す 내보이다, 제시하다  ~通(とお)り ~대로
作(つく)る 만들다  会議室(かいぎしつ) 회의실
客(きゃく) 손님  通(とお)す 안내하다

**72 성별에 따른 의견 및 행동 구분**

女 今回(こんかい)のボーナス、例年通(れいねんどお)りだって。
男 海外市場(かいがいしじょう)が好調(こうちょう)だって言(い)うわりに、渋(しぶ)いね。
女 カットされる所(ところ)が多(おお)い中(なか)で、ましな方(ほう)だよ。
男 でも、赤字(あかじ)の時(とき)はすぐ減(へ)らされるのに…。

여 이번 보너스, 예년대로래.
남 해외시장이 호조라는 것에 비해서 인색하군.
여 삭감되는 데가 많은 와중에 나온 편이야.
남 하지만 적자 때는 바로 삭감되는데….

女(おんな)の人(ひと)はボーナスについて、何(なん)と言(い)っていますか。
(A) 例年(れいねん)ほどは出(で)そうもない。
(B) 海外市場(かいがいしじょう)の動(うご)きに左右(さゆう)される。
(C) 幸(さいわ)いにも減(へ)らされなかった。
(D) 赤字(あかじ)を覚悟(かくご)で支給(しきゅう)される。

여자는 보너스에 대해서 뭐라고 말하고 있습니까?
(A) 예년만큼은 나올 것 같지 않다.
(B) 해외시장의 변동에 좌우된다.
(C) 다행히도 삭감되지 않았다.
(D) 적자를 각오로 지급된다.

해설 | 보너스에 대한 남자와 여자의 의견이 다른 점에 주의해야 한다. 이번 보너스는 예년과 같은 금액이 나올 것이라는 소식에, 남자는 호황인데도 보너스가 동결되는 것은 너무하다고 불만을 표시하고 있다. 반면 여자는 보너스가 삭감되는 곳도 많은데 예년만큼 나와서 다행이라고 긍정적으로 받아들이고 있으므로, 정답은 (C)가 된다. 나머지 선택지는 모두 대화의 일부분만을 들었을 때 고를 수 있는 오답이다.

어휘 | 今回(こんかい) 이번  ボーナス 보너스
例年(れいねん) 예년  명사+通(どお)り ~대로
~って ~대, ~래, ~라면서  海外(かいがい) 해외
市場(しじょう) 시장  好調(こうちょう) 호조  ~って ~라고
言(い)う 말하다  ~わりに ~에 비해서  渋(しぶ)い 짜다, 인색하다

26

カット 컷, 삭감 所(ところ) 곳, 데 多(おお)い 많다
ましだ 낫다 方(ほう) 편, 쪽 赤字(あかじ) 적자
時(とき) 때 すぐ 곧, 바로 減(へ)らす 줄이다, 감하다
~のに ~는데(도) ~ほど ~정도, ~만큼 出(で)る 나오다
동사의 ます형+そうもない ~일[할] 것 같지 않다
動(うご)き 움직임, (상태[상황]·정세의) 변화, 변동, 추이
左右(さゆう) 좌우함, 좌지우지함 幸(さいわ)いにも 다행히도
覚悟(かくご) 각오 支給(しきゅう) 지급

**73 대화 내용에 대한 이해**

> 男 最近はキャンプは夏だけのものじゃないんだって。
> 女 私も12月に行ったけど、よかったよ。寒かったけど、人は少ないし、虫もいないし。
> 男 以前は大部分の人が8月に行ったけど、今は9月、8月、6月の順だって。
> 女 ふうん、やっぱり、冬に行く人はそれよりずっと少ないんだろうね。

> 남 요즘에는 캠핑은 여름에만 가는 게 아니래.
> 여 나도 12월에 갔는데 괜찮았어. 추웠지만 사람은 적고 벌레도 없고.
> 남 이전에는 대부분의 사람들이 8월에 갔는데 지금은 9월, 8월, 6월 순이래.
> 여 흠, 역시 겨울에 가는 사람은 그것보다 훨씬 적겠네.

キャンプについて、正しいものはどれですか。
(A) 真冬に行くと、人も少なく虫もいなくていい。
(B) 最近は8月に行く人が一番多い。
(C) 最近は9月に行く人が二番目に多い。
(D) 男の人は冬に行ったことがある。

캠핑에 대해서 맞는 것은 어느 것입니까?
(A) 겨울에 가면 사람도 적고 벌레도 없어서 좋다.
(B) 요즘에는 8월에 가는 사람이 가장 많다.
(C) 요즘에는 9월에 가는 사람이 두 번째로 많다.
(D) 남자는 겨울에 간 적이 있다.

해설 | 두 사람은 캠핑 시기에 대해 이야기를 나누고 있다. 남자는 요즘에는 캠핑을 여름에만 가는 게 아니라고 하면서 「9月(くがつ)、8月(はちがつ)、6月(ろくがつ)の順(じゅん)」(9월, 8월, 6월 순)으로 많이 간다고 했다. 즉, 9월에 가는 사람이 제일 많고, 8월이 두 번째로 많다는 뜻이므로 (B)와 (C)는 틀린 설명. 겨울에 캠핑을 갔던 것은 여자이므로 (D)도 부적절하다. 정답은 (A)로, 여자는 겨울에 캠핑을 갔을 때 사람도 적고 벌레도 없어서 좋았다고 했다.

어휘 | キャンプ 캠핑, 야영(=キャンピング) 夏(なつ) 여름
~だけ ~만, ~뿐 ~って ~대, ~래, ~라면서
12月(じゅうにがつ) 12월 寒(さむ)い 춥다 ~し ~고
虫(むし) 벌레 以前(いぜん) 전, 이전, 예전
大部分(だいぶぶん) 대부분 8月(はちがつ) 8월 今(いま) 지금
9月(くがつ) 9월 6月(ろくがつ) 6월 順(じゅん) 순, 순서

やっぱり 역시 冬(ふゆ) 겨울 ~より ~보다 ずっと 훨씬
~だろう ~일[할] 것이다, ~겠지 一番(いちばん) 가장, 제일
~番目(ばんめ) ~번째 동사의 た형+ことがある ~한 적이 있다

**74 대화 내용에 대한 이해**

> 男 かなり具合悪そうだけど、行くの(?)。
> 女 行かないわけにはいかないのよ。
> 男 君が休んでも、他の人は困らないもんだよ。
> 女 それはそうだけど、今は年度末だからね。

> 남 상당히 컨디션이 안 좋아 보이는데, 갈 거야?
> 여 안 갈 수는 없다고.
> 남 네가 쉬어도 다른 사람은 곤란하지 않아.
> 여 그건 그렇지만 지금은 (회계) 연도 말이니까.

女の人はどう思っていますか。
(A) 仕事に行かざるを得ない。
(B) 今日は休むしかない。
(C) 具合が悪い時は、休むに限る。
(D) 年度末は比較的余裕がある。

여자는 어떻게 생각하고 있습니까?
(A) 일하러 가지 않을 수는 없다.
(B) 오늘은 쉴 수밖에 없다.
(C) 컨디션이 좋지 않을 때는 쉬는 게 최고다.
(D) (회계) 연도 말은 비교적 여유가 있다.

해설 | 여자의 대화에 주목해야 한다. 남자는 컨디션이 좋아 보이지 않는 여자에게 일을 쉴 것을 권유하고 있지만, 여자는 지금은 회계 연도 말이기 때문에 일하러 가야 한다고 말하고 있다. 따라서 정답은 (A)가 된다. (B)와 (C)는 남자의 생각에 해당하므로 부적절하고, (D)는 여자의 말과 반대되는 내용이다.

어휘 | かなり 꽤, 상당히 具合(ぐあい) (건강) 상태
悪(わる)い 나쁘다, 좋지 않다
い형용사의 어간+そうだ ~일[할] 것 같다, ~해 보이다 *양태
~ないわけにはいかない ~하지 않을 수는 없다
君(きみ) 너, 자네 休(やす)む 쉬다 他(ほか) 다른 (사람)
人(ひと) 사람 困(こま)る 곤란하다, 난처하다
年度末(ねんどまつ) (회계) 연도 말
동사의 ない형+ざるを得(え)ない ~하지 않을 수 없다
~しかない ~할 수밖에 없다
~に限(かぎ)る ~이 제일이다[최고다]
比較的(ひかくてき) 비교적 余裕(よゆう) 여유

**75 대화 내용에 대한 이해**

> 女 神田君、散々迷った末に、音楽続けるんだって(?)。
> 男 うん。一流企業に就職も決まってたんだけどな。

JPT 기출 850+ 최종평가

27

女 あなたが簡単に夢を捨てるなって言ったん
でしょ(?)。

男 諦めてほしくなかったんだよ。

여 간다 군, 많이 망설인 끝에 음악 계속할 거라며?
남 응. 일류기업에 취직도 결정되었지만 말이야.
여 당신이 쉽게 꿈을 버리지 말라고 했잖아?
남 단념하지 말아 주었으면 했거든.

男の人は神田さんに対して、何をしましたか。

(A) 退職を思い止まらせた。
(B) 将来について助言をした。
(C) 就職という選択肢を示した。
(D) 夢と現実の違いを説明した。

남자는 간다 씨에 대해 무엇을 했습니까?
(A) 퇴직을 단념하게 했다.
(B) 장래에 대해서 조언을 했다.
(C) 취직이라는 선택지를 제시했다.
(D) 꿈과 현실의 차이를 설명했다.

해설 | 후반부의 대화에 주목해야 한다. 간다 씨의 사연을 종합해 보면 간다 씨는 일류기업에 취직이 결정되었음에도 불구하고 음악에 대한 꿈을 이루기 위해 취업을 단념한 상태라는 것을 알 수 있다. 여자의 두 번째 대화를 통해 간다 씨가 음악이냐 취업이냐로 고민할 때 남자는 단념하지 않았으면 하는 마음에서 쉽게 꿈을 버리지 말라고 말했다는 것을 알 수 있다. 따라서 정답은 장래에 대해서 조언을 했다고 한 (B)가 된다. 나머지 선택지는 모두 음악이 아니라 취직을 선택한 경우에 해당하는 내용이다.

어휘 | 散々(さんざん) 몹시 심한 모양  迷(まよ)う 망설이다
동사의 た형+末(すえ)에 ~한 끝에  音楽(おんがく) 음악
続(つづ)ける 계속하다  ~って ~대, ~래, ~라면서
一流(いちりゅう) 일류  企業(きぎょう) 기업
就職(しゅうしょく) 취직  決(き)まる 정해지다, 결정되다
あなた 당신  簡単(かんたん)だ 간단하다, 쉽다  夢(ゆめ) 꿈
捨(す)てる 버리다  동사의 기본형+な ~하지 마 *금지
~って ~라고  諦(あきら)める 단념하다, 체념하다
~てほしくない ~하지 말아 주었으면 하다
~に対(たい)して ~에 대해, ~에게 *대상  退職(たいしょく) 퇴직
思(おも)い止(とど)まる (하려고 생각했던 일을) 그만두다, 단념하다
将来(しょうらい) 장래  助言(じょげん) 조언
~という ~라고 하는, ~라는  選択肢(せんたくし) 선택지
示(しめ)す 내보이다, 제시하다  現実(げんじつ) 현실
違(ちが)い 차이  説明(せつめい) 설명

**76** 대화 내용에 대한 이해

女 一日のエネルギー摂取量って50年前とほぼ
同じかむしろやや減少してるんだって。

男 へえ、食生活は豊かになっているのにね。

女 摂取の割合は炭水化物が減少していて、脂
肪とたんぱく質は増えてるんだって。

男 脂肪か…。僕も最近気を付けてはいるけど
ね。

여 일일 에너지 섭취량은 50년 전과 거의 같거나 오히려 조금 감소하고 있대.
남 허, 식생활은 풍족해지고 있는데 말이지.
여 섭취 비율은 탄수화물이 감소하고 있고 지방과 단백질은 늘고 있대.
남 지방이라…. 나도 요즘 주의하고는 있는데.

会話の内容と合っているものはどれですか。

(A) エネルギー摂取量は増加している。
(B) たんぱく質の摂取量は増加している。
(C) 炭水化物の摂取量は増加している。
(D) 脂肪の摂取量は減少している。

대화의 내용과 맞는 것은 어느 것입니까?
(A) 에너지 섭취량은 증가하고 있다.
(B) 단백질 섭취량은 증가하고 있다.
(C) 탄수화물 섭취량은 증가하고 있다.
(D) 지방 섭취량은 감소하고 있다.

해설 | 두 사람은 일일 에너지 섭취량에 대해 이야기를 나누고 있다. 일일 에너지 섭취량은 50년 전과 같거나 조금 감소하고 있는데, 그중에서 「炭水化物(たんすいかぶつ)」(탄수화물)의 비율은 감소하고 있고, 「脂肪(しぼう)」(지방)와 「たんぱく質(しつ)」(단백질)의 비율은 증가하고 있다고 했다. 정답은 (B)로, 대화의 「増(ふ)えてる」(늘고 있다)를 선택지에서는 「増加(ぞうか)している」(증가하고 있다)로 바꿔 표현했다.

어휘 | 一日(いちにち) (날짜의) 일일, 하루  エネルギー 에너지
摂取量(せっしゅりょう) 섭취량  前(まえ) 전, 이전
ほぼ 거의  同(おな)じだ 같다  むしろ 오히려  やや 조금, 약간
減少(げんしょう) 감소  ~って ~대, ~래, ~라면서
へえ 허 *감탄하거나 놀랐을 때 내는 소리
食生活(しょくせいかつ) 식생활  豊(ゆた)かだ 풍부하다, 풍족하다
~のに ~는데(도)  割合(わりあい) 비율  増(ふ)える 늘다, 늘어나다
僕(ぼく) 나 *남자의 자칭  気(き)を付(つ)ける 조심하다, 주의하다
増加(ぞうか) 증가

**77** 대화 내용에 대한 이해

女 不景気で給料はダウンしたのに、ローンの
返済は固定よ。

男 株価と並行して下がりゃいいのに。

女 金利が低い時にローンを組めばよかった。

男 言い始めたらきりがないさ。これも運だよ。

여 불경기로 급여는 내려갔는데 대출 상환은 고정이야.
남 주가와 병행해서 내려가면 좋을 텐데.
여 금리가 낮을 때 대출을 받았으면 좋았을 텐데.
남 말하기 시작하면 끝이 없어. 이것도 운이야.

ローンについて、何と言っていますか。
(A) 景気動向にかかわらず、一定額を納める。
(B) 景気回復に伴い、返済額が膨らんだ。
(C) 給与が下がっても、新たには組めない。
(D) 返済額が市場に連動することになった。

대출에 대해서 뭐라고 말하고 있습니까?
(A) 경기 동향에 관계없이 일정액을 납부한다.
(B) 경기 회복에 따라 상환액이 불어났다.
(C) 급여가 내려가도 새롭게는 빌릴 수 없다.
(D) 상환액이 시장에 연동되게 되었다.

해설 | 여자의 첫 번째 대화에 주목해야 한다. 불경기로 월급은 깎였는데, 대출 상환은 고정이라고 했다. 즉, 경기가 좋든 나쁘든 관계없이 고정 금리로 대출을 받았기 때문에 내야 하는 이자는 똑같다는 의미이므로, 정답은 (A)가 된다. (B)와 (D)는 변동 금리에 대한 설명이므로 부적절하고, 신규 대출에 대한 언급 또한 없으므로 (C)도 답이 될 수 없다.

어휘 | 不景気(ふけいき) 불경기　給料(きゅうりょう) 급여, 급료
ダウン 다운, 내려가는 것, 떨어지는 것　ローン 대출(금)
返済(へんさい) 변제, 상환, 빚을 갚음　固定(こてい) 고정
株価(かぶか) 주가　並行(へいこう) 병행
下(さ)がる 내려가다, (값 등이) 떨어지다
金利(きんり) 금리　低(ひく)い 낮다　時(とき) 때
ローンを組(く)む 은행에서 돈을 빌리다, 대출을 받다
～ばよかった ～했으면 좋았을 텐데, ～할 걸 그랬다
동사의 ます형+始(はじ)める ～하기 시작하다
きりがない 끝[한]이 없다　運(うん) 운　景気(けいき) 경기
動向(どうこう) 동향　～にかかわらず ～에 관계없이
一定額(いっていがく) 일정액　納(おさ)める 납부하다
～に伴(ともな)い ～에 동반해
返済額(へんさいがく) 반제액, 상환액
膨(ふく)らむ (계획 따위의) 규모가 커지다, (수량 등이) 불어나다
新(あら)ただ 새롭다　市場(しじょう) 시장
連動(れんどう)する 연동되다
동사의 보통형+ことになる ～하게 되다

**78 성별에 따른 의견 및 행동 구분**

男　意味もなく、お辞儀をされるのって抵抗あるな。
女　単なる挨拶なんだから、不快感は与えないんじゃない(?)。
男　だからこそ心がこもってなくて、気分悪いんだよ。
女　でも、人間関係を円滑にするために、一役買ってるのは確かよ。

남　의미도 없이 (머리 숙여) 인사를 받는 건 저항감이 있군.
여　단순한 인사니까 불쾌감은 주지 않잖아?
남　그렇기 때문에 진심이 담겨 있지 않아서 기분 나빠.
여　하지만 인간관계를 원활하게 하기 위해서 한몫을 하고 있는 건 분명해.

女の人が言いたいことは何ですか。
(A) 真心のこもらない挨拶は交わさないことだ。
(B) 何気ない言葉でも気持ちは伝わるものだ。
(C) よりよい交流を図るために、挨拶は有効な手段だ。
(D) 相手の不快な気持ちは理解しがたいものだ。

여자가 말하고 싶은 것은 무엇입니까?
(A) 진심이 담기지 않은 인사는 주고받지 않아야 한다.
(B) 무심한 말이라도 기분은 전해지는 법이다.
(C) 보다 좋은 교류를 도모하기 위해서 인사는 유효한 수단이다.
(D) 상대의 불쾌한 기분은 이해하기 힘든 법이다.

해설 | 여자의 대화에 주목해야 한다. 남자는 형식상 주고받는 인사에는 저항감을 느낀다고 했다. 그러나 여자는 이런 남자와는 달리 인사가 인간관계를 원활하게 하는 데 한몫을 하고 있다고 말하고 있으므로, 정답은 (C)가 된다. (A)는 남자의 생각과 일치하는 내용이고, (B)는 「言葉(ことば)」(말)가 아닌 「お辞儀(じぎ)」(머리 숙여 인사함)나 「挨拶(あいさつ)」(인사)라고 해야 맞는 설명이며, (D)는 대화의 일부분을 응용한 오답이다.

어휘 | 意味(いみ) 의미
抵抗(ていこう) 저항(감), 순순히 받아들이기 어려움
単(たん)なる 단순한　不快感(ふかいかん) 불쾌감
与(あた)える 주다　だからこそ 그렇기 때문에
心(こころ) 마음, 진심　こもる (마음이) 담기다, 깃들다
気分(きぶん) 기분　悪(わる)い 나쁘다, 좋지 않다
人間関係(にんげんかんけい) 인간관계
円滑(えんかつ)だ 원활하다　～ために ～위해서
一役買(ひとやくか)う (자진하여) 한몫 끼다, 협력하다
確(たし)かだ 분명하다, 확실하다　真心(まごころ) 진심
交(か)わす 주고받다, 교환하다, 나누다
～ことだ ～해야 한다　何気(なにげ)ない 무심하다, 태연하다
気持(きも)ち 기분　伝(つた)わる 전해지다, 전달되다
～ものだ ～인 겐[법]이다 *상식·진리·본성　よりよい 보다 좋은
交流(こうりゅう) 교류　図(はか)る 도모하다
有効(ゆうこう)だ 유효하다　手段(しゅだん) 수단
相手(あいて) 상대　不快(ふかい)だ 불쾌하다　理解(りかい) 이해
동사의 ます형+がたい (내부적인 요인으로) ～하기 어렵다[힘들다]

**79 대화 내용에 대한 이해**

女　沖縄は台風13号で大変だったみたいね。
男　そうらしいね。これからどんどん北上するのかな。逸れるといいんだけど。
女　関西方面に上陸して、そのまま北上するけど、勢力も弱まったみたいだよ。
男　よかった。台風12号がこの前関東を直撃したばかりだから、心配していたんだ。

여　오키나와는 태풍 13호로 힘들었나 봐.
남　그런 것 같네. 앞으로 점점 북상하는 건가? 빠져나가면 좋겠는데.

29

여 간사이 방면에 상륙해서 그대로 북상하는데 세력도 약해진 모양이야.

남 다행이다. 태풍 12호가 오전에 간토를 직격한 지 얼마 안 돼서 걱정하고 있었거든.

今後の台風の進路はどうなりますか。
(A) 関東地方を直撃する。
(B) 関西地方を逸れて北上する。
(C) 沖縄に上陸する。
(D) 関西地方を通過して北へ向かう。

앞으로의 태풍 진로는 어떻게 됩니까?
(A) 간토 지방을 직격한다.
(B) 간사이 지방을 빠져나가서 북상한다.
(C) 오키나와에 상륙한다.
(D) 간사이 지방을 통과해서 북으로 향한다.

해설 | 현재 두 사람이 걱정하고 있는 태풍은 13호로, 그 진로는 여자의 두 번째 대화에 나온다. 「関西方面(かんさいほうめん)に上陸(じょうりく)して、そのまま北上(ほくじょう)する」(간사이 방면에 상륙해서 그대로 북상한다)라고 했으므로, 정답은 (D)가 된다. (A)는 요전에 간토를 직격한 태풍 12호에 대한 설명이고, 태풍 13호는 간사이 지방을 빠져나가서 북상하는 것이 아니라 상륙해서 그대로 북상하는 것이므로 (B)는 틀린 설명이다. 또한 태풍 13호는 이미 오키나와에 상륙해서 피해를 주었으므로 (C)도 답이 될 수 없다.

어휘 | 沖縄(おきなわ) 오키나와 台風(たいふう) 태풍
~号(ごう) ~호 *태풍을 세는 말
大変(たいへん)だ 큰일이다, 힘들다 ~みたいだ ~인 것 같다
~らしい ~인 것 같다 *객관적 근거에 의한 추측·판단
これから 이제부터, 앞으로 どんどん 점점
北上(ほくじょう) 북상 逸(そ)れる 빗나가다, 빠져나가다
関西(かんさい) 간사이 *교토, 오사카를 중심으로 한 지역
方面(ほうめん) 방면 上陸(じょうりく) 상륙 そのまま 그대로
勢力(せいりょく) 세력 弱(よわ)まる 약해지다
よかった 잘됐다, 다행이다 この前(まえ) 요전, 일전
関東(かんとう) 간토 *도쿄, 요코하마를 중심으로 한 지역
直撃(ちょくげき) 직격
동사의 た형+ばかりだ 막 ~한 참이다, ~한 지 얼마 안 되다
心配(しんぱい) 걱정, 염려 今後(こんご) 금후, 앞으로
進路(しんろ) 진로 地方(ちほう) 지방 通過(つうか) 통과
北(きた) 북, 북쪽 向(む)かう 향하다

**80 업무 및 비즈니스 표현**

男 昨日の会議で話し合った企画のことですが、いつから実行されるんでしょうか。

女 さあ、最終的には社長の了承を得ないとわかりませんよね。

男 課長は今すぐにでもやろうって意気込んでましたけど。

女 社長が判を押さない限りは、いくらいいアイデアでもね。

남 어제 회의에서 의논한 기획 말인데요, 언제부터 실행되는 걸까요?

여 글쎄요, 최종적으로는 사장님의 승낙을 얻지 않으면 알 수 없죠.

남 과장님은 지금 당장이라도 하자고 의욕에 불타고 있었는데요.

여 사장님이 도장을 찍지 않는 한은 아무리 좋은 아이디어라도 말이죠.

企画について、正しいものはどれですか。
(A) 課長はあまり乗り気ではない。
(B) 実行されるのは間違いない。
(C) 課長には決定の権限はない。
(D) 社長の了承は必ずしも必要ではない。

기획에 대해서 맞는 것은 어느 것입니까?
(A) 과장은 별로 마음이 내키지 않는다.
(B) 실행되는 것은 틀림없다.
(C) 과장에게는 결정 권한은 없다.
(D) 사장의 승낙은 반드시 필요한 것은 아니다.

해설 | 어제 회의에서 협의한 기획의 실현 가능성에 대해 이야기를 나누고 있다. 과장은 지금 당장이라도 실행에 옮기자고 할 만큼 의욕에 넘쳐 있다고 했으므로, 일단 (A)는 제외. 여자는 아무리 좋은 아이디어라도 사장의 최종 승인이 없는 한 실행에 옮기기는 힘들다고 했으므로, 정답은 (C)가 된다. (B)의 실행 여부는 아직 알 수 없고, 사장의 승낙은 반드시 필요한 사항이므로 (D)도 틀린 설명이다.

어휘 | 昨日(きのう) 어제 会議(かいぎ) 회의
話(はな)し合(あ)う 서로 이야기하다, 의논하다, 상의하다
企画(きかく) 기획 いつ 언제 実行(じっこう) 실행
さあ 글쎄(요) *확실한 대답을 회피할 때의 소리
最終的(さいしゅうてき) 최종적 社長(しゃちょう) 사장
了承(りょうしょう) 승낙 得(え)る 얻다 わかる 알다
課長(かちょう) 과장 今(いま) 지금 すぐ 곧, 바로
やる 하다 ~って ~라고 意気込(いきご)む 의욕에 불타다
判(はん) 도장 押(お)す (도장을) 누르다, 찍다
~ない限(かぎ)り ~하지 않는 한
いくら~でも 아무리 ~라도 アイデア 아이디어
あまり (부정어 수반) 그다지, 별로
乗(の)り気(き) 마음이 내킴 間違(まちが)いない 틀림없다
決定(けってい) 결정 権限(けんげん) 권한
必(かなら)ずしも (부정어 수반) 반드시 ~인 것은 (아니다), 꼭 ~하다고는 (할 수 없다) 必要(ひつよう)だ 필요하다

**81~84** 도서관의 야마다 씨

私は本が好きです。本は大抵図書館で読みます。大学の中にも図書館はありますが、81いつも家の近くの図書館に行きます。広くてきれいな公園の中にある図書館です。そこには、82明るくて、優しい山田さんという人が働いていて、よく一緒に本の話をします。でも、83山田さんは来月結婚して、北海道へ行きます。それで今晩、山田さんのさよならパーティーが図書館であります。84私も行きますが、すごく寂しいです。

저는 책을 좋아합니다. 책은 대개 도서관에서 읽습니다. 대학 안에도 도서관은 있지만 81항상 집 근처 도서관에 갑니다. 넓고 깨끗한 공원 안에 있는 도서관입니다. 그곳에는 82밝고 상냥한 야마다 씨라는 사람이 일하고 있어서 자주 함께 책 이야기를 합니다. 하지만 83야마다 씨는 다음 달에 결혼해서 홋카이도로 갑니다. 그래서 오늘 밤에 야마다 씨의 작별 파티가 도서관에서 있습니다. 84저도 갈 건데, 굉장히 서운합니다.

어휘 | 本(ほん) 책 好(す)きだ 좋아하다
大抵(たいてい) 대개, 대부분 図書館(としょかん) 도서관
読(よ)む 읽다 大学(だいがく) 대학 中(なか) 안, 속
いつも 늘, 항상 近(ちか)く 근처 広(ひろ)い 넓다
きれいだ 깨끗하다 公園(こうえん) 공원 そこ 거기, 그곳
明(あか)るい 밝다, (성격·표정·분위기 등이) 밝다, 명랑하다
優(やさ)しい 다정하다, 상냥하다 〜という 〜라고 하는, 〜라는
働(はたら)く 일하다 よく 자주 一緒(いっしょ)に 함께
話(はなし) 이야기 でも 하지만 来月(らいげつ) 다음 달
結婚(けっこん) 결혼 北海道(ほっかいどう) 홋카이도
それで 그래서 今晩(こんばん) 오늘 밤
さよならパーティー 작별 파티 すごく 굉장히, 몹시
寂(さび)しい 아쉽다, 섭섭하다

**81** この人は大抵どこで本を読みますか。
(A) 家
(B) 大学の図書館
(C) 家の近くの図書館
(D) 公園

**81** 이 사람은 대개 어디에서 책을 읽습니까?
(A) 집
(B) 대학 도서관
(C) 집 근처 도서관
(D) 공원

해설 | 이 사람은 주로 도서관에서 책을 읽는데, 대학 안에도 도서관이 있지만 항상 집 근처 도서관에 간다고 했다. 따라서 정답은 (C)가 된다.

**82** この人は図書館で何をよくしますか。
(A) 図書館の仕事をする。
(B) 子供に本を読ませる。
(C) 山田さんと話をする。
(D) 友達と勉強する。

**82** 이 사람은 도서관에서 무엇을 자주 합니까?
(A) 도서관 업무를 한다.
(B) 아이에게 책을 읽게 한다.
(C) 야마다 씨와 이야기를 한다.
(D) 친구와 공부한다.

해설 | 중반부의 내용 문제. 이 사람은 집 근처에 있는 도서관을 자주 이용하고 있다. 그리고 그곳에서 일하는 야마다 씨와 자주 책 이야기를 나눈다고 했으므로, 정답은 (C)가 된다.

어휘 | 友達(ともだち) 친구 勉強(べんきょう) 공부

**83** 山田さんについて、正しいものはどれですか。
(A) いつもこの人と公園で会う。
(B) 北海道から来た。
(C) もうすぐ仕事を辞める。
(D) 結婚している。

**83** 야마다 씨에 대해서 맞는 것은 어느 것입니까?
(A) 항상 이 사람과 공원에서 만난다.
(B) 홋카이도에서 왔다.
(C) 이제 곧 일을 그만둔다.
(D) 결혼한 상태다.

해설 | 도서관에서 알게 된 야마다 씨는 다음 달에 결혼해서 홋카이도로 간다고 했다. 즉, 야마다 씨는 아직 결혼 전이고 홋카이도로 갈 예정이라는 뜻이므로, (B)와 (D)는 부적절. 후반부에서 오늘 밤에 도서관에서 야마다 씨의 작별 파티가 있다고 했으므로, 야마다 씨는 결혼과 동시에 일을 그만두게 되었다는 것을 알 수 있다. 따라서 정답은 (C)가 된다.

어휘 | 会(あ)う 만나다 来(く)る 오다 もうすぐ 이제 곧
辞(や)める (일자리를) 그만두다

**84** この人は今晩何をしますか。
(A) パーティーへ行く。
(B) 山田さんの代わりに働く。
(C) 山田さんの家へ行く。
(D) 公園を散歩する。

**84** 이 사람은 오늘 밤에 무엇을 합니까?
(A) 파티에 간다.
(B) 야마다 씨 대신에 일한다.
(C) 야마다 씨 집에 간다.
(D) 공원을 산책한다.

해설 | 후반부에서 오늘 밤에 도서관에서 열리는 야마다 씨의 작별 파티에 이 사람도 갈 것이라고 했으므로, 정답은 (A)가 된다.

어휘 | 명사+の+代(か)わりに ~대신에 散歩(さんぽ) 산책

**85~88 시험 담당자의 내일 업무**

明日は東京の大学を借りて、85料理の先生やレストランで働いている人のためのテストがあります。私が勤めている会社がそのテストを担当するので、明日は忙しいです。86まず、朝早く会社に行きます。87500人分のテスト用紙が入っている大きな箱を、タクシーで大学まで運びます。大学に着いたら、テストを受けに来た人たちを案内して、時間になったらテスト用紙を配ります。明日のテストに合格した人は、3か月後に別の試験を受けなければなりません。88そのテストは明日のテストよりずっと難しいですから、合格する人はとても少ないです。

내일은 도쿄의 대학을 빌려 85요리 선생님이나 레스토랑에서 일하고 있는 사람을 위한 시험이 있습니다. 제가 근무하고 있는 회사가 그 시험을 담당하기 때문에 내일은 바쁩니다. 86우선 아침 일찍 회사에 갑니다. 87500명 분의 시험지가 들어 있는 큰 상자를 택시로 대학까지 옮깁니다. 대학에 도착하면 시험을 치러 온 사람들을 안내하고 시간이 되면 시험지를 나누어 줍니다. 내일 시험에 합격한 사람은 3개월 후에 다른 시험을 봐야 합니다. 88그 시험은 내일 시험보다 훨씬 어렵기 때문에 합격하는 사람은 매우 적습니다.

어휘 | 明日(あした) 내일 東京(とうきょう) 도쿄
大学(だいがく) 대학(교) 借(か)りる 빌리다
料理(りょうり) 요리 先生(せんせい) 선생님
レストラン 레스토랑 働(はたら)く 일하다 人(ひと) 사람
~ための ~위한 テスト 테스트, 시험 勤(つと)める 근무하다
担当(たんとう) 담당 忙(いそが)しい 바쁘다 まず 우선
朝(あさ) 아침 早(はや)く 일찍 ~分(ぶん) ~분, ~분량
用紙(ようし) 용지 入(はい)る 들다 大(おお)きな 큰
箱(はこ) 상자 タクシー 택시 ~まで ~까지
運(はこ)ぶ 옮기다, 운반하다 着(つ)く 도착하다 ~たら ~하면
受(う)ける 받다, (시험·면접 등을) 보다, 치르다
동사의 ます형+に ~하러 *동작의 목적
~たち (사람이나 생물을 나타내는 말에 붙어) ~들
案内(あんない) 안내 時間(じかん) 시간
配(くば)る 나누어 주다, 배포하다 合格(ごうかく) 합격
~か月(げつ) ~개월 ~後(ご) ~후
別(べつ) 다름 試験(しけん) 시험
~なければならない ~하지 않으면 안 된다, ~해야 한다
~より ~보다 ずっと 훨씬 難(むずか)しい 어렵다
とても 아주, 매우 少(すく)ない 적다

**85 明日(あした)のテストはどんなテストですか。**
(A) 大学(だいがく)に入(はい)るためのテスト

(B) 料理学校(りょうりがっこう)に入(はい)るためのテスト
(C) 料理関係(りょうりかんけい)の人(ひと)たちのためのテスト
(D) 学校(がっこう)やレストランを建(た)てる人(ひと)たちのためのテスト

**85 내일 시험은 어떤 시험입니까?**
(A) 대학에 들어가기 위한 시험
(B) 요리학교에 들어가기 위한 시험
(C) 요리 관계자들을 위한 시험
(D) 학교나 레스토랑을 짓는 사람들을 위한 시험

해설 | 첫 번째 문장에서 내일은 도쿄의 대학을 빌려 요리 선생님이나 레스토랑에서 일하고 있는 사람을 위한 시험이 있다고 했다. 즉, 내일 시험은 요식업에 종사하는 사람들을 대상으로 한 것이라는 뜻이므로, 정답은 요리 관계자들을 위한 시험이라고 한 (C)가 된다. (A)는 「大学(だいがく)」(대학(교)), (B)는 「料理(りょうり)」(요리), (D)는 「レストラン」(레스토랑)이라는 말만 들었을 때 고를 수 있는 오답이다.

어휘 | 入(はい)る 들어가다, 입학하다 学校(がっこう) 학교
関係(かんけい) 관계 建(た)てる (집을) 짓다, 세우다

**86 明日(あした)、この人(ひと)は初(はじ)めにどこへ行(い)きますか。**
(A) 会社(かいしゃ)
(B) レストラン
(C) 料理学校(りょうりがっこう)
(D) 大学(だいがく)

**86 내일 이 사람은 처음에 어디에 갑니까?**
(A) 회사
(B) 레스토랑
(C) 요리학교
(D) 대학

해설 | 이 사람은 시험 응시자가 아니라, 시험을 주관하는 회사에 소속된 회사원이라는 점에 주의해야 한다. 세 번째 문장에서 내일은 우선 아침 일찍 회사에 간다고 했으므로, 정답은 (A)가 된다.

**87 明日(あした)、この人(ひと)がする仕事(しごと)はどれですか。**
(A) 車(くるま)を運転(うんてん)する。
(B) 料理(りょうり)を教(おし)える。
(C) 試験問題(しけんもんだい)を作(つく)る。
(D) 荷物(にもつ)を運(はこ)ぶ。

**87 내일 이 사람이 하는 일은 어느 것입니까?**
(A) 자동차를 운전한다.
(B) 요리를 가르친다.
(C) 시험문제를 만든다.
(D) 짐을 옮긴다.

해설 | 시험 준비와 관련된 업무 내용은 중반부에 나오는데, 바로 500명 분의 시험지가 들어 있는 큰 상자를 택시로 대학까지 옮기는 일이다. 즉, 시험지가 든 상자를 운반해야 한다는 뜻이므로, 정답은 (D)가 된다.

어휘 | 車(くるま) 자동차, 차 運転(うんてん) 운전
教(おし)える 가르치다, 교육하다 問題(もんだい) 문제

作(つく)る 만들다 荷物(にもつ) 짐

**88** 試験について、正しいものはどれですか。
(A) 試験は2日間行われる。
(B) 明日合格できなかったら、3か月後にもう一度受けられる。
(C) 3か月後の試験は明日の試験ほど難しくない。
(D) 3か月後の試験にはなかなか合格できない。

**88** 시험에 대해서 맞는 것은 어느 것입니까?
(A) 시험은 이틀간 실시된다.
(B) 내일 합격하지 못하면 3개월 후에 한 번 더 볼 수 있다.
(C) 3개월 후의 시험은 내일 시험만큼 어렵지 않다.
(D) 3개월 후의 시험에는 좀처럼 합격할 수 없다.

해설 | 후반부의 내용 문제. 시험은 내일 하루만 실시되므로 일단 (A)는 제외. 또한 내일 시험에 합격한 사람은 3개월 후에 다른 시험을 봐야한다고 했다. 즉, 내일 시험에 떨어지면 3개월 후의 시험을 치를 자격이 없다는 뜻이므로, (B)도 답이 될 수 없다. 마지막 문장에서 그 시험은 내일 시험보다 훨씬 어려워서 합격자가 매우 적다고 했으므로, (C)도 틀린 설명이다. 정답은 (D)로, 마지막 문장과 일치하는 내용이다.

어휘 | 行(おこな)う 하다, 행하다, 실시하다
もう一度(いちど) 한 번 더 ~ほど ~정도, ~만큼
なかなか (부정어 수반) 좀처럼

**89~91** 일본에 전래된 빵의 역사

日本人が初めてパンを知ったのは400年前で、89ポルトガル人によって伝えられた。そして日本にパンを売る店ができたのは、90アメリカやヨーロッパの人がたくさん来るようになった100年ぐらい前のことだ。けれども、その頃はパンを食べる日本人は少なかった。パンを食べる日本人が多くなってきたのは50年ぐらい前からだ。丈夫な体になるということで、牛乳を飲んだり、よく肉を食べたりするようになり、そのため、91そうした食事に合わせてパンを食べる人が多くなったと言われている。

일본인이 처음 빵을 안 것은 400년 전으로, 89포르투갈인에 의해 전해졌다. 그리고 일본에 빵을 파는 가게가 생긴 것은 90미국이나 유럽 사람이 많이 오게 된 100년 정도 전의 일이다. 그러나 그 당시에는 빵을 먹는 일본인은 적었다. 빵을 먹는 일본인이 많아진 것은 50년 정도 전부터다. 튼튼한 몸이 된다는 것 때문에 우유를 마시거나 자주 고기를 먹거나 하게 되고, 그 때문에 91그러한 식사에 맞춰 빵을 먹는 사람이 많아졌다고들 한다.

어휘 | 日本人(にほんじん) 일본인 初(はじ)めて 처음(으로)
パン 빵 知(し)る 알다 前(まえ) 전, 이전

ポルトガル人(じん) 포르투갈인 ~によって ~에 의해서
伝(つた)える 전하다, 알리다 そして 그리고 売(う)る 팔다
店(みせ) 가게 できる 생기다 アメリカ 미국
ヨーロッパ 유럽 人(ひと) 사람 たくさん 많이
来(く)る 오다 ~ようになる ~하게(끔) 되다 *변화
けれども 그러나, 그렇지만 その頃(ころ) 그 당시, 그 무렵
食(た)べる 먹다 少(すく)ない 적다 多(おお)い 많다
丈夫(じょうぶ)だ 튼튼하다 体(からだ) 몸, 신체
~という ~라고 하는, ~라는 ~ことで ~때문에
牛乳(ぎゅうにゅう) 우유 飲(の)む 마시다
~たり[だり]~たり[だり]する ~하거나 ~하거나 하다, ~하기도 하고 ~하기도 하다 よく 자주 肉(にく) 고기
そのため 그 때문에 食事(しょくじ) 식사 合(あ)わせる 맞추다
~と言(い)われている ~라고 하다, ~라고들 하다

**89** 日本人に初めてパンを伝えたのは誰ですか。
(A) アメリカ人
(B) スペイン人
(C) ポルトガル人
(D) フランス人

**89** 일본인에게 처음 빵을 전한 것은 누구입니까?
(A) 미국인
(B) 스페인인
(C) 포르투갈인
(D) 프랑스인

해설 | 첫 번째 문장에서 정답을 찾을 수 있다. 빵은 포르투갈인에 의해 일본에 전해졌다고 했으므로, 정답은 (C)가 된다.

어휘 | アメリカ人(じん) 미국인 スペイン人(じん) 스페인인
フランス人(じん) 프랑스인

**90** 日本でパン屋ができたのはいつですか。
(A) 50年ぐらい前
(B) 100年ぐらい前
(C) 150年ぐらい前
(D) 400年ぐらい前

**90** 일본에 빵집이 생긴 것은 언제입니까?
(A) 50년 정도 전
(B) 100년 정도 전
(C) 150년 정도 전
(D) 400년 정도 전

해설 | 두 번째 문장에서 일본에 빵을 파는 가게가 생긴 것은 미국이나 유럽 사람이 많이 오게 된 100년 정도 전의 일이라고 했다. 정답은 (B)로, 본문의 「パンを売(う)る店(みせ)」(빵을 파는 가게)를 「パン屋(や)」(빵집)로 바꿔 표현했다.

**91** どうしてパンを食べる日本人が多くなりましたか。
(A) 米よりパンの方が安かったから
(B) パンを食べると丈夫な体になるから

(C) 朝(あさ)はパンの方(ほう)が体(からだ)にいいから

(D) 牛乳(ぎゅうにゅう)や肉(にく)に合(あ)わせて食(た)べようとしたから

**91** 어째서 빵을 먹는 일본인이 많아졌습니까?

    (A) 쌀보다 빵 쪽이 쌌기 때문에

    (B) 빵을 먹으면 튼튼한 몸이 되기 때문에

    (C) 아침에는 빵 쪽이 몸에 좋기 때문에

    (D) 우유나 고기에 맞춰 먹으려 했기 때문에

해설 | 마지막 문장의 내용 문제. 100년 전 처음 일본에 빵집이 생겼을 때는 빵을 먹는 일본인이 많지 않았다. 빵을 먹는 일본인이 늘어난 것은 50년 전부터로, 우유나 고기를 먹는 식사에 맞춰 빵을 먹는 사람이 많아졌다고 했다. 즉, 서구화된 메뉴인 우유와 고기에 곁들여 먹다 보니 자연스럽게 빵 소비가 늘어났다는 뜻이므로, 정답은 (D)가 된다.

어휘 | 米(こめ) 쌀 ～より ～보다 方(ほう) 편, 쪽
安(やす)い (값이) 싸다 朝(あさ) 아침

### 92~94 한 실업팀의 자율 훈련 효과

最近(さいきん)の女子(じょし)マラソンで、選手(せんしゅ)たちの活躍(かつやく)が目立(めだ)つ企業(きぎょう)がある。92昨年春(さくねんはる)の大会(たいかい)で初(はつ)の優勝選手(ゆうしょうせんしゅ)が出(で)た後(あと)、北海道大会(ほっかいどうたいかい)でも優勝(ゆうしょう)を勝(か)ち取(と)り、アジア大会(たいかい)では銀(ぎん)メダルを取(と)る者(もの)が出(で)た。企業(きぎょう)チームの選手(せんしゅ)たちと言(い)えば、寮生活(りょうせいかつ)をし、監督(かんとく)の管理下(かんりか)で集団練習(しゅうだんれんしゅう)するのが当(あ)たり前(まえ)となっている。しかし、93この企業(きぎょう)の選手(せんしゅ)たちは会社(かいしゃ)が借(か)りたそれぞれの部屋(へや)で別々(べつべつ)に生活(せいかつ)し、練習(れんしゅう)もコーチの指導(しどう)で各自(かくじ)行(おこな)う。また、練習(れんしゅう)でも本番(ほんばん)でもアクセサリーが認(みと)められている。こうしたことが94選手(せんしゅ)たちのストレスを無(な)くし、やる気(き)を起(お)こさせているようだ。

최근의 여자 마라톤에서 선수들의 활약이 눈에 띄는 기업이 있다. 92작년 봄대회에서 첫 우승선수가 나온 후 홋카이도대회에서도 우승을 차지하고 아시아대회에서는 은메달을 따는 사람이 나왔다. 기업팀의 선수들이라고 하면 기숙사 생활을 하고 감독의 관리 하에서 단체 연습하는 것이 당연한 것이 되어 있다. 그러나 93이 기업의 선수들은 회사가 빌린 각각의 방에서 따로 생활하고 연습도 코치의 지도로 각자 한다. 또한 연습에서도 실전에서도 액세서리가 인정되고 있다. 이러한 것이 94선수들의 스트레스를 없애고 의욕을 생기게 하고 있는 것 같다.

어휘 | 最近(さいきん) 최근, 요즘 女子(じょし) 여자
マラソン 마라톤 選手(せんしゅ) 선수
～たち (사람이나 생물을 나타내는 말에 붙어) ～들
活躍(かつやく) 활약 目立(めだ)つ 눈에 띄다
企業(きぎょう) 기업 昨年(さくねん) 작년 ＊「去年(きょねん)」의 격식 차린 말씨 春(はる) 봄 大会(たいかい) 대회
初(はつ) 첫 優勝(ゆうしょう) 우승 出(で)る 나오다
동사의 た형+後(あと) ～한 후 北海道(ほっかいどう) 홋카이도
勝(か)ち取(と)る 차지하다, 쟁취하다 アジア 아시아
銀(ぎん)メダル 은메달 取(と)る 얻다, 따다, 취득하다

者(もの) 자, 사람 チーム 팀 ～といえば ～라고 하면
寮(りょう) 기숙사 生活(せいかつ) 생활 監督(かんとく) 감독
管理下(かんりか) 관리 하 集団(しゅうだん) 집단, 단체
練習(れんしゅう) 연습 当(あ)たり前(まえ) 당연함
しかし 그러나 会社(かいしゃ) 회사 借(か)りる 빌리다
それぞれ (제)각기, 각각, 각자 部屋(へや) 방
別々(べつべつ) 따로따로임 コーチ 코치 指導(しどう) 지도
各自(かくじ) 각자 行(おこな)う 하다, 행하다, 실시하다
また 또, 또한 本番(ほんばん) (영화・TV 등에서 연습이 아닌) 정식
촬영・방송 アクセサリー 액세서리
認(みと)める 인정하다 ストレス 스트레스
無(な)くす 없애다 やる気(き) 할 마음, 의욕
起(お)こす 일으키다, (어떤 감정 등을) 생기게 하다
～ようだ ～인 것 같다, ～인 듯하다

**92** この企業(きぎょう)の選手(せんしゅ)について、正(ただ)しいものはどれですか。

    (A) 去年(きょねん)の春(はる)、初(はじ)めて優勝者(ゆうしょうしゃ)が出(で)た。

    (B) 昨年(さくねん)の東京大会(とうきょうたいかい)にも参加(さんか)した。

    (C) 北海道大会(ほっかいどうたいかい)では銀(ぎん)メダルを取(と)った。

    (D) 今年(ことし)のアジア大会(たいかい)では金(きん)メダルを取(と)った。

**92** 이 기업의 선수에 대해서 맞는 것은 어느 것입니까?

    (A) 작년 봄에 처음으로 우승자가 나왔다.

    (B) 작년 도쿄대회에도 참가했다.

    (C) 홋카이도대회에서는 은메달을 땄다.

    (D) 올해 아시아대회에서는 금메달을 땄다.

해설 | 여자 마라톤에서 괄목할 만한 성적을 거두고 있는 기업팀에 대해 이야기하고 있다. 두 번째 문장에서 작년 봄대회에서 첫 우승선수가 나왔다고 했으므로, 정답은 (A)가 된다. (B)의 도쿄대회 참가 여부에 대한 내용은 나오지 않고, 홋카이도대회에서는 우승을, 아시아대회에서는 은메달을 땄다고 했으므로, (C)와 (D)는 틀린 설명이다.

어휘 | 参加(さんか) 참가 今年(ことし) 금년, 올해
金(きん)メダル 금메달

**93** 企業(きぎょう)チームについて、正(ただ)しいものはどれですか。

    (A) 集団練習(しゅうだんれんしゅう)するチームは少(すく)ない。

    (B) 寮生活(りょうせいかつ)をしないチームは珍(めずら)しい。

    (C) ほとんどのチームの選手(せんしゅ)は生活(せいかつ)が別々(べつべつ)である。

    (D) 寮生活(りょうせいかつ)をし、練習(れんしゅう)は個別(こべつ)にするのが一般的(いっぱんてき)だ。

**93** 기업팀에 대해서 맞는 것은 어느 것입니까?

    (A) 단체 연습하는 팀은 적다.

    (B) 기숙사 생활을 하지 않는 팀은 드물다.

    (C) 대부분의 팀 선수는 생활이 따로따로다.

    (D) 기숙사 생활을 하고 연습은 개별로 하는 것이 일반적이다.

해설 | 중반부에서 정답을 찾을 수 있다. 지금까지의 기업팀 선수들은 합숙 훈련을 하는 것이 기본이었지만, 이 기업의 경우 회사가 빌린 각각의 방에서 따로 생활하고 연습도 코치의 지도로 각자 한다고 했다.

즉, 기숙사 생활을 하지 않고 이 기업처럼 개별 훈련을 하는 것이 이례적인 일이라는 의미이므로, 정답은 (B)가 된다.

어휘 | 少(すく)ない 적다　珍(めずら)しい 드물다
ほとんど 거의, 대부분　個別(こべつ) 개별
一般的(いっぱんてき)だ 일반적이다

## 94 本文で述べられているのはどれですか。

(A) ストレスの少ない生活がいい成績と結び付いた。
(B) 選手たちの競争心がやる気を出させた。
(C) 多少のストレスは成績の向上に必要である。
(D) アクセサリーは練習の邪魔になる。

**94** 본문에서 기술되어 있는 것은 어느 것입니까?
(A) 스트레스가 적은 생활이 좋은 성적으로 연결되었다.
(B) 선수들의 경쟁심이 의욕을 생기게 했다.
(C) 약간의 스트레스는 성적 향상에 필요하다.
(D) 액세서리는 연습의 방해가 된다.

해설 | 후반부에서 정답을 찾을 수 있다. 이 기업의 선수들은 합숙이 아니라 개별적으로 생활하면서 훈련하고, 실전에서도 액세서리 착용이 허용되는 등 최대한 자율성을 인정받고 있다. 그리고 이 사람은 이런 차이점들이 선수들의 스트레스를 없애고 의욕을 생기게 하고 있는 것 같다고 분석하고 있으므로, 정답은 (A)가 된다.

어휘 | 本文(ほんぶん) 본문
述(の)べる 말하다, 기술하다, 문장으로 나타내다
成績(せいせき) 성적　結(むす)び付(つ)く 연결되다
競争心(きょうそうしん) 경쟁심　多少(たしょう) 다소, 약간
向上(こうじょう) 향상　必要(ひつよう)だ 필요하다
邪魔(じゃま) 방해

### 95~97 세탁기 세일 광고

こちらの洗濯機は小型ながらこれまでより優れた機能を持っており、95忙しい独身者の方に最適です。まず、使用時の音が小さくなりました。これなら96どんなに夜遅くても、ご近所に遠慮せずご使用になれます。また少ない洗剤で汚れが落ち、布を傷めることがありません。更に、終了までの時間が大幅に短縮されました。今日、明日でしたらお値段は20％引き。通常3年の保証も今なら5年にいたします。しかも無料で古いものをお引き取りいたします。さあ、97先着順10人限りの特別販売、この機会に買い換えてみませんか。

이 세탁기는 소형이지만 지금까지보다 뛰어난 기능을 가지고 있어 95바쁜 독신자 분에게 최적입니다. 우선 사용 시의 소리가 작아졌습니다. 이거라면 96아무리 늦은 밤이라도 이웃집을 신경 쓰지 않고 사용하실 수 있습니다. 또한 적은 세제로 때가 빠지고 천을 상하게 하는 일이 없습니다. 나아가 종료까지의 시간이 대폭으로 단축되었습니다. 오늘이나 내일이면 가격은 20% 할인. 통상 3년의 보증도 지금이라면 5년으로 하겠습니다. 게다가 무료로 오래된 것을 인수해 드립니다. 자, 97선착순 열 명까지 특별 판매, 이 기회에 새 것으로 바꿔 보지 않겠습니까?

어휘 | 洗濯機(せんたくき) 세탁기　小型(こがた) 소형
〜ながら 〜이지만, 〜이면서도　これまで 지금까지
〜より 〜보다　優(すぐ)れる 뛰어나다　機能(きのう) 기능
持(も)つ 가지다　〜ておる 〜어 있다 *「〜ている」의 겸양표현
忙(いそが)しい 바쁘다　独身者(どくしんしゃ) 독신자
方(かた) 분　最適(さいてき)だ 최적이다　まず 우선
使用時(しようじ) 사용 시　音(おと) 소리　小(ちい)さい 작다
〜なら 〜라면　どんなに 아무리　夜(よる) 밤
遅(おそ)い (밤이) 늦다　近所(きんじょ) 이웃집
遠慮(えんりょ) 조심함, 망설임
〜ずに 〜하지 않고[말고] *「〜ずに」가 「〜する」(〜하다)에 접속할 때는 「〜せずに」가 됨
ご+한자명사+になる 〜하시다 *존경표현　使用(しよう) 사용
また 또, 또한　少(すく)ない 적다　洗剤(せんざい) 세제
汚(よご)れ 때, 얼룩　落(お)ちる (때・빛깔 등이) 빠지다, 바래다
布(ぬの) 천　傷(いた)める 상하게 하다, 손상하다
更(さら)に 그 위에, 나아가　終了(しゅうりょう) 종료
時間(じかん) 시간　大幅(おおはば)だ 대폭적이다
短縮(たんしゅく) 단축　値段(ねだん) 가격　〜引(び)き 〜할인
通常(つうじょう) 통상, 보통　保証(ほしょう) 보증　今(いま) 지금
いたす 하다 *「する」의 겸양어　しかも 게다가
無料(むりょう) 무료　古(ふる)い 낡다, 오래되다
お+동사의 ます형+いたす 〜하다, 〜해 드리다 *겸양표현
引(ひ)き取(と)る 떠맡다, 인수하다
さあ 자, 어서 *남에게 어떤 행동을 재촉할 때의 소리
先着順(せんちゃくじゅん) 선착순　〜限(かぎ)り 〜까지, 〜만
特別(とくべつ) 특별　販売(はんばい) 판매　機会(きかい) 기회
買(か)い換(か)える 새것으로 바꾸다　〜てみる 〜해 보다
〜ませんか 〜하지 않겠습니까?

## 95 この商品はどんな人に向いていますか。

(A) 忙しくて家族と住んでいる人
(B) 多忙で一人で暮らしている人
(C) 共働きの夫婦
(D) 余裕のある家族

**95** 이 상품은 어떤 사람에게 적합합니까?
(A) 바쁘고 가족과 살고 있는 사람
(B) 몹시 바쁘고 혼자서 살고 있는 사람
(C) 맞벌이인 부부
(D) 여유가 있는 가족

해설 | 첫 번째 문장에서 정답을 찾을 수 있다. 이 소형 세탁기는 뛰어난 기능으로 바쁜 독신자 분에게 최적이라고 소개하고 있으므로, 정답은 (B)가 된다.

어휘 | 商品(しょうひん) 상품　向(む)く 적합하다, 어울리다
家族(かぞく) 가족　住(す)む 살다, 거주하다
多忙(たぼう)だ 다망하다, 매우 바쁘다　一人(ひとり)で 혼자서
暮(く)らす 살다, 생활하다　共働(ともばたら)き 맞벌이
夫婦(ふうふ) 부부　余裕(よゆう) 여유

**96** ここで述(の)べている商品(しょうひん)の特徴(とくちょう)はどれですか。
(A) 騒音(そうおん)が少(すく)ないので、深夜(しんや)の使用(しよう)も可能(かのう)である。
(B) 洗剤(せんざい)は多(おお)く使(つか)うが、デザインは現代的(げんだいてき)である。
(C) 大家族(だいかぞく)に対応(たいおう)できる大型(おおがた)サイズである。
(D) 作業(さぎょう)しやすく、体(からだ)への負担(ふたん)が少(すく)ないデザインである。

**96** 여기에서 말하고 있는 상품의 특징은 어느 것입니까?
(A) 소음이 적기 때문에 심야 사용도 가능하다.
(B) 세제는 많이 사용하지만 디자인은 현대적이다.
(C) 대가족에게 대응할 수 있는 대형 사이즈이다.
(D) 작업하기 쉽고 몸에 가해지는 부담이 적은 디자인이다.

해설 | 초반부의 내용 문제. 이 세탁기는 사용 시 소리가 작아져서 늦은 밤이라도 이웃집을 신경 쓰지 않고 사용할 수 있다고 했다. 즉, 세탁기 소음이 적어졌기 때문에 밤에도 마음 놓고 세탁기를 돌릴 수 있다는 뜻이므로, 정답은 (A)가 된다. 적은 세제로도 때가 빠진다고 했으므로, (B)는 틀린 설명이고, (C)는 소형 세탁기라는 설명과 맞지 않으며, (D)의 디자인에 대한 언급은 없다.

어휘 | 騒音(そうおん) 소음　深夜(しんや) 심야
可能(かのう) 가능　多(おお)い 많다　使(つか)う 쓰다, 사용하다
デザイン 디자인　現代的(げんだいてき)だ 현대적이다
大家族(だいかぞく) 대가족　対応(たいおう) 대응
大型(おおがた) 대형　サイズ 사이즈　作業(さぎょう) 작업
동사의 ます형+やすい ~하기 쉽다[편하다]
体(からだ) 몸, 신체　負担(ふたん) 부담

**97** 購入(こうにゅう)について、正(ただ)しいものはどれですか。
(A) 古(ふる)いものと交換(こうかん)する場合(ばあい)は20%引(びき)きとなる。
(B) 今日(きょう)だけ通常価格(つうじょうかかく)の20%引(びき)きである。
(C) 今日(きょう)買(か)った人(ひと)は保証期間(ほしょうきかん)が3年(さんねん)になる。
(D) この商品(しょうひん)を安(やす)く購入(こうにゅう)できるのは10人(じゅうにん)だけである。

**97** 구입에 대해서 맞는 것은 어느 것입니까?
(A) 오래된 것과 교환할 경우는 20% 할인이 된다.
(B) 오늘만 통상 가격의 20% 할인이다.
(C) 오늘 산 사람은 보증 기간이 3년이 된다.
(D) 이 상품을 싸게 구입할 수 있는 것은 열 명뿐이다.

해설 | 후반부에서 세탁기 구입 시의 특전에 대해 소개하고 있다. 오늘이나 내일 구입하면 20% 할인, 통상 3년의 보증도 5년으로 변경해 줄 뿐만 아니라, 사용하던 오래된 세탁기도 무료로 인수해 준다고 했다. 단, 선착순의 특별 판매로, 이 모든 혜택을 누릴 수 있는 것은 열 명이

다. 정답은 (D)로, (A)와 (B)는 오늘이나 내일 구입할 경우 20% 할인이라고 했으므로 틀린 설명이고, 보증 기간의 경우 3년에서 5년으로 연장된다고 했으므로 (C) 또한 답이 될 수 없다.

어휘 | 購入(こうにゅう) 구입　交換(こうかん) 교환
場合(ばあい) 경우　価格(かかく) 가격　期間(きかん) 기간
商品(しょうひん) 상품

**98~100** 수제 모자 교실

手作(てづく)り帽子教室(ぼうしきょうしつ)に初(はじ)めて出(で)かけた。そこには98色(いろ)とりどりの糸(いと)や布(ぬの)が溢(あふ)れ、芸術作品(げいじゅつさくひん)のような帽子(ぼうし)がきれいに並(なら)んでいた。和気(わき)あいあいとした雰囲気(ふんいき)だが、「きちんと使(つか)えることが大前提(だいぜんてい)です」という先生(せんせい)の言葉(ことば)に気持(きも)ちが引(ひ)き締(し)まる。99生徒(せいと)たちは20代(だい)から60代(だい)の女性(じょせい)で、贈(おく)り物(もの)として作(つく)る人(ひと)、定年後(ていねんご)の楽(たの)しみにと始(はじ)めた人(ひと)、自分流(じぶんりゅう)のおしゃれにこだわる人(ひと)と様々(さまざま)だ。布(ぬの)を裁断(さいだん)してミシンをかけ、4時間(よじかん)ほどで何(なん)とか1つ完成(かんせい)。試着(しちゃく)すると私(わたし)の顔(かお)によく合(あ)っていた。100完璧(かんぺき)とは程遠(ほどとお)い縫(ぬ)い目(め)だが、それも私(わたし)らしさと思(おも)うと愛着(あいちゃく)が湧(わ)いた。

수제 모자 교실에 처음으로 나갔다. 그곳에는 98각양각색의 실과 천이 넘쳐흐르고 예술작품 같은 모자가 예쁘게 진열되어 있었다. 화기애애한 분위기이지만, "제대로 사용할 수 있는 것이 대전제예요"라는 선생님의 말에 마음이 다잡아진다. 99학생들은 20대부터 60대까지의 여성으로 선물로 만드는 사람, 정년 후의 취미로 라고 시작한 사람, 내 스타일의 멋에 신경 쓰는 사람으로 다양하다. 천을 재단해 재봉질해서 4시간 정도면 그럭저럭 한 개 완성. 써 보니 내 얼굴에 잘 어울렸다. 100완벽과는 거리가 먼 바늘땀이지만 그것도 나다움이라고 생각하니 애착이 생겼다.

어휘 | 手作(てづく)り 수제, 직접 만듦　帽子(ぼうし) 모자
教室(きょうしつ) (기술 등을 가르치는) 교실
初(はじ)めて 최초로, 처음으로　出(で)かける 나가다, 외출하다
色(いろ)とりどり 각양각색　糸(いと) 실　布(ぬの) 천
溢(あふ)れる (가득 차서) 넘치다, 넘쳐흐르다
芸術(げいじゅつ) 예술　作品(さくひん) 작품
~のような ~와 같은　きれいだ 아름답다, 예쁘다
並(なら)ぶ (나란히) 늘어서다, 놓여 있다
和気(わき)あいあい 화기애애　雰囲気(ふんいき) 분위기
きちんと 제대로, 확실히　使(つか)う 쓰다, 사용하다
大前提(だいぜんてい) 대전제　言葉(ことば) 말
気持(きも)ち 기분, 마음　引(ひ)き締(し)まる 다잡아지다
生徒(せいと) 학생　~たち (사람이나 생물을 나타내는 말에 붙어) ~들
~代(だい) ~대 *나이의 범위　女性(じょせい) 여성
贈(おく)り物(もの) 선물　~として ~로서　作(つく)る 만들다
定年(ていねん) 정년　楽(たの)しみ 즐거움, 낙, 취미
始(はじ)める 시작하다　自分流(じぶんりゅう) 자기류, 나만의 방식
おしゃれ 멋　こだわる 구애되다, 사소한 것까지 신경을 쓰다
様々(さまざま)だ 다양하다, 여러 가지다　裁断(さいだん) 재단

ミシンをかける 재봉질하다 ～ほど ～정도
何(なん)とか 어떻게든 完成(かんせい) 완성
試着(しちゃく) 시착, 새로 만든 의복·모자·신발 등을 시험 삼아 입
거나 쓰거나 신어 봄 顔(かお) 얼굴 よく 잘
合(あ)う 맞다, 어울리다 完璧(かんぺき) 완벽
程遠(ほどとお)い 거리가 멀다 縫(ぬ)い目(め) 바늘땀
명사＋らしさ ～다움 愛着(あいちゃく) 애착
湧(わ)く 생기다, 솟아나다

**98** 帽子教室(ぼうしきょうしつ)はどんな所(ところ)ですか。
 (A) 先生(せんせい)が厳(きび)しく、緊張感(きんちょうかん)に満(み)ちている。
 (B) 芸術作品(げいじゅつさくひん)が並(なら)んだ、ひっそりとした空間(くうかん)で
  ある。
 (C) 色彩豊(しきさいゆた)かで、和(なご)やかな空気(くうき)がある。
 (D) 布(ぬの)や帽子(ぼうし)が無造作(むぞうさ)に置(お)かれ、雑然(ざつぜん)とした様(よう)
  子(す)だ。

**98** 모자 교실은 어떤 곳입니까?
 (A) 선생님이 엄격하고 긴장감으로 가득 차 있다.
 (B) 예술작품이 진열된 매우 조용한 공간이다.
 (C) 색채가 풍부하고 온화한 분위기가 있다.
 (D) 천이나 모자가 아무렇게나 놓여 있어 어수선한 모습이다.

해설 | 처음 가 본 수제 모자 교실에 대한 느낌을 이야기하고 있다. 초반
부에서 정답을 찾을 수 있는데, 이 교실은 각양각색의 실이나 천이 넘쳐
흐르고 화기애애한 분위기라고 했다. 정답은 (C)로, 본문의 「色(いろ)と
りどり」(각양각색)를 「色彩豊(しきさいゆた)か」(색채가 풍부함)로,
「和気(わき)あいあい」(화기애애)를 「和(なご)やか」(온화함)로, 「雰囲
気(ふんいき)」(분위기)를 「空気(くうき)」(공기, 분위기)로 바꿔 표현했
다.

어휘 | 厳(きび)しい 엄하다, 엄격하다
緊張感(きんちょうかん) 긴장감 満(み)ちる 가득 차다
ひっそり 쥐죽은 듯이 조용한 모양 空間(くうかん) 공간
色彩(しきさい) 색채 豊(ゆた)かだ 풍부하다
和(なご)やかだ 부드럽다, 온화하다
無造作(むぞうさ)に 아무렇게나 置(お)く 놓다, 두다
雑然(ざつぜん) 어수선한 모양 様子(ようす) 모습

**99** 生徒(せいと)について、本文(ほんぶん)で述(の)べているのはどれで
 すか。
 (A) 皆(みな)、流行(りゅうこう)に敏感(びんかん)である。
 (B) 幅広(はばひろ)い年齢層(ねんれいそう)である。
 (C) 定年後(ていねんご)に妻(つま)と通(かよ)っている人(ひと)もいる。
 (D) 作品(さくひん)で商売(しょうばい)を始(はじ)めた人(ひと)もいる。

**99** 학생에 대해서 본문에서 말하고 있는 것은 어느 것입니까?
 (A) 모두 유행에 민감하다.
 (B) 폭넓은 연령층이다.
 (C) 정년 후에 아내와 다니고 있는 사람도 있다.
 (D) 작품으로 장사를 시작한 사람도 있다.

해설 | 중반부에서 학생들은 20대부터 60대까지의 여성으로 다양한
목적으로 이곳을 찾아왔다고 했으므로, 정답은 (B)가 된다.

어휘 | 述(の)べる 말하다, 기술하다, 문장으로 나타내다
流行(りゅうこう) 유행 敏感(びんかん)だ 민감하다
幅広(はばひろ)い 폭넓다 年齢層(ねんれいそう) 연령층
妻(つま) 아내 通(かよ)う 다니다 商売(しょうばい) 장사
始(はじ)める 시작하다

**100** この人(ひと)はどんな帽子(ぼうし)を作(つく)りましたか。
 (A) 服(ふく)にぴったりマッチした手縫(てぬ)いの帽子(ぼうし)
 (B) プロのような出来映(できば)えのシックな帽子(ぼうし)
 (C) 縫(ぬ)い目(め)が不揃(ふぞろ)いだが、自分(じぶん)によく似合(にあ)う
  帽子(ぼうし)
 (D) きれいな縫(ぬ)い目(め)のおしゃれな帽子(ぼうし)

**100** 이 사람은 어떤 모자를 만들었습니까?
 (A) 옷에 딱 어울리는 손바느질 모자
 (B) 프로와 같은 솜씨의 멋진 모자
 (C) 바늘땀이 고르지 않지만 자신에게 잘 어울리는 모자
 (D) 예쁜 바늘땀의 멋진 모자

해설 | 후반부의 내용 문제. 처음 참여한 수제 모자 교실에서 이 사람은
4시간 만에 자신의 얼굴에 어울리는 모자를 완성했다. 그 모자는 완벽과
는 거리가 먼 바늘땀이지만 그것도 나다움이라고 생각하니 애착이 생겼
다고 했다. 따라서 정답은 (C)가 된다.

어휘 | ぴったり 딱, 정확히 マッチ 매치, 조화, 어울림
手縫(てぬ)い (미싱 등이 아닌) 손으로 꿰맴[바느질함], 손바느질
プロ 프로 出来映(できば)え 솜씨
シック 멋짐, 세련됨 不揃(ふぞろ)い 가지런하지 않음, 고르지 않음
自分(じぶん) 자기, 자신, 나 似合(にあ)う 어울리다

## 101 동사 발음 찾기

고바야시 씨는 일주일간 쭉 회사를 쉬고 있습니다.

해설 | 「休む」는 '쉬다'라는 뜻의 동사로, (B)의 「やすむ」라고 읽는다. (A)의 「の(飲)む」는 '마시다', (C)의 「く(組)む」는 '조직을 짜다, 만들다, 편성하다', (D)의 「いた(痛)む」는 '아프다'라는 뜻이다.

어휘 | 1週間(いっしゅうかん) 일주일간, 일주일 *「~週間(しゅうかん)」- ~주간, ~주일 ずっと 쭉, 계속 会社(かいしゃ) 회사

## 102 2자 한자 발음 찾기

해질녘 아버지를 역까지 마중 나가게 되었다.

해설 | 「夕方」는 '해질녘, 저녁때'라는 뜻으로, (B)의 「ゆうがた」라고 읽는다.

어휘 | 父(ちち) (자신의) 아버지 駅(えき) 역
迎(むか)える (사람을) 맞다, 맞이하다
동사의 ます형+に ~하러 *동작의 목적
동사의 보통형+ことになる ~하게 되다 よなか(夜中) 밤중
ゆうべ(昨夜) 어젯밤

## 103 동사 발음 찾기

그녀는 일본에서 태어났지만 미국에서 자랐기 때문에 영어를 잘한다.

해설 | 「育つ」는 '자라다, 성장하다'라는 뜻의 동사로, (C)의 「そだつ」라고 읽는다.

어휘 | 彼女(かのじょ) 그녀 日本(にほん) 일본
生(う)まれる 태어나다 アメリカ 미국 英語(えいご) 영어
上手(じょうず)だ 능숙하다, 잘하다 いた(至)る 이르다, 다다르다
かよ(通)う 다니다 にな(担)う (책임을) 떠맡다, 짊어지다

## 104 동사 발음 찾기

그는 그 사진을 보자마자 굳어진 표정이 되었다.

해설 | 「強張る」는 '굳어지다, 경직되다, 뻣뻣해지다'라는 뜻의 동사로, (D)의 「こわばる」라고 읽는다. (A)의 「がんば(頑張)る」는 '열심히 하다, 노력하다, 분발하다', (B)의 「つよ(強)がる」는 '강한 체하다, 허세 부리다', (C)의 「こわ(怖)がる」는 '무서워하다'라는 뜻이다.

어휘 | 彼(かれ) 그, 그 사람 写真(しゃしん) 사진 見(み)る 보다
동사의 た형+とたん ~하자마자 表情(ひょうじょう) 표정

## 105 2자 한자 발음 찾기

우수한 인재를 키우려면 돈도 시간도 필요한 법이다.

해설 | 「人材」는 '인재'라는 뜻으로, (C)의 「じんざい」라고 읽는다.

어휘 | 優秀(ゆうしゅう)だ 우수하다
育(そだ)てる 키우다, 양성하다 ~には ~하려면 お金(かね) 돈
時間(じかん) 시간 要(よう)する 요하다, 필요로 하다
~ものだ ~인 것[법]이다 *상식·진리·본성
しんさい(震災) 진재, 지진으로 인한 재해
しんざい(心材) 심재, 나무에서 적갈색의 단단한 중심부

## 106 2자 한자 발음 찾기

아이 완구에는 여러 가지 종류가 있다.

해설 | 「種類」는 '종류'라는 뜻으로, (D)의 「しゅるい」라고 읽는다.

어휘 | 子供(こども) 아이 玩具(がんぐ) 완구
色々(いろいろ)だ 여러 가지다, 다양하다
しゅうりゅう(周流) 주류, 물 따위가 돌면서 흐름, 두루 돌아다님

## 107 동사 발음 찾기

그가 저지른 죄가 많은 사람을 괴롭혔다.

해설 | 「犯す」는 '(범죄 등을) 저지르다, 범하다'라는 뜻의 동사로, (D)의 「おかす」라고 읽는다. (A)의 「おど(脅)かす」는 '겁주다, 위협하다', (B)의 「かく(隠)す」는 '숨기다', (C)의 「だま(騙)す」는 '속이다'라는 뜻이다.

어휘 | 罪(つみ) 죄 多(おお)く 많음 人(ひと) 사람
苦(くる)しめる 괴롭히다

## 108 명사 한자 찾기

식사 준비는 아직 다 되지 않았습니다.

해설 | 「ようい」는 '준비'라는 뜻으로, 한자로는 (C)의 「用意」라고 쓴다. (B)의 「容易(ようい)」는 '용이함'이라는 뜻으로, 발음은 같지만 의미가 통하지 않으므로 답이 될 수 없다.

어휘 | 食事(しょくじ) 식사 まだ 아직 できる 다 되다, 완성되다

## 109 명사 한자 찾기

이노우에 씨는 젊으니까 병 회복도 빠를 것이다.

해설 | 「かいふく」는 '회복'이라는 뜻으로, 한자로는 (D)의 「回復」이라고 쓴다.

어휘 | 若(わか)い 젊다 病気(びょうき) 병
早(はや)い 빠르다, 이르다

## 110 동사 한자 찾기

스무 살이 넘으면 자신의 생활비 정도는 스스로 벌도록 하세요.

해설 | 「かせぐ」는 '(돈을) 벌다'라는 뜻의 동사로, 한자로는 (A)의 「稼ぐ」라고 쓴다.

어휘 | 20歳(はたち) 스무 살
過(す)ぎる (수량이 일정 수준을) 넘다, 지나다
自分(じぶん) 자기, 자신, 나 生活費(せいかつひ) 생활비
~ぐらい ~정도 自分(じぶん)で 직접, 스스로
~ようにする ~하도록 하다 嫁(とつ)ぐ 시집가다, 출가하다

## 111 대체 표현 찾기

아버지는 지금 전화 중입니다.
(A) 벌써 전화했습니다
(B) 전화를 걸 수 있습니다
(C) 아직 전화하고 있지 않습니다
(D) 전화를 걸고 있습니다

해설 | 「~中(ちゅう)」는 '~중, ~도중'이라는 뜻으로, 「電話中(でん

わちゅう)です」라고 하면 '전화[통화] 중입니다'라는 뜻이 된다. 선택지 중 바꿔 쓸 수 있는 것은「電話(でんわ)をかける」(전화를 걸다)라는 표현을 써서「電話(でんわ)をかけています」(전화를 걸고 있습니다)라고 한 (D)가 된다.

어휘 | 父(ちち) (자신의) 아버지 今(いま) 지금
電話(でんわ) 전화 もう 이미, 벌써 まだ 아직

## 112 대체 표현 찾기
과장님, 접수처에서 손님이 <u>기다리고 계십니다.</u>
(A) 기다리게 하고 있습니다
(B) 기다리겠습니다
(C) 기다리고 있습니다
(D) (마지못해) 기다리고 있습니다

해설 |「お＋동사의 ます형＋になる」는 '~하시다'라는 뜻을 나타내는 존경표현이다.「お待(ま)ちになっています」는 '기다리고 계십니다'라는 뜻으로, 선택지 중 바꿔 쓸 수 있는 것은 (C)의「待(ま)っています」(기다리고 있습니다)가 된다. (A)의「待(ま)たせる」는 '기다리게 하다'라는 뜻으로「待(ま)つ」(기다리다)의 사역형이고, (D)의「待(ま)たされる」는 '기다림을 당하다, (마지못해, 억지로) 기다리다'라는 뜻으로「待(ま)つ」(기다리다)의 사역수동형이다.

어휘 | 課長(かちょう) 과장 受付(うけつけ) 접수(처)
お客様(きゃくさま) 손님, 고객

## 113 대체 표현 찾기
최근 결혼하지 않는 남자가 <u>늘어났다.</u>
(A) 많지 않게 되었다
(B) 많아지고 있다
(C) 많은 것 같다
(D) 많지 않은 채로다

해설 |「増(ふ)える」는 '늘다, 늘어나다',「~てくる」(~해 오다, ~해지다)는 과거로부터 현재로 변화가 진행됨을 나타내는 표현이다.「増(ふ)えてきた」는 '늘어났다'라는 뜻으로, 선택지 중 바꿔 쓸 수 있는 것은 (B)의「多(おお)くなっている」(많아지고 있다)가 된다.「い형용사의 어간＋くなる」는 '~게 되다, ~아지다'라는 뜻으로 상태의 변화를 나타내는 표현이다. (A)와 (D)는 수가 늘어나지 않았다는 의미가 되므로 부적절하다. (C)의「~ようだ」(~인 것 같다, ~인 듯하다)는 추측을, (D)의「~ままだ」(~채로다)는 같은 상태가 계속됨을 나타내는 표현이다.

어휘 | 最近(さいきん) 최근, 요즘 結婚(けっこん) 결혼
男(おとこ)の人(ひと) 남자

## 114 대체 표현 찾기
비 <u>덕분에</u> 오늘 밤은 시원해질 것 같다.
(A) 비가 내린 것에 비해서는
(B) 비가 내리지 않아서
(C) 비가 내린 탓에
(D) 비가 내려 주었기 때문에

해설 |「명사＋の＋おかげで」는 '~덕분에'라는 뜻으로, 어떤 일이 도움이 되어 긍정적인 결과를 가져왔을 때 쓰는 표현이다.「雨(あめ)のおかげで」는 '비 덕분에'라는 뜻으로, 선택지 중 바꿔 쓸 수 있는 것은 (D)의「雨(あめ)が降(ふ)ってくれたので」(비가 내려 주었기 때문에)가 된다. (A)의「~わりには」는 '~에 비해서는'이라는 뜻으로,「年(とし)のわりには若(わか)く見(み)える」(나이에 비해서는 젊어 보인다)처럼 쓰고, (C)의「동사의 た형＋ばかりに」(~한 탓에, ~한 바람에)는

주로 뒤에 좋지 않은 결과를 나타내는 말이 와서「油断(ゆだん)したばかりに事故(じこ)を起(お)こしてしまった」(방심한 탓에 사고를 일으키고 말았다)처럼 쓴다.

어휘 | 雨(あめ) 비 今晩(こんばん) 오늘 밤
涼(すず)しい 시원하다, 서늘하다
동사의 ます형＋そうだ ~일[할] 것 같다 *양태
~てくれる (남이 나에게) ~해 주다

## 115 대체 표현 찾기
조만간 큰 지진이 올 <u>우려가 있다.</u>
(A) 가능성이 있다
(B) 확신이 있다
(C) 기록이 있다
(D) 현실이 있다

해설 |「~おそ(恐)れがある」는 '~할 우려가 있다'라는 뜻으로, 안 좋은 일이 일어날 가능성이 있음을 나타내는 표현이다. 선택지 중 바꿔 쓸 수 있는 것은 (A)의「可能性(かのうせい)がある」(가능성이 있다)가 된다.

어휘 | 近(ちか)いうちに 가까운 시일 안에, 조만간
大(おお)きな 큰 地震(じしん) 지진 来(く)る 오다
可能性(かのうせい) 가능성
確信(かくしん) 확신, 굳게 믿어 의심하지 않는 것
記録(きろく) 기록 現実(げんじつ) 현실

## 116 대체 표현 찾기
<u>운동뿐만 아니라</u> 공부에도 힘을 쏟아 주길 바란다.
(A) 운동을 그만두고
(B) 운동을 통해서
(C) 운동만은
(D) 운동뿐만 아니라

해설 |「~のみならず」(~뿐만 아니라)는 그것뿐 아니라 다른 것도 더 있다는 추가의 의미를 지닌 표현으로,「スポーツのみならず」는 '운동뿐만 아니라'라는 뜻이 된다. 선택지 중 바꿔 쓸 수 있는 것은 (D)의「スポーツだけでなく」(운동뿐만 아니라)로,「~だけでなく」는 '~뿐만 아니라'라는 뜻이다.

어휘 | スポーツ 스포츠, 운동 勉強(べんきょう) 공부
力(ちから)を入(い)れる (하는 일에) 힘을 쏟다
~てほしい ~해 주었으면 하다, ~하길 바라다
止(や)める 끊다, 그만두다, 중지하다
~を通(とお)して ~을 통해서 ~ばかり ~만, ~뿐

## 117 「で」의 용법 구분
이 서류는 <u>펜으로</u> 써 주십시오.
(A) 이 찻집은 조용해서 좋네요.
(B) 그곳은 대합실이고 저곳이 흡연실입니다.
(C) 일본인은 젓가락으로 밥을 먹습니다.
(D) 오늘은 눈 때문에 전철이 서 있습니다.

해설 | 문제의「~で」는 '~으로'라는 뜻으로, 수단이나 방법을 나타내는 용법으로 쓰였다. 선택지 중 이와 같은 뜻으로 쓰인 것은 (C)로, (A)는「静(しず)かだ」(조용하다)라는 な형용사의 중지형, (B)는 조동사「~だ」(~이다)의 중지형, (D)는 원인을 나타내는 용법으로 쓰였다.

어휘 | 書類(しょるい) 서류 ペン 펜 書(か)く (글씨·글을) 쓰다

喫茶店(きっさてん) 찻집　待合室(まちあいしつ) 대합실
喫煙室(きつえんしつ) 흡연실　箸(はし) 젓가락　ご飯(はん) 밥
食(た)べる 먹다　今日(きょう) 오늘　雪(ゆき) 눈
電車(でんしゃ) 전철　止(と)まる 멈추다, 서다

## 118 「ところ」의 용법 구분

어머니가 식사를 하려던 참이었기 때문에 함께 먹었습니다.
(A) 우리가 갈 곳은 바다가 예쁜 마을입니다.
(B) 이 공장은 TV를 만드는 곳이었는데 지금은 쓰이지 않고 있습니다.
(C) 여기는 우리가 항상 식사를 하는 곳입니다.
(D) 야마모토 씨는 돌아가려던 참이었지만 일을 부탁드렸습니다.

해설 | 문제의 「ところ」는 「동사의 기본형+ところだ」(~하려던 참이다)의 형태로 사용되어 어떤 동작을 하려고 한 때나 상황을 나타내는 표현이다. 선택지 중 이와 같은 뜻으로 쓰인 것은 (D)로, 「帰(かえ)るところ」는 '돌아가려던 참'이라는 뜻이다. 나머지 선택지의 「ところ」는 모두 '곳, 데'라는 뜻의 장소를 나타내는 명사로 쓰였다.

어휘 | 母(はは) (자신의) 어머니　食事(しょくじ) 식사
一緒(いっしょ)に 함께　食(た)べる 먹다　私(わたし)たち 우리
海(うみ) 바다　きれいだ 아름답다, 예쁘다
町(まち) 마을　工場(こうじょう) 공장
テレビ 텔레비전, TV＊＊「テレビジョン」의 준말
作(つく)る 만들다　今(いま) 지금　使(つか)う 쓰다, 사용하다
ここ 여기, 이곳　いつも 늘, 항상　帰(かえ)る 돌아가다
お+동사의 ます형+する ~하다, ~해 드리다 ＊겸양표현
願(ねが)う 부탁하다

## 119 「一方(いっぽう)」의 용법 구분

산림은 황폐해지기만 해서 결코 원래로는 되돌아가지 않는다.
(A) 자원이 부족한 한편으로 마을에는 물건이 넘쳐흐르고 있다.
(B) 외국 생활에는 쓸쓸함을 느끼는 한편으로 홀가분함도 느끼고 있다.
(C) 어머니의 병은 나빠지기만 해서 가족은 모두 걱정하고 있다.
(D) 우수한 아이로 키우고 싶으면 꾸짖는 한편으로 칭찬하는 것도 잊어서는 안 된다.

해설 | 문제의 「一方(いっぽう)」는 「동사의 기본형+一方(いっぽう)だ」(~하기만 하다)의 형태로 사용되어, 어떤 변화가 한쪽으로만 진행되는 것을 나타내는 표현이다. 선택지 중 이와 같은 뜻으로 쓰인 것은 (C)로, 나머지 선택지의 「一方(いっぽう)(で)」는 모두 '~한편(으로)'이라는 뜻으로, 전후 상황이 대비를 이루고 있음을 나타낸다.

어휘 | 山林(さんりん) 산림　荒(あ)れる 황폐해지다
決(けっ)して (부정어 수반) 결코　元(もと) 원래
戻(もど)る (원상태로) 되돌아가다　資源(しげん) 자원
不足(ふそく) 부족　町(まち) 마을
物(もの) (어떤 형태를 갖춘) 것, 물건
溢(あふ)れる (가득 차서) 넘치다, 넘쳐흐르다　外国(がいこく) 외국
生活(せいかつ) 생활　寂(さび)しさ 쓸쓸함　感(かん)じる 느끼다
気楽(きらく)さ 홀가분함　母(はは) (자신의) 어머니
病気(びょうき) 병　悪(わる)い 나쁘다, 좋지 않다
皆(みんな) 모두　心配(しんぱい) 걱정, 염려
優秀(ゆうしゅう)だ 우수하다　子供(こども) 아이
育(そだ)てる 키우다, 양육하다　동사의 ます형+たい ~하고 싶다
叱(しか)る 꾸짖다, 나무라다　褒(ほ)める 칭찬하다
忘(わす)れる 잊다　~てはならない ~해서는 안 된다

## 120 「通(つう)じて」의 용법 구분

이 작가는 일생을 통해 자신의 신념을 굽히지 않았다.
(A) 지인이나 선배를 통해 구직활동을 하면 좋을 것 같다.
(B) 이 공원은 사계절을 통해 여러 가지 꽃이 만발해 있다.
(C) 이 주변도 철도가 통하고 나서 주택이 늘기 시작했다.
(D) 상대가 마음에 들지 않으면 중매인을 통해 거절하면 된다.

해설 | 문제의 「~を通(つう)じて」는 '~을 통해서, ~전체에 걸쳐'라는 뜻으로, 어떤 기간 내내 계속됨을 나타낸다. 선택지 중 이와 같은 뜻을 나타내는 것은 (B)로, (A)와 (D)는 '~을 통해서'라는 뜻으로, 각각 '수단'과 '매개'를 나타낸다. (C)의 「通(つう)じて」는 동사 「通(つう)じる」(통하다, (교통 기관이) 다니다)의 て형으로 '통하고'라는 뜻으로 쓰인 것이다.

어휘 | 作家(さっか) 작가　生涯(しょうがい) 생애, 평생, 일생
自分(じぶん) 자기, 자신, 나　信念(しんねん) 신념
曲(ま)げる (신념을) 굽히다　知人(ちじん) 지인, 아는 사람
先輩(せんぱい) 선배　就職活動(しゅうしょくかつどう) (주로 대학 졸업생들이 하는 일련의) 구직활동
行(おこな)う 하다, 행하다, 실시하다
~らしい ~인 것 같다 ＊객관적 근거에 의한 추측·판단
公園(こうえん) 공원　四季(しき) 사계절
様々(さまざま)だ 다양하다, 여러 가지다　花(はな) 꽃
咲(さ)き乱(みだ)れる (꽃이) 어우러져 피다, 만발하다
周辺(しゅうへん) 주변　鉄道(てつどう) 철도
住宅(じゅうたく) 주택　増(ふ)える 늘다, 늘어나다
동사의 ます형+始(はじ)める ~하기 시작하다
相手(あいて) 상대　気(き)に入(い)る 마음에 들다
~なら ~라면　仲人(なこうど) 중매인　断(ことわ)る 거절하다

# PART 6 | 오문정정

**121** 시제 오용 (D) なった → なる

오늘은 하루 종일 비가 내려서 추웠는데 내일은 좋은 날씨가 되겠죠.

해설 | 문제는 '오늘은 추웠지만 내일은 좋은 날씨가 될 것'이라는 뜻이므로, (D)에는 미래를 나타내는 시제의 표현이 와야 한다. 일본어는 현재형이 미래 시제를 대신하므로, 과거형인 (D)의 「なった」(되었다)를 「なる」(되다)로 고쳐야 한다.

어휘 | 今日(きょう) 오늘 一日中(いちにちじゅう) 하루 종일
雨(あめ) 비 降(ふ)る (비·눈 등이) 내리다, 오다 寒(さむ)い 춥다
明日(あした) 내일 いい 좋다 天気(てんき) 날씨

**122** 표현 오용 (D) しなくて → しないで

일이 바빠서 매일 집에 돌아가는 것이 늦어지기 때문에 돌아간 후에 아무것도 하지 않고 잡니다.

해설 | (D)의 「しなくて」(하지 않아서)에서 「~なくて」(~하지 않아서)는 원인·이유를 나타낼 때 쓰는 표현으로 문장과는 맞지 않는다. 문맥상 (D)에는 뒤에 오는 내용과 병렬관계를 나타내는 '~하지 않고[말고]'라는 뜻의 표현이 와야 하므로, 「~ないで」(~하지 않고[말고])를 써서 「しないで」(하지 않고)로 고쳐야 한다.

어휘 | 仕事(しごと) 일, 업무 忙(いそが)しい 바쁘다
毎日(まいにち) 매일 家(いえ) 집 帰(かえ)る 돌아가다
遅(おそ)い (밤이) 늦다 ~てから ~하고 나서, ~한 후에
何(なに)も (부정어 수반) 아무것도 寝(ね)る 자다

**123** 접속 형태 오용 (A) 帰る → 帰った

집에 돌아간 후에 회사 동료에게 전화를 걸 생각입니다.

해설 | (A) 뒤에 있는 「~あと(後)で」(~한 후에)는 동작의 완료를 나타내는 표현으로, 동사의 た형에 접속한다. 따라서 (A)의 「帰(かえ)る」(돌아가다)는 과거형인 「帰(かえ)った」(돌아갔다)로 고쳐야 한다.

어휘 | 家(いえ) 집 会社(かいしゃ) 회사 同僚(どうりょう) 동료
電話(でんわ)をかける 전화를 걸다
동사의 보통형+つもりだ ~할 생각[작정]이다

**124** 어휘 오용 (D) どの → その

매일 아침 역 앞의 슈퍼에서 잡지를 산 후에 전철 안에서 그 잡지를 읽고 있다.

해설 | (D)의 「どの」(어느)는 분명하지 않은 것을 가리킬 때 쓰는 지시대명사로 문장과는 맞지 않는다. (D)에는 앞문장에 나오는 '역 앞 슈퍼에서 산 잡지'를 지칭하는 지시대명사가 와야 하므로, 「その」(그)로 고쳐야 한다.

어휘 | 毎朝(まいあさ) 매일 아침 駅前(えきまえ) 역 앞
スーパー 슈퍼(마켓) *「スーパーマーケット」의 준말
~で ~에서 *장소 雑誌(ざっし) 잡지 買(か)う 사다
~てから ~하고 나서, ~한 후에 電車(でんしゃ) 전철
中(なか) 안, 속 読(よ)む 읽다

**125** 조수사 오용 (C) 1枚 → 1台

옆집 앞에 택시가 한 대 서 있습니다.

해설 | (C)의 「~枚(まい)」(~장, ~매)는 종이 등 얇고 평평한 것을 세는 말로, 문장과는 맞지 않는다. (C) 앞에 「タクシー」(택시)가 있으므로, (C)에는 차나 기계 등을 세는 「~台(だい)」(~대)를 써서 「1台(いちだい)」(한 대)라고 고쳐야 한다.

어휘 | 隣(となり) 옆, 이웃 前(まえ) 앞 止(と)まる 멈추다, 서다

**126** 접속 형태 오용 (B) 多い → 多

동물을 보러 동물원에 갔는데 사람이 너무 많아서 동물보다 사람을 보러 간 것 같았다.

해설 | (B) 뒤에 있는 「~すぎる」(너무 ~하다)는 い형용사의 어간에 접속하는 표현이므로, (B)의 「多(おお)い」(많다)는 어간인 「多(おお)」를 써서 「多(おお)すぎる」(너무 많다)로 고쳐야 한다.

어휘 | 動物(どうぶつ) 동물 見(み)る 보다
동사의 ます형+に ~하러 *동작의 목적
動物園(どうぶつえん) 동물원 行(い)く 가다
~より ~보다 ~ようだ ~인 것 같다, ~인 듯하다

**127** 부사 오용 (B) ちょっと → ちょうど

집을 나서려던 마침 그때 전화가 걸려와서 약속 시간에 늦고 말았다.

해설 | (B)의 「ちょっと」는 '조금, 잠시'라는 뜻의 부사로 문장과는 맞지 않는다. 문맥상 (B)에는 뭔가를 하려던 바로 그때라는 뜻의 표현이 와야 하므로, 「ちょうど」(마침)로 고쳐야 한다.

어휘 | 家(いえ)を出(で)る 집을 나서다 電話(でんわ) 전화
かかる (전화가) 걸리다 約束(やくそく) 약속
時間(じかん) 시간 遅(おく)れる 늦다, 늦어지다

**128** 표현 오용 (D) 聞かれている → 言われている

일반적으로 와인은 과일인 포도에서 만들어지는 술로, 포도 종류로 맛이 다르다고 한다.

해설 | (D)의 「聞(き)かれる」(들려지다, 질문을 받다)는 「聞(き)く」(듣다)의 수동형으로 문장과는 맞지 않는다. 문맥상 (D)에는 다수의 판단을 나타내는 표현이 와야 하므로, 「言(い)う」(말하다)의 수동형인 「言(い)われる」(말하여지다)를 써서 「~と言(い)われている」(~라고 한다, ~라고들 한다)로 고쳐야 한다.

어휘 | 一般的(いっぱんてき)だ 일반적이다 ワイン 와인
果物(くだもの) 과일 ぶどう 포도 作(つく)る 만들다
酒(さけ) 술 種類(しゅるい) 종류 味(あじ) 맛 違(ちが)う 다르다

**129** 의미 오용 (D) 買える → 買えない

이 케이크 가게는 일본 전국에서 주문이 있는 인기 가게로, 두 달 기다려도 좀처럼 살 수 없다.

해설 | 이 케이크 가게는 일본 전국에서 주문이 쇄도할 만큼 인기가 많다고 했으므로, 문맥상 후반부는 두 달을 기다려도 좀처럼 살 수 없다는 내용이 되어야 한다. 따라서 (D)의 「買(か)える」(살 수 있다)는 부정형인 「買(か)えない」(살 수 없다)로 고쳐야 한다.

어휘 | ケーキ屋(や) 케이크 가게 *「~屋(や)」 - 그 직업을 가진 집[사람] 日本中(にほんじゅう) 전 일본, 일본 전국

注文(ちゅうもん) 주문　人気(にんき) 인기　店(みせ) 가게
~か月(げつ) ~개월　待(ま)つ 기다리다
なかなか (부정어 수반) 좀처럼　買(か)う 사다

## 130 표현 오용 (C) なっていて → していて

역 앞의 빵집 앞을 지나가면 항상 맛있을 것 같은 냄새가 <u>나고 있어서</u> 그만 사고 만다.

해설 | 「匂(にお)い」(냄새) 등 맛이나 소리 같은 감각을 느낀다고 할 때는 「~がする」(~이 나다)를 쓴다. 따라서 '냄새가 나다'는 「匂(にお)いがする」라고 해야 맞는 표현이므로, (C)의 「なっていて」(되어 있어서)는 「していて」(나고 있어서)로 고쳐야 한다.

어휘 | 駅前(えきまえ) 역 앞
パン屋(や) 빵집 *「~屋(や)」- 그 직업을 가진 집[사람]
前(まえ) 앞　通(とお)る 통과하다, 지나가다
いつも 늘, 항상　おい(美味)しい 맛있다
い형용사의 어간+そうだ ~일[할] 것 같다, ~해 보이다
つい 그만, 나도 모르게　買(か)う 사다

## 131 어휘 오용 (B) 品物 → 洗濯物

비가 내리는 계절이 되면 세탁한 <u>세탁물</u>이 언제까지나 젖어 있어서 좀처럼 마르지 않는다.

해설 | (B)의 「品物(しなもの)」는 '물건'이라는 뜻으로 문장과는 맞지 않는다. 문맥상 (B)에는 '세탁한 것'을 뜻하는 표현이 와야 하므로, 「洗濯物(せんたくもの)」(세탁물)로 고쳐야 한다.

어휘 | 雨(あめ) 비　降(ふ)る (비·눈 등이) 내리다, 오다
季節(きせつ) 계절　洗濯(せんたく) 세탁　いつまでも 언제까지나
濡(ぬ)れる 젖다　なかなか (부정어 수반) 좀처럼
乾(かわ)く 마르다, 건조하다

## 132 접속 형태 오용 (D) 取った → 取る

당황하면 실수하는 경우가 많기 때문에 바쁠 때일수록 침착한 행동을 <u>취해야</u> 한다.

해설 | 「~べきだ」(마땅히) ~해야 한다)는 동사의 기본형에 접속하는 표현이므로, (D)의 「取(と)った」(취했어)는 기본형인 「取(と)る」(취해)로 고쳐야 한다.

어휘 | 慌(あわ)てる 당황하다, 허둥대다
失敗(しっぱい) 실패, 실수　多(おお)い 많다
忙(いそが)しい 바쁘다　時(とき) 때　~ほど ~일수록
落(お)ち着(つ)く (언동이) 침착하다　行動(こうどう) 행동
取(と)る 취하다

## 133 문법 표현 오용
### (B) とはいって → とはいえ・といっても

남녀 간의 급여 격차는 <u>줄어들었다고 해도</u> 노동조건 등의 문제를 안고 있는 기업이 많다.

해설 | (B)의 「~とはいって」와 같은 표현은 없다. 문맥상 (B)에는 앞의 내용을 인정하면서도 뒤에 문제점이나 설명을 덧붙이는 표현이 와야 하므로, '~라고 해도'라는 뜻을 나타내는 「~とはいえ」나 「~といっても」로 고쳐야 한다.

어휘 | 男女間(だんじょかん) 남녀 간　給与(きゅうよ) 급여
格差(かくさ) 격차　縮(ちぢ)まる 줄어들다　労働(ろうどう) 노동

条件(じょうけん) 조건　~など ~등　問題(もんだい) 문제
抱(かか)える (어려움 등을) 안다　企業(きぎょう) 기업
多(おお)い 많다

## 134 표현 오용 (C) 割って → 折って

젖어 있는 바닥에서 미끄러져 다리뼈를 <u>부러뜨려</u> 버려서 입원해야 했다.

해설 | (C)의 「割(わ)る」는 '깨뜨리다, 깨다'라는 뜻의 동사로, 앞에 있는 「骨(ほね)」(뼈)와는 어울리지 않는다. 문맥상 (C)에는 '부러뜨리다'라는 뜻의 동사가 와야 하므로, (C)는 「折(お)る」(부러뜨리다)를 써서 「折(お)って」(부러뜨려)로 고쳐야 한다.

어휘 | 濡(ぬ)れる 젖다　床(ゆか) 바닥
滑(すべ)る 미끄러지다　足(あし) 다리　~ため ~때문에
入院(にゅういん) 입원
~なければならない ~하지 않으면 안 된다, ~해야 한다

## 135 어휘 오용 (C) 連立 → 両立

육아휴가제도가 확대되어도 여성에게 있어서 일과 육아의 <u>양립</u>은 여전히 곤란을 수반한다.

해설 | (C)의 「連立(れんりつ)」(연립)는 「連立政権(れんりつせいけん)」(연립 정권)처럼 다수가 각각의 입장을 유지하면서 전체적으로 하나의 단체를 이루는 일을 나타내는 표현으로, 문장과는 맞지 않는다. 문맥상 (C)에는 「仕事(しごと)」(일)와 「育児(いくじ)」(육아)라는 두 가지가 동시에 따로 성립한다는 뜻을 지닌 표현이 와야 하므로, 「両立(りょうりつ)」(양립)로 고쳐야 한다.

어휘 | 育児(いくじ) 육아　休暇(きゅうか) 휴가
制度(せいど) 제도　拡大(かくだい) 확대　女性(じょせい) 여성
~にとって ~에게 있어서　なお 역시, 아직, 여전히
困難(こんなん) 곤란　伴(ともな)う 따르다, 수반하다

## 136 관용표현 오용 (B) 頭 → 腹

젊은이의 나쁜 매너에 <u>화가 나도</u> 상대에 따라서는 함부로 주의를 주지 않는 게 제일이다.

해설 | 문맥상 (B)에는 '화가 나다'라는 뜻의 관용표현이 와야 하는데, 「頭(あたま)に来(く)る」와 「腹(はら)が立(た)つ」라는 두 가지 표현이 있다. 문제에서는 「立(た)つ」(서다, 감정이 치밀다)를 썼으므로, (B)의 「頭(あたま)」(머리)는 「腹(はら)」(배)로 고쳐야 한다.

어휘 | 若者(わかもの) 젊은이　マナー 매너　悪(わる)さ 나쁨
相手(あいて) 상대　~によっては ~에 따라서는
むやみ(無闇)に 무턱대고, 함부로
注意(ちゅうい)をする 주의를 주다
~に限(かぎ)る ~이 제일이다[최고다]

## 137 어휘 오용 (A) 仲介 → 中継

위성 <u>중계</u> 기술의 발달과 함께 세계의 정보를 한순간에 손에 넣는 것이 가능해졌다.

해설 | (A)의 「仲介(ちゅうかい)」(중개)는 제삼자가 두 당사자 사이에서 편의를 도모하여 어떤 일을 한다는 뜻으로, 문장과는 맞지 않는다. 문맥상 (A)에는 「衛星(えいせい)」(위성)와 어울리면서 '중간에서 이어 줌'이라는 뜻의 표현이 와야 하므로, 「中継(ちゅうけい)」(중계)로 고쳐야 한다.

어휘 | 技術(ぎじゅつ) 기술　発達(はったつ) 발달

~と共(とも)に ~와 함께 世界(せかい) 세계
情報(じょうほう) 정보 一瞬(いっしゅん) 일순, 순간, 한순간
~うちに ~동안에 手(て)に入(い)れる 손에 넣다
可能(かのう)だ 가능하다

## 138 관용표현 오용 (A) 手 → 口(くち)

결정은 제삼자가 말참견하는 게 아니라 기업끼리의 계약에 따라서 내려져야 한다.

해설 | 문맥상 (A)에는 '말참견하다'라는 뜻의 관용표현이 와야 한다. 이와 같은 뜻을 지닌 관용표현은 「口(くち)を挟(はさ)む」이므로, (A)의 「手(て)」(손)는 「口(くち)」(입)로 고쳐야 한다.

어휘 | 決定(けってい) 결정 第三者(だいさんしゃ) 제삼자
企業(きぎょう) 기업 ~同士(どうし) ~끼리
取(と)り決(き)め 결정, 약정, 약속, 계약 従(したが)う 따르다
下(くだ)す (결정 등을) 내리다
동사의 기본형+べきだ (마땅히) ~해야 한다

## 139 문법 표현 오용
### (B) もさることだが → もさることながら

신형 로봇은 이족보행은 물론이거니와 인간의 움직임에 맞춰 물건을 이동시키기도 한다.

해설 | (B)의 「~もさることだが」와 같은 표현은 없다. 문맥상 (B)에는 뒤에 오는 말을 강조하는 표현이 와야 하므로, '~은[도] 물론이거니와'라는 뜻을 나타내는 「~もさることながら」로 고쳐야 한다.

어휘 | 新型(しんがた) 신형 ロボット 로봇
二足(にそく) 이족, 두 발 歩行(ほこう) 보행
人間(にんげん) 인간 動(うご)き 움직임 合(あ)わせる 맞추다
物(もの) (어떤 형태를 갖춘) 것, 물건 移動(いどう) 이동

## 140 동사 오용 (B) 去(さ)って → 逸(そ)れて

태풍의 진로가 약간 벗어나 혼슈에는 상륙하지 않았기 때문에 수확 전의 농작물 피해는 면했다.

해설 | (B)의 「去(さ)る」는 '떠나다, 사라지다'라는 뜻의 동사로, 문장과는 맞지 않는다. 문맥상 (B)에는 '빗나가다, 빠져나가다, 벗어나다'라는 뜻의 동사가 와야 하므로, 「逸(そ)れる」를 써서 「逸(そ)れて」(벗어나)로 고쳐야 한다.

어휘 | 台風(たいふう) 태풍 進路(しんろ) 진로
若干(じゃっかん) 약간, 얼마간
本州(ほんしゅう) 혼슈 *일본 열도 중 주가 되는 최대의 섬으로, 「東北(とうほく)」(도호쿠) · 「関東(かんとう)」(간토) · 「中部(ちゅうぶ)」(주부) · 「近畿(きんき)」(긴키) · 「中国(ちゅうごく)」(주고쿠)의 다섯 지방
上陸(じょうりく) 상륙 ~ため ~때문에 収穫(しゅうかく) 수확
前(まえ) 전, 이전 作物(さくもつ) 작물, 농작물
被害(ひがい) 피해 免(まぬか)れる 면하다, 피하다

---

# PART 7 | 공란메우기

## 141 적절한 조사 찾기
여기에서 은행까지의 가는 길을 알려 주십시오.

해설 | 공란에는 앞에 나오는 「ここから銀行(ぎんこう)まで」(여기에서 은행까지)가 뒤에 이어지는 「行(い)き方(かた)」(가는 길)라는 단어를 수식하는 형태의 조사가 와야 한다. 따라서 정답은 (C)의 「~の」(~의)가 된다.

어휘 | ここ 여기, 이곳 ~から~まで ~부터 ~까지
銀行(ぎんこう) 은행 教(おし)える 가르치다, 알려 주다
~へ ~(으)로 ~で ~에서 ~に ~에

## 142 적절한 부사 찾기
아직 시간이 있으니까 천천히 걸어서 갑시다.

해설 | 공란 뒤의 「歩(ある)く」(걷다)라는 동사와 어울리는 부사를 찾는다. (A)의 「あっさり」는 '깨끗이, 선선히, 간단히', (B)의 「こっそり」는 '살짝, 몰래', (C)의 「ぎっしり」는 '가득, 잔뜩', (D)의 「ゆっくり」는 '천천히'라는 뜻이므로, 정답은 (D)가 된다.

어휘 | まだ 아직 時間(じかん) 시간 行(い)く 가다

## 143 적절한 동사 찾기
모리 씨는 감기에 걸려서 학교를 쉰다고 합니다.

해설 | 문제는 '모리라는 사람은 감기에 ~ 학교를 쉰다'라는 것이므로, 공란에는 '(병 따위에) 걸리다'라는 뜻을 나타내는 동사가 와야 한다. 선택지 중 이에 해당하는 동사는 (B)의 「かかる」와 (D)의 「ひ(引)く」가 있는데, 「風邪(かぜ)」(감기)와 함께 쓸 수 있는 동사는 (D)의 「ひ(引)く」로, '감기에 걸리다'는 「風邪(かぜ)をひ(引)く」라고 한다. 따라서 정답은 「ひ(引)く」를 て형으로 바꾼 (D)의 「ひ(引)いて」(걸려서)가 된다.

어휘 | 学校(がっこう) 학교 休(やす)む 쉬다
품사의 보통형+そうだ ~라고 한다 *전문 なる 되다
ふ(吹)く (바람이) 불다

## 144 적절한 표현 찾기
다음 주부터 도쿄의 시나가와라는 곳에서 일합니다.

해설 | 공란 앞의 「品川(しながわ)」(시나가와)라는 지명과 뒤에 있는 「ところ(所)」(곳, 장소)를 동등하게 연결해 주는 표현을 찾는다. 정답은 (A)의 「~という」로, '~라고 하는, ~라는'이라는 뜻이다.

어휘 | 来週(らいしゅう) 다음 주 ~から ~부터
東京(とうきょう) 도쿄
品川(しながわ) 시나가와 *도쿄도 23개 특별구의 하나
働(はたら)く 일하다 ~くらい ~정도 ~など ~등
~だけ ~만 ~뿐

**145 적절한 표현 찾기**

이 짐은 어디에 두면 됩니까?

해설 | 문맥상 공란에는 '~하면'이라는 뜻의 가정표현이 와야 한다. 선택지 중 가정표현에 해당하는 것은 「~たら」(~하면)이므로, 정답은 (C)의 「置(お)いたら」(두면)가 된다.

어휘 | 荷物(にもつ) 짐 どこ 어디 置(お)く 놓다, 두다
~ほど ~일수록

**146 적절한 접속사 찾기**

어제 여자친구와 영화를 봤습니다. 그리고 아키하바라에서 쇼핑을 했습니다.

해설 | 「映画(えいが)を見(み)ました」(영화를 봤습니다)와 「買(か)い物(もの)をしました」(쇼핑을 했습니다)라는 두 문장을 자연스럽게 연결해 줄 수 있는 접속사를 찾는다. 문맥상 공란에는 두 문장을 순차적으로 연결하는 접속사가 와야 하므로, 정답은 (C)의 「それから」(그 다음에, 그리고 (또), 그러고 나서)가 된다. (B)의 「それでは」(그렇다면, 그럼)는 앞서 말한 사항을 받거나 일단락을 지을 때 쓰는 접속사로, 「それでは、そうします」(그렇다면, 그렇게 하겠습니다), 「それでは、始(はじ)めましょう」(그럼, 시작합시다)처럼 쓴다.

어휘 | 昨日(きのう) 어제 彼女(かのじょ) 여자친구
映画(えいが) 영화 見(み)る 보다
秋葉原(あきはばら) 아키하바라 *지명
買(か)い物(もの) 물건을 삼, 쇼핑, 장을 봄

**147 적절한 접속 형태 찾기**

에가와 씨는 중국요리를 능숙하게 만듭니다.

해설 | な형용사 「上手(じょうず)だ」(능숙하다, 잘하다)의 접속 형태를 묻는 문제. な형용사가 동사를 수식하려면 부사형인 「어간+に」의 형태가 되어야 하므로, 정답은 (B)의 「上手(じょうず)に」(능숙하게, 잘)가 된다. (A)의 「上手(じょうず)」(능숙함, 잘함)는 명사형이고, (C)의 「上手(じょうず)で」(능숙하고, 잘하고)는 중지형, (D)의 「上手(じょうず)な」(능숙한)는 연체형이다.

어휘 | 中国料理(ちゅうごくりょうり) 중국요리 作(つく)る 만들다

**148 적절한 い형용사 찾기**

이 노트북은 가벼우니까 여성에게도 들기 편할 것이다.

해설 | 노트북이 가볍다면 여성도 들기 편할 것이다. 따라서 공란에는 앞에 있는 「持(も)つ」(가지다, 들다)의 ます형인 「持(も)ち」에 접속하여 '그렇게 하기 쉽다[간단하다]'라는 뜻을 나타내는 보조형용사가 와야 한다. 정답은 (C)의 「持(も)ちやすい」(들기 편하다)로, 「동사의 ます형+やすい」는 '~하기 쉽다[편하다]'라는 뜻이다.

어휘 | ノートブック 노트북 軽(かる)い 가볍다
女性(じょせい) 여성 うまい 맛있다 すごい 굉장하다
よい 좋다

**149 적절한 접속 형태 찾기**

다음 달에 새 사장님이 정해질 것 같다.

해설 | 공란 앞에 「~が」(~이)라는 주격조사가 있으므로, 타동사인 「決(き)める」(정하다, 결정하다)를 쓴 (B)와 (C)는 답이 될 수 없다. 그리고 객관적 근거에 의한 추측·판단을 나타내는 「~らしい」(~인 것 같다) 앞에는 동사의 기본형이 와야 하므로, 정답은 (A)의 「決(き)まる」(정해

지다, 결정되다)가 된다.

어휘 | 来月(らいげつ) 다음 달 新(あたら)しい 새롭다
社長(しゃちょう) 사장 ~ず ~하지 않아서

**150 적절한 조사 찾기**

이 손목시계는 취직 축하선물로 아버지에게 받은 것이다.

해설 | 손목시계는 취직을 축하하는 명분에 해당하므로, 공란에는 '어느 자격으로서'의 뜻을 나타내는 조사가 와야 한다. 정답은 (D)의 「~に」(~로(서))로, (A)의 「~で」(~에서, ~으로)는 동작이 행해지는 장소나 수단, 방법, 재료 등을 나타내는 조사이므로 답이 될 수 없다.

어휘 | 腕時計(うでどけい) 손목시계 就職(しゅうしょく) 취직
お祝(いわ)い 축하, 축하선물 父(ちち) (자신의) 아버지
もらう (남에게) 받다

**151 적절한 접속 형태 찾기**

곤란해하고 있는 친구를 도와줄 수 없어서 유감스럽습니다.

해설 | 공란 뒤에 「残念(ざんねん)です」(유감스럽습니다)가 있으므로, 공란에는 '내가 남에게) ~해 줄 수 없어서'라는 이유를 나타내는 표현이 와야 한다. 정답은 (B)의 「~(て)あげられなくて」((내가 남에게) ~해 줄 수 없어서)로, 「~てあげられない」((내가 남에게) ~해 줄 수 없다)는 「~てあげる」((내가 남에게) ~해 주다)의 가능부정형이다.

어휘 | 困(こま)る 곤란하다, 난처하다 友達(ともだち) 친구
助(たす)ける 돕다, 거들다 残念(ざんねん)だ 아쉽다, 유감스럽다

**152 적절한 표현 찾기**

선생님, 틀린 곳 고쳐 주실 수 있으세요?

해설 | 문맥상 공란에는 남에게 뭔가를 부탁할 때 쓰는 표현이 와야 한다. 앞에 「先生(せんせい)」(선생님)가 있으므로, 「~てもらう」((남에게) ~해 받다, (남이) ~해 주다)의 겸양표현인 「~ていただく」((남에게) ~해 받다, (남이) ~해 주시다)를 써야 하고, 수정 가능 여부를 선생님께 부탁드리고 있으므로, 가능의문문이 되어야 한다. 따라서 정답은 (C)의 「~ていただけますか」가 되는데, '(남에게) ~해 받을 수 있습니까? (남이) ~해 주실 수 있습니까?'라는 뜻이다. (D)의 「~てさしあげる」는 '(내가 남에게) ~해 드리다'라는 뜻으로, 「~てあげる」((내가 남에게) ~해 주다)의 겸양표현이다.

어휘 | 先生(せんせい) 선생님 間違(まちが)う 틀리다, 잘못되다
ところ 곳, 부분 直(なお)す 고치다

**153 적절한 동사 찾기**

이 스위치에는 절대로 손을 대지 말아 주십시오.

해설 | 공란 앞의 「スイッチ」(스위치)와 어울리는 동사를 찾는다. (A)의 「やぶ破)る」는 '찢다', (B)의 「さらう」는 '채다, 채가다', (C)의 「こわ壊)れる」는 '깨지다, 부서지다, 고장 나다', (D)의 「さわ触)る」는 '(가볍게) 닿다, 손을 대다, 건드리다, 만지다'라는 뜻이므로, 정답은 (D)가 된다. 「~ないでください」는 '~하지 말아 주십시오, ~하지 마세요'라는 뜻으로, 어떤 행동을 자제할 것을 요청할 때 쓰는 표현이다.

어휘 | 絶対(ぜったい)に 절대로

**154 적절한 명사 찾기**

결혼에 관한 일로 친구에게 상담했다.

해설 | 공란 앞의 「結婚(けっこん)」(결혼)은 추상적인 명사로, 공란에는 추상적인 대상을 나타내는 형식명사가 와야 한다. 따라서 정답은 (C)의 「こと」(일)가 된다. 「こと」(일)가 상황이나 생각처럼 추상적인 대상을 가리키는 데 비해, (A)의 「もの」(것)는 「これはデパートのバーゲンで買(か)ったものです」(이것은 백화점 바겐세일에서 산 것입니다)처럼 실체가 있는 구체적인 대상을 가리킬 때 쓴다. (B)의 「～ため」는 뒤에 「に」를 수반하여 '～위해(서)'라는 '목적'이나 '～때문에'라는 '원인·이유'를 나타낸다.

어휘 | 友人(ゆうじん) 친구　相談(そうだん) 상담, 상의, 의논
てん(点) 점

### 155 적절한 접속 형태 찾기
여러 번 계산했으니까 이 수치는 정확할 것이다.

해설 | 공란 뒤의 「～はず」((당연히) ～할 것[터]임)는 명사로, 근거나 이유가 있는 강한 확신을 나타낼 때 쓰는 표현이다. 선택지는 모두 「正確(せいかく)だ」라는 な형용사를 썼는데, な형용사가 명사를 수식할 때는 「어간+な」의 형태를 취하므로, 정답은 (D)의 「正確(せいかく)な」(정확할)가 된다.

어휘 | 何度(なんど)も 몇 번이나, 여러 번　計算(けいさん) 계산
数字(すうじ) 숫자, 수치

### 156 적절한 문법표현 찾기
새 사원을 고용함에 있어 사내는 여러모로 분주하다.

해설 | 문맥상 공란에는 구체적인 행동이 시작되기 조금 전임을 나타내는 표현이 와야 한다. 정답은 (A)의 「～にあ(当)たって」(～에 즈음하여, ～함에 있어서, ～에 앞서)로, 신학기, 입학, 졸업, 시험 등 특별한 장면이나 중요한 장면에서 쓰는 격식 차린 표현이다. (B)의 「～にかけて」(～에 걸쳐서)는 시간이나 공간적인 범위를 나타내는 표현으로 「九州(きゅうしゅう)から四国(しこく)にかけて大雨(おおあめ)が予想(よそう)される」(규슈에서 시코쿠에 걸쳐서 큰 비가 예상된다)처럼 쓰고, (C)의 「～によって」(～에 의해서[따라서])는 주로 원인이나 수단·방법을 나타내는 표현으로, 「地震(じしん)によって、多(おお)くの地域(ちいき)が被害(ひがい)に遭(あ)った」(지진에 의해 많은 지역이 피해를 입었다)처럼 쓴다. (D)의 「～にともな(伴)って」(～에 동반해[따라])는 변화를 나타내는 표현으로, 「病気(びょうき)の回復(かいふく)にともな(伴)って、働(はたら)く時間(じかん)を延(の)ばしていくつもりだ」(병이 회복됨에 따라 일하는 시간을 늘려 갈 생각이다)처럼 쓴다.

어휘 | 新(あたら)しい 새롭다　社員(しゃいん) 사원
雇(やと)う (사람을) 고용하다　社内(しゃない) 사내
何(なに)かと 이것저것, 여러 가지로, 여러모로
慌(あわ)ただしい 숨가쁘다, 분주하다

### 157 적절한 접속 형태 찾기
회사 명령이라면 따르지 않을 수는 없다.

해설 | 앞에 회사 명령이라는 거스를 수 없는 전제가 있으므로, 후반부에는 '그렇게 할 수밖에 없다'라는 내용이 와야 자연스럽다. 공란 뒤의 「～わけにはいかない」((그렇게 간단히) ～할 수는 없다)는 '어떠한 이유나 사정이 있어서 그렇게 할 수 없다'라는 뜻을 나타내는 표현인데, 동사의 ない형에 접속하여 「～ないわけにはいかない」의 형태가 되면 '～하지 않을 수는 없다, ～해야 한다'라는 뜻으로, 상식이나 경험 등을 토대로 내리는 주관적인 판단으로 어떤 행위에 있어 강한 정의감이나 의무감을 나타낸다. 정답은 (A)의 「従(したが)う」의 부정형인 「従(した

が)わない」(따르지 않다)로, 「従(したが)わないわけにはいかない」라고 하면 '따르지 않을 수는 없다, 따라야 한다'라는 의미가 된다.

어휘 | 会社(かいしゃ) 회사　命令(めいれい) 명령
～とあらば ～라면

### 158 적절한 문법표현 찾기
그는 부모의 반대에도 불구하고 캐나다에 간 채로 돌아오지 않는다.

해설 | 캐나다에 간 상태에서 계속 머물고 있다는 뜻이므로, 공란에는 앞에 오는 「行(い)った」(갔다)와 접속해서 '～한 상태 그대로'라는 뜻을 나타내는 문법표현이 와야 한다. 정답은 (C)의 「～きり」로, 동사의 た형에 접속해서 '(계속) ～한 채로'라는 뜻을 나타낸다. (A)의 「以来(いらい)」(이래)는 「～て以来(いらい)」의 형태로 '～한 이래'라는 뜻이고, (B)의 「동사의 た형+末(すえ)に」는 '～한 끝에'라는 뜻으로 「努力(どりょく)した末(すえ)に、ようやく合格(ごうかく)できた」(노력한 끝에 겨우 합격할 수 있었다)처럼 쓰며, (D)의 「동사의 ます형+次第(しだい)」는 '～하자마자, ～하는 대로 (즉시)'라는 뜻으로, 「家(いえ)に着(つ)き次第(しだい)、お電話(でんわ)いたします」(집에 도착하는 대로 전화 드리겠습니다)처럼 쓴다.

어휘 | 親(おや) 부모　反対(はんたい) 반대
～にもかかわらず ～임에도 불구하고　カナダ 캐나다
帰(かえ)る 돌아오다

### 159 적절한 표현 찾기
요 일주일 동안 변변한 음식을 먹지 않아서 힘이 나지 않는다.

해설 | '요 일주일간 ～한 음식을 먹지 않아서 힘이 나지 않는다'라고 했으므로, 공란에는 어떤 음식을 먹었길래 힘이 나지 않는지 그 이유가 될 만한 말이 와야 한다. (A)의 「ろく」는 '변변함', (B)의 「みごと(見事)」는 '멋짐, 훌륭함', (C)의 「むちゃ(無茶)」는 '어거지, 터무니없음', (D)의 「たっぷり」는 '듬뿍, 가득'이라는 뜻이다. 이 중 문맥상 어울리는 것은 (A)의 「ろく」로, 「ろくな」(변변한)의 형태로 뒤에 부정을 수반한다.

어휘 | この 이(번)　1週間(いっしゅうかん) 일주일간, 일주일 *「～週間(しゅうかん)」 – ～주간, ～주일
食(た)べる 먹다　力(ちから) 힘　出(で)る (원기 등이) 나다

### 160 적절한 동사 찾기
그쪽에 책임이 있는 거니까 제대로 사과해야 한다.

해설 | 공란 앞의 「責任(せきにん)があるのだから」(책임이 있는 거니까)와 공란 뒤의 「きちんと～べきだ」(제대로 ～해야 한다)와 어울리는 동사를 찾는다. (A)의 「訴(うった)える」는 '호소하다', (B)의 「費(つい)やす」는 '(시간·돈을) 쓰다, 소비하다', (C)의 「反(そ)らす」는 '(뒤로) 젖히다', (D)의 「詫(わ)びる」는 '사과하다, 사죄하다'라는 뜻이므로, 정답은 (D)가 된다.

어휘 | そちら 그쪽　責任(せきにん) 책임　きちんと 제대로, 확실히
동사의 기본형+べきだ (마땅히) ～해야 한다

### 161 적절한 동사 찾기
그는 일본 신기록을 가지고 있으면서도 올림픽의 일본 대표에서 빠지고 말았다.

해설 | 일본 신기록을 가지고 있다면 올림픽 대표로 뽑히는 것이 당연할 것이다. 그러나 문제는 「～ながら(も)」(～이지만, ～이면서도)라는 역접 조사로 연결되어 있으므로, 공란에는 예상과는 반대되는 내용이 와야 한다. 따라서 정답은 '빠지다, 누락되다, 탈락되다'라는 뜻의 동사

45

「漏(も)れる」를 활용한 (C)의 「漏(も)れて」(빠지고)가 된다.

어휘 | 日本(にほん) 일본  新記録(しんきろく) 신기록
持(も)つ 가지다  オリンピック 올림픽  代表(だいひょう) 대표
～てしまう ～해 버리다, ～하고 말다  揺(ゆ)れる 흔들리다
流(なが)れる 흐르다, 떠내려가다  割(わ)れる 깨지다

### 162 적절한 관용표현 찾기
다다미방에서 '편히 앉으세요'라는 말을 듣고 그는 <u>책상다리를</u> 하고 앉았다.

해설 | 공란 앞의 「お楽(らく)に」(편히 앉으세요)와 「かく」라는 동사와 어울리는 말을 찾는다. 문제의 「かく」는 「あぐら(胡坐)をかく」(책상다리를 하고 앉다), 「いびきをかく」(코를 골다) 등에 쓰여 관용표현을 만든다. 선택지 중 편히 앉으라는 말과 어울리는 말은 (C)의 「あぐら(胡坐)」로, '책상다리로 앉음'이라는 뜻이다. (B)의 「せき(咳)」(기침)는 「せき(咳)をする」(기침을 하다), (D)의 「くしゃみ」(재채기)는 「くしゃみをする」(재채기를 하다)처럼 쓴다.

어휘 | 和室(わしつ) 다다미방, 일본식 방
～と言(い)われる ～라는 말을 듣다, ～라고 하다

### 163 적절한 복합동사 찾기
그는 어떻게든 해서 빚 상환을 <u>지연시키려고</u> 계속 머리를 조아리고 있다.

해설 | 공란 앞의 「返済(へんさい)」(반제, 상환, 돈을 갚음)와 어울리는 복합동사를 찾는다. (A)의 「払(はら)い込(こ)む」는 '불입하다, 납부하다', (B)의 「払(はら)い戻(もど)す」는 '환불하다', (C)의 「引(ひ)き受(う)ける」는 '책임지고 맡다', (D)의 「引(ひ)き延(の)ばす」는 '끌다, 지연시키다'라는 뜻이므로, 정답은 (D)가 된다.

어휘 | 何(なん)とか 어떻게든, 그럭저럭
頻(しき)りに 계속, 줄곧, 끊임없이
頭(あたま)を下(さ)げる 머리를 숙이다[조아리다]

### 164 적절한 문법표현 찾기
최근 기업 등<u>(에서)의</u> 개인정보보호에 큰 관심이 집중되고 있다.

해설 | 문제는 '기업이 하는 개인정보보호에 큰 관심이 집중되고 있다'라는 뜻이므로, 공란에는 동작이나 작용이 행해지는 곳·때를 나타내는 표현이 와야 한다. 정답은 (B)의 「～における」(～에서의)로, 뒤에 오는 명사를 수식한다. (A)의 「～にとって」(～에게 있어서)는 판단이나 평가의 기준이 되는 것을 나타내는 표현으로, 「社長(しゃちょう)にとって、この事業(じぎょう)に会社(かいしゃ)の命運(めいうん)がかかっているといっても過言(かごん)ではない」(사장에게 있어서 이 사업에 회사의 명운이 달려 있다고 해도 과언이 아니다)처럼 쓰고, (C)의 「～に対(たい)して」(～에 대해, ～에게)는 대상에 대한 감정이나 동작을 나타내는 표현으로, 「彼(かれ)はみんなに対(たい)して優(やさ)しくて思(おも)いやりのある人(ひと)です」(그는 모두에 대해 상냥하고 배려심이 있는 사람입니다)처럼 쓴다. (D)의 「～について」(～에 대해서)는 이야기의 내용이나 주제를 말할 때 쓰는 표현으로, 「これからの進路(しんろ)のことについて、先生(せんせい)に相談(そうだん)した」(앞으로의 진로에 대해서 선생님과 의논했다)처럼 쓴다.

어휘 | 最近(さいきん) 최근, 요즘  企業(きぎょう) 기업
個人(こじん) 개인  情報(じょうほう) 정보  保護(ほご) 보호
大(おお)きな 큰  関心(かんしん) 관심
寄(よ)せる 한데 모으다, 불러 모으다

### 165 적절한 부사 찾기
회사 설립을 위해 은행에 융자를 요청했는데 <u>모조리</u> 거부당했다.

해설 | 공란 뒤에 있는 「拒否(きょひ)された」(거부당했다)와 어울리는 부사를 찾는다. (A)의 「何気(なにげ)なく」는 '왜 그런지 모르게, 무심코', (B)의 「辛(かろ)うじて」는 '겨우, 간신히', (C)의 「ことごとく」는 '모두, 전부, 모조리', (D)의 「差(さ)し当(あ)たり」는 '당장(은), 우선, 당분간'이라는 뜻이므로, 정답은 (C)가 된다.

어휘 | 会社(かいしゃ) 회사  設立(せつりつ) 설립
～ため(に) ～위해(서)  銀行(ぎんこう) 은행  融資(ゆうし) 융자
求(もと)める 요청하다  拒否(きょひ) 거부

### 166 적절한 관용표현 찾기
의사가 현장에 달려갔을 때는 이미 손을 쓸 도리가 없는 상태였다.

해설 | 문제는 '의사가 현장에 갔을 때는 이미 때가 늦어 버렸다'라는 뜻이므로, 후반부에는 '대처할 수 없는 상황이었다'와 같은 내용이 와야 한다. 정답은 (D)의 「手(て)の施(ほどこ)しようがない」(손을 쓸 도리가 없다, 대책이 없다)로, 「手(て)」는 '방법', 「施(ほどこ)す」는 '(대책을) 세우다, 강구하다」, 「동사의 ます형+ようがない」는 '～할 수개[방법이] 없다'라는 뜻을 나타낸다.

어휘 | 医師(いし) 의사  現場(げんば) 현장
駆(か)け付(つ)ける 달려가다  既(すで)に 이미, 벌써
状態(じょうたい) 상태  操(あやつ)る 조종하다
執(と)る (집무를) 보다, 운용하다  絡(から)む 얽히다, 관계되다

### 167 적절한 동사 찾기
신문사에서 정치가에게로 부정한 헌금이 있었던 것은 아닐까 라는 의심을 국민에게 <u>품게 했다.</u>

해설 | 문제는 '부정한 헌금이 있었던 것은 아닐까 라는 생각을 국민들이 하게 되었다'라는 뜻이므로, 공란에는 「疑念(ぎねん)」(의심)과 호응하면서 '(의심을) ～하게 하다'라는 사역형이 오는 것이 자연스럽다. 정답은 (A)로, 「抱(いだ)かせる」는 「抱(いだ)く」((마음속에) 품다)의 사역형으로, '품게 하다'라는 뜻이다. (B)의 「煩(わずら)わせる」는 「煩(わずら)う」(걱정하다, 고민하다)의 사역형으로 '성가시게 하다, 번거롭게 하다'라는 뜻이고, (C)의 「巻(ま)き込(こ)まれる」는 「巻(ま)き込(こ)む」(말려들게 하다)의 수동형으로 '말려들다', (D)의 「差(さ)し挟(はさ)む」는 '사이에 끼우다, 끼워 넣다'라는 뜻의 동사이다.

어휘 | 新聞社(しんぶんしゃ) 신문사  政治家(せいじか) 정치가
不正(ふせい)だ 부정하다  献金(けんきん) 헌금
国民(こくみん) 국민

### 168 적절한 문법표현 찾기
그는 경찰관의 모습을 <u>보자마자</u> 쏜살같이 도망쳤다.

해설 | 문제는 '경찰관의 모습을 보고 나서 곧바로 재빨리 도망쳤다'라는 뜻이므로, 공란에는 그 동작과 동시에 바로 뒤의 동작이 발생함을 나타내는 표현이 와야 한다. 정답은 (D)의 「～や否(いな)や」(～하자마자, ～하기가 무섭게)로, 동사의 기본형에 접속한다. (A)의 「～ゆえ(故)に」(～때문에, ～이기에)는 원인이나 이유를 나타내는 표현으로, 「悪天候(あくてんこう)ゆえに飛行機(ひこうき)が欠航(けっこう)になってしまった」(악천후 때문에 비행기가 결항되고 말았다)처럼 쓰고, (B)의 「～と思(おも)いきや」(～라고 생각했으나 (실은))는 「パソコンが直(なお)ったと思(おも)いきや、またすぐに壊(こわ)れてしまった」(컴퓨터가 고쳐졌다고 생각했으나 또 금방 고장 나 버렸다)처럼

쓴다. (C)의 「~ばかりに」(~한 탓에, ~한 바람에)는 원인이나 이유를 나타내는 표현으로, 「朝寝坊(あさねぼう)したばかりに、会社(かいしゃ)に遅刻(ちこく)してしまった」(늦잠을 자는 바람에 회사에 지각하고 말았다)처럼 뒤에 주로 좋지 않은 결과를 나타내는 말이 온다.

어휘 | 警官(けいかん) 경관, 경찰관 *「警察官(けいさつかん)」의 준말 姿(すがた) 모습 見(み)る 보다
一目散(いちもくさん)に 쏜살같이
逃(に)げ出(だ)す 도망가다, 도망치다, 달아나다

### 169 적절한 관용표현 찾기

말을 얼버무릴 뿐으로 개선하려고 하지 않는 경영자 측에 대해 항의해야 한다.

해설 | 문맥상 공란에는 앞에 있는 「言葉(ことば)」(말)와 호응하면서 '확실히 말하지 않다, 표현이나 태도를 애매하게 하다'라는 뜻을 지닌 동사가 와야 한다. 정답은 (D)의 「濁(にご)す」((말을) 애매하게 하다, 얼버무리다)로, 「言葉(ことば)を濁(にご)す」는 '말을 얼버무리다, 말끝을 흐리다'라는 뜻의 관용표현이다.

어휘 | 改善(かいぜん) 개선 経営者(けいえいしゃ) 경영자
側(がわ) 측, 쪽 ~に対(たい)して ~에 대해, ~에게 *대상
抗議(こうぎ) 항의 동사의 기본형+べきだ (마땅히) ~해야 한다
挟(はさ)む 끼우다 つむる 눈을 감다
削(そ)ぐ (끝이나 튀어나온 부분을) 잘라 내다, 치다

### 170 적절한 문법표현 찾기

그는 장애를 개의치 않고 지금까지 여러 번 높은 산에 도전하고 있다.

해설 | 문맥상 공란에는 앞에 있는 「障害(しょうがい)」(장애)와 호응하면서 힘들거나 좋지 않은 상황을 전혀 개의치 않는다는 뜻을 나타내는 표현이 와야 한다. (A)의 「~をものともせず(に)」는 '~에도[을] 아랑곳하지 않고, ~을 개의치 않고, ~에도 불구하고'라는 뜻이고, (B)의 「~を皮切(かわき)りに」(~을 시작으로)는 「今度(こんど)の公演(こうえん)は東京(とうきょう)を皮切(かわき)りに、全国(ぜんこく)で順次(じゅんじ)開(ひら)かれる予定(よてい)だ」(이번 공연은 도쿄를 시작으로 전국에서 순차적으로 열릴 예정이다)처럼 쓰며, (C)의 「ひきかえ」는 「~にひきかえ」의 형태로 써서 '~인 반면, ~와는 달리'라는 뜻을 나타낸다. (D)의 「いざ知(し)らず」는 「~はいざ知(し)らず・~ならいざ知(し)らず」의 형태로 써서 '~은 어떨지 모르지만'이라는 뜻으로, 「30年前(ねんまえ)はいざ知(し)らず、今(いま)の若者(わかもの)には通(つう)じない話(はなし)だ」(30년 전은 어떨지 모르지만, 지금의 젊은이에게는 통하지 않는 이야기다)처럼 쓴다. 정답은 (A)의 「~をものともせず(に)」(~에도[을] 아랑곳하지 않고, ~을 개의치 않고, ~에도 불구하고)로, 이 표현은 제삼자의 상황에 대해 주로 쓴다.

어휘 | これまで 지금까지 何度(なんど)も 몇 번이나, 여러 번
高山(こうざん) 고산, 높은 산 挑戦(ちょうせん) 도전

---

## PART 8 | 독해

### 171~173 옆집에 사시는 할머니

隣(となり)に住(す)む(1)おばあさんは、80歳(はちじゅっさい)ぐらいです。私(わたし)がこのアパートに来(き)た時(とき)、初(はじ)めて話(はなし)をした人(ひと)です。おばあさんは「171私(わたし)は1人(ひとり)で住(す)んでいて、毎日(まいにち)暇(ひま)ですから、遊(あそ)びに来(き)てください」と言(い)いました。でも、私(わたし)は毎日(まいにち)仕事(しごと)で忙(いそが)しいです。おばあさんの家(いえ)にも行(い)きたいと思(おも)いますが、172休(やす)みの日(ひ)も友達(ともだち)と会(あ)ったり映画(えいが)などを見(み)に行(い)ったりしますから、時間(じかん)がありません。今(いま)も1週間(いっしゅうかん)に1度(いちど)か2度(にど)、朝(あさ)アパートの前(まえ)で会(あ)った時(とき)に、おばあさんは「私(わたし)の家(いえ)に来(き)ませんか」と言(い)います。私(わたし)は「今晩(こんばん)遊(あそ)びに行(い)きます」と言(い)いたいですが、仕事(しごと)で遅(おそ)くなりますから言(い)うことができません。おばあさんは、時々(ときどき)、家族(かぞく)や友達(ともだち)と大(おお)きな声(こえ)で電話(でんわ)をしています。173その声(こえ)を聞(き)いて「今日(きょう)もおばあさんは元気(げんき)だわ」と(2)安心(あんしん)しています。今度(こんど)仕事(しごと)が早(はや)く終(お)わった時(とき)に、おばあさんの家(いえ)に遊(あそ)びに行(い)きたいと思(おも)います。

이웃집에 사는 (1)할머니는 80세 정도입니다. 제가 이 아파트에 왔을 때 처음으로 이야기를 한 사람입니다. 할머니는 "171저는 혼자서 살고 있고 매일 한가하니까 놀러 와 주세요"라고 했습니다. 하지만 저는 매일 일 때문에 바쁩니다. 할머니 집에도 가고 싶다고 생각합니다만 172휴일에도 친구와 만나거나 영화 등을 보러 가거나 하기 때문에 시간이 없습니다. 지금도 일주일에 한 번이나 두 번, 아침에 아파트 앞에서 만났을 때 할머니는 "저희 집에 오지 않을래요?"라고 말합니다. 저는 "오늘 밤에 놀러 갈게요"라고 하고 싶은데 일 때문에 늦어지니까 말할 수 없습니다.
할머니는 종종 가족이나 친구와 큰 소리로 전화를 하고 있습니다. 173그 목소리를 듣고 "오늘도 할머니는 기운이 넘치네"라고 (2)안심하고 있습니다. 다음에 일이 일찍 끝났을 때 할머니 집에 놀러 가고 싶다고 생각합니다.

어휘 | 隣(となり) 옆, 이웃, 이웃집 住(す)む 살다, 거주하다
おばあさん (남의) 할머니 ~歳(さい) ~세 ~살 ~ぐらい ~정도

アパート 아파트, 공동주택 *『アパートメントハウス』의 준말
来(く)る 오다 時(とき) 때 初(はじ)めて 처음(으로)
話(はなし) 이야기 人(ひと) 사람 1人(ひとり)で 혼자서
毎日(まいにち) 매일 暇(ひま)だ 한가하다 遊(あそ)ぶ 놀다
동사의 ます형+に ~하러 *동작의 목적 言(い)う 말하다
でも 하지만 仕事(しごと) 일, 업무 忙(いそが)しい 바쁘다
家(いえ) 집 行(い)く 가다 동사의 ます형+たい ~하고 싶다
休(やす)みの日(ひ) 휴일 友達(ともだち) 친구 会(あ)う 만나다
~たり~たりする ~하거나 ~하거나 하다, ~하기도 하고 ~하기도
하다 映画(えいが) 영화 ~など ~등 見(み)る 보다
時間(じかん) 시간 今(いま)も 지금도
1週間(いっしゅうかん) 일주일간, 일주일 *「~週間(しゅうかん)」
– ~주간, ~주일 度(ど) ~번 *횟수
朝(あさ) 아침 前(まえ) 앞 今晩(こんばん) 오늘 밤
遅(おそ)い (시간적으로) 늦다
동사의 기본형+ことができる ~할 수 있다
時々(ときどき) 종종, 때때로 家族(かぞく) 가족
大(おお)きな 큰 声(こえ) (목)소리
電話(でんわ) 전화 聞(き)く 듣다 今日(きょう) 오늘
元気(げんき)だ 활기차다, 기운이 넘치다 安心(あんしん) 안심
今度(こんど) 이 다음 早(はや)く 일찍, 빨리 終(お)わる 끝나다

## 171 (1)おばあさんについて、正(ただ)しいものはどれで
すか。
(A) アパートの前(まえ)で毎日(まいにち)会(あ)う人(ひと)
(B) アパートの隣(とな)りの家(いえ)に家族(かぞく)と住(す)んでいる人(ひと)
(C) 家(いえ)に初(はじ)めて遊(あそ)びに来(き)た人(ひと)
(D) 同(おな)じアパートに1人(ひとり)で住(す)んでいる人(ひと)

**171** (1)할머니에 대해서 맞는 것은 어느 것입니까?
(A) 아파트 앞에서 매일 만나는 사람
(B) 아파트 옆집에 가족과 살고 있는 사람
(C) 집에 처음으로 놀러 온 사람
(D) 같은 아파트에 혼자서 살고 있는 사람

해설 | 초반부의 내용 문제로, 이 사람의 옆집에 살고 있는 할머니는 "저
는 혼자서 살고 있고 매일 한가하니까 놀러 와 주세요"라고 했다. 선택
지 중 이 두 가지 조건을 모두 충족하는 것은 (D)뿐이다.

어휘 | 同(おな)じだ 같다

## 172 この人(ひと)について、本文(ほんぶん)と合(あ)っているものはど
れですか。
(A) 若(わか)いからおばあさんと話(はな)したいと思(おも)わない。
(B) おばあさんに「今晩遊(こんばんあそ)びに行(い)きます」と言(い)った。
(C) まだおばあさんの家(いえ)に遊(あそ)びに行(い)ったこと
がない。
(D) 週(しゅう)に1度(いちど)か2度(にど)、おばあさんの家(いえ)に遊(あそ)びに
行(い)く。

**172** 이 사람에 대해서 본문과 맞는 것은 어느 것입니까?
(A) 젊기 때문에 할머니와 이야기하고 싶다고 생각하지 않는다.

(B) 할머니에게 "오늘 밤에 놀러 갈게요"라고 말했다.
(C) 아직 할머니 집에 놀러 간 적이 없다.
(D) 일주일에 한 번이나 두 번, 할머니 집에 놀러 간다.

해설 | 이 사람은 혼자서 사는 이웃집 할머니의 초대를 받고 놀러 가고
싶지만, 평일은 업무 때문에, 휴일에는 친구를 만나거나 영화를 보러 가
느라 시간이 없다며 아쉬워하고 있다. 즉, 마음은 있지만 아직 할머니
집에 놀러 간 적은 없다는 뜻이므로, 정답은 (C)가 된다. (A)는 아예 할
머니의 초대에 응할 생각이 없다는 뜻이므로 부적절하고, (B) 또한 놀러
가겠다고 아직 말하지 못했으므로 답이 될 수 없으며, (D)는 이미 여러
번 놀러 간 적이 있다는 뜻이므로 역시 틀린 설명이다.

어휘 | 若(わか)い 젊다 まだ 아직 週(しゅう) 주, 7일간, 일주일

## 173 誰(だれ)が(2)安心(あんしん)していますか。
(A) この人(ひと)
(B) おばあさん
(C) おばあさんの家族(かぞく)
(D) おばあさんの友達(ともだち)

**173** 누가 (2)안심하고 있습니까?
(A) 이 사람
(B) 할머니
(C) 할머니의 가족
(D) 할머니의 친구

해설 | 두 번째 단락에서 정답을 찾을 수 있는데, 할머니가 종종 가족이
나 친구와 큰 소리로 전화를 하고 있는 것을 듣고 안심했다고 했다. 그
통화를 들은 것은 이 사람으로, 혼자 사는 할머니가 걱정스러운데 통화
하는 소리를 듣고 건강하게 잘 지내고 계신 것 같아 마음이 놓인다는
뜻이다. 따라서 정답은 (A)가 된다.

## 174~177 우리 집

私(わたし)の家(いえ)は東京(とうきょう)にある会社(かいしゃ)から1時間半(いちじかんはん)ぐらい
です。家(いえ)を買(か)う時(とき)、妻(つま)は東京(とうきょう)に住(す)みたいと言(い)っ
ていましたが、とても高(たか)くて買(か)うことができま
せんでした。それで、174両親(りょうしん)の家(いえ)の近(ちか)くに家(いえ)を
買(か)いました。175家(いえ)を買(か)ってから、妻(つま)はピアノを
教(おし)え始(はじ)めて、生徒(せいと)たちが毎日(まいにち)ピアノを習(なら)いに家(いえ)
に来(き)ます。私(わたし)も妻(つま)も音楽(おんがく)がとても好(す)きで、結婚(けっこん)
する前(まえ)はよくコンサートに行(い)きました。でも、
176結婚(けっこん)してからは、妻(つま)の仕事(しごと)が9時(くじ)までありま
すから、行(い)くことができません。3年前(さんねんまえ)子供(こども)が
生(う)まれてからは、それは(1)もっと難(むずか)しくなりま
した。でも、来月(らいげつ)は子供(こども)を両親(りょうしん)に頼(たの)んで、2人(ふたり)
で妻(つま)の大好(だいす)きな音楽(おんがく)を聞(き)きに行(い)く予定(よてい)です。177チ
ケットも、もう買(か)っておきました。明日(あした)が妻(つま)の
誕生日(たんじょうび)ですから、これは誕生日(たんじょうび)のプレゼントに
したいと思(おも)っています。

　저희 집은 도쿄에 있는 회사에서 1시간 반 정도입니다. 집을 살 때 아내는 도쿄에 살고 싶다고 말했습니다만, 매우 비싸서 살 수 없었습니다. 그래서 174부모님 집 근처에 집을 샀습니다. 175집을 산 후에 아내는 피아노를 가르치기 시작해서 학생들이 매일 피아노를 배우러 집에 옵니다. 저도 아내도 음악을 아주 좋아해서 결혼하기 전에는 자주 콘서트에 갔습니다. 하지만 176결혼한 후로는 아내 일이 9시까지 있기 때문에 갈 수 없습니다. 3년 전 아이가 태어난 후로는 그것은 (1)더욱 어려워졌습니다. 하지만 다음 달은 아이를 부모님에게 부탁하고 둘이서 아내가 아주 좋아하는 음악을 들으러 갈 예정입니다. 177티켓은 벌써 사 두었습니다. 내일이 아내 생일이니까 이것은 생일 선물로 하고 싶다고 생각하고 있습니다.

어휘 | 家(いえ) 집　会社(かいしゃ) 회사
半(はん) 반, 30분　～ぐらい ～정도　買(か)う 사다　時(とき) 때
妻(つま) (자신의) 아내　東京(とうきょう) 도쿄
住(す)む 살다, 거주하다　동사의 ます형+たい ～하고 싶다
言(い)う 말하다　とても 아주, 매우　高(たか)い (값이) 비싸다
それで 그래서　両親(りょうしん) 양친, 부모　近(ちか)く 근처
～てから ～하고 나서, ～한 후에　ピアノ 피아노
教(おし)える 가르치다, 교육하다
동사의 ます형+始(はじ)める ～하기 시작하다　生徒(せいと) 학생
～たち (사람이나 생물을 나타내는 말에 붙어) ～들
毎日(まいにち) 매일　習(なら)う 배우다, 익히다
音楽(おんがく) 음악　好(す)きだ 좋아하다　結婚(けっこん) 결혼
동사의 기본형+前(まえ) ～하기 전　よく 자주　コンサート 콘서트
行(い)く 가다　でも 하지만　仕事(しごと) 일, 업무　～まで ～까지
동사의 기본형+ことができる ～할 수 있다　前(まえ) 전, 이전
子供(こども) 아이, 자식　生(う)まれる 태어나다　もっと 더, 더욱
難(むずか)しい 어렵다　来月(らいげつ) 다음 달
頼(たの)む 부탁하다　大好(だいす)きだ 아주 좋아하다
聞(き)く 듣다　予定(よてい) 예정　チケット 티켓
もう 이미, 벌써　～ておく ～해 놓다[두다]　明日(あした) 내일
誕生日(たんじょうび) 생일　プレゼント 선물

**174** この人の家について、正しいものはどれですか。
　(A) 会社からもらった家だ。
　(B) 東京の会社のそばにある。
　(C) 両親が買った家だ。
　(D) 近くに両親が住んでいる。

**174** 이 사람의 집에 대해서 맞는 것은 어느 것입니까?
　(A) 회사에서 받은 집이다.
　(B) 도쿄의 회사 옆에 있다.
　(C) 부모님이 산 집이다.
　(D) 근처에 부모님이 살고 있다.

해설 | 초반부의 내용 문제. 이 사람의 집은 도쿄에 있는 회사에서 1시간 반 정도의 거리에 있고, 부모님 집 근처에 있다고 했으므로, 정답은 (D)가 된다. 이 집은 회사에서 받거나 부모님이 산 것이 아니라, 이 사람이 산 것이므로 (A)와 (C)는 틀린 설명이다.

어휘 | もらう (남에게) 받다　そば 옆, 곁

**175** 奥さんについて、正しいものはどれですか。
　(A) 子供と一緒にピアノを習っている。
　(B) 自分の家で、ピアノを教えている。
　(C) よくコンサートでピアノを弾いている。
　(D) 音楽の学校に通っている。

**175** 부인에 대해서 맞는 것은 어느 것입니까?
　(A) 아이와 함께 피아노를 배우고 있다.
　(B) 자신의 집에서 피아노를 가르치고 있다.
　(C) 자주 콘서트에서 피아노를 치고 있다.
　(D) 음악학교에 다니고 있다.

해설 | 초반부에서 집을 산 후에 아내는 피아노를 가르치기 시작해서 학생들이 매일 피아노를 배우러 집에 온다고 했다. 즉, 집에서 피아노 교습을 하고 있다는 뜻이므로, 정답은 (B)가 된다.

어휘 | 奥(おく)さん (남의) 부인　一緒(いっしょ)に 함께
弾(ひ)く (악기를) 연주하다, 켜다, 치다, 타다
学校(がっこう) 학교　通(かよ)う (학교·직장에) 다니다

**176** 何が(1)もっと難しくなりましたか。
　(A) 2人でコンサートに行くこと
　(B) 家でピアノを練習すること
　(C) 仕事の後で早く家に帰ること
　(D) 奥さんが仕事を続けること

**176** 무엇이 (1)더 어려워졌습니까?
　(A) 둘이서 콘서트에 가는 것
　(B) 집에서 피아노를 연습하는 것
　(C) 업무 후에 빨리 집에 돌아가는 것
　(D) 부인이 일을 계속하는 것

해설 | 밑줄 친 부분의 앞 문장에서 정답을 찾을 수 있다. 결혼 전에는 자주 콘서트에 갔던 두 사람이지만, 아내의 일이 늦게 끝나고 아이를 돌보느라 '그것'은 더욱 어려워졌다고 했다. 여기서 '그것'은 바로 콘서트 관람을 가리키는 것이므로, 정답은 (A)가 된다.

어휘 | 練習(れんしゅう) 연습　帰(かえ)る 돌아가다
続(つづ)ける 계속하다

**177** この人は奥さんに何をプレゼントしますか。
　(A) ピアノ
　(B) ＣＤ
　(C) コンサートのチケット
　(D) 旅行(りょこう)

**177** 이 사람은 부인에게 무엇을 선물합니까?
　(A) 피아노
　(B) CD
　(C) 콘서트 티켓
　(D) 여행

해설 | 후반부의 내용 문제. 두 사람은 한동안 가지 못했던 콘서트를 보러 갈 예정이다. 이 사람은 티켓도 미리 구매했는데, 마침 내일이 아내 생일이라서 이것을 생일 선물로 하고 싶다고 했다. 따라서 정답은 (C)가

된다.

어휘 | 旅行(りょこう) 여행

**178~180 전철에서 분실한 가방**

先週仕事が忙しくて、とても疲れていた日、私は帰りの電車で¹⁷⁸眠ってしまいました。そして駅に着いた時、急いで降りたので、かばんを持たずに降りてしまいました。¹⁷⁹私はすぐに駅の事務所に行って、かばんを探してくれるように頼みましたが、その日は見つかりませんでした。駅員さんは、もし見つかったら連絡をすると言ってくれました。家に帰って家族にかばんを無くしたことを話したら、娘がとても残念がりました。¹⁸⁰そのかばんには、娘が初めてもらった給料で買ってくれた、革の手袋が入っていたからです。

지난주에 일이 바빠서 매우 피곤했던 날, 저는 돌아오는 전철에서 ¹⁷⁸잠들어 버렸습니다. 그리고 역에 도착했을 때 서둘러 내렸기 때문에 가방을 들지 않고 내려 버렸습니다. ¹⁷⁹저는 바로 역 사무소에 가서 가방을 찾아달라고 부탁했습니다만, 그 날은 발견되지 않았습니다. 역무원은 만약 찾게 되면 연락을 하겠다고 말해 주었습니다. 집에 돌아와서 가족에게 가방을 잃어버린 것을 이야기했더니 딸이 아주 섭섭해했습니다. ¹⁸⁰그 가방에는 딸이 처음 받은 급여로 사 준 가죽 장갑이 들어 있었기 때문입니다.

어휘 | 先週(せんしゅう) 지난주  仕事(しごと) 일, 업무
忙(いそが)しい 바쁘다  とても 아주, 매우
疲(つか)れる 지치다, 피로해지다  日(ひ) 날  帰(かえ)り 돌아옴
電車(でんしゃ) 전철  眠(ねむ)る 자다, 잠자다, 잠들다
そして 그리고  駅(えき) 역  着(つ)く 도착하다  時(とき) 때
急(いそ)ぐ 서두르다  降(お)りる (탈것에서) 내리다
かばん(鞄) 가방  持(も)つ 가지다, 들다  ~ずに ~하지 않고[말고]
すぐに 곧, 바로  事務所(じむしょ) 사무소  探(さが)す 찾다
~てくれる (남이 나에게) ~해 주다  ~ように ~하도록
頼(たの)む 부탁하다  見(み)つかる 발견되다, 찾게 되다
駅員(えきいん) 역무원  もし 만약  連絡(れんらく) 연락
言(い)う 말하다  家族(かぞく) 가족  無(な)くす 잃다, 분실하다
娘(むすめ) (자신의) 딸
残念(ざんねん)だ 아쉽다, 유감스럽다, (마음에) 섭섭하다
な형용사의 어간+がる ~(해)하다, ~(하게) 여기다
初(はじ)めて 처음(으로)  もらう (남에게) 받다
給料(きゅうりょう) 급여, 급료  革(かわ) 가죽
手袋(てぶくろ) 장갑  入(はい)る 들다

**178** この人が、かばんを持たずに電車を降りた理由は何ですか。
(A) 盗まれてしまったから
(B) 他に荷物をたくさん持っていたから
(C) 目が覚めて、急いで降りたから
(D) 本を読んでいて、急いで降りたから

**178** 이 사람이 가방을 들지 않고 전철을 내린 이유는 무엇입니까?
(A) 도둑맞아 버렸기 때문에
(B) 가방 말고 짐을 많이 들고 있었기 때문에
(C) 잠이 깨서 서둘러 내렸기 때문에
(D) 책을 읽고 있다가 서둘러 내렸기 때문에

해설 | 이 사람이 가방을 들지 않고 전철을 내린 이유는 초반부에 나온다. 업무에 지쳐 피곤한 나머지 전철에서 잠들었는데 내릴 역이 되었을 때 황급히 내리느라 가방을 미처 챙기지 못했다는 뜻이므로, 정답은 (C)가 된다.

어휘 | 盗(ぬす)む 훔치다  他(ほか)に 그 밖에
荷物(にもつ) 짐  たくさん 많이  目(め)が覚(さ)める 잠이 깨다
本(ほん) 책  読(よ)む 읽다

**179** かばんが無くなって、この人はどうしましたか。
(A) 1人で探した。
(B) 駅の事務所に行った。
(C) 電話で駅に連絡した。
(D) そのまま帰った。

**179** 가방이 없어져서 이 사람은 어떻게 했습니까?
(A) 혼자서 찾았다.
(B) 역 사무소에 갔다.
(C) 전화로 역에 연락했다.
(D) 그대로 돌아갔다.

해설 | 중반부에서 이 사람은 전철에서 내리자마자 바로 역 사무소에 가서 가방을 찾아달라고 부탁했다고 했다. 따라서 정답은 (B)가 된다.

어휘 | 無(な)くなる 없어지다  1人(ひとり)で 혼자서
電話(でんわ) 전화  そのまま 그대로

**180** なぜこの人の娘さんは残念がりましたか。
(A) この人が一生懸命かばんを探そうとしなかったから
(B) かばんの中にはこの人に贈った物が入っていたから
(C) 自分がプレゼントしたかばんだったから
(D) 初めてもらった給料が入っていたから

**180** 왜 이 사람의 딸은 섭섭해했습니까?
(A) 이 사람이 열심히 가방을 찾으려고 하지 않기 때문에
(B) 가방 안에는 이 사람에게 선물한 물건이 들어 있었기 때문에
(C) 자신이 선물한 가방이었기 때문에
(D) 처음 받은 급여가 들어 있었기 때문에

해설 | 마지막 문장에서 정답을 찾을 수 있다. '그 가방에는 딸이 처음 받은 급여로 사 준 가죽 장갑이 들어 있었기 때문'이라고 했으므로, 정답은 (B)가 된다. 딸이 선물한 것은 가방이 아니라 장갑이므로 (C)는 답이 될 수 없다.

50

어휘 | 娘(むすめ)さん (남의) 딸, 따님
一生懸命(いっしょうけんめい) 열심히　贈(おく)る 선물하다

## 181~184 중고책 재활용회사 '다모카쿠'

家の中には古くなって邪魔になった本が必ずあります。そのような本を皆さんはどうしていますか。ゴミのように捨ててしまいますか。
福島県の森の中の只見町に「たもかく」という会社があります。この会社は、日本中から送られてきた古い本を買って只見町の「本の街」で売っています。しかし、本を売った人にはお金を渡すのではなく、(1)特別な券を渡すのです。181この券は、「本の街」で好きな本と換えられますが、それだけでなく、この町の森を少しだけ買うこともできます。184町の森を守るために、皆に森や木について考えてもらおうと始めたのだそうです。182本は「本の街」で売られるだけではありません。欲しいと言う他の会社に(2)_____こともあります。このように、古くなった本もこの会社に送れば必ず読んでくれる人を探してもらえるのです。
また、183券を使うために只見町に来る人が増えたそうです。只見町は静かできれいな所なので、この町が好きになって、住み始める人も増えています。今、社長は「私の育ったこの町がもっと元気になってくれればいいと思っています」と話しています。

집 안에는 오래돼서 거추장스러워진 책이 반드시 있습니다. 그와 같은 책을 여러분은 어떻게 하고 있습니까? 쓰레기처럼 버려 버립니까?
후쿠시마현의 숲속의 다다미마치에 '다모카쿠'라는 회사가 있습니다. 이 회사는 일본 전국에서 보내어 온 오래된 책을 사서 다다미마치의 '책의 거리'에서 팔고 있습니다. 그러나 책을 판 사람에게는 돈을 건네는 것이 아니라 (1)특별한 티켓을 건넵니다. 181이 티켓은 '책의 거리'에서 좋아하는 책과 바꿀 수 있는데, 그것뿐만 아니라 이 마을의 숲을 조금만 살 수도 있습니다. 184마을의 숲을 지키기 위해서 모두에게 숲과 나무에 대해서 생각해 주었으면 해서 시작한 것이라고 합니다. 182책은 '책의 거리'에서 팔리는 것만은 아닙니다. 필요하다고 하는 다른 회사가 (2)사 주는 경우도 있습니다. 이처럼 오래된 책도 이 회사에 보내면 꼭 읽어 줄 사람을 찾을 수 있는 것입니다.
또한 183티켓을 사용하기 위해서 다다미마치에 오는 사람이 늘었다고 합니다. 다다미마치는 조용하고 깨끗한 곳이기 때문에 이 마을이 좋아져서 살기 시작하는 사람도 늘고 있습니다. 지금 사장님

은 "제가 자란 이 마을이 더 활기차지면 좋겠다고 생각합니다"라고 이야기하고 있습니다.

어휘 | 家(いえ) 집　中(なか) 안　古(ふる)い 오래다, 오래되다
邪魔(じゃま)だ 방해하다, 거추장스럽다　本(ほん) 책
必(かなら)ず 꼭, 반드시　皆(みな)さん 여러분
ゴミ 쓰레기　~ように ~처럼　捨(す)てる 버리다
~てしまう ~해 버리다, ~하고 말다
福島県(ふくしまけん) 후쿠시마현 *「東北(とうほく)」(도호쿠) 지방 남부에 있는 현
森(もり) 숲　只見町(ただみまち) 다다미마치 *「福島県(ふくしまけん)」(후쿠시마현)에 있는 지방자치단체
~という ~라고 하는, ~라는　会社(かいしゃ) 회사
日本中(にほんじゅう) 전 일본, 일본 전국　送(おく)る 보내다
買(か)う 사다　街(まち) 거리　売(う)る 팔다　しかし 그러나
お金(かね) 돈　渡(わた)す 건네다, 건네주다
特別(とくべつ)だ 특별하다　券(けん) 티켓, 표, 권
好(す)きだ 좋아하다　換(か)える (새로) 바꾸다, 갈다
~だけでなく ~뿐만 아니라　町(まち) 마을　少(すこ)し 조금
~だけ ~만, ~뿐　동사의 기본형+こともできる ~할 수도 있다
守(まも)る 지키다　~ために ~위해서　皆(みんな) 모두
木(き) 나무　~について ~에 대해서　考(かんが)える 생각하다
~てもらう (남에게) ~해 받다, (남이) ~해 주다
始(はじ)める 시작하다　품사의 보통형+そうだ ~라고 한다 *전문
欲(ほ)しい 갖고 싶다, 원하다　読(よ)む 읽다
~て[で]くれる (남이 나에게) ~해 주다　人(ひと) 사람
探(さが)す 찾다　使(つか)う 쓰다, 사용하다
増(ふ)える 늘다, 늘어나다　静(しず)かだ 조용하다
きれいだ 깨끗하다　所(ところ) 곳, 장소　住(す)む 살다, 거주하다
동사의 ます형+始(はじ)める ~하기 시작하다　今(いま) 지금
社長(しゃちょう) 사장　育(そだ)つ 자라다, 성장하다
もっと 더, 더욱　元気(げんき)だ 활기차다, 기운이 넘치다
話(はな)す 말하다, 이야기하다

**181** (1)特別な券を使って何ができますか。
(A) どこの本屋でも好きな本が買える。
(B) この町で食事ができる。
(C) 家を借りて住むことができる。
(D) 森を少し買うことができる。

**181** (1)특별한 티켓을 사용해서 무엇을 할 수 있습니까?
(A) 어느 서점에서나 좋아하는 책을 살 수 있다.
(B) 이 마을에서 식사를 할 수 있다.
(C) 집을 빌려서 살 수 있다.
(D) 숲을 조금 살 수 있다.

해설 | 밑줄 친 부분 다음 문장에서 정답을 찾을 수 있다. 이 티켓은 '책의 거리'에서 좋아하는 책과 바꿀 수 있고, 마을의 숲을 조금 살 수도 있다고 했으므로, 정답은 (D)가 된다.

어휘 | 使(つか)う 쓰다, 사용하다　本屋(ほんや) 서점
食事(しょくじ) 식사　借(か)りる 빌리다

**182** (2)_____に入る最も適当な言葉はどれですか。
- (A) 分けてもらう
- (B) 買ってもらう
- (C) 送ってもらう
- (D) 持って来てもらう

**182** (2)_____에 들어갈 가장 적당한 말은 어느 것입니까?
- (A) 나눠 주는
- (B) 사 주는
- (C) 보내 주는
- (D) 가져와 주는

해설 | 공란 전후의 내용을 통해 정답을 찾는다. 이 회사는 버려지는 책을 모아 '책의 거리'에서 팔고 있다고 했다. 그러면서 책은 '책의 거리'에서만 팔리고 있는 것은 아니라고 하면서 「欲(ほ)しいと言(い)う他(ほか)の会社(かいしゃ)に～こともあります」(필요하다고 하는 다른 회사가 ~ 경우도 있습니다)라고 했다. 즉, 다른 회사도 원할 경우 책을 구입할 수 있다는 의미가 되므로, 공란에는 '사 주는'이라는 의미의 말이 들어가는 것이 가장 자연스럽다. 따라서 정답은 (B)의 「買(か)ってもらう」((남이) 사 주는)가 된다.

어휘 | 分(わ)ける 나누다 持(も)つ 가지다

**183** 「たもかく」ができてから、只見町はどう変わりましたか。
- (A) 本が好きな人が増えた。
- (B) ゴミが減った。
- (C) 森の木が増えた。
- (D) 住む人が増えた。

**183** '다모카쿠'가 생긴 후 다다미마치는 어떻게 변했습니까?
- (A) 책을 좋아하는 사람이 늘었다.
- (B) 쓰레기가 줄었다.
- (C) 숲의 나무가 늘었다.
- (D) 거주하는 사람이 늘었다.

해설 | 세 번째 단락 후반부에서 정답을 찾을 수 있다. '다모카쿠'가 생긴 후로 티켓을 사용하기 위해 이 마을을 방문하는 사람이 늘었을 뿐만 아니라, 조용하고 깨끗한 이 마을에 매료되어 아예 이주하는 사람도 늘기 시작했다고 했으므로, 정답은 (D)가 된다.

어휘 | 減(へ)る 줄다, 줄어들다

**184** 「たもかく」の社長は、なぜこの仕事を始めましたか。
- (A) 家にたくさん古い本が残っていたから
- (B) 今まで誰もしなかった仕事をやりたかったから
- (C) 森をもっと大切にしてほしかったから
- (D) 自分の育った町を有名にしたかったから

**184** '다모카쿠'의 사장은 왜 이 일을 시작했습니까?
- (A) 집에 많은 오래된 책이 남아 있었기 때문에
- (B) 지금까지 아무도 하지 않았던 일을 하고 싶었기 때문에
- (C) 숲을 더욱 소중히 해 주었으면 했기 때문에
- (D) 자신이 자란 마을을 유명하게 하고 싶었기 때문에

해설 | 중반부에서 이 회사의 사장은 마을의 숲을 지키기 위해서 모두가 숲과 나무에 대해 생각해 주기를 바라는 마음에서 이 회사를 시작했다고 했다. 따라서 정답은 (C)가 된다. 마지막 문장에 '내가 자란 이 마을이 더 활기차지면 좋겠다'라는 사장의 이야기가 나오지만, 이것은 마을을 유명하게 하고 싶었다는 내용과는 차이가 있으므로, (D)는 답이 될 수 없다.

어휘 | 残(のこ)る 남다 仕事(しごと) 일, 업무 もっと 더, 더욱 大切(たいせつ)だ 소중하다 有名(ゆうめい)だ 유명하다

**185~188** 연말에 준이치 군이 겪은 일

　友人の息子さんの淳一君が新聞配達のアルバイトをしている。新聞配達の仕事はとても大変だ。朝早いだけでなく、自転車に積んだ新聞が強風で飛ばされたり、自転車が倒れて新聞が汚れてしまったりすることもあるそうだ。ある日淳一君が「僕、(1)涙が出ちゃったんですよ」と言って、年末の出来事を話してくれた。

　いつもと同様に新聞を配っていると、[185]ある家の郵便受けに「お正月は旅行に出かけるので、新聞の配達は結構です」と書かれた紙と、お年玉の袋が入っていたそうだ。お年玉の額は大したことはなかったが、[186]淳一君にとっては、今までもらったどのお年玉より嬉しかったという。(2)それは、淳一君が辛い仕事でも頑張ってきたことを、わかってもらえたように感じたからに違いない。

　[187]毎年子供たちがもらうお年玉は景気と関係があるようで、ここ数年(3)減ってきているという。お年玉の額に不満を言う子供たちにこの話を聞かせて、お金に込める気持ちや、お金の大切さについて考えさせ[188]たい(4)_____。

　친구 아들인 준이치 군이 신문배달 아르바이트를 하고 있다. 신문배달 일은 매우 힘들다. 아침이 이를 뿐만 아니라 자전거에 실은 신문이 강풍으로 날아가거나 자전거가 넘어져서 신문이 더러워져 버리거나 하는 경우도 있다고 한다. 어느 날 준이치 군이 "나, (1)눈물이 나 버렸어요"라고 하면서 연말에 일어난 일을 이야기해 주었다.

　여느 때와 마찬가지로 신문을 배달하고 있었더니 [185]어느 집 우편함에 "설에는 여행을 떠나니까 신문배달은 괜찮아요"라고 적힌

종이와 세뱃돈 주머니가 들어 있었다고 한다. 세뱃돈 금액은 대단한 건 아니었지만 186준이치 군에게 있어서는 지금까지 받은 어떤 세뱃돈보다 기뻤다고 한다. (2)그것은 준이치 군이 힘든 일이라도 열심히 해 온 것을 알아준 것처럼 느꼈기 때문임에 틀림없다.

187매년 아이들이 받는 세뱃돈은 경기와 관계가 있는 것 같은데, 요 몇 년 (3)줄고 있다고 한다. 세뱃돈 금액에 불만을 말하는 아이들에게 이 이야기를 들려주고 돈에 담은 마음과 돈의 소중함에 대해서 생각하게 188하고 (4)싶다.

어휘 | 友人(ゆうじん) 친구　息子(むすこ)さん (남의) 아들　〜君(くん) 〜군　新聞(しんぶん) 신문　配達(はいたつ) 배달　アルバイト 아르바이트　仕事(しごと) 일, 업무　とても 아주, 매우　大変(たいへん)だ 힘들다　朝(あさ) 아침　早(はや)い 빠르다, 이르다　〜だけでなく 〜뿐만 아니라　自転車(じてんしゃ) 자전거　積(つ)む 쌓다　強風(きょうふう) 강풍　飛(と)ばす 날리다　〜たり〜たりする 〜하거나 〜하거나 하다, 〜하기도 하고 〜하기도 하다　倒(たお)れる 쓰러지다, 넘어지다　汚(よご)れる 더러워지다　품사의 보통형+そうだ 〜라고 한다 *전문　ある 어느　日(ひ) 날　僕(ぼく) 나 *남자의 자칭　涙(なみだ) 눈물　出(で)る 나오다　〜ちゃう 〜해 버리다, 〜하고 말다 *「〜てしまう」의 축약표현　年末(ねんまつ) 연말　出来事(できごと) 일어난 일, 사건, 사고　話(はな)す 말하다, 이야기하다　〜てくれる (남이 나에게) 〜해 주다　いつも 평소, 여느 때　〜と同様(どうよう)に 〜와 마찬가지로　配(くば)る 나누어 주다, 배포하다　郵便受(ゆうびんう)け 우편함　お正月(しょうがつ) 설　出(で)かける (밖에) 나가다, 가다, 떠나다 *「旅行(りょこう)に出(で)かける」 - 여행을 떠나다　結構(けっこう)だ 괜찮다, 이제 됐다　書(か)く (글씨·글을) 쓰다　紙(かみ) 종이　お年玉(としだま) 세뱃돈　袋(ふくろ) 봉투　入(はい)る 들다　額(がく) 액, 금액　大(たい)した (부정어 수반) 별, 큰, 대단한　〜にとっては 〜에게 있어서는　今(いま)まで 지금까지　もらう (남에게) 받다　どの 어느, 어떤, 무슨　〜より 〜보다　嬉(うれ)しい 기쁘다　〜という 〜라고 한다　辛(つら)い 괴롭다, 힘들다　頑張(がんば)る 열심히 하다, 노력하다, 분발하다　わかる 알다, 이해하다　〜ように 〜처럼　感(かん)じる 느끼다　〜に違(ちが)いない 〜임에 틀림없다　毎年(まいとし) 매년　子供(こども) 아이　〜たち (사람이나 생물을 나타내는 말에 붙어) 〜들　景気(けいき) 경기　関係(かんけい) 관계　ここ 요, 요새　数年(すうねん) 수년, 몇 년　減(へ)る 줄다, 줄어들다　不満(ふまん) 불만　言(い)う 말하다　聞(き)かせる 들려주다　込(こ)める (정성 등을) 들이다, 담다　気持(きも)ち 마음, 기분　大切(たいせつ)さ 소중함　〜たいものだ 〜하고 싶다

**185** 淳一君が(1)涙が出ちゃったのはどうしてですか。
　(A) 自転車が倒れてしまったから
　(B) 朝早く出かけなければならないから
　(C) ある家でお年玉をもらったから
　(D) お年玉の額が少なかったから

**185** 준이치 군이 (1)눈물이 나 버린 것은 어째서입니까?
　(A) 자전거가 넘어져 버렸기 때문에
　(B) 아침 일찍 나가지 않으면 안 되기 때문에
　(C) 어느 집에서 세뱃돈을 받았기 때문에
　(D) 세뱃돈 금액이 적었기 때문에

해설 | 두 번째 단락의 첫 번째 문장에서 정답을 찾을 수 있다. 신문배달 아르바이트를 하는 준이치 군은 어느 집 우편함에 "설에는 여행을 떠나니까 신문배달은 괜찮아요"라고 적힌 종이와 세뱃돈 주머니가 들어 있는 것을 보고 눈물이 났다고 했다. 따라서 정답은 (C)가 된다.

어휘 | 少(すく)ない 적다

**186** (2)それはどんなことですか。
　(A) 淳一君が嬉しかった理由
　(B) 淳一君が新聞配達をしている理由
　(C) お年玉が高額ではなかった理由
　(D) その家の人がお年玉をあげた理由

**186** (2)그것은 어떤 것입니까?
　(A) 준이치 군이 기뻤던 이유
　(B) 준이치 군이 신문배달을 하고 있는 이유
　(C) 세뱃돈이 고액이 아니었던 이유
　(D) 그 집 사람이 세뱃돈을 준 이유

해설 | 전후 문장의 내용을 통해 정답을 찾을 수 있다. 준이치 군은 지금까지 받은 어떤 세뱃돈보다 기뻤다고 했는데, 이 사람은 그 이유가 그동안 해 왔던 일의 가치를 이해하고 보답 받은 것 같은 마음 때문일 것이라고 했다. 즉, 밑줄 친 「それ」(그것)는 준이치 군이 그렇게 기뻤던 이유를 가리키는 말이므로, 정답은 (A)가 된다.

어휘 | 理由(りゆう) 이유　高額(こうがく) 고액　あげる 주다

**187** 何が(3)減ってきているのですか。
　(A) 子供の数
　(B) お年玉の額
　(C) アルバイトの給料
　(D) お金の大切さを考える機会

**187** 무엇이 (3)줄고 있습니까?
　(A) 아이의 수
　(B) 세뱃돈 금액
　(C) 아르바이트 급여
　(D) 돈의 소중함을 생각할 기회

해설 | 밑줄 친 부분 앞 문장에서 '매년 아이들이 받는 세뱃돈은 경기와 관계가 있는 듯하다'라고 하면서, 뒤에서는 '세뱃돈 금액에 불만을 말하는 아이들'이라고 했다. 즉, 매년 받는 세뱃돈 금액이 줄고 있어서 아이들이 불만스러워 한다는 뜻이므로, 정답은 (B)가 된다.

어휘 | 数(かず) 수　給料(きゅうりょう) 급여, 급료　機会(きかい) 기회

**188** (4)_____ に入る最も適当な言葉はどれですか。

(A) わけだ

(B) だらけだ

(C) はずだ

(D) ものだ

**188** (4)_____ 에 들어갈 가장 적당한 말은 어느 것입니까?

(A) 셈이다

(B) 투성이다

(C) 것이다

(D) 싶다

해설 | 글의 흐름상 마지막 문장은 '돈의 소중함을 깨닫지 못하는 아이들에게 돈의 소중함에 대해서 생각하게 하고 싶다'라는 내용이 되어야 한다. 따라서 (4)에는 뭔가를 강하게 바라거나 원하는 희망을 나타내는 표현이 와야 하므로, 정답은 (D)의 「~たい」(~하고 싶다)의 강조표현인 「~たいものだ」(~하고 싶다)가 된다. (A)의 「~わけだ」는 '~인 셈(것)이다'라는 뜻으로 부드러운 단정을 나타내는 표현이고, (B)의 「~だらけだ」는 '~투성이', (C)의 「~はずだ」((당연히) ~할 것[터]이다)는 상황에 근거하여 강한 확신을 나타낼 때 쓰는 표현으로, 「勉強(べんきょう)すればするほど成績(せいせき)は上(あ)がるはずだ」(공부하면 할수록 성적은 당연히 오를 것이다)와 같이 쓴다.

## 189~192 이력서 작성 시 의문점에 관한 조사

履歴書を書く時、189字が下手な人は誰かに代わりに書いてもらってもいいのだろうか。また、履歴書に貼る写真は、白黒でもかまわないのだろうか。このような(1)初歩的な疑問を、様々な会社の採用担当者100人に尋ねた。「190短期の就職でも、今までどんな仕事をしたかを職歴欄に書くべきか」という質問には、(2)74%がイエスと答えている。「何もしていない期間のあることが一番問題なので、短期だった理由を添えた上で書いた方がいい」とか「履歴書には嘘がないことが重要なので、後で知られた場合大きな問題になる」などの回答191(3)_____、必要ないと答えた人の中には「主張すべきことがなければわざわざ書かない方がいい」という考えもあった。192私としては事実を伝える方がよさそうに思えるが、大切なのは短期間で退職した理由をしっかり伝えることだろう。その際、前の会社の批判や悪口は避けること。将来を考えての退職なら、必ずしもマイナスイメージにはならないのではないだろうか。

이력서를 쓸 때 189글씨를 잘 못 쓰는 사람은 누군가에게 대신 써 달라고 해도 괜찮은 걸까? 또한 이력서에 붙이는 사진은 흑백이라도 상관이 없는 걸까? 이와 같은 (1)초보적인 의문을 여러 회사의 채용 담당자 100명에게 물었다. "190단기 취직이라도 지금까지 어떤 일을 했는지를 직업 경력란에 써야 할까?"라는 질문에는 (2)74%가 예스라고 대답하고 있다. "아무것도 하지 않은 기간이 있는 것이 가장 문제이기 때문에 단기였던 이유를 첨부한 후에 쓰는 편이 좋다"라든가 "이력서에는 거짓이 없는 게 중요하기 때문에 나중에 알려졌을 경우 큰 문제가 된다" 등의 회답이 191(3)있었던 한편 필요 없다고 대답한 사람 중에는 "주장해야 할 게 없으면 굳이 쓰지 않는 편이 좋다"라는 생각도 있었다. 192나로서는 사실을 전하는 편이 좋을 것 같이 여겨지지만 중요한 것은 단기간으로 퇴직한 이유를 제대로 전달하는 일일 것이다. 그때 이전 회사의 비판이나 욕은 피할 것. 장래를 생각한 퇴직이라면 반드시 마이너스 이미지로는 되지 않는 것이 아닐까?

어휘 | 履歴書(りれきしょ) 이력서 書(か)く (글씨·글을) 쓰다
字(じ) 글씨, 필적 下手(へた)だ 서투르다, 잘 못하다
誰(だれ)か 누군가 代(か)わりに 대신에
~てもらう (남에게) ~해 받다, (남이) ~해 주다
~てもいい ~해도 좋다[된다] 貼(は)る 붙이다
写真(しゃしん) 사진 白黒(しろくろ) 흑백
명사+でもかまわない ~라도 상관없다
初歩的(しょほてき)だ 초보적이다 疑問(ぎもん) 의문
様々(さまざま)だ 다양하다, 여러 가지다 会社(かいしゃ) 회사
採用(さいよう) 채용 担当者(たんとうしゃ) 담당자
尋(たず)ねる 묻다 短期(たんき) 단기
就職(しゅうしょく) 취직 今(いま)まで 지금까지
どんな 어떤 仕事(しごと) 일, 업무
職歴欄(しょくれきらん) 직력란, 직업 경력란
동사의 기본형+べきか (마땅히) ~해야 할까?
~という ~라고 하는, ~라는 質問(しつもん) 질문 イエス 예스
答(こた)える 대답하다 何(なに)も (부정어 수반) 아무것도
期間(きかん) 기간 一番(いちばん) 가장, 제일
問題(もんだい) 문제 理由(りゆう) 이유
添(そ)える 덧붙이다, 곁들이다, 첨부하다
동사의 た형+上(うえ)で ~한 후에 嘘(うそ) 거짓말
重要(じゅうよう)だ 중요하다 後(あと)で 나중에
知(し)られる 알려지다 場合(ばあい) 경우 大(おお)きな 큰
~など ~등 回答(かいとう) 회답 必要(ひつよう)ない 필요 없다
中(なか) (한정된 범위의) 안, 가운데, 중 主張(しゅちょう) 주장
동사의 기본형+べき (마땅히) ~해야 할 *단, 「する」(하다)는 「するべき」「すべき」 모두 가능함
わざわざ 일부러 考(かんが)え 생각 ~としては ~로서는
事実(じじつ) 사실 伝(つた)える 전하다, 알리다
よさそうだ 좋을 것 같다 *「いい・よい」(좋다)는 양태의 「そうだ」가 접속할 경우 예외적으로 「よさそうだ」가 됨
思(おも)える 생각되다, 여겨지다 大切(たいせつ)だ 중요하다
短期間(たんきかん) 단기간 退職(たいしょく) 퇴직
しっかり 제대로, 확실히 伝(つた)える 전달하다, 전하다
その際(さい) 그때 前(まえ) 전, 이전 批判(ひはん) 비판
悪口(わるくち) 욕 避(さ)ける 피하다 将来(しょうらい) 장래
必(かなら)ずしも (부정어 수반) 반드시 ~인 것은 (아니다), 꼭 ~하다고는 (할 수 없다) マイナスイメージ 마이너스 이미지

**189** (1)初歩的な疑問として挙げられているものは
どれですか。
(A) 自分の履歴書が他人の書いた文字でもい
いかどうか
(B) 数年前の古い写真でもかまわないかどうか
(C) 履歴書は採用担当者に直接送るべきかど
うか
(D) 仕事内容に関わりない趣味や資格を書く
のかどうか

**189** (1)초보적인 의문으로서 들고 있는 것은 어느 것입니까?
(A) 자신의 이력서가 타인이 쓴 글씨라도 괜찮은지 어떤지
(B) 몇 년 전의 오래된 사진이라도 상관없는지 어떤지
(C) 이력서는 채용 담당자에게 직접 보내야 하는지 어떤지
(D) 업무 내용에 관계가 없는 취미나 자격을 쓰는 것인지 어떤지

해설 | 첫 번째 문장에서 정답을 찾을 수 있다. 이력서를 쓸 때 글씨를 잘 못 쓰는 사람은 누군가에게 대신 써 달라고 해도 괜찮은 건지 궁금해한다고 했으므로, 정답은 (A)가 된다.

어휘 | 挙(あ)げる 들다, 열거하다 自分(じぶん) 자기, 자신, 나
他人(たにん) 타인, 남 文字(もじ) 문자, 글자, 글씨
~かどうか ~일지 어떨지, ~인지 어떤지
古(ふる)い 오래다, 오래되다 直接(ちょくせつ) 직접
送(おく)る 보내다 内容(ないよう) 내용
関(かか)わり 관계, 상관 趣味(しゅみ) 취미 資格(しかく) 자격

**190** (2)74%の会社は、職歴欄についてどう答え
ましたか。
(A) 全てではなくても、代表的なものを書け
ばいい。
(B) 書くことによってたとえ不利になっても、
正直に書くべきだ。
(C) 短期で仕事を辞めた場合にも、履歴書に
書くべきだ。
(D) 職歴は確認のしようがないので、正確に
書いてほしい。

**190** (2)74%의 회사는 직업 경력란에 대해서 어떻게 대답했습니까?
(A) 전부는 아니더라도 대표적인 것을 쓰면 된다.
(B) 쓰는 것에 따라서 설령 불리해져도 정직하게 써야 한다.
(C) 단기로 일을 그만둔 경우에도 이력서에 써야 한다.
(D) 직업상의 경력은 확인할 수가 없기 때문에 정확하게 써 주었으면 한다.

해설 | 밑줄 친 부분 앞 문장에서 정답을 찾을 수 있다. 74%의 회사는 "단기 취직이라도 지금까지 어떤 일을 했는지를 이력란에 써야 할까?"라는 질문에 '예스'라고 답했다고 했으므로, 정답은 (C)가 된다.

어휘 | 全(すべ)て 모두, 전부
代表的(だいひょうてき)だ 대표적이다 ~によって ~에 따라서

たとえ~ても 설령[설사] ~일지라도 不利(ふり)だ 불리하다
正直(しょうじき)だ 정직하다
동사의 기본형+べきだ (마땅히) ~해야 한다
辞(や)める (일자리를) 그만두다 場合(ばあい) 경우
職歴(しょくれき) 직력, 직업·직무의 면에서 본 경력
確認(かくにん) 확인
동사의 ます형+ようがない ~할 수개[방법이] 없다
正確(せいかく)だ 정확하다
~てほしい ~해 주었으면 하다, ~하길 바라다

**191** (3)_____に入る最も適当な言葉はどれで
すか。
(A) あった一方
(B) あったばかりに
(C) あったといっても
(D) あった上に

**191** (3)_____에 들어갈 가장 적당한 말은 어느 것입니까?
(A) 있었던 한편
(B) 있었던 탓에
(C) 있었다고 해도
(D) 있었을 뿐만 아니라

해설 | 공란 전후의 내용에서 정답을 찾을 수 있다. 앞에서 직업 경력란에 단기 근무 경력도 쓰는 편이 좋다고 하면서 그 이유로 아무것도 하지 않은 것보다 낫고, 나중에 거짓으로 밝혀질 경우 문제가 되기 때문이라고 했다. 그러나 공란 뒤에는 "주장해야 할 게 없으면 일부러 쓰지 않는 편이 좋다"라고 하면서 전반부와 반대되는 입장을 밝히고 있다. 따라서 공란에는 전후 상황이 대립됨을 나타내는 표현이 와야 하므로, 정답은 (A)의 「~一方(いっぽう)」(~하는 한편)가 된다. (B)의 「~ばかりに」는 '~한 탓에, ~한 바람에', (C)의 「~といっても」는 '~라고 해도', (D)의 「~上(うえ)に」는 '~인 데다가, ~에 더해'라는 뜻을 나타내는 표현이다.

**192** 筆者は、どう言っていますか。
(A) 短期間の就職は、職歴に入れない方がい
い。
(B) 以前勤めた会社の評価を、面接時に正直
に話すべきだ。
(C) 職を短期で離れた理由をきちんと説明す
ることが重要だ。
(D) 採用する側にとって、転職を繰り返して
いる人はイメージが悪い。

**192** 필자는 어떻게 말하고 있습니까?
(A) 단기간의 취직은 직업상의 경력에 넣지 않는 편이 좋다.
(B) 이전에 근무한 회사의 평가를 면접 시에 정직하게 이야기해야 한다.
(C) 단기로 이직한 이유를 제대로 설명하는 것이 중요하다.
(D) 채용하는 측에게 있어서 전직을 되풀이하고 있는 사람은 이미지가 나쁘다.

해설 | 후반부의 내용 문제. 이력서에 단기 근무 경력을 적느냐 마느냐를 두고 찬반 의견이 분분한 가운데, 이 사람은 퇴직 이유만 제대로 전달할 수 있다면 사실을 전하는 편이 좋을 것 같다고 자신의 생각을 밝히고 있으므로, 정답은 (C)가 된다. (A)는 이와는 반대되는 내용이고, (B)와 (D)는 마지막 문장에서 '이전 회사의 비판이나 욕은 피할 것'과 '장래를 생각한 퇴직이라면 반드시 마이너스 이미지가 되지는 않을 것'이라고 했으므로, 모두 답이 될 수 없다.

어휘 | 就職(しゅうしょく) 취직 入(い)れる 넣다
〜ない方(ほう)がいい 〜하지 않는 편[쪽]이 좋다
以前(いぜん) 전, 이전, 예전 勤(つと)める 근무하다
評価(ひょうか) 평가 面接(めんせつ) 면접
正直(しょうじき)だ 정직하다 職(しょく)を離(はな)れる 이직하다
きちんと 제대로, 확실히 説明(せつめい) 설명

## 193~196 미네랄워터의 인기와 수돗물의 개선점

健康(けんこう)や美味(おい)しさへのこだわりからか、[193]ミネラルウォーターの人気(にんき)が続(つづ)いている。飲料水(いんりょうすい)をペットボトルで買(か)うなど、一昔前(ひとむかしまえ)の日本(にほん)では考(かんが)えられなかったが、「水道水(すいどうすい)のカビ臭(くさ)さやカルキ臭(くさ)さは仕方(しかた)がない」、「水(みず)はただ」という日本人(にほんじん)の意識(いしき)は過去(かこ)のものになったようだ。
だが水道水(すいどうすい)も捨(す)てたものではない。浄水場(じょうすいじょう)には高度浄水処理装置(こうどじょうすいしょりそうち)が設置(せっち)され、臭(にお)いの元(もと)を取(と)り除(のぞ)く新(あら)たな技術(ぎじゅつ)が導入(どうにゅう)されている。また、下水道整備(げすいどうせいび)による川(かわ)の水質改善(すいしつかいぜん)の効果(こうか)もあり、[194]この十数年(じゅうすうねん)で水道水(すいどうすい)も劇的(げきてき)に変化(へんか)し、住民(じゅうみん)の満足度(まんぞくど)も上(あ)がっている。しかし改善(かいぜん)されたとはいえ、水源(すいげん)が地域(ちいき)によって異(こと)なるため、公共(こうきょう)といえども自(おの)ずと[195]水質(すいしつ)にも料金(りょうきん)にも違(ちが)いが出(で)てくる。これは残念(ざんねん)なことだが、致(いた)し方(かた)ないだろう。
また、水質改善(すいしつかいぜん)がされたとしても給水方法(きゅうすいほうほう)に不備(ふび)があれば台無(だいな)しである。従(したが)って、貯水槽(ちょすいそう)を経(へ)ず、直接水道管(ちょくせつすいどうかん)に導水(どうすい)する直接給水方法(ちょくせつきゅうすいほうほう)に切(き)り替(か)えることが優先(ゆうせん)される。[196]美味(おい)しい水(みず)を飲(の)みたいという要望(ようぼう)もさることながら、それを作(つく)る過程(かてい)も看過(かんか)できないものである。

건강이나 맛에 신경을 써서인지 [193]미네랄워터의 인기가 계속되고 있다. 음료수를 페트병으로 사는 등 옛날의 일본에서는 생각할 수 없었지만 "수돗물의 곰팡이 냄새나 석회 냄새는 어쩔 수 없다", "물은 공짜"라는 일본인의 의식은 과거의 것이 된 것 같다.
하지만 수돗물도 제법 마실 만하다. 정수장에는 고도 정수 처리 장치가 설치되어 냄새의 원인을 제거하는 새로운 기술이 도입되어 있다. 또한 하수도 정비에 의한 강의 수질 개선 효과도 있어서 [194]

요 십 몇 년 사이에 수돗물도 극적으로 변화해서 주민의 만족도도 올라가고 있다. 그러나 개선되었다고 해도 수원이 지역에 따라 다르기 때문에 공공이라고 해도 자연히 [195]수질에도 요금에도 차이가 생긴다. 이것은 유감스러운 일이지만 하는 수 없을 것이다.
또 수질 개선이 되었다고 해도 급수 방법에 미비한 점이 있으면 허사가 된다. 따라서 저수조를 거치지 않고 직접 수도관에 물을 끌어들이는 직접 급수 방법으로 바꾸는 것이 우선된다. [196]맛있는 물을 마시고 싶다는 요망은 물론이거니와 그것을 만드는 과정도 간과할 수 없는 것이다.

어휘 | 健康(けんこう) 건강 美味(おい)しさ 맛
こだわり 구애됨, 신경을 씀 ミネラルウォーター 미네랄워터
人気(にんき) 인기 続(つづ)く 이어지다, 계속되다
飲料水(いんりょうすい) 음료수 ペットボトル 페트병
買(か)う 사다 〜など 〜등
一昔(ひとむかし) 옛날 *보통 10년쯤 전의 과거
前(まえ) 전, 이전 日本(にほん) 일본 考(かんが)える 생각하다
水道水(すいどうすい) 수돗물 カビ臭(くさ)さ 곰팡이 냄새
カルキ臭(くさ)さ 석회 냄새 仕方(しかた)がない 어쩔 수 없다
水(みず) 물 ただ 공짜 〜という 〜라고 하는, 〜라는
意識(いしき) 의식 過去(かこ) 과거
〜ようだ 〜인 것 같다, 〜인 듯하다 だが 하지만
捨(す)てたものではない 아직 소용이[쓸모가] 있다, 제법 쓸 만하다
浄水場(じょうすいじょう) 정수장
高度(こうど) (수준의) 고도, 정도가 높음 処理(しょり) 처리
装置(そうち) 장치 設置(せっち) 설치 臭(にお)い (나쁜) 냄새
元(もと) 원인 取(と)り除(のぞ)く 제거하다, 없애다
新(あら)ただ 새롭다 技術(ぎじゅつ) 기술
導入(どうにゅう) 도입 また 또, 또한
下水道(げすいどう) 하수도 整備(せいび) 정비
〜による 〜에 의한[따른] 川(かわ) 강 水質(すいしつ) 수질
改善(かいぜん) 개선 効果(こうか) 효과 この 이, 최근의
数年(すうねん) 수년, 몇 년 劇的(げきてき)だ 극적이다
変化(へんか) 변화 住民(じゅうみん) 주민
満足度(まんぞくど) 만족도 上(あ)がる 올라가다
しかし 그러나 〜とはいえ 〜라고 해도 水源(すいげん) 수원
地域(ちいき) 지역 〜によって 〜에 따라서
異(こと)なる 다르다 〜ため 〜때문에 公共(こうきょう) 공공
〜といえども 〜라고 해도 自(おの)ずと 저절로, 자연히
料金(りょうきん) 요금 違(ちが)い 차이 出(で)る 나다, 생기다
残念(ざんねん)だ 아쉽다, 유감스럽다
致(いた)し方(かた)ない 할 수 없다, 하는 수 없다 *致(いた)し方(かた)는 '할 수, 하는 수'라는 뜻으로, 「仕方(しかた)」를 정중하게, 또는 겸양어로 쓰는 말임
〜としても 〜라고 해도 給水(きゅうすい) 급수
方法(ほうほう) 방법 不備(ふび) 불비, 미비
台無(だいな)し 형편없이 됨, 엉망이 됨, 못쓰게 됨
従(したが)って 따라서
貯水槽(ちょすいそう) 저수조, 물을 모아 두기 위한 수조
経(へ)る (어떤 곳을) 거치다 〜ず(に) 〜하지 않고[말고]
直接(ちょくせつ) 직접 水道管(すいどうかん) 수도관
導水(どうすい) 도수, 물을 끌어들임
切(き)り替(か)える 새로 바꾸다, 전환하다 優先(ゆうせん) 우선
美味(おい)しい 맛있다 飲(の)む 마시다 要望(ようぼう) 요망
〜もさることながら 〜은(도) 물론이거니와 作(つく)る 만들다
過程(かてい) 과정 看過(かんか) 간과

**193** 現在の日本人の水への意識は、どのようなものですか。
(A) 美味しい水を無料で供給すべきだ。
(B) 買ってでも美味しい水が飲みたい。
(C) 水は買ってまで飲むものではない。
(D) 水道水で満足すべきだ。

**193** 현재의 일본인의 물에 대한 의식은 어떠한 것입니까?
(A) 맛있는 물을 무료로 공급해야 한다.
(B) 사서라도 맛있는 물을 마시고 싶다.
(C) 물은 사서까지 마실 것은 아니다.
(D) 수돗물로 만족해야 한다.

해설 | 첫 번째 문장에서 건강이나 맛에 신경을 써서인지 미네랄워터의 인기가 계속되고 있다고 했다. 그러면서 '물은 공짜'라는 일본인의 의식은 이미 과거의 것이 되어 버린 것 같다고 했으므로, 정답은 (B)가 된다.

어휘 | 無料(むりょう) 무료  供給(きょうきゅう) 공급
満足(まんぞく) 만족
동사의 기본형+べきだ (마땅히) ~해야 한다 *단, 「する」(하다)는 「するべきだ」「すべきだ」 모두 가능함

**194** 水道水の現状はどうですか。
(A) 以前に比べて格段に美味しくなった。
(B) 捨てたくなるほどのまずさである。
(C) カビ臭さが依然として残っている。
(D) ここ数年、水質は緩やかに向上している。

**194** 수돗물의 현재 상태는 어떻습니까?
(A) 이전에 비해서 현격하게 맛있어졌다.
(B) 버리고 싶을 정도로 맛이 없다.
(C) 곰팡이 냄새가 여전히 남아 있다.
(D) 요 몇 년 수질은 완만하게 향상되고 있다.

해설 | 첫 번째 단락에서 최근 수돗물의 품질에 의문을 품는 사람들이 돈을 주고 물을 사 먹는 경우가 늘고 있다고 했다. 그러나 두 번째 단락에서는 '요 십 몇 년 사이에 수돗물도 극적으로 변화해서 주민의 만족도도 올라가고 있다'라고 하면서 수돗물 품질에 대한 오해를 바로잡고 있으므로, 정답은 (A)가 된다.

어휘 | 現状(げんじょう) 현상, 현재 상태
以前(いぜん) 전, 이전, 예전  ~に比(くら)べて ~에 비해서
格段(かくだん)だ 현격하다  捨(す)てる 버리다
~ほど ~정도, ~만큼  まずさ 맛이 없음
依然(いぜん)として 여전히  残(のこ)る 남다
緩(ゆる)やかだ 완만하다  向上(こうじょう) 향상

**195** 水道による水の供給事情で、正しいものはどれですか。
(A) 水質の向上により、料金が上がった。
(B) 全国の水源が改善され、同質の水が提供されている。
(C) 水質、料金共に地域格差がある。
(D) 全国一律の水質、料金が保証されている。

**195** 수도에 의한 물 공급 사정으로 맞는 것은 어느 것입니까?
(A) 수질 향상에 의해 요금이 올라갔다.
(B) 전국의 수원이 개선되어 동질의 물이 제공되고 있다.
(C) 수질, 요금 모두 지역 격차가 있다.
(D) 전국 일률적인 수질, 요금이 보증되어 있다.

해설 | 두 번째 단락 후반부에서 수돗물의 수질이 개선되었다고 해도 수원의 차이에서 발생하는 수질이나 요금에는 차이가 생긴다고 했다. (A)의 요금 인상에 대한 내용은 나오지 않고, (B)와 (D)는 전국의 수질이 모두 같다는 뜻이므로 역시 틀린 설명이다. 정답은 (C)로, 본문의 「違(ちが)い」(차이)를 「地域格差(ちいきかくさ)」(지역 격차)로 바꿔 표현했다.

어휘 | 全国(ぜんこく) 전국  同質(どうしつ) 동질
提供(ていきょう) 제공  ~共(とも)に ~모두  格差(かくさ) 격차
一律(いちりつ) 일률  保証(ほしょう) 보증

**196** 筆者は水道水について、どう考えていますか。
(A) 水道水を飲むことは危険だ。
(B) 水を高額で買うことは贅沢である。
(C) 飲む水はその味が一番優先される。
(D) 給水側は水の質と給水方法に気を配るべきだ。

**196** 필자는 수돗물에 대해서 어떻게 생각하고 있습니까?
(A) 수돗물을 마시는 것은 위험하다.
(B) 물을 고액으로 사는 것은 사치다.
(C) 마시는 물은 그 맛이 가장 우선된다.
(D) 급수 측은 물의 질과 급수 방법에 신경 써야 한다.

해설 | 마지막 단락에서 정답을 찾을 수 있다. 수질이 개선되었다고 해도 급수 방법이 미비하면 허사가 된다고 하면서 맛있는 물을 마시고 싶다는 요망은 물론이거니와 그것을 만드는 과정도 간과할 수 없다고 지적하고 있다. 즉, 수질 개선과 함께 그것을 공급하는 데 있어서도 신경을 써야 한다는 뜻이므로, 정답은 (D)가 된다.

어휘 | 危険(きけん)だ 위험하다  高額(こうがく) 고액
贅沢(ぜいたく) 사치  味(あじ) 맛
一番(いちばん) 가장, 제일  質(しつ) 질
気(き)を配(くば)る 실수하지 않도록 여러모로 주의하다, 배려하다, 신경 쓰다

### 197~200 TV 게임과 고대 신화의 공통점

[197]一挙にテレビゲームファンの裾野を広げたと言われる(1)作品がある。業界内にも多くのファンを持ち、ゲーム作家志望の若者がバイブルと称賛する作品である。かく言う私も寝食を忘れ、始めてからクリアするまでの数か月、そのゲームの世界に生きた。宣伝になってしまう

57

から、名前も、詳しい内容もここで述べるのは控えるが、198おじさんか子供か、日本人かイタリア人かよくわからないが、愛嬌のある男が魔王の城の奥深くに囚われているお姫様を冒険の旅の末、救い出す話と言えば、(2)はたと膝を打つ人もいるだろう。

心理学者で精神科医だったユングによると、人間には意識の下に個人的無意識の層があり、更に199その下に人類に普遍の集合的無意識の層があるという。ユングは、古代より全く行き来がなかったはずの国々も含めて、世界中に同様の神話や昔話があることを、(3)その根拠の1つとしている。世界中に存在する共通の伝説の典型と言えるものに、敵や怪物に捕らえられた姫君を救出する英雄神話がある。古代の神話と現代のテレビゲーム。共に心理学で読み解くと、200人々を熱狂させるものの(4)共通項が発見できるかもしれない。

197単喜に比デオ게임 팬의 저변을 넓혔다는 말을 듣는 (1)作品이 있다. 업계 내에도 많은 팬을 가진, 게임 작가 지망인 젊은이가 바이블이라고 칭찬하는 작품이다. 이렇게 말하는 나도 침식을 잊고 시작한 후로 완료할 때까지의 몇 개월, 그 게임의 세계에 살았다. 선전이 되어 버리니까 이름도 상세한 내용도 여기에서 말하는 건 자제하겠지만 198아저씨인지 아이인지 일본인인지 이탈리아인이지 잘 모르겠지만 귀여운 데가 있는 남자가 마왕의 성 깊숙이 붙잡혀 있는 공주를 모험 여행 끝에 구해내는 이야기라고 하면 (2)탁 무릎을 치는 사람도 있을 것이다.

심리학자이자 정신과 의사였던 융에 의하면 인간에게는 의식 아래에 개인적 무의식층이 있고 나아가 199그 아래에 인류에게 보편적인 집합적 무의식층이 있다고 한다. 융은 고대부터 전혀 왕래가 없었을 터인 나라들도 포함해서 전 세계에 같은 신화나 옛날이야기가 있는 것을 (3)그 근거의 하나로 보고 있다. 전 세계에 존재하는 공통의 전설의 전형이라고 말할 수 있는 것에 적이나 괴물에 붙잡힌 아가씨를 구출하는 영웅 신화가 있다. 고대의 신화와 현대의 비디오 게임. 모두 심리학으로 해독하면 200사람들을 열광시키는 것의 (4)공통 항목을 발견할 수 있을지도 모른다.

어휘 | 一挙(いっきょ)に 일거에, 단숨에
テレビゲーム TV 게임, 비디오 게임(=ビデオゲーム) ファン 팬
裾野(すその) (화산의) 기슭이 완만하게 경사진 들판, (비유적으로) 저변 広(ひろ)げる 넓히다, 확장하다
〜と言(い)われる 〜라는 말을 듣다, 〜라고 하다
作品(さくひん) 작품 業界(ぎょうかい) 업계 内(ない) 안, 내
多(おお)く 많음 持(も)つ 가지다 作家(さっか) 작가
志望(しぼう) 지망 若者(わかもの) 젊은이
バイブル 바이블, (특정 분야의) 권위서 称賛(しょうさん) 칭찬
かく 이와 같이, 이렇게 言(い)う 말하다

寝食(しんしょく)を忘(わす)れる 침식을 잊다, 어떤 일에 열중하다
始(はじ)める 시작하다 〜てから 〜하고 나서, 〜한 후에
クリア 클리어, 완료 数(すう) 수〜, 몇〜
〜か月(げつ) 〜개월 世界(せかい) 세계
生(い)きる 살다, 생활하다 宣伝(せんでん) 선전
名前(なまえ) 이름 詳(くわ)しい 상세하다, 자세하다
内容(ないよう) 내용 述(の)べる 말하다, 진술하다
控(ひか)える 자제하다, 삼가다, 적게 하다 おじさん 아저씨
子供(こども) 아이 日本人(にほんじん) 일본인
イタリア人(じん) 이탈리아인 よく 잘 わかる 알다, 이해하다
愛嬌(あいきょう) 애교, 귀여움 男(おとこ) 남자
魔王(まおう) 마왕 城(しろ) 성 奥深(おくぶか)い 깊숙하다
囚(とら)われる 붙잡히다, 포로가 되다 お姫様(ひめさま) 공주님
冒険(ぼうけん) 모험 旅(たび) 여행 〜の末(すえ) 〜한 끝에
救(すく)い出(だ)す 곤경에 처해 있는 상황에서 구해내다, 구출하다
話(はなし) 이야기 〜と言(い)えば 〜라고 하면
はたと 탁 *어떤 생각이나 상황이 갑자기 나타나는 모양
膝(ひざ)を打(う)つ 무릎을 치다 *갑자기 생각이 떠오르거나 감탄했을 때에 하는 동작 人(ひと) 사람
心理学者(しんりがくしゃ) 심리학자
精神科医(せいしんかい) 정신과 의사
ユング 융 *스위스의 심리학자(1875-1961). 인간의 성격 분류를 시도하여 내향형과 외향형으로 대별하였고, 프로이트의 정신 분석학을 추진하여 꿈이나 무의식 상태를 연구함
〜によると 〜에 의하면[따르면] 人間(にんげん) 인간
意識(いしき) 의식 下(した) 아래 個人的(こじんてき) 개인적
無意識(むいしき) 무의식 層(そう) 층 更(さら)に 나아가
人類(じんるい) 인류 普遍(ふへん) 보편
集合的(しゅうごうてき) 집합적 〜という 〜라고 한다
古代(こだい) 고대 〜より 〜부터
全(まった)く (부정어 수반) 전혀 行(い)き来(き) 왕래, 오감
〜はず (당연히) 〜할 것[터]임 国々(くにぐに) 나라들
含(ふく)める 포함하다 世界中(せかいじゅう) 전 세계
同様(どうよう) 같음, 마찬가지임 神話(しんわ) 신화
昔話(むかしばなし) 옛날이야기 根拠(こんきょ) 근거
存在(そんざい) 존재 共通(きょうつう) 공통
伝説(でんせつ) 전설 典型(てんけい) 전형
敵(てき) 적 怪物(かいぶつ) 괴물 捕(と)らえる 붙잡다
姫君(ひめぎみ) 아가씨 *귀인의 딸의 높임말
救出(きゅうしゅつ) 구출 英雄(えいゆう) 영웅
現代(げんだい) 현대 共(とも)に 모두
読(よ)み解(と)く 표기상·내용상 어려운 문장이나 암호 등을 바르게 읽다, 해독하다 人々(ひとびと) 사람들
熱狂(ねっきょう) 열광 共通項(きょうつうこう) 공통 항목
発見(はっけん) 발견 〜かもしれない 〜일지도 모른다

**197** この(1)作品の説明として、正しいものはどれですか。
(A) 業界受けするが、若者向けではない作品
(B) テレビゲームのファン層を広げた作品
(C) 筆者にはなかなか馴染めなかった作品
(D) ゲームをする人々の健康を害するような作品

**197** 이 (1)작품의 설명으로서 맞는 것은 어느 것입니까?
(A) 업계에서는 인기가 있지만 젊은이 대상이 아닌 작품
(B) 비디오 게임의 팬층을 넓힌 작품
(C) 필자에게는 좀처럼 익숙해지지 않았던 작품
(D) 게임을 하는 사람들의 건강을 해칠 것 같은 작품

해설ㅣ첫 번째 문장에서 정답을 찾을 수 있다. 밑줄 친 부분 앞문장에서 '단숨에 비디오 게임 팬의 저변을 넓혔다는 말을 듣는'이라고 했다. 정답은 (B)로, 본문의 「ファンの裾野(すその)」(팬의 저변)를 「ファン層(そう)」(팬층)로 바꿔 표현했다.

어휘ㅣ受(う)け 평판, 인기 ～向(む)け ～대상, ～용
馴染(なじ)む 친숙해지다, 익숙해지다 健康(けんこう) 건강
害(がい)する 해치다, 상하게 하다, 나쁘게 하다

**198** (2)はたと膝を打つ人とは、どんな人ですか。
(A) このゲームがどんなゲームかわかった人
(B) このゲームの意味がわからないと言って怒る人
(C) ゲームをしながら、跳び上がって喜ぶ人
(D) ゲームをしながらも、様々なことに気が回る人

**198** (2)탁 무릎을 치는 사람이란 어떤 사람입니까?
(A) 이 게임이 어떤 게임인지 깨달은 사람
(B) 이 게임의 의미를 모르겠다고 말하며 화내는 사람
(C) 게임을 하면서 펄쩍 뛰며 기뻐하는 사람
(D) 게임을 하면서도 여러 가지에 생각이 미치는 사람

해설ㅣ이 사람은 한 유명 게임에 대해 설명하면서도 상세한 내용은 선전이 되어 버리니 자제하겠다고 했다. 그러면서 게임의 배경이 되는 줄거리에 대해 이야기하고 있는데, 이런 이야기를 들으면 '탁 무릎을 치는 사람'도 있을 것이라고 말하고 있다. 「はたと膝(ひざ)を打(う)つ」(탁 무릎을 치다)는 갑자기 생각이 떠오르거나 감탄했을 때 하는 동작이다. 즉, 줄거리를 듣고 '아, 그 게임이구나'하며 깨닫게 된다는 것이므로, 정답은 (A)가 된다.

어휘ㅣ怒(おこ)る 화내다
동사의 ます형+ながらも ～이지만, ～이면서도
跳(と)び上(あ)がる 뛰어오르다, 펄쩍 뛰다 喜(よろこ)ぶ 기뻐하다
様々(さまざま)だ 다양하다, 여러가지다
気(き)が回(まわ)る 세심한 데까지 생각이 미치다

**199** (3)そのが指すものは、どれですか。
(A) 世界中に同様の神話や昔話があること
(B) 人類に普遍的な集合的無意識の層があること
(C) このゲーム作品は英雄神話を下敷きにしていること
(D) 古代には往来のない国々があったこと

**199** (3)그가 가리키는 것은 어느 것입니까?
(A) 전 세계에 같은 신화나 옛날이야기가 있는 것
(B) 인류에게 보편적인 집합적 무의식층이 있는 것
(C) 이 게임 작품은 영웅 신화를 본보기로 하고 있는 것
(D) 고대에는 왕래가 없는 나라들이 있었던 것

해설ㅣ밑줄 친 부분의 앞 문장에서 정답을 찾을 수 있다. 심리학자인 융은 인류에게는 보편적인 집합적 무의식층이 있다고 주장했다고 한다. 그러면서 전 세계에 같은 스토리의 신화나 옛날이야기가 있는 것을 그 근거의 하나로 보고 있다고 했으므로, 정답은 (B)가 된다.

어휘ㅣ普遍的(ふへんてき)だ 보편적이다
下敷(したじ)き 본보기, 바탕 往来(おうらい) 왕래, 오감

**200** (4)共通項が発見できる鍵だと、筆者が考えているものはどれですか。
(A) ゲーム感覚
(B) ファン層
(C) 人々の熱狂
(D) 心理学

**200** (4)공통 항목을 발견할 수 있는 열쇠라고 필자가 생각하고 있는 것은 어느 것입니까?
(A) 게임 감각
(B) 팬층
(C) 사람들의 열광
(D) 심리학

해설ㅣ밑줄 친 부분의 앞 문장에서 고대의 신화와 현대의 비디오 게임, 모두 심리학으로 해독하면 사람들을 열광시키는 것의 공통 항목을 찾을 수 있을지도 모른다고 했다. 따라서 정답은 (C)가 된다.

어휘ㅣ感覚(かんかく) 감각

# JPT 빈출 어휘 230

□ 001 **遭う** (어떤 일을) 당하다, 겪다, 입다

相変わらず列車内でスリに遭うケースが無くならない。
여전히 열차 안에서 소매치기를 당하는 경우가 없어지지 않는다.

□ 002 **相次ぐ** 잇따르다

公園などにある遊具で子供が死傷する事故が相次ぎ、安全対策が急がれている。
공원 등에 있는 놀이기구에서 아이가 사상하는 사고가 잇따르면서 안전대책이 시급하다.

□ 003 **合間** 짬짬, 사이

以前は仕事の合間に勉強して、毎年資格試験を受けていたが、ここ数年はその精神的余裕も

なかった。 예전에는 일하는 짬짬이 공부해서 매년 자격시험을 봤는데, 요 몇 년은 그럴 정신적 여유도 없었다.

□ 004 **アイロンをかける** 다림질하다

朝は出勤準備で忙しくてアイロンをかける余裕なんて全くありません。
아침에는 출근 준비로 바빠서 다림질할 여유 같은 건 전혀 없습니다.

□ 005 **揚げ足を取る** 말꼬리를 잡고 늘어지다

すぐ揚げ足を取って、人の発言にけちをつけるなんて大人げないよ。
바로 말꼬리를 잡고 늘어져서 남의 발언에 트집을 잡다니 어른답지 못해.

□ 006 **足が出る** (예산을 초과하여) 적자가 나다

今月は予期せぬ急な出費で足が出てしまった。
이달은 예기치 못한 갑작스러운 지출로 적자가 나 버렸다.

□ 007 **鮮やかだ** 선명하다, 뚜렷하다

日本では毎年夏になると、色とりどりの鮮やかな花火が夜空を彩ります。
일본에서는 매년 여름이 되면 형형색색의 선명한 불꽃이 밤하늘을 물들입니다.

□ 008 **汗をかく** 땀을 흘리다, 땀이 나다

高いところが苦手で、ビルの屋上から下を見下ろしただけで手に汗をかき、足が震え始める。
높은 곳을 질색해서 빌딩 옥상에서 아래를 내려다보기만 해도 손에 땀이 나고 다리가 떨리기 시작한다.

☐ 009 **頭を捻る** 머리를 짜내다

一人で決め付けないで皆で頭を捻ってよく考えてみてください。
혼자서 단정짓지 말고 다 같이 머리를 짜내서 잘 생각해 보세요.

☐ 010 **当たる** 해당하다

相手先の都合を考えない突然の訪問は失礼に当たる。
(사업상) 상대방의 사정을 생각하지 않는 갑작스러운 방문은 실례에 해당한다.

☐ 011 **あっさり** 깨끗이, 선선히, 간단히

あっさり諦めないで、もう少し頑張ってみよう。
간단히 단념하지 말고 조금 더 분발해 보자.

☐ 012 **当てにする** 기대다, 기대하다, 믿다

ボーナスを当てにして車を買ったのが大きな誤算だったよ。
보너스를 믿고 자동차를 산 것이 큰 오산이었어.

☐ 013 **後片付け** 뒷마무리, 설거지

美味しい料理を作ってくれたんだから、後片付けは僕がやるよ。
맛있는 요리를 만들어 줬으니 설거지는 내가 할게.

☐ 014 **脂っこい** 기름지다

体重を落とすために、お肉や脂っこい物はできるだけ控えるようにしている。
체중을 줄이기 위해서 고기와 기름진 것은 가능한 한 줄이도록 하고 있다.

☐ 015 **溢れる** (가득 차서) 넘치다, 넘쳐흐르다

昨夜からの大雨により、川の水が溢れそうだ。
어젯밤부터 내린 큰비에 의해 강물이 넘칠 것 같다.

☐ 016 **雨男・雨女** 비를 몰고 다니는 남자·여자

外出したり何か行動したりする時、決まって雨が降ると言われている人を「雨男・雨女」と呼ぶ。 외출하거나 뭔가 행동하려고 할 때 반드시 비가 내린다는 소리를 듣는 사람을 '아메오토코·아메온나'라고 부른다.

☐ 017 **〜もあれば** 〜도 있고[있거니와]

世界には兵役の義務がある国もあれば、日本のようにない国もある。
세계에는 병역 의무가 있는 나라도 있고[있거니와] 일본 같이 없는 나라도 있다.

□ 018 **あらゆる** 모든, 일체의, 온갖

夢を実現するために、あらゆる努力を惜しまなかった。
꿈을 실현하기 위해서 모든 노력을 아끼지 않았다.

□ 019 **慌てる** 당황하다, 허둥대다

地震があった時は、慌てずに冷静に行動しましょう。
지진이 일어났을 때는 당황하지 말고 냉정하게 행동합시다.

□ 020 **如何** 여하

理由の如何を問わず、未成年がお酒を飲むのは違法です。
이유 여하를 불문하고 미성년자가 술을 마시는 것은 위법입니다.

□ 021 **行き当たりばったり** (일관된 계획이나 예정이 없이) 그때그때 되어 가는 대로 함

彼は行き当たりばったりな性格で計画性がない。
그는 그때그때 되어 가는 대로 하는 성격이라 계획성이 없다.

□ 022 **行き届く** (마음씨나 주의가 구석구석까지) 미치다, 모든 면에 빈틈이 없다

あのレストランは従業員の接客態度も大変素晴らしく、着席する時には椅子を引いてくれるなど、細かいところまで注意が行き届いていた。
저 레스토랑은 종업원의 접객 태도도 매우 훌륭해서 착석할 때는 의자를 빼 주는 등 세세한 데까지 주의가 미치고 있었다.

□ 023 **行き止まり** 막다름, 또는 그런 곳

ここから先は行き止まりです。
여기에서 앞쪽은 막다른 곳입니다.

□ 024 **息抜きする** 한숨 돌리다

男 ここにいると息が詰まりそうだ。
　여기에 있으면 숨이 막힐 것 같아.
女 少し息抜きしたらどう。
　잠시 한숨 돌리는 게 어때?

□ 025 **息を切らす** 숨을 헐떡이다

険しい山道を息を切らして登っている人がいます。
험한 산길을 숨을 헐떡이며 오르고 있는 사람이 있습니다.

□ 026 **いざ知らず** (「～はいざ知らず・～ならいざ知らず」의 형태로) ～은 어떨지 모르지만

彼はいざ知らず、私ではその試験には合格できっこない。
그는 어떨지 모르지만 나로서는 그 시험에는 합격할 수 있을 리가 없다.

□ 027 **いざという時** 만일의 경우, 일단 유사시

いざという時に備えて非常食などを準備しておくのもいいでしょう。
만일의 경우를 대비해서 비상식 등을 준비해 두는 것도 좋겠지요.

□ 028 **いずれにせよ** 어쨌든, 어쨌든 간에

いずれにせよ部長の決裁をもらってからということになりますね。
어쨌든 부장님의 결재를 받고 나서 라는 거로군요.

□ 029 **いそいそ** 들떠, 신명나게

女 鈴木さん、嬉しそうに出ていきましたね。デートなんですって。
스즈키 씨, 기쁜 표정으로 나갔죠. 데이트래요.

男 それでいそいそしてたんですね。
그래서 들떠 있었군요.

□ 030 **急がば回れ** 급할수록 돌아가라

そんなに慌てなくても大丈夫ですよ、急がば回れって言うじゃないですか。
그렇게 당황하지 않아도 돼요, 급할수록 돌아가라고 하잖아요.

□ 031 **痛む** 아프다

アイスクリームを食べたとたん、歯が痛み出した。
아이스크림을 먹자마자 이가 아프기 시작했다.

□ 032 **傷む** 상하다, (식품이) 썩다, (기물이) 손상되다

商品が傷まないように、カバーをかけてください。
상품이 손상되지 않도록 커버를 씌워 주세요.

□ 033 **至れり尽くせり** 극진함, 더할 나위 없음, 빈틈없음

彼女の看病は至れり尽くせりでした。
그녀의 간병은 극진했습니다.

□ 034 **一段と** 한층, 훨씬

競合会社との売上競争は一段と激しくなっていますね。
경쟁사와의 매출 경쟁은 한층 치열해지고 있네요.

□ 035 **一目置く** 한 수 위로 보다, 자기보다 실력이 나은 사람으로 인정하여 경의를 표하다

彼女は医学の分野で一目置かれている存在だ。
그녀는 의학 분야에서 능력을 인정받고 있는 존재다.

□ 036 　一も二もなく 두말 없이, 무조건

課長は一も二もなくその案に同意した。
과장은 두말 없이 그 안에 동의했다.

□ 037 　いつになく 여느 때와는 달리

今日はいつになくうきうきしてますね。何かいいことでもあったんですか。
오늘은 여느 때와는 달리 들떠 있군요. 뭔가 좋은 일이라도 있었던 거예요?

□ 038 　一途を辿る (~을 향한) 일로를 걷다

社会倫理の低下に伴ない、悪質な犯罪が増加の一途を辿っている。
사회 윤리의 저하에 따라 악질적인 범죄가 증가 일로를 걷고 있다.

□ 039 　居ても立ってもいられない (불안이나 초조함, 기쁨 등으로) 안절부절못하다

テストの結果が気になって、居ても立ってもいられなかった。
시험 결과가 궁금해서 안절부절못했다.

□ 040 　居眠り 앉아서 졺, 말뚝잠

睡眠不足は、居眠り運転を引き起こす大きな要因です。
수면부족은 졸음운전을 일으키는 큰 요인입니다.

□ 041 　浮き沈み 부침, 흥망성쇠

企業の浮き沈みが激しい現代、終身雇用という言葉は死語になりつつあるのだろうか。
기업의 흥망성쇠가 심한 현대, 종신고용이라는 말은 사어가 되고 있는 것일까?

□ 042 　薄れる (정도가) 약해지다, 희박해지다

思い通りに寄付が集まらず、その企画は実現の可能性が薄れてきた。
생각대로 기부가 모이지 않아서 그 기획은 실현 가능성이 희박해졌다.

□ 043 　打ち合わせ 협의, 미팅, 미리 상의함

お客さんと打ち合わせがあるので、応接室を使わせてください。
손님과 미팅이 있으니까 응접실을 쓰게 해 주세요.

□ 044 　有頂天になる 기뻐서 어쩔 줄 모르다

山田君は大学合格の知らせを聞いて、有頂天になった。
야마다 군은 대학 합격 소식을 듣고 기뻐서 어쩔 줄 몰랐다.

□ 045 　うっかりする 깜빡하다

電車の中で寝てしまい、うっかりして降りる駅を過ぎてしまった。
전철 안에서 자 버려서 깜빡하고 내릴 역을 지나고 말았다.

□ 046 **うっとうしい** 음울하다, (찌무룩하여) 마음이 개운치 않다

梅雨も半ば過ぎて、毎日うっとうしい天気が続いていた。
장마도 중반을 넘어서서 매일 음울한 날씨가 이어지고 있었다.

□ 047 **うつ伏せる** 엎드리다

男の人は机にうつ伏せて眠っています。
남자는 책상에 엎드려서 자고 있습니다.

□ 048 **器が小さい** 그릇이 작다, (큰일을 감당할 만한) 능력이나 도량이 부족하다

そんなくだらないことで怒るなんて、あの人も器の小さい人だ。
그런 하찮은 일로 화를 내다니, 저 사람도 그릇이 작은 사람이다.

□ 049 **疎い** (물정에) 어둡다, 잘 모르다

クラシック音楽を聞かないことはないんだけど、クラシックについては疎い。
클래식 음악을 안 듣는 건 아니지만 클래식에 대해서는 잘 모른다.

□ 050 **うとうと** 꾸벅꾸벅 *깜빡깜빡 조는 모양

徹夜したせいで授業中、ついうとうととしてしまった。
밤샘한 탓에 수업 중에 그만 꾸벅꾸벅 졸고 말았다.

□ 051 **裏腹** 정반대임, 모순됨

本心と裏腹の行動を取ってしまった。
본심과 정반대의 행동을 취해 버렸다.

□ 052 **売れ行き** 팔림새, 물건이 팔리는 상태

急に寒くなってきて、暖房機器の売れ行きがよくなったそうだ。
갑자기 추워져서 난방기기의 팔림새가 좋아졌다고 한다.

□ 053 **上回る** 넘다, 웃돌다, 상회하다

今年のゴールデンウイーク期間中、大手企業の連休は平均7.1日間で、昨年に比べ全産業平均で0.2日間上回っていることが厚生労働省のまとめでわかった。
올해 골든위크 기간 중 대기업 연휴는 평균 7.1일간으로, 작년에 비해 전 산업 평균에서 0.2일간 웃돌고 있는 것이 후생노동성의 정리로 밝혀졌다.

□ 054 **えり好み** (좋아하는 것을) 가림

うちの犬は手間のかかる犬で、食べ物もえり好みをして困ってしまう。
우리 집 개는 손이 많이 가는 개로, 음식도 가려서 곤란해져 버린다.

## 055 〜おきに ~걸러서, ~간격으로

オリンピックは4年おきに開催される。
올림픽은 4년 간격으로 개최된다.

## 056 お言葉に甘えて 염치 불고하고

女 お言葉に甘えて、お願いしていいですか。
염치 불고하고 부탁드려도 돼요?

男 そんな水臭いことを言わないでくださいよ。
그런 섭섭한 말 하지 마세요.

## 057 おごる 한턱내다

アルバイト代もらったから、今日は僕がおごるよ。
아르바이트비 받았으니, 오늘은 내가 한턱낼게.

## 058 押さえる 잡다, 확보하다

5階の第3会議室を10時から2時まで押さえてください。
5층 제 3회의실을 10시부터 2시까지 잡아 주십시오.

## 059 押しのける 밀어젖히다

電車では他人を押しのけて我先に座席に座ろうとする人がいる。
전철에서는 다른 사람을 밀어젖히고 앞을 다퉈 자리에 앉으려고 하는 사람이 있다.

## 060 お世辞 (남의 비위를 맞추기 위한) 빈말, 겉치레말, 발림소리

心にもないお世辞は言わない方がいい。
마음에도 없는 발림소리는 하지 않는 편이 좋다.

## 061 落ち着き払う 매우 침착하다

彼は落ち着き払って真面目に答えた。
그는 매우 침착하고 진지하게 대답했다.

## 062 おっとりしている 의젓하다, 점잖다, 대범하다

弟は兄より行動がおっとりしていなかった。
남동생은 형보다 행동이 점잖지 않았다.

## 063 折り返し 곧, 즉시, 바로

係りの者がただ今外出中ですので、後ほどこちらから折り返しお電話をいたします。
담당자가 지금 외출 중이므로 나중에 이쪽에서 바로 전화드리겠습니다.

☐ 064 **劣る** (다른 것만) 못하다, 뒤떨어지다

この商品は少し品質が劣っていますね。
이 상품은 조금 품질이 떨어지네요.

☐ 065 **おまけ** 덤

あ、このリンゴ傷があるから、もう一個おまけしますよ。
아, 이 사과 흠이 있으니까 한 개 더 덤으로 드릴게요.

☐ 066 **思い切った** 과감한, 대담한

政府の思い切った政策が好景気をもたらす結果となった。
정부의 과감한 정책이 호경기를 가져오는 결과가 되었다.

☐ 067 **お持て成し** 대접

少しもお持て成ししないで、すみませんでした。
변변히 대접하지 못해서 죄송했습니다.

☐ 068 **思わく** (그 사람에 대한 타인의) 생각, 평판, 인기

世間の思わくばかり気にして生きるのは止めよう。
세간의 평판만 신경 쓰고 사는 것은 그만두자.

☐ 069 **卸売り** 도매

卸売り業者は生産者から物を仕入れ、小売り業者に売る人である。
도매업자는 생산자로부터 물건을 매입하여 소매업자에게 파는 사람이다.

☐ 070 **皆無** 개무, 전무, 전혀 없음

もう事故から1週間以上経ち、生存の見込みは皆無と思われる。
벌써 사고가 난 지 일주일 이상 지나, 생존 가능성은 전무하다고 생각된다.

☐ 071 **かえって** 오히려, 도리어

慰められてかえって惨めな思いをした。
위로를 받고 오히려 비참한 생각이 들었다.

☐ 072 **顔が広い** 발이 넓다, 교제 범위가 넓다

女 関東サービスの横山さんって顔が広いですね。
　간토 서비스의 요코야마 씨는 발이 넓네요.

男 この業界では知らない人がいないですからね。
　이 업계에서는 모르는 사람이 없으니까요.

67

□ 073 顔から火が出る (부끄러워서) 얼굴이 화끈거리다

その時のことを思い出すと恥ずかしくて、顔から火が出る思いをした。
그때의 일을 떠올리면 부끄러워서 얼굴이 화끈거리는 기분이 들었다.

□ 074 欠かさず 거르지 않고, 빠뜨리지 않고

私は中学三年の時、母に勧められて以来、欠かさず日記を付けてきた。
나는 중학교 3학년 때 어머니에게 권유받은 이래, 거르지 않고 일기를 써 왔다.

□ 075 掻き混ぜる (휘저어) 뒤섞다, 휘젓다

女 はい、バニララッテのアイス。シロップが下に沈んでるから、よく掻き混ぜてから飲んでね。
　　자, 아이스 바닐라라테. 시럽이 아래에 가라앉아 있으니까, 잘 섞고 나서 마셔.

男 ああ、ありがとう。
　　아-, 고마워.

□ 076 ～とは限らない (반드시) ~하다고는 할 수 없다, ~하는 것은 아니다

財産を持っていても幸せとは限らない。
재산을 가지고 있어도 행복하다고는 할 수 없다.

□ 077 影が薄い 존재가 희미하다

女 あんな人、うちの会社にいたっけ?!
　　저런 사람, 우리 회사에 있었던가?!
男 本当に影が薄い人だね。
　　정말로 존재가 희미한 사람이네.

□ 078 ～にかけては ~에 관해서는, ~에 관한 한 *분야

田中さんは宴会の雰囲気を盛り上げることにかけては天才的だ。
다나카 씨는 연회 분위기를 고조시키는 것에 관해서는 천재적이다.

□ 079 肩を並べる 어깨를 나란히 하다

日本語の成績では、二人は肩を並べている。
일본어 성적으로는 두 사람은 어깨를 나란히 하고 있다.

□ 080 동사의 ます형+がちだ (자칫) ~하기 쉽다, 자주 ~하다

空気の乾燥しがちな真冬は、インフルエンザにかかりやすくなります。
공기가 건조하기 쉬운 한겨울에는 독감에 걸리기 쉬워집니다.

□ 081 がっかり (「～する」의 형태로) 실망하다, 맥이 빠지다

鏡に自分の姿を映してがっかりした。
거울에 자신의 모습을 비추고 실망했다.

□ 082 동작성 명사+**がてら** ~하는 김에, ~을 겸해

観光がてら息子の留学先を訪ねることにした。
관광을 겸해 아들의 유학처를 방문하기로 했다.

□ 083 **からから** 바싹바싹함 *수분이 전혀 없는 모양

ストレスや極度の緊張状態になると、唾液の分泌が抑制され、口の中がからからになります。
스트레스나 극도의 긴장 상태가 되면 침 분비가 억제되어 입안이 바싹바싹해집니다.

□ 084 **がらがら** 텅텅 빔

平日の昼間は、電車もバスもがらがらです。
평일 낮에는 전철도 버스도 텅텅 비어 있습니다.

□ 085 **勘がいい** 눈치가 빠르다

一目でトリックを見破るなって、なかなか勘がいいね。
한눈에 속임수를 간파하다니 꽤 눈치가 빠르네.

□ 086 **喚起** 환기

銀行なりすましメールへの注意喚起があった。
은행 사칭 메일에 대한 주의 환기가 있었다.

□ 087 **閑散** 한산

列車が立ち去ってホームは閑散としています。
열차가 떠나서 플랫폼은 한산합니다.

□ 088 **頑張りが利く** 인내심이[끈기가] 있다

彼はずいぶん頑張りが利くタイプだと思う。
그는 꽤 끈기가 있는 타입이라고 생각한다.

□ 089 **気が重い** 마음이 무겁다

明日の会議のことを考えると気が重い。
내일 회의를 생각하면 마음이 무겁다.

□ 090 **気が立つ** 신경이 곤두서다, 흥분하다

夜に眠いのに気が立って眠れません。
밤에 졸린데도 신경이 곤두서서 잠을 잘 수 없어요.

□ 091 **ぎくしゃく** 딱딱한, 어색한, 거북한 *사물의 진행이나 관계 등이 순조롭지[원활하지] 못한 모양

友達と喧嘩して、しばらくぎくしゃくしていた。
친구와 싸워서 한동안 서먹서먹했다.

69

□ 092 **気さくだ** 싹싹하다, 담백하고 상냥하다

佐藤さんって、人当たりがよくて気さくな人ですね。
사토 씨는 붙임성이 있고 싹싹한 사람이네요.

□ 093 **ぎっしり** 가득 *빈틈없이 가득 찬 모양

本棚には本がぎっしり詰まっていてスペースがありません。
책장에는 책이 가득 차 있어서 공간이 없습니다.

□ 094 **きっぱり** 딱 잘라, 단호히

彼女に渾身の告白をしたが、「タイプではない」ときっぱりと断られた。
그녀에게 혼신의 고백을 했지만 '타입이 아니다'라고 딱 잘라 거절당했다.

□ 095 동사의 **ます형+切れない** 완전히[끝까지] ~할 수 없다

ケーキを食べ切れない場合は、1個ずつラップで包むか、密閉容器に入れてから冷凍します。
케이크를 다 못 먹을 경우에는 한 개씩 랩으로 싸든지 밀폐 용기에 넣은 후에 냉동합니다.

□ 096 **気長だ** (마음이) 느긋하다

携帯電話がなかった時代、待ち人が来るまで気長に待ったものだ。
휴대전화가 없었던 시절, 기다리는 사람이 올 때까지 느긋하게 기다리곤 했다.

□ 097 **軌道に乗る** 궤도에 오르다

事業が軌道に乗るまで経費を削減するつもりだ。
사업이 궤도에 오를 때까지 경비를 삭감할 생각이다.

□ 098 **気前がいい** 인심이 후하다

男 今夜の分は僕のおごりだよ。
　　오늘 밤 분은 내가 (한턱)낼게.
女 結構気前がいいですね。
　　꽤 인심이 후하네요.

□ 099 **脚光を浴びる** 각광을 받다

環境問題が深刻化する中で、我が社の開発した新製品が脚光を浴びている。
환경문제가 심각해지는 가운데 우리 회사가 개발한 신제품이 각광을 받고 있다.

□ 100 **キャンセル待ち** 예약 취소 대기(자)

東京から福岡行きの便は満席となりましたが、どの便もキャンセル待ちを受け付けておりますのでご利用ください。
도쿄에서 후쿠오카행 편은 만석이 되었습니다만, 어느 편이라도 예약 취소 대기를 접수하고 있으므로 이용해 주십시오.

□ 101 **きりがない** 끝[한]이 없다

それくらいのことで腹を立てていたら、きりがないですよ。
그 정도 일로 화내고 있으면 끝이 없어요.

□ 102 **동사의 ます형+切る** 완전히[끝까지] ~하다

その小説があまりにも面白くて一日で読み切った。
그 소설이 너무나도 재미있어서 하루 만에 다 읽었다.

□ 103 **切れる** (머리가) 잘 돌다, 예리하다

彼は頭が切れる人で、理解力や発想力が優れていて、物事の本質を見抜ける目を持っている。
그는 머리가 잘 돌아가는 사람으로, 이해력과 발상력이 뛰어나고 사물의 본질을 꿰뚫는 눈을 갖고 있다.

□ 104 **気を落とす** 낙심하다, 실망하다

そんなに気を落とさないで、元気出してください。
그렇게 낙심하지 말고 기운 내세요.

□ 105 **ぐうぐう** 쿨쿨, 드르렁드르렁 *코 고는 소리, 또는 깊이 잠들어 있는 모양

息子はぐうぐう高いびきをかいて寝ている。
아들은 드르렁드르렁 코를 크게 골며 자고 있다.

□ 106 **区切りをつける** 매듭을 짓다

今日の仕事はこの辺で区切りをつけて、飲みにでも行きましょう。
오늘 업무는 이쯤에서 매듭을 짓고 한잔하러 라도 갑시다.

□ 107 **崩す** (큰돈을) 헐다

すみませんが、千円札を崩していただけますか。
죄송한데요, 천 엔짜리 지폐를 바꿔 주실 수 있나요?

□ 108 **砕く** (「心を砕く」의 형태로) 마음을 쓰다, 애쓰다

何より周囲とのコミュニケーションに心を砕いてほしい。
무엇보다 주위와의 의사소통에 애써 주었으면 한다.

□ 109 **くたくた** 녹초가 됨

もうくたくただよ。ちょっと休ませて。
이제 녹초가 됐어. 좀 쉬게 해 줘.

□ 110 **口が過ぎる** 실례가 되는 말을 하다, 말이 지나치다

さっきの質問のように口が過ぎた発言はよくないと思う。
좀 전의 질문처럼 지나친 발언은 좋지 않다고 생각한다.

□ 111 **口が酸っぱくなる** 입에서 신물이 나다

彼に慎重になるように口が酸っぱくなるほど言ったのに、また同じ失敗をするなんて。
그에게 신중해지도록 입에서 신물이 날 정도로 말했는데 또 같은 실수를 하다니.

□ 112 **口が滑る** 입을 잘못 놀리다

うっかり口が滑って秘密を漏らしてしまった。
무심코 입을 잘못 놀려서 비밀을 누설하고 말았다.

□ 113 **口出しをする** 말참견을 하다

余計な口出しをして、課長に叱られた。
쓸데없는 말참견을 해서 과장님에게 혼났다.

□ 114 **ぐっと** 꿀꺽, 쭉 *단숨에 하는 모양

彼はビールをぐっと飲み込んだ。
그는 맥주를 쭉 들이켰다.

□ 115 **首が回らない** (빚 때문에) 옴짝달싹 못하다

借金が重なって首が回らないほどになった。
빚이 쌓여서 옴짝달싹 못할 정도가 되었다.

□ 116 **繰り上げる** (예정을) 앞당기다

社長の急用のために、会議を一時間繰り上げた。
사장님의 급한 용무 때문에 회의를 한 시간 앞당겼다.

□ 117 **げらげら** 껄껄 *큰소리로 웃는 모양

あまりにもおかしくてついげらげらと笑ってしまった。
너무나도 우스워서 그만 껄껄 웃고 말았다.

□ 118 **強引だ** 억지로 하다, 무리하게 행하다

山田部長の強引なやり方は部下の反発を招いた。
야마다 부장의 무리한 방법은 부하의 반발을 초래했다.

□ 119 **心地よい** 기분이 좋다

ハワイの心地よい風と爽やかで優しい空気が大好きだ。
하와이의 기분 좋은 바람과 상쾌하고 부드러운 공기를 아주 좋아한다.

□ 120 **心がける** 유념하다, 명심하다

いつも野菜をたくさん食べるように心がけている。
늘 채소를 많이 먹도록 유념하고 있다.

□ 121 **木陰** 나무 그늘

池の木陰で一休みしましょう。
연못의 나무 그늘에서 잠깐 쉽시다.

□ 122 **心なしか** 생각 탓인지, 어쩐지

昨日偶然前田さんに会ったけど、心なしか少し疲れているようだった。
어제 우연히 마에다 씨를 만났는데 어쩐지 조금 피곤한 것 같았다.

□ 123 **腰を下ろす** 앉다

河原の堤防に腰を下ろして休んでいる人がいます。
강변의 둑에 앉아 쉬고 있는 사람이 있습니다.

□ 124 **こそこそ** 살금살금, 소곤소곤 *남몰래 하는 모양

陰でこそこそと悪口を言うなんて、君らしくないよ。
뒤에서 소곤소곤 험담을 하다니 너답지 않아.

□ 125 **挙って** 모두, 빠짐없이

好景気が去って、各企業は挙って経費削減に乗り出している。
호경기가 지나고 각 기업은 모두 경비 삭감에 나서고 있다.

□ 126 **こだわる** 구애되다, 사소한 것까지 신경을 쓰다

日本の英語教育は文法にこだわりすぎていると思う。
일본의 영어교육은 문법에 너무 구애되어 있다고 생각한다.

□ 127 **コツ** 요령

私は天ぷらをカラッと美味しく揚げるコツを知っている。
나는 튀김을 바싹 맛있게 튀기는 요령을 알고 있다.

□ 128 **～ごとに** ～마다

赤い錠剤は朝晩食後1錠ずつ、白いカプセルは6時間ごとに1錠ずつ飲んでください。
빨간 알약은 아침저녁 식후 한 알씩, 하얀 캡슐은 6시간마다 한 알씩 복용해 주세요.

□ 129 **五分五分** 비슷함, 대등, 반반

女 テニスの試合、どっちが勝つと思う(?)。
　　테니스 시합, 어느 쪽이 이길 거라고 생각해?

男 五分五分の実力だから、わからないな。
　　대등한 실력이니까 모르겠네.

□ 130 凝り性 지나치게 열중[몰두]하는 성질, (일을) 철저하게 하지 않고서는 직성이 안 풀리는 성질

私は凝り性なところが短所だと自覚している。
나는 지나치게 몰두하는 점이 단점이라고 자각하고 있다.

□ 131 ～盛り 한창 ~(때)

冷凍食品と言えば、お弁当を作る母親や食べ盛りの中高生を対象に、味はそこそこだが安くて手軽というイメージが強かった。
냉동식품이라고 하면 도시락을 만드는 어머니나 한창 먹을 때인 중고생을 대상으로, 맛은 그럭저럭이지만 싸고 간편하다는 이미지가 강했다.

□ 132 下げ足 시세가 내리는 상태임

今日、日経平均は一貫した下げ足の傾向を見せた。
오늘 닛케이 평균은 일관된 내림세 경향을 보였다.

□ 133 先取りする 선점하다

この新製品は流行を先取りしたデザインで人気を集めている。
이 신제품은 유행을 선점한 디자인으로 인기를 모으고 있다.

□ 134 些細だ 하찮다, 사소하다

些細なことで、いちいち目くじらを立てて怒らないでよ。
하찮은 일로 일일이 트집을 잡으며 화내지 마.

□ 135 差し支えない 지장이 없다

単なる風邪なので、軽い仕事をする分には差し支えありません。
단순한 감기이기 때문에 가벼운 일을 하는 정도라면 지장이 없습니다.

□ 136 ざっくばらんだ 솔직하다, 숨김없다, 털어놓다

彼女はざっくばらんな人で、とても親しみやすいです。
그녀는 솔직한 사람으로 매우 친해지기 쉽습니다.

□ 137 時間を割く 시간을 내다[할애하다]

私のために時間を割いていただき、ありがとうございます。
저를 위해 시간을 내 주셔서 감사합니다.

□ 138 下書き (정식으로 그리기 전에) 윤곽을 그림

下書きは終わったので、あとは色を塗るだけです。
윤곽은 다 그렸으니, 뒷일은 색을 칠하는 것뿐입니다.

☐ 139 **しっかり** 단단히, 꽉

ジョギングの前に靴の紐はしっかり結んでおいた方がいい。
조깅 전에 신발 끈은 단단히 묶어 두는 편이 좋다.

☐ 140 **しっくり** (「~する」의 형태로) 어울리다

そのジャケットはこのスカートにしっくりしない。
그 재킷은 이 스커트에 어울리지 않는다.

☐ 141 **じっくり** 차분하게, 곰곰이

大事なことだから、もっとじっくり考えて決めてください。
중요한 일이니 더 곰곰이 생각해서 결정하세요.

☐ 142 **じっと** 물끄러미

女の人は撮った写真をじっと見つめています。
여자는 찍은 사진을 물끄러미 바라보고 있습니다.

☐ 143 **凌ぐ** 능가하다

彼女の実力はライバルたちを凌いだ。
그녀의 실력은 라이벌들을 능가했다.

☐ 144 **自腹を切る** 생돈을 물다

勘定しようと思ったら会費が足りなくて、自腹を切っちゃった。
계산하려고 했더니 회비가 모자라서 생돈을 물고 말았다.

☐ 145 **渋々** 마지못해, 할 수 없이

泣かんばかりに頼まれて、仕方なく渋々お金を貸してしまった。
울 듯이 부탁을 해서 어쩔 수 없이 마지못해 돈을 빌려주고 말았다.

☐ 146 **仕舞う** 넣다, 간수하다

金庫に仕舞っておいた300万円を盗まれた。
금고에 넣어 둔 300만 엔을 도둑맞았다.

☐ 147 **しゃがむ** 쭈그리고 앉다

歩きすぎで足が痛くてついしゃがんでしまった。
너무 걸어 다리가 아파서 그만 쭈그리고 앉아 버렸다.

☐ 148 **冗談半分** 반 농담, 농담 삼아

冗談半分で言ったのに、本当にして怒るなんて…。
농담 삼아 말했는데 정말로 화를 내다니….

□ 149 　初対面 첫 대면
しょたいめん

初対面の印象は「5秒」で決まると言われている。
しょたいめん　いんしょう　ごびょう　き　い

첫 인상은 5초로 정해진다고 한다.

□ 150 　じろじろ 빤히, 뚫어지게 *호기심이나 경멸감에서 삼가는 기색 없이 계속 응시하는 것

女 あら、小川さん、今日はいつもと感じが違いますね。
　　おがわ　きょう　かん　ちが

어머, 오가와 씨, 오늘은 여느 때와 느낌이 다르네요.

男 そんなにじろじろ見ないでよ。髪型を変えただけだから。
　　み　かみがた　か

그렇게 빤히 보지 마. 헤어 스타일을 바꿨을 뿐이니까.

□ 151 　ずきずき 욱신욱신, 지끈지끈

昨夜からずっと頭がずきずきと痛みます。
ゆうべ　あたま　いた

어젯밤부터 계속 머리가 지끈지끈 아픕니다.

□ 152 　すっかり 완전히

大勢の前ですっかり上がり、何も話せなかった。
おおぜい　まえ　あ　なに　はな

많은 사람 앞에서 완전히 얼어서 아무 말도 할 수 없었다.

□ 153 　すっきり (「～する」의 형태로) 개운하다

朝起きても頭が重くてすっきりしない。
あさお　あたま　おも

아침에 일어나도 머리가 무거워서 개운하지 않다.

□ 154 　隅に置けない 보통내기가 아니다, 함부로 얕볼 수 없다
すみ　お

彼と雑談しているととても博識であることがわかり、隅に置けないと思った。
かれ　ざつだん　はくしき　すみ　お　おも

그와 잡담하고 있자니 매우 박식하다는 것을 알게 되어 함부로 얕볼 수 없다고 생각했다.

□ 155 　スムーズだ 원활하다, 순조롭다

連休の最終日となる3日、Uターンラッシュが落ち着き高速道路で車はスムーズに流れている。
れんきゅう　さいしゅうび　みっか　ユー　お　つ　こうそくどうろ　くるま　なが

연휴 마지막 날인 3일, 귀경이 진정되면서 고속도로에서 차량은 원활하게 흐르고 있다.

□ 156 　住めば都 정들면 고향
す　みやこ

不便な町だと思っていたが、意外と住みやすくてまさに住めば都だ。
ふべん　まち　おも　いがい　す　す　みやこ

불편한 동네라고 생각했는데, 의외로 살기 편해서 정말로 정들면 고향이다.

□ 157 　すやすや 새근새근

赤ちゃんがすやすやと、気持ちよさそうに眠っている。
あか　きも　ねむ

아기가 새근새근 기분 좋은 듯이 자고 있다.

□ 158 **すれ違う** 마주 스쳐 지나가다

すれ違う時には車のライトを暗くしなければいけない。
마주 스쳐 지나갈 때는 자동차 라이트를 어둡게 해야 한다.

□ 159 **せいぜい** 기껏해야, 고작

結婚祝いのプレゼントをあげるといっても、せいぜい1万円ぐらいの物ですよ。
결혼 축하 선물을 준다고 해도 고작 만 엔 정도의 것이에요.

□ 160 **勢揃い** (어떤 목적 하에) 많은 사람이 한곳에 모이는 것

世界中からトップ選手たちが競技場に勢揃いした。
전 세계에서 정상급 선수들이 경기장에 모두 모였다.

□ 161 **相場** 시세

相場とは、市場において形成される価格のことだ。
시세란 시장에서 형성되는 가격을 말한다.

□ 162 **底を打つ** (거래에서) 바닥을 치다

経済企画庁は景気が底を打ったと宣言したが、それでもまだ底割れが懸念されている。
경제기획청은 경기가 바닥을 쳤다고 선언했지만 그래도 아직 경기 침체가 우려되고 있다.

□ 163 **そそっかしい** 경솔하다, 덜렁덜렁하다

彼女はおっとりして見えるが、少しそそっかしいところがある。
그녀는 차분해 보이지만 조금 덜렁대는 데가 있다.

□ 164 **そそる** 돋우다, 자아내다

食前のワインは食欲をそそる。
식전 와인은 식욕을 돋운다.

□ 165 **粗大ゴミ** 대형 쓰레기

家庭から出るゴミのうち、比較的大型のものは「粗大ゴミ」として処分する。
가정에서 나오는 쓰레기 중 비교적 대형인 것은 '대형 쓰레기'로 처분한다.

□ 166 **동사의 ます형+つつある** ~하고 있다

不況により、貧富の格差が広がりつつある。
불황에 의해 빈부의 격차가 벌어지고 있다.

□ 167 **手が離せない** 손을 뗄 수가 없다, 하고 있는 일이 있어 다른 일을 할 수 없다

女 部長、この書類ちょっと見ていただけませんか。
부장님, 이 서류 잠시 봐 주시지 않겠어요?

男 今、手が離せないので後でいいかな。
지금 손을 뗄 수가 없으니 나중에 괜찮을까?

□ 168 **手ごわい** (상대하기에) 힘겹다, 벅차다, 만만치 않다

彼は当たりはソフトだけど、なかなか頑固で手ごわいんだ。
그는 사람 대하는 건 부드러운데 꽤 완고해서 만만치 않아.

□ 169 **出たとこ勝負** 우선 하고 보자는 판, 운수에 맡김

心配するな。出たとこ勝負でいこう。
걱정하지 마. 우선 해 놓고 보자.

□ 170 **手に汗を握る** 손에 땀을 쥐다

そのドラマは手に汗を握る大冒険のストーリーでとても面白かった。
그 드라마는 손에 땀을 쥐게 하는 대모험 이야기로 매우 재미있었다.

□ 171 **手に負えない** 어찌할 도리가 없다, 감당할 수가 없다, 힘에 부치다

今手術をしなければ、手に負えなくなります。
지금 수술을 하지 않으면 감당할 수 없게 됩니다.

□ 172 **手に付かない** (딴 데에 마음이 쏠려) 일이 손에 잡히지 않다

最近、気がかりなことがあって何も手に付かない。
요즘 걱정되는 일이 있어서 아무것도 손에 잡히지 않는다.

□ 173 **天気が崩れる** 날씨가 나빠지다

天気予報によると、午後から天気が崩れるそうだ。
일기예보에 의하면 오후부터 날씨가 나빠진다고 한다.

□ 174 **どうせ** 어차피

どうせ買うなら、長い目で見て高価な物の方が得だと思いますよ。
어차피 살 거면 긴 안목으로 봐서 비싼 물건 쪽이 이득이라고 생각해요.

□ 175 **所狭しと** 빼곡(히), 빽빽이, 잔뜩

様々な建物が所狭しと建っています。
다양한 건물이 빽빽이 서 있습니다.

□ 176 **土砂降り** 비가 억수같이 내림, 장대비

小降りの雨が急に土砂降りになった。
가랑비가 갑자기 장대비가 되었다.

□ 177 동사의 **た형+とたん** ～하자마자

ドアを開けたとたん、カメラのフラッシュが光った。
문을 열자마자 카메라 플래시가 번쩍였다.

□ 178 **滞る** 정체되다, 밀리다

ここ数日、仕事が滞っている。
요 며칠 일이 밀려 있다.

□ 179 **整う** 갖추어지다

桜ホテルは設備も整っておりますし、温泉がありますから、快適さの面からはご満足いただけると思います。사쿠라 호텔은 설비도 갖추어져 있고 온천이 있어서 쾌적함 면에서는 만족하실 수 있을 것이라고 생각합니다.

□ 180 **飛び散る** (사방에) 흩날리다, 튀다

花粉の時期などは、花粉があちこちに飛び散っている。
꽃가루 시기 등에는 꽃가루가 여기저기 흩날린다.

□ 181 **途方に暮れる** 어찌할 바를 모르다, 난처하다

山荘に泊まった折に慣れない山道で道に迷い、雨も降ってきたので、途方に暮れた。
산장에 묵었을 때 낯선 산길에서 길을 잃고 비도 와서 어찌할 바를 몰랐다.

□ 182 **捉われる** (선입관·생각에) 사로잡히다, 구애되다, 얽매이다

年を取るほど、ますます固定観念に捉われるものだ。
나이를 먹을수록 점점 더 고정관념에 사로잡히는 법이다.

□ 183 **どんどん** 자꾸, 계속

人間は生活を便利にするために、自然をどんどん破壊してきた。
인간은 생활을 편리하게 하기 위해서 자연을 계속 파괴해 왔다.

□ 184 **とんとん拍子** 일이 순조롭게[빨리] 진척됨, 일이 손쉽게 이루어짐

その国の経済は近年とんとん拍子に成長している。
그 나라의 경제는 근래 순조롭게 성장하고 있다.

☐ 185　仲間 동료

仕事をする上で一番大切なことは良い仲間がいることだと思う。
일을 하는 데에 있어서 가장 중요한 것은 좋은 동료가 있는 것이라고 생각한다.

☐ 186　流れる (시간이) 흐르다, 경과하다

林氏が筆をおいて5年の歳月が流れた。
하야시 씨가 붓을 놓은[글쓰기를 관둔] 지 5년의 세월이 흘렀다.

☐ 187　情け深い 인정[동정심]이 많다

中山さんは情け深くて、困っている人を見過ごせない人だ。
나카야마 씨는 인정이 많아서 곤란한 사람을 지나치지 못하는 사람이다.

☐ 188　涙をこぼす 눈물을 흘리다

映画の主人公がとてもかわいそうで、ぽろぽろと涙をこぼしてしまった。
영화 주인공이 너무 불쌍해서 뚝뚝 눈물을 흘리고 말았다.

☐ 189　なだれ込む (많은 사람이) 한꺼번에 밀어닥치다

乗客が電車にどっとなだれ込んだ。
승객이 전철로 우르르 한꺼번에 밀어닥쳤다.

☐ 190　〜にしては 〜치고는

あの子は小学生にしては、難しい漢字をよく知っている。
저 아이는 초등학생치고는 어려운 한자를 잘 알고 있다.

☐ 191　賑やかだ 떠들썩하다, 번화하다

賑やかだったこの街も、今ではすっかり廃れてしまった。
번화했던 거리도 이제는 완전히 한물가 버렸다.

☐ 192　値打ち 가치, 값어치

その町は訪れてみるだけの値打ちがある。
그 마을은 방문해 볼 만큼의 가치가 있다.

☐ 193　猫の手も借りたい (고양이의 손이라도 빌리고 싶을 만큼) 몹시 바쁘다

どこも猫の手も借りたいほど、てんてこ舞いですね。
어디든 고양이 손이라도 빌리고 싶을 만큼 정신없이 바쁘네요.

☐ 194　猫の額 (고양이 이마가 좁은 것으로부터) 토지·장소 따위가 지극히 협소함을 나타내는 말

新しく引っ越した事務所は、猫の額ほどの狭いところだった。
새로 이사한 사무소는 고양이 이마만큼 좁은 곳이었다.

□ 195 **寝ぼける** 잠이 덜 깨어[잠결에 깨어나] 어리둥절하다, 잠에 취해 멍하다

息子は寝ぼけたまま目覚ましを手探りで探していた。
아들은 잠이 덜 깬 채로 자명종을 손으로 더듬으며 찾고 있었다.

□ 196 **根も葉もない** 뿌리도 잎도 없다, 아무 근거도 없다

そんな根も葉もない噂を信じるなんて、馬鹿げているよ。
그런 아무 근거도 없는 소문을 믿다니, 어처구니없어.

□ 197 **練り直す** 재검토하다

景気の状況によっては、来年の予算をもう一度練り直さなければならない。
경기 상황에 따라서는 내년 예산을 한 번 더 재검토하지 않으면 안 된다.

□ 198 **能ある鷹は爪を隠す** 능력이 있는 매는 발톱을 숨긴다, 실력이 있는 사람은 함부로 그것을 드러내지 않는다

女 中村さんにああいう特技があるとは意外ですね。
　　나카무라 씨에게 저런 특기가 있다니 의외네요.
男 能ある鷹は爪を隠すって言うじゃないですか。
　　능력이 있는 매는 발톱을 숨긴다고 하잖아요.

□ 199 **のどかだ** 한가롭다

退職したら、のどかな田舎で暮らしたいと思っている。
퇴직하면 한가로운 시골에서 살고 싶다고 생각하고 있다.

□ 200 **喉から手が出る** (목에서 손이 나올 만큼) 몹시 갖고 싶다

喉から手が出るほど欲しいものがあるが、私の月給では無理だ。
몹시 갖고 싶은 것이 있는데 내 월급으로는 무리다.

□ 201 **乗り出す** 착수하다

政府は、財政スリム化促進のため、税制度の抜本的改革に乗り出している。
정부는 재정 슬림화 촉진을 위해 세금 제도의 발본적 개혁에 착수했다.

□ 202 **歯を食いしばる** 이를 악물다

厳しい練習にも歯を食いしばって耐えた。
혹독한 연습에도 이를 악물고 견뎠다.

□ 203 **ぱっと** (「～しない」의 형태로) 신통치 않다

営業成績は、去年に比べてあまりぱっとしない。
영업 성적은 작년에 비해 별로 신통치 않다.

□ 204　**はらはら** 아슬아슬, 조마조마

渋滞に巻き込まれてはらはらしたが、何とかぎりぎり間に合った。
정체에 말려들어서 조마조마했지만 그럭저럭 간신히 시간에 댔다.

□ 205　**ばらばら** 뿔뿔이

せっかく書類を整理したのに、落としてばらばらにしてしまいました。
모처럼 서류를 정리했는데 떨어뜨려서 뿔뿔이 흩어져 버렸습니다.

□ 206　**ばれる** 탄로나다, 발각되다, 들통나다

私はその秘密がばれるのではないかとひやひやした。
나는 그 비밀이 탄로나는 것은 아닌가 하고 조마조마했다.

□ 207　**膝を崩す** 편히 앉다

どうぞ、膝を崩して楽にしてください。
자, 편히 앉으세요.

□ 208　**ひっきりなし** 끊임없음, 계속적임

昨日の夕方もまた、突然雷がひっきりなしに鳴り、激しい雨が降った。
어제 저녁때에도 또 갑자기 천둥이 계속 치고 세찬 비가 내렸다.

□ 209　**一通り** 대강, 대충

昨日の書類は一通り読んでみました。
어제 서류는 대충 읽어 봤습니다.

□ 210　**無愛想だ** 무뚝뚝하다, 상냥하지 못하다

彼女の返事は冷たくて無愛想だった。
그녀의 대답은 차갑고 무뚝뚝했다.

□ 211　**不幸中の幸い** 불행 중 다행

怪我をしなかったことは、不幸中の幸いでしたね。
부상을 입지 않은 것은 불행 중 다행이었죠.

□ 212　**不始末** 부주의, 잘못

昨夜隣の家が火事だった。タバコの火の不始末で二階が全部焼けてしまったそうだ。
어젯밤 옆집이 화재였다. 담뱃불의 부주의로 2층이 전부 타 버렸다고 한다.

□ 213　**二日酔い** 숙취

二日酔いで頭が痛くてしょうがない。
숙취로 머리가 아파서 견딜 수 없다.

□ 214 **ぶつかる** 부딪(치)다, 충돌하다

夜中、自動車がぶつかる大きな音に目が覚めて、その後一睡もできませんでした。
밤중에 자동차가 부딪치는 큰 소리에 잠이 깨서 그 후로 한숨도 못 잤습니다.

□ 215 **物議を醸す** 물의를 일으키다

その映画は残酷なシーンが多いということで物議を醸した。
그 영화는 잔혹한 장면이 많다는 것 때문에 물의를 일으켰다.

□ 216 **ぶらぶら** 어슬렁어슬렁, 빈둥빈둥

彼は失業して半年も家でぶらぶらしている。
그는 실직해서 반년이나 집에서 빈둥거리고 있다.

□ 217 **踏んだり蹴ったり** 엎친 데 덮친 격

ひどい頭痛が原因で遅刻をしたら、上司にやる気ないと怒鳴られた。これでは踏んだり蹴ったりだ。 심한 두통이 원인으로 지각을 했더니 상사에게 의욕이 없다고 혼났다. 이래서는 엎친 데 덮친 격이다.

□ 218 **へとへとだ** 몹시 피곤하다, 녹초가 되다, 기진맥진하다

歩きすぎてへとへとになったよ。
너무 걸어서 녹초가 됐어.

□ 219 **ましだ** 더 낫다

あの人と一緒に行くなら、一人で行った方がましだよ。
저 사람과 함께 갈 거라면 혼자서 가는 편이 나아.

□ 220 **街角** 길모퉁이, 길목, 길거리

私は街角であやうく車にはねられるところだった。
나는 길거리에서 하마터면 차에 치일 뻔했다.

□ 221 **待ち遠しい** 몹시 기다려지다

今年の夏、イタリアに行く予定なので、夏休みが待ち遠しいです。
올여름에 이탈리아에 갈 예정이라서 여름휴가가 몹시 기다려집니다.

□ 222 **疎らだ** 듬성듬성하다, 뜸하다

もう夜も更けて街は人影も疎らです。
벌써 밤도 깊어서 거리는 인적도 뜸합니다.

□ 223 **まんざら** (부정어 수반) 반드시는, 아주, 전혀

彼の話はまんざら根も葉もないことではないらしい。
그의 이야기는 전혀 근거 없는 것은 아닌 것 같다.

□ 224 **見えすく** 속보이다

こんな見えすいた小細工で世間をごまかせるわけがない。
이런 속보이는 잔꾀로 세상을 속일 수 있을 리가 없다.

□ 225 **めきめき** 눈에 띄게, 두드러지게

長年の努力の結果、彼は最近めきめき頭角を現してきた。
여러 해 노력한 결과, 그는 최근 눈에 띄게 두각을 나타냈다.

□ 226 **もっともらしい** 그럴듯하다

彼は彼女にもっともらしい弁解をした。
그는 그녀에게 그럴듯한 변명을 했다.

□ 227 **よほど** 상당히, 어지간히

よほどの雨にならなければイベントは決行します。
상당한 비가 오지 않으면 이벤트는 결행합니다.

□ 228 **歴とした** 확실한

歴とした証拠もないのに、人を疑ったりするのはよくないよ。
확실한 증거도 없는데 남을 의심하거나 하는 것은 좋지 않아.

□ 229 **～を問わず** ~을 불문하고

人口や世帯の動向を把握するために、国籍を問わず日本に住む人を対象に行う国勢調査が、
5年に1回10月に行われる。
인구나 세대 동향을 파악하기 위해서 국적을 불문하고 일본에 거주하는 사람을 대상으로 실시하는 국세조사가 5년에 한 번 10월에
실시된다.

□ 230 **～をよそに** ~을 아랑곳하지 않고

彼は親の心配をよそに、戦地に取材に行った。
그는 부모의 걱정을 아랑곳하지 않고 전쟁터로 취재하러 갔다.

30일 완성

출제기관 독점제공

# JPT® 기출 850+

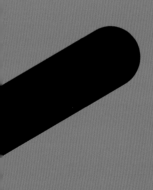